中国证券市场年报

CHINA SECURITIES MARKET ANNUAL REPORT

2001

中国证券业协会　编

中国金融出版社

主　　编:马庆泉
副 主 编:俞白桦　周阿满
编辑人员:黄丹华　王　沐　陈　霞　袁　熙　赵　冰　贾　韬
责任编辑:赵燕红　张智慧

图书在版编目(CIP)数据
中国证券市场年报.2001/中国证券业协会编.—北京:
中国金融出版社,2001.7
ISBN 7-5049-2554-3

Ⅰ.中... Ⅱ.中... Ⅲ.证券交易—资本市场—概况—中国—2001 Ⅳ.F832.51

中国版本图书馆 CIP 数据核字(2001)第 047446 号

出版
发行 中国金融出版社
社址 北京广安门外小红庙南里 3 号
邮编 100055
经销 新华书店
印刷 北京市星光印刷厂
开本 850 毫米×1168 毫米 1/16
印张 33
字数 980 千
版次 2001 年 7 月第 1 版
印次 2001 年 7 月第 1 次印刷
印数 1-1000
定价 168.00 元

目 录

第八编　证券市场法制建设

市场交易类

机构类

基金类

第九编 证券市场大事记

第十编 统计资料

第一编 证券市场总览

证券市场综述

2000年是我国证券市场规范发展的重要一年。证券市场新股发行增加，直接融资能力明显增强；证券交易市场平稳运行，投资者投资信心增强；上市公司规模进一步扩大，市场结构有所改善；证券公司实力明显增强，运作规范化水平有所提高；各项制度创新不断推出，部分历史遗留问题逐步得到解决；监管理念更加明确，保护投资者利益被提到首位。证券市场的规范发展，既得益于1997年以来深化改革、整顿规范、防范和化解市场风险所取得的积极成效，更得益于国民经济持续、快速、健康发展和社会政治稳定的宏观环境。

一、股票发行

2000年，共有145家公司在证券市场发行上市，其中在境内市场发行上市的有139家。2000年当年，境内上市公司筹资1 541.0亿元，加上境外上市公司筹资562.2亿元(67.9亿美元)和红筹股筹资1 145.8亿元(138.4亿美元)，上市公司筹资总额达3 249.0亿元，比1999增长130.3%。

宝钢等特大型企业在上海证券交易所的顺利发行上市，表明我国证券市场承受大盘股的能力明显增强。境外H股、红筹股筹资1 744.1亿元，增长398%。中国联通、中石化和中石油的发行成功，表明海外机构投资者对中国经济增长和中国企业的信心有所增强。

改革股票发行制度，积极推进股票发行核准制。股票发行废除了指标管理、行政推荐办法，开始实行主承销商推荐、发行审核委员会审核、证监会核准的管理制度。同时，使股票发行定价逐步市场化。为完善发行定价机制，我们在原来上网定价发行的基础上，引入了上网竞价发行以及向法人配售和二级市场投资者配售相结合等方式，逐步确立了市场决定价格的发行定价机制。

二、股票交易

股票市场平稳运行。2000年，沪深综指双双迭创新高，年末上证综合指数报收2 073.5点，比1999年增长51.7%；深圳综合指数报收635.7点，比1999年增长58.1%，涨幅均居全球之首。同时，成交量进一步放大，沪深证券交易所股票成交金额60 826.7亿元，同比增长94.2%；上缴证券交易印花税485.9亿元，同比增长91.2%。

网上证券委托交易有所发展。推动网上交易不仅仅是为了改进交易方式，降低交易成本，更是为了推进整个证券市场运作的网络化过程。在全球金融网络化的历史条件下，这是中国证券市场逐步实现对外开放，加速证券市场国际化的一项基础性工程。为此，中国证监会于5月9日印发了《证券公司网上委托业务核准程序》。全年已有54家证券公司向证监会提出了开展网上证券委托业务的申请，23家证券公司获准开展网上证券委托业务，网上委托交易量大约占全部交易量的3%左右。

转配股流通问题得到逐步解决。2000年3月14日，中国证监会决定，转配股从4月开始，用24个月左右的时间逐步安排上市流通。全年已有128家公司的29.85亿股转配股上市流通，没有对市场造成大的冲击。转配股上市使解决历史遗留问题有了突破，为解决我国证券市场的历史遗留问题提供了经验。

三、上市公司

2000年底,我国境内上市公司1 088家,境外上市公司52家,扣除双重上市因素,境内外上市公司总数1 121家,比1999年底新增145家。其中境内上市公司较1999年增加139家,增长14.6%。上市公司总股本3 791.7亿股,增长22.75%。股票市场市价总值4.8万亿元,增长84.6%,相当于GDP的54%。

上市公司结构有所调整。为支持金融企业建立现代企业制度,调整上市公司结构,中国证监会制定了金融企业发行上市信息披露的内容和格式,使金融企业发行上市有规可循。2000年,民生银行获准发行和上市,宏源信托也成功改组上市。2000年,经过"双高"论证的企业陆续发行上市,改变了上市公司中传统企业过多的结构,促进了上市公司结构的合理化。

上市公司行为逐步规范。上市公司的质量问题是我国资本市场改革与发展的核心问题之一。当前我国的上市公司还存在很多缺陷,如没有建立真正的法人治理结构、虚假包装、虚假信息披露等。中国证监会也为这一资本市场基石的不稳固而担忧。2000年,中国证监会从上市公司股东大会、对外担保、重大资产重组、盈利预测披露到ST、PT公司信息披露等方面做了不少工作,并准备借鉴国际经验,探讨设定公司治理结构的基本原则和水准,强化我国上市公司法人治理结构。

四、证券公司

2000年底,全国证券公司101家,资产总额比1999年增长87%,达到5 753亿元;净资本比1999年增长8.6倍,达到236.4亿元。

证券公司实力得到壮大。继1999年一批证券公司增资扩股后,2000年又有一批证券公司实施了增资扩股。截至2000年底,有22家证券公司完成了增资扩股,13家证券公司成为中国首批综合类证券公司,11家核准为经纪类证券公司。增资扩股进一步壮大了证券公司的实力。

证券公司融资渠道问题得到一定程度的解决。2000年2月13日,中国人民银行、中国证监会联合发布《证券公司股票质押贷款管理办法》,允许符合条件的证券公司以自营股票和证券投资基金券作质押向商业银行借款。至此,证券市场融资渠道基本畅通。

证券公司挪用客户交易结算资金问题逐步得到解决。到2000年底,客户交易结算资金余额总计3 037亿元,比上年末的1 642亿元增长127%;挪用额87亿元,比上年末大幅减少。到目前为止,全部归还已挪用客户交易结算资金的证券公司从上年末的45家增加到69家。同时,2000年还完成了300多家非法证券营业部的清理工作,撤销了1 508个非法远程网点。一批信托投资公司的证券部与其信托总部顺利完成脱钩,如2000年6月28日,由原中国华融信托、中国长城信托、中国东方信托、中国信达信托、中保信托等部门的内设证券职能部门和证券营业部组成中国银河证券。

五、投资者

2000年底,投资者开户数5 801万户,较1999年增长29%。其中机构投资者开户数28万户,较1999年增长40%;个人投资者开户数5 773万户,较1999年增长29%。

已设立基金管理公司10家,获准筹建的4家。已发行证券投资基金33只,总规模560亿元,基金持有人337万人。基金净资产规模845.5亿元,较1999年底增长35.2%。

开放式基金筹备工作取得初步成绩。经国务院批准,《开放式证券投资基金试点办法》已经颁布,开放式证券投资基金试点的前期准备工作已经就绪。同时,中国证监会规定新股发行时不再单独向投资基金配售,取消了新基金在一级市场的优惠政策,并针对证券投资基金在发展过程中出现的一些不规范行为,加大了对基金管理公司的监管力度。

六、证券市场体系

积极筹备建立创业板市场。2000年,为适应市场化改革和建设多层次市场体系的需要,中国证监会将高科技板块改为创业板市场。在创业板的筹建工作中,重点研究制定创业板上市公司信息披露、股票发行与交易、保荐人制度等方面的管理办法,以及创业板的建设与我国证券市场重组的关系。目前,创业板技术准备和规则准备基本就绪。

着手建立全国统一的证券登记结算体系。登记结算是证券交易市场的后台支持系统,统一、强大的证券登记结算体系,对于减少结算风险,保证系统支付具有重要意义。为此,中国证监会按《中华人民共和国证券法》以下简称《证券法》的精神,结合创业板市场的准备,积极筹建中国证券登记结算公司,2001年初即可挂牌。

设立了三大风险基金。按中央金融工作会议"逐步建立证券市场风险基金"和《证券法》的相关要求,中国证监会在有关部门的配合下,建立了证券公司风险基金、证券交易所风险基金和证券登记结算风险基金。这对于保证证券经营机构的平稳运行,防范和化解单个金融风险,是有积极意义的。

七、证券市场监管

2000年3月,朱镕基总理在"两会"记者招待会上说过,"中国的证券市场发展很快,成绩很大,但是很不规范。要取得全国人民的信任,股民的信任,还要做大量的工作"。为落实朱镕基总理的指示,中国证监会在总结证券市场十年发展经验的基础上,不断树立按市场化原则监管市场的理念,切实保护投资者利益,发挥各类市场中介组织的积极作用,努力促进证券市场的规范与发展。

2000年是证券监管部门重塑监管理念的重要一年。证券市场发展有了新思路,市场化改革不断推进,保护投资者利益放到了监管工作的首位,并不断推进市场化进程,坚持让市场机制发挥作用。证券市场是市场经济中最重要的要素市场,市场化程度最高,具有自身发展的规律和价格形成机制、供求平衡机制、竞争机制、自律机制、创新机制等。2000年,证券市场市场化改革力度不断加大,这主要得益于新的监管理念。市场化的核心任务,就是要解决这些历史遗留下来的结构问题。通过结构调整来增加证券市场的投融资功能和资本配置功能,让证券市场在国民经济发展中发挥更大作用。这些新的理念可以概括为:凡市场能解决的问题由市场解决;市场暂时不能解决的问题,监管部门要创造条件由市场去解决;中国证监会是上市公司的监管部门而不是主管部门,证券监管部门要尽量扮好"裁判员"的角色,去规范各类证券市场主体行为。

切实保护投资者利益。中国证监会进一步明确强调要始终把保护投资者利益放在首位。随着市场化改革的推进,证券监管部门的审批权逐渐淡化,营造严格监管、规范运作的市场环境,就成为持续增强投资者信心的前提和保证。

加强上市公司信息披露监管。在进一步调整和充实信息披露内容的基础上,实施了指定报刊与网上披露并行的披露制度。同时,针对金融企业财务状况和经营方式的特殊性,专门制定了金融企业发行上市信息披露的内容与格式,为投资者了解金融企业的相关信息提供了便利。同时组织派出机构对310家上市公司进行了巡回检查,督促上市公司完善法人治理结构,提高规范运作水平。

加强证券公司监管。2000年,中国证监会着手从制度上逐步建立证券公司监管框架。实施了证券公司净资本控制制度,加强了证券公司财务健全性和资本充足的持续监管;要求各证券公司通过证券机构监管信息系统向中国证监会报送业务资料;建立证券公司承销、投资咨询等业务实行单项发牌和年检制度;建立股票主承销商退出机制;建立了证券公司高级管理人员谈话提醒制度等。

增强证券市场稽查力量。证监会在全国9个

证券监管办公室建立了稽查分局,充实了证券期货市场一线监管力量。同时,进一步完善了证券市场实时监控系统,加大了对操纵股价、恶意炒作等违法违规行为的查处力度。仅 2000 年,中国证监会共组织对 118 件违法违规案件进行了立案查处,做出行政处罚的案件 31 起。

逐步加重自律组织的责任。2000 年初,根据《证券法》的要求,改组后的中国证券业协会开始运作。一年来,证券业协会的功能强化了,责任加重了,对证券业的自律作用也明显加强了。2000 年底,中国期货业协会宣告成立,期货业终于有了自己的行业自律组织。它将在加强自律,辅助监管,保护竞争,防范风险,维护市场公平等方面发挥其应有的作用。

(马险峰)

第二编

股票市场

股票发行市场

一、A股发行市场

2000年，发行制度的市场化改革步子加大，新股定价机制逐步完善，机构及个人投资者的申购热情继续高涨，上市公司新股发行和募集资金量再创新高。2000年深沪两市证券交易所，共有154家企业发行和增发了A股新股；162家上市公司进行了配股。共募集资金1 499亿元，超过1999年全年筹资总额的一半以上。

（一）新股发行

2000年深沪两市共发行新股139家。新股发行的高峰段集中在4～7月份，4个月共发行了63只新股，占全年的1/2强。上市新股中，最为引人注目的是宝钢股份。它以总股本125.12亿元，77.02亿元的净筹资额和18.77亿元流通股本，创下了中国证券市场有史以来的多项第一。11月27日，中国民生银行通过上交所上网定价公开发行人民币普通股35 000万股，实际募集资金40.88亿元，拉开了新一轮金融企业发行上市热潮的序幕。

2000年一级市场加速扩容的原因：第一，我国国民经济持续高速增长为证券市场繁荣提供了有力的保证。1999年我国GDP增长率为7%，2000年增长率为8%。这一增长速度有力地支撑了市场的乐观预期，二级市场上涨行情增强了企业上市融资的愿望。第二，国企改革顺利推进，使更多的企业成功地实现改制，从而具备上市条件。目前我国512家重点国有企业和120家试点企业集团中的一半已经实现了上市。同时，国家对高新技术产业的政策扶持以及向上市核准制的过渡，为大批优秀民营企业走向资本市场打开了方便之门。这就使上市资源变得更加充沛。第三，由于1997年的剩余发行额度须在2000年年底前用完，券商在数量和规模上的扩张、业务水平的提高以及业内的竞争加剧，使企业上市速度加快。第四，2000年保险资金入市比例进一步提高，加上发行方式的不断改进，吸引了大量资金涌入一级市场参与新股申购，市场资金面愈显宽裕。

表1　2000年A股月度发行情况（筹资额单位：亿元）

月份	1	2	3	4	5	6	7	8	9	10	11	12	合计
发行家数	0	2	7	14	16	12	20	6	13	7	12	16	125
筹资额	0	8.9	51.3	76.2	107.5	59	151.3	34.7	57.3	28.5	49	188.1	811.8

（二）增发新股

A股上市公司增发新股方式自1998年6月龙头股份等公司首开先河以来，这种再筹资方式逐渐受到了上市公司的青睐，2000年更成为发行市场上的新亮点。2000年4月，中国证监会颁布

《上市公司向社会公开募集股份暂行办法》(以下称《办法》)后,增发、拟增发新股的公司更是多达40余家,形成一股增发新股的热潮。

增发新股由市场决定发行价位,一般参照发行日前30日的平均收盘价,远高于发行前的每股净资产,较配股方式能够募集到更大的资金量。2000年,共有托普软件(0583)、风华高科(0636)、东方通信(600776)、清华同方(00100)等22家公司增发新股,总筹资额超过200亿元。增发家数约占新股发行总数的十分之一,筹资额却相当于新股发行的25%。

2000年之前,增发新股最多的行业是纺织行业,共有8家纺织类公司增发了新股。2000年,增发新股上市公司的行业倾向明显淡化,共涉及16个行业,除机械制造业公司(4家)数量多一点外,分布比较均匀。从增发新股公司的类型看,有重大资产重组行为的公司所占比例最大。《办法》规定了4类上市公司可以公募增发,一是符合上市公司重大资产重组有关规定的公司;二是具有自主开发核心技术能力、在行业中具有竞争优势、未来发展有潜力的公司;三是向社会公开发行股份的比例小于总股本25%或者15%(总股本为4亿股以上)的公司;四是既发行境内上市内资股,又发行境内或境外上市外资股的公司。在已实施增发的公司中,第一类公司数量最多,占总数的65.7%,第二类公司数量呈上升趋势,2000年有13家。这表明,增发新股很大程度上仍在为弱势企业"雪中送炭",支持其资产重组。

越来越多的上市公司采取增发新股而不是配股的方式进行再筹资,其主要原因有以下各点:第一,部分公司因为经营业绩持续滑坡,已丧失配股融资的资格,增发新股成为筹资唯一可能的选择。在已增发新股的35家公司中,就有16家公司已失去配股权。这些公司主要集中于纺织和机械制造这两个传统型生产的行业。第二,增发新股较配股更加市场化,突破了额度、时间和增发比例诸方面的限制,便于上市公司最大限度地筹集所需的资金,而配股则大多因大股东(主要是国有股股东)放弃配股权而不能足额募集到资金。因此,实现增发的公司平均筹资量远大于实施配股的公司平均筹资量。第三,部分公司非流通股比重过大,向社会公众增发新股有助于流通股比重的提高,改善股本结构。

表2 2000年上市公司增发新股状况

公司简称	增发时间	增发数量(万股)	增发比例(%)	发行价(元)	定价方式
吉林化工	2000.1	15 000	0.04	3.3	按竞价
深 招 港	2000.2	8 000	0.2	10.78	市价折扣法
江苏悦达	2000.2	8 000	0.17	6.6	市价折扣法
托普软件	2000.3	3 380	0.38	28.91	按竞价
风华高科	2000.5	4 000	0.13	28.5	按竞价
纵横国际	2000.5	5 000	0.34	13.88	按竞价
经纬纺机	2000.5	18 000	0.42	7.21	按竞价
上实联合	2000.6	5 000	0.32	17.36	市价折扣法
交运股份	2000.8	5 000	0.42	13.98	按竞价
银基发展	2000.8	5 000	0.38	13.6	按竞价
东方通信	2000.8	5 800	0.10	25.18	按竞价
张 裕 A	2000.10	3 200	0.14	20	按竞价

续表

公司简称	增发时间	增发数量(万股)	增发比例(%)	发行价(元)	定价方式
海欣股份	2000.10	6 000	0.22	13.79	按竞价
电广传媒	2000.10	5 300	0.26	30	按竞价
晨鸣纸业	2000.11	7 000	0.18	15.9	按竞价
西飞国际	2000.11	6 000	0.18	12.74	按竞价
佛山照明	2000.12	5 500	0.18	12.65	按竞价
鲁泰纺织	2000.12	5 000	0.32	17.8	按竞价
振华港机	2000.12	8 800	0.24	9.8	按竞价
清华同方	2000.12	2 000	0.06	46	按竞价
振华科技	2000.12	4 500	0.14	15.68	按竞价
龙电股份	2000.12	2 300	0.04	15.03	按竞价

表3　部分增发新股公司股价在二级市场的表现

公司简称	增发前三个月起始价	增发前涨幅	股权登记日收盘价	增发后三个月收盘价	增发后涨幅
吉林化工	6.73	19.61	6.40	8.94	39.69
深 招 港	12.59	4.61	12.33	12.32	-0.08
江苏悦达	6.96	61.64	7.90	11.49	45.44
托普软件	24.16	89.32	33.90	43.52	28.38
风华高科	32.27	24.88	34.88	39.43	13.04
纵横国际	16.18	35.97	18.50	18.00	-2.70
经纬纺机	9.18	44.44	11.25	11.18	-0.62
上实联合	18.83	21.35	21.48	20.51	-4.52
交运股份	14.23	21.50	16.68	15.35	-7.97
银基发展	9.53	50.05	13.72	16.05	16.98
东方通信	24.30	17.28	27.55	28.67	4.07
海欣股份	15.10	13.58	15.00	17.16	14.40
电广传媒	32.17	4.60	30.58	31.12	1.77
西飞国际	13.09	6.26	13.34	12.17	-8.77
佛山照明	12.65	10.51	13.75	12.70	-7.64
振华港机	16.67	13.26	17.06	16.26	-4.69
清华同方	48.90	6.85	47.70	44.77	-6.14
龙电股份	17.00	5.29	15.98	16.70	4.51

从表3可以看到,增发新股的发行定价尚欠相对合理。许多增发后上市的新股一直处于发行价格之下,如晨鸣纸业、佛山照明、西飞国际等。清华同方(600100)以46元增发2 000万股后,股价一直向下,在21个交易日中最大跌幅达25%。这种现象如果长期继续下去,投资者对此失去信心,证券市场的再融资能力就会受到影响,无论对发行人还是对主承销商,股票跌破发行价都是一种商誉上的损失。

(三)配股发行

截止到2000年12月，共有179家上市公司(含B股)实施了配股，比1999年增长52%。虽然公募增发渐成风气，但配股发行仍然是当前最主要的再融资方式。2000年实施再筹资（包括配股和增发）的上市公司共筹资742.8亿元，其中通过配股筹集资金550.2亿元，占总筹集资金额的74.07%；通过增发新股筹集资金192.6亿元，占25.93%。可见配股融资仍然是公司再筹资的主要方式。

表4　历年配股情况

	1997年	1998年	1999年	2000年
配股家数	122	153	118	179

(四)新股发行政策

2000年,发行市场适应资本市场加快制度创新的步伐,出台了一系列新的政策举措,改变了我国的新股发行长期采取额度管理,规定上市指标,较多地沿用计划经济的一套做法。

早在1999年7月，证监会就发出《关于进一步完善股票发行方式的通知》，允许总股本在4亿元以上的公司，可采取向法人配售和对　般投资者上网发行相结合的方式发行新股。并同意新股定价方面发行公司和主承销商可制定一个发行价格区间。这是新股发行制度上的第一次重大改革，标志着国内A股发行逐渐向国际惯例接轨。当年9月，北京首钢股份向法人预约配售17 500万新股，首次采取新方式发行股票。

2000年2月13日，证监会又颁布了《关于向二级市场投资者配售新股有关问题的通知》，推出新股发行试行向二级市场投资者按比例部分配售的办法。即：将向基金配售后的新股，在以50%上网定价发行的同时，50%向二级市场投资者配售，投资者可根据其持有上市流通的市值和折算的申购限量，按比例自愿配售新股。这一举措，使二级市场投资者，尤其是广大中小投资者获得较以前更为公平的机会参加新股的申购，同时也是新股发行方式的创新与完善。3月18日，天津水泥、沧州大化首次试点向二级市场投资者配售新股。

3月16日,证监会颁布《股票发行上市辅导工作暂行办法》的通知。同时,颁布《中国证监会股票发行核准程序》的通知,进一步提高了该项工作的透明度。

4月5日,证监会对1999年颁布的《关于进一步完善股票发行方式的通知》做了两点修改:一是放宽了对总股本的限制,即发行后总股本在4亿元以下的公司也可采取法人配售和上网发行相结合的发行方式;二是取消了对法人配售的部分占公开发行量25%～75%的比例限制,规定这一比例可以由发行人和主承销商自主确定。4月11日,两家总股本在4亿元以下的公司佛塑股份、赣粤高速,首次采用对公众上网申购和对法人配售相结合的方式发行股票。

5月22日，证监会颁布了《上市公司向社会公开募集股份暂行办法》。该办法对申请公募增发（即增发新股）的四类上市公司，原则上限定了范围。同时，证监会颁布《上市公司向社会公开募集股份操作指引》，主要对上市公司向社会公开募集股份的定价方式和发行方法做出规定。根据规定，上市公司增发新股可以采取市价折扣或市盈率定价等方法，采用对公众投资者上网发行和对机构投资者配售相结合的方式，原则上，应预留一定比例的股份向机构投资者配售。

5月23日，中国证监会颁布《关于调整证券投资基金认购新股事项的通知》，规定新股发行时不再单独向投资基金配售，取消了新基金在一级市场的优惠政策，体现了证券市场上的公平原则。

8月21日，颁布《法人配售发行方法指引》，引入询价的概念，规定发行人通过向法人投资者询价而确定股票发行价格，再向一般投资者上网发行。

10月26日，颁布《关于公司公告发行股票并上市有关事宜的通知》，提高新股发行上市的透明度和审核效率。

2000年一系列政策举措的颁布与实施，反映了管理层致力于新股发行改革的决心，明确了我国股票发行制度的改革目标是“大力推进发行机制的市场化，确立市场机制对配置资本市场资源的基础性地位”，这些措施进一步加快了新股发行的市场化进程。

（五）新股发行的创新探索

我国股票发行制度的改革在政策允许的范围内，发行人和券商就新股定价机制进行了有益的探索。2000年深招港、风华高科等一批上市公司在增发新股时开始使用价格区间竞价的新股定价方式。6月9日，波导股份和诚志股份两只新股的发行方式更显新意：在向法人配售时采用了全新的竞价方式，即发行价格只设底价，不设上限，最终由实际竞价配售结果确定发行价格。2000年发行市场中的另一处耀眼的亮点是尝试在新股定价中的询价方式。即通过向机构投资者的推介活动，了解对发行人价值评估及申购意愿的信息。根据反馈结果最终由发行人和承销商确定认为是合理的股票价格。2000年“托普软件”在增发活动中成功运用了询价的方式，得到市场的广泛认同，随后渐成风气。

超额配售选择权2000年正式被我国监管部门所认可。证监会5月份颁布的新股增发操作指引，允许券商使用超额配售选择权以规避发行风险。这表明我国的市场建设在某些方面与国际惯例正逐步接轨。

（六）发行市场的新特征

1.发行市盈率大幅上扬，平均达到26.35倍。

近3年沪深两市新股发行的平均市盈率分别为14.46%、17.00%和26.35%，逐年走高。1999年增幅18%，2000年则高达55%，成为当年新股发行的一个主要特征。2000年以来，法人无上限竞价确定新股发行价等新股发行方式的市场化改革使得新股发行市盈率屡创新高，二级市场的平均市盈率连番上升，也导致发行市场借势上行。3月，亿阳信通以35.08倍的发行市盈率创下记录，5月，安泰科技则以50.94倍的发行市盈率实现了超越，6月份，通海高科通过法人竞价方式，确定发行价格为每股16.88元，发行价的市盈率被抬至61.83倍，而7月闽东电力以令市场瞠目的88.69倍发行市盈率，创造了我国发行史上的最高记录。与国外大部分发达证券市场比较，目前我国股票市场的整体市盈率水平明显处于高位。

2.新股申购中签率一路下滑。

在发行市盈率高企的情况下，新股申购中签率却呈下滑趋势。2000年平均中签率仅有0.0048，比1998年和1999年分别降低40%和62.5%。其原因：一是发行上市公司的流通盘普遍较小。从2000年新股的上市情况来看，上市公司发行的股本数量都不太大，发行股数在1亿股以上的为24家，3 000万股以下的有9家，绝大部分是7 500万股以下的中小盘股。一般来说，上市公司发行的股本数量越大，申购的中签率也就越高。相反，流通盘越小，申购的中签率会越低。二是申购资金有增无减。申购资金量越大，中签率就越低。相反，中签率就越高。

表 5　1998 年～2000 年发行 A 股市盈率及中签率一览表

	1998 年		1999 年		2000 年	
	市盈率	中签率	市盈率	中签率	市盈率	中签率
深市	14.50	0.0088	16.99	0.0087	28.20	0.005
沪市	14.43	0.0047	17.00	0.0069	25.26	0.0047
平均	14.46	0.0067	17.00	0.0078	26.35	0.0048

3.一级市场申购资金的数量迭创新高。

我国发行市场的申购资金 2000 年上半年在 1 400～3 600 亿元间波动,之后总量上浮至 4 000 亿元以上,7 月份和 11 月份攀上了 5 000 亿元大关。11 月份民生银行冻结申购资金 4 014.31 亿元,创下我国单只新股冻结资金的最高记录。造成这种情形的原因有:市场外围资金相当充沛。我国银行利率数次下调,居民投资意识不断增强,储蓄存款出现向投资市场分流的趋势,利息税的开征加大了这一流量;保险资金增加入市比例和三类企业获准投资股市,也为一级市场提供了新的增量资金。

表 6　2000 年新股发行市盈率及资金冻结情况

月份	月度平均发行市盈率(倍)	月度最高冻结资金(亿元)
2	19.09	2 200
3	24.23	3 100
4	25.00	3 300
5	32.86	3 200
6	33.93	3 600
7	39.33	5 000
8	38.12	4 100
9	36.31	4 800
10	34.60	4 400
11	34.46	5 200
12	35.00	4 700

4.发行期溢价幅度重拾升势,最高达到 405%。

发行溢价是指新股发行期价位与二级市场的合理价位之间存在一定程度的折扣,新股上市首日都会出现涨幅,新股投资者因此可以获取高于二级市场投资的超额初始收益率。溢价幅度可以用溢价率(上涨幅度)或超额初始收益率、新股收益率来衡量。发行溢价是世界上所有股票市场的一种普遍现象。发行溢价长时间持续高企将严重扭曲市场的融资功能和投资理念,不利于市场的长期健康发展。发达国家的成熟市场一般有 10%～20%的溢价率,发展中国家股市则有较高的溢价幅度,例如马来西亚市场达到 80%。最近几年我国一级市场发行溢价率逐年走低,开始接近国外成熟市场的水平。据统计,购买新股的收益率 1996 年为 60%,1999 年降到 20%,2000 年年中维持在 15%,但是 10 月份以来又有反弹,到年底达到高点。例如:11 月 6 日苏福马发行定价 4.8 元,上市首日收盘价 24.25 元,涨幅 405%。物华股份上市首日上涨 404%;美克股份上涨 136%;辽宁时代涨幅达到 222%。随着定价机制的市场化,我国股市的溢价率将逐渐趋向正常水平。

(七) A 股发行市场的发展趋势展望

1.A 股市场对外资开放。

中国加入 WTO 以后,按其金融服务协议的要求,中国证券市场将逐渐对外开放,将允许国外证券机构在中国境内开展证券业务,允许国外投资者在中国境内买卖证券。目前,中国政府正在加快 A 股对外开放的步伐,在实现人民币资本项目下可自由兑换前,将采用“合格外国机构投资者制度”(QFII),有限度地允许外国投资者逐步进入中国证券市场。

2.市场扩容将继续,发行家数将攀升。

中国证监会首席顾问梁定邦明确表示,2001

年的市场扩容还会继续下去。宝钢股份上市后股市并未出现大的波动，促使管理层加快扩容速度，对再次推出超大型企业上市充满了信心。预测2001年主板市场上市公司发行总家数将达400家，增发新股家数的比重将由2000年的8%上升到15%左右的水平。主板市场上市公司筹集资金总量也将再次突破，上市公司配股将达到450亿元，首发新股募集资金将再度攀升到700亿～800亿元。

新股发行市盈率将在目前水平震荡。2001年将在2000年基础上一级市场冻结资金将再次出现大幅上扬，一次有效冻结将可能接近目前深沪两市流通市值水平（即14 000亿元左右）。

3. 以市场化的方式发行新股。

新股发行彻底取消额度和指标，放开一级市场发行定价，由市场供求关系来决定发行价格，即采用市场化的方式发行新股。竞价方式将成为主流，在发行方式上，有两种方法：一是先询价，即由上市公司根据本公司的市场定价，给出底线，并根据承销商的报价来确定承销方案，再经过路演向投资者推介。但这种方式有一定弊端，因询价方式参与的人数较少，容易使筹码相对集中，且易产生内幕交易，不利于二级市场股价的健康运作。因此，该方式采用机率不大。二是采取网上竞价方式，即由承销商给出指导价，再由投资者在网上竞价而产生新股发行价。这样，发股公司、承销商和投资者都可以如愿以偿，证券市场的"三公"原则也因此而得以贯彻。这一发行方式被采用的可能性最大。

（金晓斌　于建国）

二、B股发行市场

2000年B股市场已走出了1997年东南亚金融危机后的低谷。新股上市家数相当于1999年的3倍。B股发行市场的回升主要得益于这两年来出台的一系列改革政策。从1999年起，我国对企业发行B股采取了宽松的鼓励政策，对新股发行起到了直接推动作用。如取消B股上市公司企业所有制限制，允许企业"成熟一家，发行一家"，豁免企业上市前的一年辅导期。2000年又就B股企业增发A股开绿灯。为了使B股市场率先与国际惯例接轨，监管部门允许B股企业外资法人股解冻流通。政策激活了市场，2000年B股发行市场再现生机。

（一）新股发行

2000年，B股市场先后有6家企业发行并上市新股，即凌云B、中鲁B、粤华包B、雷伊B、山航B和帝贤B。共募集资金合人民币12.58亿元。

表1　2000年B股市场新股发行一览表

代码	简称	上市时间	总股本	B股流通股	发行市盈率	所属行业
2986	粤华包B	7月6日	42 000	13 000	9.52	造纸包装印刷
2992	中鲁B	7月24日	24 807	12 000	6.4	渔业水产品

续表

代码	简称	上市时间	总股本	B股流通股	发行市盈率	所属行业
900957	凌云B	7月28日	34 900	18 400	8.5	建筑材料
2152	山航B	9月12日	40 000	14 000	8.3	航空客货运输
2160	帝贤B	9月29日	20 000	10 000	7.14	纺织服装
2168	雷伊B	10月27日	17 700	6 900	6.75	纺织
	平均		29 901.17	12 383.333	7.77	

2000年新股发行有以下一些特点：

1.新股上市家数有所回升，但仍未恢复到1998年的水平。

1998年之前是新股发行上市的高峰期，1998年以后，B股新股上市举步维艰。1998年新股上市仅5家，1999年只有2家，2000年新股上市有所回升，达到6家，是1999年的3倍。

表2　深沪市场历年B股公司(家)数

	1992	1993	1994	1995	1996	1997	1998	1999	2000
深市	9	19	24	34	43	51	54	54	59
沪市	9	22	34	36	42	50	52	54	55
合计	18	41	58	70	85	101	106	108	114

2.新股上市集中在深圳B股市场。

2000年6家新上市股，除了凌云B外，全部在深圳发行上市，使深圳的B股上市公司家数超过了上海B股市场。

3.新股发行市盈率平均为7.77倍，与前两年持平。

尽管2000年新股发行上市有所回升，但是发行市盈率并未随之上升，平均发行市盈率与往年大体持平。粤华包B发行市盈率为9.52倍，凌云B为8.5倍。

4.新股的质地较好。

2000年B股新股仍然以传统行业上市公司为主，分别为纺织和服装行业、远洋渔业、建筑材料业、航空运输业、包装印刷业等。传统行业运用现代高科技，充分发挥自身较强的资源优势，不断增强企业竞争力，如：粤华包B公司与世界最大的软包装材料公司——瑞典利乐伐集团公司合资经营，生产液体食品复合软包装材料，在国内市场占有率达50%以上，公司拥有总资产约10亿元，净资产5亿元，净资产收益率达到20%左右。又如中鲁B（2992），主营业务远洋捕捞，依赖于得天独厚的近海地理位置，渔场分布地域广，鱼类资源丰富，开发价值高，其中泰安轮作业的南美渔场是世界上产量最高、品种最好的渔场之一。

5.新上市公司中不乏私营企业。

当证监会宣布取消B股发行所有制限制和企业预选制后，帝贤B股成为第一家私人控股的上市公司，前任公司董事长兼总经理是第一大股东，持股达42.55%。

6.原始股东的收益率平均达74%。

2000年B股新股走势总体上强于往年，上市新股的原始股东的收益率平均达到74.29%，帝贤B股的收益率最高在110.05%。

(二)增发A股

B股企业获准增发A股，为2000年的增发市场增添了活力。10月份，烟台张裕葡萄酒股份有限公司公开发行3200万股A股，并在深圳交易所上市，成为国内证券市场上继海南航空之后又一家增发A股的纯B股上市公司。11月份晨鸣B也紧接着成功地进行了A股增发。此外，还有开开B、振华B、苯织华B等上市公司也先后进行了公募增发A股。由此掀起了B股市场设立以来最大规模的再融资浪潮。

表3　新增发A股的B股公司

公司简称	A、B股代码	发行截止日	发行价格（元）	发行数量（万股）	募集资金（元）	总股份（万股）	流通B股（万股）
招商局	0024（2024）	2000.2.23	9.06	8 000	70 956	47 639.60	13 622.18
晨鸣纸业	0488（2488）	2000.11.2	20.80	7 000	145 600	45 339.79	16 100
佛山照明	0541（2541）	2000.12.5	12.65	5 500	——	38 594.83	8 250
京东方	0725（2725）	2000.12.19	16.80	6 000	97 490	54 955.40	14 950
鲁泰	0726（2726）	2000.12.06	17.80	5 000	86 670	20 830	8 000
张裕	0869（2869）	2000.10.16	20	3 200	61 346	26 000	8 800
海欣股份	600851（900917）	2000.10.16	13.97	6 000	81 249.7	33 529.16	7 507.50
新亚股份	600754（900934）	2001.1.8	10.80	5 000	51 905	60 324.07	15 600
龙电股份	600726（900937）	2000.12.8	15.30	4 500	——	70 079.06	27 000
东方通信	600776（900941）	2000.9.1	25.18	5 800	141 374	68 306	15 000
开开股份	600272（900943）	2001.1.15	9.60	4 500	41 249	24 300	8 000
振华港机	600320（900947）	2000.12.8	9.80	8 800	83 800	45 650	11 000

（三）发行政策

我国B股市场从设立初始，就深深打上了“政策市”的烙印。1996年6月3日，证监会颁布《关于企业发行B股有关问题的通知》，取消了对申请发股企业的所有制形式限制，私募形式开始走向公募发行。

2000年4月13日，证监会颁布《上市公司向社会公开募集股份暂行办法》，对于包括既发行境内上市内资股，又发行境内或境外上市外资股的公司在内的四类上市公司，允许向社会公开募集的方式增资发行股份；允许兼有A股或者H股的

B股上市公司增发A股,为B股市场获得较大规模的增量资金开道挖渠。

9月1日,证监会颁布《关于境内上市外资股(B股)公司非上市外资股上市流通问题的通知》,允许B股企业外资股解冻流通。

10月24日,证监会主席周小川在"WTO与中国证券市场国际研讨会"上表示,随着资本项目下人民币可自由兑换的实现,将允许外资企业上市和个人投资中国证券市场,为允许境内居民以合法持有的外汇开立B股账户和交易B股股票、全面激活B股市场铺平了道路。

(四)发展趋势

1.B**股发行向境内居民个人开放。**

B股市场对内开放政策公布后,市场投资热情由此产生,B股市场的发展面临极佳的机遇。同时在海外券商中间也引起极大反响。据统计,开市2天,B股的新增开户即超过过去8年深沪两市B股开户数的总和。开户投资者虽然现在目光投向二级市场,但一旦发行市场打开,将吸引更多的资金参与一级市场,特别是中国国内居民手中持有的巨额外汇存款,是其充沛后续资金的来源,B股发行市场将重新焕发青春。

2.B**股扩容步子将加大,这有利于缩短**A、B**股合并的历史进程。**

B股市场对内开放,预示着中国资本市场对外开放将拉开序幕。B股市场将恢复融资功能,A、B股合并成为未来的大趋势。B股市场的扩容和活跃,有利于B股市场的理性投资和合理投机行为,有利于股价向A股市场靠拢,减少B股对A股的合并冲击。另外,受政策驱动,B股市场中拥有A、B股上市公司的数量越来越多,也为A、B股合二为一形成了一定的基础。

(于建国　房肇敏)

三、H股发行市场

H股,即注册地在内地、上市地在香港的外资股。香港的英文是Hong Kong,取其字首,在港上市外资股就叫H股。自1993年在港发行青岛啤酒H股以来,我国先后挑选了4批共77家境外上市预选企业,这些企业都处于各行业领先地位,在一定程度上体现了中国经济的整体发展水平和增长潜力。截至2000年12月31日,共有50家企业在香港上市交易。

(一)国企H股IPO历史回顾

1993年7月15日,我国的第一只H股——青岛啤酒H股在香港上市,开创了中国企业在香港资本市场集资上市的先河。此后,一批国有企业先后赴港集资上市,成为香港股市一个重要的组成部分。截至2000年底,共有50家企业在港上市,从H股公司的行业统计来看,H股公司主要涉及国家一些关系国计民生的基础产业,如钢铁、炼油、化工、运输、能源、基建等国家重点扶持行业。这些公司大多数资产规模庞大,行业特征显著,属于本行业的龙头。但从2000年开始,一些规模较小的高科技公司也加入到H股的行列。从而改变了H股公司为传统、夕阳产业的状态。

中国企业在香港证券市场挂牌交易的历史可以划分为三个阶段:

第一阶段(1993～1996年):1993年H股首次出现在香港证券市场上,海外投资者基于对中国内地市场巨大投资机会的期待,掀起了中国概念热潮,H股的发行受到超额认购。但随后H股上市公司改制不完全、运作缺乏透明性、管理不善、行业缺乏增长性的缺陷一一暴露。H股业绩不良作为直接的诱因导致H股一级市场筹资困难、二级市场低迷。

1993年,我国顺利完成了第一批9家H股试点企业中6家企业在香港的发行上市,筹资近70亿港元。到1994年5月,完成了第一批企业海外发行和上市的工作。

1994年7月,国务院确定的第二批22家候选海外上市的企业试点工作开始进行。由于香港市场不景气,到1994年底只完成了第二批企业中的东方电机、洛阳玻璃、庆铃汽车和海兴轮船等6家企业的发行上市工作,加上第一批中的3家,1994年共有9家内地企业在香港上市。H股刚刚开始发行的初期,海外投资者出于对中国经济高速增长的憧憬,投资十分踊跃,掀起一股中国概念热潮。绝大多数H股发行时获超额认购,H股股价也节节扬升,恒生国企指数由1993年7月推出时的800余点,急升至同年12月的2 000点,但历时短暂,随后许多H股纷纷回调,甚至跌破发行价。1995年由于H股发行工作在1994年没有如期完成而进一步的陷入停顿状态,全年仅有两家企业完成了H股发行工作,发行规模也大幅萎缩。1996年全年,恒生国企指数从上一年的低谷状态中恢复,但指数徘徊于800点至900点之间,直至下半年H股板块再度受到市场的关注,全年有6家内地企业在香港上市。

第二阶段(1997年):1997年是H股发展速度最快、筹资规模最大的一年,也是市场发生急剧转折的一年。上半年,回归效应及重组概念再次掀起了投资中国的热潮,H股指数从7月初的1 000多点在一个多月内上冲到8月26日的1 783点,34家H股的平均升幅高达70%。随后,东南亚金融危机爆发,导致包括H股在内的港股大幅振荡。

1997年是历年发行H股速度最快、规模最大的一年。1997年1月公布的38家海外上市的候选国企H股公司中,被提名上市的公司大多数为规模大、盈利能力好、地域分布多样化的公司。至1997年底,共发行上市H股16家,筹资302亿港元。

第三阶段(1998年至今):1998以来H股市场陷入持续低迷状态中,尽管中间偶有反弹,但一直维持下跌趋势。特别是1999年10月以来,其走势和恒指发生了明显的背离。恒指在2000年已经冲破17 000点大关,创下1997年以来的新高,而国企指数却不断走低,跌至300余点的历史低位,平均市盈率仅为8倍左右。H股二级市场的行情低落直接的导致了一级市场发行受到投资者的冷落。1998年和1999年分别有2家和3家企业上市,到2000年随着国内国企改革步伐加快,国有超大型企业需要借助证券市场建立现代公司体制。在国内A股市场尚不能承担“国企航母”冲击的条件下,虽然H股板块仍然低迷,但通过调低发行定价、缩小发行规模,以及引入战略投资者等方式,H股发行在2000年仍然取得了突出的业绩,全年6家企业成功上市,发行规模达到36 189 606 000股,较1998年和1999年的2 350 000 000股和874 727 000股分别增长了1 540%和4 137%。

历年内地企业在香港市场的 IPO 情况

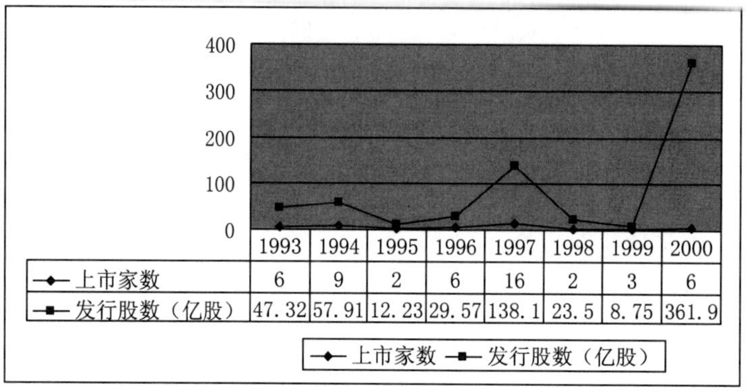

(二) 2000 年 H 股 IPO 情况

2000 年各有 3 家内地注册企业分别在香港主板或创业板上市,6 家公司上市的情况如下表:

表 1　2000 年内地 H 股 IPO 情况

	公司名称	行业分类	发行数量(亿股)	上市日期
主板市场	北京首都国际机场股份有限公司	公用事业及综合类	13.46	2000.02.01
	中国石油天然气股份有限公司	石油类	175.8	2000.04.07
	中国石油化工股份有限公司	石化类	167.8	2000.10.19
创业板	北京北大青鸟寰宇科技股份有限公司	软件	0.24	2000.07.27
	上海复旦微电子股份有限公司	电子	1.25	2000.08.04
	同仁堂科技股份有限公司	医药	0.728	2000.10.31

(三) 发行 H 股公司增发 A 股

2000 年为解决 H 股市场长期低迷,股价偏低,H 股上市公司失去证券市场再融资能力的问题,中国证监会对 1997 年以来实行的"一家一股"政策进行了进一步的调整。具体的政策是不但允许已经发行过 A 股和 H 股的上市公司进一步增发 A 股,也允许已经发行 H 股但尚未发行 A 股的公司增发 A 股。2000 年 4 月起,受到有关利好的刺激,H 股板块逆恒指大盘出现涨升行情。2000 年有多家 H 股公司提出增发 A 股,在 2000 年年底之前获得中国证监会批准的有两家,由于程序性原因,两家公司的 A 股均被安排在 2001 年年初挂牌交易,有关情况见下表:

表 2　H 股公司增发 A 股情况一览表

公司名称	行业分类	H 股发行量(股)	A 股发行量(股)	发行完成日期
江苏宁沪高速公路股份有限公司	公路桥梁	1 222 000 000	150 000 000	2000.12.22
广州药业股份有限公司	医药	219 900 000	780 000 000	2000.12.29

(四) 2000 年发行 H 股公司概况

(0694)北京首都国际机场股份有限公司

Beijing Capital International Airport Company

上市日期：2/1/2000　法定股数：
主　　席：李培英　已发行 H 股股数：1 346 150 000
电　　话：　　　　买卖单位：2000
注册地址：中华人民共和国　恒生分类：H 股
地　　址：香港中环干诺道 1 号怡和大厦 27 楼
网　　址：

主营业务：

于北京机场从事航空性及非航空性业务。

简　介：

集团于 1999 年成立，经营国营机场北京首都国际机场，亦提供航空服务，包括地勤设备及安排航机等，同时亦有出租广告位置及商铺如免税店、餐厅、酒吧及车场等。

主要股东：北京首都机场集团公司　持股量：65％

(0857)中国石油天然气股份有限公司

Petro China Company Limited

上市日期：4/7/2000　法定股数：1 582 亿股
主　　席：马富才　已发行 H 股股数：175.8 亿股
电　　话：28992010　买卖单位：2000
注册地址：中华人民共和国　恒生分类：H 股
地　　址：香港金钟道 89 号力宝中心第 1 座 1809 室
网　　址：http://www.petrochina.com.cn

主营业务：

原油和天然气的勘探、开发和生产；原油和石油气产品的炼制、运输、储存和营销；化工产品的生产和销售。

简　介：

集团是国内销售额最大的公司之一，广泛从事与石油有关的各项业务，包括：原油和天然气的勘探、开发和生产；原油和石油产品的炼制、运输、储存和营销（包括进出口业务）；化工产品的生产和销售；及天然气的输送、营销和销售。集团是中国最大原油和天然气生产商，在中国的八个省份、三个自治区及一个直辖市经营 29 家炼油厂。集团亦有 17 家化工厂，生产基本和衍生石化产品，如乙烯、尿素等。

主要股东：中国石油天然气集团公司
　　　　　持股量：90％

(8069)同仁堂科技股份有限公司

Tong Ren Tang Technologies Co Ltd

上市日期：10/31/2000　法定股数：100 000 000
主　　席：殷顺海　已发行 H 股股数：72 800 000
电　　话：　　　　买卖单位：2000
注册地址：中华人民共和国　恒生分类：H 股
地　　址：香港上环文咸东街 78 号华东商业大厦 18 楼
网　　址：

主营业务：

生产及销售中成药，类型包括：冲剂、水密丸剂、片剂及软胶囊剂。

简　介：

集团于 2000 年 3 月在香港成立，公司乃北京同仁堂，主要业务为生产和研发中国成药，通过本身的出入口部门，运到外地发售。集团现有 275 种产品，包括感冒清热冲剂、愈风宁心片等。此外，集团亦主力开拓电子商贸，扩展市场销售网络，并且致力增强产量及研发能力，藉此增加盈利。集团截止到今年 4 月底的总营业额，有 65％来自公司的 4 大产品，较去年同期增长一成。该 4 大产品分别是：六味地黄丸、感冒清热冲剂、板蓝根冲剂及牛黄解毒片。今年首4个月，集团营业额为1.27亿元人民币（下同），上述4种产品已占了8 190万元。集团计划在未来2至3年，斥资1 000万元，发展3只新药，分别是治疗病毒感冒、心血管疾病及更年期综合症的新药。该1 000万元资金会分阶段投入，今年先投入50万元，明年850万元及后年投入100万元。加上，由于增加产量及控制成本得宜，集团的边际利润连年上升。截至今年4月，集团的产品净边际利润由上年度的12.4%，增加至18.8%。1998年度的净边际利润为9.7%。

主要股东:北京同仁堂　　持股量:54.7%

(8095)北京北大青鸟寰宇科技股份有限公司

Beijing Beida Jade Bird Universal Sci－Tech Company Limited

上市日期:7/27/2000　法定股数:94 000 000
主　　席:许振东　已发行H股股数:24 000 000
电　　话:　　　　　买卖单位:200
注册地址:中华人民共和国　恒生分类:创业板
地　　址:中国北京海淀路中成大厦1117/1119室
网　　址:http://www.china－jbu.com

主营业务:

中国的软件发展商及集成电路设计商。

简　介:

集团是全中国首屈一指的软件发展商和集成电路设计商之一,拥有发展嵌入式系统产品的软件应用和设计集成电路的专业技术。本集团研发的嵌入式系统产品主要分五类,包括安全芯片、网络安全产品、聪明卡应用系统、卫星定位应用系统、无线火灾警报系统等。集团亦为客户提供全面解决方案,透过应用现有嵌入式系统产品,切合各客户的特定需求。

主要股东:北京大学　　持股量:33%

(8102)上海复旦微电子股份有限公司

Shanghai Fudan Microelectronics Company Ltd.

上市日期:8/4/2000　法定股数:245 000 000
主　　席:蒋国兴　已发行H股股数:125 000 000
电　　话:021－53085050　买卖单位:4 000
注册地址:中华人民共和国　恒生分类:创业板
地　　址:香港轩尼诗道19号金钟商业大厦2楼
网　　址:

主营业务:

以中国为基地的应用专门集成电路(或ASIC)设计及系统集成公司,主要从事设计及销售工业应用IC。

简　介:

集团为一间以中国为基地的应用专门集成电路(或ASIC)设计及系统集成公司,集团主要从事设计及销售工业应用IC,其产品包括通信产品、聪明卡、摩托车电子产品、电力电子产品及消费电子产品所采用的IC。

主要股东:职工持股会　　持股量:28.85%

(0386)中国石油化工股份有限公司

China Petroleum & Chemical Corporation

上市日期:10/19/2000　法定股数:67 121 951 000股
主　　席:李毅中　已发行H股股数:16 780 488 000
电　　话:　　　　　买卖单位:2000
注册地址:中华人民共和国　恒生分类:其他
地　　址:香港湾仔港湾道1号会展广场办公室大楼12楼
网　　址:

主营业务:

在中国勘探、开发和开采原油和天然气,油、分销和营销汽油、柴油航煤和大部分其他主要石油产品,生产和分销石化产品。

简　介:

集团是一家拥有上游、中游和下游业务的综合一体化石油和石化公司，按1999年集团在持续经营业务的经营收入人民币2 130亿元计算，集团是中国最大的石油和石化公司，也是亚洲最大的石油石化公司之一。集团是中国和亚洲最大的汽油、柴油、航煤和大部分其他主要石油产品的炼油厂、分销和营销商。1999年通过本公司的直销和批发分销网络以中国石化品牌出售的汽油和柴油的销售量，约占该类产品全国总消费量的

62%和本公司及所属公司位于中国东部与南部地区主要市场消费量的84%。集团也是中国最大的石化产品生产商和分销商，集团的乙烯（石化产品的主要原料）产量占1999年中国总产量的47%以上。此外，集团还勘探、开发和开采原油和天然气，主要供本公司的炼油和化工业务自用。1999年集团炼油和化工业务所需的原油中约31%由集团原油勘探开采事业部提供，余下则自国内和国外市场采购。

主要股东:中国石化集团公司　持股量:54.8%

（陈峥嵘　朱春生）

股票交易市场

一、A股交易市场

2000 年 A 股市场走出了长达八个月的牛市行情，确立了我国股市长期牛市的走向。深沪两市综指连连刷新历史记录，分别创出 2 125 点和 656 点的新高，成交量也一度放出 926 亿的天量，尤其是沪市综指对 2000 点的突破，成为股市发展的里程碑。2000 年的 A 股市场上，有一条政策面的主线对当年的牛市行情形成最直接的支持，这条主线就是"超常规发展机构投资者"的思想。实际上，这个思想的雏形是 1999 年底允许"三类企业入市"及"允许保险公司将总资产的 5%通过购买封闭式基金入市"。2000 年我国股市中的资金量乃至市场的投资理念发生了较大的改观。转配股上市、国有股减持、创业板等问题，也纷纷浮出台面。

(一) 2000 年市场行情综述

2000 年新年伊始，在市场号召力最强的科技、网络股强势反弹的带动下，大盘终止了 1999 年底的七连阴，出现反弹，并就此开始 2000 年第一轮走势凌厉的上攻行情。从年初的这段行情来看，政策面的支持相当显著：年初国家领导人与著名经济学家纷纷在公开场合发表言论，看好新世纪的经济发展与证券市场；1 月 14 日，五家券商获准进入同业拆借市场；1 月 27 日，证监会公布沪深证交所将设立高新技术板的政策；2 月 14 日，新股发行试行向二级市场配售；2 月 23 日人民银行与证监会联合发布《证券公司股票质押贷款管理办法》。这些措施的出台，为当年证券市场的发展奠定了较暖的宏观面和政策面的大环境，同时向二级市场配售政策的出台改变了大量资金长期滞留在一级市场获取高额无风险收益的局面，促使资金向二级市场流动。

经过年初的快速上扬后，大盘进入为期一个月的胶着盘整期，至 3 月 14 日证监会发布转配股将从 4 月开始逐步安排上市流通的消息，股市一度出现连续三天急跌，但接着，泰康、华泰两家保险公司获准提高入市资金比例，由原来的 5%增至 10%，暗示了政策面继续在不遗余力地增加市场资金供给，从而再度使股市回暖。

接下来的 4～6 月，大盘在低价大盘股和钢铁股的领涨带动下，开始演绎慢牛行情。这期间，以马钢为首的低价大盘股的强劲走势，显示市场的资金实力相当雄厚，开始出现资金与筹码的不平衡。从这段时间的政策面看，5 月 23 日中国证监会主席周小川提出要超常规发展机构投资者，管理层大力促进机构投资者发展的思路更加明确，6 月 30 日中国人民银行出台了《企业集团财务公司管理办法》。而管理层宣布 PT 股不设跌停板的举措也对市场的稳定起到较大作用。由于资金面充裕，大盘在随后的两个月再度拒绝调整，在技术指标严重超买的情况下，加速上行，继续演绎这一轮资金推动型行情。

到 8 月下旬，在市场各项技术指标严重超卖，个股行情已经把能够挖掘的题材用尽的时候，对大盘有较大影响的几大因素的权重发生了转折，技术性因素占据了主导地位，大盘于 8 月 22 日摸高 2 114 点后终于开始步入调整阶段。9 月底，被认为对主板市场将造成资金分流的创业板的推迟出台，使市场对资金面的担心得到化解，市场出现反弹。至 11 月 24 日，大盘创出新高 2 125 点后，再度调整。

从 2000 年全年来看，对市场影响较大的基本面、政策面、资金面、技术面，在不同时期，对市场的影响权重不断地发生变化，从而使 2000 年 A 股市场行情分为三个不同阶段：年初，基本面和政策面明显对大盘影响力较大，高科技股成为领涨板块；随后由于政策面的支持导致资金面的充裕使大盘逆技术指标不断上行，国企大盘股成为领涨先锋；至 8 月下旬，技术面在被严重扭曲的情况下，开始发挥威力，直接导致大盘的调整，次新股板块成为市场关注热点。

（二）2000 年市场运行特点分析

从博弈的角度看，在一个个人投资者占主体的市场中，博弈行为较为简单，机构投资者容易取得超额利润。2000 年在管理层超常规发展机构投资者的前提下，机构资金纷纷入市，从而使得市场资金相当宽裕的同时，博弈行为趋于复杂化，市场运行出现了许多新的趋势，主要表现为：

1. 市场平均市盈率维持在 50～80 倍之间，深市高于沪市。

整个 2000 年沪深综指在充裕的市场资金的推动下不断上扬。随着沪深综指不断创出新高，市场的平均市盈率也处于不断盘升的状态中。2000 年的两市平均市盈率在 50～80 倍之间，而 1999 年两市的平均市盈率处于 40～60 倍之间，市盈率水平出现明显的上升。

2000 年股指之所以能够维持在较高的水平，主要得益于充裕的市场资金的推动作用，其中主要是三类资金的贡献：一是券商资本金的有效扩大与融资渠道的开辟；二是保险金的大规模入市；三是允许三类企业入市的资金。

2. 持股心态趋于稳定，持股期限不断延长，换手率总体呈现不断降低的态势，锁仓现象日益普遍。

以往的市场行情中，存在着较强的季节性特点，主流资金多喜好做年度行情，以至于有“春种秋收冬闲”的说法。因为短线行情重势，使得主流资金的运作往往具有较强的趋同性，拉升时一拥而上，出货时则作鸟兽散。从根本上说，这种行情属于赚取落差的流民式行情，是市场预期不明朗的产物。但 2000 年以来，由于多数机构预期市场已进入长期牛市，持筹与否越来越成为主力获利的根本，大批机构投资者参与的结果，使得筹码大量被锁定，持股期限有不断延长的趋势。

根据海通证券研究所对沪深两市交易所数据的统计，2000 年 1～4 季度的沪深两市 A 股换手率分别为 166.55%、129.63%、104.40% 和 70.68%，呈现逐季下降的态势（见表 1）。而逐月的数据亦显示，3 月份达到 74.54% 的高换手后，除 6～8 月曾出现较大反弹（分别为 46.84%、37.20% 和 44.61%）外，总体保持下降，10 月份换手率只有 18.47%。结合同期的大盘表现来看，锁仓的特征极为明显（见表 2）。其原因：一是长庄股数量空前增多，二是主力出货大多不彻底，股价反复的次数增多。除非个股涨幅非常惊人，主力出货多采取摊低筹码成本的方式，保有一部分筹码做组合投资，从而造成股价中枢上移。

表 1　1999 年 1 季度～2000 年 4 季度沪深两市 A 股换手率

季度	1	2	3	4
1999 年	50.15	148.60	128.75	48.40
2000 年	166.55	129.63	104.4	70.68

资料来源：海通证券研究所根据深沪两市交易所数据计算。

表 2　2000 年 1～10 月沪深两市 A 股换手率

月份	A 股	月份	A 股
1	44.68%	6	46.84%
2	59.13%	7	37.20%
3	74.54%	8	44.61%
4	48.92%	9	22.27%
5	33.91%	10	18.47%

资料来源：海通证券研究所根据深沪两市交易所数据计算。

3.A 股市场由机构与散户之间的博弈为主转向以机构与机构之间的博弈为主，使得行情演变日益复杂化。

由于机构投资者入市有一定的阶段性，而筹码供给速度则保持相对均衡，使得较长一段时间里筹码成为稀缺资源。经过 2000 年一季度的高换手后，后续资金要获得筹码，更多地要从其他机构手中获得，而一季度的高换手中也必然包含着大量机构间换手，使得机构之间的博弈行为逐步取代机构与散户之间的博弈，成为市场的主流。机构的广泛参与使得行情演变日益复杂化，尤其是在市场到达一定高位后，机构之间的分歧严重从而导致行情多次反复，这是机构对散户行情中不曾具备的特点。从上表 2 可以看出，沪深两市换手率在 2000 年 6～8 月突然提高后，9、10 两月又迅速降低，不足 8 月换手率的一半，而同期指数基本上走了个"V"型，表明 6～8 月曾发生过机构间的密集换手，部分机构退出，而新进入机构则在进一步锁仓的基础上发动行情，试图使退出机构踏空。这种机构之间博弈行为的复杂性，使得根据经验预测后市变得极为困难。

个股行情方面，机构间博弈使得几种情况日益增多。一是换庄股数量空前增加。仅在 2000 年一季度，就有河南思达、北商技术、友好集团、鼎球实业等十几只股票出现了明显的换庄行为，弱庄为实力强大的新庄所替代。机构逐鹿的特点在这类个股身上表现得极为明显。二是新股行情不断升温。不甘心为老机构托盘的新资金宁愿选择定价甚高的新股介入，使得新股开盘价水涨船高。而高价位往往会带来筹码通吃，将来能指望接盘的也只有后续机构。

4.缺乏业绩支撑的概念化行情盛极而衰，市场行情由板块为主的时代步入以个股为主的时代。

以往那种阶段性行情的特点是重势，其要点就是发掘概念，起动板块行情，有效调动市场人气，在高位实现顺利脱逃。作为一个标准的零和博弈，阶段性行情的大小，在很大程度上就取决于概念的想象空间；而由于概念本身缺乏业绩支撑，其行情区间也就大多局限在报表公布间隙期内。从这个意义上说，2000 年年初兴起的网络概念股已使概念化行情达到顶峰。但与此同时，它也宣告了板块炒作时代的终结，制造一个概念进行暴炒，然后通过连篇累牍的宣传文章即可诱导投资者买入的时代，已经一去不复返了。

在一个机构博弈日益成为主体的市场上，缺乏业绩支撑的概念化行情越来越不能激起市场参与的热情，机构从各自的利益出发，努力创造多概念、多板块，结果却形成了无概念、无板块的局面，资金主要是按个股而非板块的情况分布，市场已进入以个股为主的时代。潜心研究个股而非行业板块，越来越成为市场参与各方盈利的根本，即使是大资金如新基金等亦不能例外。由于个股行情间缺乏明显的行业关联，组合理论研究将逐渐成为机构关注的焦点。

5.个股行情预期的观念深入人心，对公司未来基本面变化的预期成为支持股价的主要因素。

如果说 1996～1997 年的行情属于价值发现，那么 2000 年以后的行情就属于价值创造。目前市场默认的一个原则是，公司已知的信息已充分反映在现有股价中，只有预期中的重大变化才能导致股价的大幅波动。换句话说，原有的股价，无论市盈率多高，也都被市场认作其价值的真实体现，一旦基本面发生变化，就应当成为股价变动的理由。从这个意义上说，目前为止的所有牛股，贯穿其中的都是所谓"大重组"概念，其核心是对公司未来基本面变化的预期，并且这种预期的提前量有越打越大的趋势。

(三) 2000 年市场走势的技术分析

从波浪理论分析，1996 年以来的牛市行情经过 2000 年的发展，远没有到结束的时候。以上证综合指数为例，以 1996 年 512 点为起点的行情正在构筑一轮大循环浪，按照波浪理论划分：512～1 510点为主升段(I)，1 510～1 047 为调整浪(II)，1999 年 5.19 行情启动开始为主升段(III)，也就是目前仍在进行的行情。而从主升段(III)来看，其低一级的浪形即循环浪浪形划分为：从 1 047～1 756点为上升第 I 浪，1 756～1 341 点为第 II 浪，2000 年年初开始的 1 341～2 114 点为第 III 浪，从 2000 年 8 月下旬 2 114 点以后开始为第 IV 浪调整（调整以平台型方式展开）。从 5.19 行情开始，由于第 I 浪与第 III 浪等长，因此第 V 浪长度将会倾向于是第 I 浪与第 III 浪的黄金倍率，保守估计大致在 1 000 点左右，但这一浪的时间跨度将跨过 2001 年。因此即使 2001 年行情延续本轮循环浪行情，明年的高度也将只是下一轮升浪的一部分。从波浪的角度来看，1 756 点位置较为关键，该点可视为多空双方的分水岭，如果后市调整过程中不跌破 1 756 点，则以上数浪成功的概率较大。

从长期趋势来看，大盘自 1994 年以来已形成一个长期上升通道，其下轨由 512 点和 1 047 点二点连线构成，其上轨由 1 052 点与 1 510 点二点连线构成，通道宽度为 500 点左右，并且每年约以 150 点左右的速度上移，2000 年 8 月的 2 114 点正处于上轨附近，虽短暂越过，但迅速被拉回，而后期的 2 125 点也受到了上轨的制约，预计 2001 年该轨道将移至 2 300 点的位置，三年内通道上轨将上移至 2 600 点附近。从这条通道的角度看，无论 2001 年大盘具体以什么态势运行，2300 点都将成为一个重要的技术阻力位。

总之，从 2001 年的行情来看，我们认为是在 2000 年行情基础上的一个巩固过程，整个市场将呈现一种平衡偏强势的状况，其全年的指数的波动范围将大部分落于 1 874～2 300 点这样一个箱体中。

（于小丽）

二、B 股交易市场

2000 年是 B 股市场告别持续低迷、重现发展前景的一年。一年来，不仅有利于 B 股发展的政策暖风继续吹送，上市公司的整体业绩有了一定的改善，一级市场的发行较之 1999 年有了起色，而且 B 股二级市场的表现绝不亚于同期的 A 股，美林公司在年底发表的一份评比报告中称，2000 年全球 40 个股市中上海 B 股指数以 136.22％的涨幅名列第一。

（一）2000 年 B 股市场回顾

1.B 股政策面回顾

继 1999 年 6 月 B 股印花税下调至 3‰和《关于企业发行 B 股有关问题的通知》出台，取消 B 股发行的所有制限制和预选制以后，2000 年有关 B 股发展的政策又有了新的变化。2000 年 5 月，证监会发布了关于《公募增发暂行办法》，对于同时发行内、外资股的上市公司特别提出：只要连续三年盈利，发行后预测净资产收益率不低于同期银行利率，即可申请公募增发新股。9 月 1 日，证监会公布了《关于境内上市外资股（B 股）公司非上市外资股上市流通问题的通知》，从法规上为境外法人股的上市流通扫清了障碍。

除了在法规上保证 B 股政策的连续性，以稳定和促进市场健康发展以外，管理层还多次在不同场合对如何规范和发展 B 股市场表明了立场和观点。10 月 24 日证监会主席周小川在“WTO 与中国证券市场国际研讨会”上发表演讲时表示，随着条件的成熟，允许符合标准的外国企业到中国股票市场发行上市，同时借鉴国际经验，积极研究引进合格的外国机构投资者的政策,允许外国证券机构通过其在证券交易所设立的特殊席位直接进行B股交易,允许设立中外合资的证券公司和基金管理公司。12月初,在“2000年中国上市公司成果博览会”期间举行的大型研讨会上,周小川在所作主题报告中就A、B股并存的问题发表了最新见解,称“A、B股并存的问题……真正的最彻底的解决办法,还是要等待货币完全自由兑换……但并不是说在这之前就无所作为,因为这个问题的存在,在很多方面影响中国证券市场发展的国际化,因此必然要有所作为,在这方面取得突破性进展。”

因此,政策面的支持是2000年B股出现大行情的根本原因,而且政策面因素将继续对B股市场的发展起决定作用。

2.公司基本面回顾

截至2000年12月31日为止,沪深两市B股上市公司总数为114家,所属行业几乎覆盖了我国经济的各个层面,传统行业占多数;B股流通市值合计563.3亿元人民币,两市B股平均市盈率为16.38倍。

(1)中报业绩情况——总体业绩微升

比较1999年和2000年的中报业绩:沪市B股1999年中期平均为0.0413元,2000年中期平均为0.0589元,增幅达42.3%;深市1999年中期平均0.0738元,2000年中期平均0.0699元,略有下降。从2000年中期业绩报亏情况看,沪市有7家,深市有10家,亏损面有所增加。

(2)重组情况——重组形式创新

2000年,资产重组依然是上市公司和市场的热点。2000年B股公司的重组面进一步加大,重组力度也有一定的加强,重组形式更是出现了新变化。

沪市的轮胎橡胶,在2000年8月份以3.2亿美元的价格将下属之乘用轮胎厂等资产设备转让给中外合资上海米其林双钱回力股份有限公司,由此分批获得3.2亿美元的现金收益,同时借助与法国米其林的合作提升了品牌的市场竞争力;而米其林公司则通过合资企业的桥梁作用,实质性控股轮胎橡胶,间接地进入了中国证券市场。轮胎B的资产重组以中外合作重组国有控股企业的形式成为2000年资产重组的新尝试。

此外,冰箱B回购国家股4 206.2753万股并转让手下亏损公司;凤凰B通过重组重新选择行业定位;胶带B转让国家股引进新大股东;以及临近年终,多家B股上市公司与关联企业进行资产置换等突击性重组等,都自始至终地贯穿于2000年的行情演变中,成为B股市场的主流热点。

3.市场面回顾

(1)发行情况——新发、增发渐多

①新股发行

截至2000年12月1日,沪深两市共有6家B股公司发行上市,它们分别是沪市的凌云B、深市的粤华包B、中鲁B、山航B、帝贤B、雷伊B。这标志着沉寂已久的B股市场筹资能力已得到一定的恢复。

②增发A股

2000年2月23日,招商局B增资发行8 000万股A股,拉开了2000年B股公司增发A股的序幕。特别是,在《公募增发暂行办法》颁布之后,符合条件的B股公司纷纷提出增发A股的方案——7月,纯B股公司张裕B宣布增发A股决议,并于10月26日上市交易;随后,深市的晨鸣B、鲁泰B、粤照明B、京东方B,沪市的振华B、龙电B都陆续推出和实施了增发。因此,B股上市公司已开始逐渐摆脱再融资难的困境。

B股市场上市公司由于筹资功能的恢复,其内在质地也不断得到修复,B股市场的投资和投机价值开始凸现。在颠簸了8年后,B股市场开始走出窘境。

(2)二级市场走势——强势表现不断

沪深两市B股走势相仿,大致可分为五个时间段,其各自的股指表现如下表所示:

时间段	沪B股指表现	深B股指表现
年初至5月中旬	窄幅振荡、横向运行,介于35点至45点之间	绝大多数时间在500点至600点的空间内振荡

时间段	沪B股指表现	深B股指表现
5月下旬至6月初	小幅上扬至55点水平,此后一个月再作横向盘整	上扬至700点以上,并在750点之下作整理
7月中至8月下旬	股指急冲而上,收盘最高83.06点	股指急升,收盘最高943.60点
8月底至10月中	股指分三波回调,跌至最低收盘58.24点	逐步回调至730水平
10月底至年底	重拾升势报收于89.55点	再续升势,以938.35点报收

(3)成交情况统计——价升量增、人气转旺

截至12月底,沪深B股的交易情况如下表所示:

项目	上海B股	深圳B股
总成交金额(人民币)	344.168亿元	203.805亿元
总成交股数(万股)	1 267 772.86	735 840.48
总成交笔数(万笔)	124.60	131.04
流通市值(人民币)	334.545亿元	228.768亿元
市价总值(人民币)	334.545亿元	300.650亿元
市盈率水平	25.23	15.00

注:上表数据来源于上海证券交易所和深圳证券交易所的市场统计。

以上海B股为例,2000年平均每日成交5304.49万股,明显高于1999年,显示出市场人气的趋旺变化。

(4)行情原因分析——价值回归、政策预期和增量资金

2000年全年,沪、深B股分别有约136%和68%的升幅。回首2000年的沪市B股走势,B股行情除受宏观经济向好、A股屡创新高等外因的影响以外,就B股市场本身而言,还有内因的作用,即股价向每股净资产回归,以及源于对上市公司业绩回升的预期。

此外,管理层的态度也在客观上加强了投资者的入市意愿,以上半年的"A、B股并轨之说"以及下半年证监会主席周小川在"WTO与中国证券市场国际研讨会"上的讲话分别对行情的推动起了较大的作用。

再有,增量资金的不断涌现也使市场活跃度大增。特别是在行情最为火爆的8月份,沪市周成交额迭创新高。外资的重新回流是又一资金面的变化。最典型的例子是,2000年6月英国商联保险集团(CGUN)旗下原有规模为2000万美元的中国B股基金成功扩募至6 000万美元。

(二) 2001年B股市场展望

1.政策面展望——深层次改革和制度创新在酝酿中

作为中国境内唯一离岸资本市场的B股市场,在中国正式加入世贸组织后、全面开放金融市场前的"过渡期"内,有望充分发挥"中国资本市场国际化桥梁"的作用,实现这种作用的前提是:B股市场必须进行制度改革和市场功能的重新定位。可喜的是,变化的迹象正在逐步显现。

迹象之一,《关于境内上市外资股(B股)公司非上市外资股上市流通问题的通知》明确了境外投资的退出有了法规保障。

从发展的眼光看,《通知》首先有助于实现B股上市公司股本结构向全流通概念靠拢,较之纯A股公司更加贴近国际惯例;其次,流通股比例扩大以后,理论上外资可通过国际通行的收购兼并和股权收购的方式取得企业的控制权,真正参与企业的经营管理,从而为境外投资者以市场行为打开中国证券市场大门提供了前提;另外,《通知》有利于吸引中外合资企业在国内发行上市。此前总认为外资看中国内证券市场的一大理由是国内A股的发行市盈率较高,可筹集较多资金,而《通知》对引导这类企业发行B股创造了政策氛围,说明管理层有意壮大B股的市场规模和根本改善企业的资产质量。

迹象之二,在"2000年中国上市公司成果博览

会”期间的研讨会上,证监会周小川主席认为 A、B 股并存的彻底解决要等人民币完全可兑换,同时又明确在此之前必须要“有所作为”。这给了市场一个悬念,也构成一个潜在的利好。

我们预计,2001 年开始,在市场需求方面,中外合资基金的设立、加强国内民间外汇储蓄向 B 股投资的转化可能逐步浮出水面。

因为,首先,境内投资者不能买卖 B 股是由于资本项目下人民币不能自由兑换而决定的,目前,境内少量的外汇资金投资 B 股早已成为中国 B 股市场公开的秘密,如果一味强调外汇管制而忽视资金在自由流动条件下更有效率的客观事实,只会对证券市场的资源配置功能产生消极影响。

其次,在《全球金融服务协议》中规定,协议各方必须对外开放银行、保险、证券和金融信息市场;允许外国在国内建立金融服务公司,外国公司享受同等进入市场的权利;取消跨边界服务限制;允许外国资本再投资项目中的比例超过 50%。中国一旦加入世贸组织,将按照《服务贸易总协议》确定的规则,金融市场终究要逐步开放。

因此,在全面开放的既定趋势下,境内外投资者在同一个资本市场上进行投资活动只是时间问题;向境内合法持汇人开放 B 股市场必将大大刺激 B 股市场的有效需求,推动整个市场的健康发展;而且只有 B 股市场发展了、活跃了,才能使其很多已僵化了的功能得到更好地发挥和运用;只有 B 股市场发展了、活跃了,才能吸引更多的境外投资者进入市场,吸引很多已经对 B 股市场失去信心的投资者回流 B 股市场。B 股市场需要一个良性循环,相关政策是促使其形成的原始推动。随着 2001 年 2 月 21 日《关于境内居民个人投资境内上市外资股若干问题的通知》的出台,这一预期已经得到证实。

我们预计,2001 年开始,在市场供给方面也会出现一定的创新。

具体而言,第一,在股本设置方面可以引入“存量发行”的方式,为国有经济从竞争性部门退出减少障碍。既与当前国有股、法人股减持的原则思路相适应,也有利于我国产业结构的调整,使 B 股公司从设立之初便符合国际惯例,提高境外投资者参与 B 股投资的积极性。

第二,致力于解决上市公司深层次问题和竞争力培育的资产重组将广泛地被 B 股公司接受和运用。比如说,进行跨地区、跨行业的收购兼并;A、B 股企业的相互收购兼并;从外资企业中寻求优质资产对 B 股上市公司进行重组;鼓励民营企业尤其是民营高科技企业利用 B 股公司的壳资源,与 B 股上市公司联姻,改变上市公司行业定位;鼓励 B 股上市公司以收购兼并为目的的增资发行活动,以市场经济固有的原则来确保上市公司重组活动的质量。

因此,B 股市场的国际化、市场化将成为我国证券市场全面市场化、逐步国际化的实战试验田。

2. 公司基本面展望——重组提升业绩,分红更显重要

2001 年上市公司的资产重组行为仍将一如既往地进行。一方面,对于在 2000 年实施了增发的公司,其募股资金的投入与产出效率,将受市场监督;另一方面,现拟增发的 B 股公司会在 2001 年继续为改善资产质量和获得增发资格而努力。对此,投资者应辨证地看,如果为了重组而重组,只能使 B 股市场重复 A 股市场的投机炒作,只会加重泡沫的成分。

此外,分红派现成为未来配股筹资的必要前提也将促使上市公司多考虑投资者的红利回报。预计在 2001 年的 2000 年年报披露期间,有条件分红的 B 股上市公司数量将会增加。

3. 市场面展望——盘升格局不变

我们预计未来一年 B 股市场面将有如下特点:第一,市场热点仍将集中于资产重组中,但是只有实质性提高企业盈利能力和成长性的资产重组股才是真正的赢家。第二,A、B 股联动的市场特点将保持下去,A、B 股价差比例将有所缩小。第三,B 股市场的资金供给将继续大于市场需求,特别是在诸如中外合资基金或者面向境内居民外汇存款的 B 股基金成功设立之际,都将对 B 股二级市场产生剧烈影响。另外从技术上看,(以沪市为例)目前股指已经突破由 1992 年高点和 1997

年高点连线所成的中长期下降通道的上轨，形态上涨升趋势确立并得到巩固，即便有所回调，调整幅度也将十分有限。

因此，在上市公司整体质量不断提高，资金面继续供大于求，投资者入市信心继续增强等条件下，B股大盘的底部将不断抬高。

（金冠峰）

三、H股（恒生中国企业股票）交易市场

（一）2000年恒生中国企业指数成份股构成

2000年有6家内地注册公司在香港联合交易所挂牌交易，按照恒生中国企业指数的编制原则，这6家股票在挂牌后即列入成份股。截至2000年12月31日，恒生中国企业指数共有50家成份股按照市值加权原则编制而成。

H股成份股列表：

交易代码	公司名称	发行数量	上市时间
8069	北京同仁堂科技发展股份有限公司	72 800 000	31－10－2000
386	中国石油化工股份有限公司	16 780 488 000	19－10－2000
8102	上海复旦微电子股份有限公司	143 750 000	04－08－2000
8095	北京北大青鸟寰宇科技股份有限公司	264 000 000	27－07－2000
857	中国石油天然气股份有限公司	17 582 418 000	07－04－2000
694	北京首都国际机场股份有限公司	1 346 150 000	01－02－2000
747	沈阳公用发展股份有限公司	420 400 000	16－12－1999
74	长城科技股份有限公司	453 872 000	05－08－1999
1071	山东国际电源开发股份有限公司	1 431 028 000	30－06－1999
1171	兖州煤业股份有限公司	850 000 000	01－04－1998
902	华能国际电力股份有限公司	1 500 000 000	21－01－1998
874	广州药业股份有限公司	219 900 000	30－10－1997
914	安徽海螺水泥股份有限公司	361 000 000	21－10－1997
1053	重庆钢铁股份有限公司	413 944 000	17－10－1997
107	四川成渝高速公路股份有限公司	895 320 000	07－10－1997
161	深圳中航实业股份有限公司	242 000 000	29－09－1997
1055	中国南方航空股份有限公司	1 174 178 000	31－07－1997
347	鞍钢新轧钢股份有限公司	890 000 000	24－07－1997
177	江苏沪宁高速公路股份有限公司	1 222 000 000	27－06－1997
325	北京燕化石油化工股份有限公司	1 012 000 000	25－06－1997
38	第一拖拉机股份有限公司	335 000 000	23－06－1997
358	江西铜业股份有限公司	1 156 482 000	12－06－1997

续表

交易代码	公司名称	发行数量	上市时间
576	浙江沪杭甬高速公路股份有限公司	1 433 854 500	15－05－1997
588	北京北辰实业股份有限公司	707 020 000	14－05－1997
991	北京大唐发电股份有限公司	1 430 669 000	21－03－1997
548	深圳高速公路股份有限公司	747 500 000	12－03－1997
670	中国东方航空股份有限公司	1 566 950 000	05－02－1997
719	山东新华制药股份有限公司	150 000 000	31－12－1996
995	安徽皖通高速公路股份有限公司	493 010 000	13－11－1996
921	广东科龙电器股份有限公司	459 589 808	23－07－1996
525	广深铁路股份有限公司	1 431 300 000	14－05－1996
553	南京熊猫电子股份有限公司	242 000 000	02－05－1996
350	经纬纺织机械股份有限公司	180 800 000	02－02－1996
42	东北输变电机械制造股份有限公司	257 950 000	06－07－1995
368	吉林化学工业股份有限公司	964 778 000	23－05－1995
1133	哈尔滨动力设备股份有限公司	469 151 000	16－12－1994
1202	成都电缆股份有限公司	160 000 000	13－12－1994
1128	中国石化镇海炼油化工股份有限公司	723 754 468	02－12－1994
1138	中海发展股份有限公司	1 296 000 000	11－11－1994
1122	庆铃汽车股份有限公司	982 402 526	17－08－1994
1108	洛阳玻璃股份有限公司	250 000 000	08－07－1994
1072	东方电机股份有限公司	170 000 000	06－06－1994
1065	天津渤海化工(集团)股份有限公司	340 000 000	17－05－1994
1033	仪征化纤股份有限公司	1 400 000 000	29－03－1994
300	昆明机床股份有限公司	65 000 000	07－12－1993
323	马鞍山钢铁股份有限公司	1 732 930 000	03－11－1993
187	北人印刷机械股份有限公司	100 000 000	06－08－1993
317	广州广船国际股份有限公司	157 398 000	06－08－1993
338	上海石油化工股份有限公司	2 330 000 000	26－07－1993
168	青岛啤酒股份有限公司	346 850 000	15－07－1993

从上表可以看出,国内企业在香港证券市场融资的渠道在经历了1998和1999年的低迷后重新得到开启。2000年,共有6家内地企业在港上市,共计发行361.9亿股。较1998年的2家23.5亿股和1999年的3家23.05亿股,分别增长1 440%和1 470%。虽然H股市场受到亚洲金融危机和广信、粤海事件的影响和自身存在的公司治理结构问题的制约,在1997年8月26日达到1783点的高峰后一路下滑,并长期在低位徘徊,平均市盈率在10倍左右。企业上市并不能获得最高的发行溢价。但香港证券市场相对于国内A股市场来说具有规范的运作程序和更大的市场容量,另外以机构投资者为主的市场结构也有利于承接巨大的流通盘。所以在内地A股市场容量狭小的情况下,香港市场仍然是国内大型企业上市的首选之地。

从50家成份股的行业构成来看,公用事业类公司所占的比重最大,共11家,比例达22%;排在其后的化工为8家,占16%,机械和能源电力各有7家,分别占14%;其他行业公司的比重分别是冶金4家,占8.7%;制药与高科技3家,分别占6%;建材、家电行业各2家,分别占4%;酒类、综合、地产各1家,将其并入其他类,占6%。由于H股的成份构成以经营稳定的公用事业和石油化工行业为主,在行业成长性方面缺乏想象力。这也是造成在1998到2000年的科技、网络和电信股的投资热潮中,H股对投资者缺乏吸引力,恒生中国企业指数长期无法走出低谷的原因之一。

从2000年的H股发行中,还可以看出,管理层在选择H股上市公司时除了继续让一些巨型国有企业在该市场上市外,开始更多的选择一些科技含量较高的企业。

(二)2000年恒生中国企业指数走势回顾

一月:本月恒生中国企业指数呈现单边下跌走势,指数从月初的453.27点回落到月末的419.14点,共计跌去34.13点,本月指数最高上摸486.95点,最低下探416.34点。H股指数回落主要受到市场热点转移的影响,国企H股遭到抛售。从1999年下半年起,香港市场受到美国股市的影响,投资热点转向科技类股票,构成H股板块主体的石化、公用事业等传统产业股票在投资热点的转换中成为抛售的对象。另外,H股市场的长期低迷使得市场对其发展前景看淡,市场在低位买入的意愿不强。

二月:恒生中国企业指数加速下探低位,月K线上的开盘点位几为最高点位。指数在月初跌破400点整数关口之后,一度出现恐慌性的沽空盘。至月底,股指收在334.93点的历史低位,较上月收盘跌去了84.21点,跌幅为20.1%,月中最高点位出现在422.26点,最低点位为325.03点。由于受到美国NASDAQ市场屡创新高的鼓舞,投资者狂热的追捧科技网络类公司,以传统行业为主的国企股受到市场的冷遇。投资者纷纷抛售缺乏成长性的H股,以向科技类股票转移资金。

三月:本月恒生中国企业指数继续停留在400点以下的低位,市场交易相当清淡,股指波动平稳,本月开盘点位334.93点,收于348.83点,最高为374.80点,最低为319.47点。本月部分国有企业开始公布1999年的年终业绩,报表显示在持续的通货紧缩环境下,H股公司仍然取得了较投资者预期为好的经营成果,H股公司的平均加权市盈率在10倍左右,远低于市场平均市盈率。3月份,受到美国NASDAQ指数见顶回落的影响,投资者对科技、网络股的追捧热情下降。恒生指数受到美国股市的影响进入回调阶段。由于国企H股历来在大盘处于明显调整时,成为投资者的避风港,所以市场预期H股指数在度过了寒冬后将出现一轮强劲的上扬。

四月:本月H股板块再次表现出市场调整时期的"避风港"特性,恒生指数受到美国"网络股泡沫"破灭的拖累出现大幅跳水,部分资金流向平均市盈率10倍以下的H股。虽然多空分歧严重,恒生中国企业指数在剧烈的振荡中稳步攀升。至月末指数报收于362.35点,较月初上涨13.52点,涨幅为3.87%,本月指数最高上摸386.56点,最低下探321.42点。

五月:港股受到纽约股市及纳斯达克指数持续下挫及利率的不确定因素影响,在中国电信、地产股、银行股和科技股先后领跌,以及期指低水的拖累下,恒指继续呈现调整寻底的格局。国企H股受大市下挫的拖累,趁利好消息出台之机获利回吐,在大部分成分股先后大幅回落的影响下,国企指数大幅下挫。港股恒指连续呈现向下调整寻底的格局,主要是受到以下因素的影响:一是美国公布的经济数据强劲,显示6月份美国有可能还会加息,致使纽约股市及纳斯达克指数持续下挫,尤其是纳斯达克指数已经跌至去年11月份的低位,下破3 000点,导致恒指亦单边下滑。二是美国息口一日未到顶,美元仍会呈强,全球资金亦会趋向美元资产,香港在此期间难有大资金流入,因此港股在缺乏承接情况下,恒指将会易跌难升。国企H股,自年初以来受到市场消息的刺激,在投资者的追捧下,国企指数自3月份低位的319点反复回升到5月19日的449点,升幅高达40.75%,H股市场短期面临较大的获利回吐压力。同时受到港股大市持续向下调整的影响,部分投资者趁利好出台而获利回吐。本月整体呈现冲高回落走势,股指最高上冲 449.33 点,最低为 349.51 点,上下波幅为 100 点,月末股指收在 390.32 点,较上一月收盘上涨了 28 点。

六月:本月恒生中国企业指数继续受到港股大盘的联动效应影响,前期随恒生指数的走高而强劲上扬,后期由于市场担心国际油价的不断提高会促使美国联邦储备系统再度提高利率,压制了投资者的作多心态,恒生指数在 16 000 点附近进行横盘整理。中国企业指数在本月中旬冲高 479.13 点后,在获利盘的打压下逐步回落,月末收于 438.46 点,较月初上升 48.14 点,升幅为 12.33%。

七月:受到一系列利好消息的刺激,本月恒生中国企业指数大幅攀升 70.75 点,月涨幅为 16.14%。股指从月初的 439.56 点到达月末的 509.21 点,盘中股指一度上冲至 573.74 点的高位,成交量亦随价格攀升而逐步放大。促使投资者看好 H 股上市公司的原因首先在于管理层将修改和完善境外上市法规,为中国企业在国际资本市场融资创造更为有利的环境。H 股公司可以选择增发 A 股和 H 股、大股东减持和出售部分存量股份、引进境内外战略投资者等多种方式,实现股权结构多元化。同时对有关法律、法规进行修改,使 H 股公司更加充分利用国内外资本市场,通过再融资的方式加快发展。此举无疑有助于解决境外投资者对 H 股上市公司在公司治理结构缺陷方面存在的不满,有利于保障投资者利益,因此被视为实质性利好。此外,H 股公司华能国际与山东华能签订了吸收合并协议,进行总金额约 57.7 亿元人民币的战略性合并。消息公布后,海外投资者预计,类似的资本重组会在其他国企股中出现,因此航空和石化类股票受到追捧,带动指数进一步上扬。

八月:股指在高位横盘,月初指数为 512.81 点,月末股指仍停留在 507.04 点,全月指数变动不大,最高至 559.64 点,最低为 501.15 点,波动幅度为 58.49 点。显然恒生中国企业指数从四月初的 300 多点,涨到 500 多点,累计升幅达 60%,盘中积累了大量的获利筹码和解套盘,短期上档抛压沉重。另外,此轮上涨主要受到 H 股政策的利好刺激,国有企业在公司治理结构以及企业获利能力方面仍然缺乏实质性的改变。投资者在股指连续上涨之后开始离场观望。

九月:由于国际油价继续上涨使得市场担心,美联储将做出加息决定,在 NASDAQ 指数持续走低的带动下,港股出现恐慌性抛压。另外,全球电信板块走低,香港地铁、中国石化和中国吉通等集中在短期内开展集资也加剧了恒生指数的下跌。受到大盘走低的影响,恒生中国企业指数不断失守重要的整数关口和心理关口。在探低 407.39 点的低位后,受到恒生指数强劲反弹的影响和 H 股指数快速下挫后的技术性反弹需要,在上海复旦微电子和南方航空等股票的带领下,恒生中国企业指数在最后一个交易周内强劲反弹。最终收于 445.07 点,较前一月份下跌 61.97 点,跌幅为 12.22%。

十月:九月末的反弹走势没有得到进一步的延续,恒生中国企业指数受到恒指的拖累,继续下行寻求支撑,至月末受到 400 点整数关口的支撑跌势得到缓解。月末 H 股指数报收 412.43 点,较前一月收盘下跌 32.64 点,跌幅为 7.3%。对于股指未来走势,多空双方分歧明显,股指上下剧烈波动,指数最高达到 465.24 点,最低为 371.94 点,波幅 93.3 点。

十一月:H 股指数在本月初出现小幅反弹。指数重新回到 400 点整数关口上方。在中国加入世界贸易组织谈判取得实质性进展消息的鼓舞下,外资基金热烈追捧具有入世概念的航运股和电力股,同时在指数构成中占有较大权重的石化类股票,以及长城科技、科龙电器等出现强劲反弹。市场普遍的预期在中美、中欧达成中国大陆加入世界贸易组织的协议后,年内就可以开始入世的程序性工作。中国大陆受益于外部市场的进一步开放,在未来几年内可以维持 8% 的年增长率,发行 H 股的上市公司也将从市场开放中收益。另外,国企指数处于低位,从技术上看具有较大的上升空间。但中旬以后由于受到美国股市的拖累,香港恒生指数表现不佳,国企股也随大盘出现回落走势。至月末，指数报收在 368.5 点，仍然较上一月收盘下跌 43.93 点。

十二月： 年终将近，市场交易逐渐转为清淡。受到美国股市连续下跌的影响，香港市场上的投资者以谨慎的态度逐渐兑现手中的筹码，恒生指数以及各种分类指数在本月都呈现疲软走势。前期基金追捧的入世概念股的热潮，随着有关谈判的不确定性增加而逐渐冷却。H 股指数在上月回到 400 点下方后，再也无力返回该点位上方，全月指数最高点为 401.42 点，最低 349.35 点，月末指数收于 374.02 点，较月初微涨 5.52 点。

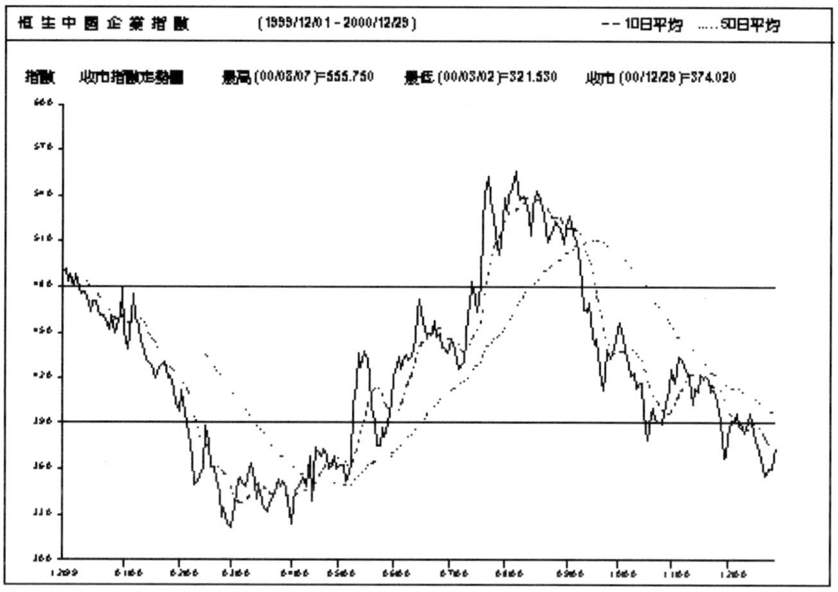

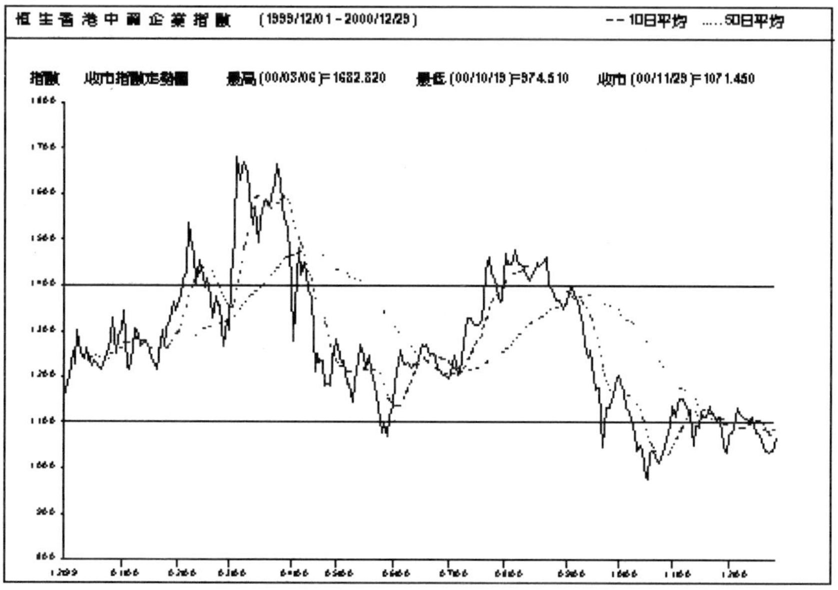

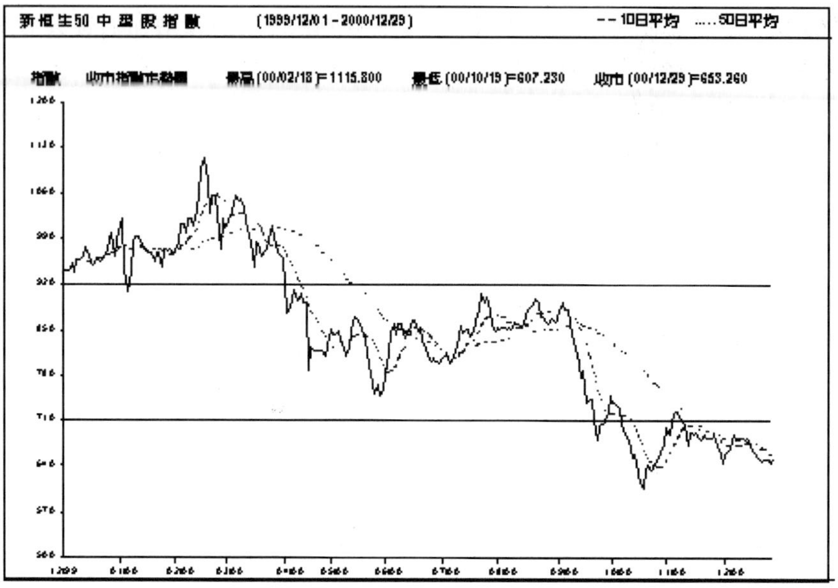

(三)恒生中国企业指数低迷行情原因分析

在H股发展初期和1997年香港回归之际,曾掀起轰轰烈烈的中国概念热潮。1997年是H股飞速发展的一年,海外基金、香港市民、国内机构均借重组概念,加大对H股的投资比例。由于H股流通股少,市值小,极易被市场操纵,在重组背景下,短短一个多月,成交急增,34只H股平均升幅超过70%,国企指数从1 000点暴涨至1 700点。乘此热潮,当年上市新股16家,相当于前三年的总和。随后,东南亚金融危机爆发,导致包括H股在内的港股大幅振荡。H股指数从1997年8月26日的高峰1 783点跌至1997年底的732点,较历史高位跌66%。1998年以后H股市场陷入持续低迷,特别是1998年底在广信、粤海事件发生以后,中国概念股形象受到严重打击,H股市场更是跌至历史低位,平均市盈率低至6倍左右。1999年10月以来,国企指数不断走低,跌至300余点的历史低位,平均市盈率仅为8倍左右。进入2000年,H股的疲软走势仍然没有得到改观,虽然在7、8月间受到有关H股利好消息的刺激,股指一度反弹至550点上方,但由于导致H股长期低迷的深层次原因没有得到解决,H股没有能够继续上行,而是随着恒生指数的调整,逐步滑落,年终收于400点下方。H股在发展中暴露出的问题集中在以下几个方面:

1.国有企业的公司治理结构缺陷

H股公司几乎无一例外地脱胎于大型国有企业,它们普遍地存在着改制不完善的问题,企业运作缺乏透明度,管理层的经营管理素质亟待提高。1997年以后,由于许多公司仍存在着产品与市场脱节、生产技术落后、产品竞争能力低、经营管理素质差等问题,公司盈利增长放缓,与投资者对企业经营业绩的要求差距较大。

另一方面,国有企业上市以后未能真正与国际惯例接轨,在生产运作、集资、会计审核制度、产业评估等等方面同香港惯用的一套做法还存在一定距离,企业具体运作以及监管乃至企业内部的政策变动等信息披露不及时,国际投资者无法清晰、及时地获得第一手资料。

公司管理层的素质在很大程度上左右着股票的价格,影响着投资者的信心。管理层素质不仅体现在业务管理能力方面,也体现在其与投资者的有效沟通上。同为在港上市的中资公司红筹股表现强于H股的主要原因在于,红筹股主要是在港中资公司发行的股票,这些公司注册地在香港,按国际惯例管理,管理层透明度较高,少受"关照",因而易被投资者接受。

H股受到冷落还存在着市场投资理念转换方面的原因,H股刚刚问世之际,海外投资者对于中国经济高速增长十分看好,渴望分享这一成果,因而踊跃投资,掀起中国概念热潮。此后中国概念股泡沫破灭,投资者从中得到深刻的教训,从此以后,对大陆背景股票的投资观念发生了很大的转变。投资者不再盲目炒作一些政策利好,而是开始看重公司的管理体制、实质盈利能力。H股上市公司的弱点逐渐暴露出来,H股指数陷入长期的低迷走势。

2.融资机制缺乏灵活性

国家对H股公司监管过于严格,为H股公司展开后续融资设置了一道难以跨越的体制障碍:它们的融资决策往往要经过冗长繁复的审批过程,透明度不高,以致常常坐失良机,这使市场对它们的接受程度也相应大为降低,估值也较低;相比之下,同为中资企业的红筹股在配股问题上,只要不超过总股本的20%,只需公司董事会批准即可,因此配股和注资极为频繁。由于H股公司以配股与注资等形式进行的再融资寥寥无几,自我限制住了发展空间,企业的经营业绩就更难以得到提升了。此外,投资者对中国股票的评价已经从过去一味为宏观经济走势所左右转变为对个别公司业绩、管理和发展前景的关注,这种变化对那些经营素质本不太高,且又缺乏再融资能力的H股公司当然不是什么好消息。

3.H股行业结构缺乏吸引力

从2000年末的50家成份股的行业构成来看,公用事业类公司所占的比重最大,共11家,比例达22%;排在其后的为化工8家,占16%,、机械和能源电力各有7家,分别占14%;其他行业公司的比重分别是冶金4家,占8.7%;制药与高科技3家,分别占6%;建材、家电行业各2家,分别占4%;酒类、综合、地产各1家,将其并入其他类,占6%。在所有的H股公司中,从事石油化工、运输、电力和基建等的传统产业类型公司超过了总数的80%。这种产业构成和2000年追求高成长性的市场投资理念几乎背道而驰,再加上国内持续通缩导致这些公司业绩大幅滑坡,就更难以吸引到投资者了。

4.与投资银行缺少沟通

在以机构投资者为主的市场中,投资银行分析员的推荐意见对于股票价格和交易活跃程度具有重要的影响。由于H股自1997年以来一直处于低迷状态,有相当多的H股公司已经没有分析员再关注,剩下的企业即使能够获得分析员的垂青,但也远远不及其他上市公司,据统计,每家H股公司平均有4.8家投资银行的分析员发表研究报告,而恒指成份股则有14.1家。由于没有分析员的分析和推荐,这些公司的股票就难以得到投资者认同。

(四)解决办法

1.完善公司的法人治理结构

活跃H股市场首先是完善H股上市公司的法人治理结构,譬如通过聘请外部独立董事,加强审计与薪酬委员会的作用,增加公司管理的透明度;或通过采取管理层持股,根据公司的经营效益给予管理层奖励等激励机制;以及引入国际战略投资者等方式改变内部人对上市公司控制以及对投资者利益的损害。另外,聘请外部独立董事、加强审计和薪酬委员会的作用,通过管理方面透明度的提高增强投资者的信心;让管理层持股,可以使投资者相信管理层有足够的动力搞好企业;而引入国际策略投资者则可以提高管理水平并改善市场形象。改革公司的治理结构,建立与国际接轨的、得到海外投资者充分认可的企业管理制度,提高公司盈利能力,是当前H股上市公司的当务之急,也是证券主管部门搞活H股市场的关键所在。

2.改善上市公司的行业结构

H股公司的行业结构过于单一,对于投资者投资偏好的影响具有很强的系统一致性,因此容易导致指数的剧烈波动。而且H股公司大多集中在石化、基础设施、电力等传统行业,行业发展空间较为狭小,制约了企业成长性,市场认同程度较低。因此需要引进电讯、媒体、科技和金融等行业的国企到港上市,同时还应鼓励国企发展新经济。通过选择一些成长性好、盈利性强的国企到香港上市,提升H股公司的成长性及改善H股上市公司的行业结构。

3.放宽H股上市公司的权限

国内有关方面应放宽和简化对H股注资、配股、股份回购、公司购并等方面的审批,尽量放手,以增强公司资本运作的灵活性。为改变H股市场的低迷状态可以考虑一下一些方法:

H股回购:股份回购在国际成熟资本市场是常见的公司行为,被视作公司正常的调控手段。青岛啤酒于1999年11月公布H股增发及回购方案,这是中国海外上市公司中首家拟进行H股股份回购的公司。随后第一拖拉机、科龙电器及华北制药陆续召开股东大会通过了回购发行在外的部分H股的特别决议。此举被认为是激活H股市场的一种有益尝试。它既体现了公司资本运作进一步与国际惯例接轨,也表明了监管部门对改善海外上市国企形象所持的支持态度。增发A股:让H股上市公司在国内发行A股,可以拓宽上市公司的融资渠道。为H股公司走出经营困境创造条件。由于增发A股的溢价较高,增加了每股公积金,因此对于以较低价格买进公司H股的投资者而言,是实质性利好,因此也能在一定程度上活跃H股交易。企业间战略性购并重组:企业的购并重组有利于企业获得财务协同效应、管理协同效用,并帮助企业进入新的行业或者在本行业内增强竞争力。因此,公司的资产重组与购并交易一般都会得到良好的市场反应。7月18日,在美国、香港两地上市的华能国际宣布以57.68亿人民币的代价吸收合并同在美国发行ADR的山东华能,本次合并是迄今为止中国上市公司之间进行的最大规模的购并交易,也是中国境外上市公司之间的首例购并交易。消息公布后,市场做出了积极的反应,当天华能国际上涨11.4%,盘中最多涨了18%;同时投资者憧憬国企中的化工、航运行业可能有更多的购并个案,恒生国企指数受消息刺激由463点连涨四天到552点,涨幅达19%。本次购并交易为H股的出路探索出一个新的方法,对改善H股二级市场的低迷表现有着积极的作用。

(朱春生)

第三编 债券市场

债券发行市场

一、银行间债券市场确立主导地位

2000年债券市场发行国债、国家银行金融债共6 302亿元，其中在银行间债券市场发行3 904.5亿元，在交易所市场发行260亿元，凭证式国债发行1 900亿元，银行间市场占整个发行量的61.9%，居于绝对领先的地位，交易所市场的发行量只占4.1%，比重明显偏低，不及凭证式国债的发行量，凭证式国债的发行量占总量的30.1%。2000年债券发行量这种比例关系从表1上可以看出。

表1　2000年各债券比例关系

不同市场发行比例%	银行间市场	61.9
	凭证式发行	30.1
	交易所市场	4.1
	定向发行	3.9
债券品种比例%	国债	74
	金融债	26
利率品种比例%	固定利率	55
	浮动利率	45

在2000年发行的债券中，国债仍占有主导地位。全年计划发行国债4 592亿元，实际发行4 657亿元，发行国家开发银行金融债1 450亿元，进出口银行金融债195亿元，在总的发行量中，国债占74%，远远高于金融债26%的比例。见表1。

银行间债券市场不光在发行量上占主导地位，其在发行品种上也较为丰富。目前国家银行金融债只在银行间债券市场发行，使得银行间市场交易品种较为丰富。从债券发行的期限结构来看，银行间债券市场期限结构较为丰富，明显优于其他市场，该市场发行的债券期限包括3个月、6个月、1年、2年、5年、7年、10年，涵盖了短期、中期、长期，期限结构相当合理，是近几年最为完善的一年。在交易所市场上，今年发行的债券只有7年和10年两种。凭证式国债发行期限只有2年、3年和5年。从期限结构的完善程度来看，银行间市场表现突出，从期限结构看，中长期(5～10年)占主导地位。

银行间债券市场主导地位的确立还有一个方面，即银行间市场的参与主体迅速扩大，2000年已经达到460多家，基金公司、保险公司、证券公司、财务公司等机构投资者的相继入市，使得市场的流动性大大提高。中央银行的积极参与，全年每周进行公开市场操作，对于提升银行间市场的重要性、活跃市场有明显作用。2000年银行间债券市场的回购交易量已经超过交易所市场，就是一个明显的信号。并且财政部、国家政策银行的债券发行更加规范，积极向国际惯例靠拢，采用滚动发行方式，银行间债券市场每月都有新券发行。

应该看到，银行间市场作为场外市场，占据主导地位是国际惯例，2000年的债券市场发展正是体现这一特征，利率市场化是这一趋势的原动力，加入WTO也要求我国金融市场运行尽量向国际惯例靠拢，这种趋势在2001年还将进一步强化。

二、市场利率止跌回升

2000年我国的宏观经济形势发生重要转机，

国民经济扭转了持续下降的局面,物价指数开始止跌回稳,市场利率经过连续七次降息以后,目前已经处于历史低位,在2000年出现了温和盘升的态势。债券发行利率也是随着时间的推移,逐步走高。利率上升表现在两个方面,第一个是浮动利率债券受到市场的欢迎,在2000年已经发行的债券中,浮动利率债券占有较大比重,特别是在长期债券品种中,所占比重更大。见表1。在表1中,如果不考虑凭证式国债的发行量,则浮动利率债券所占比例高达67%,占有绝对的优势,充分说明市场对未来利率上升的预期。

体现市场利率上升的另一个方面是发行利率的变化,固定债券发行利率稳步上升,投资者为了回避利率上升的风险,追捧浮动利率债券,使得浮动利率债券发行利差逐步降低,这些变化正是利率上升的表现。利差在年底止跌回升更能说明利率的上升。2000年债券发行利率见表2、表3。

表2　2000年固定利率债券发行利率一览表

债券发行	发行时间	期限(年)	利率%
国债05	2000/6/21	5	3.00
国债06	2000/8/17	7	3.50
国债08	2000/10/18	5	3.40
国债11	2000/11/24	1	2.35
国开行债04	2000/5/10	0.5	2.22
国开行债06	2000/6/7	2	2.48
国开行债07	2000/7/26	5	3.26
国开行债11	2000/10/17	2	2.56
国进出口行债3	2000/11/1	1	2.34
国进出口行债4	2000/11/29	0.25	2.05

随着时间的推移,债券的发行利率逐步上升,例如国债05和国债08,都是5年期固定利率品种,只不过发行时间相隔了3个多月,国债08的发行利率比国债5提高0.4%,发行利率上升幅度竟然达到13%。国债06进行利率招标时,招标区间的上限是3.5%,结果所有的投标利率是3.5%,并且没能实现计划发行量。这种情况在国债8的发行利率招标中再次出现,明确反映了市场利率上升的趋势。在国家金融债的发行利率中,也存在这种趋势,国开行债06和国开行债11都是2年期品种,发行时间只是相差4个多月,发行利率上升了0.08%,上升幅度达到3.23%。一般而言,国债的收益率水平应低于相同品种的国家金融债,但是在今年国债11和国进出口行债3的发行利率中可以看到,国债的发行利率反而高于金融债利率0.01%,上升幅度达到0.43%,只是国债的发行时间比金融债券晚23天。从表2的分析可以看出,市场利率水平逐步上升,固定利率债券的发行利率水平逐步提高正是这种趋势的反映。如果按照期限排序,期限越长的品种发行利率上涨幅度越大,见图1。

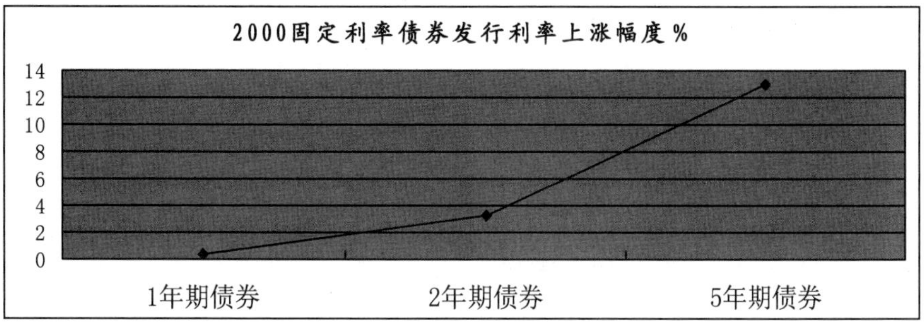

图 1

从图 1 可以看出，期限越长的品种利率上涨幅度越大，表明目前的发行利率提高并不是对原来利率期限结构的一次结构调整，而是由于宏观经济面出现重要转机造成市场利率的全面上扬。

浮动利率债券发行利差变化见表 3。

表 3　浮动利率债券发行利差变化一览表

国债 2000 年	发行日期	期限(年)	中标利差%
01	2000/2/24	7	0.65
02	2000/4/17	10	0.55
04	2000/5 /23	10	0.62
07	2000/9/18	10	0.47
09 增发	2000/11/1	10	0.30
10	2000/11/13	7	0.38
12	2000/12/20	7	0.60
国开行债	发行日期	期限	中标利差%
01	2000/3/29	10	0.855
02	2000/4/26	10	0.725
03	2000/5/10	7	0.688
05	2000/6/7	10	0.608
09	2000/9/13	10	0.598
10	2000/10/17	10	0.598
12	2000/11/15	10	0.588
13	2000/12/8	7	0.668
进出口行债	发行日期	期限(年)	中标利差%
01	2000/7/5	10	0.555
02	2000/9/27	10	0.59

从上表中可以看到,随着时间的推移,浮动利率债券的利差逐步缩小,这从另一个方面表明市场利率的上升。因为浮动利率品种具有回避利率上升风险的优势,在市场利率上升的情况下,投资者为减少利率上升带来的风险,追捧浮动利率品种,供求关系的变化使得浮动利差越来越小。利差随时间变化的趋势见图 2、3。

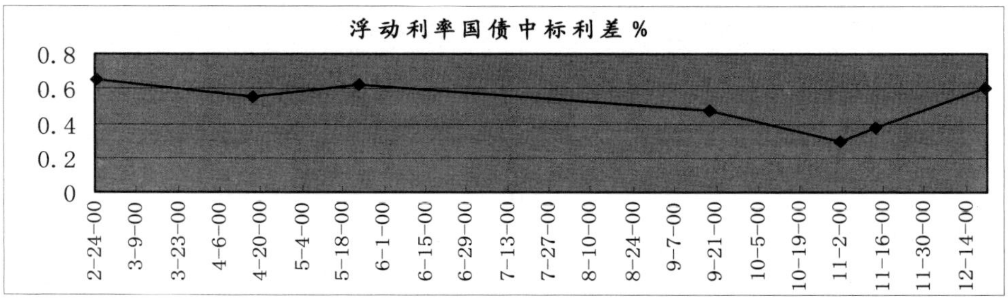

图 2

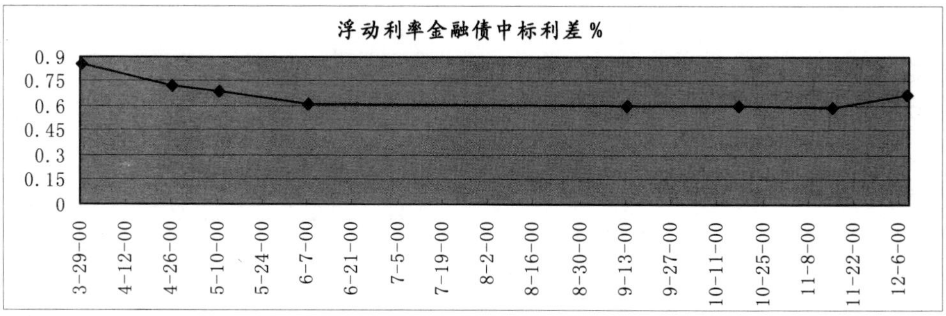

图 3

从图 2、3 中可以明确地看出,利差变化的总体趋势是止跌回升,2000 年上半年利差随时间逐渐下降,但是下降的速度递减,下半年后,开始走平,在年末发行利率出现明显的上升。这种变化同样体现在现券的收益率中,交易所市场现券收益率今年逐渐上升,也是市场利率上升的体现。国债回购市场今年的变化同样可以用止跌回升描述。

三、债券发行方式逐渐向国际惯例靠拢

债券发行(包括国债和金融债),事先排出时间表,使市场对此形成良好预期,减少发行的广告推广工作。发行进度相当均衡,2000 年除一月份没有债券发行外,其余月份都有债券发行,符合国际惯例,便于投资者合理安排投资计划,调动资金申购。今年国债共发行十二期,基本上每月一期。

国家开发银行金融债共发行十三期，除了在5月、6月、10月有两期债券发行外，其余月份只有一期债券发行。这种发行节奏有利于市场的培养，减少发行次数少、发行量大造成的资金面紧张。这种发行制度的变化，保证了今年债券发行任务的圆满完成，是债券市场逐步规范的体现，也是向国际惯例靠拢的第一步。在发行方式中，招标已经成为主要的发行方式，受到市场的广泛认同。中央银行加大了公开市场业务的操作力度，每周二定期开展公开市场操作，逐渐向国际惯例靠拢。

（张顺太）

债券交易市场

一、回购增长迅速、现券有所萎缩

2000年债券交易市场变化较为明显的是银行间债券市场,银行间债券市场的回购交易已经超过交易所市场,在回购交易中占主导地位,但是在现券交易中,交易所市场仍然具有绝对优势。从整体上看,2000年国债现券交易量下降,回购交易量上升,现券和回购交易总量上升。其中现券成交量为4 840.16亿元,同比下降9.9%,回购交易总量为3 0515.4亿元,同比增长81%,债券交易总量为35 355.56亿元,同比增长59%。其中银行间债券市场的交易日益活跃,不论从现券交易量还是回购交易量,成交量稳步放大,其中现券成交量682.068亿元,同比增长782%,回购成交量为15 781.74亿元,同比增长298.8%。交易所市场的现券交易量为4 157.48亿元,同比下降21.56%,逐步萎缩的趋势明显,回购交易量保持小幅增长,2000年成交14 733.66亿元,同比增长14.29%。具体变化见图4。

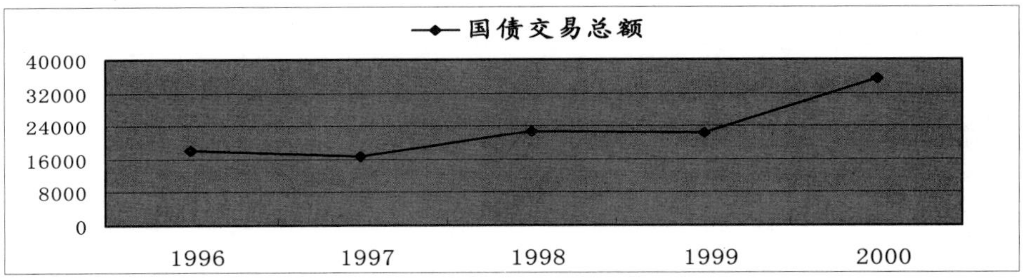

图4

从绝对量上看,银行间债券市场的回购交易已经超过交易所市场,成为回购交易的主导市场,但是现券交易仍然落后于交易所市场。从相对趋势上看,银行间债券市场在现券交易和回购交易上都呈现迅速发展势头,从图5、6中可以看出。

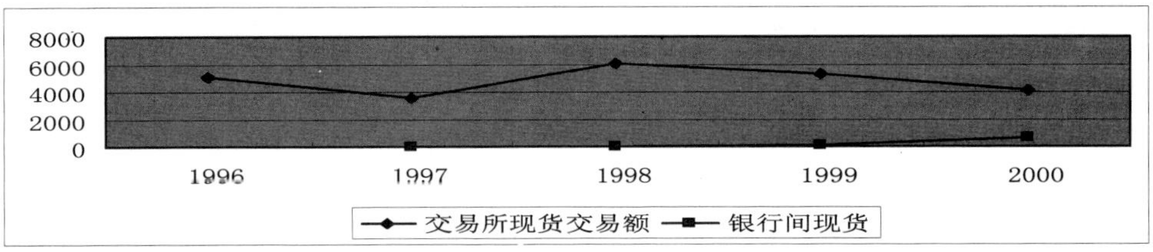

图5

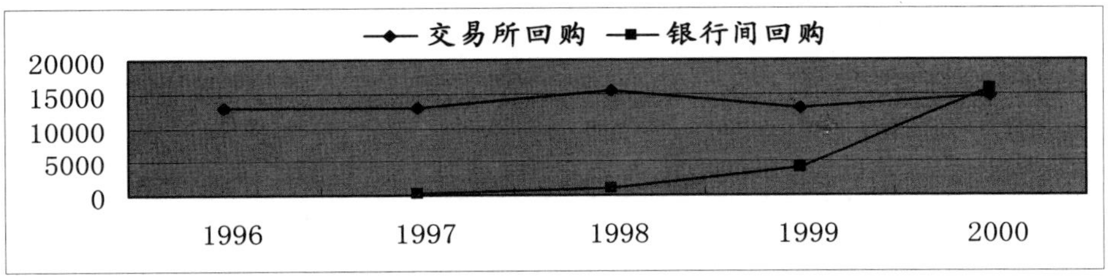

图 6

从图 5 中可知，银行间债券市场的现券交易在绝对量上仍然不是交易所市场的对手，但是交易所市场的现券交易逐年下降，衰退的迹象明显，而银行间市场的现券交易增长迅速，未来的趋势是银行间市场成为现券交易的主要场所。银行间的回购交易增长迅速，交易所回购交易增长缓慢，特别是 2001 年新股发行方式的改革，使得利用回购申购新股的需求大大降低，交易所回购交易量将不可避免的出现萎缩，从图 6 中可知，交易所回购在 1998 年达到顶峰后逐步回落，2000 年有所回升，但是力度较小。而银行间回购交易增长迅速，从图 6 中可以看出，1998 年以来出现加速增长的态势，在 2000 年从绝对量上超过交易所回购交易，正式确立其在回购交易上的主导地位。这种局面的出现有其必然性，一是从国际惯例来看，国债交易的主要场所是场外市场，国债本身风险低、买卖数量大的特性导致其在场外市场交易更加方便。二是由于债券发行主要集中在银行间市场，交易所市场的增量有限，自然难以吸引众多的交易者进入该市场。今年交易市场格局的变化正是这一趋势的具体体现，银行间债券市场的地位将越来越重要。在交易所市场中，主要的交易量集中在上海证券交易所，上交所占现券交易的 88％和回购交易的 89％。

二、现券收益率探底回升

交易所现券市场的收益率水平出现了止跌回稳的走势，上半年收益率走低，探底企稳后，下半年逐步上扬，变动方向基本与国债发行利率一致，下面以 009905 券和 009704 券作为代表，其收益率在 2000 年变化如图 7、8。

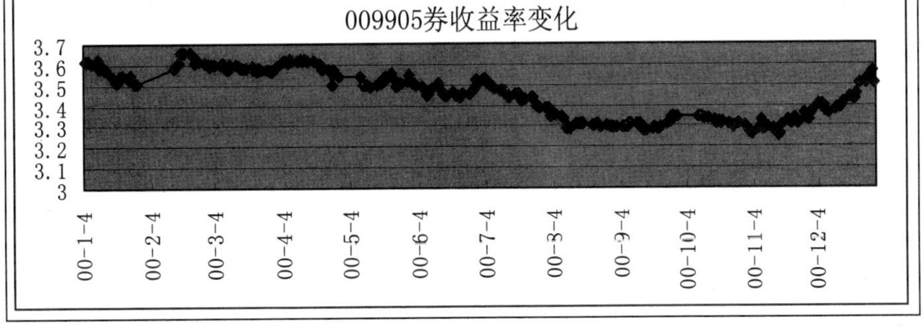

图 7

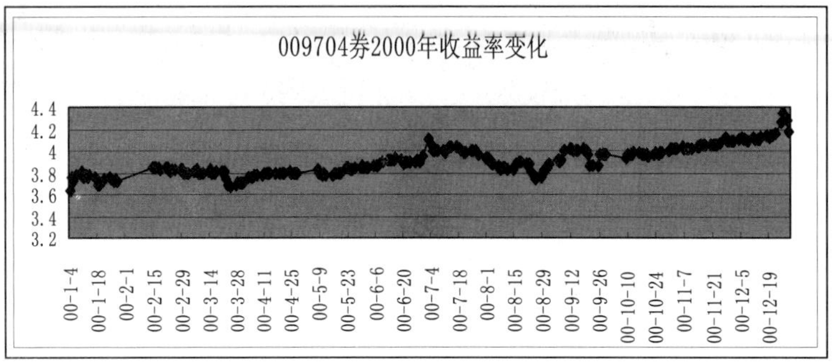

图 8

从以上两图 7、8 可知,老券 009704 券的收益率 2000 年一路走高,新券 009905 券的收益率出现止跌回升的走势,总体趋势是收益率上升,009905 券由于回购融资比例较高,流动性较强,受到市场的青睐,使得其收益率低于 009704 券,但是在整体收益率的变动方向上仍可以明显的看出利率上升。

三、企业债券市场出现创新

2000 年丝绸转债和南化转债转股成功,转债成功地实现了预期目标。到 2000 年年底为止,在交易所市场上市的企业债已经有 14 家,企业转债有 5 家,其中成功实现转股的品种有南化转债(100001)、丝绸转债(5301),这两只转债目前已经停止上市交易。还有三只转债在上市交易,其中机场转债(100009)和鞍钢转债(5898)转股已经开始。茂炼转债还未发行新股。今年新上市的企业债券主要是 98 中铁债和 99 三峡债。新券发行出现了浮动利率债券品种,主要原因是利率风险加大,2000 年三峡浮动利率债券的发行就是一个典型,该券首创浮动利率债券发行的先河,颇受市场关注。企业债券市场还有一个变化,就是新发债券的发行人明确了利息所得税的处理问题。由于历史原因,目前在上市交易的企业债中,利息所得税一直没有征收。根据个人所得税法,企业债券利息所得应该征收 20% 的所得税。在将来,企业债券利息所得税的征收是否仍不执行,值得怀疑,使得这类债券的投资者在未来面临较大的政策风险。而 2000 年企业债券的发行条款中就明确了利息所得税的处理。1999 三峡债和跨年度发行的 1999 年 I 期中铁债就明确表示利息所得税由投资者个人承担。明年企业债券市场将继续这种创新趋势,新券发行时对于利息所得税处理将得到明确,为回避利率上升风险,浮动利率品种的比例在中长期品种中的比例会逐渐增加。由于目前国家正在制定新的企业债券发行法规,基本思想是以市场化为导向,因此对于明年的企业债券市场存在创新的有利环境。从考虑股票市场和债券市场协调发展的角度看,管理层对企业债券发行的支持力度将加大,明年的企业债券市场将比今年活跃。

(张顺太)

第四编

证券投资基金

证券投资基金

2000年是国内基金业承上启下的一年。这一年，基金立法取得重大进展，开放式基金革命已经酝酿，"老基金"基本退出历史舞台，中国投资基金市场开始进入基本纯粹的新基金时代。2000年中国基金市场取得的重大发展主要表现在以下几个方面：

一、基金业的立法取得了重大的发展

经过几年的酝酿，《投资基金法》的立法工作已结束征求意见阶段，起草工作小组将在草案第4稿的基础上作进一步修改，并将尽快提交全国人大财经委审议。

《投资基金法》是定位于一部基金的"基本法"，对证券投资基金、产业投资基金、创业投资基金的共性都加以规定，而各类基金的特殊性可授权国务院另行加以规定。草案不再按投资方向把基金分为证券投资基金、产业投资基金和创业投资基金，而是按募集方式不同分为公募基金与私募基金，基本上解决了调整范围的问题，同时，明确了基金组织形式可以采用契约型或公司型，基金运作方式可以是开放式或封闭式，给投资者提供了更多的选择余地和机会。草案第4稿共14章149条，分总则、基金管理人、基金托管人、基金设立。基金发售与交易、基金投资运作、信息披露、变更终止与清算、持有人大会、向特定对象募集的基金、监管机构、基金业协会、法律责任和附则。

总之，《投资基金法》在私募基金、基金管理公司的公司治理结构、独立董事等问题上实现了一定的突破。《投资基金法》将保护基金投资者合法权益确立为立法宗旨，它的颁布和实施，将为基金产业的大发展提供了规范的制度空间，同时也预示着未来基金业的巨大发展前景。

二、基金市场的制度建设取得重大进展

1. 基金指数的推出

随着基金板块的扩大，市场上急需一种专门反映基金市场价格走势的基金指数，为了更好地反映证券投资基金的市场价格走势，沪深两市的基金指数分别于2000年5月和7月对外发布。基金指数的推出标志着基金市场的制度建设取得重大进展，同时促进基金市场的进一步繁荣和壮大。上证基金指数开盘984.11点，年中指数最低点968.71出现在5月16日，12月29日以最高点1 121.71点收盘，全年累计涨幅13.98%。

2. 基金管理公司的规模和数量有所增加

国泰基金管理公司等几家基金管理公司顺利实现了增资扩股，2000年内还在原有的10家基金管理公司基础上，增设了宝盈、银华和易方达三家基金管理公司，值得一提的是北京首创集团参与发起设立了银华基金管理公司，这是国内实业公司首次成为基金管理公司的发起人，意味着基金管理公司的发起人主体将不仅仅限于金融机构，今后有望逐步向其他社会法人单位开放。基金管理公司数量的增加，标志着我国基金管理行业将逐步走向竞争。11月初，在全球500强中排名第55位，全球银行业中排名第4位的富通银行旗下的基金管理公司，经中国证监会批准在上海设立代表处，这是第一家正式经证监会获准进入中国的规模最大的国际基金公司。（基金管理公司情况见表1）

表1　基金管理公司一览表

序号	基金管理公司	注册资本[万元]	注册地	基金管理公司股东及股权结构	旗下基金	成立时间
1	国泰基金管理公司	11000	上海市	国泰君安证券股份有限公司30%、中国电力财务有限公司10%、上海爱建信托投资公司20%、浙江省国际信托投资公司20%、新疆宏源信托投资公司20%	基金金泰、基金金鑫、基金金盛、基金金鼎	1998.03.05
2	南方基金管理公司	5000	深圳市	南方证券有限公司60%、广西信托投资公司20%、厦门国际信托投资公司20%	基金开元、基金天元、基金金元、基金隆元	1998.03.06
3	华夏基金管理公司	7 000	北京市	华夏证券有限公司持股55%,北京证券有限责任公司持股38%,中国科技国际信托投资有限责任公司持股7%	基金兴华、基金兴和、基金兴安、基金兴科、基金兴业	1998.04.09
4	华安基金管理公司	15 000	上海市	上海国际信托投资公司30%、申银万国证券股份有限公司20%、山东证券有限责任公司20%、东方证券有限责任公司20%和浙江证券有限责任公司10%	基金安顺、基金安信、基金安瑞	1998.06
5	博时基金管理公司	10000	深圳市	中国长城信托投资公司25%、光大证券有限责任公司25%、金华市信托投资股份有限公司25%、国通证券有限责任公司25%	基金裕阳、基金裕隆、基金裕元、基金裕华、基金裕泽	1998.07.13
6	鹏华基金管理公司	8000	深圳市	国信证券有限公司50%、浙江证券有限责任公司16.66%、鞍山市信托投资股份有限公司16.68%、安徽省国际信托投资公司16.66%	基金普惠、基金普丰、基金普润、基金普华	1998.12.22
7	嘉实基金管理公司	6000	北京市	广发证券有限责任公司25%、北京证券有限责任公司25%、吉林省信托投资公司25%、中煤信托投资有限责任公司25%	基金泰和	1999.03.25
8	长盛基金管理公司	8000	深圳市	中信证券股份有限公司25%、湖北证券有限责任公司25%、安徽省信托投资公司25%、天津北方国际信托投资公司25%	基金同益、基金同盛、基金同智	1999.03.26
9	大成基金管理公司	10000	深圳市	光大证券有限责任公司25%、大鹏证券有限责任公司25%、中国经济开发信托投资公司25%、广东证券股份有限公司25%	基金景阳、基金景博、基金景福、基金景业、基金景宏	1999.04.12

续表

序号	基金管理公司	注册资本［万元］	注册地	基金管理公司股东及股权结构	旗下基金	成立时间
10	富国基金管理公司	10000	上海市	上海市由海通证券有限公司20%、申银万国证券股份有限公司20%、华泰证券有限责任公司20%、福建国际信托投资公司20%和山东省国际信托投资公司20%	基金汉博、基金汉鼎、基金汉盛、基金汉兴	1999.04.13
11	易方达基金管理公司	12000	广州市	广东证券股份有限公司16.67%、广发证券有限责任公司16.67%、广东粤财信托投资公司16.67%、天津信托投资公司16.67%、重庆国际信托投资公司16.67%、天津北方国际信托投资公司16.67%	科讯基金、科翔基金、科汇基金	筹建
12	宝盈基金管理公司	10000	深圳市	中国对外经济贸易信托投资公司25%、联合证券有限责任公司25%、重庆国际信托投资公司16.67%、天津信托投资公司16.67%、山东省国际信托投资公司16.67%	鸿飞基金	筹建
13	融通基金管理公司	12500	深圳市	河北证券有限责任公司20%、上海爱建信托投资有限责任公司20%、陕西省国际信托投资股份有限公司20%、国泰君安证券股份有限公司20%、联合证券有限责任公司20%	融鑫基金	筹建
14	银华基金管理公司	10000	深圳市	西南证券有限责任公司29%、北京首都创业集团29%、南方证券有限公司21%、东北证券有限责任公司21%	天华基金	筹建

资料来源：根据公开信息制作

3．基金管理公司的行为日益呈现市场化趋势

这不仅表现在年初基金管理费的下调和国家取消基金在配售新股方面的优惠政策、加强对基金信息披露的管理，而且，我们高兴地看到，基金泰和首次实现中期分红，在保护基金持有人的利益方面实现了突破。

4．基金的投资者结构发生一定变化

继1999年政策允许商业保险公司投资于证券投资基金之后，2000年又提高了商业保险公司的入市比例，2000年3月中国保监会批准了四家保险公司按其总资产的10%投资于股市，截止到2000年10月份我国保险业投资额为1 128亿元，其中基金投资106亿元，尚不足一成。我国保费总收入预计2000年有望达到1 560亿元，同比增长12%，而全国保险公司的总资产目前为2 500亿元左右，可以说保险资金介入证券投资基金的空间还较大。经过一年来的运作，商业保险公司在基金的投资取得了丰硕的收益，保险公司将越来越成为基金市场中的一支重要力量。我国社保基金结余额目前在1 000亿元左右。由于机制原因，今后我国社保基金的支付压力将会相当大，这部分资金有入市要求，2000年市场各方面也在积极探讨社保资金入市方式,社保资金通过投资基金进入资本市场不仅是国外发达国家的惯例,在我国,未来社保资金加大对基金的投入应该代表着一种趋势。

5.基金托管人的地位和作用得到空前的关注

基金托管人作为基金资产的名义持有人,是重要的基金当事人之一,但在以往的实践中,基金托管人对基金管理人的监督和制约作用都难以发挥出来,2000年,基金托管人的地位和作用得到了空前的关注,一些媒体对此也发表了一些意见和建议。(基金托管部情况见表2)

表2　基金托管部一览表

名称	注册地	批设时间	托管基金数量	托管基金名称
中国工商银行基金托管部	北京市	1998.2.24	11	开元、金泰、安信、同益、普丰、天元、裕元、隆元、裕泽、金元、汉鼎
中国建设银行基金托管部	北京市	1998.3.18	7	兴华、泰和、兴和、金鑫、汉博、金盛、金鼎
中国农业银行基金托管部	北京市	1998.5.29	6	裕阳、裕隆、景阳、景博、景福、汉盛
交通银行基金托管部	上海市	1998.7.03	6	普惠、汉兴、安顺、裕华、兴科、安久
中国银行基金托管部	北京市	1998.7.07	4	景宏、同盛、同智、兴安
合计			34	——

资料来源:中国证监会网站

三、基金的市场规模进一步扩大

截止到2000年12月底,在深沪两市挂牌交易的的封闭式基金共有33只,比1999年底的20只增加了12只,发行规模超过500亿元,总资产超过800亿元,占深沪两市流通市值的5.6%,证券投资基金成为证券市场上最重要的机构投资者。在2000年新上市的12只基金中,仅有基金汉兴和基金景福2家是新设的大型封闭式基金,而其余新上市的10只基金都是由老基金转制而来。出现这种现象的原因一方面可能与市场上对基金的新品种——开放式基金的期待有关,同时也与大型封闭式基金在市场上一直折价交易不无关系。(2000年基金市场发行情况见表3)

表3　2000年基金市场发行情况一览表

时间	发行家数		发行量		筹资总额		筹资净额	
		同比	(万份)	同比	金额(万元)	同比	金额(万元)	同比
2000 01	0	-	0	-	0	-	0	-
2000 02	1	-	50 000	-	50000	-	49 500	-
200003	0	-	0	-	0	-	0	-

时间	发行家数		发行量		筹资总额		筹资净额	
		同比	（万份）	同比	金额（万元）	同比	金额（万元）	同比
2000 04	0	－100.00%	0	－100.00%	0	－100.00%	0	－100.00%
2000 05	2	100.00%	100000	－50.00%	100 000	－50.49%	96 000	－52.00%
2000 06	1	－50.00%	50000	－91.66%	50 000	－91.70%	49 800	－91.70%
2000 07	2	0.00%	100000	－83.33%	100 000	－83.41%	98 450	－83.59%
2000 08	2	0.00%	70000	－76.66%	70 000	－76.89%	69 800	－76.73%
2000 09	1	0.00%	23700	–	23 600	–	0	–
2000 10	2	–	43969	–	43 969	–	48 600	–
2000 11	1	－75.00%	20000	－96.72%	20 000	－96.75%	19 860	－96.74%
2000 12	0	－100.00%	0	－100.00%	0	－100.00%	0	－100.00%
本年合计	12	－175.00%	457669	－196.72%	457 569	－196.75%	432 010	－196.74%

资料来源：中国证监会网站

四、基金市场价格呈两极分化状态

与上年相比，2000 年证券投资基金的二级市场交投比较活跃，全年共成交 2 465.79 亿元。从 2000 年基金市场的整体走势来看，基本上延续了以往同涨同落的格局，年初 1～4 月，随着大盘的强劲上扬和基金分红期的临近，基金板块走出了一波整体上涨的行情，分红之后，基金板块沉寂了一段时间，7、8 月份，由于商业保险公司加大对证券投资基金的投资力度，基金市场再次热闹了一阵子，8 月下旬以后，大盘的走弱带动了基金市场的下跌，10 月中旬以后，由于市场对 2000 年基金丰厚分红的预期和出于回避年底大盘下跌风险的需要，市场上的很多资金开始关注基金板块，从而使基金走出了整体上扬的行情。总的说来，2000 年大型证券投资基金一直折价交易，折价率平均在 20%左右。

与此相反，由老基金转制而来的小型基金的市场表现则要活跃得多，转制基金上市之处连续涨停几乎已经成为一种市场的定势，其中基金同智的市场价格波动尤为突出，基金同智曾经从最低 0.89 元最高上涨至 2.41 元。不过，随即下跌到最低 1.32 元，其市场奉献是不言而喻的。总体说来，小盘转制基金多数呈溢价交易。（2000 年证券投资基金交易情况见表 4）

表 4　2000 年证券投资基金交易情况一览表

	证券投资基金成交金额(亿元)	同比(%)	证券投资基金日均成交金额(亿元)	同比(%)
2000 01	222.13	527.13	11.69	559.39
2000 02	298.14	3553.67	24.85	2031.33
2000 03	313.93	729.4	13.65	729.43
2000 04	136.87	188.51	6.84	217.36
2000 05	97.94	-26.02	5.44	-17.8
2000 06	116.84	-72.68	5.31	-72.68
2000 07	277.85	-9.36	12.23	-12.23
2000 08	327.96	173.09	14.26	161.22
2000 09	113.49	0.7	5.4	5.49
2000 10	83.32	-28.43	4.9	-32.64
2000 11	228.42	81.58	10.38	81.58
2000 12	248.9	203.79	11.85	203.79
本年合计	2 465.79	5 321.38	126.8	3 854.24

资料来源:中国证监会网站

五、大部分老基金退出了历史舞台

2000 年,大部分老基金经过重组和改制,脱胎换骨成为新基金,共有 11 只由老基金转制而来的新基金在深沪两个交易所挂牌交易,迄今为止,深沪两市仅有沈阳公众、沈阳久盛和富岛基金三只老基金。颇具讽刺意味的是,在老基金最后退出历史舞台之前,还上演了一出最后的疯狂,涨停之后随即是连续的下跌。不管怎么说,随着老基金的合并、重组、更名,老基金基本上已经结束它们的历史使命,从另一个角度来看,老基金所进行的实践,包括老基金所集合、凝聚起来的资产,将以更规范、更适应今天证券市场的方式,得到新生。在积极、妥善地解决了历史遗留问题之后,在市场各方的共同努力下,汲取经验教训,锐意创新,方兴未艾的我国投资基金业将走向一个规范化、市场化、国际化的未来!(深沪两市挂牌和联网交易的老基金规范情况见表 5)

表 5　深沪两市挂牌和联网交易的老基金规范情况一览表

序号	基金代码	老基金名称	成立时间	基金规模（亿元）	摘牌时间	规范后的新基金名称	其他合并的基金	新基金管理公司	新基金托管人
1	500500	淄博基金	1992.12.15	1	2000.06.21	汉博证券投资基金	沈阳通发、三峡基金	富国基金管理公司	建设银行
2	500501	金龙基金	1993.09.10	1	2000.07.14	安瑞证券投资基金	沈阳富民、沈阳万利	华安基金管理公司	工商银行
3	500502	宝鼎基金	1993.09.10	1	2000.06.28	汉鼎证券投资基金		富国基金管理公司	工商银行
4	500503	建业基金	1993.09.10	1	2000.04.25	金鼎证券投资基金	沈阳公众基金、陕建基金	国泰基金管理公司	建设银行
5	500511	沈阳农信	1992.03.07	0.39	2000.06.20	景业证券投资基金	宁波金穗基金、大连农信基金、浙农受益基金、天津创业基金合并成	大成基金管理公司	农业银行
6	500512	富民基金	1992.04.20	0.35	2000.07.14	安瑞证券投资基金	万利基金、金龙基金	华安基金管理公司	工商银行
7	500513	沈阳通发	1992.05.20	0.5	200.06.21	汉博证券投资基金		富国基金管理公司	建设银行
8	500514	沈阳公众	1992.05.14	0.59	2000.4.25	金鼎证券投资基金	建业基金、陕建基金	国泰基金管理公司	建设银行
9	500515	沈阳兴沈	1992.05.14	0.35	未摘牌				
10	500516	沈阳万利	1992.05.28	0.73	2000.07.14	安瑞证券投资基金	沈阳富民基金、金龙基金	华安基金管理公司	工商银行
11	500517	沈阳银海	1992.11	1.01	2000.07.13	普润证券投资基金	金信投资基金	鹏华基金管理公司	工商银行
12	500518	沈阳久盛	1992.05.11	0.35	未摘牌				
13	550513	沈阳通发	1992.05.14	0.59	2000.06.21	汉博证券投资基金	淄博基金、三峡基金	富国基金管理公司	建设银行

序号	基金代码	老基金名称	成立时间	基金规模(亿元)	摘牌时间	规范后的新基金名称	其他合并的基金	新基金管理公司	新基金托管人
14	550551	广东广发	1992.05.29	0.6	2000.07.13	科讯证券投资基金	广信基金	易方达基金管理公司	交通银行
15	550552	广东海鸥	1994.01.01	0.5	2000.06.28	兴业证券投资基金	珠信、赣农、金星基金	华夏基金管理公司	农业银行
16	550553	广东广信	1993.12.19	1.29	2000.06.29	科讯证券投资基金	广东广发基金	易方达基金管理公司	交通银行
17	4001	南山基金	1991.10	1.39	2000.07.11	普华证券投资基金	银城基金	鹏华基金管理公司	工商银行
18	4002	天骥基金	1992.11.18	5.81	2000.07.03	融鑫证券投资基金		融通基金管理公司	工商银行
19	4003	蓝天基金	1993.02.03	3.79	2000.07.03	鸿飞证券投资基金		宝盈基金管理公司	建设银行
20	4501	广发基金	1993.12.16	0.53	2000.07.13	科翔证券投资基金	南方基金	易方达基金管理公司	工商银行
21	4502	南方基金	1993.12.16	2.26	2000.07.13	科翔证券投资基金	广发基金	易方达基金管理公司	工商银行
22	4503	广证基金	1993.11.23	1.17	2000.07.13	科汇证券投资基金	华信基金	易方达基金管理公司	交通银行
23	4505	华信基金	1993.12	1.37	2000.07.13	科汇证券投资基金	广证基金	易方达基金管理公司	交通银行
24	4506	富岛基金	1992.05.20	1.6	未摘牌				

资料来源:根据公开信息制作

六、《基金黑幕》事件引起全社会广泛关注

2000年10月《财经》杂志刊登了一篇题为《基金黑幕——关于基金行为的研究报告解析》的长篇报告，该报告长15页，以上海证券交易所监察部一位工作人员的有关研究报告为依据。这份自称为"中国股市10年来第一份对机构交易行为有确切叙述的报告"披露出来后，在市场的各个层面引起了强烈的反响。

2000年10月16日，10家基金管理公司在《中国证券报》、《上海证券报》发表《严正声明》，称《基金黑幕——关于基金行为的研究报告解析》是恶意炒作，"其中颇多不实之辞和偏颇之论，严重误导了投资者。"

一时间，诸多业内外专业人士、广大投资者纷纷发表看法。10月29日上午，著名经济学家吴敬琏接受了中央电视台《经济半小时》记者的独家专访。在记者问道"我们能不能认定这些东西是中国证券市场走向成熟付出的必不可少的代价？"时，吴敬琏称："多多少少出现这种情况，在一个新兴的市场上是不可避免的。但是这种情况不能延迟太久。恶性发展的结果是必然会出现股灾。股灾就是崩盘，就是爆发大的丑闻，出现整个证券市场的崩溃。在韩国战后，曾经出现过。发生股灾以后，有二、三十年的时间谈股色变，证券市场建立不起来。"

管理层的声音以中国证监会主席周小川的观点为代表，在2000年12月初"2000年中国上市公司博览会"期间举办的大型研讨会上，中国证监会主席周小川在题为《在规范与发展中迎接新世纪的挑战》的主题报告中，指出："最近由《基金黑幕》这篇文章引起的讨论中，提出了很多有益的探讨和意见。面对这样的情况，欢迎新闻媒体、报刊杂志对证券业、证券市场、资本市场进行监督；这次讨论引发的各种意见，对于监管来说、对于证券业的成长来讲，都有很多有益的内容；此外，监管部门对于调查属实、确有证据的违规行为一定会依法给予处理。""《基金黑幕》事件"值得业界深思！

表6　证券投资基金一览表

基金代码	基金简称	全年净值增长率%	全年净值最高点	时间	全年净值最低点	时间	基金规模(亿元)	基金管理公司	投资风格	全年涨幅	折价率%	上市时间	拟分配收益(元)
4688	基金开元	61.56	2.0226	2000.3.3	1.4812	2000.1.14	20	南方基金管理公司	积极成长型	48.82	−16.02	1998.4.7	0.5295
4689	基金普惠	48.87	1.7144	2000.3.24	1.3852	2000.1.14	20	鹏华基金管理公司	积极成长型	30.89	−19.462	1999.1.27	0.42
4690	基金同益	57.94	1.8101	2000.12.29	1.3566	2000.1.14	20	长盛基金管理公司	稳健成长型	42.02	−18.789	1999.4.21	0.4515
4691	基金景宏	41.58	1.5327	2000.3.24	1.2595	2000.1.14	120	大成基金管理公司	稳健成长型	29.36	−16.718	1999.5.18	0.295
4692	基金裕隆	50.17	1.6084	2000.8.11	1.1228	2000.1.14	30	博时基金管理公司	积极成长型	32.35	−16.731	1999.6.24	0.3395
4693	基金普丰	52.53	1.4779	2000.12.22	0.9947	2000.1.14	30	鹏华基金管理公司	优化指数型	14.71	−20.397	1999.7.30	0.281
4695	基金景博	40.41	1.4192	2000.11.17	1.0618	2000.1.14	10	大成基金管理公司	中小企业成长型	18.27	−16.431	1999.10.22	0.185
4696	基金裕华	7.81	1.5021	2000.6.2	1.1189	2000.7.7	5	博时基金管理公司	积极成长型	0	0.8585	2000.4.24	0.0834
4698	基金天元	60.76	1.5851	2000.12.29	1.0028	2000.1.14	30	南方基金管理公司	指数型	24.51	−19.879	1999.9.20	0.2956
4699	基金同盛	41.79	1.4197	2000.12.29	0.9901	2000.1.14	30	长盛基金管理公司	稳健成长型	10.78	−20.406	1999.11.26	0.2164
4701	基金景福	34.3	1.3531	2000.12.29	0.9676	2000.1.14	30	大成基金管理公司	优化指数型	0	−19.444	2000.1.10	0.164
4702	基金同智	8.67	1.1695	2000.12.29	1	2000.5.19	5	长盛基金管理公司	积极成长型	0	17.1441	2000.5.15	0.0461
4703	基金金盛	6.2	1.2257	2000.8.11	1.0315	2000.9.22	5	国泰基金管理公司	积极成长型	0	2.6924	2000.6.30	0.0732

基金代码	基金简称	全年净值增长率%	全年净值最高点	时间	全年净值最低点	时间	基金规模（亿元）	基金管理公司	投资风格	全年涨幅	折价率%	上市时间	拟分配收益(元)
4705	基金裕泽	9	1.2409	2000.6.9	1.1045	2000.7.7	5	博时基金管理公司	科技型	0	0.3596	2000.5.17	0.108
4708	基金兴科	5.72	1.1449	2000.3.18	1.0442	2000.9.22	5	华夏基金管理公司	积极成长型	0	7.0914	2000.7.18	0.0475
4710	基金隆元	0.03	1.0203	2000.11.24	0.9679	2000.10.20	5	南方基金管理公司	积极成长型	0	12.0365	2000.10.18	0
4718	基金兴安	3.67	1.0775	2000.12.22	0.9465	2000.9.22	2.367	华夏基金管理公司	积极成长型	0	7.8799	2000.9.20	0.0054
500001	基金金泰	51.61	1.6903	2000.3.3	1.3125	2000.1.14	20	国泰基金管理公司	平衡型	37.16	−18.023	1998.4.7	0.4223
500002	基金泰和	45.62	1.5692	2000.5.18	1.1199	2000.1.14	20	嘉实基金管理公司	平衡型	23.85	−20.434	1999.4.20	0.147
500003	基金安信	58.27	2.1523	2000.3.10	1.6525	2000.1.14	20	华安基金管理公司	积极成长型	39.71	−18.707	1998.6.26	0.55
500005	基金汉盛	48.37	1.5882	2000.12.29	1.2592	2000.1.14	20	富国基金管理公司	积极成长型	34.3	−20.035	1999.5.18	0.33
500006	基金裕阳	61.28	1.9987	2000.3.3	1.529	2000.5.12	20	博时基金管理公司	资产重组型	41.29	−13.605	1998.7.30	0.4833
500007	基金景阳	43.55	1.4389	2000.12.29	1.0375	2000.1.14	10	大成基金管理公司	中小企业成长型	19.52	−15.908	1999.10.22	0.265
500008	基金兴华	49.34	1.8393	2000.3.10	1.337	2000.5.12	20	华夏基金管理公司	稳健成长型	31.53	−14.155	1998.5.8	0.3847
500009	基金安顺	59.02	1.6141	2000.12.17	1.0898	2000.1.14	30	华安基金管理公司	稳健成长型	6.6	−20.326	1999.6.22	0.31
500010	基金金元	8.25	1.09	2000.7.14	0.9845	2000.9.22	5	南方基金管理公司	科技型	0	8.3133	2000.7.11	0.0284

基金代码	基金简称	全年净值增长率%	全年净值最高点	时间	全年净值最低点	时间	基金规模(亿元)	基金管理公司	投资风格	全年涨幅	折价率%	上市时间	拟分配收益(元)
500011	基金金鑫	52.99	1.479	2000.12.29	0.986	2000.1.14	30	国泰基金管理公司	稳健成长型	14.71	−20.893	1999.11.26	0.203
500015	基金汉兴	37.59	1.693	2000.6.2	0.986	2000.1.14	30	富国基金管理公司	平衡型	0	−20.624	2000.1.10	0.17
500016	基金裕元	55.9	1.6059	2000.8.11	1.0579	2000.1.14	15	博时基金管理公司	资产重组型	27.48	−17.271	1999.10.28	0.3477
500018	基金兴和	47.16	1.422	2000.8.11	0.9899	2000.1.14	30	华夏基金管理公司	优化指数型	15.69	−16.802	1999.7.30	0.2505
500021	基金金鼎	7.58	1.1954	2000.8.11	1.0283	2000.10.20	5	国泰基金管理公司	积极成长型	0	9.0612	2000.8.4	0.0341
500025	基金汉鼎	4.12	1.0412	2000.12.29	0.9814	2000.9.22	5	富国基金管理公司	积极成长型	0	34.4602	2000.8.17	0
500035	基金汉博	1.13	1.1076	2000.11.17	1.0241	2000.12.15	5	富国基金管理公司	积极成长型	0	10.6802	2000.10.17	0

资料来源:全景网

表 7　证券投资基金历年分红一览表

序　号	基金名称	设立时间	1998 年分红金额	1999 年分红金额	2000 年拟分配金额	总分配金额
1	基金开元	1998.3	0.03	0.275	0.5295	0.8345
2	基金裕阳	1998.7	0.021	0.39	0.4833	0.8943
3	基金安信	1998.6	0.042	0.32	0.55	0.912
4	基金金泰	1998.3	0.049	0.19	0.4223	0.6613
5	基金兴华	1998.4	0.022	0.406	0.3847	0.8127
6	基金安顺	1999.6		0.035	0.31	0.345
7	基金裕元	1999.10		0.016	0.3477	0.3637
8	基金同益	1999.4		0.167	0.4515	0.6185
9	基金裕隆	1999.6		0.049	0.3395	0.3885
10	基金普惠	1999.1		0.232	0.42	0.652
11	基金泰和	1999.4		0.022	0.277 *	0.299
12	基金汉盛	1999.5		0.15	0.33	0.48
13	基金景阳	1999.11		0.028	0.265	0.293
14	基金景宏	1999.5		0.175	0.295	0.47
15	基金景博	1999.11		0.054	0.185	0.239
* 基金泰和在 2000 年中期已分红 0.13 元,2000 年年末拟分红 0.147 元。						

资料来源:全景网络

（刘文弟　刘传葵）

第五编

上市公司

上市公司综述

一、上市公司总体状况

上市公司数量突破千家：随着我国企业制度改革进程的加快，市场规模进一步扩大，上市公司数量持续猛增。截至 2000 年末，在沪深两个证券交易所挂牌上市的公司共有 1 088 家，其中，在上交所上市的公司有 572 家，在深交所上市的公司有 516 家。继 1996 年、1997 年股市快速扩容后，2000 年新增上市公司 139 家，使我国证券市场上市公司数量超过 1000 家。

表 1　历年上市公司数量变化（1990～2000 历年年末数）

年份	1990 年	1991 年	1992 年	1993 年	1994 年	1995 年	1996 年	1997 年	1998 年	1999 年	2000 年
上交所	8	8	29	106	171	188	293	383	438	484	572
深交所	2	6	24	77	120	135	237	362	413	465	516
全国	10	14	53	183	291	323	530	745	851	949	1088
增量	0	4	39	130	108	32	207	215	107	98	139

在 1 088 家公司中发行 A 股公司有 1 060 家；在 1 060 家发行 A 股公司中有 19 家公司还发行了 H 股，有 86 家公司还发行了 B 股；另外有 28 家公司仅发行了 B 股，发行 B 股的共有 114 家公司。

年份	1990 年	1991 年	1992 年	1993 年	1994 年	1995 年	1996 年	1997 年	1998 年	1999 年	2000 年
仅发 A 股	10	14	35	140	227	242	431	627	727	822	955
发 A 、H 股	0	0	0	3	6	11	14	17	18	19	19
发 A 、B 股	0	0	18	34	54	58	69	76	80	82	86
仅发 B 股	0	0	0	6	4	12	16	25	26	26	28
合　计	10	14	53	183	291	323	530	745	851	949	1088
A 股合计	10	14	53	177	287	311	514	720	825	923	1060
B 股合计	0	0	18	40	58	70	85	101	106	108	114

公司股本规模逐步扩大：随着 1997 年、1998 年一批对国民经济有重大影响的大型国有企业、行业排头兵改组为大盘股上市，逐步改变了由于以往实行额度分解政策所形成的上市公司小型

化、轻型化的格局，大大改善了上市公司的股本规模结构。据统计，在1997、1998年国有大中型企业上市所占比例明显高于前几年，1996年底，股本总额在5亿股以上的上市公司仅35家，到2000年底，这一数字已增加到140家。1996年末总股本10亿元以上的特大型企业10家，到2000年底，这一数字已增加到45家。2000年末，上市公司总股本达3 791.70亿股，较上年的3 089亿股增加702亿股，增幅达23%。上市公司平均总股本及流通股本达到3.48亿股和1.24亿股。

表2　历年上市公司股本变化

单位：亿股

年份	1990年	1991年	1992年	1993年	1994年	1995年	1996年	1997年	1998年	1999年	2000年
总股本	2.61	6.29	68.87	387.73	684.54	848.42	1 219.	1 942.7	2 526	3 089	3 791.7
流通股	2.61	6.29	21.18	107.88	226.04	301.46	429.85	671.44	862	1 079	1 354.2
平均股本	0.26	0.45	1.30	2.12	2.35	2.63	2.30	2.61	2.97	3.26	3.48
平均流通股	0.26	0.45	0.40	0.59	0.78	0.93	0.81	0.90	1.01	1.14	1.24

证券市场经过十几年的发展，上市公司总数由最初的十余家发展到现在的1 000余家，产业结构由以往的房地产、商业、综合类为主转向以钢铁、冶金、港口、化工、电子、汽车、电力、能源等基础产业与支柱产业为主导的新格局。到2000年底，我国工业类上市公司占上市公司总数的比例由1994年55.7%上升至2000年的64.89%，商业、地产类公司所占比重则由1994年的14.4%和8.6%下降至2000年的8.64%和2.48%。对新上市公司产业政策的倾斜，既反映了国家产业结构调整的战略性思路，又使证券市场上市公司的产业比例进一步合理化。

表3　上市公司行业分类统计

	1990年	1991年	1992年	1993年	1994年	1995年	1996年	1997年	1998年	1999年	2000年
工业	5	5	32	112	162	183	313	456	537	614	706
商业	2	2	4	21	42	45	69	86	86	86	94
地产	0	0	6	17	25	26	27	27	27	27	27
公用事业	1	1	2	14	24	27	40	56	63	67	84
综合	2	5	8	18	34	38	77	116	134	151	173
金融	0	1	1	1	4	4	4	4		4	4
合计	10	14	53	183	291	323	530	745	851	949	1088

表4　上市公司行业结构

	1994年	1995年	1996年	1997年	1998年	1999年	2000年
工业	55.7%	56.7%	59.1%	61.2%	63.1%	64.7%	64.89%

	1994 年	1995 年	1996 年	1997 年	1998 年	1999 年	2000 年
商业	14.4%	13.9%	13.0%	11.5%	10.1%	9.06%	8.64%
地产	8.6%	8.0%	5.1%	3.6%	3.2%	2.85%	2.48%
公用事业	8.2%	8.4%	7.5%	7.5%	7.4%	7.06%	7.72%
综合	11.7%	11.8%	14.5%	15.6%	15.7%	15.91%	15.90%
金融	1.4%	1.2%	0.8%	0.5%	0.5%	0.42%	0.37%
合计	100.0%	100.0%	100.0%	100.0%	100.0%	100.0%	100.00%

市场筹资：我国上市公司大部分是国企改制后上市的。改革前国家是国有企业唯一的投资者和所有者，财政为国有企业无偿注入资金。拨改贷使国有企业的融资结构由财政转向银行，国有企业走向负债经营的道路。通过股份制改造，利用证券市场直接融资缓解了企业过高负债率造成的沉重负担。至 2000 年末，上市公司通过发行新股共筹集资金 6 841 亿元。其中通过发行 A 股筹资 3 224 亿元、通过发行 B 股筹资 320 亿元、通过发行 H 股、N 股筹资 1 380 亿元、通过配股筹集资金 1 625 亿元、增发筹资 248 亿元。2000 年通过境内外发行上市共筹资 2 280 亿元。上市公司通过股市直接融资，一方面改善了传统国有企业主要依靠银行贷款来支持生产经营的局面，缓解了银行的金融风险，另一方面也促使上市公司以市场为导向开展投资活动，实现社会资源的优化配置。

表 5　历年市场筹资数量变化

单位：亿元

年份	1990 年	1991 年	1992 年	1993 年	1994 年	1995 年	1996 年	1997 年	1998 年	1999 年	2000 年
A 股	45.90	5.00	50.00	194.83	49.62	22.68	224.45	655.06	439.45	558.52	978.91
B 股			44.09	38.13	38.27	33.35	47.1	80.76	20.76	3.81	14.00
H 股、N 股				60.93	188.73	31.46	83.56	361.03	44.96	47.20	562.21
A、B 配股				81.58	50.16	62.83	69.89	198	334.97	320.64	507.53
A、B 股增发										59.00	189.00
可转债										15.00	28.50
筹资总额	45.90	5.00	94.09	375.47	326.78	150.32	425.08	1 294.85	840.14	1 004.170	2 280.15

上市公司总市值与 GDP 的比值明显增长：一个国家或地区证券市场总市值与其一年 GDP 比重往往是该国家或地区经济发达程度高的一种参考。在海外发达国家，证券市场总市值接近或超过一年 GDP 值，一般发展中国家也达到其 GDP 的 40%～70%。

我国证券市场规模虽小，该比值上升强劲（附表）。至 2000 年末，上市公司总市值为 48 090 亿元，比 1999 年末 26 471 亿元增加 21 619 亿元，增幅为 82 %，相当于 2000 年 GDP 的 53.80%，比

1999 年的 31.82 增长 21.98 个百分点,说明上市公司在国民经济中的地位在不断提高。2000 年末流通市值为 16 087 亿元,比 1999 年末的 8 214 亿元增加7 873亿元,增幅近一倍。

表 6　1990～2000 年股市值与 GDP 的比值

年份	1990 年	1991 年	1992 年	1993 年	1994 年	1995 年	1996 年	1997 年	1998 年	1999 年	2000 年
流通市值					965	938	2 867	5 204	5 745	8 214	16 087
市价总值		109.19	1 048	3 531	3 690	3 474	9 842	17 529	19 506	26 471	48 090
GDP	18 319	21 280	26 638	34 634	46 759	58 478	67 884	74 772	79 745	82 054	89 404
占 GDP%		0.51	3.93	10.20	7.89	5.94	14.50	23.44	24.46	31.82	53.80

二、上市公司整体业绩趋于好转

上市公司整体经营状况趋于好转。2000 年年报尚未披露完毕,截至 3 月 23 日,已有 542 家上市公司披露了 2000 年年报,占应披露公司的 48.93%。542 家公司的加权平均每股收益为 0.302 元,较去年同期增长了 23.68%;加权平均净资产收益率为 10.83%,较去年同期略降了 1.99%。

表 7　已披露年报公司业绩概况

交易所	家数	每股收益	上年同期每股收益	每股净资产	上年同期每股净资产	净资产收益率	上年同期净资产收益率
上海	290	0.316	0.240	2.749	2.192	11.48%	10.09%
深圳	252	0.285	0.249	2.836	2.228	10.04%	11.15%
合计	542	0.302	0.244	2.788	2.209	11.83%	11.05%

从 1999 年报及 2000 年中报看,上市公司数量、资产规模、效益水平较 1998 年度均有较大幅度增长,体现出上市公司总体业绩在国家整体形势向好,经济回暖的宏观背景下率先增长的良好态势。

表 8　上市公司整体业绩情况表

	1999 年	1998 年	增加值	增长%
上市公司数量	949	851	98.00	11.52%
资产总额(亿元)	16 107.36	12 407.52	3 699.84	29.82%
净资产(亿元)	7 639.35	6 266.76	1 372.59	21.90%
主营收入(亿元)	7 974.56	6 269.71	1 704.85	27.19%
利润总额(亿元)	806.31	614.4	191.91	31.24%
净利润 (亿元)	628.88	466.97	161.91	34.67%
负债比率	52.57%	49.49%	0.03	6.22%
净资产收益率	8.23%	7.45%	0.01	10.48%
每股净资产	2.48	2.48	0.00	-0.18%
每股收益	0.20	0.19	0.02	10.27%

综观上市公司整体向好的情况,有这样几个特点:

一是盈利能力明显提高。资料显示,近 90% 公司的净利润较 1999 年有不同程度的增长。银广夏、川投控股等公司的利润增长幅度均超过 200%。四川锦华、海螺型材业绩增长速度更快,超过 400%。

二是绩优公司行业覆盖面较广，从传统行业到高科技行业均有分布。其中，比较集中的是信息产业类上市公司，这与近年来我国信息产业以大大高于同期 GDP 增长率的速度发展不无关联。此外，农业、纺织、汽车、电力等一批基础行业也各有多家绩优上市公司出现。而家电业尽管年前曾被认为将出现业绩大幅下滑趋势，但春兰股份、哈空调却凭借较好的业绩继续保留在绩优公司行列。为了进一步考察上市公司业绩增长的真实性，我们着重分析了一项对净利润影响较大且颇具有"弹性"的指标——非经常性损益。通过比较、分析数据，发现与往年相比，除部分 ST、PT 公司外，靠非经常性损益实现"脱贫致富"的公司开始大比例减少，此外，在上市公司的净利润当中，非经常性损益所带来的影响也已经开始逐渐降低，这表明，2000 年度上市公司持续盈利的能力普遍有所提高。

上市公司整体素质向好首先与 2000 年我国宏观经济面的转暖有很大关联。宏观调控扩大基建，国际油价、国内原材料价格的上涨也给相关上市公司带来了良好的发展机遇。1999 年以来，从事电网改造、公路建设、基础设施、高科技发展的上市公司就已经受惠于国家政策。2000 年，国家宏观调控的力度不仅没有减弱还有所加强，因此效果应该更显著。而原油价格的上涨对石油开采业上市公司的影响、钢材价格和其他原材料上涨对相关上市公司的影响等，都是我们已经注意到的事实。今年以来我国对外贸易呈现高速增长的态势，相关上市公司收益也颇为可观。

其次，大规模的资产重组、资产置换的作用在年报中得以体现。在年内特别是年末前后进行的接连不断地大规模的资产置换，使一些绩差公司"脱胎换骨"，重组股无疑将成为年报的一道"风景线"。

在财务和税务处理方面的影响。1999 年年报中，不少上市公司一次性处理了大量历史遗留问题，如坏账准备，存货减值等，业绩出现了剧烈下降。但也就是得益于这样的处理，这些上市公司今年得以轻装上阵，业绩出现"恢复性增长"。2000 年下半年，国家税务局出台对上市公司所得税优惠待遇的规定，也明确指出了 15% 的优惠税率可以执行到 2001 年年底，从而解除了上市公司业绩的一大负担。

去年以来部分上市公司投资证券市场，其收益也将体现出来。在一级市场方面，去年底到今年初，不少上市公司通过充当战略投资者配售到了大量新股，其中于今年兑现的部分将对其全年业绩形成有力的支持，而另外一些上市公司通过大胆介入二级市场，获取了不少的买卖价差。

当然，目前尚有近半公司未披露年报，但已经披露年报公司已充分显示出在多方面综合作用的影响下，上市公司整体盈利能力将明显增强。

三、上市公司存在的主要问题

（一）上市公司中高风险公司风险依旧

截至 2001 年 3 月 26 日，ST 公司 43 家，其中沪市 16 家、深市 27 家。PT 公司 9 家（新增 1 家 PT 郑百文）沪市 7 家、深市 2 家。2000 年公布预亏公司达 89 家，其中上交所 44 家深交所 45 家。在已公布年报的 542 家公司中，共有 14 家为 ST 公司，除 ST 粤海发和 ST 郑百文外均扭亏为盈并摘掉了 ST 帽子。共有 3 家公司加入 ST 行列。

表 9　2000 年 PT 公司表

序号	股票代码	公司名称
1	600855	PT 北旅
2	600837	PT 农商社
3	600633	PT 双鹿
4	600625	PT 水仙
5	600833	PT 网点
6	600083	PT 红光
7	0515	PT 渝钛白
8	0015	PT 中浩
9	600898	PT 百文

1.资不抵债公司大幅增加。1998年度资不抵债公司为5家,1999年该数目达到10家,这些公司大部分在管理已涣散,资产严重不实,且大量涉讼,几乎到了无法挽救的地步。

表10 资不抵债公司

序号	股票代码	公司名称	每股净资产
1	600837	PT农垦商社	-7.73
2	600898	ST郑百文	-6.58
3	0588	ST粤金曼	-4.69
4	0515	PT渝钛白	-3.64
5	0015	ST中浩A	-3.35
6	600833	ST网点	-1.75
7	600759	ST琼华侨	-1.67
8	0556	ST南洋	-0.54
9	0014	ST深华源	-0.13
10	0522	ST白云山	-0.05

2.上市公司对外担保等表外事项对公司的影响。近期上市公司为大股东或者其他公司担保导致公司涉讼的情况非常多。这些风险实际上是上市公司"看不见"的风险(因其在报表中并不反映),而目前的会计制度对这种风险并无"准备",虽然,近期中国证监会颁布了《关于上市公司为他人提供担保有关问题的通知》(证监公司字[2000]61号),规范上市公司对外担保事项,但如何清理、解决前期的对外担保等表外事项的影响仍是一个重要问题。

3.扭亏公司不容乐观。扭亏的公司除行业整体向好使得上市公司扭亏外,纯粹依靠公司内部加强管理、开拓市场、提高产品竞争能力的扭亏的公司很少,更多的是依靠地方政府或控股股东的的支持,通过债务重组、资产置换、非货币性交易等方式扭亏的,此类扭亏公司因持续经营能力没有改善,前景堪忧。例如,深市某ST公司1999年度因取得3.66亿元的债务重组收益而取得了每股收益0.42元的"骄人"业绩,但因主业没有任何改善,2000中期已经预亏。

(二)非标准无保留审计意见数量居高不下

1999年度有175家上市公司被会计师出具了非标准无保留意见报告(详见表11),占上市公司总数的18.04%,较上年度有所增加。非标准审计报告的增加一方面说明会计师执业环境更加宽松、执业判断更加独立,另一方面说明上市公司在日常经营和规范运作中的确存在问题。

表11 审计意见类型表

交易所	无保留	解释性说明	保留意见	解释+保留	无法发表意见	否定意见
上海	406	53	11	18	5	1
深圳	389	48	18	11	10	0
合计	795	101	29	29	15	1
比例	81.96%	10.41%	2.99%	2.99%	1.55%	0.1%

1.非标准审计报告中的解释性说明和保留意见涉及到公司的方方面面,主要有以下几项:(1)会计师认为有必要揭示的重要事项。这是有解释性说明的审计报告解释性说明最常见的方式,主要是提示报表阅读者关注此类说明涉及的事项。如较大资产交易、大额债务、关联交易、会计政策变更等。(2)公司会计处理不符合稳健原则。主要是指上市公司没有计提四项准备或计提不足,且不按会计师要求补充提取准备。(3)收入和费用确认依据不足。较为常见的是收入并不完全符合准则要求,在资产过户、款项支付等方面,费用计入的成本的方法和摊销方法会计师存在异议。(4)公司"三分开"和规范运作方面存在问题。此类问题多指大股东对上市公司的资金占用,公司同大股东账目不分等情况。

2.无法表示意见和否定意见的审计报告主要涉及公司持续经营能力、内部控制制度等重大问题。(1)公司主要生产经营设备无法正常生产,累计亏损严重,巨额借款无法偿还,依靠公司自身经营很难摆脱困境，其持续经营能力受到会计师质疑。（2）公司缺乏可信赖的内部控制制度，会计核算不完整，致使会计师无法取得充分的证据来验证其收入、成本及报表项目的真实性和合理性。

3.否定意见的审计报告本年只有一家，报告指出公司由于公司承诺事项及重大事项涉及金额巨大，且公司连续三年产生巨额亏损，导致公司1999年12月31日的净资产为负数，主要财务指标显示其财务状况严重恶化，存在巨额逾期债务无法偿还。因此，公司的持续经营能力已受极大影响。基于以上情况，该公司依据持续经营的假设编制的会计报表缺乏合理性，会计报表未能公允地反映公司财务状况以及经营成果和现金流量情况。

（三）上市公司不分配现象严重

在披露1999年报的970家公司中有594家本年度不分配，占上市公司总数的61%（1998年为57%，1997年为52%），扣除其中近90家因亏损无法分配和因有未弥补完的以前年度亏损公司，但是仍有500余公司在经营了一年后不给投资者任何回报。个别公司已经连续数年有利润而不分配，究其原因主要有如下几项：

1.目前的市场环境使公司缺乏利润分配的压力和动力。当前市场投机炒作的气氛仍然十分浓厚，长期投资的理念在市场上不能占据主导地位。人们投资股票市场赚取利润的主要途径是搏取股票的差价收益，而非上市公司的年终分红。

2.公司发展的需要。这类公司往往处在高速增长的阶段，项目的投产、新产品开发，或者营销网络的建设都需要大量的资金，因此公司管理层很在乎企业内部的资金积累，将企业滚存的利润投入到生产开发中去，以占领更多的市场份额，实现企业的超常规发展。

3.利润构成不健康，非经常性损益占据较大的比重。非经常性损益大都是一次性收益，或者通过关联交易获得，往往没有相应的现金流入，由于得到的不是实实在在的利润，所以公司自然不愿分配利润。

四、增发新股走出配股困境，为上市公司再筹资另辟蹊径

增发新股成为配股之外的另一种再融资渠道。从国际上看，配股和增发新股都是上市公司再筹资的重要手段，但通行的是增发股票，并且主要向新的投资者发行。在我国配股一直是公司再融资的主要手段，但其局限性已日渐显现：公司配股必须符合连续3年平均净资产收益率高于10%，每年至少6%，且配股比例不得高于原股本30%的规定。而增发新股突破了配股单一模式和配股的有关法律障碍，为上市公司再融资开辟了一条新途径。从1998年5月，以“太极实业”、“深惠中”等为首的7家公司增发新股。到2000年底，已有34家上市公司实施了增发新股，共募集资金278亿元。

年份	公司数量	新增股本	筹资额
1998年	7	6.35亿股	30亿元
1999年	6	6.71亿股	59亿元
2000年	21	13.55亿股	189亿元

从1998年增发试点以来，实施增发公司已由最初扶贫到2000年扶优的重大转变。

1998年共有龙头股份、申达股份、上海三毛、太极实业、深惠中、上海医药、新钢钒等七家公司进行了增发。这些以纺织业为主的公司绝大多数资质较差、成长性欠佳、发展前景堪忧，大多数已不具备配股资格，况且其原流通股本均很小，即使可配股，筹集的资金也极为有限。进入1999年，上菱电器、深康佳、真空电子、东大阿派等进行增发，这些公司均为国内家电行业及科技业的骨干力量，其中上菱电器是具有B股公司进行增发A股的首家公司。进入2000年，首家增发公司为吉林化工，也是首家含H股公司进行的A股增发，纵横国际则是首家原ST公司进行成功资产重组后进行的增发。2000年已增发的上市公司已有吉

林化工、江苏悦达、风华高科、托普软件、纵横国际、经纬纺机、上实联合、银基发展、清华同方、金健米业、东方通信等上市公司。从增发对象的演变过程看,表现为从初期的扶贫到现在的扶优,将募集资金向真正质优的上市公司倾斜,尤其是到了1999年以后,开创了含B股、H股等外资股的上市公司增发A股的先河,解决了这些上市公司上市多年不能再融资的窘境。

在发行方式及发行价格上,近三年来,也进行了积极的探索,并使得发行行为愈加市场化也更加符合市场实际。1998年7家增发的公司,各家均采用部分向原社会股东按一定比例配售、部分上网向社会公众定价发行的方式,定价方式均以当年预测的加权每股税后利润乘以一定的市盈率计算,发行定价由发行人与承销商协商。从1999年的上菱电器开始,发行方式及发行价格的制定均产生了很大的变化,发行方式上,深康佳首开不向老股东配售,全部向社会公众及网下机构投资者配售的先河,东大阿派则全部在网下发行,纵横国际零股申购及风华高科给老股东优先认购权,上菱电器大规模向机构投资者配售,真空电子则引入战略投资者,深康佳采用网下回拨,托普软件则是网上向网下回拨,均表明市场对这种金融创新的认可。发行价格上,从1998年的以市盈率定价到后来的市价折扣、累计投标询价、及公开竞价,市价折扣比例也呈逐渐缩小之势。通过逐渐摸索、增发新股的定价方式越来越成熟,发行价格与市场价格差距极小,通过增发,既引入了新的股东,又较好地保护了原股东的利益。管理层一再强调的股票发行上市要尽量采取市场化手段已在增发新股中进行了积极的探索。

五、加强信息披露任重道远

1.目前我国上市公司信息披露还存在很大问题,包括信息披露不完全(非有意的)和恶意的信息披露问题。恶意信息披露包括信息披露不及时、隐瞒和涉嫌虚假披露等,这些问题的存在往往是由很强的内部动机造成的,一是为了配合庄家炒股票,二是为了筹资。从而引申出我国强制信息披露监管手段存在缺陷。以强制信息披露为主要手段的监管思想,其有效性依赖于下列前提:董事善尽诚信义务,法人治理结构健全;中介机构注重信誉并具备良好的执业道德和素质;市场上有强大的舆论监督力量;反欺诈手段严厉而且有足够的力度。在我国尚不具备这些前提条件的情况下,如何进行信息披露的监管。

2. 目前利用信息披露的监管手段保护中小股东的利益力度不够。采用以强制信息披露为我们的基本监管手段后,我们虽然可以让公司尽可能完全、真实地披露所有信息,但是由于目前市场约束机制未完全建立、小股东保护自己权益的意识淡漠以及保护中小股东利益的法律机制不健全的现状,过去因害怕我们的行政审批不敢明目张胆的侵害公司利益的大股东或个人,可以公然地以“合法”手段进行严重侵犯中小股东利益的不公平交易行为。我们虽然保护了小股东的知情权,但不知是否尽到保护中小股东权利的监管责任。

3.利用信息披露的监管手段对董事会以及大股东的缺乏诚信义务的监管力度不够。

为保证信息披露的充分性,在2000年无论是证监会,还是深沪证券交易所,都在加强上市公司信息披露方面进行了前所未有的努力。2000年4月底,中国证监会发布《上市公司向社会公开募集股份招股意向书的内容与格式(试行)》的通知,进一步规范了发行新股或配股的行为;2000年6月7日,证监会在发出的《关于加强上市公司监管工作的意见》中,也特别提到加强对上市公司信息披露的监管;2000年7月证监会发布了《关于进一步加强ST、PT公司信息披露监管工作的通知》;2000年11月14日发布了《公开发行证券公司信息披露编报规则》第1至6号的通知,为即将到来的金融企业上市高潮做好了制度方面的准备。交易所2000年6月决定在对上市公司定期报告实行事后审核的基础上,对部分上市公司的临时报告进行事后审核的试点。这些公司的临时报告只需事前向交易所报备,免于事前审核。2000 年 9 月，在创业板交易规则中，在信息披露方面提了许多新的要求，如按季度公布业绩报告。2000 年 10 月上海证交所将这一方式引入主板，提出将会把《股票上市规则》再次修订，即从明年一季度开始，要求 ST、PT 公司披露季报，也鼓励绩优公司公布；从第三季度起，全面推行季报披露制度。中国上市公司的定期报告将逐步与国际惯例接轨。

六、转配股上市对证券市场的影响

转配股形成：

配股是已经上市的公司在证券市场上继续筹集资金的重要途径。由于国家股、法人股不能上市流通，上市公司国家股和法人股股东在配股过程中常常无力认购其可配的股份，当时考虑到维护国有资产权益，出现了国家股、法人股股东向社会公众股股东转让配股权的情况，社会公众股股东通过受让配股权后认购的股份称为“转配股”。这种方式使国家股股东单位得到一定程度的补偿，但突出的问题是股票上市流通量的增加，给当时低迷的市场造成了压力。根据国务院领导的有关批示的精神，我会在 1994 年 10 月发布通知明确转配股暂不上市流通。第一只转配股产生于 1994 年 5 月的珠江实业。转配股集中出现于 1995～1997 年之间，于 1998 年被中国证监会停止。

虽然自 1998 年始就停止了转配，但已经转配了的股份依然没有寻找到出路，而且随着上市公司送、配股和转增股本的逐年实施，转配股的总数逐年膨胀。据统计，目前沪深两市共有 169 家上市公司在配股时进行了转配，转配股总量为 33.52 亿股，平均每家上市公司为 1 983.56万股。

为促进证券市场的规范发展，中国证监会 3 月 14 日公布，转配股将从 2000 年 4 月开始，用 24 个月左右的时间逐步安排上市流通。同时，中国证监会重申上市公司国家股和法人股的存量及其增量仍不能上市流通。

转配股上市意义深远：

转配股上市解决了我国证券市场的一个历史遗留问题。盘活了投资者（包括机构和个人）的沉淀资金，提高了证券市场资金运用效率，保障了投资者应有的合法权益。同时简化了上市公司的股本结构，使上市公司的资本运作更为顺畅，为我国证券市场走规范化、国际化道路扫清了障碍。从长远看，对证券市场的发展是一件大好事。

1.规范股份分类、抑制过度投机，增强上市公司筹资能力

从证券市场的长远发展来看，转配股上市规范了上市公司股权结构，有利于证券市场的稳定。转配股的上市，是公司股份分类的一次重大变动。我国上市公司的股份，分为发起人股（包括国家股或国有法人股或发起法人股）、募集法人股、内部职工股、转配股等几类。转配股的上市，使上市公司的股份分类更为简单。其意义不亚于 1998 年底停止发行内部职工股。转配股上市后，未流通股份主要剩下发起人股和募集法人股两类。

转配股上市使流通股比重有所提高，因而也能进一步增强相关上市公司的筹资功能。包括转配股在内的、国家股、法人股股东参与配股往往兴趣不大。而流通股东参与配股往往较为积极。转配股上市，使得公司流通股比重提高，可筹措资金也将进一步提高。

证券市场一直有炒小流通盘股的习惯，一些小盘股股价长期居高不下，缺乏投资价值，而这些股票正是转配股数量最多的群体。因此，转配股上市有利于抑制过度投机，增强股票市场的稳定性。

2.转配股上市盘活了机构和个人投资者的沉淀资金

转配股上市对市场资金影响并不大。首先，与新股上市和国有股配售不同，转配股上市转让的资金大部分仍会留在二级市场。新股上市时，大部分获利资金可能很快离开二级市场重新回到一级市场，吸纳了二级市场资金，国有股配售上市

时,国有股东可能收回资金进行实业投资,也离开了二级市场,增加了证券市场的资金需求。而转配股上市只是原有资金存量的结构调整,资金供需总量变化不大。即使一部分转配股资金离开二级市场,由于转配股数量较大的股票市价一般不高,市值可能会有明显下降,对资金需求的影响也会降低。

七、上市公司法人治理结构方面存在的问题及措施

上市公司是证券市场的基础,而公司治理是上市公司的基础,公司治理的状况,从根本上决定着上市公司的质量和发展水平。因此,上市公司治理健全与否,是决定中国证券市场能否健康发展的基本条件。

我国上市公司治理经历了从 1992 年 4 月前上市公司治理机制相应的明确法律规范尚未制定,上市公司在治理机制方面处于摸索状态。从证监会成立后颁布各种关于股份有限公司的规范性文件,向公司治理机制规范化进程迈进阶段。从 1997 年十五大以后伴随着中国证券市场的蓬勃发展,上市公司治理结构问题逐步得到各方面的重视,上市公司治理机制的建设进一步加强阶段。

十年来,中国上市公司治理经历了不断完善、不断规范的发展过程。但是,目前中国经济尚处于由计划向市场的转轨过程中,上市公司大部分是由国有企业而来,而证券市场还是一个新兴市场,这些都决定了中国上市公司的治理机制的健全和完善还是刚刚起步,中国上市公司治理机制中还存在不少需要改进的方面。

1.股权结构

股权结构不合理问题。在国有股权“一股独占,一股独大”的情况下,很难建立起有效的法人治理结构,使新建的公司往往“穿新鞋走老路”,仍然由上级主管机关控制。在董事会人员组成中以内部人和控股股东代表为主,缺少外部董事、独立董事,难于发挥制衡作用。我国绝大部分上市公司由国企改制而成,目前尚未上市流通的国有股比重高达 55%,同时,机构投资者比重很小,流通股十分分散。这种股权结构可能造成所谓“超强控制”、“超弱控制”,这两种情况的后果是一样的,那就是股东包括国有股东的最终利益受到侵害,企业的长远发展受到威胁。

2.公司组织结构

目前,我国上市公司均按照公司法及交易所上市规则等的要求,建立了股东大会、董事会、经理层、监事会的组织结构。但“内部人控制”现象严重。经理班子控制上市公司的财产和资金,在企业内部构筑起对企业的绝对控制权。股东大会还不足以成为股东行使权力、参与公司治理的场所。股东大会是公司的最高权力机构,但在实践中存在股东大会召集人通过设置各种条件或障碍剥夺股东尤其是中小股东的知情权、质询权的现象,特别是国有股或法人股控股的情况下,国有股东和法人股东“一票制胜”,中小股东的权益更得不到切实保护。此外,一旦出现投资失误或者董事和高级管理人员违规和违反公司章程的行为,有关法律和法规的处罚还不足以起到警戒作用,特别是对股东的民事赔偿力度还不够。董事责任淡化。我国《刑法》、《公司法》和《证券法》对董事的权利、义务和相应的民事、刑事责任有原则性规定,但对董事诚信义务规定不够全面,对未能勤勉尽责的高级管理人员没有有效的处罚措施。上市公司董事普遍缺乏制约,权利义务不对等,出现损害公司和股东利益的行为后没有承担相应的责任。监事会的功能有限。普遍存在两个问题:一是监事缺乏必要的独立性,对公司的高级管理人员是否尽职难以发表独立意见;二是缺乏监督手段,流于形式。

八、外部监督机制

综合环境尚待改善。政府部门对上市公司的行政干预现象还十分普遍,很多股份公司董事长及高级管理人员由政府推荐或直接任命。由于各

级政府及各部门之间管辖范围不同，地方利益、部门利益往往会影响上市公司投资、重组等重大决策，导致上市公司治理系统脱离自身目标，不同程度地围绕地方和部门利益运行。

九、改善上市公司治理机制的对策

根据中国的实际情况，借鉴国际成功经验，目前管理层在探索建设符合中国国情的比较科学有效的公司治理机制。

1.在股权结构方面

将重点放在以市场为基础，构建市场化的公有股权运作机制上，降低股权集中度，改变目前的政企不分的状况，并且为建立良好的公司治理机制提供相应的法律制度框架。建立和规范国有资产的运营、管理和监督体制，明确上市公司国有股权的代表，促使其正确行使权力并承担相应的职责。1999年以来，通过国有股定向配售、股份回购及上市公司增发新股、转配股上市流通等多种方式，改善股权结构，提高法人治理结构的有效性。对于非国家经济命脉行业的上市公司，逐步降低单一国有股持股人的股权集中程度，培育多元化投资主体尤其是机构投资者，促进股东之间的相互制衡，改善股权高度集中和高度分散分别带来的“一股独大”和内部人控制问题。使我国股权结构复杂现状正在逐步缓解。

2.培育竞争性的市场环境

治理结构的改善，从长期来看，离不开一个充分竞争有序的市场。应当努力为企业提供一个规范、有序、有利的市场环境。同时也要强化完善资本市场上的竞争和退出机制。

3.增强公司组织机构的功能

推进上市公司与大股东的“三分开”。上市公司“三分开”是指上市公司与其控股股东之间实现人员独立、财务独立、资产分开，规范上市公司与控股股东及其下属单位之间的关联交易，特别需要明确国有控股股东的职能定位，增强上市公司独立性。增强董事会的职能。建立独立董事制度，使其在关联交易等方面发表独立意见，保护中小股东权益。逐步改善董事会中内部董事、外部董事及独立董事的比例，在董事会内部建立制衡机制。董事长与总经理分设等。加强对公司董事及高级管理人员的监管。制定董事诚信义务和尽责义务的一般性原则。强化监事会的作用。明确监事会的职责；引入外部监事和独立监事，加强监事会工作的独立性；完善监事会工作规则；明确监事的责任和义务，提高监事的专业素质。建立对高级管理人员的激励机制。在强化约束机制的基础上，除了要改革原国有企业的收入分配的制度，还要通过给予管理层股票或股票期权，以股权激励方式使其自身利益与公司股东利益挂钩。强化对上市公司法人治理结构的信息披露要求。加强债权人对上市公司法人治理结构的约束。由于银行的资产质量与贷款企业是否规范运作密切相关，另外，银行掌握的信息比较充分、全面，具有控制和监督企业资金流的能力，又具有比较丰富的人力资源和健全的组织管理体系，因此，银行等债权人参与公司治理结构的管理。

随着企业改革的不断深入，随着证券市场功能的进一步发挥，中国上市公司治理机制将不断完善，将为中国上市公司的可持续发展，为中国证券市场的健康发展，乃至为中国国民经济的持续稳定发展奠定坚实的基础。

（刘连起）

新上市公司概述

一、整体状况及特征

1.新上市公司数量比前两年有所增加,平均股本规模有所减小(不考虑宝钢股份的影响)。

截至2000年底,沪深两市共有上市公司1 091家。2000年新上市公司总数139家,发行A股的上市公司为137家(原B股上市公司增发A股的有3家),其中沪市88家,深市49家;发行B股的上市公司有6家。从数量上看,去年新增上市公司比1999年和1998年多,但少于1997年和1996年。从股本规模看,如果扣除宝钢股份(总股本125.12亿股,流通股18.77亿股)的影响,与1999年和1998年相比,2000年新上市公司平均总股本和流通股均有所缩小。以实际上市流通A股计算,1996年、1997年、1998年、1999年新增数分别为45亿股、107亿股、73亿股、84亿股,2000年上市的公司新增108亿股。

表1 近几年境内上市公司数量及股本规模变化

	1996年	1997年	1998年	1999年	2000年
上市公司总数	530	745	851	951	1091
新增上市公司数	207	215	106	100	140
新增上市公司平均总股本	12000万股	20800万股	29900万股	31800万股	33400万股(不考虑宝钢股份为24500万股)
新增上市公司平均流通股	2180万股	5000万股	6940万股	8400万股	7870万股(不考虑宝钢股份为6560万股)

2.新上市公司地域分布广泛,但不均衡。

137家发行A股的新上市公司分布在全国32个省市,北京新上市公司依然是最多的(12家),其次是江苏、浙江和山东(都是9家)。虽然新疆、内蒙古2000年新上市公司分别达到5家,但总体而言,新增的上市公司主要还是集中在经济发达省市,边远不发达地区,由于经济竞争力有限,符合上市条件的公司较少,四川、贵州、青海、西藏都只有1家新上市公司。

表2 2000年新上市公司地区分布

省市	新上市公司数	省市	新上市公司数	省市	新上市公司数
北京	12	内蒙古	5	深　圳	2
江　苏	9	上　海	4	海　南	2
浙　江	9	黑龙江	4	河　南	2

省市	新上市公司数	省市	新上市公司数	省市	新上市公司数
山　东	9	福　建	4	河　北	2
广　东	8	甘　肃	4	宁　夏	2
辽　宁	8	山　西	4	四　川	1
湖　北	8	江　西	3	天　津	1
安　徽	6	云　南	3	贵　州	1
湖　南	5	重　庆	3	青　海	1
广　西	5	陕　西	2	西　藏	1
新　疆	5	吉　林	2		

3.制造业上市公司占绝大多数。

137家上市公司覆盖面广，根据中国证监会最新发布的行业分类标准，制造业上市公司为84家（按制造业小类分，食品、饮料类有6家，纺织、服装、毛皮类有12家，木材、家具制造类有1家，造纸、印刷类有3家，石油、化学、塑胶、塑料类有15家，电子类有2家，金属、非金属类有13家，机械、设备、仪表类有19家，医药、生物制品类有10家，其他制造业有3家），占总数的61.3%。相对于1999年而言，2000年农、林、牧、渔业，电力、煤气及水的生产和供应业以及批发和零售贸易上市公司数量有所增加。金融类上市公司一家，仍然没有考虑房地产企业。

表3　2000年新上市公司行业分布

行业	新上市公司家数	行业	新上市公司家数
农、林、牧、渔业	8	批发和零售贸易	10
采掘业	3	金融、保险业	1
制造业	84	房地产业	0
电力、煤气及水的生产和供应业	8	社会服务业	5
建筑业	1	传播与文化产业	0
交通运输、仓储业	7	综合类	3
信息技术业	7		

4.新上市公司经营业绩趋于平均化，与全部上市公司相比优势不突出。

137家A股新上市公司1999年平均主营业务收入、主营业务利润和净利润分别为90 100万元、20 080万元和9 200万元，主营业务收入比沪深两市全部上市公司平均水平低7.6%，主营业务利润和净利润分别比全部上市公司平均水平高3.7%和31.8%。137家新上市公司摊薄每股收益平均为0.285元，比全部上市公司平均水平高35.7%，而净资产收益率平均为7.75%，则比全部上市公司平均水平低2.9%。

表 4　2000 年新上市公司与全部上市公司业绩对比

	主营业务收入（万元）	主营业务利润（万元）	净利润（万元）	每股收益（万元）	净资产收益率(%)
2000 年新上市公司	90 100	20 080	9 200	0.285	7.75
全部上市公司	97 500	19 370	6 980	0.210	7.98

137 家新上市公司中，2000 年度每股收益在 0.1 和 0.3 元之间的上市公司最多，共计 89 家，占 65%，虽然没有上市当年就亏损的公司，但每股收益高于 0.50 元的上市公司只有 7 家，跻身沪、深两市每股收益 50 强排名的新上市公司只有外运发展（0.65 元）、上港集箱（0.60 元）和江苏舜天（0.59 元）3 家（占 6%），跻身 100 强排名的有 11 家。从净资产收益率看，2000 年沪、深两市净资产收益率超过 30% 的上市公司有 26 家，没有 1 家新上市公司，有近 7 成的新上市公司净资产收益率集中在 6% 至 10% 之间。

表 5　每股收益、净资产收益率分布

每股收益	全部上市公司	2000 年新上市公司	净资产收益率	全部上市公司	2000 年新上市公司
大于 0.5 元	占 8%	7 家，占 5.1%	大于 30%	占 2%	0 家
0.3－0.5 元	占 22%	40 家，占 29.2%	10%－30%	占 31%	18 家，占 13.1%
0.1－0.3 元	占 46%	89 家，占 65.0%	6%－10%	占 38%	93 家，占 67.9%
0－0.1 元	占 15%	1 家，占 0.7%	0%－6%	占 21%	26 家，占 19.0%
小于 0 元	占 9%	0 家	小于 0%	占 8%	0 家

5. 新上市公司与往年相比每股净资产显著提高，而每股收益、净资产收益率均呈现下降趋势。

和前几年上市的公司在上市当年公布的每股收益、净资产收益率指标相比，2000 年新上市公司要逊色不少。例如，1999 年 98 家新上市公司摊薄每股收益为 0.30 元，净资产收益率为 9.3%，这比当时全部上市公司整体水平高 50% 和 16%。净资产收益率不断降低与新股发行价提高，上市公司净资产增加稀释了收益率有关。

表 6　历年新上市公司当年主要财务指标

	1992 年	1993 年	1994 年	1995 年	1996 年	1997 年	1998 年	1999 年	2000 年
净资产收益率%	19.5	15.8	15.5	13.9	13.9	13.0	11.3	9.28	7.75
每股收益(元)	0.44	0.39	0.41	0.36	0.39	0.39	0.33	0.30	0.285
每股净资产(元)	2.73	2.76	2.95	2.56	2.81	3.07	2.85	3.09	3.79

6. **发行价格逐年上升、首日涨幅水涨船高。**

表 7　新上市公司发行状况

年份	上市家数	平均发行市盈率	平均首日涨幅(%)
2000	137	31.9	145
1999	98	17.2	132
1998	106	14.1	113

2000 年新股发行价明显高于往年。自安泰科技的发行市盈率首次突破 50 倍后，闽东电力更是在竞价发行中创下了 88 倍的记录。此后，新力药业、洪都航空和龙净环保的发行市盈率也纷纷突破 50 倍。2000 年新上市公司的平均发行市盈率高达 31.9，远远超过了 1999 年的 17.2 倍和 1998 年的 14.1 倍。在高发行市盈率的影响下，上市公司的筹资总量也大幅提高，2000 年 11 月以 46 亿的融资量创下中国证券市场有史以来单月筹资总量的最高纪录。新股发行市盈率的大幅提高，表明了新股发行市场化进程的加速，但有趣的是新股的一、二级市场的价差非但没有缩小，反而进一步拉大，这一出乎预料的结果体现了中国投资者特有的新股情结。

7. **过度包装现象依然存在。**

应当说随着新股发行制度的不断完善，上市公司的质量大有改观，但是过度包装的现象依然时有发生，2000 年新上市公司中的华泰股份和抚顺特钢就是其中的典型。如果单从每股收益、成长性和发行价格来看，华泰股份是一家绩优股，但若分析公司的招股说明书可以发现，1999 年末公司在短期借款较期初激增 81% 的背景下，同期财务费用却反而减少了 30%，这一组矛盾的数据是建立在公司仅仅核算了东营市化工厂 1～5 月的利息，而将 6～7 月份的利息勾销的基础上，这样一来公司减少了 1 000 多万元的财务费用，利润水平也得到相应提升。抚顺特钢招股说明书显示，1999 年的净利润比上年激增了 48%，公司 1999 年将大部分在建工程转入固定资产原值并使其余额比上年增加一倍以上，但同期累计折旧却由上一年度末的 3 亿元减少到 2.51 亿元，可见公司利用了会计政策的变更来降低费用，提高了发行前利润水平。此外还有部分上市公司在上市重组中利用过度剥离或分立等方式来虚增利润，这种做法的实质，是股份公司将包袱甩给集团公司以谋求高价发行，并在最终将集团负担转回。随着今后新股发行核准制的实施，以上过度包装的行为有望得到更有效的控制。

8. **B 股增发 A 股，定价偏高、市场不认可。**

与 2000 年新股发行高市盈率、首日高涨幅形成鲜明对比的是，2000 年张裕 A、鲁泰 A 和晨鸣纸业三只由 B 股上市公司增发的 A 股在上市后相继跌破发行价。这一现象更多地折射出，B 股价格对 A 股价格的牵引力作用。目前深沪同一公司的 A、B 股价差，基本保持在 2～2.5 倍左右，若纯 B 股公司增发 A 股的价格定位过高，就意味着一级市场价格已基本与二级市场接轨。2001 年初莱织华 A 股的增发成功，主要还是定价合理的原因。随着 B 股市场越来越本土化，其对 A 股发行定价的意义也越来越重要。

表 8　B 股公司增发 A 股情况

公司	发行价格(元)	发行市盈率	上市首日收盘价(元)	上市后最低价(元)
张裕 A	20	46.5	28.13	18.99
鲁 泰 A	17.8	43.4	17.85	14.55
晨鸣纸业	20.8	39.2	22.25	16.29

注：表中的发行市盈率是以 2000 年预测每股收益(全面摊薄)计算的。

9. **新上市公司分配以派现为主、增资以转增为主。**

2000 年 137 家新上市公司中共有 123 家实施了分配方案，由于中国证监会已将上市公司现金分红记录作为再融资的条件之一，瞄准今后增发或配股的新公司自然遵守了这一规定,123 家上市公司分配预案中全部都带有现金分红。2000 年的高发行价格使得新上市公司的资本公积金大幅上升,这也就为大比例的增资扩股创造了有利的条件,共计有 18 家上市公司公布了增资预案,但主要是通过资本公积金转增股本,送红股的公司寥寥无几。

表 9　137 家公司分配状况表

平均增资(每 10 股送转股数)	平均现金分红(每 10 股派发现金)	合计(每 10 股送转派)
0.574 股	1.362 元	1.936

10.经营性活动产生的现金流量偏低。

我国上市公司经营活动现金流量偏低是一个突出问题。新上市公司由于募集资金刚到位不久,总现金流状况自然不错。而从经营性活动产生的现金流量情况看,137 家上市公司 1999 年的平均经营活动净现金流量低于当年的净利润水平,如果剔除宝钢股份的影响,2000 年情况也并不够理想。虽也有如上港集箱、凯诺科技和澳柯玛等公司保持了与其市场形象相匹配的充足经营现金流,但共计有 35 家公司的经营活动现金流量为负数,其中包括了亿阳信通、新星材料和中化国际等较为知名的公司。

表 10　137 家新上市公司现金流状况

2000 年度			1999 年度		
经营活动现金流	净现金流	净利润	经营活动现金流	净现金流	净利润
11 880	32 890	9 200	7 028	7 900	7 390

二、各行业上市公司分析

1. 农、林、牧、渔业

股票简称	总股本[万股]	主营业务利润[万元]	净资产收益率[%]	每股收益[元]	资产负债率[%]	流动比率	速动比率	应收账款周转率	存货周转率	每股经营性现金流[元]
隆平高科	10 500	5 856	4.88	0.36	16.0	5.88	5.44	16.1	1.39	1.02
洞庭水殖	7 300	4 093	6.03	0.34	15.4	9.66	9.47	5.7	5.14	0.05
武昌鱼	24 458	5 351	9.37	0.28	16.9	3.76	3.66	7.02	3.10	-0.26
天香实业	13 400	6 545	8.21	0.25	51.2	1.48	1.32	3.76	4.21	0.04
秦丰农业	12 882	5 308	6.27	0.24	11.5	6.73	6.28	6.41	3.50	0
景谷林业	10 500	5 306	8.24	0.24	39.9	1.85	1.58	2.41	1.90	0.26
新中基	12 459	7 492	6.81	0.22	59.0	1.14	0.82	3.58	2.85	-1.28
华龙集团	17403	3502	5.01	0.15	25.1	3.09	3.04	#101	#25	0.32
平均	13 613	5 432	6.85	0.26	29.4	4.20	3.95	18.34	5.89	0.02

我国农业 2000 年整体运行态势平稳,种植业结构调整明显,畜牧饲料业、水产渔业生产继续增加,但农产品价格继续低迷,农民收入增幅仍在下降。中国农业在矛盾中艰难地寻求新的突破,调

整农业种植结构、推进农业产业化将是国家农业政策的主要取向。“十五”期间，我国高科技农业将面临良好的发展机遇，这是因为，国家进一步重视依靠科技进步推进农业发展，对高科技农业的投资力度将明显增大，国际先进农业科技的引进将增加。农业上市公司的投资价值将更多地体现在上市公司业务本身的个性化特色和国家对有关农业企业的政策扶持。2000 年 8 家新上市的农、林、牧、渔业类公司平均每股收益 0.26 元，平均净资产收益率 6.85%，业绩一般。

隆平高科在农作物杂种优势利用方面保持世界水平，公司主营业务有杂交水稻、辣椒、瓜类等种子、种苗培育和销售，是亚洲最大的蔬菜种子集散地，2000 年实现主营业务收入 12 654 万元，比上年增长 41%，主营业务利润 5 856 万元，同比提高了 37%，实现净利润 3 795 万元，同比增长 39%。公司每股收益由 1999 年的 0.26 元增长到 0.36 元，每股经营活动产生的现金流量净额达 1.02 元，收益的含金量较高。公司每股净资产高达 7.41 元，但净资产收益率只有 4.88%，在 8 家上市公司中最低。

洞庭水殖主营业务水产养殖和制药业，2000 年主营业务收入 7 464 万元，净利润 2 445 万元，与去年同期相比增长 107% 和 94%，每股收益 0.34 元。总体而言，公司制药业（中药）规模小，未来发展潜力不大。公司 2000 年水产养殖业收入 5 562 万元，利润 2 845 万元，与去年同期相比增长 179% 和 154%，呈现了快速的发展势头。目前公司水产养殖方面的收入主要集中在成鱼和成蟹，尤其是成蟹收入已成为水产养殖的大头，毛收入从 1999 年的 252 万元增至 2000 年的 799 万元，但低于预测毛收入 1 064 万元（去年蟹价同样下跌了 20% 左右）。由于洞庭湖水质资源好，公司的蟹苗来源于最好的长江水系中华绒螯蟹种质资源，因此公司的大闸蟹有一定的品牌效应。目前正宗的大规格蟹奇货可居，公司的养蟹业前景可观。公司公告租赁低湖田约 5 000 亩，其中大部分用于河蟹养殖，由此看来养蟹业继续会成为公司养殖业最大的利润增长点。此外募集资金项目苗种基地 6 万亩的西湖还可进行三网养殖珍稀水产，这可能构成潜在的利润增长。

新中基 2000 年主营业务收入 4.67 亿元，比上年增长 19%；净利润 2 713 万元，比去年增长 6.7%，但主营业务利润却减少 1 420 万元，同比下降了 15%，主要的原因是公司下属温泉农牧业分公司遭受严重冻害影响所致。公司大部分的投资项目因季节原因无法按期实施，其中只有石河子华隆食品分公司建设年出栏 6 万头商品猪基地的项目，投资了 1 800 万元（计划资金 4 836 万元，完成进度 37%）。公司还是具备一定发展潜力的：在农业种植方面，公司所产粮食作物和经济作物种类齐全，且产量较高；在畜禽养殖方面，公司拥有优良的畜养品种和一定的畜养规模，并且拥有比较完备的与养殖配套的饲料加工能力；在农畜产品加工方面，公司具备了较高的屠宰能力和肉制品加工能力。募集资金的项目全部投产后，有望新增利润 5 000 万元，公司综合能力将得到提高。

2. **采掘业**

股票简称	总股本［万股］	主营业务利润［万元］	净资产收益率［%］	每股收益［元］	资产负债率［%］	流动比率	速动比率	应收账款周转率	存货周转率	每股经营性现金流［元］
广汇股份	35 378	19 341	24.6	0.42	42.5	1.90	1.30	10.42	3.44	－0.1
西山煤电	80 800	53 407	6.93	0.24	26.5	3.37	3.02	2.32	4.54	0.39
神州股份	39 519	10 774	4.84	0.14	35.1	1.83	1.62	1.08	5.00	－0.1
平　　均	51 899	27 841	12.1	0.26	34.7	2.37	1.98	4.61	4.33	0.06

中国经济监测中心提供的全国工业企业景气调查报告显示,2000年我国采掘业企业景气指数逐季上升。4个季度的企业景气指数依次为120.7、129.7、130.9、134.9,同比分别提高7.1、22.4、14.3、30.7点,景气状况逐季上升的良好局面。促成采掘业景气指数增长步伐加快的原因主要有两个:一是国际油价飙升和国内连续多次提高成品油价格使石油石化企业大获其利,带动石油和天然气开采业景气状况稳居工业各行业前列,成为采掘业乃至整个工业行业的"领头羊";二是亏损大户煤炭采掘业在实施总量控制、结构调整的改革措施后,扭亏脱困见效,景气状况逐步复苏,去年前3个季度的企业景气指数处于不景气区间,四季度则实现了质的飞跃,企业景气指数达106.4,首次突破临界值进入景气区间,全行业亏损大幅度减少,有力地促进了采掘业整体景气水平的上升。

神州股份主营业务范围是生产和销售煤炭、煤中煤、焦炭、煤气、煤化工等产品,是全国最大的以生产原煤、洗煤产品、焦炭、煤气与化工产品为主的煤炭综合利用生产企业。2000年公司按市场需求变化,对适销品种进行增产,基本完成了年初预定销售目标,全年每股收益0.136元,每股净资产2.81元,净资产收益率4.84%,但每股经营活动产生的现金流量净额为-0.1034元。公司今年拟收购蒲县焦化厂、通宝煤矿,以强化主业规模,培育新的利润增长点。

广汇股份上市时以花岗岩装饰材料开采加工为主营业务,塑钢门窗业务也初步形成规模。公司全年实现主营收入71 993万元,比上一年增长387%;实现主营利润19 341万元,比上一年增长172%;实现净利润14 791万元,比上一年度增长331%,每股收益0.42元,净资产收益率达24.6%。但广汇股份石材业务、塑钢门窗业务之和仅占全部主营收入的28.8%、主营利润的52.7%,公司全年业绩之所以大幅增长,首要原因是2000年8月成立新疆广厦房地产网络有限责任公司和新疆亚中物流商务网络有限责任公司,这两家子公司分别从事住宅消费服务(房地产)和现代物流(商品贸易)业务。这两块业务开展不到半年时间,但双双实现巨额盈利:住房消费服务(房地产)业务实现主营收入43 149万元,实现主营利润8 069万元;现代物流(商品贸易)业务实现主营收入8 145万元,实现主营利润1 075万元。此两项业务之和共占主营收入总额的71.2%,主营业务利润的47.3%。公司业绩的取得,关联交易所占比重较大,如住房消费服务是由广厦公司与关联的广汇房地产开发有限公司签订包销合同,而公司的石材和塑钢门窗业务,销售给广汇房地产公司的为8 202万元,占石材、塑钢门窗业务收入总额的46.6%,与往年相比上升幅度较大。公司每股经营活动产生的现金流量净额为-0.1元,说明公司收益的含金量不高。

3. 制造业

制造业上市公司多达84家,以下按小类进行分析。

3-1. 食品、饮料

股票简称	总股本[万股]	主营业务利润[万元]	净资产收益率[%]	每股收益[元]	资产负债率[%]	流动比率	速动比率	应收账款周转率	存货周转率	每股经营性现金流[元]
张裕A	26 000	44 654	10	0.5	22	3.53	2.82	5.8	1.53	0.7
维维股份	33 000	16 434	9.4	0.4	21	3.84	3.61	8.3	1.6	0.3
安琪酵母	13 570	8 012	7.6	0.3	12	9.34	8.40	8.3	2.68	0.21
海南椰岛	16 600	9 425	8.8	0.2	36	2.06	1.60	1.4	1.42	0.2

股票简称	总股本［万股］	主营业务利润［万元］	净资产收益率［%］	每股收益［元］	资产负债率［%］	流动比率	速动比率	应收账款周转率	存货周转率	每股经营性现金流［元］
先锋股份	9 200	2 577	6.2	0.2	29	2.32	2.18	7	11.9	0.2
皇台酒业	14 000	5 599	5.6	0.2	29	3.02	2.50	2.1	0.78	－0.22
平　　均	18 728	14 450	8	0.3	25	4.02	3.52	5.5	4.82	0.2

2000年全国食品工业完成销售收入7 829.9亿元，比1999年同期增长9.2%，全国食品工业利润总额达356.8亿元，增长幅度为31.2%，这说明食品行业又进入了新一轮的快速增长期。食品制造业仍然是整个食品工业中发展最快、潜力最大，同时效益增长最稳定的领域；酿酒、烟草等奢侈品行业的增长则主要通过增加产品附加值提升经济效益来体现。从产品分析，销售收入增长超过10%的行业有乳制品、原盐、软饮料、水产品、罐头、屠宰及肉蛋类、葡萄酒、烟叶复烤等行业，其中乳制品行业增幅仍然最高，达30.7%，啤酒业也加速增长，但白酒、烟草和软饮料的增幅则明显减缓。在2000年的势头下，2001年食品饮料业的增长速度可望继续保持在10%左右，主要热点为绿色食品、乳制品、豆奶饮品以及制糖业。

张裕公司主要从事以葡萄和苹果为原料的葡萄酒、白兰地、香槟酒和保健酒的酿制、生产与销售，主要产品有：干红、干白葡萄酒，XO级、VSOP级、VO级、VS级白兰地，至宝三鞭酒、特质三鞭酒、味美思和香槟酒。目前张裕综合葡萄酒的生产能力达5.5万吨，按销售额、产量和实现利润等三项指标的统计均居全国葡萄酒行业第一位。国内葡萄酒业前几年曾遭洋酒强力冲击，2000年形势开始好转。张裕公司全年实现主营业务收入87 362万元，比上一年度增长38.7%，其中销售葡萄酒实现销售收入57 156万元，比上一年度增长43%，占主营业务收入的65.4%；销售白兰地实现销售收入19 938万元，比上一年度增长43%，占主营业务收入的22.8%；销售保健酒实现销售收入8 792万元，比上一年度增长15.6%，占主营业务收入的10.1%。公司产品出口实现销售收入为人民币2 500万元，比上一年度增长24.2%，占主营业务收入的2.9%，主要出口产品为保健酒，出口主要市场为香港、马来西亚等东南亚有关国家和地区。2001年初，张裕高级干红葡萄酒，经中国食品工业协会专家委员会综合评价，被认定为“中国优质葡萄酒著名品牌”。

先锋股份主营玉米深加工制品的研制、开发、生产和销售。2000年公司完成主营业务收入18 946万元，与上年同期相比提高了56%，实现主营业务利润2 577万元，净利润1 806万元，同比分别比上年减少了3%和7．3%。盈利能力下降的原因是主导产品价格下降，同时主营业务成本同比增加了6 882万元，提高了73%，高于主业收入的增幅。由于公开发行股票，净资产增加，稀释了微降的净利润，使每股收益和净资产利润率同比降幅较大，每股收益为0.20元，净资产利润率6.02%。

3－2．纺织、服装、皮毛

股票简称	总股本［万股］	主营业务利润［万元］	净资产收益率［%］	每股收益［元］	资产负债率［%］	流动比率	速动比率	应收账款周转率	存货周转率	每股经营性现金流［元］
鲁泰A	20 830	15 510	7.14	0.42	14.3	4.45	3.70	43.0	2.24	0.42
圣雪绒	7 400	66 023	7.50	0.35	42.9	2.15	1.26	4.25	1.96	－1.93

股票简称	总股本[万股]	主营业务利润[万元]	净资产收益率[%]	每股收益[元]	资产负债率[%]	流动比率	速动比率	应收账款周转率	存货周转率	每股经营性现金流[元]
凯诺科技	9 670	9 301	7.35	0.35	32.1	2.59	2.25	7.75	2.78	1.15
辽宁时代	10 600	8 899	9.1134	0.30	42.6	2.12	1.64	7.39	10.4	0.53
金鹰股份	16 835	8 205	12.1	0.29	41.2	1.88	1.03	6.99	2.41	0.35
大连创世	11 000	4 962	7.45	0.27	16.4	4.61	4.14	7.67	5.47	-0.12
仕奇实业	17 500	8 907	6.07	0.26	23.5	3.29	2.61	6.57	0.87	0.36
丝绸股份	46 660	19 099	8.90	0.23	32.0	1.41	1.10	17.2	6.97	0.52
常山股份	40 000	33 390	8.22	0.23	37.0	1.90	1.18	12.8	4.04	0
湖北迈亚	18 700	8 386	9.39	0.21	54.4	1.89	1.41	2.59	1.18	0.23
兴业聚酯	21 340	10 622	7.51	0.21	55.6	2.06	1.60	20.1	4.12	0.53
春晖股份	42 115	14 933	6.48	0.18	29.4	1.13	0.43	8.01	2.94	-0.03
平　均	21 887	12 401	8.10	0.27	35.1	2.46	1.86	12.03	3.78	0.17

2000年度,我国纺织行业经济运行的特点是:市场回暖拉动行业继续回升;限产压锭初见成效,行业效益大幅增长;企业素质、产品结构、科技含量明显提高,高附加值产品销售增长快;原材料价格涨势逼人,复苏之路倍增压力;外向型程度高,产业脆弱性没有改变。根据国家统计局的资料,2000年我国纺织服装行业实现工业总产值(不变价)7 071.96亿元,较上年增长16.9%,增长率较上年加速5.38个百分点,超过国内生产总值增长率的一倍;工业总产值(现价)占国内生产总值的比重为9.9%,较上年提高0.8个百分点;全行业产品销售收入达8 176亿元,较去年增长20.1%,增长率较上年加速8.5个百分点;全行业实现利润总额290亿元,较上年同期大幅增加117%。

鲁泰公司产品86%以上出口,市场覆盖日本、韩国、美国、东南亚、英国等三十多个国家和地区。2000年实现主营业务收入、主营业务利润和净利润分别同比增长22%、25%和34%,每股收益0.42元,在同类上市公司中最高。随着东南亚经济复苏,2000年东南亚销售增长很大,销售额219 655万元,占全部销售46%,同比增长20%。公司净利润增加34%的另一个主要原因是主营业务利润增长25%情况下,期间费用得到有效控制。公司2000年投资亏损,三个子公司中只有北京鲁泰衬衫本年盈利23.51万元,公司对外扩张中,投资项目的选择应引起管理者的重视。2000年公司现金流动情况良好,每股经营活动产生现金流量为0.42元。应收账款周转次数达39.3次,货款回收良好,但存货年周转次数仅2.27次,说明公司大量库存产品待售,一方面会占用流动资金,另一方面随着市场新产品出现,可能产生积压存货跌价。

圣雪绒是集工贸、内外贸为一体的纺织企业,公司主要从事羊绒及其制品的生产、加工和销售,销售收入、出口收汇、利润总额连续八年列宁夏回族自治区外经贸系统第一名。1999年,国家外经贸部将“圣雪绒”列为全国首批重点支持和发展的三十三个名牌出口商品之一。2000年,羊绒衫、无毛绒占公司销售收入占总收入的80.1%,其中,羊绒衫占总收入的57.9%,无毛绒占总收入的22.2%。公司主营业务比上年同期有所增加,主要是羊绒价格上涨(1999年每吨羊绒平均价格60万元,2000年每吨羊绒平均价格95万元)。公司2000年净利润预测数2 183万元,实际实现净利润2 561万元,实际数比预测数增加378万元,增长幅度17.3%,造成净利润增加的原因是增加冻结资金利息355万元，剔除上述因素，2000年度实现净利润2 206万元（完成盈利预测的101%），每股收益为0.35元。

凯诺科技拥有年产高档精纺呢绒400万米、中高档西服30万套的生产能力，是我国毛纺行业中的龙头企业。公司是行业内第一家被国家科学技术部火炬计划中心认定的重点高新技术企业，同时，也是国内毛纺行业中第一家通过“双高”评审的上市公司，主要产品的科技含量高，附加值大，市场竞争力较强。公司2000年主营业务收入由1999年的1.34亿增加到2.6亿，每股收益0.35元，显示公司正处于较快发展之中。

大连创世（大杨创世）主要从事中高档男西装、女时装和运动装、职业装、学生装等服装的生产、销售及其他业务，公司产品的80%外销，主要客户集中在日本，近年来公司开始大力开辟欧美和韩国市场，以改善服装出口的市场格局。2000年公司实现主营业务收入28 880万元，比去年同期增长22.6%，但是公司的毛利率也由1999年的22.5%下降到17.3%。公司主营业务利润比1999年有所下降，但净利润增加251万元（完成净利润预测数的92.3%），这主要得益于财务收入、投资收益和补贴收入。公司募集资金中的916万元已投入使用，由于资金投入的时间短，募集资金的效益在2000年并未显现，预计在2001年将渐见成效。作为一个外销型为主的公司，尤其是公司的国外来料加工收入和国外进料加工收入在主营收入中的比重已经达到82%，并呈上升趋势，加入WTO对于公司2001年的经营形势将产生积极的影响。

常山股份是我国棉纺织行业的领先企业，1999年销售额居全国棉纺织行业第二位（国家纺织工业局统计中心统计结果）。常山股份2000年度实现主营业务收入183 213万元，同比增长12%；实现净利润9 361万元，同比增长14%。中国加入WTO，将有利于减少发达国家对我国纺织品出口的限制，改善纺织企业出口贸易条件，有利于公司进口原料、引进先进技术设备、扩大产品出口；但由于2000年部分省份受自然灾害影响，造成新棉资源紧俏，供应紧张，从2000年四季度起，原棉价格走高，将对公司2001年生产成本产生一定影响。公司计划在2001年朝多元化方向发展，一是从事房地产开发，二是投资“清华紫光创投”，准备进军高科技领域。

3-3. **木材、家具**

股票简称	总股本[万股]	主营业务利润[万元]	净资产收益率[%]	每股收益[元]	资产负债率[%]	流动比率	速动比率	应收账款周转率	存货周转率	每股经营性现金流[元]
美克股份	9 208	7 767	6.31	0.4	19.9	5.03	4.45	8.17	2.57	-0.02

美克股份的经营范围包括生产销售装饰、装修材料、实木家具、聚脂家具及配套产品，为出口外向型企业，产品主要销往美国、欧洲、日本、澳大利亚等国家和地区。公司曾被乌鲁木齐经济技术开发区评为“2000年度明星企业”，被新疆对外贸易经济合作厅评为“先进外经贸企业”，被中国农业银行新疆分行评为信用等级AAA级企业。公司2000年主营业务收入23 606万元，比1999年增长33.5%；主营业务利润7 767万元，比1999年增长33.4%；实现净利润3 716万元，比1999年增加了26.1%。公司近期开发了除松木产品以外的其他木种的实木产品，尤其是对桦木、枫木、水曲柳等高档实木家具的开发，由过去单一的休闲式风格发展成古典传统至现代经典等多种风格，客户群有了较大规模的增长。公司正加快募集资金投资项目——国内家具连锁售销网络的建设，与美国大型家具连锁集团合作，在国内建立家具连锁店，降低国外市场变化对公司的影响。

3－4. **造纸、印刷**

股票简称	总股本[万股]	主营业务利润[万元]	净资产收益率[%]	每股收益[元]	资产负债率[%]	流动比率	速动比率	应收账款周转率	存货周转率	每股经营性现金流[元]
晨鸣纸业	45 340	68 306	8.08	0.51	36.2	2.16	1.77	4.06	3.04	0.32
华泰股份	19 247	17 917	6.47	0.46	39.5	2.30	2.00	4.7	3.05	0.2
民丰特纸	17 700	7 046	8.24	0.25	42.3	2.28	1.85	3.87	3.03	0.26
平　　均	27 429	31 090	7.60	0.41	39.3	2.25	1.87	4.21	3.04	0.26

造纸工业在经历了前几年的市场低迷和结构调整后,2000年因为国际纸浆价格上涨产销开始出现好转迹象。2000年造纸行业总体运行状况体现了下述特点:产销同步增长,经营业绩有提升;产品调整效果初显,进口项目结构趋优;林浆纸一体化建设成趋势;技贸相结合,助推技术改造。2001年商品纸浆预计将由高位开始下滑,但为避免出现1995年纸浆价格由高峰迅速回落的情况再次出现,各大纸浆厂已开始采取限产的方式来控制库存量在警戒线下方,纸浆价格回落幅度不会过大。国际新闻纸市场在需求增长、大企业议价能力提高等因素影响下,预计2001年价格仍将保持15%～20%的增幅。

晨鸣纸业为国内造纸行业唯一拥有A、B股的上市公司,公司主营业务包括机制纸及板纸和造纸原料、造纸机械、电力、热力的生产与销售。报告期内完成机制纸产量46.9万吨,比去年同期增长13.4%,实现销售收入24.1亿元,比去年同期增长40.2%,实现利润42 181万元,比去年同期增长25%。其中,公司主导产品轻涂纸、八色高速轮转印刷机专用纸销售收入109 364万元,占公司主营业务销售收入的45.4%,实现利润17 251万元,占公司利润总额的40.9 %。晨鸣纸业2000年每股收益0.51元,在3家纸业类上市公司中业绩最好。

3－5. **石油、化学、塑胶、塑料**

股票简称	总股本[万股]	主营业务利润[万元]	净资产收益率[%]	每股收益[元]	资产负债率[%]	流动比率	速动比率	应收账款周转率	存货周转率	每股经营性现金流[元]
凯乐股份	17 588	9 447	8.54	0.39	24.0	2.70	2.33	6.78	3.21	0.53
赤 天 化	17 000	7 240	9.30	0.38	16.1	5.09	3.75	16.8	3.83	0
诚志股份	11 950	7 093	6.26	0.34	14.1	4.64	3.89	5.58	3.98	－0.1
大庆华科	11 500	6 611	9.80	0.32	19.4	3.61	3.31	49.41	16.1	0.47
星新材料	24 000	8 247	8.06	0.26	32.2	2.08	1.74	3.67	3.34	－0.8
安塑股份	9 650	3 694	4.79	0.23	26.9	4.54	4.20	1.57	2.99	0.02
亿利科技	15 800	6 848	5.04	0.23	25.3	2.99	2.49	8.68	3.21	－0.1
青岛碱业	29 513	17 740	7.49	0.22	43.9	1.18	0.97	3.08	5.30	0.44
南化股份	18 471	10 376	7.7	0.22	22.7	2.41	2.13	4.25	8.06	0.2

股票简称	总股本[万股]	主营业务利润[万元]	净资产收益率[%]	每股收益[元]	资产负债率[%]	流动比率	速动比率	应收账款周转率	存货周转率	每股经营性现金流[元]
兰太实业	17 265	12 157	5.94	0.22	34.0	3.45	3.13	1.17	1.61	0.12
川化股份	47 000	21 192	7.40	0.21	22.9	2.51	2.19	7.92	8.02	0.16
天利高新	17 000	8 474	5.93	0.21	23.4	3.89	3.45	14.3	4.18	0.24
佛塑股份	37 345	17 473	6.81	0.2	45.2	1.24	0.99	4.99	7.88	-0.3
沧州大化	25 933	5 598	7.51	0.19	22.7	1.84	1.15	9.1	4.25	0.08
太化股份	35 891	15 098	4.72	0.13	44.3	1.95	1.64	1.61	2.67	-0.2
平　均	22 394	10 486	7.16	0.25	27.9	2.94	2.49	9.26	5.24	0.05

凯乐股份主要生产塑料管道、土工栅格等塑料产品，是中科院和科技部认定的“高新技术企业”，2000年公司每股收益为0.39元。公司在2000年共完成主营业务收入30 658万元、主营业务利润9 447万元、净利润6 782万元，比去年同期分别增长17%、11.4%、24.9%。公司PVC波纹管、PVC塑料管、PVC装饰板等主导产品销售收入继续提高，完成营业收入21 139万元，同比增长10%；高新技术产品土工合成材料(PE板材)完成营业收入5 517万元，占主营业务收入的18%，同比增长88.1%；新开发的缠绕管(HDPE管材)投放市场两个月实现销售收入1 289万元，占主营业务收入的4.2%。公司资产负债率为24%，流动比率2.7，速动比率2.3，长短期偿债能力良好，但公司应收账款周转率和存货周转率偏低，资产管理效率有待提高。公司募股资金投入项目多数进展正常，其中单向拉伸土工栅格项目已经完工，而铝塑复合管和铝塑复合板引进工程拟变更，以市场前景较好的高密度聚乙烯硅芯管和PP-R管材项目替代。从发展前景看，自2000年6月1日起，国家已明令禁止在新建住宅建设中使用镀锌管，国家建材局提出在全国新建、改建、扩建工程中使用塑料管的比例，这将有效刺激市场对凯乐股份塑料管产品的需求；公司的土工栅格产品目前在上市公司中可谓独树一帜，没有竞争对手，新开发的硅芯管等产品技术含量高，市场潜力大。随着新项目的陆续投产，2001年凯乐股份经营业绩有望更上一层楼。

亿利科技依托西部盐业资源，主营无机化工产品，2000年实现主营业务收入20 870万元，主营业务利润6 848万元，净利润3 556万元，分别较去年同期增长15%、20.7%和12%，实现每股收益0.23元，业绩一般。年报显示，公司毛利率和净利率为33%和17%，基本维持在以前年度水平，但由于募集资金使用进展不大，在发行新股后净资产大幅增加情况下，净资产收益率却大幅下降，由18.1%下降为5.0%。因此，充分利用募集资金是公司未来发展的关键。公司实际募集资金49 727万元，拟投资盐湖卤水分离盐碱硝技改、超细硫酸钡、低铁硫化钠技改、结晶硅酸钠技改等传统化工项目，另投资甘草系列产品综合开发、收购亿利医药公司和超临界CO_2萃取蛋黄卵磷脂项目，以发展科技制药、生物农肥开发等高科技项目。但2000年只完成收购亿利医药公司和超细硫酸钡、低铁硫化钠技改一期工程，实际投资8 835万元，另外的巨额资金40 892万元没有使用。据公司募集资金盈利预测，以上项目前景较好，尤其在科技制药方面，公司甘草资源比较独特，拥有5万亩人工种植基地；超临界CO_2萃取技术提取蛋黄卵磷脂项目科技含量足、利润率高。以上项目若全部达产，可新增销售收入8亿多元，新增利润3亿多元。

青岛碱业主营纯碱、肥料、农药三大类产品的生产和销售。公司在2000年度实现主营业务收入 78 792 万元,主营业务利润 17 740 万元,净利润 6 476 万元,分别较 1999 年度增长 28.5%, 37.5%,23.7%。每股收益 0.22 元,每股净资产 2.92 元,净资产收益率 7.49%,每股经营活动产生的现金流量净额 0.44 元。2000 年度化肥、农药市场持续低迷,严重地影响了公司的肥料和农药两大产品系列的生产和销售,不过纯碱市场却是另一番景象,受到国家西部大开发战略的拉动,纯碱从去年第二季度开始旺销。纯碱的销售收入占公司当年总销售收入的 71%,因此,抵消了化肥和农药市场低迷给公司的生产带来的不利影响,使公司的经营向好的方向发展。公司 2000 年继续开拓国际市场,其纯碱出口量、创汇较 1999 年度增长 13%和 19%。未来,中国加入 WTO 对公司的纯碱生产不会造成大的冲击,但化肥和农药的生产和销售将不被看好。

3-6. **电子**

股票简称	总股本[万股]	主营业务利润[万元]	净资产收益率[%]	每股收益[元]	资产负债率[%]	流动比率	速动比率	应收账款周转率	存货周转率	每股经营性现金流[元]
浙江阳光	12 316	9 488	9.52	0.38	25.7	2.61	2.15	4.83	3.51	0.23
特发信息	25 000	13 196	7.16	0.22	42.5	2.40	1.99	2.26	2.14	−0.59
平　　均	18 658	11 342	8.34	0.30	34.1	2.50	2.07	3.55	2.82	−0.18

浙江阳光主营业务为节能电光源、照明电器、仪表设备的制造和销售,2000 年主营业务收入、主营业务利润和净利润分别达到了 30 342 万元、9 487万元和 4 661 万元,分别比上年同期增长了 78.8%、65.5%、63%。作为全国最大的节能灯生产出口基地(目前浙江阳光产品出口占其销量的 80%以上,产品销售于欧洲、美洲及东南亚地区),公司 2000 年投资组建了浙江阳光进出口有限公司,逐步增加自营出口的比例,其出口产品已由单一向多元化发展。但因国际市场竞争日趋激烈,特别是 2000 年 8 月欧盟对中国的节能灯提出了反倾销指控,这对于公司在欧盟市场的销售产生较大的负面影响。为此,公司增资了上海森恩浦公司,利用上海的地理优势和市场优势,开拓国内市场,以上海作为内销基地扩大市场占有率。新年度公司在巩固国外市场的同时将继续加强国内销售网络的建设,提高产品在国内的占有率,以使公司避免依赖国际市场。公司自筹资金 1000 万元参与组建的天堂硅谷创业股份有限公司主要进行浙江省高科技企业的风险投资,为浙江阳光在高科技领域拓展业务打下一定基础。

特发信息经营范围包括光纤、光缆、光纤预制棒、电子元器件、通讯设备的生产,计算机网络集成、通讯信息服务等。2000 年公司销售光缆 40 万芯公里、通信设备 2 311 台/套、铝电解电容器 3 146 万只,全年实现主营业务收入 57 081 万元,比去年同期增加 17%,实现净利润 5 588 万元,比去年同期增加 6.7%,每股收益 0.22 元。虽然业绩一般,但公司还是具备一定发展潜力的。中国一直是光纤严重不足而光缆生产能力过剩的国家,所用光纤 70%需要进口,近来来我国的光通讯市场每年都以 20%以上的速度递增,这种高速增长可望持续到 2002 年。1999 年下半年以后,光纤市场再度出现全球性短缺,光纤预制棒的价格上扬幅度很大,这给我国光纤生产企业尤其是光纤预制棒生产企业创造了良好的市场环境,而特发信息的主打产品就是光纤和预制棒。公司 2000 年 7 月与阿尔卡特合建特发信息阿尔卡特光纤有限公司,总投资 2 800 万美元,9 月由该合资企业兴办的国内最大的光纤基地在深圳创建,该基地将改进光纤生产设备，于2001年完成新增4条高速光纤拉丝生产线的建设，3年内将达到年产150万公里光纤的规模，届时特发信息将成为国内光纤最大的生产企业之一。

3-7. 金属、非金属

股票简称	总股本[万股]	主营业务利润[万元]	净资产收益率[%]	每股收益[元]	资产负债率[%]	流动比率	速动比率	应收账款周转率	存货周转率	每股经营性现金流[元]
东方钽业	29 700	28 445	17.3	0.51	39.1	2.63	2.12	8.89	3.73	0.32
南钢股份	42 000	47 170	13.9	0.5	41.9	1.77	1.33	8.43	8.11	1.11
凌钢股份	31 000	29 438	12.2	0.46	24.9	2.61	2.14	13.9	8.89	0.2
兰州铝业	29 500	18 892	8.60	0.33	43.7	2.15	1.62	12.0	4.77	0.24
中科三环	8 700	10 353	7.92	0.31	26.6	2.88	2.31	7.31	4.44	-0.51
大连金牛	27 053	15 391	10.0	0.27	65.4	0.60	2.9	2.76	2.55	0.15
锡业股份	35 790	19 613	8.37	0.27	39.1	1.35	0.96	7.74	4.07	0.51
宝钢股份	1 251 200	673 436	11.84	0.24	35.1	1.52	1.21	92.1	19.9	0
酒钢宏兴	72 800	35 342	8.9	0.24	35.2	2.97	2.71	28.0	12.6	0.31
抚顺特钢	52 000	18 700	7.77	0.21	49.9	1.26	0.99	3.42	4.78	0.14
西水股份	16 000	7 721	6.01	0.2	33.0	1.34	1.20	1.89	2.34	-0.16
天水股份	21 700	3 826	7.22	0.19	43.1	1.19	1.11	1.1	6.64	-0.15
巢东股份	20 000	12 173	6.02	0.18	40.3	1.96	1.76	4.71	5.07	0.18
平　　均	125 957	70 808	9.70	0.30	39.8	1.86	1.52	14.8	6.77	0.18

2000年有色金属行业完成10种常用有色金属产量751万吨，同比增长14.6%，继续保持世界有色金属第二大生产国的地位，全年实现产品销售收入2 100亿元，比上年增长17%，实现利税160亿元，比上年增长52%，其中实现利润60亿元，比历史最好水平的1995年增加增长39%。此外，有色金属出口创汇也取得了显著的成绩，全年预计进出口总额140亿美元，比上年增长46.54%，其中，出口40亿美元，比上年增长27.71%。在持续几年低迷后，2000年钢铁行业整体上的景气回暖，这一方面是由于我国宏观经济形势转好，国家继续实施扩大内需政策，从而对作为基础行业的钢铁行业有明显的拉动作用；另一方面是由于钢材价格上涨，大部分钢铁企业的业绩普遍得到增长。

东方钽业主营钽粉、钽丝等产品的生产。2000年主营收入106 374万元，同比增长94.8%，净利润15 195万元，同比增长185%，每股收益达到0.51元，净资产收益率17.1%，公司出口创汇11 537万美元，同比增长72%。由于钽电容器具有其他电容器不可等效替代的优异功能，被广泛应用于通讯、计算机、汽车、航空航天、国防军工等部门。近年来，手机、个人电脑、数码相机等电子产品发展迅猛，世界市场对片式钽电容器的年需求量增长速度超过了25%，由此带动了电子功能材料钽粉、钽丝需求量的增幅达到22%以上，致使钽粉、钽丝供不应求。东方钽业作为位居世界第三的钽业大户，面对良好的市场环境，2000 年主导产品产销量增长速度居世界同行首位，而且主营利润率从 1999 年的 10%提升到 14%以上。年报表明，公司已经比较好地解决了高速发展中的钽原材料的问题。现在刚投入生产的福建南平矿山已初见成效，公司还准备继续在国外建一座特大型矿山、国内建 4～5 座大中型矿山，1～2 座小型矿山。由于东方钽业产品的市场前景广阔，公司有望继续保持高速成长。

宝钢股份是国内钢铁行业龙头企业，总股本 125 亿，流通 A 股 18.77 亿。公司生产和销售多种规格的高档钢材和钢坯，主要产品包括冷轧板卷、热轧板卷、无缝钢管、高速线材等，公司产铁 1 029 万吨、钢 711 万吨、商品坯材销售量 735 万吨，整体经营状况良好，主营业务收入为 309 亿元，主要产品销售收入占主营业务收入的比例为 67%，其中冷轧板卷 82.3 亿元、热轧板卷 62.5 亿元、无缝钢管 24 亿元、线材 12.8 亿元、钢坯 26 亿元。2000 年每股收益 0.24 元。公司产品主要在国内市场销售，2000 年公司主要钢铁产品的内销比例为 84.9 %，其余产品销往日本、韩国、东南亚国家、美国和欧洲等地区。保持一定的出口比例是公司的整体战略之一，这有助于公司掌握世界钢铁产品市场的变化趋势以便设计未来发展的计划，避免汇率变化的风险和促进客户结构的多元化。从中长期看，中国冶金行业以淘汰过剩生产力为核心的结构调整还将进一步巩固宝钢的国内旗舰企业地位。

凌钢股份 2000 年主营收入 159 419 万元，利润总额 21 341 万元，同比增长 65.7%，比招股说明书的利润预测数高 58%。凌钢股份 2000 年主营收入增幅达到 21%，业绩增长主要是因为产品价格提高，推动了产量增长。2000 年凌钢股份铁、钢、商品材产量分别比上年增长了 9.2%、13.5%和 9.6%。市场活跃推动了技术进步，为公司调整产品结构创造了条件。2000 年凌钢股份重点开发了转炉 20＃无缝管坯钢、10＃优质中带宽钢等高附加值新产品，产品结构进一步优化。2000 年公司吨钢铁水消耗比上年下降 33kg/t，可比产品总成本同比降低 1.06%，钢和钢材废品、不良品均比上年降低了 10%以上。从年报来看，由于同级财政所得税 18%返还尚未到位，整体效益有所保留，技改效益也未充分体现。另外，2000 年公司还斥巨资投资参股清华紫光科技创新投资公司和中国光大银行，将来也会成为利润增长点。

南钢股份主要从事黑色金属冶炼及压延加工，钢材、钢坯及其他金属销售，优势产品包括优质钢带、普通中厚板和船用钢板。公司 2000 年生产生铁 169 吨、钢 147 万吨、钢材 109 万吨，分别同比增长 13%、6.7%、23.3%。在募集资金运用方面，棒材厂“一火成材”节能技改项目作了较大变动，投资总额由 4 900 万元增加到 9 093 万元，以适应装备档次提升的需要。预计今年宏观经济的走势较为平稳，钢铁行业在经过去年恢复性的增长后，今年不太可能再出现大幅增长的局面。就南钢股份的实际情况而言，强化管理，降低成本增加效益，走精品之路是必然选择。

大连金牛 2000 年主营收入、净利润分别同比增长 11%和 22%，分别达到 117 477 万元和 7 399 万元。2000 年公司特殊钢产量 39.7 万吨，同比增长 10.7%，钢材产量 30.3 万吨，同比增长 6.03%，三大主导产品——不锈钢、轴承钢、合金弹簧钢的产量均创下了历史纪录，其中不锈钢产量比上年翻一番，这主要是募集资金发挥了作用。公司利用募集资金收购的高精度合金钢棒线材轧机项目已投产，750 轧机后部配套工程项目的实施使公司初轧开坯能力大大提高。公司期末存货达 42 576 万元，比期初增长 13.8%；应收账款比期初减少了 31.5%，但仍有 34 620 万元应收账款。公司计划加大技改力度，与北京科技大学等高校合作开发特种焊接材料等高附加值产品。

与因国家扩大内需、增加基础设施建设投资而发展红火的普钢行业不同，2000 年特钢产品价格涨幅小，而废钢、重油、铁合金等原燃材料涨价多，使多数特钢企业的经营仍旧困难重重。抚顺特钢 2000 年由于主营成本增长近 7%，虽然主营收入16.2亿元比上年增长2%，但主营利润仍下降25.3%。

2000年新上市的3家非金属制造业上市公司都是水泥生产企业。

西水股份主业为硅酸盐水泥、高标号商品熟料的生产和销售。2000年公司实现主营业务收入17 604万元，净利润3 254万元，每股收益0.20元，净资产收益率为6.01%。公司募集资金计划投向5个项目，已有三个项目基本完成，而水泥生产自动化控制系统拟暂停，4＃窑技改项目拟变更为建设一条日产2000吨新型干法熟料生产线；随着4＃窑的建成，公司的水泥产量可大幅增加，将增强公司的主业。值得注意的是公司加大了向具有高科技、高附加值领域投资的力度，投资设立了包头西水科技有限责任公司，拥有90%的股份，该公司主营计算机网络集成及技术服务，最近公司还计划增资2 254万元。另外，公司拟使用高达10 800万元的募集资金与上海德莱科技贸易有限公司联合组建上海西水科技有限责任公司，组建后的公司主要经营计算机软、硬件及网络产品的研发、销售，网络集成及技术服务等，公司可能演变成一个高科技公司。在财务上，由于公司应收账款净额比上年大幅增加了48%，经营活动产生的现金流量净额为负，经营状况有待改善。

巢东股份主营水泥及相关产品、轻钢结构、新型建材产品生产。公司2000年主营业务主要来自于水泥与轻钢结构产品，全年每股收益0.18元。公司正朝新型建材方向发展，其新建年产45万樘PVC中空结皮发泡整体门项目将成为2001年主要利润收入来源。

3－8. **机械、设备、仪表**

股票简称	总股本［万股］	主营业务利润［万元］	净资产收益率［%］	每股收益［元］	资产负债率［%］	流动比率	速动比率	应收账款周转率	存货周转率	每股经营性现金流［元］
华工科技	11 500	8 294	8.92	0.44	26.1	3.21	2.94	3.14	2.47	0.11
标准股份	15 950	18 763	10.3	0.38	34.7	2.76	2.35	5.67	3.63	0.49
中联重科	15 000	10 592	6.49	0.35	14.3	6.88	6.22	1.6	1.84	0.03
曙光股份	9 000	9 462	7.35	0.35	40.1	2.43	2.11	5.26	4.41	0.49
洪都航空	14 000	4 898	4.05	0.29	16.9	5.47	4.97	22.2	2.28	0.62
宁波韵升	12 710	7 894	6.96	0.28	36.3	2.68	2.47	4.18	7.72	0.14
上风高科	13 679	6 634	8.76	0.28	11.1	7.08	6.77	1.5	5.71	0.12
哈飞股份	15 000	5 765	6.36	0.27	17.8	4.72	3.57	4.13	1.21	0.25
铜峰电子	10 000	5 531	6.34	0.27	33.9	3.93	3.30	2.43	1.93	0.04
振华港机	45 650	21 649	7.29	0.27	55.9	1.69	1.46	2.21	6.33	－1.1
金马股份	15 000	6 659	7.65	0.25	30.6	3.10	2.49	2.08	1.94	－0.16
麦 科 特	18 000	6 169	5.98	0.22	11.6	7.48	7.33	7.27	21.7	－0.1
珠峰摩托	15 833	12 529	5.62	0.21	45.7	1.80	1.32	13.75	3.39	0.75
北方股份	17 000	8 272	6.03	0.20	28.7	3.33	2.54	1.40	1.07	－0.85
中通控股	23 851	4 767	10.8	0.19	34.5	1.77	1.40	1.44	3.17	－0.24
苏福马	8 300	3 921	7.36	0.19	43.2	1.91	1.62	2.55	2.74	0.27
青海华鼎	15660	6183	4.76	0.12	39.7	1.96	1.48	1.52	1.37	－0.49

股票简称	总股本［万股］	主营业务利润［万元］	净资产收益率［%］	每股收益［元］	资产负债率［%］	流动比率	速动比率	应收账款周转率	存货周转率	每股经营性现金流［元］
龙净环保	16 700	4 373	3.37	0.12	30.1	3.33	2.92	2.93	1.43	0.16
澳柯玛	34 104	14 125	2.41	0.08	46.7	1.99	1.79	1.2	2.10	1.29
平　　均	17 207	8 762	6.71	0.25	31.6	3.57	3.14	4.5	4.08	0.1

华工科技2000年每股收益0.44元。公司主营范围为激光器、激光加工设备及成套激光设备,激光医疗系列设备,激光全息防伪系列产品,计算机软件及信息系统集成,激光加工服务和技术服务,敏感电子元器件,光通信元器件,生物医药产品的生产销售等。2000年公司实现销售收入1.81亿元,完成利润5 020万元,比上年分别增长了93%和64%。其中,激光设备及全息防伪系列产品的销售收入增长126%、净利润增长了62%,计算机软件及系统集成产品的销售收入增长121%、净利润增了106%,敏感电子元器件的销售收入增长21%、利润增长25%。随着光电子信息产业的发展,公司将产业重点定位于信息光电子产业领域,于2000年6月由华工激光投资设立的武汉海通光电技术有限责任公司,专门从事光纤通信器件的研发、生产、销售和服务,目前海通公司初具规模,步入良性发展态势。2000年末,公司完成设立武汉同济现代医药有限公司、受让湖北华工生化工程有限公司50%的股权、新设武汉华中科大纳米药业公司的工作,正式涉足生物医药产业,目前便乃通等产品产业化规模正迅速扩大,胰岛素口腔喷剂、纳米中药等项目开始启动。

标准股份2000年实现主营业务收入5.75亿元、主营业务利润1.88亿元、净利润6 072万元,分别比上年增长69.5%、109%和146%。年报显示,标准股份主营业务为100%的缝制设备生产与经营,去年共生产标准牌工业缝纫机31万多台架,销售29.8万台架,依据中国缝纫机协会2000年度数据统计,占该公司产量93%的高速平缝机产销量分别为行业总量的37%和36%,位居同行业第一,高速绷缝、高速包缝机的销量分别占同行业的22%和5%,具有明显的行业垄断优势。公司财务状况良好,经营活动产生的现金流量净额达7 800多万,与期初相比增幅较大,表明公司主导产品销售、现金回笼十分顺畅,同时由于产品持续旺销,使公司应收账款回款速度明显加快。在预提费用项目中,公司技术服务费由310多万元增至2 700多万元,新产品开发基金由56万元增至1 500多万元,说明公司今后将在新产品开发和拓展市场方面进一步加大力度。

曙光股份是为整车生产配套的汽车零配件企业,主要生产汽车前后桥、汽车底等。2000年公司主营业务收入达3.53亿元,实现净利润3 160万元,同比分别增长了95%和80.6%,每股收益0.35元。从年报可以看出,公司业绩大幅提升原因有二:一是主要产品的销售市场好,销售收入增长较大(2000年公司车桥全年销售120 434只,比1999年增长18.8%,实现利润3 867.64万元);二是公司将河南省汽车制动器有限责任公司纳入合并报表范围,增加了销售收入及投资收益。

上风高科主营各类风机和各类风冷设备的研发、生产和销售,在同行业中具有较强的竞争优势。2000年公司完成主营业务收入13 912万元,与上年基本持平,实现主营业务利润6 634万元,比上年有微弱下降,减少了1.75%,实现净利润3 764万元,同比增长了7.67%。公司募集的资金按照预定的投向2000年达到投资额的65%,2001年大部分可完成。公司在进行生产项目投资的同时,与上海交通大学等高等院校和科研机构建立紧密的合作关系,强化基础理论研究和工程化技术研究,计划将高科技储备作为企业保持长期竞争优势的重要资源。

麦科特2000年业绩一般,主营业务收入下降0.7%,但主营业务利润增长16%,营业利润增长5%,净利润增长10%。与盈利预测相比,主营业务收入未完成预计目标,相差3 542万元,比例10.8%,但净利润却比预测数高出25.77%,主要原因是两个非公司经营因素,一是新股申购资金冻结利息收入315万元,另一原因是所得税由33%降为15%,增加净利润876万元,两者共计1 191万元,占2000年净利润的30%。至2000年底,公司的募集资金项目投资只完成16%,大量的投入在2001年,因此募集资金产生的效益也将从2001年开始体现。

珠峰摩托2000年主营业务利润12 529万元,实现净利润3 327万元,两项指标较公司上市之前的1999年同比下降20%和36%。而其3 327万元的净利润中还包括地方财政厅拨付的966.9万元的补贴收入,因此公司扣除非经常性损益后的净利润实际只有2 271万元,与其1999年的5 229万元净利润相比真是不可同日而语。公司所处行业的"先天不足"是一个不容回避的残酷事实。珠峰摩托主要生产、销售中高档摩托车以及相关零部件,近几年来摩托车行业普遍不景气,处于生产能力过剩,竞争日趋激烈的状态,而且由于摩托车大量生产并供给消费者使用对环境产生较多污染并给交通带来一定压力,自1999年以来全国先后有100多个大中城市对摩托车实行控牌,致使行业形势更加严峻。

3－9. **医药、生物制品**

股票简称	总股本[万股]	主营业务利润[万元]	净资产收益率[%]	每股收益[元]	资产负债率[%]	流动比率	速动比率	应收账款周转率	存货周转率	每股经营性现金流[元]
恒瑞医药	13 285	25 300	9.74	0.49	31.8	4.14	3.63	3.43	2.65	0.15
新力药业	6 500	4 380	4.94	0.40	15.1	5.09	4.82	3.07	2.42	0.4
昆明制药	98 18	19 268	6.87	0.36	30.2	2.95	2.52	4.2	3.37	0.49
海正药业	15 600	20 672	7.50	0.36	37.2	2.58	2.02	6	2.87	0.36
九芝堂	12 862	15 625	9.22	0.36	38.8	2.04	21.57	218.7	2.23	0.43
三九医药	75 300	81 567	7.81	0.27	49.3	1.75	1.56	2.1	2.44	0.35
羚锐股份	10 036	9 936	6.33	0.26	20.7	6.59	6.09	2.3	1.04	0.04
美罗药业	11 500	9 906	5.71	0.25	39.0	2.21	1.85	4.58	4.42	0.53
华东医药	19 000	27 017	9.53	0.24	54.8	1.54	1.14	5.84	5.81	0.1
天方药业	21 000	12 371	6.04	0.2	37.9	2.22	1.83	2.69	1.69	0.15
平　均	19 490	22 604	7.37	0.32	35.5	3.11	2.70	5.29	2.89	0.3

恒瑞医药2000年实现主营业务收入4.84亿元，主营业务利润2.53亿元，利润总额8 189万元，分别较去年同期增长17.1%、30.7%和30.6%，每股收益0.49元。公司的实际业绩已经超出了公司的盈利预测，主营业务收入超过预测值1 041万元，净利润超过预测值496.6万元。恒瑞医药在医药业界具有明显的技术与市场优势，这是公司保证业绩增长的稳固基石。恒瑞医

药的产品结构以药用包装材料为主（占产品销售的32.9%），控股子公司中金公司是目前国内医药包装同行业规模最大、设施最先进的生产企业，市场稳固。恒瑞医药的另一主导产品是抗肿瘤用药，公司诸种抗肿瘤药品皆在国内排名第一，其中3个品种为国内独家生产。公司的麻醉镇痛药物丙氧氨酚复方片是目前临床用量最大的第二阶梯癌症止痛药，该产品为国内独家生产。目前公司已经开发了国家二类新药三个（来曲唑、麦司那、依立替康）及其他国家级新药证书共28个，异环磷酰胺等7个产品国内独家生产。公司2001年计划投产芙欣、乐郎、奥沙利铂、贝莱四个新产品，预计增加公司销售收入4 034万元。

羚锐制药2000年的每股收益0.26元，高于招股说明书预测的每股收益0.19元，净资产收益率6.33%。公司主要进行中药产品的生产和销售，主营突出。从公司1998、1999和2000三年的主营业务收入看，主打产品骨质增生一贴灵（通络祛痛膏）的销售额为8 192万元、7 324万元、8 613万元，分别占75%、70%和66%的份额，第三大销售额的产品壮骨麝香止痛膏三年的销售额分别为526万元、575万元和836万元，虽然增长速度较快，但与通络祛痛膏的销售额相差10倍左右。而目前销售排在第二的胃痛宁片，销售额连年下滑，从1998年的1 111万元，下降到1999年的878万元和2000年的872万元。公司的收入主要依靠通络祛痛膏一个产品，由于产品的单一，将承受较多的市场风险，成长潜力也受到限制。

美罗药业2000年公司实现主营收入56 774万元、净利润2 892万元，分别比上年增长37.2%、67.7%，每股收益0.25元。其中，医药工业收入9 536万元，占主营收入的16.8%，净利润1 218万元，占42.1%；医药商业收入47 238万元，占主营收入83.2%，净利润1 674万元，占57.9%。公司业绩增长主要得益于医药工业业务利润比上年增长了85.4%。在国家下调了青霉素、红霉素、罗红霉素、泛昔洛韦等部分公司主导产品的市场零售价格之后，公司毛利率下降的情况下，公司取得这样的业绩也已不易。公司未来发展主要取决于募集资金项目的进展情况，包括新产品的开发力度、市场拓展以及全国医药销售网络的建立。

华东医药主营中西原料药及制剂的生产和经营。2000年实现主营业务收入161 773万元，利润总额6 846万元，净利润4 591万元，分别比1999年增长29.8%、10.6%和23.8%，其中医药工业同比增长16.9%，医药商业同比增长33.3%。公司每股收益0.24元，同比增长20%。公司的主导产品百令胶囊和赛斯平市场优势明显，赛斯平口服液及其软胶囊销售量保持了30%以上的增长；百令胶囊则与1999年基本持平，目前两大产品已形成规模效益，占工业总销售的63.7%。公司纯销收入的比重有较大提高，占总销售收入的57.6%。2000年底，公司募股资金使用率仅为计划的47%，其中有些环节遇到了障碍。另外，从财务上看，公司应在医药工业和商业快速增长的同时，控制和压缩应收账款额度，提高资金运转效率。

3-10　**其他制造业**

股票简称	总股本[万股]	主营业务利润[万元]	净资产收益率[%]	每股收益[元]	资产负债率[%]	流动比率	速动比率	应收账款周转率	存货周转率	每股经营性现金流[元]
安泰科技	15 260	8 412	6.92	0.47	29.9	3.01	2.82	6.88	3.37	0.18
鑫科材料	9 500	7 511	6.10	0.29	32.1	2.88	2.53	10.8	10.2	0.2
三峡新材	21 100	12 566	6.01	0.21	40.5	2.34	1.97	9.14	2.80	0.12
平　　均	15 287	9 496	6.34	0.32	34.1	2.75	2.44	8.93	5.46	0.17

安泰科技2000年实现主营业务收入和净利润分别为3.57亿元和7 138万元,同比增长64.7%和83.5%,盈利超出当年盈利预测数4 488万元的59%。安泰科技获得如此业绩,首先是相关行业的快速发展,使该公司所处新材料产业市场需求扩大。公司的各类新材料产品销售普遍比上年大幅增加,非晶、微晶产品,特种难熔合金产品及其他功能材料产品销售增长较快;其次是盈利预测的基础发生了变化,由于国家对科研院所改制的支持,该公司的所得税率从盈利预测时的15%降低为零税率,时间为2000年1月1日至2003年12月31日;第三是发行上市后,公司的经营环境和条件发生了较大变化,财务费用得到降低,短期投资收益有所增加。公司募集的8.79亿元资金拟投资节能功能材料及制品、高效结构材料及制品、生物医学材料及制品三大类共10个项目,截至2000年底,共完成投资6 847万元。

鑫科材料主要从事稀土光亮铜杆、稀土合金铜带、金属基碳纤维复合材料及制品、氧化物系陶瓷粉体及制品、辐照特种电缆的生产和销售。2000年公司共完成主营业务收入71 599万元,同比增长40.7%;实现主营业务利润7 511万元,同比增长1.9%。公司主导产品铜基合金材料,报告期内共完成营业收入60 110万元,占主营业务收入的83.9%,同比增长45.1%。高科技产品金属基碳纤维复合材料及制品、氧化物系陶瓷粉体及制品共完成营业收入584万元,占主营业务收入的0.82%,同比增长889.83%。公司在招股说明书中的盈利预测为全年完成净利润2 654万元、每股收益0.279元,全年实际完成净利润2 786万元、每股收益0.293,超过预测数4.98%,这是由于芜湖市政府给予公司财政补贴所致。公司募资投资项目征地、水电增容等工作已结束,其中高精度稀土铜带材技改项目、辐照特种电缆技改项目已开工建设。随着上述项目及氧化物系精密瓷粉体及制品、稀土光亮铜杆连铸连轧生产线技改和超薄铜箔生产线技改等项目的完工投产,将为公司带来经济效益。

4.电力、煤气及水的生产和供应业

股票简称	总股本[万股]	主营业务利润[万元]	净资产收益率[%]	每股收益[元]	资产负债率[%]	流动比率	速动比率	应收账款周转率	存货周转率	每股经营性现金流[元]
九龙电力	16 725	10 948	9.68	0.44	27.2	2.41	2.39	8.67	49.3	0.26
桂冠电力	67 536	40 691	9.99	0.35	18.6	2.67	2.65	2.41	60.9	0.52
长源电力	30 845	14 508	10.16	0.28	53.7	0.74	0.71	7.8	25.9	0.52
乌江电力	18 500	6 367	5.37	0.20	13.4	7.34	7.32	3.93	21.2	0.17
南海发展	20 851	6 868	6.11	0.19	32.7	0.34	0.31	64.7	10.9	0.35
长春燃气	23 914	5 201	6.68	0.18	22.6	3.01	2.87	1.63	9.63	0.07
钱江水利	28 533	8 489	5.37	0.16	37.6	1.78	1.78	4.29	30.0	-0.22
闽东电力	30 000	9 871	3.02	0.15	27.7	2.74	2.73	3.55	17.2	-0.08
平　均	29 613	12 868	7.05	0.24	29.2	2.63	2.59	12.1	28.2	0.2

2000年我国GDP增长率达到8%,出现了"九五"以来第一次经济增长率较大幅度的回升,作为国民经济中具有先行性的重要基础行业,电力行业在2000年的增长速度超过了国民经济的增长速度,全国电力装机容量同比增长5.8%,发电量增长速度约为9.5%,社会用电量同比增

长 9.7%。2000 年电力行业还出现如下的特征：电力行业装机容量首次低于发电量增长，富裕容量得到消化；电源结构调整继续进行，电源结构得到进一步优化；电力行业的发展重点由电源建设转为电网建设。2001 年，电力行业将实施电力体制改革及电价改革，电力行业在实施体制改革后将获得新的发展。虽然 2001 年电力行业增长速度有所放缓，但在“十五”期间，我国电力需求将继续增长。

九龙电力所属发电机组地处重庆市电力负荷中心,2000 年主营业务收入 27 752 万元,每股收益 0.44 元,净资产收益率 9.68%,每股经营性活动产生的现金流为 0.26 元。公司投资 5 000 万元参股的西南证券有限责任公司和参股的重庆渝永电力股份有限公司,2000 年都取得较好经营业绩。公司控股的重庆英康九龙智能控制技术有限公司承担的 863/CIMS 单元目标产品发展项目“载人航天器故障诊断系统研究”和“发电厂故障智能诊断预报系统”,已通过 863/CIMS 主题专家组验收。公司目前存在的问题是业务较为单一,利润主要来自于电力生产,随着“厂网分开,竞价上网”的电力体制改革进一步深化,发电企业市场竞争将会加剧,有可能影响公司的售电量,给公司利润增长带来困难。

桂冠电力主营水力发电,主营业务收入占公司全部收入的 99% 以上。2000 年共完成售电量 29.45 亿千瓦时,同期增长了 17.7%,2000 年实现利税总额和净利润为 47 985 万元、净利润 23 563 万元,同比分别增长 4.78% 和 5.19%。但由于公司上网电价自 2000 年 7 月 1 日起下调,使得公司的销售收入增长水平和利税增长水平没能和售电量增长水平保持同步,2000 年公司主营业务利润 40 691 万元,同比减少 1 380.42 万元,但由于管理费用、财务费用减少,实现净利润 23 563 万元,同比 1999 年增加 1 163 万元。2000 年度公司应收账款为 2.01 亿元,虽比上年度减少,今后努力提高电费回收率、强化管理是公司亟待解决的问题。随着国家西部开发和“西电东送”战略的实施,南方互联电网开始联网运行,重点项目、工程的开工将刺激地方用电的增长,预计广西的用电需求量将超过全国的平均水平,这将有利于该公司电力的稳步增长,但电价的下降对 2001 年主营业务收入和主营业务利润具有负面影响。

闽东电力主要从事电力生产和电力开发,2000 年发电量 6.7 亿千瓦时,是福建省闽东地区主要的电力生产单位。公司全年实现主营业务收入 17 999 万元,利润总额 6 762 万元,净利润 4 352 万元,分别比上年同期增长 4.8%、29.4%、31.6%。需要注意的是,至 2000 年末,公司尚有 9.5 亿元募集资金闲置,而全年净资产收益率仅 3.02%。按目前的规定,闽东电力在最近几年内都失去了配股资格。从采用市场化定价发行新股的闽东电力可以看出,新股发行究竟如何合理定价,在提高筹资效率的同时避免资源配置扭曲,将是市场化发行所面临的一个现实问题。

海南发展 2000 年实现主营业务收入 13 168 万元,净利润 3 980 万元,同比分别增长 338% 和 107%,每股收益 0.19 元,基本完成公司盈利预测。公司原来主要业务涉及贸易、实业投资和房地产经营三方面,1999 年底公司进行了重组,将原四家全资子公司和大量不良资产剥离出去,保留了对西樵大桥 25% 的权益,并将供水集团所属的优质资产——南海市自来水公司置换进股份公司,从而改变主营业务,使公司主业转变经营自来水的生产、供应及路桥投资等。从主营业务收入构成情况上看,2000 年公司实现水费收入 12 350 万元,大桥收费收入 818 万元,分别占总收入的 97.8% 和 6.2%,可以看出,公司的主要收入来源就是自来水生产经营。公司募集资金项目中已完成了对南海市供水集团有限公司下属的南海市第二水厂收购,这样,公司综合供水能力由原来的每日 50 万立方米提高到 80 万立方米。扩建黄岐、盐步两区供水设施、扩建里水镇供水设施项目未按原计划进行,而将其中 3 276 万元用于偿还到期的短期贷款,因此公司要想在 2001 年完成预计的 6 516 万元净利润存在一定困难。

5. 建筑业

股票简称	总股本[万股]	主营业务利润[万元]	净资产收益率[%]	每股收益[元]	资产负债率[%]	流动比率	速动比率	应收账款周转率	存货周转率	每股经营性现金流[元]
路桥建设	40 813	17 829	5.85	0.20	49.2	1.92	1.44	3.71	2.79	-0.05

路桥建设是2000年新上市公司中唯一的一家建筑业类上市公司。公司主要从事高技术含量的特大型、大型桥梁和高等级公路的建设施工，多次获得“鲁班奖”，在全国公路建设领域中举足轻重。在2000年生产经营过程中，公司全年新签合同额192 667万元，比去年同期增长72.9%（签定施工建筑工程合同163 475万元、工业销售合同29 192万元）；完成营业收入168 564万元，比去年增长7.35%（施工建筑工程完成营业收入145 969万元，工业完成营业收入22 595万元）；实现净利润8 103万元，比去年增长6.72%，每股收益0.20元。公司发展面临的困难是：由于国内基础建设市场竞争日趋激烈，公司开拓市场的难度进一步扩大；专用大型关键设备不足，外租费用增加，经济效益受到一定影响；业主工程款支付不及时，直接影响公司资金周转和资产管理的优化。

6. 交通运输、仓储业

股票简称	总股本[万股]	主营业务利润[万元]	净资产收益率[%]	每股收益[元]	资产负债率[%]	流动比率	速动比率	应收账款周转率	存货周转率	每股经营性现金流[元]
外运发展	27 716	52 035	13.1	0.65	21.8	4.04	4.04	5.96	909	0.94
上港集箱	90 220	125 300	13.8	0.6	26.3	1.50	1.49	6.84	3 407	1.32
赣粤高速	35 300	18 661	6.97	0.5	17.8	1.38	1.38	43.7	-	0.23
中信海直	19 600	9 533	6.21	0.26	24.5	3.36	3.23	6.82	561	0.3
捷利股份	11 500	4 656	6.03	0.21	14.7	5.18	4.82	12	677	-0.3
重庆港九	22 839	3 391	6.74	0.21	12.9	5.35	5.33	2.66	428	0.06
五洲交通	44 200	9 627	8.45	0.19	30.3	5.17	5.10	333	574	0.11
平均	35 911	319	8.75	0.38	21.2	3.71	3.63	61.1	1 673	0.38

外运发展承办空运进出口货物的国际运输代理业务。2000年公司主营业务保持了平稳增长的势头，全年货运代理总量进口量为56 482吨，出口量26 895吨，国内货运6 004吨，快件代理总量进口2 798 615票，出口3 468 024票。2000年公司实现净利润18 039万元，比去年同期增长11.45%，每股收益达到0.65元，在8家交通运输、仓储业中业绩最好。公司计划在国际空运代理市场进一步扩大市场占有率和货运总量，在此基础上发展对内、对外的拓展延伸服务，利用加入WTO后国外航空公司能够直接进入运输市场的机遇，将公司的服务建立在以市场为导向的基础上，拓展优质服务获得规模效益。在国际航空快递市场，公司将支持下属国际快递合资公司，同时

完善国内网络、扩展服务地域,并加强与其他主要代理合作伙伴的合作,扩大快递代理业务。

2000年对外贸易的快速发展以及集装箱货物生成量的不断提高使集装箱运输业呈现高速增长的势头,立足于上海这一国内最大外贸口岸的上港集箱因此获得发展良机。公司2000年完成主营业务收入18.25亿元,实现净利润5.44亿元,较1999年分别增长29.6%和35%,实现每股收益0.60元,比上市前披露的盈利预测数高出约37%。2000年上海港共完成集装箱吞吐量561.3万TEU,较1999年提高33.1%,其中上港集箱完成集装箱吞吐量358.4万TEU,比前一年增长38.1%。从公司主业收入及利润构成看,装卸业务和代理业务依旧是公司两大主要收入和利润来源,其中,装卸业务收入占到74.7%,虽然较前一年度略有降低,但与1999年度相比增长仍达到了27.5%,代理业务收入1999年曾出现近2倍的增长,但在2000年里有所萎缩,其占公司主营业务收入的比重也下降约5个百分点。此外,运输业务在2000年度达到1.35亿元,增幅达7倍之多,它基本补上了代理业务下降而减少的收益。考虑到2000年度外贸业基数大,再加上对世界经济影响重大的美国经济开始下降,2001年我国集运业增速可能会减低。从公司自身情况看,一方面,随着合资码头改扩建的继续,这几个码头集装箱吞吐能力预计仍有一定增长空间;另一方面,预计2001年外二期集装箱吞吐量将超出100万TEU,由于该行业规模效应显著,外二期码头的利润增长会更加明显,它将成为公司最重要的利润增长来源。此外,公司目前正积极介入的物流业务未来也可能贡献一部分利润。

赣粤高速经营范围包括公路、桥梁和其他交通基础设施的投资、建设与经营管理。2000年度公司实现主营业务利润19 848万元,比上年增长了12%,完成净利润17 608万元,同比提高了5.5%。2000年摊薄每股收益为0.50元,低于上年的0.72元,摊薄净资产收益率由1999年的13.9%下降到6.9%,下降幅度较大,主要原因是总股本扩大和净资产增加致使稀释了收益。

7. 信息技术业

股票简称	总股本[万股]	主营业务利润[万元]	净资产收益率[%]	每股收益[元]	资产负债率[%]	流动比率	速动比率	应收账款周转率	存货周转率	每股经营性现金流[元]
亿阳信通	10 589	13 018	7.28	0.59	37.7	1.81	1.67	10.3	5.75	-1.86
长江通信	16 500	6 555	12.4	0.56	25	2.72	2.52	1.28	4.02	0.37
新大陆	11 600	7 487	6.89	0.34	19.7	5.21	4.60	6.65	5.10	0.2
兰光科技	16 100	9 563	7.77	0.34	40.9	3.14	2.29	8.58	2.43	0.04
大恒科技	14 000	14 189	6.01	0.28	37.5	2.57	1.98	25.4	4.81	0.32
浪潮信息	21 500	20 495	7.68	0.28	20.3	5.00	4.19	9.51	5.43	0.05
波导股份	16 000	29 658	5.46	0.28	34.5	2.55	1.33	8.51	1.99	-0.96
平　均	15 184	14 424	7.63	0.38	30.8	3.29	2.65	10	4.22	-0.26

亿阳信通2000年获得信息产业部颁布的全国首批计算机信息系统集成资质,是国家密码管理委员会办公室颁布的全国首批“商用密码定点生产单位”,为黑龙江省首批“高科技龙头企业”第

一名，在国内计算机移动通信网管领域处于领先地位。公司作为计算机通信系统一体化解决方案的供应商(TSP)，主要从事应用软件的开发、生产、销售及系统集成业务。目前，公司已形成网络管理、客户服务、信息安全、综合计费、电子商务、银行应用等六大主导产品系列，亿阳数字化企业的应用进一步完善。公司抓住2000年国内信息产业快速发展和股票发行上市的机遇，整体运行效率得到提高，全年实现销售收入47 363万元、利润总额7 959万元、净利润6 192万元，分别比上年增长90%、47%和42%，每股收益达0.59元。公司科研实力较强，研发人员221人，占员工总数的49%，有力地促进了公司核心竞争力的提升。不过，伴随信息产业的高速发展，国内许多企业纷纷进入软件行业，国外IT产业的大公司如IBM、HP、MICROSOFT、CISCO等更是不惜重金吸引软件开发人才。公司2000年上市后，各项业务进入快速发展阶段，各类高级人才相对短缺给公司发展造成制约，人力资源成本不断上升，对实现持续稳健发展构成困难。

长江通信2000年净利润较1999年增长34%。在公司的业务构成中，公司控股的武汉NEC公司的光通信SDH设备等传统业务基本与上年持平，实现营业利润仅1 607万元，而公司参股25%的武汉长飞光纤光缆有限公司投资收益贡献的利润为7 979万元，占了利润总额的75%，在公司业务中具有重要地位。长飞光纤目前是国内最大的光纤光缆生产基地，产销量在世界上也排第七位。公司募集资金投资项目主要投向为GPS、综合信息网、智能有线接入网和有线电视宽带接入网项目等，2000年进展不大，而且具有市场风险，加上公司原有的SDH设备竞争激烈，收购的光电子器件业务如武汉光盘2000年还亏损。因此公司未来的发展主要还是要看长飞光纤。

浪潮信息2000年主营收入、净利润分别同比增长106.5%和41.1%，每股收益0.31元。公司的软、硬件产业发展较快。年报显示，服务器、PC机等硬件产品仍是主要利润来源，硬件产品收入60 377万元，利润11 389万元，分别占主营收入和主营利润74%和56%。作为我国最早从事服务器开发研制的厂商，公司与HP、IBM一起跻身中国服务器市场的前三名，公司2000年服务器的销售收入较1999年增长156%，连续第六年保持国有品牌销量第一地位。公司PC机去年从传统行业延伸到家用电脑领域，并推出了电子商务专用、教育专用网络电脑等新概念产品，全年PC机销售收入较上年增长99%。2000年浪潮信息通过对集团和社会的软件资源有效整合，成立了以应用软件为主的山东齐鲁软件产业有限公司，公司控股42.3%。公司还加大嵌入式软件的开发力度，实现软件产品硬件化，提高嵌入式软件在产品中的比重。2000年软件及系统集成的收入20 494万元，同比增长32%。这样，浪潮信息形成了以服务器为龙头，以微机为主体，以软件、系统集成和信息服务业为两翼的产业格局，控股的齐鲁软件成功借壳上市，使公司又获得了新的融资渠道。

8. **批发和零售贸易**

股票简称	总股本[万股]	主营业务利润[万元]	净资产收益率[%]	每股收益[元]	资产负债率[%]	流动比率	速动比率	应收账款周转率	存货周转率	每股经营性现金流[元]
江苏舜天	15 272	34 924	13.5	0.59	48.3	1.42	1.25	13.1	20.1	0.41
中化国际	37 265	30 778	9.07	0.35	31	2.88	1.65	22.8	10.8	−1.7
东方创业	32 000	42 820	10.5	0.31	51.4	1.28	1.17	7.67	16.3	0.05
南京中商	12 126	9 979	6.36	0.22	47.2	0.83	0.73	145	16.8	0.39
天龙集团	9 386	7 090	6.35	0.21	31.6	1.89	1.34	40.5	4.70	0.07

股票简称	总股本[万股]	主营业务利润[万元]	净资产收益率[%]	每股收益[元]	资产负债率[%]	流动比率	速动比率	应收账款周转率	存货周转率	每股经营性现金流[元]
广聚能源	33 000	11 088	7.81	0.21	29.3	2.37	1.98	6.83	9.58	-0
商业城	13 703	12 294	6.73	0.19	43.3	1.56	1.20	199	6.35	0.51
物华股份	11 000	3 197	5.44	0.16	21.4	3.40	2.82	5.3	0.84	0.08
广州友谊	23 931	17 098	6.49	0.16	41.4	1.35	0.70	#980	2.96	0.44
国际实业	17 179	5 616	4.2	0.15	19.1	5.22	4.75	2.35	2.33	-0.8
平　　均	20 486	17 488	7.65	0.25	36.4	2.22	1.76	142	9.08	-0.1

2000年国内实现社会消费品零售总额34 153亿元,比上年增长9.7%。从全国居民消费品价格指数来看,居民的消费信心已基本恢复。各方面的迹象表明,从2000年开始,商业行业又重新步入一个新的增长周期。2000年包括超市、仓储超市在内的新兴业发展迅猛,而百货业停滞不前。从竞争强度来看,商业依然是高竞争强度的行业,零售企业倒闭不断,外资零售企业有加快进入国内市场的势头。不过,由于多种因素的限制,消费需求不足的问题还是比较突出,支持消费价格水平回升的基础条件仍然较弱。从总体上来看,2001年社会消费品零售额增长速度将保持2000年的水平。

江苏舜天2000年实现主营业务收入248 284万元,较上年同期增长32%,实现净利润9 069万元,同比增长28.1%,实现每股收益0.59元,净资产收益率12.5%。公司的利润主要来源于主营业务,2000年公司实现主营业务利润34 923万元,销售毛利率达14%,业绩显得真实、可靠。公司业绩提高主要得益于国内经济形势的好转和国家对外贸出口的鼓励,2000年国家汇率补息收入就有645万元。随着中国加入WTO的临近,公司的服装进出口业务有望再上一个台阶。2000年公司作为东方创业的战略投资者,以3 125万元认购了500万新股,这部分股票在2000年6月将可以上市流通,此项投资将带来数千万元的投资收益。此外,公司还出资5 000万元参股平安证券,以证券业目前的利润水平分析,此项投资的收益也是可观的。

中化国际主营业务范围是化学品贸易及相关配套服务（包括仓储运输、物流配送、电子商务、技术等），公司与60多个国家和地区的海外客户建立有业务合作关系，在国内，公司在东北、华北、华东、华南、西南、西北等地建立了17个营销机构、在沿海5个口岸城市建立了物流配送机构。2000年度，国家宏观经济形势好转，国内需求增加，受石油价格上涨影响，塑料、合成胶等石油产品市场活跃，公司共实现主营业务收入568 275万元，同比增长62%；实现主营业务利润30 778万元，同比增长28%；实现净利润13 060万元，同比增长10.9%，取得了良好的经营业绩。从各业务种类情况来看，公司2000年实现自营进口销售收入150 580万元，同比增长187%；实现自营出口销售收入70 545万元，同比下降2%；实现代理业务收入243 525万元，同比增长56%；实现其他业务收入103 625万元，同比增长45%。从主要经营商品情况来看，公司全年共出口焦炭155万吨，实现业务收入81 810万元，税前利润3 537万元；进口高、低压聚乙烯等塑料原料24万吨，实现业务收入140 900万元，税前利润1 470万元；完成天然胶、合成胶销售14.5万吨，实现业务收入87 678万元，税前利润3 688万元；实现农化产品进出口业务收入36 841万元，税前利润771万元。需要注意的是，公司2000年每股经营性活动产生的现金流为-1.7元。

9. 金融、保险业

股票简称	总股本［万股］	主营业务利润［万元］	净资产收益率［%］	每股收益［元］	资产负债率［%］	流动比率	速动比率	应收账款周转率	存货周转率	每股经营性现金流［元］
民生银行	173 025	52 848	7.16	0.25	91.2	0.95	0.95	0.11	–	1.05

民生银行是我国商业银行法颁布实施后组建的第一家全国股份制商业银行，以民营企业为主要股东，该行重点服务于民营企业、中小企业和高科技企业。截至 2000 年 12 月底，民生银行存款总额 527 亿元，比上年末增加 236 亿元，增幅 81%；贷款总额 244 亿元，比上年末增加 181 亿元，增幅 108%；总资产、净资产分别为 680.6 亿元、59.9 亿元，有较大幅度的增长，主要是该行发行普通股和实现净利润所致。从年报情况来看民生银行具有以下特点：第一，在贷款结构方面民生银行的信贷资产的投向较好，以抵押贷款为主，能够保证资产质量的稳定；从贷款期限上看，短期贷款占贷款总额比例达 89.7% 以上，而且主要贷向非国有企业。第二，民生银行的信贷资产风险分类结果显示，正常的比例为 81.1%，可疑和损失的比例分别只有 1.28% 和 0.29%，总体上信贷资产的质量较高。第三，民生银行 2000 年末主营业务收入 27.1 亿元，比上年同期增加 10.9 亿元，增幅为 67%；净利润为 4.29 亿元，比上年增长 115%，反映盈利能力较好。第四，该行去年年末资本充足率达到 21.45%，大大高于 8% 的标准值，另外，其他多项指标如存贷比、拆借资金比率等也优于标准值，说明防范风险能力较强。

10. 房地产业

2000 年新上市公司中仍然没有房地产类企业。

11. 社会服务业

股票简称	总股本［万股］	主营业务利润［万元］	净资产收益率［%］	每股收益［元］	资产负债率［%］	流动比率	速动比率	应收账款周转率	存货周转率	每股经营性现金流［元］
首创股份	110 000	11 624	11.2	0.39	22.9	3.39	3.38	77.3	5.37	0.38
中成股份	19 732	11 970	8.39	0.32	23.8	4.08	3.83	5.59	5.47	0.41
桂林旅游	11 800	5 676	10.2	0.31	16.9	4.44	4.42	2.95	40.2	0.39
首旅股份	23 140	29 276	8.11	0.24	34.6	1.42	1.36	15.2	23.9	0.23
国旅联合	14 000	5 804	4.44	0.14	29.9	2.25	2.20	5.23	12.1	0.07
平　均	35 734	12 870	8.48	0.28	25.6	3.12	3.04	21.3	17.4	0.3

总量上，如果市场环境基本稳定，那么中短期内中国旅游产业量的增长速度接近极限。入境游和国内游作为我国旅游市场主要组成部分 2000 年的格局基本不变。入境游市场创汇能力 2000 年又迎来新高峰。2001 年全球纷纷调低经济增长预期和东南亚地区最近开始的新一轮货币贬值对入境游的影响值得高度重视。2000 年国内游客源和 1999 年增长率基本持平。收入方面增速后劲已

显不足,回到和1998年近似的水准。市场变化充分说明我国旅游产业的量变效应基本实现,目前是能否产生质变的关键时刻。市场结构方面竞争主体增加,但产业链上利益趋于失衡。价格敏感度高的企业效益下降趋势短期内难以改变。2001年是行业内部结构优化的关键一年。其手段是政府推动型,但方式主要采用市场化的收购兼并。更多的新利益主体产生并推动市场更快前进。2001年旅游行业发展战略昭示着东部大型旅游集团和中西部关联产业的启动。对相关企业来说投资机会凸现。

首创股份主要从事城市公用基础设施的投资及管理,旅游服务以及高科技产品的开发等业务,公共服务事业是公司业务的主要组成部分。全年完成主营业务收入166 321万元,同比增长2.96%,实现主营业务利润11 623万元,与上年同期相比提高了3.31%,净利润达43 321万元,同比增加了10.6%,全面摊薄后的每股收益为0.39元,净资产收益率为11.2%,每股经营活动产生的现金流量为0.38元,表明经营质量良好。不过,该公司利润的大部分来源于补贴收入,占利润总额的近80%,投资收益同比也大幅提高,因此主业对利润的贡献并不大,为避免政策变化造成的不利影响,公司应强化主业,使其成为盈利的主要源泉。

国旅联合2000年实现主营业务收入15 402万元,较1999年增加5.68%,实现净利润1 894万元,较1999年下降6.68%,每股收益0.14元,未实现公司上市预计净利润2 024万元。业绩下滑主要原因在于:一方面募集资金投资项目未产生效益,另一方面在2000年下半年主营业务收入较上半年仅增加3.58%的情况下,管理费用却大幅增加180%。

12.传播与文化产业

传播与文化产业在2000年没有新上市公司。

13.综合类

股票简称	总股本[万股]	主营业务利润[万元]	净资产收益率[%]	每股收益[元]	资产负债率[%]	流动比率	速动比率	应收账款周转率	存货周转率	每股经营性现金流[元]
万杰高科	53 625	19 818	9.25	0.27	23.6	1.12	0.78	18.84	3.99	0.31
科苑集团	9 400	4 862	4.67	0.23	29.1	1.94	1.75	10.11	3.26	-0.3
中恒集团	12 672	4 530	7.57	0.22	35.7	2.56	1.91	3.07	1.24	-0.14
平　　均	25 232	9 737	7.17	0.24	29.5	1.87	1.48	10.67	2.83	-0.04

万杰高科2000年实现主营业务收入76 196万元、主营业务利润19 818万元、净利润14 700万元,分别比上年增长39.5%、16.1%、8.4%,每股收益摊薄0.27元,每股经营性现金流0.31元。公司主要从事医疗康复、医用新材料、医用保健原料的销售和服务,是以大健康产业为主营的高科技公司,主要经营资产——万杰肿瘤医院是国内最大的立体定向放射治疗中心之一,拥有当代顶尖的高科技诊治医疗设备,年平均治疗肿瘤患者数量居国内首位。但近年来随着国内各大医院相继开展立体定向放射治疗手段,再加上医用新材料的原料上涨,使得公司去年主营业务收入虽然大幅增长,但净利润却未能实现同步增长,表明市场的竞争使利润趋向平均化。公司将募股资金主要投向制药和医疗保健新材料项目,据年报披露,投资项目均已投产,有的已产生效益。

中恒集团主营梧州市城市基础设施建设、运营及肠衣生产销售,2000年主营业务收入15 393万元,主营业务利润4 530万元,净利润2 786万元,每股收益0.22元。在公司主营收入中城市基础设施建设和经营占33%,房地产开发占43%,肠衣生产占24%。公司从事城市基础设施建设的工程款,当地政府通常以转让土地使用权作为回报,为房地产开发创造了条件。公司下属的梧州市蛋白肠衣厂是世界上十五家胶原蛋白肠衣生产厂家之一,目前国内胶原蛋白肠衣市场供不应求。蛋白肠衣项目占新募集资金投向的52%,将成为业务重点。

2000年新上市公司主要指标一览表

股票代码	0070	总股本(万股)	25 000	主营业务收入(万元)	57 081
股票简称	特发信息	流通A股(万股)	7 000	净利润(万元)	5 588
行业分类	C5	总资产(万元)	136 936	每股收益(元)	0.22
发行价(元)	7.9	资产负债率(%)	42.5	净资产收益率(%)	7.16
上市时间	2000.5.11	每股净资产(元)	3.12	每10股分配	10派2.8
股票代码	0096	总股本(万股)	33 000	主营业务收入(万元)	111 814
股票简称	广聚能源	流通A股(万股)	8 500	净利润(万元)	7 089
行业分类	H	总资产(万元)	129 562	每股收益(元)	0.21
发行价(元)	6	资产负债率(%)	29.3	净资产收益率(%)	7.81
上市时间	2000.7.24	每股净资产(元)	2.75	每10股分配	10派1.1
股票代码	0099	总股本(万股)	19 600	主营业务收入(万元)	29 726
股票简称	中信海直	流通A股(万股)	6 000	净利润(万元)	5 126
行业分类	F	总资产(万元)	109 427	每股收益(元)	0.26
发行价(元)	10.2	资产负债率(%)	24.5	净资产收益率(%)	6.20
上市时间	2000.7.31	每股净资产(元)	4.21	每10股分配	10派2
股票代码	0150	总股本(万股)	18 000	主营业务收入(万元)	29 286
股票简称	麦科特	流通A股(万股)	7 000	净利润(万元)	3 981
行业分类	C7	总资产(万元)	76 680	每股收益(元)	0.22
发行价(元)	7.68	资产负债率(%)	11.6	净资产收益率(%)	5.98
上市时间	2000.8.7	每股净资产(元)	3.7	每10股分配	10转增8派1
股票代码	0151	总股本(万股)	19 732	主营业务收入(万元)	39 764
股票简称	中成股份	流通A股(万股)	7 000	净利润(万元)	6 311
行业分类	K	总资产(万元)	98 910	每股收益(元)	0.32
发行价(元)	7.78	资产负债率(%)	23.8	净资产收益率(%)	8.39
上市时间	2000.9.6	每股净资产(元)	3.81	每10股分配	10派1.6

股票代码	0153	总股本(万股)	65 000	主营业务收入(万元)	11 415
股票简称	新力药业	流通A股(万股)	2 500	净利润(万元)	2 627
行业分类	C8	总资产(万元)	63 479	每股收益(元)	0.40
发行价(元)	18.8	资产负债率(%)	15.1	净资产收益率(%)	4.94
上市时间	2000.9.20	每股净资产(元)	8.18	每10股分配	-

股票代码	0155	总股本(万股)	47 000	主营业务收入(万元)	104 251
股票简称	川化股份	流通A股(万股)	13 000	净利润(万元)	9 736
行业分类	C4	总资产(万元)	177322	每股收益(元)	0.21
发行价(元)	6.18	资产负债率(%)	22.9	净资产收益率(%)	7.40
上市时间	2000.9.26	每股净资产(元)	2.8	每10股分配	-

股票代码	0156	总股本(万股)	9650	主营业务收入(万元)	13 388
股票简称	安塑股份	流通A股(万股)	3 600	净利润(万元)	2 226
行业分类	C4	总资产(万元)	64 126	每股收益(元)	0.23
发行价(元)	8.98	资产负债率(%)	26.9	净资产收益率(%)	4.78
上市时间	2000.9.6	每股净资产(元)	4.82	每10股分配	10派0.5

股票代码	0157	总股本(万股)	15 000	主营业务收入(万元)	24 485
股票简称	中联重科	流通A股(万股)	5 000	净利润(万元)	5 256
行业分类	C7	总资产(万元)	95 044	每股收益(元)	0.35
发行价(元)	12.74	资产负债率(%)	14.3	净资产收益率(%)	6.49
上市时间	2000.10.12	每股净资产(元)	5.4	每10股分配	10派1

股票代码	0158	总股本(万股)	40 000	主营业务收入(万元)	183 213
股票简称	常山股份	流通A股(万股)	10 000	净利润(万元)	9 361
行业分类	C1	总资产(万元)	188 516	每股收益(元)	0.23
发行价(元)	6.18	资产负债率(%)	37.0	净资产收益率(%)	8.22
上市时间	2000.7.24	每股净资产(元)	2.85	每10股分配	10派1

股票代码	0159	总股本(万股)	17 179	主营业务收入(万元)	26 800
股票简称	国际实业	流通A股(万股)	7 000	净利润(万元)	2 367
行业分类	II	总资产(万元)	69 616	每股收益(元)	0.15
发行价(元)	5.88	资产负债率(%)	19.1	净资产收益率(%)	4.20
上市时间	2000.9.26	每股净资产(元)	3.29	每10股分配	-

股票代码	0301	总股本(万股)	46 660	主营业务收入(万元)	132 638
股票简称	丝绸股份	流通 A 股(万股)	9 960	净利润(万元)	10 818
行业分类	C1	总资产(万元)	178 813	每股收益(元)	0.23
发行价(元)	4.18	资产负债率(%)	32.0	净资产收益率(%)	8.90
上市时间	2000.5.29	每股净资产(元)	2.6	每 10 股分配	10 派 0.5
股票代码	0488	总股本(万股)	45 340	主营业务收入(万元)	241 147
股票简称	晨鸣纸业	流通 A 股(万股)	7 000	净利润(万元)	23 133
行业分类	C 采	总资产(万元)	538 426	每股收益(元)	0.51
发行价(元)	20.8	资产负债率(%)	36.2	净资产收益率(%)	8.08
上市时间	2000.11.20	每股净资产(元)	6.32	每 10 股分配	10 送 1 派 3
股票代码	0726	总股本(万股)	20 830	主营业务收入(万元)	48 593
股票简称	鲁泰 A	流通 A 股(万股)	5 000	净利润(万元)	8 651
行业分类	C1	总资产(万元)	141 855	每股收益(元)	0.42
发行价(元)	17.8	资产负债率(%)	14.3	净资产收益率(%)	7.14
上市时间	2000.12.25	每股净资产(元)	5.81	每 10 股分配	10 转增 3 派 0.37
股票代码	0869	总股本(万股)	26 000	主营业务收入(万元)	87 362
股票简称	张裕 A	流通 A 股(万股)	3 200	净利润(万元)	12 748
行业分类	C0	总资产(万元)	161 076	每股收益(元)	0.49
发行价(元)	20	资产负债率(%)	22.3	净资产收益率(%)	10.2
上市时间	2000.10.26	每股净资产(元)	4.81	每 10 股分配	10 派 2
股票代码	0957	总股本(万股)	23 851	主营业务收入(万元)	26 130
股票简称	中通控股	流通 A 股(万股)	8 100	净利润(万元)	4 672
行业分类	C7	总资产(万元)	65 954	每股收益(元)	0.20
发行价(元)	5.94	资产负债率(%)	34.5	净资产收益率(%)	10.8
上市时间	2000.1.13	每股净资产(元)	1.81	每 10 股分配	10 派 1
股票代码	0960	总股本(万股)	35 790	主营业务收入(万元)	119 004
股票简称	锡业股份	流通 A 股(万股)	1 300	净利润(万元)	9 728
行业分类	C6	总资产(万元)	190 937	每股收益(元)	0.28
发行价(元)	6	资产负债率(%)	39.2	净资产收益率(%)	8.37
上市时间	2000.2.21	每股净资产(元)	3.25	每 10 股分配	10 派 1

股票代码	0961	总股本(万股)	27 053	主营业务收入(万元)	117 477
股票简称	大连金牛	流通 A 股(万股)	10 000	净利润(万元)	7 399
行业分类	C6	总资产(万元)	213 132	每股收益(元)	0.27
发行价(元)	4.08	资产负债率(%)	65.4	净资产收益率(%)	10.03
上市时间	2000.3.1	每股净资产(元)	2.73	每 10 股分配	10 派 0.3
股票代码	0962	总股本(万股)	29 700	主营业务收入(万元)	106 374
股票简称	东方钽业	流通 A 股(万股)	11 700	净利润(万元)	15 194
行业分类	C6	总资产(万元)	144 322	每股收益(元)	0.51
发行价(元)	9.4	资产负债率(%)	39.1	净资产收益率(%)	17.3
上市时间	2000.1.20	每股净资产(元)	2.99	每 10 股分配	10 派 1.25
股票代码	0963	总股本(万股)	19 000	主营业务收入(万元)	161 773
股票简称	华东医药	流通 A 股(万股)	5 000	净利润(万元)	4 591
行业分类	C8	总资产(万元)	114 343	每股收益(元)	0.24
发行价(元)	5.76	资产负债率(%)	54.8	净资产收益率(%)	9.53
上市时间	2000.1.27	每股净资产(元)	2.53	每 10 股分配	10 派 1.5
股票代码	0965	总股本(万股)	21 700	主营业务收入(万元)	32 244
股票简称	天水股份	流通 A 股(万股)	7 000	净利润(万元)	4 178
行业分类	C6	总资产(万元)	101 707	每股收益(元)	0.19
发行价(元)	4.6	资产负债率(%)	43.1	净资产收益率(%)	7.22
上市时间	2000.4.6	每股净资产(元)	2.67	每 10 股分配	-
股票代码	0966	总股本(万股)	30 845	主营业务收入(万元)	67 397
股票简称	长源电力	流通 A 股(万股)	8 100	净利润(万元)	8 651
行业分类	D	总资产(万元)	213 899	每股收益(元)	0.28
发行价(元)	6.1	资产负债率(%)	53.7	净资产收益率(%)	10.16
上市时间	2000.3.16	每股净资产(元)	2.76	每 10 股分配	10 转增 2 派 2
股票代码	0967	总股本(万股)	13 679	主营业务收入(万元)	13 912
股票简称	上风高科	流通 A 股(万股)	4 500	净利润(万元)	3 764
行业分类	C7	总资产(万元)	50 184	每股收益(元)	0.28
发行价(元)	6.62	资产负债率(%)	11.1	净资产收益率(%)	8.76
上市时间	2000.3.20	每股净资产(元)	3.14	每 10 股分配	10 派 1.2

股票代码	0968	总股本(万股)	39 519	主营业务收入(万元)	59 444
股票简称	神州股份	流通A股(万股)	14 019	净利润(万元)	5 368
行业分类	B	总资产(万元)	170 790	每股收益(元)	0.14
发行价(元)	4.6	资产负债率(%)	35.1	净资产收益率(%)	4.84
上市时间	2000.6.22	每股净资产(元)	2.81	每10股分配	10派1
股票代码	0969	总股本(万股)	15 260	主营业务收入(万元)	35 662
股票简称	安泰科技	流通A股(万股)	4 200	净利润(万元)	7 138
行业分类	C99	总资产(万元)	148 603	每股收益(元)	0.47
发行价(元)	14.98	资产负债率(%)	29.9	净资产收益率(%)	6.92
上市时间	2000.5.29	每股净资产(元)	6.76	每10股分配	10送1转增5派2.33
股票代码	0970	总股本(万股)	8 700	主营业务收入(万元)	37 190
股票简称	中科三环	流通A股(万股)	3 500	净利润(万元)	2 733
行业分类	C6	总资产(万元)	54 018	每股收益(元)	0.31
发行价(元)	7.5	资产负债率(%)	26.6	净资产收益率(%)	7.92
上市时间	2000.4.20	每股净资产(元)	3.96	每10股分配	10转增8派2
股票代码	0971	总股本(万股)	18 700	主营业务收入(万元)	24 274
股票简称	湖北迈亚	流通A股(万股)	5 500	净利润(万元)	3 914
行业分类	C1	总资产(万元)	91 301	每股收益(元)	0.21
发行价(元)	4.42	资产负债率(%)	54.4	净资产收益率(%)	9.39
上市时间	2000.4.27	每股净资产(元)	2.23	每10股分配	10派1.5
股票代码	0972	总股本(万股)	12 459	主营业务收入(万元)	46 757
股票简称	新中基	流通A股(万股)	4 500	净利润(万元)	2 714
行业分类	A	总资产(万元)	103 877	每股收益(元)	0.22
发行价(元)	5	资产负债率(%)	59.1	净资产收益率(%)	6.81
上市时间	2000.9.26	每股净资产(元)	3.2	每10股分配	10派0.7
股票代码	0973	总股本(万股)	37 345	主营业务收入(万元)	148 237
股票简称	佛塑股份	流通A股(万股)	9 500	净利润(万元)	7 563
行业分类	C4	总资产(万元)	208 899	每股收益(元)	0.20
发行价(元)	6.28	资产负债率(%)	45.2	净资产收益率(%)	6.81
上市时间	2000.5.25	每股净资产(元)	2.97	每10股分配	10派1.6

股票代码	0975	总股本(万股)	18 500	主营业务收入(万元)	9 664
股票简称	乌江电力	流通 A 股(万股)	4 800	净利润(万元)	3 737
行业分类	D	总资产(万元)	80 405	每股收益(元)	0.20
发行价(元)	6.6	资产负债率(%)	13.4	净资产收益率(%)	5.37
上市时间	2000.6.8	每股净资产(元)	3.76	每 10 股分配	10 派 1
股票代码	0976	总股本(万股)	42 115	主营业务收入(万元)	95 752
股票简称	春晖股份	流通 A 股(万股)	6 120	净利润(万元)	7 640
行业分类	C1	总资产(万元)	167 033	每股收益(元)	0.18
发行价(元)	8.68	资产负债率(%)	29.4	净资产收益率(%)	6.48
上市时间	2000.6.1	每股净资产(元)	2.8	每 10 股分配	10 派 1.2
股票代码	0977	总股本(万股)	21 500	主营业务收入(万元)	81 447
股票简称	浪潮信息	流通 A 股(万股)	6 500	净利润(万元)	6 028
行业分类	G	总资产(万元)	116 825	每股收益(元)	0.28
发行价(元)	7.71	资产负债率(%)	20.3	净资产收益率(%)	7.68
上市时间	2000.6.8	每股净资产(元)	3.65	每 10 股分配	10 派 1
股票代码	0978	总股本(万股)	11 800	主营业务收入(万元)	13 871
股票简称	桂林旅游	流通 A 股(万股)	4 000	净利润(万元)	3 632
行业分类	K	总资产(万元)	42 985	每股收益(元)	0.31
发行价(元)	6.86	资产负债率(%)	16.9	净资产收益率(%)	10.2
上市时间	2000.6.1	每股净资产(元)	3.01	每 10 股分配	10 转增 5 派 2.6
股票代码	0979	总股本(万股)	9 400	主营业务收入(万元)	14 281
股票简称	科苑集团	流通 A 股(万股)	4 000	净利润(万元)	2 152
行业分类	M	总资产(万元)	65 147	每股收益(元)	0.23
发行价(元)	10.08	资产负债率(%)	29.2	净资产收益率(%)	4.68
上市时间	2000.6.16	每股净资产(元)	4.9	每 10 股分配	10 派 1.4
股票代码	0980	总股本(万股)	15 000	主营业务收入(万元)	28 027
股票简称	金马股份	流通 A 股(万股)	5 800	净利润(万元)	3 817
行业分类	C7	总资产(万元)	71 904	每股收益(元)	0.25
发行价(元)	5.49	资产负债率(%)	30.6	净资产收益率(%)	7.65
上市时间	2000.6.16	每股净资产(元)	3.33	每 10 股分配	10 派 1.25

股票代码	0981	总股本(万股)	16 100	主营业务收入(万元)	73 324
股票简称	兰光科技	流通A股(万股)	5 000	净利润(万元)	5 430
行业分类	G	总资产(万元)	118 257	每股收益(元)	0.34
发行价(元)	8.68	资产负债率(%)	40.9	净资产收益率(%)	7.77
上市时间	2000.6.22	每股净资产(元)	4.34	每10股分配	10派4
股票代码	0982	总股本(万股)	7 400	主营业务收入(万元)	38 864
股票简称	圣雪绒	流通A股(万股)	3 000	净利润(万元)	2 561
行业分类	C1	总资产(万元)	64 350	每股收益(元)	0.35
发行价(元)	8.6	资产负债率(%)	42.9	净资产收益率(%)	7.50
上市时间	2000.7.6	每股净资产(元)	4.62	每10股分配	10派1
股票代码	0983	总股本(万股)	80 800	主营业务收入(万元)	125 658
股票简称	西山煤电	流通A股(万股)	11 520	净利润(万元)	19 367
行业分类	B	总资产(万元)	380 402	每股收益(元)	0.24
发行价(元)	6.49	资产负债率(%)	26.5	净资产收益率(%)	6.93
上市时间	2000.7.26	每股净资产(元)	3.46	每10股分配	-
股票代码	0985	总股本(万股)	11 500	主营业务收入(万元)	40 019
股票简称	大庆华科	流通A股(万股)	3 000	净利润(万元)	3 720
行业分类	C4	总资产(万元)	47 539	每股收益(元)	0.32
发行价(元)	8.34	资产负债率(%)	19.4	净资产收益率(%)	9.80
上市时间	2000.7.26	每股净资产(元)	3.3	每10股分配	10派2.5
股票代码	0987	总股本(万股)	23 930	主营业务收入(万元)	94 574
股票简称	广州友谊	流通A股(万股)	6 000	净利润(万元)	3 790
行业分类	H	总资产(万元)	99 741	每股收益(元)	0.16
发行价(元)	4.08	资产负债率(%)	41.44	净资产收益率(%)	46.49
上市时间	2000.7.18	每股净资产(元)	2.44	每10股分配	10派1
股票代码	0988	总股本(万股)	11 500	主营业务收入(万元)	18 049
股票简称	华工科技	流通A股(万股)	3 000	净利润(万元)	5 020
行业分类	C7	总资产(万元)	79 293	每股收益(元)	0.44
发行价(元)	13.98	资产负债率(%)	26.1	净资产收益率(%)	8.92
上市时间	2000.6.8	每股净资产(元)	4.9	每10股分配	10派3

股票代码	0989	总股本(万股)	12 862	主营业务收入(万元)	45 584
股票简称	九芝堂	流通 A 股(万股)	4 000	净利润(万元)	4 571
行业分类	C8	总资产(万元)	81 160	每股收益(元)	0.36
发行价(元)	9	资产负债率(%)	38.8	净资产收益率(%)	9.22
上市时间	2000.6.28	每股净资产(元)	3.86	每 10 股分配	10 派 4
股票代码	0990	总股本(万股)	11 950	主营业务收入(万元)	27 462
股票简称	诚至股份	流通 A 股(万股)	4 800	净利润(万元)	4 044
行业分类	C4	总资产(万元)	78 622	每股收益(元)	0.34
发行价(元)	9.9	资产负债率(%)	14.1	净资产收益率(%)	6.25
上市时间	2000.7.26	每股净资产(元)	5.31	每 10 股分配	10 送 3 转增 2 派 1
股票代码	0993	总股本(万股)	30 000	主营业务收入(万元)	17 999
股票简称	闽东电力	流通 A 股(万股)	10 000	净利润(万元)	4 352
行业分类	D	总资产(万元)	202 940	每股收益(元)	0.15
发行价(元)	11.5	资产负债率(%)	27.7	净资产收益率(%)	3.02
上市时间	2000.7.23	每股净资产(元)	4.81	每 10 股分配	10 派 1
股票代码	0995	总股本(万股)	14 000	主营业务收入(万元)	15 841
股票简称	皇台酒业	流通 A 股(万股)	4 000	净利润(万元)	2 641
行业分类	C0	总资产(万元)	66 940	每股收益(元)	0.19
发行价(元)	7.8	资产负债率(%)	28.7	净资产收益率(%)	5.59
上市时间	2000.8.7	每股净资产(元)	3.37	每 10 股分配	–
股票代码	0996	总股本(万股)	11 500	主营业务收入(万元)	21 905
股票简称	捷利股份	流通 A 股(万股)	3 500	净利润(万元)	2 463
行业分类	F	总资产(万元)	48 252	每股收益(元)	0.21
发行价(元)	8.28	资产负债率(%)	14.7	净资产收益率(%)	6.03
上市时间	2000.7.18	每股净资产(元)	3.35	每 10 股分配	10 派 1
股票代码	0997	总股本(万股)	11 600	主营业务收入(万元)	41 728
股票简称	新大陆	流通 A 股(万股)	3 100	净利润(万元)	3 986
行业分类	G	总资产(万元)	73 007	每股收益(元)	0.34
发行价(元)	15.88	资产负债率(%)	19.7	净资产收益率(%)	6.89
上市时间	2000.8.7	每股净资产(元)	4.99	每 10 股分配	10 派 2.5

股票代码	0998	总股本(万股)	10 500	主营业务收入(万元)	16 254
股票简称	隆平高科	流通A股(万股)	5 500	净利润(万元)	3 796
行业分类	A	总资产(万元)	92 641	每股收益(元)	0.36
发行价(元)	12.98	资产负债率(%)	16.0	净资产收益率(%)	4.88
上市时间	2000.12.11	每股净资产(元)	7.41	每10股分配	10派3.6

股票代码	0999	总股本(万股)	75 300	主营业务收入(万元)	182 817
股票简称	三九医药	流通A股(万股)	1 500	净利润(万元)	20 157
行业分类	C8	总资产(万元)	588 985	每股收益(元)	0.27
发行价(元)	8.45	资产负债率(%)	49.3	净资产收益率(%)	7.81
上市时间	2000.3.9	每股净资产(元)	3.43	每10股分配	10派2.6

股票代码	600008	总股本(万股)	110 000	主营业务收入(万元)	16 632
股票简称	首创股份	流通A股(万股)	16 000	净利润(万元)	43 321
行业分类	K01	总资产(万元)	501 250	每股收益(元)	0.39
发行价(元)	8.98	资产负债率(%)	22.9	净资产收益率(%)	11.2
上市时间	2000.4.27	每股净资产(元)	3.51	每10股分配	10派3.34

股票代码	600016	总股本(万股)	173 025	主营业务收入(万元)	271 010
股票简称	民生银行	流通A股(万股)	3 500	净利润(万元)	42 917
行业分类	I01	总资产(万元)	6 806	每股收益(元)	0.25
发行价(元)	11.8	资产负债率(%)	91.2	净资产收益率(%)	7.16
上市时间	2000.12.19	每股净资产(元)	3.47	每10股分配	10转增3派2

股票代码	600018	总股本(万股)	90 220	主营业务收入(万元)	182 527
股票简称	上港集箱	流通A股(万股)	8 400	净利润(万元)	54 403
行业分类	F11	总资产(万元)	704 427	每股收益(元)	0.60
发行价(元)	11.98	资产负债率(%)	26.3	净资产收益率(%)	13.8
上市时间	2000.7.19	每股净资产(元)	4.37	每10股分配	10派3.5

股票代码	600019	总股本(万股)	1 251 200	主营业务收入(万元)	3 094 053
股票简称	宝钢股份	流通A股(万股)	187 700	净利润(万元)	299 210
行业分类	C65	总资产(万元)	3 896 670	每股收益(元)	0.24
发行价(元)	4.18	资产负债率(%)	35.1	净资产收益率(%)	11.8
上市时间	2000.12.12	每股净资产(元)	2.02	每10股分配	10派0.5

股票代码	600038	总股本(万股)	1 500	主营业务收入(万元)	23 738
股票简称	哈飞股份	流通A股(万股)	6 000	净利润(万元)	4 059
行业分类	C75	总资产(万元)	77 619	每股收益(元)	0.27
发行价(元)	7.85	资产负债率(%)	17.8	净资产收益率(%)	6.36
上市时间	2000.12.18	每股净资产(元)	4.25	每10股分配	-
股票代码	600130	总股本(万股)	16 000	主营业务收入(万元)	93 485
股票简称	波导股份	流通A股(万股)	3 350	净利润(万元)	4 401
行业分类	G81	总资产(万元)	122 976	每股收益(元)	0.28
发行价(元)	16	资产负债率(%)	34.5	净资产收益率(%)	5.46
上市时间	2000.7.6	每股净资产(元)	5.04	每10股分配	10派1
股票代码	600223	总股本(万股)	53 625	主营业务收入(万元)	76 196
股票简称	万杰高科	流通A股(万股)	14 300	净利润(万元)	14 700
行业分类	M	总资产(万元)	217 002	每股收益(元)	0.27
发行价(元)	6.8	资产负债率(%)	23.6	净资产收益率(%)	9.25
上市时间	2000.1.13	每股净资产(元)	2.96	每10股分配	10派3
股票代码	600225	总股本(万股)	13 400	主营业务收入(万元)	37 028
股票简称	天香实业	流通A股(万股)	4 500	净利润(万元)	3 301
行业分类	A01	总资产(万元)	92 631	每股收益(元)	0.25
发行价(元)	5.3	资产负债率(%)	51.2	净资产收益率(%)	8.22
上市时间	2000.1.27	每股净资产(元)	3	每10股分配	10转增5派0.5
股票代码	600227	总股本(万股)	17 000	主营业务收入(万元)	60 087
股票简称	赤天化	流通A股(万股)	7 000	净利润(万元)	6 513
行业分类	C43	总资产(万元)	84 326	每股收益(元)	0.38
发行价(元)	7.2	资产负债率(%)	16.1	净资产收益率(%)	9.30
上市时间	2000.2.21	每股净资产(元)	4.12	每10股分配	10派2.5
股票代码	600229	总股本(万股)	29 513	主营业务收入(万元)	78 792
股票简称	青岛碱业	流通A股(万股)	9 000	净利润(万元)	6 476
行业分类	C43	总资产(万元)	154 298	每股收益(元)	0.22
发行价(元)	3.78	资产负债率(%)	43.9	净资产收益率(%)	7.49
上市时间	2000.3.9	每股净资产(元)	2.93	每10股分配	10派1.8

股票代码	600230	总股本(万股)	25 933	主营业务收入(万元)	54 187
股票简称	沧州大化	流通 A 股(万股)	8 000	净利润(万元)	4 993
行业分类	C43	总资产(万元)	85 959	每股收益(元)	0.19
发行价(元)	4.42	资产负债率(%)	22.7	净资产收益率(%)	7.51
上市时间	2000.4.6	每股净资产(元)	2.56	每 10 股分配	10 派 0.5

股票代码	600231	总股本(万股)	31 000	主营业务收入(万元)	159 419
股票简称	凌钢股份	流通 A 股(万股)	10 000	净利润(万元)	14 107
行业分类	C65	总资产(万元)	153 757	每股收益(元)	0.46
发行价(元)	5.58	资产负债率(%)	24.9	净资产收益率(%)	12.2
上市时间	2000.5.11	每股净资产(元)	3.72	每 10 股分配	10 派 1.5

股票代码	600232	总股本(万股)	16 835	主营业务收入(万元)	57 146
股票简称	金鹰股份	流通 A 股(万股)	4 500	净利润(万元)	4 862
行业分类	C11	总资产(万元)	71 691	每股收益(元)	0.29
发行价(元)	5.28	资产负债率(%)	41.2	净资产收益率(%)	12.1
上市时间	2000.6.2	每股净资产(元)	2.39	每 10 股分配	10 转增 3 派 1

股票代码	600233	总股本(万股)	11 000	主营业务收入(万元)	28 880
股票简称	大连创世	流通 A 股(万股)	3 500	净利润(万元)	2 967
行业分类	C13	总资产(万元)	53 978	每股收益(元)	0.27
发行价(元)	8	资产负债率(%)	16.4	净资产收益率(%)	7.4
上市时间	2000.6.8	每股净资产(元)	3.62	每 10 股分配	10 派 2

股票代码	600234	总股本(万股)	9 386	主营业务收入(万元)	42 268
股票简称	天龙集团	流通 A 股(万股)	3 000	净利润(万元)	1 949
行业分类	H	总资产(万元)	44 931	每股收益(元)	0.21
发行价(元)	5.59	资产负债率(%)	31.6	净资产收益率(%)	6.3
上市时间	2000.6.15	每股净资产(元)	3.27	每 10 股分配	-

股票代码	600235	总股本(万股)	17 700	主营业务收入(万元)	31 391
股票简称	民丰特纸	流通 A 股(万股)	5 200	净利润(万元)	4 437
行业分类	C31	总资产(万元)	93 293	每股收益(元)	0.25
发行价(元)	6.42	资产负债率(%)	42.3	净资产收益率(%)	8.2
上市时间	2000.6.15	每股净资产(元)	3.04	每 10 股分配	10 派 1.5

股票代码	600236	总股本(万股)	67 536	主营业务收入(万元)	64 718
股票简称	桂冠电力	流通A股(万股)	6 200	净利润(万元)	23 563
行业分类	D	总资产(万元)	294 623	每股收益(元)	0.35
发行价(元)	6.41	资产负债率(%)	18.6	净资产收益率(%)	9.99
上市时间	2000.3.23	每股净资产(元)	3.49	每10股分配	10派2.51
股票代码	600237	总股本(万股)	10 000	主营业务收入(万元)	17 685
股票简称	同峰电子	流通A股(万股)	4 000	净利润(万元)	2 727
行业分类	C76	总资产(万元)	65 813	每股收益(元)	0.27
发行价(元)	7.66	资产负债率(%)	33.9	净资产收益率(%)	6.34
上市时间	2000.6.9	每股净资产(元)	4.3	每10股分配	10派1
股票代码	600238	总股本(万股)	16 600	主营业务收入(万元)	20 925
股票简称	海南椰岛	流通A股(万股)	5 000	净利润(万元)	3 274
行业分类	C01	总资产(万元)	59 502	每股收益(元)	0.20
发行价(元)	4.1	资产负债率(%)	36.4	净资产收益率(%)	8.76
上市时间	2000.1.20	每股净资产(元)	2.25	每10股分配	10派0.6
股票代码	600240	总股本(万股)	17 500	主营业务收入(万元)	23 262
股票简称	仕奇实业	流通A股(万股)	7 500	净利润(万元)	4 529
行业分类	C11	总资产(万元)	101 265	每股收益(元)	0.26
发行价(元)	8	资产负债率(%)	23.5	净资产收益率(%)	6.07
上市时间	2000.6.28	每股净资产(元)	4.27	每10股分配	10派1.2
股票代码	600241	总股本(万股)	10 600	主营业务收入(万元)	103 381
股票简称	辽宁时代	流通A股(万股)	3 000	净利润(万元)	3 162
行业分类	C13	总资产(万元)	61 707	每股收益(元)	0.30
发行价(元)	7.02	资产负债率(%)	42.6	净资产收益率(%)	9.11
上市时间	2000.11.28	每股净资产(元)	3.27	每10股分配	10派1
股票代码	600242	总股本(万股)	17 402	主营业务收入(万元)	10 225
股票简称	华龙集团	流通A股(万股)	6 000	净利润(万元)	2 631
行业分类	A07	总资产(万元)	70 773	每股收益(元)	0.15
发行价(元)	5.7	资产负债率(%)	25.1	净资产收益率(%)	5.01
上市时间	2000.12.07	每股净资产(元)	3.02	每10股分配	–

股票代码	600243	总股本(万股)	15 660	主营业务收入(万元)	22 172
股票简称	青海华鼎	流通A股(万股)	5 500	净利润(万元)	1 883
行业分类	C71	总资产(万元)	65 627	每股收益(元)	0.12
发行价(元)	4.55	资产负债率(%)	39.8	净资产收益率(%)	4.76
上市时间	2000.11.20	每股净资产(元)	2.52	每10股分配	10派0.4

股票代码	600246	总股本(万股)	9 200	主营业务收入(万元)	18 947
股票简称	先锋股份	流通A股(万股)	3 000	净利润(万元)	1 807
行业分类	C01	总资产(万元)	41 464	每股收益(元)	0.20
发行价(元)	6.8	资产负债率(%)	29.4	净资产收益率(%)	6.17
上市时间	2000.9.22	每股净资产(元)	3.18	每10股分配	10派0.8

股票代码	600247	总股本(万股)	11 000	主营业务收入(万元)	7 985
股票简称	物化股份	流通A股(万股)	3 500	净利润(万元)	1 749
行业分类	H21	总资产(万元)	40 909	每股收益(元)	0.16
发行价(元)	4.8	资产负债率(%)	21.4	净资产收益率(%)	5.44
上市时间	2000.11.23	每股净资产(元)	2.92	每10股分配	10派0.5

股票代码	600248	总股本(万股)	12 882	主营业务收入(万元)	16 419
股票简称	秦丰农业	流通A股(万股)	4 800	净利润(万元)	3 115
行业分类	A01	总资产(万元)	59 127	每股收益(元)	0.24
发行价(元)	7.68	资产负债率(%)	11.5	净资产收益率(%)	6.27
上市时间	2000.6.22	每股净资产(元)	3.85	每10股分配	10派1

股票代码	600252	总股本(万股)	12 672	主营业务收入(万元)	15 392
股票简称	中衡集团	流通A股(万股)	4 500	净利润(万元)	2 786
行业分类	M	总资产(万元)	58 427	每股收益(元)	0.22
发行价(元)	5.25	资产负债率(%)	35.7	净资产收益率(%)	7.57
上市时间	2000.11.30	每股净资产(元)	2.9	每10股分配	10派2

股票代码	600253	总股本(万股)	2 100	主营业务收入(万元)	36 697
股票简称	天方药业	流通A股(万股)	6 000	净利润(万元)	4 199
行业分类	C81	总资产(万元)	112 071	每股收益(元)	0.20
发行价(元)	7.75	资产负债率(%)	37.9	净资产收益率(%)	6.04
上市时间	2000.12.27	每股净资产(元)	3.31	每10股分配	10派1

股票代码	600255	总股本(万股)	9 500	主营业务收入(万元)	71 599
股票简称	鑫科材料	流通A股(万股)	3 000	净利润(万元)	2 786
行业分类	C99	总资产(万元)	67 281	每股收益(元)	0.29
发行价(元)	12	资产负债率(%)	32.1	净资产收益率(%)	6.09
上市时间	2000.11.22	每股净资产(元)	4.81	每10股分配	10派2

股票代码	600256	总股本(万股)	35 378	主营业务收入(万元)	71 992
股票简称	广汇股份	流通A股(万股)	10 000	净利润(万元)	14 790
行业分类	B49	总资产(万元)	111 663	每股收益(元)	0.42
发行价(元)	6.6	资产负债率(%)	42.5	净资产收益率(%)	24.6
上市时间	2000.5.26	每股净资产(元)	1.7	每10股分配	-

股票代码	600257	总股本(万股)	7 300	主营业务收入(万元)	7 464
股票简称	洞庭水植	流通A股(万股)	4 000	净利润(万元)	2 445
行业分类	A09	总资产(万元)	48 247	每股收益(元)	0.34
发行价(元)	8.9	资产负债率(%)	15.4	净资产收益率(%)	6.03
上市时间	2000.6.12	每股净资产(元)	5.55	每10股分配	10派1

股票代码	600258	总股本(万股)	23 140	主营业务收入(万元)	74 970
股票简称	首旅股份	流通A股(万股)	4 400	净利润(万元)	5 526
行业分类	K32	总资产(万元)	111 232	每股收益(元)	0.24
发行价(元)	5.87	资产负债率(%)	34.6	净资产收益率(%)	8.11
上市时间	2000.6.1	每股净资产(元)	2.94	每10股分配	10派1.9

股票代码	600259	总股本(万股)	21 340	主营业务收入(万元)	61 597
股票简称	兴业聚酯	流通A股(万股)	4 863	净利润(万元)	4 401
行业分类	C13	总资产(万元)	134 884	每股收益(元)	0.21
发行价(元)	4.4	资产负债率(%)	55.5	净资产收益率(%)	7.51
上市时间	2000.5.25	每股净资产(元)	2.75	每10股分配	10派0.2

股票代码	600260	总股本(万股)	17 588	主营业务收入(万元)	30 658
股票简称	凯乐股份	流通A股(万股)	5 500	净利润(万元)	6 782
行业分类	C49	总资产(万元)	104 615	每股收益(元)	0.39
发行价(元)	9.48	资产负债率(%)	24.0	净资产收益率(%)	8.54
上市时间	2000.7.20	每股净资产(元)	4.52	每10股分配	10派1

股票代码	600261	总股本(万股)	12 316	主营业务收入(万元)	30 342
股票简称	浙江阳光	流通 A 股(万股)	4 000	净利润(万元)	4 662
行业分类	C55	总资产(万元)	66 674	每股收益(元)	0.38
发行价(元)	9.48	资产负债率(%)	25.7	净资产收益率(%)	9.52
上市时间	2000.7.20	每股净资产(元)	3.98	每 10 股分配	10 派 1
股票代码	600262	总股本(万股)	17 000	主营业务收入(万元)	23 464
股票简称	北方股份	流通 A 股(万股)	5 500	净利润(万元)	3 374
行业分类	C73	总资产(万元)	78 439	每股收益(元)	0.20
发行价(元)	8	资产负债率(%)	28.7	净资产收益率(%)	6.03
上市时间	2000.6.30	每股净资产(元)	3.29	每 10 股分配	10 派 1.20
股票代码	600263	总股本(万股)	40 813	主营业务收入(万元)	168 564
股票简称	路桥建设	流通 A 股(万股)	5 750	净利润(万元)	8 103
行业分类	E01	总资产(万元)	274 879	每股收益(元)	0.20
发行价(元)	7.3	资产负债率(%)	49.2	净资产收益率(%)	5.85
上市时间	2000.7.25	每股净资产(元)	3.39	每 10 股分配	10 派 0.8
股票代码	600265	总股本(万股)	10 500	主营业务收入(万元)	15 434
股票简称	景谷农业	流通 A 股(万股)	4 000	净利润(万元)	2 548
行业分类	A03	总资产(万元)	51 489	每股收益(元)	0.24
发行价(元)	5.19	资产负债率(%)	39.9	净资产收益率(%)	8.24
上市时间	2000.8.25	每股净资产(元)	2.94	每 10 股分配	10 派 1.2
股票代码	600267	总股本(万股)	15 600	主营业务收入(万元)	51 800
股票简称	海正药业	流通 A 股(万股)	4 000	净利润(万元)	5 578
行业分类	C81	总资产(万元)	120 690	每股收益(元)	0.36
发行价(元)	11.83	资产负债率(%)	37.2	净资产收益率(%)	7.50
上市时间	2000.7.25	每股净资产(元)	4.77	每 10 股分配	10 送 3 转增 3 派 1
股票代码	600269	总股本(万股)	35 300	主营业务收入(万元)	26 262
股票简称	赣粤高速	流通 A 股(万股)	9 240	净利润(万元)	17 608
行业分类	F03	总资产(万元)	307 071	每股收益(元)	0.50
发行价(元)	11	资产负债率(%)	17.8	净资产收益率(%)	6.97
上市时间	2000.5.18	每股净资产(元)	7.15	每 10 股分配	10 派 4.2

股票代码	600270	总股本(万股)	27 716	主营业务收入(万元)	104 569
股票简称	外运发展	流通 A 股(万股)	7 000	净利润(万元)	18 039
行业分类	F09	总资产(万元)	199 158	每股收益(元)	0.65
发行价(元)	14.3	资产负债率(%)	21.8	净资产收益率(%)	13.1
上市时间	2000.12.28	每股净资产(元)	4.99	每 10 股分配	10 送 1 派 1

股票代码	600275	总股本(万股)	24 458	主营业务收入(万元)	11 230
股票简称	武昌鱼	流通 A 股(万股)	7 000	净利润(万元)	6 836
行业分类	A07	总资产(万元)	87 809	每股收益(元)	0.28
发行价(元)	7	资产负债率(%)	16.9	净资产收益率(%)	9.37
上市时间	2000.8.10	每股净资产(元)	2.98	每 10 股分配	10 派 0.6

股票代码	600276	总股本(万股)	13 285	主营业务收入(万元)	48 470
股票简称	衡瑞医药	流通 A 股(万股)	4 000	净利润(万元)	6 527
行业分类	C81	总资产(万元)	98 627	每股收益(元)	0.49
发行价(元)	11.98	资产负债率(%)	31.8	净资产收益率(%)	9.74
上市时间	2000.10.18	每股净资产(元)	5.05	每 10 股分配	10 送 3 转增 3 派 1

股票代码	600277	总股本(万股)	15 800	主营业务收入(万元)	20 870
股票简称	亿利科技	流通 A 股(万股)	5 800	净利润(万元)	3 556
行业分类	C43	总资产(万元)	94 491	每股收益(元)	0.23
发行价(元)	8.88	资产负债率(%)	25.3	净资产收益率(%)	5.04
上市时间	2000.7.25	每股净资产(元)	4.47	每 10 股分配	-

股票代码	600278	总股本(万股)	32 000	主营业务收入(万元)	277 971
股票简称	东方创业	流通 A 股(万股)	4 000	净利润(万元)	9 824
行业分类	H21	总资产(万元)	209 005	每股收益(元)	0.31
发行价(元)	6.25	资产负债率(%)	51.4	净资产收益率(%)	10.5
上市时间	2000.7.12	每股净资产(元)	2.92	每 10 股分配	10 派 1.6

股票代码	600279	总股本(万股)	22 839	主营业务收入(万元)	7 077
股票简称	重庆港九	流通 A 股(万股)	8 600	净利润(万元)	4 781
行业分类	F11	总资产(万元)	81 452	每股收益(元)	0.21
发行价(元)	6.18	资产负债率(%)	12.9	净资产收益率(%)	6.74
上市时间	2000.7.31	每股净资产(元)	3.11	每 10 股分配	10 派 1

股票代码	600280	总股本(万股)	12 126	主营业务收入(万元)	68 617
股票简称	南京中商	流通 A 股(万股)	3 500	净利润(万元)	2 659
行业分类	H11	总资产(万元)	79 289	每股收益(元)	0.22
发行价(元)	6.36	资产负债率(%)	47.2	净资产收益率(%)	6.36
上市时间	2000.9.26	每股净资产(元)	3.45	每 10 股分配	10 派 0.6
股票代码	600281	总股本(万股)	35 891	主营业务收入(万元)	78 545
股票简称	太化股份	流通 A 股(万股)	10 500	净利润(万元)	4 629
行业分类	C43	总资产(万元)	177 418	每股收益(元)	0.13
发行价(元)	5.5	资产负债率(%)	44.3	净资产收益率(%)	4.72
上市时间	2000.11.9	每股净资产(元)	2.73	每 10 股分配	10 派 0.6
股票代码	600282	总股本(万股)	42 000	主营业务收入(万元)	338 978
股票简称	南钢股份	流通 A 股(万股)	12 000	净利润(万元)	20 896
行业分类	C69	总资产(万元)	259 478	每股收益(元)	0.50
发行价(元)	6.46	资产负债率(%)	41.9	净资产收益率(%)	13.9
上市时间	2000.9.19	每股净资产(元)	3.59	每 10 股分配	10 派 1
股票代码	600283	总股本(万股)	28 533	主营业务收入(万元)	14 595
股票简称	钱江水利	流通 A 股(万股)	8 500	净利润(万元)	4 536
行业分类	D01	总资产(万元)	135 182	每股收益(元)	0.16
发行价(元)	6	资产负债率(%)	37.6	净资产收益率(%)	5.37
上市时间	2000.10.18	每股净资产(元)	2.96	每 10 股分配	–
股票代码	600285	总股本(万股)	10 036	主营业务收入(万元)	13 073
股票简称	羚锐股份	流通 A 股(万股)	4 000	净利润(万元)	2 583
行业分类	C81	总资产(万元)	51 479	每股收益(元)	0.26
发行价(元)	8.3	资产负债率(%)	20.7	净资产收益率(%)	6.33
上市时间	2000.10.18	每股净资产(元)	4.07	每 10 股分配	10 派 1
股票代码	600287	总股本(万股)	15 272	主营业务收入(万元)	248 284
股票简称	江苏舜天	流通 A 股(万股)	4 000	净利润(万元)	9 070
行业分类	H21	总资产(万元)	139 116	每股收益(元)	0.59
发行价(元)	10.56	资产负债率(%)	48.3	净资产收益率(%)	13.5
上市时间	2000.9.1	每股净资产(元)	4.39	每 10 股分配	10 送 1 派 3.6

股票代码	600288	总股本(万股)	14 000	主营业务收入(万元)	118 836
股票简称	大恒科技	流通A股(万股)	5 000	净利润(万元)	3 853
行业分类	G81	总资产(万元)	122 286	每股收益(元)	0.28
发行价(元)	9	资产负债率(%)	37.5	净资产收益率(%)	6.01
上市时间	2000.11.29	每股净资产(元)	4.58	每10股分配	10派1.4
股票代码	600289	总股本(万股)	10 589	主营业务收入(万元)	47 363
股票简称	亿阳信通	流通A股(万股)	4 000	净利润(万元)	6 192
行业分类	G87	总资产(万元)	138 717	每股收益(元)	0.59
发行价(元)	18.24	资产负债率(%)	37.7	净资产收益率(%)	7.28
上市时间	2000.7.20	每股净资产(元)	8.04	每10股分配	10派2
股票代码	600290	总股本(万股)	8 300	主营业务收入(万元)	15 862
股票简称	苏福马	流通A股(万股)	3 000	净利润(万元)	1 567
行业分类	C73	总资产(万元)	37 493	每股收益(元)	0.19
发行价(元)	4.8	资产负债率(%)	43.2	净资产收益率(%)	7.36
上市时间	2000.11.6	每股净资产(元)	2.56	每10股分配	10派2
股票代码	600291	总股本(万股)	16 000	主营业务收入(万元)	15 947
股票简称	西水股份	流通A股(万股)	6 000	净利润(万元)	3 254
行业分类	C61	总资产(万元)	80 814	每股收益(元)	0.20
发行价(元)	6.38	资产负债率(%)	33.0	净资产收益率(%)	6.01
上市时间	2000.7.31	每股净资产(元)	3.38	每10股分配	10派1
股票代码	600292	总股本(万股)	16 725	主营业务收入(万元)	27 752
股票简称	九龙电力	流通A股(万股)	6 000	净利润(万元)	7 320
行业分类	D01	总资产(万元)	103 940	每股收益(元)	0.44
发行价(元)	9	资产负债率(%)	27.2	净资产收益率(%)	9.68
上市时间	2000.11.1	每股净资产(元)	4.52	每10股分配	10派2
股票代码	600293	总股本(万股)	21 100	主营业务收入(万元)	40 231
股票简称	三峡新材	流通A股(万股)	5 500	净利润(万元)	4 377
行业分类	C99	总资产(万元)	129 613	每股收益(元)	0.21
发行价(元)	8.3	资产负债率(%)	40.5	净资产收益率(%)	6.01
上市时间	2000.9.19	每股净资产(元)	3.42	每10股分配	10派0.5

股票代码	600296	总股本(万股)	29 500	主营业务收入(万元)	124 619
股票简称	兰州铝业	流通 A 股(万股)	5 500	净利润(万元)	9 809
行业分类	C67	总资产(万元)	202 578	每股收益(元)	0.33
发行价(元)	7.68	资产负债率(%)	43.7	净资产收益率(%)	8.61
上市时间	2000.7.19	每股净资产(元)	3.86	每 10 股分配	10 派 0.5

股票代码	600297	总股本(万股)	11 500	主营业务收入(万元)	56 774
股票简称	美罗药业	流通 A 股(万股)	4 000	净利润(万元)	2 892
行业分类	C81	总资产(万元)	83 413	每股收益(元)	0.25
发行价(元)	9.8	资产负债率(%)	39.0	净资产收益率(%)	5.71
上市时间	2000.11.16	每股净资产(元)	4.41	每 10 股分配	10 派 1

股票代码	600298	总股本(万股)	13 570	主营业务收入(万元)	18 466
股票简称	安琪酵母	流通 A 股(万股)	3 500	净利润(万元)	4 154
行业分类	C01	总资产(万元)	61 866	每股收益(元)	0.31
发行价(元)	11.88	资产负债率(%)	11.9	净资产收益率(%)	7.63
上市时间	2000.8.18	每股净资产(元)	4.01	每 10 股分配	10 派 1

股票代码	600299	总股本(万股)	24 000	主营业务收入(万元)	41 524
股票简称	新星材料	流通 A 股(万股)	8 000	净利润(万元)	6 162
行业分类	C43	总资产(万元)	112 745	每股收益(元)	0.26
发行价(元)	6.41	资产负债率(%)	32.2	净资产收益率(%)	8.06
上市时间	2000.4.20	每股净资产(元)	3.18	每 10 股分配	10 派 0.5

股票代码	600300	总股本(万股)	33 000	主营业务收入(万元)	92 826
股票简称	维维股份	流通 A 股(万股)	5 000	净利润(万元)	11 859
行业分类	C05	总资产(万元)	160 702	每股收益(元)	0.36
发行价(元)	10.28	资产负债率(%)	21.2	净资产收益率(%)	9.40
上市时间	2000.6.30	每股净资产(元)	3.82	每 10 股分配	10 派 3

股票代码	600301	总股本(万股)	18 471	主营业务收入(万元)	46 235
股票简称	南化股份	流通 A 股(万股)	7 245	净利润(万元)	4 021
行业分类	C43	总资产(万元)	67 576	每股收益(元)	0.22
发行价(元)	4.65	资产负债率(%)	22.7	净资产收益率(%)	7.70
上市时间	2000.7.12	每股净资产(元)	2.83	每 10 股分配	10 派 1

股票代码	600302	总股本(万股)	15 950	主营业务收入(万元)	57 483
股票简称	标准股份	流通 A 股(万股)	4 500	净利润(万元)	6 073
行业分类	C73	总资产(万元)	91 487	每股收益(元)	0.38
发行价(元)	9.07	资产负债率(%)	34.7	净资产收益率(%)	10.3
上市时间	2000.12.13	每股净资产(元)	3.69	每 10 股分配	10 派 2
股票代码	600303	总股本(万股)	9 000	主营业务收入(万元)	35 287
股票简称	曙光股份	流通 A 股(万股)	4 000	净利润(万元)	3 159
行业分类	C75	总资产(万元)	80 753	每股收益(元)	0.35
发行价(元)	8.8	资产负债率(%)	40.1	净资产收益率(%)	7.35
上市时间	2000.12.26	每股净资产(元)	4.78	每 10 股分配	10 转增 8 派 2
股票代码	600306	总股本(万股)	13 703	主营业务收入(万元)	83 647
股票简称	商业城	流通 A 股(万股)	4 500	净利润(万元)	2 647
行业分类	H11	总资产(万元)	69 413	每股收益(元)	0.19
发行价(元)	5.68	资产负债率(%)	43.3	净资产收益率(%)	6.73
上市时间	2000.12.26	每股净资产(元)	2.87	每 10 股分配	10 派 2
股票代码	600307	总股本(万股)	72 800	主营业务收入(万元)	312 279
股票简称	酒钢宏兴	流通 A 股(万股)	20 000	净利润(万元)	17 392
行业分类	C65	总资产(万元)	301 254	每股收益(元)	0.24
发行价(元)	5.5	资产负债率(%)	35.2	净资产收益率(%)	8.91
上市时间	2000.12.20	每股净资产(元)	2.68	每 10 股分配	10 派 1.6
股票代码	600308	总股本(万股)	19 247	主营业务收入(万元)	62 617
股票简称	华泰股份	流通 A 股(万股)	9 000	净利润(万元)	8 782
行业分类	C31	总资产(万元)	237 138	每股收益(元)	0.46
发行价(元)	11.98	资产负债率(%)	39.5	净资产收益率(%)	6.47
上市时间	2000.9.28	每股净资产(元)	7.05	每 10 股分配	10 派 3
股票代码	600316	总股本(万股)	14 000	主营业务收入(万元)	28 871
股票简称	洪都航空	流通 A 股(万股)	6 000	净利润(万元)	4 106
行业分类	C75	总资产(万元)	122 089	每股收益(元)	0.29
发行价(元)	14.98	资产负债率(%)	16.9	净资产收益率(%)	4.05
上市时间	2000.12.15	每股净资产(元)	7.24	每 10 股分配	10 派 1

股票代码	600318	总股本(万股)	20 000	主营业务收入(万元)	42 264
股票简称	巢东股份	流通 A 股(万股)	8 000	净利润(万元)	3 540
行业分类	C61	总资产(万元)	10 027	每股收益(元)	0.18
发行价(元)	5.1	资产负债率(%)	40.3	净资产收益率(%)	6.02
上市时间	2000.12.8	每股净资产(元)	2.94	每 10 股分配	10 派 0.5
股票代码	600320	总股本(万股)	45 650	主营业务收入(万元)	215 685
股票简称	振华港机	流通 A 股(万股)	7 040	净利润(万元)	12 425
行业分类	C73	总资产(万元)	386 642	每股收益(元)	0.27
发行价(元)	9.8	资产负债率(%)	55.9	净资产收益率(%)	7.29
上市时间	2000.12.21	每股净资产(元)	3.73	每 10 股分配	10 派 2.27
股票代码	600323	总股本(万股)	20 851	主营业务收入(万元)	13 168
股票简称	南海发展	流通 A 股(万股)	6 500	净利润(万元)	3 980
行业分类	D05	总资产(万元)	96 797	每股收益(元)	0.19
发行价(元)	6.68	资产负债率(%)	32.7	净资产收益率(%)	6.11
上市时间	2000.12.25	每股净资产(元)	3.13	每 10 股分配	10 派 2.5
股票代码	600328	总股本(万股)	17 265	主营业务收入(万元)	25 060
股票简称	兰太实业	流通 A 股(万股)	6 000	净利润(万元)	3 769
行业分类	C43	总资产(万元)	98 457	每股收益(元)	0.22
发行价(元)	7.88	资产负债率(%)	34.0	净资产收益率(%)	5.94
上市时间	2000.12.22	每股净资产(元)	3.67	每 10 股分配	10 派 1.7
股票代码	600333	总股本(万股)	23 914	主营业务收入(万元)	27 881
股票简称	长春燃气	流通 A 股(万股)	6 000	净利润(万元)	4 356
行业分类	D03	总资产(万元)	84 215	每股收益(元)	0.18
发行价(元)	6	资产负债率(%)	22.6	净资产收益率(%)	6.68
上市时间	2000.12.11	每股净资产(元)	2.78	每 10 股分配	10 派 0.5
股票代码	600336	总股本(万股)	34 104	主营业务收入(万元)	53 572
股票简称	澳柯玛	流通 A 股(万股)	9 000	净利润(万元)	2 824
行业分类	C76	总资产(万元)	220 162	每股收益(元)	0.08
发行价(元)	9.1	资产负债率(%)	46.7	净资产收益率(%)	2.41
上市时间	2000.12.29	每股净资产(元)	3.44	每 10 股分配	10 派 2

股票代码	600337	总股本(万股)	9 208	主营业务收入(万元)	23 606
股票简称	美克股份	流通A股(万股)	4 000	净利润(万元)	3 715
行业分类	C25	总资产(万元)	75 495	每股收益(元)	0.40
发行价(元)	13.09	资产负债率(%)	19.9	净资产收益率(%)	6.31
上市时间	2000.11.27	每股净资产(元)	6.39	每10股分配	10派2
股票代码	600338	总股本(万股)	15 833	主营业务收入(万元)	101 059
股票简称	珠峰摩托	流通A股(万股)	5 000	净利润(万元)	3 327
行业分类	C75	总资产(万元)	108 849	每股收益(元)	0.21
发行价(元)	8.15	资产负债率(%)	45.7	净资产收益率(%)	5.62
上市时间	2000.12.27	每股净资产(元)	3.74	每10股分配	10派0.3
股票代码	600339	总股本(万股)	17 000	主营业务收入(万元)	31 177
股票简称	天利高新	流通A股(万股)	6 000	净利润(万元)	3 608
行业分类	C41	总资产(万元)	79 418	每股收益(元)	0.21
发行价(元)	7.28	资产负债率(%)	23.4	净资产收益率(%)	5.93
上市时间	2000.12.25	每股净资产(元)	3.58	每10股分配	10派1.5
股票代码	600345	总股本(万股)	16 500	主营业务收入(万元)	28 936
股票简称	长江通信	流通A股(万股)	4 500	净利润(万元)	9 278
行业分类	G81	总资产(万元)	108 406	每股收益(元)	0.56
发行价(元)	8.18	资产负债率(%)	24.9	净资产收益率(%)	12.4
上市时间	2000.12.22	每股净资产(元)	4.55	每10股分配	10派2
股票代码	600358	总股本(万股)	14 000	主营业务收入(万元)	15 402
股票简称	国旅联合	流通A股(万股)	5 000	净利润(万元)	1 894
行业分类	K34	总资产(万元)	62 975	每股收益(元)	0.14
发行价(元)	5.86	资产负债率(%)	29.9	净资产收益率(%)	4.44
上市时间	2000.9.22	每股净资产(元)	3.05	每10股分配	–

股票代码	600366	总股本(万股)	12 710	主营业务收入(万元)	28 750
股票简称	宁波韵升	流通A股(万股)	3 500	净利润(万元)	3 605
行业分类	C78	总资产(万元)	84 545	每股收益(元)	0.28
发行价(元)	10.37	资产负债率(%)	36.3	净资产收益率(%)	6.96
上市时间	2000.10.30	每股净资产(元)	4.08	每10股分配	10转增5派1.5
股票代码	600368	总股本(万股)	44 200	主营业务收入(万元)	13 503
股票简称	五洲交通	流通A股(万股)	8 000	净利润(万元)	8 297
行业分类	F03	总资产(万元)	140 844	每股收益(元)	0.19
发行价(元)	5.48	资产负债率(%)	30.3	净资产收益率(%)	8.45
上市时间	2000.12.21	每股净资产(元)	2.22	每10股分配	10派1
股票代码	600388	总股本(万股)	16 700	主营业务收入(万元)	18 516
股票简称	龙净环保	流通A股(万股)	6 500	净利润(万元)	1 958
行业分类	C73	总资产(万元)	84 809	每股收益(元)	0.12
发行价(元)	7.2	资产负债率(%)	32.1	净资产收益率(%)	3.35
上市时间	2000.12.29	每股净资产(元)	5.46	每10股分配	10派0.6
股票代码	600398	总股本(万股)	9 670	主营业务收入(万元)	25 415
股票简称	凯诺科技	流通A股(万股)	4 500	净利润(万元)	3 919
行业分类	C11	总资产(万元)	78 589	每股收益(元)	0.35
发行价(元)	9.98	资产负债率(%)	49.9	净资产收益率(%)	7.35
上市时间	2000.12.28	每股净资产(元)	2.65	每10股分配	10派2
股票代码	600399	总股本(万股)	52 000	主营业务收入(万元)	162 333
股票简称	抚顺特钢	流通A股(万股)	12 000	净利润(万元)	10 724
行业分类	C65	总资产(万元)	275 369	每股收益(元)	0.21
发行价(元)	5.5	资产负债率(%)	30.2	净资产收益率(%)	7.77
上市时间	2000.12.29	每股净资产(元)	5.21	每10股分配	10派0.5

股票代码	600422	总股本(万股)	9 818	主营业务收入(万元)	51 204
股票简称	昆明制药	流通 A 股(万股)	4 000	净利润(万元)	3 518
行业分类	C81	总资产(万元)	79 879	每股收益(元)	0.36
发行价(元)	10.22	资产负债率(%)	30.9	净资产收益率(%)	6.87
上市时间	2000.12.6	每股净资产(元)	3.86	每 10 股分配	10 派 1.53
股票代码	600500	总股本(万股)	37 265	主营业务收入(万元)	568 275
股票简称	中化国际	流通 A 股(万股)	12 000	净利润(万元)	13 060
行业分类	H21	总资产(万元)	209 123	每股收益(元)	0.35
发行价(元)	8	资产负债率(%)	32.3	净资产收益率(%)	9.07
上市时间	2000.3.1	每股净资产(元)	3.7	每 10 股分配	10 派 2.5

(兴业证券研发中心　王传序　申　庆)

亏损上市公司概述

一、亏损上市公司总体情况

1.亏损面有所扩大

截至2001年4月30日，沪深两市共有95家上市公司(含暂停上市的PT类公司)公布亏损年报，另有四砂股份(600783)、ST金马(0602)两家预亏公司因故延期披露年报。因此，2000年共有97家上市公司亏损，亏损比例为8.89%。B股上市公司共有14家亏损，亏损比例为12.28%，其中12家亏损公司同时拥有A、B股，ST大洋B(2057)及五菱B股(900950)两家亏损公司仅发行了B股。

2000年上市公司的亏损情况总体表现为亏损面在扩大、亏损金额有所增加。亏损公司数量较1999年的86家增加了11家，同比增加12.79%，亏损总金额达到1 373 007.69万元，同比增加39.91%，加权平均每股亏损0.50元，与1999年大致持平。

97家亏损公司中，40家首次出现亏损，11家公司1999年扭亏后2000年再度亏损，连续两年亏损公司达到28家。连亏三年或三年以上的公司由1999年的8家猛增至18家。首次出现亏损的40家上市公司中，1999年加权平均每股收益为0.105元，其中1999年每股收益在0.05元以下的有21家；可见这些公司中不少去年就已徘徊在亏损的边缘，2000年又无力回天，终于落马步入亏损行列。

上市公司亏损面进一步扩大的同时，亏损程度也未见好转。在已公布年报的95家亏损公司中，每股亏损1元以上的有11家，与1999年持平，每股亏损0.50～1元的有27家，每股亏损0.10～0.50元的有52家，每股亏损0～0.10元的公司仅有5家。ST粤金曼(0588)、ST九州(0653)、ST猴王(0535)分别以每股亏损3.248元、3.151元、2.280元居上市公司每股亏损前三位。

此外亏损公司的资产状况也更为恶化，2000年报中每股净资产低于1元面值的上市公司为44家，较1999年的28家同比增加了57.14%；其中15家公司净资产为负值，已经资不抵债，比1999年的11家同比增加了36.36%。PT农商社(600837)、ST粤金曼(0588)、ST郑百文(600898)分别以每股净资产－8.79元、－7.91元、－6.76元成为资不抵债最严重的上市公司前三位。

根据《公司法》、《证券法》等有关法律，及中国证监会《亏损上市公司暂停上市和终止上市实施办法》、《关于发布〈亏损上市公司暂停上市和终止上市实施办法〉的通知》的规定，连续三年亏损的上市公司，将依法暂停及终止上市。2000年在原有的8家PT公司中，只有PT渝钛白和PT北旅实现扭亏为盈，PT中浩A、PT农商社、PT网点、PT双鹿、PT红光、PT水仙等6家公司继续亏损。其中PT水仙(600625,900931)申请宽限期的请求未获批准，从而成为中国证券市场第一家依法终止上市的公司。其余5家PT公司已申请延长暂停上市期限，但如果不能在宽限期内实现盈利，仍将依法终止上市。此外2000年还有10家公司连续三年亏损，它们将依法暂停上市，成为PT类公司。

这样，在年报公布告一段落之后，今年深沪两市共有17只股票摘下了ST的帽子，与此同时，有20只股票新加入ST行列，另有8只ST股沦为PT族。截至2001年5月初，深沪两市已有61只"T族"股票，较去年底增加4只，其中ST股有46只，PT股有15只。

表 1　近年来上市公司亏损情况一览

	2000 年	1999 年	1998 年	1997 年
亏损公司家数	97 家*	86 家	86 家	41 家
占当年末全部上市公司比重	8.89%	8.88%	9.77%	5.3%
当年亏损总额	137 亿元	98 亿元	141 亿元	47 亿元
加权平均每股亏损额*	0.5 元	0.496 元	0.411 元	0.478 元
上市公司最高亏损金额	68 973.63 万元 ST 猴王	95 697.99 万元 ST 郑百文	104 402.54 万元 深深房 A	51 564.39 万元 深物业
上市公司每股最高亏损额	3.248 元 ST 粤金曼	6.170 元 PT 农商社	2.680 元 ST 渝钛白	1.679 元 农垦商社

注 1:沪市四砂股份 600 783、深市 ST 金马 0602 已预亏,但尚未公布年报;

注 2:加权平均每股亏损额＝当年亏损总额/全部亏损上市公司总股本。

表 2　2000 年亏损上市公司亏损年数分布

首次亏损	连续两年亏损	连续三年或三年以上亏损	1999 年扭亏后 2000 年再度亏损	合计
40	28	18	11	97

表 3　亏损上市公司每股亏损额指标分布

每股亏损额	2000 年		1999 年	
	家数	比例	家数	比例
>2 元	3	3.16%	2	2.33%
1～2 元	8	8.42%	9	10.47%
0.50～1 元	27	28.42%	24	27.91%
0.10～0.50 元	52	54.74%	45	52.33%
0～0.10 元	5	5.26%	6	6.98%
合计	95	100%	86	100%

表 4　亏损上市公司每股净资产指标分布

每股净资产	2000 年		1999 年	
	家数	比例	家数	比例
>2 元	17	17.89%	17	19.77%
1～2 元	34	35.79%	41	47.67%
0～1 元	29	30.53%	17	19.77%
－1～0 元	4	4.21%	4	4.65%
－2～－1 元	4	4.21%	2	2.33%
<－2 元	7	7.37%	5	5.81%
合计	95	100%	86	100%

表 5 每股净资产为负值的亏损公司一览表

股票代码	股票简称	总股本 [万股]	净利润 [万元]	每股收益 [元]	每股净资产 [元]
600837	PT 农商社	6 524.49	－6 889.76	－1.06	－8.79
0588	ST 粤金曼	13 432	－43 632.27	－3.248	－7.91
600898	ST 郑百文	19 758.21	－4 705.09	－0.2381	－6.76
0015	PT 中浩 A	15 721.34	－17 463.39	－1.11	－4.46
0653	ST 九　州	29 671.14	－93 479.37	－3.1505	－2.54
600833	PT 网　点	15 934.74	－13 653.99	－0.857	－2.52
600759	ST 琼华侨	20 855.20	－6 833.22	－0.3277	－2.29
0003	ST 金田 A	33 343.36	－60 527.12	－1.815	－1.63
600818	ST 永　久	26 565.94	－24 666.91	－0.93	－1.29
0535	ST 猴　王	30 272.32	－68 973.63	－2.28	－1.24
600633	PT 双　鹿	15 205.08	－17 731.19	－1.166	－1.05
0556	ST 南　洋	24 871.81	－3 989.28	－0.16	－0.89
0546	ST 吉轻工	16 950.65	－13 289.80	－0.784	－0.57
0536	ST 闽闽东	12 192.72	－4 450.65	－0.37	－0.29
600625	PT 水　仙	23 640.10	－14 570.67	－0.62	－0.25

2. 亏损上市公司分布状况概览

从亏损上市公司的地区分布看，主要集中在广东(含深圳)、上海、四川三个地区亏损公司共达42家，占亏损公司总数的43.3%。这些地区上市公司集中程度较高，因此所占比例较大有其合理的一面。

表 6 2000 年亏损上市公司地区分布

地区	亏损公司家数	地区	亏损公司家数
上海	14	贵州	2
深圳	10	湖南	2
广东	9	浙江	2
四川	9	江苏	2
福建	7	黑龙江	2
湖北	7	北京	1
海南	6	天津	1
山东	5	河北	1
吉林	4	重庆	1
辽宁	3	陕西	1
河南	3	广西	1
云南	2	新疆	1

从亏损公司的上市时间分布看，亏损公司上市时间主要集中在1996、1997年和1993、1994年，其中部分公司是先天不足，自从上市之日起就埋下了日后亏损的隐患，这进一步暴露了审批制下发行上市机制的弊端，体现了实行新股核准发行的必要性和紧迫性。此外黎明股份(600167)、春都A(0885)、声乐股份(0915)、科龙电器(0921)等四家公司是1999年才上市的次新股，黎明股份也因1999年年报严重失真，2000年经营不善而连续两年发生亏损，被进行特别处理。

表 7　2000 年亏损公司上市时间分布

上市时间	亏损公司家数	上市时间	亏损公司家数
1999 年	4	1995 年	4
1998 年	4	1994 年	21
1997 年	17	1993 年	14
1996 年	27	1992 年以前上市	6

从亏损公司的行业分布看,传统的商业百货和房地产业虽然行业环境有所好转,但仍尚未整体摆脱困境,两者相加共有 15 家亏损公司,并且在综合类公司中也有不少公司主营业务涉足这两个行业。制造业中共有 60 家亏损公司,所占比重较大,对其进一步进行行业细分,可以看到亏损公司仍主要集中在金属冶炼、石油化工、食品饮料、纺织服装以及机械设备、日用电器、摩托车、自行车等传统制造业。市场有效需求不足,行业竞争激烈、产业结构调整尚未完成是这些传统产业的共同特征。此外,第三产业中的旅游业和交通运输、仓储业有 7 家公司发生亏损,表明其行业竞争状况正日趋激烈。而代表朝阳行业的计算机通信行业及医药行业亦有亏损公司,如实达电脑(600734)、合成制药(0788)、中西药业(600842)等,显示了由于公司投资决策和经营失误所带来的巨大风险。

表 8　2000 年亏损上市公司行业分布

制造业	综合类	批发和零售贸易	社会服务业(旅游业)	房地产业	交通运输、仓储业	其他各类行业	合计
60	11	11	4	4	3	4	97

表 9　制造业亏损上市公司所属行业分类

行业编码	行业分类	亏损公司家数
C7	机械、设备、仪表	23
C6	金属、非金属	10
C4	石油、化学、塑胶、塑料	9
C0	食品饮料	6
C1	纺织、服装、皮毛	5
C8	医药、生物制品	3
C5	电子	3
C3	造纸、印刷	1
合计	制造业	60

表 10　机械、设备、仪表类亏损上市公司行业细分

行业编码	行业分类	亏损公司家数
C71	普通机械制造业	2
C73	专用设备制造业	4
C75	交通运输设备制造业	6
C76	电器机械及器材制造业	6
C7620	日用电器制造业	4
C7805	专用仪器仪表制造业	1
合计	机械、设备、仪表	23

二、上市公司亏损原因及典型案例分析

认真分析亏损公司年报可以发现,导致上市公司亏损的原因主要包括以下几个方面:1.行业竞争激烈,企业经营不善,公司主营业务大幅滑坡;2.计提四项风险准备金、证券投资亏损、清理历史遗留的不良资产等非经常性损益对上市公司业绩产生较大影响;3. 三项费用居高不下,有增无减;4.公司管理局面混乱,连连涉及法律诉讼,甚至于发生股权纠纷,企业正常运营已无法进行;5.上市时改制不彻底,公司法人治理结构不规范,与大股东、关联企业之间的担保协议及关联交易过多。可以认为前三个因素是上市公司亏损的直接原因和外在表现,而后两者则是上市公司亏损的根本原因和更为深层次的因素。当然,在具体分析一家亏损上市公司时,还应当注意到其发生亏损的原因通常是内因、外因综合作用的结果,可能包括了前面提到的多种因素,也可能还具有其自身的特殊背景和特点。

上述原因同以往各年导致企业亏损的基本因素相比，并无太大的不同，只是今年又额外增加了一条：上市公司证券投资重大亏损导致公司年度净利润产生亏损，这一现象说明上市公司在介入证券市场获取投资收益的同时，同样也面临着较高的市场风险和不确定因素。

此外，2001 年初，财政部先后修订颁布了 8 项企业会计准则，其中的债务重组准则规定债务重组产生的差额计入资本公积，而非当期损益。这意味着债务重组将不会在产生巨额利润，亦使得部分上市公司通过报表重组粉饰业绩的难度进一步加大。必须看到的是，会计制度规范和变更，并不会对企业的生产经营状况产生直接影响，它规范的是上市公司的财务报表和会计信息，使上市公司的会计信息能够更为真实地反映公司的经营现状，从而挤出了众多上市公司业绩中的泡沫和水分。这一举措，在短期内似乎是增加了亏损公司的家数并使其扭亏难度剧增，但从长期看无疑有利于我国证券市场的健康发展。

1. 行业竞争激烈，企业经营不善，公司主营业务利润严重滑坡。

主营业务利润是企业经营绩效的根本所在，也是企业可持续盈利的重要源泉。由于所处行业过度竞争，市场需求疲弱，产品价格大幅下降，造成公司主业不振，主营业务利润严重滑坡，这是许多上市公司亏损的直接原因。经统计，95 家亏损公司 2000 年全年的主营业务利润合计仅为 51.27 亿元，较 1999 年的 91.07 亿元同比下降 43.70%，其中有 72 家公司主营利润较 1999 年有所下降。由主营业务利润下降致使这 95 家公司净利润减少了 39.8 亿元，占 2000 年全部亏损总额 137.3 亿元的 28.99%。

表 11　2000 年亏损上市公司主营业务收入变动情况

主营业务收入同比变动	家数	占亏损公司比例
下降 90% 以上	8	8.4%
下降 50%～90%	13	13.68%
下降 30%～50%	14	14.74%
下降 10%～30%	21	22.11%
下降 0～10%	9	9.47%
比 1999 年有所增加	30	31.58%
合计	95	100%

表 12　2000 年亏损上市公司主营业务利润变动情况

主营业务利润同比变动	家数	占亏损公司比例
下降 100% 以上	19	20.00%
下降 50%～100%	17	17.89%
下降 30%～50%	13	13.68%
下降 10%～30%	15	15.79%
下降 0～10%	8	8.42%
与 1999 年相等或有所增加	23	24.21%
合计	95	100%

2000 年主营业务滑坡最为严重的是日用电器和摩托车这两个行业。众所周知，这两个行业经营环境恶化、生产能力严重过剩、产品价格持续下滑，过度竞争的结果直接导致上市公司的主营业务衰退。例如，科龙电器(0921)属于日用电器行业，该公司 2000 年亏损 6.78 亿元，每股收益由 1999 年盈利 0.65 元剧变至 2000 年亏损 0.68 元；2000 年公司主营业务收入为 44.11 亿元，较 1999 年的 56.22 亿元同比减少 21.54%；主营业务利润由 1999 年的 17.74 亿元下降至 2000 年的 6.19 亿元，即主营业务利润减少 11.55 亿元，降幅为 65.11%。又如，新大洲 A(0571)属于摩托车行业，该公司 2000 年亏损 1.41 亿元，每股亏损 0.19 元；2000 年主营业务收入为 17.97 亿元，较 1999 年的 25.43 亿元同比减少 29.34%；主营业务利润由 1999 年的 3.39 亿元下降至 2000 年的 2.25 亿元，同比下降 33.57%。

另外值得注意的是，PT 双鹿、ST 南洋、ST 宏业、粤华电、ST 深大洋 B 等 5 家上市公司的主营业务收入和主营业务为0,这表明它们的主业已彻底瘫痪。此外有23家上市公司出现主营业务亏损,如PT网点、PT红光、ST郑百文、ST凯地、ST恒泰、ST鞍一工等,它们中部分已经是连年亏损,完全丧失了持续经营能力。

2.计提四项风险准备金、证券投资亏损、清理历史遗留的不良资产等非经常性损益对上市公司业绩产生较大影响。

计提四项风险准备金(坏账准备、长期投资减值准备、短期投资跌价准备、存货跌价准备)是1999年就已经实行的会计政策,在计提"四项准备"之后,上市公司财务报告更为稳健,与国际通行的会计准则也更为相符。但是由于在1999年的年报中,不少上市公司对此认识不足,四项计提并不充分,导致了2000年报中,部分公司在清理历史遗留的不良资产时,大量补提各项准备金,对公司业绩产生较大影响。

例如,广船国际(600685)在2000年报中一次性计提了信托存款坏账准备3.504亿元,建造合同预计损失准备3.264亿元,致使公司全年净亏损加剧至7.259亿元,每股亏损高达1.47元,但在扣除非经常性损益后其每股亏损仅为0.0071元。无独有偶,珠江实业(600684)亦在2000年年报中调整计提四项资产减值准备为7686万元,其中:计提存货跌价准备为5279.8万元,计提应收款项坏账准备为2406.4万元,公司亦首次亏损,2000年净利润为净利润-1.02亿元,每股收益-0.55元。

由于证券投资重大亏损而导致上市公司陷入亏损困境,这是2000年年报中出现的新现象。受"中科事件"的恶劣影响,2000年中科创业(0048)发生了3.29亿元的巨亏,每股亏损0.84元。年报揭示,公司出现巨额亏损的原因主要是对外长短期投资均发生了巨额亏损,如去年收购的上海中科等关联公司因投资亏损而计提减值准备2亿元;在"中科事件"爆发后,公司投资的8000万元国债悉数被抛售,资金被挪用,该项投资计提减值准备近8000万元。此外,期末公司流动比率仅0.66,速动比率更低至0.35,这表明公司的偿债能力已严重不足。受其牵连,另一家上市公司中西药业(600842)亦出现了1.4亿元的亏损,每股亏损为0.65元;中西药业年报及相关信息公告中同时披露,华晨集团将成为公司第一大股东,但公司能否借此真正走出中科系的影响,改变公司不合理的产业结构和恶化的财务状况,尚需拭目以待。

表13 95家亏损公司非经常性损益情况

	金　额(万元)	占亏损总额比例
非经常性损益合计	-321 136.76	23.39%
扣除后净利润合计	-1 051 870.934	76.61%
2000年净利润	-1 373 007.69	100%

3.三项费用居高不下,有增无减。

三项费用过高是上市公司亏损的集中表现。经统计,95家已公布年报的亏损公司2000年三项费用合计高达158.19亿元,超过了当年的全部亏损总额。

营业费用猛增往往可以归因于上市公司不惜巨资进行各种营销活动。营业费用开支巨大而销售情况未见改善,企业主营依旧滑坡最终导致亏损,这从另一个侧面反映了上市公司所处行业竞争态势的加剧。例如,科龙电器在年报中称,公司营业费用由1999年的7.6亿元上升至9.2亿元,升幅达21%,"营业费用上升是为了打好与经销商的关系,给予他们较高的销售回扣及折让;同时科龙亦投入了相当的推广费用,以协助经销商的促销活动……"。厦华电子(600870)是日用电器行业中另一个典型代表,该公司2000年亏损2.9亿元,每股亏损0.79元;营业费用由1999年的2.07亿元上升至2000年的3.4亿元,升幅达64%;在传统彩电业爆发价格大战的情况下,公司选择了较为热门的移动通信和计算机(含显示器)行业作为其新的支柱产业,而要进入这些领域,先期的研发和市场开拓活动必不可少,在产业转型尚未完成时,公司2000年出现首次亏损也是在意料之中。

单从财务报表看,管理费用无疑是导致上市公司亏损的"巨型杀手",2000年95家亏损公司管理费用合计高达 93.92 亿元，同比上升 24.91%。事实上，由于“四项计提”相关损益大多记入管理费用，因此上市公司管理费用数额庞大的现象并非难以理解。例如，广船国际 2000 年管理费用为 4.716 亿元，同比增加 145.19%；珠江实业 2000 年管理费用为 3 663 万元，同比增加 178.03%。又如，ST 猴王 2000 年主营业务收入只有 4 200 万元，可管理费用高达 5.86 亿元；ST 金田 2000 年主营业务收入为 4.65 亿元，而管理费用亦高达 4.95 亿元，同比增长 561%。

另一方面，公司债务巨大，财务费用居高不下也是部分上市公司连年亏损的直接原因。虽然这些公司在 2000 年进行了一些重组工作，清偿了部分债务，但是历史包袱仍旧沉重，在公司主业基本停顿，不良资产大量剥离的情况下，债务利息支出成为这些亏损公司的一项沉重负担。例如连续三年亏损的 ST 琼华侨（600759），由于积压的房地产无法盘活，公司的经营业务基本处于停顿状态。目前该公司资产负债率高达 289%，居各上市公司之首，负债总额为 7.3 亿元。连亏 5 年的 PT 农商社（600837），负债总额 11.4 亿元，2000 年每股财务费用高达 0.813 元，显然不进行债务重组，单靠上市公司自身力量已难以实现扭亏。PT 水仙是一个更为典型的案例，尽管公司两大股东进行了一系列的重组努力，并与同步电子达成了初步协议，但由于 PT 水仙申请 2 亿元债务“挂账停息”的特殊要求未获贷款银行批准，而最终重组失败。2000 年报公布后，公司申请宽限期亦未获有关部门批准，从而成为中国证券市场第一家依法退市的上市公司。

表 14　2000 年 95 家亏损公司三项费用情况

单位：万元

	2000 年费用总额	较 1999 年增加	同比增幅
营业费用	337 075.05	12 285.23	3.78%
管理费用	939 217.60	187 300.22	24.91%
财务费用	305 588.28	－17 358.94	－5.38%
合 计	1 581 880.93	182 226.50	13.02%

表 15　6 家 PT 类亏损公司负债和财务费用情况

	总股本（万股）	负债总额（万元）	2000 年净利润（万元）	2000 年财务费用（万元）	2000 年每股收益（元）	平均每股财务费用（元）
PT 红　光	23 000	127 179.71	－7 058.48	1 598.77	－0.307	0.070
PT 农商社	6 524.49	114 231.97	－6 889.76	5 302.50	－1.056	0.813
PT 双　鹿	15 205.08	71 770.77	－17 731.19	3 511.34	－1.166	0.231
PT 水　仙	23 640.10	48 311.03	－14 570.67	2 576.31	－0.616	0.109
PT 网　点	15 934.74	87 989.95	－13 653.99	3 266.88	－0.857	0.205
PT 中浩 A	15 721.34	142 462.14	－17 463.39	4 555.07	－1.111	0.290
合　计	100 026.75	591 945.57	－77 367.47	20 810.87	－0.773	0.208

4.公司管理局面混乱,连连涉及法律诉讼,甚至发生股权纠纷,企业正常运营已无法进行。

公司管理层的相对稳定,公司内部的有效管理是公司战略得以顺利实施,企业正常运营得以保障的前提条件。然而,部分上市公司由于种种原因,经营管理出现混乱,公司连连涉及法律诉讼,部分高层管理人员也涉嫌违法、违规行为,这是造成上市公司亏损的内部原因。

ST九州(0653)2000年报披露,鉴于公司个别董事涉案被捕,公司将调整董事会、监事会班子。年报数据显示,公司涉及已判决诉讼案价值4.3亿元,而且均为公司败诉;因公司涉及走私被终审判决罚款2亿元及追缴非法所得1 364万元;公司全年累计亏损9.3亿元,每股收益-3.15元。目前公司负债总额5.48亿元,资产负债比率高达216%,而现金及现金等价物净增额仅为1720万元,公司又面临偿债高峰期,严重缺乏运营资金,公司的持续经营能力颇受质疑,大部分业务均处于停顿状态,公司要能持续经营只能取决于能否有重大重组。

ST联益(0696)、四砂股份(600786)则是由于大股东之间发生股权纠纷,而使公司经营陷入困境。ST联益在2000年报中披露,由于受广东飞龙集团有限公司诈骗成都联益集团有限公司40%法人股股权一案的严重负面影响,致使公司无法及时进行有效的整合和产业结构的调整。截至1999年底,公司尚对广东飞龙高速客轮有限公司投资7 400万元及1997～1998年应收利润6 257万元,股权差额7万元,抵减应付飞龙集团收购股权款余额6 790万元后,仍造成6 874万元资产损失,致使公司财务严重恶化,给公司造成极大的伤害。而四砂股份(600786),在宁馨儿斥资1. 23亿元以承债式收购艾史迪82%股权,间接持有四砂34. 48%的股权成为实际上的第一大股东之后,董事长四度易人,总经理三易其人,合法产生的董事会、总经理无法履行其正常职责。第二大股东淄博市国资局与新任的第一大股东之间旷日持久的纷争终于酿成恶果,四砂股份2000年度发生首次亏损。

5.上市时改制不彻底,公司法人治理结构不规范,与大股东、关联企业之间的担保协议及关联交易过多是导致部分上市公司亏损的根本原因。

由于改制不彻底,治理结构不规范,没有与控股股东进行“三分开”,一些上市公司自上市之日起就已埋下了种种隐患。治理结构的不规范,造成上市公司大股东可以任意处置上市公司资产,个别公司在上市时往往被过度包装。大股东一方面通过非正常关联交易向上市公司输送利润,甚至于直接进行账面作假,以实现上市融资的目的;另一方面又将上市公司作为“提款机”,非法挪用上市公司资金,留下大量应收账款,让上市公司为其关联公司进行担保,可以说是采用种种办法“掏空”上市公司。

在去年“郑百文假典型巨额亏空”曝光之后,今年ST猴王和黎明股份的案例又引起了人们广泛的关注。ST猴王(0535)2000年在资金匮乏、偿债压力巨大等严重困难下惨淡经营,不料受到集团破产的巨大冲击,巨额亏损6.9亿元。2000年报显示,由于股份公司与猴王集团公司未彻底实行“三分开”,对集团的9.3亿多元的应收账款补提坏账准备5.51亿元;股份公司为猴王集团及其子公司提供担保事宜多达25项,经法院判令该公司承担连带清偿责任2.626亿元,导致公司年度营业外支出6 272万元。另外经清理其他应收账款中转入猴王集团以股份公司的名义借款19 366.69万元,利息5 397.27万元等。截至期末,公司净资产为-3.76亿元,已严重资不抵债,持续经营能力面临困难。年报亦披露,公司正努力在地方政府的支持下,通过股权重组方案走出困境。

黎明股份(600167)是虚假上市、报表作假的又一个典型案例。据财政部驻辽宁省财政监察专员办事处检查组的检查结论:公司1999年对外公布的会计报告失真,其中:主营业务收入虚增15 277万元;利润总额虚增8 679万元,调整后该年度净利润和利润总额均出现负数。2000年报披露,因纺织服装市场竞争日趋激烈,公司产品成本上升,特别是计提存货跌价准备和应收账款坏账准备更加大了公司亏损幅度,公司全年亏损3 442

万元，每股收益为 -0.18 元 。

由上述案例可以看出，在加大资产重组力度，促使亏损公司摆脱困境的同时，上市公司治理结构的优化和完善，会计信息披露的规范也是证券市场的当务之急，是我国证券市场健康持续发展的必由之路。

附表 1　首次亏损上市公司一览表(39 家)

股票代码	0007	**2000 年度财务状况**			
股票简称	深达声 A	主营业务收入	5 215.13	扣除后每股收益	-0.71
行业分类	日用电子器具制造业	主营业务利润	355.77	调整后每股净资产	0.10
行业编码	C55	净利润	-17 214.52	营业费用	734.39
上市时间	1992-4-13	总资产	95 188.92	管理费用	8 276.80
总股本	14 359.37	股东权益	7 748.93	财务费用	1 981.40
流通 A 股	7 956.10	资产负债率	85.51%	每股未分配利润	-1.456
流通 B 股	0	每股收益	-1.200	每股资本公积金	0.597
境外流通股	0	每股净资产	0.54	每股盈余公积金	0.399
股票代码	0048	**2000 年度财务状况**			
股票简称	中科创业	主营业务收入	93 769.53	扣除后每股收益	-0.13
行业分类	食品加工业	主营业务利润	13 154.65	调整后每股净资产	0.56
行业编码	C01	净利润	-32 948.47	营业费用	1 940.78
上市时间	1994-11-1	总资产	186 561.08	管理费用	12 184.21
总股本	39 076.87	股东权益	23 931.23	财务费用	3 440.76
流通 A 股	11 423.74	资产负债率	84.20%	每股未分配利润	-0.939
流通 B 股	0	每股收益	-0.840	每股资本公积金	0.405
境外流通股	0	每股净资产	0.61	每股盈余公积金	0.146
股票代码	0405	**2000 年度财务状况**			
股票简称	有色鑫光	主营业务收入	65 582.82	扣除后每股收益	-0.253
行业分类	有色金属冶炼及压延加工业	主营业务利润	7 310.43	调整后每股净资产	1.02
行业编码	C67	净利润	-11 219.57	营业费用	1 080.45
上市时间	1996-6-20	总资产	104 950.96	管理费用	13 738.71
总股本	38 092.54	股东权益	58 200.89	财务费用	1 148.33
流通 A 股	11 042.81	资产负债率	44.54%	每股未分配利润	-0.120
流通 B 股	0	每股收益	-0.295	每股资本公积金	0.486
境外流通股	0	每股净资产	1.53	每股盈余公积金	0.162

股票代码	0412	2000 年度财务状况			
股票简称	北方五环	主营业务收入	5 732.56	扣除后每股收益	－0.579
行业分类	综合类	主营业务利润	2 171.45	调整后每股净资产	1.00
行业编码	M	净利润	－16 937.57	营业费用	2 330.86
上市时间	1996－7－15	总资产	80 375.47	管理费用	6 532.64
总股本	28 896.17	股东权益	32 296.44	财务费用	1 712.48
流通 A 股	10 632.17	资产负债率	59.66%	每股未分配利润	－0.259
流通 B 股	0	每股收益	－0.586	每股资本公积金	0.230
境外流通股	0	每股净资产	1.12	每股盈余公积金	0.192
股票代码	0430	2000 年度财务状况			
股票简称	张 家 界	主营业务收入	3 389.51	扣除后每股收益	－0.429
行业分类	旅游业	主营业务利润	927.07	调整后每股净资产	0.45
行业编码	K34	净利润	－10 232.05	营业费用	593.95
上市时间	1996－8－29	总资产	38 993.01	管理费用	7 188.46
总股本	18 360	股东权益	9 223.77	财务费用	1 565.90
流通 A 股	7 435.80	资产负债率	70.95%	每股未分配利润	－0.669
流通 B 股	0	每股收益	－0.557	每股资本公积金	0.057
境外流通股	0	每股净资产	0.50	每股盈余公积金	0.114
股票代码	0560	2000 年度财务状况			
股票简称	昆百大 A	主营业务收入	75 136.96	扣除后每股收益	－0.5768
行业分类	零售业	主营业务利润	10 786.06	调整后每股净资产	0.62
行业编码	H11	净利润	－7 741.69	营业费用	2 190.70
上市时间	1994－2－2	总资产	110 239.38	管理费用	13 647.57
总股本	13 440	股东权益	17 707.73	财务费用	3 441.56
流通 A 股	6 240	资产负债率	83.87%	每股未分配利润	－0.736
流通 B 股	0	每股收益	－0.576	每股资本公积金	0.886
境外流通股	0	每股净资产	1.32	每股盈余公积金	0.168
股票代码	0571	2000 年度财务状况			
股票简称	新大洲 A	主营业务收入	179 663.27	扣除后每股收益	－0.1588
行业分类	摩托车制造业	主营业务利润	22 490.07	调整后每股净资产	1.22
行业编码	C7510	净利润	－13 965.36	营业费用	24 990.41
上市时间	1994－5－25	总资产	291 171.73	管理费用	7 673.28
总股本	73 606.40	股东权益	99 365.45	财务费用	4 338.91
流通 A 股	33 700.55	资产负债率	61.78%	每股未分配利润	－0.213
流通 B 股	0	每股收益	－0.190	每股资本公积金	0.265
境外流通股	0	每股净资产	1.35	每股盈余公积金	0.298

股票代码	0586	2000 年度财务状况			
股票简称	川长江 A	主营业务收入	40 705.31	扣除后每股收益	－0.295
行业分类	商业经纪与代理业	主营业务利润	1 335.53	调整后每股净资产	1.17
行业编码	H21	净利润	－5 627.89	营业费用	805.29
上市时间	1995－12－20	总资产	50 295.09	管理费用	3 506.15
总股本	19 344	股东权益	31 026.23	财务费用	45.10
流通 A 股	6 084	资产负债率	38.31％	每股未分配利润	－0.493
流通 B 股	0	每股收益	－0.291	每股资本公积金	0.954
境外流通股	0	每股净资产	1.60	每股盈余公积金	0.143
股票代码	0618	**2000 年度财务状况**			
股票简称	吉林化工	主营业务收入	1 384 672.23	扣除后每股收益	0.0042
行业分类	化学原料及化学制品制造业	主营业务利润	123 939.66	调整后每股净资产	1.5
行业编码	C43	净利润	－87 876.62	营业费用	3 525.43
上市时间	1996－10－15	总资产	1 771 070.84	管理费用	56 460.24
总股本	356 107.80	股东权益	568 724.52	财务费用	58 366.98
流通 A 股	20 000	资产负债率	67.56％	每股未分配利润	－0.243
流通 B 股	0	每股收益	－0.250	每股资本公积金	0.644
境外流通股	96 477.8	每股净资产	1.60	每股盈余公积金	0.196
股票代码	0678	**2000 年度财务状况**			
股票简称	襄阳轴承	主营业务收入	21 091.57	扣除后每股收益	－0.44
行业分类	轴承、阀门制造业	主营业务利润	3 228.21	调整后每股净资产	3.53
行业编码	C7115	净利润	－5 614.79	营业费用	2 084.57
上市时间	1997－1－6	总资产	97 178.83	管理费用	6 006.64
总股本	14 044.00	股东权益	54 112.44	财务费用	927.81
流通 A 股	7 890.16	资产负债率	44.32％	每股未分配利润	0.125
流通 B 股	0	每股收益	－0.400	每股资本公积金	2.174
境外流通股	0	每股净资产	3.85	每股盈余公积金	0.554
股票代码	0699	**2000 年度财务状况**			
股票简称	佳纸股份	主营业务收入	57393.93	扣除后每股收益	－0.201
行业分类	造纸及纸制品业	主营业务利润	8555.47	调整后每股净资产	1.92
行业编码	C31	净利润	－4 361.18	营业费用	1 774.33
上市时间	1997－3－10	总资产	166 238.86	管理费用	5 580.95
总股本	22 744.80	股东权益	52 346.92	财务费用	3 216.95
流通 A 股	9 357.74	资产负债率	68.50％	每股未分配利润	0.114
流通 B 股	0	每股收益	－0.192	每股资本公积金	1.000
境外流通股	0	每股净资产	2.30	每股盈余公积金	0.187

股票代码	0723	2000 年度财务状况			
股票简称	天宇电气	主营业务收入	38 103.04	扣除后每股收益	-0.268
行业分类	电器机械及器材制造业	主营业务利润	5 097.92	调整后每股净资产	2.83
行业编码	C76	净利润	-3 702.55	营业费用	1 884.51
上市时间	1997-5-15	总资产	92 932.19	管理费用	6 129.38
总股本	13 959.92	股东权益	43 260.09	财务费用	2 011.00
流通 A 股	6 964.83	资产负债率	52.20%	每股未分配利润	0.079
流通 B 股	0	每股收益	-0.265	每股资本公积金	1.906
境外流通股	0	每股净资产	3.10	每股盈余公积金	0.114
股票代码	0738	2000 年度财务状况			
股票简称	南方摩托	主营业务收入	51 152.63	扣除后每股收益	-0.38
行业分类	摩托车制造业	主营业务利润	-1 370.41	调整后每股净资产	2.25
行业编码	C7510	净利润	-16 223.16	营业费用	2 843.34
上市时间	1997-6-26	总资产	195 053.83	管理费用	8 954.54
总股本	39 780	股东权益	101 018.38	财务费用	2 578.19
流通 A 股	13 600	资产负债率	46.78%	每股未分配利润	-0.347
流通 B 股	0	每股收益	-0.410	每股资本公积金	1.567
境外流通股	0	每股净资产	2.54	每股盈余公积金	0.319
股票代码	0783	2000 年度财务状况			
股票简称	石 炼 化	主营业务收入	576 636.24	扣除后每股收益	-0.1816
行业分类	石油加工及炼焦业	主营业务利润	12 825.41	调整后每股净资产	1.47
行业编码	C41	净利润	-20 773.64	营业费用	1 564.00
上市时间	1997-7-31	总资产	311 101.06	管理费用	13 344.01
总股本	115 444.43	股东权益	182 725.97	财务费用	1 112.27
流通 A 股	23 400	资产负债率	40.00%	每股未分配利润	-0.145
流通 B 股	0	每股收益	-0.180	每股资本公积金	0.673
境外流通股	0	每股净资产	1.58	每股盈余公积金	0.055
股票代码	0826	2000 年度财务状况			
股票简称	国投原宜	主营业务收入	19 408.09	扣除后每股收益	-0.23
行业分类	化学原料及化学制品制造业	主营业务利润	2 126.48	调整后每股净资产	2.17
行业编码	C43	净利润	-3 894.51	营业费用	1 707.09
上市时间	1998-2-25	总资产	75 191.57	管理费用	3 488.49
总股本	18 149.30	股东权益	39 739.62	财务费用	1 102.90
流通 A 股	4 550	资产负债率	43.04%	每股未分配利润	-0.101
流通 B 股	0	每股收益	-0.220	每股资本公积金	0.921
境外流通股	0	每股净资产	2.19	每股盈余公积金	0.369

股票代码	0851	2000 年度财务状况			
股票简称	中国七砂	主营业务收入	15 929.34	扣除后每股收益	-0.07
行业分类	非金属矿物制品业	主营业务利润	2 693.92	调整后每股净资产	1.7
行业编码	C61	净利润	-1 828.29	营业费用	2 358.33
上市时间	1998-6-9	总资产	53 735.94	管理费用	1 208.36
总股本	22 490	股东权益	39 757.90	财务费用	510.78
流通 A 股	5 850	资产负债率	26.01%	每股未分配利润	-0.059
流通 B 股	0	每股收益	-0.080	每股资本公积金	0.617
境外流通股	0	每股净资产	1.77	每股盈余公积金	0.210

股票代码	0885	2000 年度财务状况			
股票简称	春 都 A	主营业务收入	29 509.24	扣除后每股收益	-0.31
行业分类	食品加工业	主营业务利润	1 052.03	调整后每股净资产	3.72
行业编码	C01	净利润	-3 593.13	营业费用	1 811.07
上市时间	1999-3-19	总资产	88 428.02	管理费用	2 112.71
总股本	16 000	股东权益	59 910.81	财务费用	-35.90
流通 A 股	6 000	资产负债率	32.25%	每股未分配利润	0.202
流通 B 股	0	每股收益	-0.225	每股资本公积金	2.436
境外流通股	0	每股净资产	3.74	每股盈余公积金	0.107

股票代码	0893	2000 年度财务状况			
股票简称	广州冷机	主营业务收入	13 881.31	扣除后每股收益	-0.295
行业分类	电器机械及器材制造业	主营业务利润	362.19	调整后每股净资产	1.97
行业编码	C76	净利润	-9 229.91	营业费用	693.49
上市时间	1998-12-24	总资产	102 938.22	管理费用	4 495.10
总股本	22 200	股东权益	45 754.45	财务费用	2 171.90
流通 A 股	5 688.40	资产负债率	55.55%	每股未分配利润	-0.252
流通 B 股	0	每股收益	-0.416	每股资本公积金	1.277
境外流通股	0	每股净资产	2.06	每股盈余公积金	0.037

股票代码	0915	2000 年度财务状况			
股票简称	声乐股份	主营业务收入	4 003.29	扣除后每股收益	-0.0648
行业分类	制鞋业	主营业务利润	364.80	调整后每股净资产	2.69
行业编码	C1340	净利润	-301.25	营业费用	83.54
上市时间	1999-6-9	总资产	39 954.54	管理费用	1 287.14
总股本	9 033.60	股东权益	24 904.23	财务费用	-323.59
流通 A 股	3 000	资产负债率	35.25%	每股未分配利润	0.395
流通 B 股	0	每股收益	-0.033	每股资本公积金	1.179
境外流通股	0	每股净资产	2.76	每股盈余公积金	0.183

股票代码	0921	**2000 年度财务状况**			
股票简称	科龙电器	主营业务收入	441 088.00	扣除后每股收益	−0.67
行业分类	日用电器制造业	主营业务利润	61 896.95	调整后每股净资产	3.92
行业编码	C7620	净利润	−67 841.88	营业费用	91 819.57
上市时间	1999−7−13	总资产	691 136.71	管理费用	47 393.04
总股本	99 200.66	股东权益	413 425.58	财务费用	7 303.08
流通 A 股	11 000	资产负债率	38.66%	每股未分配利润	0.354
流通 B 股	0	每股收益	−0.680	每股资本公积金	2.471
境外流通股	45 958.9808	每股净资产	4.17	每股盈余公积金	0.347

股票代码	600057	**2000 年度财务状况**			
股票简称	厦新电子	主营业务收入	99 347.74	扣除后每股收益	−0.512
行业分类	日用电子器具制造业	主营业务利润	5 212.43	调整后每股净资产	1.32
行业编码	C55	净利润	−17 448.19	营业费用	14 560.24
上市时间	1997−6−4	总资产	129 378.09	管理费用	7 425.95
总股本	35 820	股东权益	52 058.70	财务费用	2 533.45
流通 A 股	14 400	资产负债率	59.76%	每股未分配利润	−0.466
流通 B 股	0	每股收益	−0.487	每股资本公积金	0.820
境外流通股	0	每股净资产	1.45	每股盈余公积金	0.100

股票代码	600082	**2000 年度财务状况**			
股票简称	津百股份	主营业务收入	43 385.89	扣除后每股收益	−0.618
行业分类	零售业	主营业务利润	3 241.35	调整后每股净资产	2.53
行业编码	H11	净利润	−9 205.83	营业费用	3 167.12
上市时间	1997−6−20	总资产	117 687.78	管理费用	6 414.83
总股本	14 898.08	股东权益	40 376.89	财务费用	2 458.47
流通 A 股	3 900	资产负债率	63.55%	每股未分配利润	−0.474
流通 B 股	0	每股收益	−0.618	每股资本公积金	1.982
境外流通股	0	每股净资产	2.71	每股盈余公积金	0.202

股票代码	600622	**2000 年度财务状况**			
股票简称	嘉宝实业	主营业务收入	22 843.52	扣除后每股收益	−0.275
行业分类	综合类	主营业务利润	2 661.82	调整后每股净资产	1.94
行业编码	M	净利润	−8 905.22	营业费用	541.69
上市时间	1992−12−3	总资产	107 916.23	管理费用	9 559.43
总股本	33 368.83	股东权益	65 414.21	财务费用	1 232.32
流通 A 股	11 519.91	资产负债率	37.41%	每股未分配利润	−0.421
流通 B 股	0	每股收益	−0.267	每股资本公积金	1.322
境外流通股	0	每股净资产	1.96	每股盈余公积金	0.069

股票代码	600623	2000 年度财务状况			
股票简称	轮胎橡胶	主营业务收入	370 434.83	扣除后每股收益	－0.61
行业分类	橡胶轮胎制造业	主营业务利润	17 497.12	调整后每股净资产	1.45
行业编码	C4801	净利润	－43 074.29	营业费用	16 401.64
上市时间	1992－12－4	总资产	671 668.47	管理费用	37 799.26
总股本	88 946.77	股东权益	151 649.75	财务费用	19 572.99
流通 A 股	2 288	资产负债率	76.60％	每股未分配利润	－0.782
流通 B 股	24 310	每股收益	－0.484	每股资本公积金	1.186
境外流通股	0	每股净资产	1.70	每股盈余公积金	0.301
股票代码	600667	2000 年度财务状况			
股票简称	太极实业	主营业务收入	62 397.52	扣除后每股收益	－0.112
行业分类	化学纤维制造业	主营业务利润	7 904.91	调整后每股净资产	2.28
行业编码	C47	净利润	－4 105.37	营业费用	1 924.77
上市时间	1993－7－28	总资产	209 611.43	管理费用	6 759.82
总股本	36 881.74	股东权益	89 455.77	财务费用	6 216.69
流通 A 股	18 964	资产负债率	57.06％	每股未分配利润	－0.086
流通 B 股	0	每股收益	－0.111	每股资本公积金	1.366
境外流通股	0	每股净资产	2.43	每股盈余公积金	0.146
股票代码	600684	2000 年度财务状况			
股票简称	珠江实业	主营业务收入	10 330.74	扣除后每股收益	－0.13
行业分类	房地产开发与经营业	主营业务利润	－1 213.50	调整后每股净资产	2.11
行业编码	J01	净利润	－10 203.58	营业费用	799.16
上市时间	1993－10－18	总资产	106 004.65	管理费用	3 663.10
总股本	18 703.94	股东权益	57 540.43	财务费用	801.75
流通 A 股	10 003.50	资产负债率	41.55％	每股未分配利润	－0.426
流通 B 股	0	每股收益	－0.550	每股资本公积金	1.915
境外流通股	0	每股净资产	3.08	每股盈余公积金	0.588
股票代码	600685	2000 年度财务状况			
股票简称	广船国际	主营业务收入	222 226.99	扣除后每股收益	－0.0071
行业分类	船舶制造业	主营业务利润	10 455.94	调整后每股净资产	1.12
行业编码	C7525	净利润	－72 586.96	营业费用	848.12
上市时间	1993－10－28	总资产	241 838.05	管理费用	47 158.92
总股本	49 467.76	股东权益	62 882.46	财务费用	4 827.60
流通 A 股	12 647.95	资产负债率	71.64％	每股未分配利润	－1.251
流通 B 股	0	每股收益	－1.467	每股资本公积金	1.318
境外流通股	15 739.8	每股净资产	1.27	每股盈余公积金	0.205

股票代码	600698	2000 年度财务状况			
股票简称	济南轻骑	主营业务收入	53 411.62	扣除后每股收益	-0.27
行业分类	摩托车制造业	主营业务利润	-6 820.36	调整后每股净资产	2.79
行业编码	C7510	净利润	-27 243.30	营业费用	1 193.43
上市时间	1993-12-6	总资产	414 681.71	管理费用	9 678.06
总股本	97 181.74	股东权益	271 595.47	财务费用	1 413.63
流通 A 股	30 671.00	资产负债率	33.80%	每股未分配利润	0.314
流通 B 股	23 000	每股收益	-0.280	每股资本公积金	1.107
境外流通股	0	每股净资产	2.79	每股盈余公积金	0.374

股票代码	600753	2000 年度财务状况			
股票简称	冰熊股份	主营业务收入	10 339.70	扣除后每股收益	-0.38
行业分类	电器机械及器材制造业	主营业务利润	1 610.47	调整后每股净资产	0.68
行业编码	C76	净利润	-4 369.97	营业费用	1 047.20
上市时间	1996-9-27	总资产	39 470.80	管理费用	3 454.65
总股本	12 800	股东权益	9 613.13	财务费用	955.71
流通 A 股	3 200	资产负债率	75.65%	每股未分配利润	-0.779
流通 B 股	0	每股收益	-0.340	每股资本公积金	0.530
境外流通股	0	每股净资产	0.75	每股盈余公积金	0

股票代码	600768	2000 年度财务状况			
股票简称	宁波华通	主营业务收入	13 416.53	扣除后每股收益	-0.31
行业分类	公路运输业	主营业务利润	382.15	调整后每股净资产	0.76
行业编码	F03	净利润	-2 861.34	营业费用	75.04
上市时间	1996-11-11	总资产	23 424.91	管理费用	1 697.29
总股本	9 288	股东权益	8 153.09	财务费用	669.10
流通 A 股	2 678.40	资产负债率	65.19%	每股未分配利润	-0.527
流通 B 股	0	每股收益	-0.310	每股资本公积金	0.322
境外流通股	0	每股净资产	0.88	每股盈余公积金	0.083

股票代码	600786	2000 年度财务状况			
股票简称	东方锅炉	主营业务收入	35 876.28	扣除后每股收益	-0.6030
行业分类	锅炉及原动机制造业	主营业务利润	-104.80	调整后每股净资产	1.15
行业编码	C7101	净利润	-11 809.60	营业费用	423.83
上市时间	1996-12-27	总资产	125 580.98	管理费用	9 443.50
总股本	21 127.12	股东权益	37 553.07	财务费用	2 590.47
流通 A 股	5 400	资产负债率	69.59%	每股未分配利润	0.554
流通 B 股	0	每股收益	-0.559	每股资本公积金	1.071
境外流通股	0	每股净资产	1.78	每股盈余公积金	0.260

股票代码	600791	2000年度财务状况			
股票简称	贵华旅业	主营业务收入	11 871.01	扣除后每股收益	-0.47
行业分类	零售业	主营业务利润	-128.13	调整后每股净资产	0.85
行业编码	H11	净利润	-4 688.26	营业费用	2 279.90
上市时间	1997-1-30	总资产	25 240.00	管理费用	2 224.65
总股本	9 900	股东权益	11 219.19	财务费用	191.86
流通A股	3 300	资产负债率	54.31%	每股未分配利润	-0.215
流通B股	0	每股收益	-0.470	每股资本公积金	0.141
境外流通股	0	每股净资产	1.13	每股盈余公积金	0.206
股票代码	600804	2000年度财务状况			
股票简称	工益股份	主营业务收入	23 417.19	扣除后每股收益	-0.27
行业分类	黑色金属冶炼及压延加工业	主营业务利润	-2 233.58	调整后每股净资产	1.62
行业编码	C65	净利润	-3 147.35	营业费用	347.48
上市时间	1994-1-3	总资产	36 889.50	管理费用	1 206.29
总股本	11 661.12	股东权益	20 011.12	财务费用	212.69
流通A股	7 195.68	资产负债率	45.63%	每股未分配利润	-0.265
流通B股	0	每股收益	-0.270	每股资本公积金	0.700
境外流通股	0	每股净资产	1.71	每股盈余公积金	0.281
股票代码	600823	2000年度财务状况			
股票简称	万象集团	主营业务收入	22 930.19	扣除后每股收益	-0.0217
行业分类	零售业	主营业务利润	4 095.10	调整后每股净资产	2.04
行业编码	H11	净利润	-3 648.88	营业费用	3 107.63
上市时间	1994-2-4	总资产	165 678.38	管理费用	7 379.35
总股本	23 644.48	股东权益	50 755.00	财务费用	910.76
流通A股	11 315.90	资产负债率	64.98%	每股未分配利润	0.024
流通B股	0	每股收益	-0.154	每股资本公积金	0.892
境外流通股	0	每股净资产	2.15	每股盈余公积金	0.231
股票代码	600842	2000年度财务状况			
股票简称	中西药业	主营业务收入	23 934.52	扣除后每股收益	-0.6514
行业分类	医药制造业	主营业务利润	6 506.31	调整后每股净资产	0.83
行业编码	C81	净利润	-14 043.19	营业费用	1 673.46
上市时间	1994-3-11	总资产	125 401.51	管理费用	11 552.09
总股本	21 559.46	股东权益	22 299.74	财务费用	4 773.04
流通A股	8 422.55	资产负债率	81.34%	每股未分配利润	-0.778
流通B股	0	每股收益	-0.651	每股资本公积金	0.659
境外流通股	0	每股净资产	1.03	每股盈余公积金	0.153

股票代码	600870	**2000 年度财务状况**			
股票简称	厦华电子	主营业务收入	344 791.32	扣除后每股收益	−0.77
行业分类	日用电器制造业	主营业务利润	21 207.04	调整后每股净资产	2.99
行业编码	C7620	净利润	−29 161.40	营业费用	34 007.88
上市时间	1995−2−28	总资产	418 833.14	管理费用	8 856.18
总股本	37 081.87	股东权益	112 103.38	财务费用	6 122.32
流通 A 股	15 151.35	资产负债率	73.02%	每股未分配利润	−0.618
流通 B 股	0	每股收益	−0.790	每股资本公积金	2.489
境外流通股	0	每股净资产	3.02	每股盈余公积金	0.153

股票代码	600885	**2000 年度财务状况**			
股票简称	双虎涂料	主营业务收入	10 269.59	扣除后每股收益	−0.117
行业分类	化学原料及化学制品制造业	主营业务利润	2 287.46	调整后每股净资产	0.85
行业编码	C43	净利润	−1 517.51	营业费用	540.92
上市时间	1996−2−5	总资产	43 034.83	管理费用	1 957.65
总股本	12 980.71	股东权益	13 256.77	财务费用	1 708.53
流通 A 股	4 986.80	资产负债率	68.39%	每股未分配利润	−0.582
流通 B 股	0	每股收益	−0.117	每股资本公积金	0.469
境外流通股	0	每股净资产	1.02	每股盈余公积金	0.134

股票代码	600893	**2000 年度财务状况**			
股票简称	吉发股份	主营业务收入	103 905.78	扣除后每股收益	−0.0646
行业分类	食品加工业	主营业务利润	16 584.58	调整后每股净资产	2.28
行业编码	C01	净利润	−1 118.57	营业费用	9 765.71
上市时间	1996−4−8	总资产	184 028.12	管理费用	5 155.76
总股本	23 491.09	股东权益	65 626.41	财务费用	2 659.80
流通 A 股	11 531.69	资产负债率	55.32%	每股未分配利润	−0.279
流通 B 股	0	每股收益	−0.048	每股资本公积金	1.902
境外流通股	0	每股净资产	2.79	每股盈余公积金	0.171

股票代码	900950	**2000 年度财务状况**			
股票简称	五菱 B 股	主营业务收入	67 777.16	扣除后每股收益	−0.214
行业分类	专用设备制造业	主营业务利润	8 033.31	调整后每股净资产	1.31
行业编码	C73	净利润	−7 293.48	营业费用	5 875.37
上市时间	1997−10−16	总资产	123 036.67	管理费用	8 335.49
总股本	33 191.40	股东权益	53 465.99	财务费用	1 464.85
流通 A 股	0	资产负债率	54.81%	每股未分配利润	−0.303
流通 B 股	13 391.40	每股收益	−0.220	每股资本公积金	0.913
境外流通股	0	每股净资产	1.61	每股盈余公积金	0

附表 2　连续两年亏损上市公司一览表(27 家)

股票代码	0025	**2000 年度财务状况**			
股票简称	ST 特力 A	主营业务收入	15 261.61	扣除后每股收益	-0.57
行业分类	综合类	主营业务利润	2 907.70	调整后每股净资产	0.30
行业编码	M	净利润	-11 838.30	营业费用	1 074.43
上市时间	1993-6-21	总资产	76 647.89	管理费用	6 191.23
总股本	22 028.16	股东权益	9 279.02	财务费用	3 855.14
流通 A 股	3 428.51	资产负债率	87.14%	每股未分配利润	-1.580
流通 B 股	2 640	每股收益	-0.540	每股资本公积金	0.757
境外流通股	0	每股净资产	0.42	每股盈余公积金	0.246
股票代码	0033	**2000 年度财务状况**			
股票简称	新都酒店	主营业务收入	10 997.27	扣除后每股收益	-0.038
行业分类	旅馆业	主营业务利润	7 900.17	调整后每股净资产	1.41
行业编码	K32	净利润	-1 236.78	营业费用	2 977.96
上市时间	1994-1-3	总资产	66 169.57	管理费用	4 341.25
总股本	28 772.35	股东权益	42 185.53	财务费用	1 685.84
流通 A 股	6 722.35	资产负债率	36.25%	每股未分配利润	-0.349
流通 B 股	0	每股收益	-0.043	每股资本公积金	0.786
境外流通股	0	每股净资产	1.47	每股盈余公积金	0.146
股票代码	0047	**2000 年度财务状况**			
股票简称	深中侨 A	主营业务收入	7 584.52	扣除后每股收益	-0.89
行业分类	房地产开发与经营业	主营业务利润	-345.14	调整后每股净资产	-1.33
行业编码	J01	净利润	-12 070.69	营业费用	39.37
上市时间	1994-10-21	总资产	137 165.30	管理费用	1 854.26
总股本	12 040.46	股东权益	842.1596	财务费用	7 113.83
流通 A 股	3 141.76	资产负债率	91.69%	每股未分配利润	-2.177
流通 B 股	0	每股收益	-1.000	每股资本公积金	0.918
境外流通股	0	每股净资产	0.07	每股盈余公积金	0.329
股票代码	0416	**2000 年度财务状况**			
股票简称	青岛国货	主营业务收入	16 481.69	扣除后每股收益	-0.21
行业分类	零售业	主营业务利润	2 199.34	调整后每股净资产	1.91
行业编码	H11	净利润	-2 393.90	营业费用	1 137.05
上市时间	1996-7-19	总资产	38 147.48	管理费用	3 174.74
总股本	11 367.90	股东权益	22 457.80	财务费用	542.08
流通 A 股	6 241.68	资产负债率	41.10%	每股未分配利润	-0.382
流通 B 股	0	每股收益	-0.210	每股资本公积金	1.261
境外流通股	0	每股净资产	1.98	每股盈余公积金	0.096

股票代码	0535	2000 年度财务状况			
股票简称	ST 猴王	主营业务收入	42 29.61	扣除后每股收益	-2.07
行业分类	金属制品业	主营业务利润	311.49	调整后每股净资产	-1.38
行业编码	C69	净利润	-68 973.63	营业费用	450.13
上市时间	1993-11-30	总资产	47 023.60	管理费用	58 595.67
总股本	30 272.32	股东权益	-37 657.19	财务费用	2 236.72
流通 A 股	17 015.74	资产负债率	180.08%	每股未分配利润	-2.770
流通 B 股	0	每股收益	-2.280	每股资本公积金	0.468
境外流通股	0	每股净资产	-1.24	每股盈余公积金	0.058
股票代码	0585	**2000 年度财务状况**			
股票简称	ST 东北电	主营业务收入	132 004.82	扣除后每股收益	-0.4166
行业分类	输配电及控制设备制造业	主营业务利润	16 743.61	调整后每股净资产	1.25
行业编码	C7610	净利润	-36 359.73	营业费用	13 542.42
上市时间	1995-12-13	总资产	445 489.22	管理费用	31 182.88
总股本	87 337	股东权益	112 556.33	财务费用	10 200.78
流通 A 股	14 360	资产负债率	74.31%	每股未分配利润	-0.525
流通 B 股	0	每股收益	-0.416	每股资本公积金	0.691
境外流通股	25 795	每股净资产	1.29	每股盈余公积金	0.123
股票代码	0653	**2000 年度财务状况**			
股票简称	ST 九 州	主营业务收入	19 128.54	扣除后每股收益	-1.756
行业分类	商业经纪与代理业	主营业务利润	5 697.71	调整后每股净资产	-2.59
行业编码	H21	净利润	-93 479.37	营业费用	1 569.40
上市时间	1996-11-26	总资产	64 736.51	管理费用	52 278.06
总股本	29 671.14	股东权益	-75 297.51	财务费用	4 634.70
流通 A 股	21 704.64	资产负债率	216.31%	每股未分配利润	-4.226
流通 B 股	0	每股收益	-3.151	每股资本公积金	0.570
境外流通股	0	每股净资产	-2.54	每股盈余公积金	0.119
股票代码	0658	**2000 年度财务状况**			
股票简称	ST 海 洋	主营业务收入	9 317.86	扣除后每股收益	-1.05
行业分类	海洋渔业	主营业务利润	778.77	调整后每股净资产	-0.1
行业编码	A0701	净利润	-21 595.07	营业费用	564.75
上市时间	1996-12-18	总资产	36 895.84	管理费用	13 206.37
总股本	15 702.16	股东权益	58.8966	财务费用	732.59
流通 A 股	9 971.50	资产负债率	97.69%	每股未分配利润	-1.840
流通 B 股	0	每股收益	-1.375	每股资本公积金	0.751
境外流通股	0	每股净资产	0.003	每股盈余公积金	0.092

股票代码	0662	2000 年度财务状况			
股票简称	广西康达	主营业务收入	12 416.24	扣除后每股收益	-0.6673
行业分类	综合类	主营业务利润	152.52	调整后每股净资产	0.11
行业编码	M	净利润	-7 181.16	营业费用	433.15
上市时间	1996-12-16	总资产	30 614.17	管理费用	4 030.86
总股本	10 713.75	股东权益	4 101.71	财务费用	895.68
流通 A 股	3 857.25	资产负债率	76.68%	每股未分配利润	-0.974
流通 B 股	0	每股收益	-0.670	每股资本公积金	0.265
境外流通股	0	每股净资产	0.38	每股盈余公积金	0.092
股票代码	0675	2000 年度财务状况			
股票简称	银山化工	主营业务收入	20 991.61	扣除后每股收益	-0.5372
行业分类	化学肥料制造业	主营业务利润	-2 037.08	调整后每股净资产	0.58
行业编码	C4310	净利润	-5 964.34	营业费用	446.88
上市时间	1996-12-24	总资产	64 515.08	管理费用	1 777.53
总股本	11 435.03	股东权益	7 817.40	财务费用	1 968.59
流通 A 股	3 315	资产负债率	87.07%	每股未分配利润	-0.742
流通 B 股	0	每股收益	-0.520	每股资本公积金	0.310
境外流通股	0	每股净资产	0.68	每股盈余公积金	0.116
股票代码	0689	2000 年度财务状况			
股票简称	ST 宏 业	主营业务收入	0.00	扣除后每股收益	-0.692
行业分类	土木工程建筑业	主营业务利润	0.00	调整后每股净资产	0.17
行业编码	E01	净利润	-7 698.49	营业费用	0
上市时间	1996-12-31	总资产	28 957.63	管理费用	4 870.23
总股本	11 128	股东权益	4 754.07	财务费用	1 972.19
流通 A 股	4 888	资产负债率	83.58%	每股未分配利润	-1.800
流通 B 股	0	每股收益	-0.692	每股资本公积金	1.119
境外流通股	0	每股净资产	0.43	每股盈余公积金	0.108
股票代码	0696	2000 年度财务状况			
股票简称	ST 联 益	主营业务收入	966.49	扣除后每股收益	-0.02
行业分类	黑色金属冶炼及压延加工业	主营业务利润	-292.28	调整后每股净资产	-0.25
行业编码	C65	净利润	-2 002.74	营业费用	15.82
上市时间	1997-3-6	总资产	13 060.04	管理费用	1 171.79
总股本	13 686.40	股东权益	2 228.15	财务费用	553.66
流通 A 股	5 158.40	资产负债率	79.68%	每股未分配利润	-1.094
流通 B 股	0	每股收益	-0.146	每股资本公积金	0.134
境外流通股	0	每股净资产	0.16	每股盈余公积金	0.124

股票代码	0788	2000 年度财务状况			
股票简称	合成制药	主营业务收入	28 084.13	扣除后每股收益	-0.48
行业分类	医药制造业	主营业务利润	2 761.54	调整后每股净资产	1.72
行业编码	C81	净利润	-9 235.58	营业费用	6 668.18
上市时间	1997-6-16	总资产	95 609.22	管理费用	4 937.37
总股本	19 250	股东权益	36 732.12	财务费用	836.09
流通 A 股	4 950	资产负债率	61.58%	每股未分配利润	-0.587
流通 B 股	0	每股收益	-0.480	每股资本公积金	1.069
境外流通股	0	每股净资产	1.91	每股盈余公积金	0.426
股票代码	0838	2000 年度财务状况			
股票简称	西南化机	主营业务收入	4 036.31	扣除后每股收益	-0.507
行业分类	化工专用设备制造业	主营业务利润	-4.79	调整后每股净资产	0.13
行业编码	C7310	净利润	-3 300.72	营业费用	294.15
上市时间	1997-6-26	总资产	22 978.22	管理费用	1 888.42
总股本	6 511.99	股东权益	2 681.44	财务费用	993.44
流通 A 股	1 755	资产负债率	88.33%	每股未分配利润	-0.892
流通 B 股	0	每股收益	-0.507	每股资本公积金	0.188
境外流通股	0	每股净资产	0.41	每股盈余公积金	0.117
股票代码	2057	2000 年度财务状况			
股票简称	ST 大洋 B	主营业务收入	0.00	扣除后每股收益	-0.145
行业分类	水上运输业	主营业务利润	0.00	调整后每股净资产	-0.18
行业编码	F07	净利润	-2 863.36	营业费用	0
上市时间	1995-12-21	总资产	17 402.23	管理费用	3 619.57
总股本	19 800	股东权益	1 737.05	财务费用	933.22
流通 A 股	0	资产负债率	90.02%	每股未分配利润	-0.812
流通 B 股	7 920	每股收益	-0.145	每股资本公积金	0.354
境外流通股	0	每股净资产	0.09	每股盈余公积金	0.080
股票代码	600097	2000 年度财务状况			
股票简称	ST 恒 泰	主营业务收入	2 697.88	扣除后每股收益	-0.52
行业分类	食品加工业	主营业务利润	-555.67	调整后每股净资产	0.07
行业编码	C01	净利润	-6 220.48	营业费用	771.53
上市时间	1997-6-19	总资产	62 000.78	管理费用	2 568.27
总股本	11 544.99	股东权益	1 083.43	财务费用	2 830.50
流通 A 股	3 500	资产负债率	95.82%	每股未分配利润	-2.228
流通 B 股	0	每股收益	-0.539	每股资本公积金	2.067
境外流通股	0	每股净资产	0.09	每股盈余公积金	0.094

股票代码	600109	2000 年度财务状况			
股票简称	成百集团	主营业务收入	78 374.61	扣除后每股收益	－0.336
行业分类	日用百货批发业	主营业务利润	2 543.09	调整后每股净资产	0.05
行业编码	H0130	净利润	－3 124.60	营业费用	1 955.78
上市时间	1997－8－7	总资产	27 157.62	管理费用	2 360.35
总股本	7 098.27	股东权益	4 002.16	财务费用	596.86
流通 A 股	2 750	资产负债率	85.26％	每股未分配利润	－0.888
流通 B 股	0	每股收益	－0.440	每股资本公积金	0.336
境外流通股	0	每股净资产	0.56	每股盈余公积金	0.116

股票代码	600 150	2000 年度财务状况			
股票简称	沪东重机	主营业务收入	72 281.18	扣除后每股收益	－0.209
行业分类	专用设备制造业	主营业务利润	6 340.55	调整后每股净资产	1.79
行业编码	C73	净利润	－4 666.56	营业费用	11.15
上市时间	1998－5－20	总资产	127 335.12	管理费用	10 790.34
总股本	24 149.31	股东权益	46 135.49	财务费用	1 972.23
流通 A 股	7 700	资产负债率	63.40％	每股未分配利润	－0.317
流通 B 股	0	每股收益	－0.193	每股资本公积金	1.205
境外流通股	0	每股净资产	1.91	每股盈余公积金	0.022

股票代码	600167	2000 年度财务状况			
股票简称	黎明股份	主营业务收入	28 812.14	扣除后每股收益	－0.1983
行业分类	服装及其他纤维制品制造业	主营业务利润	3 526.96	调整后每股净资产	2.23
行业编码	C13	净利润	－3 442.01	营业费用	1 838.50
上市时间	1999－1－28	总资产	70 464.92	管理费用	4 322.72
总股本	19 000	股东权益	44 948.32	财务费用	170.73
流通 A 股	7 000	资产负债率	33.62％	每股未分配利润	－0.415
流通 B 股	0	每股收益	－0.181	每股资本公积金	1.750
境外流通股	0	每股净资产	2.37	每股盈余公积金	0.030

股票代码	600629	2000 年度财务状况			
股票简称	ST 棱 光	主营业务收入	2 840.54	扣除后每股收益	－0.26
行业分类	非金属矿物制品业	主营业务利润	287.97	调整后每股净资产	0.29
行业编码	C61	净利润	－3 999.12	营业费用	30.28
上市时间	1993－2－9	总资产	54 284.17	管理费用	2 053.75
总股本	15 137.76	股东权益	12 200.33	财务费用	2 042.32
流通 A 股	5 776.05	资产负债率	77.51％	每股未分配利润	－0.448
流通 B 股	0	每股收益	－0.264	每股资本公积金	0.142
境外流通股	0	每股净资产	0.81	每股盈余公积金	0.113

股票代码	600703	**2000 年度财务状况**			
股票简称	活力 28	主营业务收入	7 174.66	扣除后每股收益	−0.1985
行业分类	日用化学产品制造业	主营业务利润	665.89	调整后每股净资产	0.67
行业编码	C4370	净利润	−2 472.78	营业费用	820.03
上市时间	1996−5−28	总资产	30 735.53	管理费用	1 728.70
总股本	11 951.65	股东权益	10 177.42	财务费用	1 214.86
流通 A 股	5 793.20	资产负债率	65.83%	每股未分配利润	−2.287
流通 B 股	0	每股收益	−0.207	每股资本公积金	1.973
境外流通股	0	每股净资产	0.85	每股盈余公积金	0.165
股票代码	600734	**2000 年度财务状况**			
股票简称	实达电脑	主营业务收入	320 161.19	扣除后每股收益	−0.7226
行业分类	计算机及相关设备制造业	主营业务利润	39 024.76	调整后每股净资产	1.46
行业编码	G83	净利润	−25 211.22	营业费用	24 058.25
上市时间	1996−8−8	总资产	177 774.49	管理费用	31 125.54
总股本	35 155.84	股东权益	53 148.79	财务费用	3 506.25
流通 A 股	10 957.73	资产负债率	67.67%	每股未分配利润	−0.793
流通 B 股	0	每股收益	−0.717	每股资本公积金	1.044
境外流通股	0	每股净资产	1.51	每股盈余公积金	0.261
股票代码	600743	**2000 年度财务状况**			
股票简称	幸福实业	主营业务收入	29 557.79	扣除后每股收益	−0.0863
行业分类	综合类	主营业务利润	400.20	调整后每股净资产	0.47
行业编码	M	净利润	−30 601.33	营业费用	621.72
上市时间	1996−9−9	总资产	28 627.97	管理费用	16 268.97
总股本	31 280	股东权益	14 913.24	财务费用	118.05
流通 A 股	7 820	资产负债率	21.70%	每股未分配利润	−1.200
流通 B 股	0	每股收益	−0.978	每股资本公积金	0.573
境外流通股	0	每股净资产	0.48	每股盈余公积金	0.103
股票代码	600745	**2000 年度财务状况**			
股票简称	康赛集团	主营业务收入	8 172.12	扣除后每股收益	−0.49
行业分类	服装及其他纤维制品制造业	主营业务利润	871.84	调整后每股净资产	0.16
行业编码	C13	净利润	−9 137.87	营业费用	136.48
上市时间	1996−8−28	总资产	40 055.45	管理费用	6 148.53
总股本	12 174.49	股东权益	9 798.81	财务费用	1 861.09
流通 A 股	4 675.94	资产负债率	77.52%	每股未分配利润	−2.135
流通 B 股	0	每股收益	−0.750	每股资本公积金	1.741
境外流通股	0	每股净资产	0.80	每股盈余公积金	0.199

股票代码	600813	2000 年度财务状况			
股票简称	ST 鞍一工	主营业务收入	13 070.49	扣除后每股收益	−0.49
行业分类	专用设备制造业	主营业务利润	−1 501.54	调整后每股净资产	−0.99
行业编码	C73	净利润	−12 739.83	营业费用	942.60
上市时间	1994−1−14	总资产	133 009.65	管理费用	4 505.39
总股本	25 800	股东权益	1 480.93	财务费用	5 401.07
流通 A 股	9 960	资产负债率	98.89%	每股未分配利润	−1.901
流通 B 股	0	每股收益	−0.490	每股资本公积金	0.899
境外流通股	0	每股净资产	0.06	每股盈余公积金	0.059
股票代码	600848	2000 年度财务状况			
股票简称	自仪股份	主营业务收入	54 196.11	扣除后每股收益	−0.685
行业分类	专用仪器仪表制造业	主营业务利润	17 438.14	调整后每股净资产	0.25
行业编码	C7805	净利润	−21 563.33	营业费用	3 140.85
上市时间	1994−3−24	总资产	111 860.82	管理费用	37 152.51
总股本	39 928.69	股东权益	18 038.42	财务费用	4 631.29
流通 A 股	3 367.43	资产负债率	82.10%	每股未分配利润	−1.043
流通 B 股	10 714.55	每股收益	−0.540	每股资本公积金	0.523
境外流通股	0	每股净资产	0.45	每股盈余公积金	0.075
股票代码	600853	2000 年度财务状况			
股票简称	北满特钢	主营业务收入	114 057.37	扣除后每股收益	−0.43
行业分类	钢压延加工业	主营业务利润	−6 208.63	调整后每股净资产	1.29
行业编码	C6510	净利润	−19 128.44	营业费用	1 292.43
上市时间	1994−4−4	总资产	221 851.41	管理费用	7 231.49
总股本	53 240	股东权益	78 770.72	财务费用	3 148.56
流通 A 股	16 456	资产负债率	64.49%	每股未分配利润	−0.725
流通 B 股	0	每股收益	−0.359	每股资本公积金	0.977
境外流通股	0	每股净资产	1.48	每股盈余公积金	0.228

附表 3　连续 3 年或 3 年以上亏损上市公司一览表(18 家)

股票代码	0003	2000 年度财务状况			
股票简称	ST 金田 A	主营业务收入	46 172.35	扣除后每股收益	-1.824
行业分类	房地产开发与经营业	主营业务利润	13 600.84	调整后每股净资产	-2.18
行业编码	J01	净利润	-60 527.12	营业费用	1 701.99
上市时间	1991-1-14	总资产	249 444.57	管理费用	49 454.79
总股本	33 343.36	股东权益	-54 360.08	财务费用	12 675.74
流通 A 股	19 180.89	资产负债率	119.99%	每股未分配利润	-4.527
流通 B 股	7 423.68	每股收益	-1.815	每股资本公积金	1.828
境外流通股	0	每股净资产	-1.63	每股盈余公积金	0.069

股票代码	0015	2000 年度财务状况			
股票简称	PT 中浩 A	主营业务收入	10 308.08	扣除后每股收益	-1.004
行业分类	综合类	主营业务利润	3 594.06	调整后每股净资产	-4.46
行业编码	M	净利润	-17 463.39	营业费用	1 118.39
上市时间	1992-6-25	总资产	72 307.05	管理费用	8 899.04
总股本	15 721.34	股东权益	-70 155.09	财务费用	4 555.07
流通 A 股	2 622.44	资产负债率	192.16%	每股未分配利润	-6.470
流通 B 股	2 184	每股收益	-1.110	每股资本公积金	0.986
境外流通股	0	每股净资产	-4.46	每股盈余公积金	0.022

股票代码	0411	2000 年度财务状况			
股票简称	ST 凯 地	主营业务收入	8 870.25	扣除后每股收益	-0.4518
行业分类	纺织业	主营业务利润	-2 171.84	调整后每股净资产	0.28
行业编码	C11	净利润	-7 366.63	营业费用	773.94
上市时间	1996-7-16	总资产	29 230.40	管理费用	3 976.74
总股本	11 525.00	股东权益	4 458.61	财务费用	1 676.75
流通 A 股	3 150.97	资产负债率	84.11%	每股未分配利润	-1.680
流通 B 股	0	每股收益	-0.639	每股资本公积金	0.883
境外流通股	0	每股净资产	0.39	每股盈余公积金	0.184

股票代码	0536	2000 年度财务状况			
股票简称	ST 闽闽东	主营业务收入	14 173.50	扣除后每股收益	-0.3652
行业分类	电机制造业	主营业务利润	1 060.28	调整后每股净资产	-0.41
行业编码	C7601	净利润	-4 450.65	营业费用	1 611.52
上市时间	1993-11-26	总资产	37 706.16	管理费用	3 504.09
总股本	12 192.72	股东权益	-3 491.17	财务费用	2 128.93
流通 A 股	4 546.72	资产负债率	109.26%	每股未分配利润	-2.057
流通 B 股	0	每股收益	-0.370	每股资本公积金	0.534
境外流通股	0	每股净资产	-0.29	每股盈余公积金	0.236

股票代码	0546	2000 年度财务状况			
股票简称	ST 吉轻工	主营业务收入	5 990.37	扣除后每股收益	-0.4219
行业分类	商业经纪与代理业	主营业务利润	1 090.78	调整后每股净资产	-1.01
行业编码	H21	净利润	-13 289.80	营业费用	261.30
上市时间	1993-12-15	总资产	39 602.40	管理费用	10 213.64
总股本	16 950.65	股东权益	-9 600.40	财务费用	2 338.14
流通 A 股	8 502.65	资产负债率	123.52%	每股未分配利润	-1.846
流通 B 股	0	每股收益	-0.784	每股资本公积金	0.622
境外流通股	0	每股净资产	-0.57	每股盈余公积金	0.149
股票代码	0556	**2000 年度财务状况**			
股票简称	ST 南 洋	主营业务收入	0	扣除后每股收益	-0.0592
行业分类	水上运输业	主营业务利润	0	调整后每股净资产	-0.93
行业编码	F07	净利润	-3 989.28	营业费用	0
上市时间	1994-5-25	总资产	20 731.15	管理费用	2 108.64
总股本	24 871.81	股东权益	-21 964.2	财务费用	2 396.71
流通 A 股	11 737.72	资产负债率	207.21%	每股未分配利润	-0.820
流通 B 股	0	每股收益	-0.16	每股资本公积金	0.293
境外流通股	0	每股净资产	-0.89	每股盈余公积金	0.030
股票代码	0588	**2000 年度财务状况**			
股票简称	ST 粤金曼	主营业务收入	7 994.32	扣除后每股收益	-3.230
行业分类	食品加工业	主营业务利润	1 324.57	调整后每股净资产	-7.92
行业编码	C01	净利润	-43 632.27	营业费用	237.01
上市时间	1996-1-23	总资产	57 081.64	管理费用	33 719.59
总股本	13 432	股东权益	-106 241.51	财务费用	10 625.66
流通 A 股	6 211.57	资产负债率	262.31%	每股未分配利润	-12.571
流通 B 股	0	每股收益	-3.248	每股资本公积金	3.345
境外流通股	0	每股净资产	-7.91	每股盈余公积金	0.317
股票代码	0613	**2000 年度财务状况**			
股票简称	ST 东海 A	主营业务收入	2 212.73	扣除后每股收益	-0.0791
行业分类	酒店经营、游乐等旅游服务业	主营业务利润	1 796.82	调整后每股净资产	0.29
行业编码	K34	净利润	-6 106.98	营业费用	1 743.94
上市时间	1997-1-28	总资产	32 580.32	管理费用	1 824.89
总股本	36 410	股东权益	10 396.90	财务费用	1 047.83
流通 A 股	4 510	资产负债率	68.09%	每股未分配利润	-0.838
流通 B 股	8 800	每股收益	-0.170	每股资本公积金	0.123
境外流通股	0	每股净资产	0.29	每股盈余公积金	0

股票代码	600083	2000 年度财务状况			
股票简称	PT 红 光	主营业务收入	3 730.10	扣除后每股收益	-0.307
行业分类	电子元器件制造业	主营业务利润	-1 024.31	调整后每股净资产	-0.20
行业编码	C51	净利润	-7 058.48	营业费用	358.40
上市时间	1997-6-6	总资产	129 948.89	管理费用	4 427.83
总股本	23 000	股东权益	2 769.17	财务费用	1 598.77
流通 A 股	13 573.06	资产负债率	97.87%	每股未分配利润	-1.155
流通 B 股	0	每股收益	-0.307	每股资本公积金	0.275
境外流通股	0	每股净资产	0.12	每股盈余公积金	0
股票代码	600625	2000 年度财务状况			
股票简称	PT 水 仙	主营业务收入	11 044.18	扣除后每股收益	-0.640
行业分类	日用电器制造业	主营业务利润	1 420.90	调整后每股净资产	-0.86
行业编码	C7620	净利润	-14 570.67	营业费用	1 487.76
上市时间	1993-1-6	总资产	42 315.10	管理费用	13 634.07
总股本	23 640.10	股东权益	-5 995.93	财务费用	2 576.31
流通 A 股	1 754.93	资产负债率	111.92%	每股未分配利润	-2.359
流通 B 股	11 000	每股收益	-0.620	每股资本公积金	0.945
境外流通股	0	每股净资产	-0.25	每股盈余公积金	0.161
股票代码	600633	2000 年度财务状况			
股票简称	PT 双 鹿	主营业务收入	0.00	扣除后每股收益	-0.5507
行业分类	电器机械及器材制造业	主营业务利润	0.00	调整后每股净资产	-1.17
行业编码	C76	净利润	-17 731.19	营业费用	0
上市时间	1993-3-4	总资产	55 760.32	管理费用	4 862.18
总股本	15 205.08	股东权益	-16 010.44	财务费用	3 511.34
流通 A 股	1 320	资产负债率	128.71%	每股未分配利润	-3.770
流通 B 股	0	每股收益	-1.166	每股资本公积金	1.502
境外流通股	0	每股净资产	-1.05	每股盈余公积金	0.216
股票代码	600721	2000 年度财务状况			
股票简称	ST 百花村	主营业务收入	9 262.17	扣除后每股收益	-0.7176
行业分类	综合类	主营业务利润	2 003.32	调整后每股净资产	1.27
行业编码	M	净利润	-8 719.41	营业费用	2 529.04
上市时间	1996-6-26	总资产	34 692.25	管理费用	5 153.95
总股本	9 480.08	股东权益	12 688.04	财务费用	952.71
流通 A 股	4 650	资产负债率	62.41%	每股未分配利润	-1.497
流通 B 股	0	每股收益	-0.920	每股资本公积金	1.772
境外流通股	0	每股净资产	1.34	每股盈余公积金	0.064

股票代码	600759	2000 年度财务状况			
股票简称	ST 琼华侨	主营业务收入	43.41	扣除后每股收益	-0.325
行业分类	综合类	主营业务利润	-12.34	调整后每股净资产	-2.77
行业编码	M	净利润	-6 833.22	营业费用	17.50
上市时间	1996-10-8	总资产	25 243.57	管理费用	1 713.22
总股本	20 855.20	股东权益	-47 803.24	财务费用	4 421.32
流通 A 股	6 916.00	资产负债率	289.37%	每股未分配利润	-2.859
流通 B 股	0	每股收益	-0.328	每股资本公积金	0.373
境外流通股	0	每股净资产	-2.29	每股盈余公积金	0
股票代码	600818	2000 年度财务状况			
股票简称	ST 永 久	主营业务收入	27 972.89	扣除后每股收益	-0.881
行业分类	自行车制造业	主营业务利润	1 820.96	调整后每股净资产	-1.29
行业编码	C75	净利润	-24 666.91	营业费用	1 314.23
上市时间	1994-1-28	总资产	27 807.56	管理费用	15 075.34
总股本	26 565.94	股东权益	-34 190.24	财务费用	2 317.14
流通 A 股	1 495	资产负债率	218.27%	每股未分配利润	-3.252
流通 B 股	6 900	每股收益	-0.930	每股资本公积金	0.815
境外流通股	0	每股净资产	-1.29	每股盈余公积金	0.199
股票代码	600833	2000 年度财务状况			
股票简称	PT 网 点	主营业务收入	419.06	扣除后每股收益	-0.725
行业分类	房地产开发与经营业	主营业务利润	-784.52	调整后每股净资产	-2.56
行业编码	J01	净利润	-13 653.99	营业费用	15.45
上市时间	1994-2-24	总资产	47 913.88	管理费用	1 598.05
总股本	15 934.74	股东权益	-40 076.07	财务费用	3 266.88
流通 A 股	4 797.93	资产负债率	183.54%	每股未分配利润	-4.614
流通 B 股	0	每股收益	-0.857	每股资本公积金	0.920
境外流通股	0	每股净资产	-2.52	每股盈余公积金	0.179
股票代码	600837	2000 年度财务状况			
股票简称	PT 农商社	主营业务收入	28 702.19	扣除后每股收益	-1.056
行业分类	食品、饮料、烟草和家庭用品批发业	主营业务利润	2 879.62	调整后每股净资产	-8.93
行业编码	H01	净利润	-6 889.76	营业费用	969.78
上市时间	1994-2-24	总资产	56 910.62	管理费用	4 086.14
总股本	6 524.49	股东权益	-57 321.35	财务费用	5 302.50
流通 A 股	1 638	资产负债率	199.81%	每股未分配利润	-10.956
流通 B 股	0	每股收益	-1.060	每股资本公积金	0.960
境外流通股	0	每股净资产	-8.79	每股盈余公积金	0.210

股票代码	600845	2000 年度财务状况			
股票简称	ST 钢 管	主营业务收入	23 128.69	扣除后每股收益	-0.38
行业分类	钢压延加工业	主营业务利润	-177.81	调整后每股净资产	0.73
行业编码	C6510	净利润	-11 620.19	营业费用	176.76
上市时间	1994-3-11	总资产	64 379.33	管理费用	7 634.23
总股本	26 224.41	股东权益	21 330.49	财务费用	1 604.65
流通 A 股	1 320	资产负债率	66.76%	每股未分配利润	-1.480
流通 B 股	8 800	每股收益	-0.440	每股资本公积金	1.270
境外流通股	0	每股净资产	0.81	每股盈余公积金	0.026
股票代码	600898	2000 年度财务状况			
股票简称	ST 郑百文	主营业务收入	53 526.33	扣除后每股收益	-0.2338
行业分类	日用百货批发业	主营业务利润	-168.00	调整后每股净资产	-8.38
行业编码	H0130	净利润	-4 705.09	营业费用	2 985.50
上市时间	1996-4-18	总资产	96 171.42	管理费用	4 285.44
总股本	19 758.21	股东权益	-133 479.83	财务费用	224.01
流通 A 股	10 709.92	资产负债率	235.75%	每股未分配利润	-9.085
流通 B 股	0	每股收益	-0.238	每股资本公积金	1.267
境外流通股	0	每股净资产	-6.76	每股盈余公积金	0.138

附表 4　1999 年扭亏后 2000 年再度亏损上市公司一览表(11 家)

股票代码	0017	2000 年度财务状况			
股票简称	ST 中华 A	主营业务收入	6 797.31	扣除后每股收益	-0.374
行业分类	自行车制造业	主营业务利润	-1 376.22	调整后每股净资产	-1.87
行业编码	C7515	净利润	-17 795.13	营业费用	1 039.85
上市日期	1992-3-31	总资产	245 930.64	管理费用	7 080.76
总股本	47 943.30	股东权益	4 558.77	财务费用	8 626.80
流通 A 股	7 661.70	资产负债率	98.30%	每股未分配利润	-3.464
流通 B 股	17 862.06	每股收益	-0.371	每股资本公积金	2.060
境外流通股	0	每股净资产	0.10	每股盈余公积金	0.505

股票代码	0028	2000 年度财务状况			
股票简称	深益力 A	主营业务收入	10 789.90	扣除后每股收益	－0.070
行业分类	饮料制造业	主营业务利润	3 839.50	调整后每股净资产	1.07
行业编码	C05	净利润	－178.483	营业费用	1 927.04
上市时间	1993－8－9	总资产	49 088.66	管理费用	4 091.26
总股本	28 814.94	股东权益	32 299.34	财务费用	254.62
流通 A 股	5 488.56	资产负债率	17.48%	每股未分配利润	－0.074
流通 B 股	5 488.56	每股收益	－0.006	每股资本公积金	0.053
境外流通股	0	每股净资产	1.12	每股盈余公积金	0.142
股票代码	0532	2000 年度财务状况			
股票简称	粤华电 A	主营业务收入	0.00	扣除后每股收益	－0.1175
行业分类	电力、蒸汽、热水的生产和供应业	主营业务利润	0.00	调整后每股净资产	1.68
行业编码	D01	净利润	－15 592.08	营业费用	0
上市时间	1994－1－3	总资产	41 038.84	管理费用	1 033.96
总股本	21 839.22	股东权益	38 202.40	财务费用	109.53
流通 A 股	9 353.61	资产负债率	6.91%	每股未分配利润	－1.612
流通 B 股	0	每股收益	－0.710	每股资本公积金	2.315
境外流通股	0	每股净资产	1.75	每股盈余公积金	0.046
股票代码	0566	2000 年度财务状况			
股票简称	轻骑海药	主营业务收入	17 548.66	扣除后每股收益	－0.267
行业分类	医药制造业	主营业务利润	4 923.66	调整后每股净资产	0.93
行业编码	C81	净利润	－5 408.21	营业费用	4 352.78
上市时间	1994－5－25	总资产	88 558.40	管理费用	2 470.98
总股本	20 234.90	股东权益	20 864.33	财务费用	3 699.71
流通 A 股	8 354.90	资产负债率	76.44%	每股未分配利润	－1.568
流通 B 股	0	每股收益	－0.267	每股资本公积金	1.517
境外流通股	0	每股净资产	1.03	每股盈余公积金	0.083
股票代码	0567	2000 年度财务状况			
股票简称	琼海德 A	主营业务收入	943.06	扣除后每股收益	－0.4756
行业分类	综合	主营业务利润	－765.55	调整后每股净资产	1.01
行业编码	M	净利润	－4 127.03	营业费用	44.20
上市时间	1994－5－25	总资产	42 514.57	管理费用	1 228.45
总股本	15 120	股东权益	15 626.10	财务费用	2 184.83
流通 A 股	6 045.60	资产负债率	63.05%	每股未分配利润	－0.530
流通 B 股	0	每股收益	－0.270	每股资本公积金	0.717
境外流通股	0	每股净资产	1.03	每股盈余公积金	0.005

股票代码	600647	**2000 年度财务状况**			
股票简称	ST 粤海发	主营业务收入	2 748.92	扣除后每股收益	-0.1478
行业分类	综合类	主营业务利润	706.46	调整后每股净资产	0.09
行业编码	M	净利润	-790.98	营业费用	328.22
上市时间	1993-5-4	总资产	16 677.38	管理费用	709.98
总股本	5 351.68	股东权益	1 041.63	财务费用	683.92
流通 A 股	2 100	资产负债率	93.73%	每股未分配利润	-1.207
流通 B 股	0	每股收益	-0.148	每股资本公积金	0.342
境外流通股	0	每股净资产	0.19	每股盈余公积金	0.059
股票代码	600691	**2000 年度财务状况**			
股票简称	东新电碳	主营业务收入	6 278.90	扣除后每股收益	-0.149
行业分类	石墨及碳素制品业	主营业务利润	1 395.50	调整后每股净资产	0.79
行业编码	C6150	净利润	-1 154.91	营业费用	347.16
上市时间	1993-11-19	总资产	24 449.09	管理费用	1 734.54
总股本	7 727.45	股东权益	10 088.04	财务费用	432.57
流通 A 股	3 321.60	资产负债率	58.74%	每股未分配利润	-0.632
流通 B 股	0	每股收益	-0.149	每股资本公积金	0.767
境外流通股	0	每股净资产	1.31	每股盈余公积金	0.170
股票代码	600763	**2000 年度财务状况**			
股票简称	北京中燕	主营业务收入	11.67	扣除后每股收益	-0.158
行业分类	皮革、毛皮、羽绒及制品制造业	主营业务利润	-56.07	调整后每股净资产	1.18
行业编码	C14	净利润	-2 381.32	营业费用	0
上市时间	1996-10-30	总资产	20 507.43	管理费用	2 446.15
总股本	16 032	股东权益	20000.27	财务费用	-0.94
流通 A 股	4 032	资产负债率	2.47%	每股未分配利润	-0.189
流通 B 股	0	每股收益	-0.149	每股资本公积金	0.425
境外流通股	0	每股净资产	1.25	每股盈余公积金	0.012
股票代码	600792	**2000 年度财务状况**			
股票简称	云南马龙	主营业务收入	5 956.66	扣除后每股收益	-0.27
行业分类	化学原料及化学制品制造业	主营业务利润	1 126.89	调整后每股净资产	1.81
行业编码	C43	净利润	-1 378.67	营业费用	997.38
上市时间	1997-1-23	总资产	16 074.33	管理费用	1 250.06
总股本	5 100	股东权益	9 731.19	财务费用	227.07
流通 A 股	1 500	资产负债率	39.46%	每股未分配利润	-0.526
流通 B 股	0	每股收益	-0.270	每股资本公积金	1.397
境外流通股	0	每股净资产	1.91	每股盈余公积金	0.037

股票代码	600831	2000 年度财务状况			
股票简称	ST 黄河科	主营业务收入	2 829.11	扣除后每股收益	－0.221
行业分类	日用电器制造业	主营业务利润	－173.25	调整后每股净资产	0.46
行业编码	C7620	净利润	－2 460.06	营业费用	84.41
上市时间	1994－2－24	总资产	45 630.88	管理费用	752.63
总股本	11 128.67	股东权益	10 110.30	财务费用	1 420.21
流通 A 股	4 634.54	资产负债率	77.84%	每股未分配利润	－3.134
流通 B 股	0	每股收益	－0.221	每股资本公积金	2.980
境外流通股	0	每股净资产	0.91	每股盈余公积金	0.062

股票代码	600858	2000 年度财务状况			
股票简称	渤海集团	主营业务收入	2 407.13	扣除后每股收益	－0.1251
行业分类	综合类	主营业务利润	715.49	调整后每股净资产	1.15
行业编码	M	净利润	－2 404.01	营业费用	421.51
上市时间	1994－5－6	总资产	24 007.99	管理费用	1 939.50
总股本	12 134.67	股东权益	14 399.90	财务费用	148.28
流通 A 股	6 795.36	资产负债率	37.92%	每股未分配利润	－0.342
流通 B 股	0	每股收益	－0.198	每股资本公积金	0.464
境外流通股	0	每股净资产	1.19	每股盈余公积金	0.065

（易林明）

第六编

证券交易所

上海证券交易所市场综述

一、证券发行与上市

2000年底，上海证券交易所上市公司数量达572家，比1999年增长18.18%，股票数达到614只，比1999年增长16.95%，其中A股559只，增长18.68%，B股55只，增长1.85%。股票发行总额达到2 032.42亿股，比1999年增长28.62%，其中，流通股本规模达648.99亿股，比1999年增长31.26%。股票市价总值10年来首次突破2.5万亿元，到2000年底，股票市价总值为26 930.86亿元，比1999年增长84.71%，其中，流通市值为8 481.33亿元，比1999年增长99.58%，股票市价总值和流通市值分别占到当年大陆证券市场的56%和52.72%。2000年末，上海证券市场股票市价总值对同年国内总产值的比率为30.12%，比1999年提高12.35个百分点；流通市值对同年国内总产值的比率为9.49%，比上年提高4.31个百分点。

2000年上海证券市场股票筹集资金总额为914.32亿元，比上年增加87.97%，占大陆证券市场股票总筹资额的59.25%。其中，94家A股公司股首次发行股票筹集资金总额为591.18亿元，1家B股公司首次发行股票筹集资金0.38亿美元；88家A股公司再次发行筹资319.50亿元。大型企业上市是2000年新上市公司的一大亮点。宝钢股份和民生银行净募集资金额分别达到77.03亿元和40.88亿元，创下上海证券市场单个股票的筹资纪录。宝钢股份公开发行18.77亿股，总股本125亿股，是目前中国证券市场发行股本最大的上市公司。民生银行是继1999年浦东发展银行之后又一成功上市的银行股。沪市平稳承接宝钢股份和民生银行两个超级大盘股的发行和上市，标志着沪市市场深度已有质的提高。

2000企业债券和可转换债券市场进展喜人。企业债券全年新上市总量达80亿，占国内可上市企业债券发行总额的100%，至年底上海证券交易所企业债券上市总量达150.39亿元。2000年2月23日，沪市上市公司"虹桥机场"发行13.5亿元5年期可转换债券，这是《公司法》和《证券法》颁布后第一个由已上市公司发行的规范的可转换债券。

2000年是证券投资基金在规范中发展的一年，由"老基金"规范而来的基金金元、基金金鼎、基金汉鼎、基金汉博相继在上海证券交易所挂牌上市，再加上基金汉兴的上市，使上海证券交易所的上市证券投资基金数量达到16只。

二、证券交易

2000年上海股票市场交投活跃。全年股票交易量为2437.66亿股，比1999年上升56.22%。日均股票交易量为10.2亿股，高于1999年的6.53亿股。全年股票成交金额31 373.86亿元，比1999年上升84.92%。日均股票成交金额为131.27亿元，高于1999年的70.99亿元。全年股指大幅上扬，稳步攀升。全年上证综合指数最高达2 125.72点，创下了历史最高纪录，最低为年初的1 361.21点，年末收盘2 073.48点，比上年上涨51.73%。上证30指数最高4 263.17点，最低2 963.15点，年末收盘3 935.33点，比上年上升31.62%。从市场热点看，网络股、高科技股、重组股、国企大盘股都曾经成为一个阶段的市场热点。

2000年上海证券市场还经历了转配股开始上市流通的考验。转配股问题始于1994年，受政策规定,大股东不能无偿放弃配股,而一批国有及法人股东又无钱配股,于是有偿将配股权转让给流通股东。1995 年至 1997 年是转配股主要产生时期,1998 年中国证监会停止转配股的做法,但随着上市公司送股、转股和配股的实施,转配股的总数逐渐增大。2000 年 3 月 14 日,中国证监会决定,转配股从 4 月开始,用 24 个月左右的时间逐步安排上市流通。4 月 3 日,上海证券交易所安排了东方明珠等第一批 5 个转配股的上市,拉开了转配股上市的帷幕。2000 年,上海证券交易所第二季度共安排 10 家上市公司的转配股上市,转配股股份总额为 36 485 万股;第三季度共安排 20 家上市公司的转配股上市,转配股股份总额为 86 641 万股;第四季共安排 51 家上市公司转配股上市,转配股股份总额为 125 249 万股。数额巨大的转配股的上市,并未改变沪市 2000 年度稳步攀升的大格局。特别是 8 月 7 日,规模最大、总额达 19 950 万股的长虹转配股全数上市,对长虹和沪市大盘未能构成强大的冲击,更标志着沪市承接能力的显著增强。

2000 年上海证券市场国债成交金额达到 16 804.27亿元,比去年下降 3.42%,占大陆证券市场国债成交的 88.95%,其中国债现货交易额 3 657.06亿元,比上年下降 30.70%,国债回购交易额 13 147.21 亿元,比上年上升 8.44%。企业债券和可转换公司债券成交金额分别为 39.13 亿元和 52.43 亿元。

2000 年基金成交金额为 1 334.17 亿元,比上年下降 2.32%,其中证券投资基金成交金额为 1 159亿元,比上年增加 38.03%,其他基金成交 175.17 亿元,比上年下降 66.71%。2000 年,上海证券市场向国家缴纳印花税 248.77 亿元,比上年增长 84.27%。

三、市场监管

2000 年上海证券交易所加强制度建设,强化一线监管职能,主要表现在以下几个方面:

1.完善市场制度建设。年内上海证券交易所制定、修订了《上市规则》、《交易规则》、《停牌和复牌制度》、《年报内容与格式》、《股票质押贷款特别席位管理办法》、《结算备付金管理办法》等规章制度。

2.注重实效,抓上市公司监管。主要工作包括:(1)逐步将临时公告的事前审核转为事后审核。目前临时公告事后审核试点扩大到 110 家上市公司,正在积极探索事后审核的方式和方法;(2)实现信息披露方式的电子化,年内成功实施了上市公司年报、中报以及相关的补充、更正公告、基金中报等上网披露;(3)加大了对网上股市传言的监管力度,年内共对 17 起网上股市传言进行了处理;(4)在全面监管的基础上实施重点监管,包括对象上的重点监管,如 ST 和 PT 公司、利润下降较大和首度亏损公司等;内容上的重点监管,如股权拍卖、质押或者股权转让纠纷、资产重组等;方式上的重点监管,如对风险公司进行重点走访等。

3.加大力度,强化会员公司监管。主要包括以下几个方面:(1)认真做好会员 1999 年年检工作,通过对会员公司的经营状况、经营业绩及财务指标进行认真分析,列出须重点关注和跟踪的公司,对年检中发现的问题会员,进行会籍清理或按分类进行重点监控;(2)是抓好会员日常监管和对五类会员实施重点监管的基础上,进一步加强对会员风险的监控、防范和化解工作;(3)建立所内会员风险防范例会制度,完善会员风险快速反应和处理机制,切实做到会员风险的及时发现、严密防范和有效处理,保证市场的平稳运行和健康发展。

4.突出重点,加强市场监控。2000 年,上海证券交易所在全面监控的基础上加强重点监控:(1)做好对风险券商的重点监控工作,先后对被托管的 54 家证券营业部、6 家信托投资公司的交易情况进行动态和重点监控;(2)对保险基金、财务公司进行重点监控;(3)对有关股票进行重点跟踪监控。在加强对预亏公司、ST 公司、PT 公司实时监控的同时,对 191 只次异常波动的股票进行了临时停牌处理。

上海证券交易所坚持事前警告和事后处理两

手抓，积极查处市场违规行为。先后对108只股票、13只基金的异常情况进行了核查，涉及营业部157家，分别对相关营业部给予了口头警告、责令改正等处罚。配合证券主管机关及地方证管部门进行专案调查32起，涉及股票42只次，基金2只次，对有关股票、基金的交易情况进行汇总分析，提供查案线索。

四、市场服务

2000年上海证券交易所抓住三个重点，不断提升市场服务质量：

1. 投资者服务。根据周小川主席关于“保护投资者利益是重中之重”的讲话精神，上海证券交易所进一步完善投资者服务工作，包括：(1)通过上海证券交易所外部网，为投资者提供权威的市场信息，对投资者反映和咨询的问题予以解答；(2)通过网站、电子信箱、语音信箱等现代技术手段改进服务工作；(3)编制《投资者手册》，并发放至每个证券营业部；(4)认真做好投资者的信访接待工作。

2. 上市公司服务。主要包括：(1)认真总结宣传上市公司的好经验、好做法，组织了上市公司经验交流会；(2)建立上市公司董事会秘书协会；(3)积极办好《上市公司》杂志；(4)抓好培训工作。

3. 会员公司服务。主要工作有：(1)建立会员公司“一站式”服务制度；(2)在外部网开设会员业务指南；(3)完成会员业务流程电子流转系统项目的设计工作；(4)积极培训会员单位负责人，举办交易员培训班、证券资金结算业务和PROP2000等培训班；(5)举办会员座谈会、基金公司座谈会等，听取意见和建议；(6)改进业务收费办法，将按营业部收费改为按会员合并收费，方便了会员单位。

五、基础设施

2000年，上海证券交易所进一步完善各项基础设施建设，从培育市场核心竞争力的高度加大技术投入，保证证券市场高效安全运行，重点完成了以下几项工作：

1. 实现交易系统的更新改造。交易系统硬件平稳进行了更新换代，以N4000(N4000-2)替换原A股交易主、备机；以容错机替换原B股交易主机；以A180C替换已使用5年之久的前置机(H20)；两个10M的内部交易主干网络升级到100M；交易主机软件从32位系统移植到64位，升级后的系统能力大为提高，可达每秒6 000笔，日处理容量委托为3 700万笔，成交为6 000万笔；调整、修改了单向卫星行情发送程序，增强了行情系统的可靠性和稳定性。与此同时，着手开展新一代交易系统的建设工作。

2. 实现登记结算系统的升级优化。成功开发了国内证券业第一个数据仓库，已完成硬件安装，进入系统调试阶段；建立了国内第一个结算数据PROP2000通信系统，形成具备证券登记、存管、交收等业务功能的多平台电子通信系统；完成了登记结算系统主机升级和系统优化，运行速度提高近40%；首创网络化的证券质押登记模式。通过PROP2000网络处理证券质押登记，操作简便，安全性高。截至2000年底，质押登记的证券总市值为1 600多亿元，质押证券109亿股(份)，还顺利实施了关联交收。

3. 顺利推进通信系统的基础性建设。外高桥卫星通信地球站建设进展顺利，为实施卫星通信主站的滚动搬迁奠定了基础；单向卫星系统升级改造计划已进入协议签订、安装施工准备阶段；作为应对局部卫星通信故障、提供应急备份手段的地面拨号系统的实施方案正处于安全认证的最后阶段；对深圳、武汉地区券商营业部和通信站进行了大规模的网络改造工作；从真正实现天地备份，并形成以地面通信为主的通信发展战略出发，正着手研究建设地面网的方案。

4. 实现新一代监控系统的完好运营。按照原定计划，新一代监控系统历经近两年的设计开发，于7月份投入试运行。该系统不仅在软硬件方面做了较大升级，而且在功能和处理速度、数据容量和效率、指标体系和安全性等方面均有显著改善，增加了追踪监视和数据分析功能，提高了监控的深度和广度。系统分为前级预警、中级分析和后级调查,监控指标从6个增加到10个;通过启动自动分析程序,采用单、双人密码认证和痕迹跟踪,提高了保密性和安全性。系统运行半年来,对加大监管力度,及时发现违规线索,强化市场监管,发挥了积极作用。

5.切实加快信息系统的建设。一是实施信息化工程,完善内部智能化的信息管理和集成系统,进行信息资源的调研;二是理顺信息经营管理体制,探索信息市场化经营的道路;三是聘请专业顾问,加强网站建设,使之逐步成为上海证券交易所形象宣传的窗口、市场信息服务的枢纽和未来业务的平台;四是通过对外部网的升级改造,圆满完成了年报上网工作,内部办公信息网改造也收到较好效果。

6.顺利解决计算机2000年问题。完成所内所有软硬件系统的千年虫问题解决工作,顺利度过了千年过渡期。

五、加强战略规划和市场调研

2000年上海证券交易所大力加强战略规划和市场调研,为上海证券市场的长远发展和上市公司质量的本质提高作了大量卓有成效的基础工作:

1.加强战略规划研究,强化组织领导保证。主要工作有:(1)成立发展战略委员会,设立了发展战略委员会办公室,旨在充分借助国内外专家力量,研究各国证券交易所的竞争策略,密切结合上海证券交易所实际,制定上海证券交易所的发展战略;(2)成立技术委员会,该委员会作为全所交易、结算、通信、信息、监察五个技术系统的统一协调机构,负责对上海证券交易所的技术发展和运行进行统一规划、协调,制定技术标准,进行技术检查和督促落实,提供决策建议;(3)成立新一代交易系统设计开发领导小组和顾问小组;(4)成立网站策划项目小组;(5)成立信息系统建设领导小组。

2.重点抓好上市公司治理研究。上海证券交易所通过三年时间,在对国际上不同公司治理模式进行深入研究和对我国上市公司治理现状充分调研的基础上,撰写了20万字的公司治理报告,制订了《上海证券交易所上市公司治理指引(草案)》,并已上报证监会。2000年11月2日至3日,上海证券交易所举办"中国上市公司治理国际研讨会"。研讨会得到了中国证监会领导的高度重视,也得到了上市公司、证券公司、基金管理公司和其他中介结构的热烈响应。这次研讨会揭开了我国上市公司治理运动的序幕,会上提出的《上海证券交易所上市公司治理指引(草案)》被誉为国内首份具创新价值的公司治理指引文件,有关的条款内容对当前中国上市公司治理中存在的问题具有较强的针对性,对上市公司建立良好的治理机制起到了实际推动作用。

3.启动"上证联合研究计划"。联合券商和高校研究力量对一些课题进行专题研究,第一批推出的《网上证券交易风险问题研究》等十个课题已如期完成,并在业内产生了良好的影响。

(陈　戟)

深圳证券交易所市场综述

2000年是新千年的第一年，深圳证券交易所在这一年迎来了成立十周年的大喜日子。深圳证券市场在宏观经济出现转机，政策性向好及充裕资金的推动下，获得了长足的发展。2000年的深圳证券市场以年初的网络股行情为突破口，股指短时间内迅速上扬，并走出了波澜壮阔的牛市行情。深市的年内最低点出现在年内第一个交易日的1月4日，深市综指最低点为401.66点，之后就展开了长达7个月的升势，深综指于11月24日创下656.21点的历史新高，年内最大升幅达到63%，为全球股市涨幅之最。2000年深圳证券市场总体呈现出波段式上升特点，运行重心上移，牛市特征明显，伴随着股指上扬，市场热点精彩纷呈。

一、2000年深圳证券市场热点述评

2000年的牛市行情与宏观基本面密不可分。宏观基本面在2000年是不断向好，如投资规模明显增大，物价与消费水平有所回升，外贸大幅增长，国有企业改制重组转型与解困渐见成效，财政金融形势有所好转。深市大盘的起落，板块热点的兴起、持续和退潮与宏观基本面有着密切的关系，2000年热点变化的顺序，大体可以分为以下几个方面：

1.网络股率先崛起

在2000年元旦之后，以网络股为龙头的炒作持续了相当长时间，给中国的证券市场注入了新的理念。网络股的炒作完全是建立在国际网络科技炒作之上的，美国NASDAQ市场网络股的暴炒创造了众多神话，在新经济的旗帜下，美国的雅虎、亚马逊等网络股升幅相当惊人。在此氛围的影响下，深市崛起了一大批网络科技股，触网、新经济成为时髦的名词，触网个股一季度平均升幅达到80%以上，远大于大盘的升幅。网络股行情从元旦起至3月16日海虹控股冲高回落持续近3个月，深市综指升幅达30%以上，深市网络股龙头海虹控股升幅达到343%，与此同时，深市成交量于2月17日创出428.62亿的历史成交天量，在网络股热炒中，高价股升幅也相当大，亿安科技充当了高价股的领头羊，其股价连续上扬，2月17日最高升至126.31元，吸引了大量科技股的跟风。东方钽业、四川湖山等个股形成高价股群体，再进一步刺激了中价科技股的整体上扬，整个市场呈现出黑马奔腾的壮观场面，各大媒体也展开谁最有潜力成为百元的个股的探讨。

2.中低价国企大盘股整体补涨

在网络科技出现回调之际，国企大盘股在二、三季度作为市场炒作的主流，出现了大面积的补涨。这部分个股补涨的主要原因是大量场外资金不敢追高网络科技股而开始涌入国企大盘股。国企大盘股大部分属于传统产业，价格较低，钢铁类个股出现群体上扬，涨幅惊人。与此同时，石化汽车板块也出现联动，中原油气、辽河油田、扬子石化、一汽轿车等均有相当不俗的表现，市场热点还同时波及到建材、水泥、机械、航空等中低价板块。中低价国企大盘股行情持续到8月份，使得大盘股指出现整体上扬。此后中低价股开始回落，大盘股指也随之下滑。

大盘国企股的行情主要得益于国企改革，2000年3月15日，朱总理在全国人大记者招待会上发表了“中国股市对国企改革非常重要”的讲话后，国企重组步入了新的阶段。市场炒作大盘国企股的热度再兴。当5元以下的个股价格上扬并

回升至 5 元以上时,市场出现了消灭 10 元以下个股的探讨,但进入 8 月份以后,国企大盘股开始出现分化,一部分国企大盘股出现回落,而另外一部分则演化为重组板块而继续进行炒作。

3.资产重组板块经炒不衰

重组板块的炒作实际上贯穿于 2000 全年的炒作,作为三年国企解困的最后一年,证券市场的重组类个股存在着新的上升空间。7 月 24 日中国证监会发布《关于规范上市公司重大购买与出售资产行为的通知》,明确不再要求重大资产重组报批,而重组占总资产 70%以上且效果好的公司可申请增发新股,使得上市公司进行重组的积极性高涨,从而导致 ST 板块股板块整体异动明显,在第四季度,ST 板块、亏损股火爆异常,如泰山石油受重组消息影响,由年初 4 元左右升到 22 元,升幅相当惊人,但是由于重组中鱼目混珠现象严重,至年底,相当一部分非实质性重组股出现回落。

4.次新股、科技股走势较强

次新股尤其是其中的科技股表现相当出色,近年来,市场炒作主线实际上是围绕高科技展开的,最受市场追捧的资产重组最终定位也是由其具有高科技概念决定的。在网络经济泡沫破灭后,有真正成长性的高科技股仍受到市场的追捧,如基因、环保、纳米、通信、光机电一体化、新材料等。2000 年均有不同程度的表现,而其中小盘次新股定位明显高企,如华工科技、隆平高科、诚志股份、安泰高科、中科三环等定价均在 35 元以上。

2000 年行情之中,其他仍有相当多的热点值得回顾。如受世界石油价格的影响,下半年两市的石化板块渐成气候,一段时间内成为市场热点,如中原油气、辽河油田等。

二、市场规模进一步扩大、证券市场主要指标稳步增长

深圳证券交易所为了准备创业板市场,从 2000 年 9 月份暂停了新股的发行。虽然如此,但是深圳证券市场 2000 年在上市公司家数、总股本、总市值、投资者开户数等市场主要指标方面持续增长。

截至 2000 年 12 月 31 日,深圳证券交易所共有上市公司 514 家,新增上市公司 51 家,比 1999 年增长 11.02%;上市公司总股本 1 580.97 亿元,新增 252.27 亿元,增长 18.99%;总市值 21 160.08 亿元,流通市值 7 606.19 亿元,分别增长 77.95%和 91.87%;总市值所占 GDP 的比重为 25.44%,增长了 78.03%;投资者开户 2 843.29 万户,新增 642.44 万户,增长了 29.11%。

1.上市公司结构进一步改善

2000 年新上市公司中高新技术企业所占比重较大,且定位较高,如新上市的华工科技、隆平高科、诚志股份、安泰高科、中科三环等上市定价都在 35 元以上。这些高新技术企业把握股票发行筹资的良好机遇,围绕生物工程、电子信息、新材料等重点领域,加大技术投入和研究开发力度,将资金投向技术领先、产品附加值高、市场前景广阔的高新技术项目,为企业持续快速发展奠定了良好的基础。截至 2000 年底,深圳证券交易所高新技术产业的上市公司达 79 家,涉足电子信息技术、生物工程和新医药技术、新材料及应用技术、光机电一体化技术、新能源与高效节能技术、环保技术、航空航天技术和现代农业技术等多个领域。(见表 1)

表1 涉足高新技术产业上市公司一览表

2000年12月14日

公司代码	公司简称	主营业务	每股净资产(元)	净资产收益率(%)	资产负债比率(%)	类型
0021	深科技	计算机硬件、通讯设备等	3.1	2.61	41.15	电子与信息技术
0032	深桑达A	电子、通讯产品、家用电器等	1.79	3.07	68.13	电子与信息技术
0035	中科健A	移动通信设备、医疗设备等高科技产品	2.245	8.22	62.33	电子与信息技术
0050	深天马A	液晶显示器及相关材料	3.02	4.33	38.04	电子与信息技术
0062	深圳华强	计算机软、硬件及网络、通信产品	4.17	4.78	7.46	电子与信息技术
0063	中兴通讯	信息产业、通讯及电子设备、计算机系统的硬件、软件等	4	7.5	62.9	电子与信息技术
0066	长城电脑	电子计算机硬件、软件系统及配套零部件等	2.566	8	42.74	电子与信息技术
0537	南开戈德	商业零售、批发及进出口业务	2.27	13.41	45.03	电子与信息技术
0542	粤TCL	以电话为主的通讯产品	2.38	4.33	44.63	电子与信息技术
0583	托普软件	计算机软硬件开发、网络、通信等产品;金属加工、机械开发和研制等	10.071	3.02	26.72	电子与信息技术
0636	风华高科	自产机电产品、成套设备及相关技术	5.51	8.79	13.73	电子与信息技术
0669	中讯科技	家用电器系列产品	1.064	4.09	52.95	电子与信息技术
0682	东方电子	计算机及相关业务	1.442	16.43	13.63	电子与信息技术
0693	聚友网络	化纤及相关业务	1.8	8.3	52.57	电子与信息技术
0701	厦门信达	信息业务	2.5	1.49	40.41	电子与信息技术
0727	华东电子	电子及通信产品生产及销售	3.3	6.15	32.39	电子与信息技术
0733	振华科技	机械电子产品	3.8	3.58	30.59	电子与信息技术
0748	湘计算机	中西文字符图形终端、网络终端、金融机具、通讯产品等	2.72	3.6	33.33	电子与信息技术
0787	创智科技	销售文化办公用品、副食品及食品、软硬件的生产销售	2.13	1.68	41.13	电子与信息技术
0836	天大天财	计算机软件、硬件,信息系统集成,信息处理与服务等	4.74	6.13	37.99	电子与信息技术
0839	中信国安	卫星通讯、网络工程、信息传输、有线电视、移动通讯和广告等	2.73	8.94	26.84	电子与信息技术

公司代码	公司简称	主营业务	每股净资产(元)	净资产收益率(%)	资产负债比率(%)	类型
0863	北商技术	电子商用技术开发、电子商用设备等的研制和经营	3.54	6.3	31.3	电子与信息技术
0909	数源科技	数字(模拟)彩色电视机、数字视音频产品、数字电子计算机及外部设备、多媒体卫星广播设备等的制造、加工、销售。	2.68	-3.18	26.57	电子与信息技术
0931	中关村	高新技术和产品的开发、销售;科技项目、建设项目投资;各类工业、民用、能源、交通、市政、地铁、城市铁路、高速公路等建设项目	2.51	4.07	54	电子与信息技术
0938	清华紫光	以扫描仪为核心的计算机业务,软件开发及销售业务等	3.13	6.43	16.04	电子与信息技术
0948	南天信息	开发、生产、销售计算机软件、硬件,外围设备、金融专用设备、智能机电产品	3.38	3.51	39.9	电子与信息技术
0977	浪潮信息	计算机硬件、软件及系统集成的开发、生产、销售	3.45	3	12.47	电子与信息技术
0981	兰光科技	电子产品及通迅设备(不含卫星地面接收设施)的研究开发、生产、批发零售	4.17	4.07	20.73	电子与信息技术
0988	华工科技	以激光技术、计算机软件和系统集成技术、PTC技术为核心的应用领域,从事相关产品的研制、开发、生产、销售及技术服务	4.91	2.81	5.12	电子与信息技术
0997	新大陆	电子计算机及其设备的制造、销售、租赁,对电子产品行业的投资,电子计算机技术、信息服务	1.325	12.99	54.42	电子与信息技术
2468	宁通信B	通信设备及器材生产、销售;电子器材及家用电器生产、销售	2.28	1.06	39.91	电子与信息技术
2725	京东方B	电子产品及照明产品的生产和销售	2.29	4.43	52.9	电子与信息技术
0078	海王生物	生产、经营生物化学原料、制品、试剂等	1.52	11.93	67.03	生物工程与新医药技术
0557	银广夏A	高新技术产品	2.18	14.55	52.41	生物工程与新医药技术
0661	长春高新	高新技术产品、基础设施建设等	3.41	0.19	40.88	生物工程与新医药技术
0750	桂林集琦	化学原料、保健品、制药机械、饲料及添加剂生产	6.36	4.74	21.47	生物工程与新医药技术
0930	丰原生化	生物工程的科研开发、有机酸及其他生物化工产品生产。	3.61	4.66	57.93	生物工程与新医药技术
0979	科苑集团	生物工程、精细化工等领域的高新技术研究开发、技术转化和生产经营	4.92	2.54	15.75	生物工程与新医药技术

公司代码	公司简称	主营业务	每股净资产(元)	净资产收益率(%)	资产负债比率(%)	类型
0055	深圳方大	生产和经营新型建筑材料	3.46	3.56	10.04	新材料及应用技术
0070	特发信息	通信材料(光纤预制棒、光纤、光缆)生产销售	3.27	2.54	36.63	新材料及应用技术
0525	红太阳	油漆、涂料、包装品等	1.59	15.11	40.98	新材料及应用技术
0598	蓝星清洗	工业、民用清洗剂、精细化工产品等	3.52	3.48	13.2	新材料及应用技术
0609	燕化高新	石化催化剂、精细化工产品等	3.18	3.89	12.05	新材料及应用技术
0633	合金投资	铜镍合金材料、金属测温材料等	1.28	5.7	64.15	新材料及应用技术
0659	珠海中富	饮料容器、瓶坯的制造	3.2	2.86	30.49	新材料及应用技术
0665	武汉塑料	高科技工程塑料制品	2.23	4.14	46.65	新材料及应用技术
0786	北新建材	纸面石膏板、装饰石膏板、轻钢龙骨的规模工业制造销售	2.95	3.43	33.99	新材料及应用技术
0925	浙大海纳	单晶硅及其制品、半导体元器件的开发、制造、销售与技术服务。	3.98	2.88	26.16	新材料及应用技术
0962	东方钽业	稀有金属钽、铌、铍,有色金属精细化工产品、碳化硅微粉、电子元器件、金刚石工具、电子浆料、有色金属新材料的生产、销售	5.03	6.97	35.66	新材料及应用技术
0969	安泰科技	新技术、新材料开发研究	6.74	2.44	11.3	新材料及应用技术
0970	中科三环	稀土永磁材料及其应用产品、工业自动化设备的技术开发、技术转让、技术咨询、技术服务、制造、销售	4.03	4.13	25.59	新材料及应用技术
0985	大庆华科	聚丙烯、精制C5、C9石油树脂、精制乙腈等精细石油化工产品的开发、生产、销售	1.777	12.54	29.03	新材料及应用技术
0150	麦科特	照相机、数码相机、望远镜、多媒体投影器材、电化教育设备、投影仪、CCTV监视系统等	1.214	7	63.29	光机电一体化技术
0400	许继电气	继电器、控制保护屏等	3.59	5.65	28.59	光机电一体化技术
0404	华意压缩	无氟压缩机及无氟电冰箱等	2.01	3.37	25.72	光机电一体化技术
0530	大冷股份	制冷设备及配套业务	3.13	3.31	33.43	光机电一体化技术
0603	威达医械	医疗器械及其他设备	1.18	2.62	51.13	光机电一体化技术
0676	河南思达	仪器仪表和工业自动化设备	2.6	7.53	36.65	光机电一体化技术
0697	咸阳偏转	偏转线圈及配套产品	3.51	5.79	23.59	光机电一体化技术
0723	天宇电气	输变电设备的制造和销售等	3.4	-0.61	49.97	光机电一体化技术
0777	中核苏阀	工业用阀门设计、制造、销售等	2.36	6.44	33.93	光机电一体化技术

公司代码	公司简称	主营业务	每股净资产(元)	净资产收益率(%)	资产负债比率(%)	类型
0811	烟台冰轮	制冷空调设备的制造、工程设计、安装、调试、技术咨询服务	2.2	5.35	46.57	光机电一体化技术
0823	超声电子	电子及通讯设备制造业	2.497	3.81	33.49	光机电一体化技术
0837	秦川发展	数控精密机床、塑料加工机械、液压系统、液压件、汽车零部件、精密齿轮(箱)等	2.71	2.65	38.38	光机电一体化技术
0852	江钻股份	石油天然气及各类地矿用钻头、矿山及石油设备、金刚石制品制造	2.72	5.78	34.29	光机电一体化技术
0862	吴忠仪表	自动调节阀及其附件、电动执行机构的制造与销售	2.42	5.2	27.07	光机电一体化技术
0901	航天科技	提供工业机器人、自动化设备等离子数控切割机、电子产品等生产与销售	3.014	2.25	22.65	光机电一体化技术
0908	天一科技	生产和销售泵类产品及各种输变电设备	1.687	3.82	25.61	光机电一体化技术
0922	阿继电器	继电器等元件类产品、继电保护屏等装置类产品及其构成系统的研究、开发制造和销售。	3.22	3.18	26.6	光机电一体化技术
0096	广聚能源	石油制品及液化石油气经营、电力投资	1.71	8.55	57.04	新能源与高效节能技术
0426	富龙热力	热力、电力及相关业务	3.8	3.85	32.34	新能源与高效节能技术
0793	燃气股份	城市管道燃气设计、开发、施工等	3.25	-1.51	33.95	新能源与高效节能技术
0893	广州冷机	投资、设计、生产、销售制冷压缩机、制冷设备、中央空调设备	2.4	-3.48	45.52	新能源与高效节能技术
0939	凯迪电力	电力、新能源、化工、环保、水处理、仪器仪表、热工、机电一体化,计算机的开发,研制	3.04	8.34	25.76	新能源与高效节能技术
0967	上风高科	研制、开发、生产通风机,风冷、水冷、空调设备	3.12	4.11	8.82	新能源与高效节能技术
0730	环保股份	环保设备的制造及销售	1.7	16	41.72	环境保护新技术
0768	西飞国际	飞机航空零部件设计、试验、生产	3.62	2.8	33.51	航空航天技术
0713	丰乐种业	农作物种子等	2.68	1.61	19.59	现代农业技术
0918	亚华种业	农作物种子、种苗和畜禽良种的选育、繁殖、生产、销售	3.7	2.45	35.43	现代农业技术

表 2　深市流通股本最大的二十家上市公司(截至 2000 年底)

名次	公司名称	流通股本(股)	发行股本(股)	占流通股本总额%
1	深发展	1 392 183 031	1 945 822 149	2.3825
2	粤电力	972 781 936	2 575 404 000	1.6648
3	东方电子	598 401 715	917 951 997	1.0241
4	深宝安	579 517 641	958 810 042	0.9918
5	一汽轿车	545 855 128	1 627 500 000	0.9342
6	本钢板	519 930 000	1 136 000 000	0.8898
7	深万科	519 804 354	630 971 941	0.8896
8	长安汽车	517 971 800	1 226 666 000	0.8864
9	ST 江铃	461 530 460	863 214 000	0.7899
10	深能源	404 779 543	1 002 079 444	0.6927
11	太钢不锈	374 864 850	942 000 000	0.6415
12	中关村	374 846 940	674 846 940	0.6415
13	首钢股份	350 000 000	2 310 000 000	0.5990
14	扬子石化	349 969 310	2 330 000 000	0.5989
15	锌业股份	346 614 840	881 098 771	0.5932
16	华北高速	339 974 100	1 090 000 000	0.5818
17	新大洲	337 005 506	736 064 000	0.5767
18	粤高速	332 500 000	838 078 499	0.5690
19	深南玻	329 764 872	676 975 411	0.5644
20	深赛格	314 425 414	726 145 865	0.5381
	总　额	9 962 721 440	24 089 629 059	17.0499
	市场总额	58 432 528 919	158 096 843 266	100.0000

2.上市公司市价总值达 21 160.08 万亿,占 GDP25.44%

截至 2000 年底,深圳证券交易所上市公司市价总值达 21 160.08 亿元,流通市值 7 606.19 亿元,分别比上年增长 77.95%和 91.87%。总市值所占 GDP 的比重为 25.44%,增长了 78.03%,证券市场在国民经济中的地位显著提高。

表 3　深市市价总值最大的二十家上市公司(截至 2000 年底)

名次	公司名称	流通市值(元)	市价总值(元)	占市场流通总值%
1	深 发 展	20 214 497 610	28 253	1.3352
2	粤 电 力	6 497 120 492	27 651 731 738	1.3068
3	首钢股份	3 944 500 000	26 033 700 000	1.2303
4	银 广 夏	10 595 044 079	19 063 511 867	0.9009
5	五 粮 液	4 741 176 159	18 979 200 000	0.8969
6	东方电子	11 495 296 945	17 633 857 862	0.8334
7	中 关 村	9 603 578 602	17 289 578 603	0.8171
8	中信国安	4 996 632 725	16 549 500 000	0.7821
9	吉林化工	1 259 731 620	16 356 690 000	0.7730
10	中兴通讯	4 727 938 730	15 738 138 000	0.7438
11	三九医药	4 030 000 000	15 172 950 000	0.7171
12	福地科技	3 201 263 349	15 071 004 749	0.7122
13	深 科 技	4 027 840 109	14 797 899 139	0.6993
14	风华高科	4 976 376 556	14 239 386 008	0.6729
15	东方钽业	5 484 960 000	13 923 360 000	0.6580
16	扬子石化	1 924 831 205	12 815 000 000	0.6056
17	清华紫光	3 455 360 000	11 126 259 200	0.5258
18	唐钢股份	2 283 208 944	10 830 638 720	0.5118
19	华菱管线	1 725 000 000	10 801 087 500	0.5104
20	深 南 玻	3 479 695 160	10 645 651 462	0.5031
	总　额	112 664 052 290	332 972 482 451	15.7357
	市场总额	760 618 894 396	2 116 008 440 492	100.0000

3.投资者队伍不断壮大、投资者累计开户达2 843.29万户

截至 2000 年 12 月 31 日，投资者累计开户总数 2 843.29 万户，新增 642.44 万户，增长 29.11%。

从投资者开户地区分布来看，有十个省、市投资者开户总数均超过了 100 万户，中西部及边远地区开户增长速度较高，青海省开户数增加一倍以上，云南、内蒙、甘肃、新疆等地区增幅都超过三成。(见表 4)

表 4　A 股投资者开户地区分布表

地区	总开户数				本年新开户数		
	总数	比率%	个人	机构	总数	个人	机构
深圳	2 461 743	8.697	2 420 357	41 386	163 661	145 959	17 702
上海	2 369 043	8.370	2 360 362	8 681	568 225	565 610	2 615
江苏	2 328 235	8.225	2 322 331	5 904	693 587	691 783	1 804
四川	2 188 514	7.732	2 183 293	5 221	320 372	319 686	686
广东	1 826 521	6.453	1 820 432	6 089	169 419	168 893	526
山东	1 433 631	5.065	1 431 978	1 653	382 467	381 855	612
辽宁	1 366 379	4.827	1 360 360	6 019	389 730	389 454	276
北京	1 275 222	4.505	1 268 613	6 609	327 538	325 538	2 000
湖北	1 246 635	4.404	1 243 410	3 225	184 269	183 853	416
浙江	1 244 754	4.397	1 234 131	10 623	358 331	357 061	1 270
福建	878 653	3.104	876 983	1 670	232 318	231 823	495
河南	847 094	2.992	846 343	751	255 981	255 780	201
湖南	828 503	2.927	826 672	1 831	187 685	187 455	230
黑龙江	723 865	2.557	723 039	826	200 215	199 991	224
陕西	687 916	2.430	667 269	20 647	139 608	139 415	193
河北	628 904	2.221	627 830	1 074	189 973	189 813	160
天津	551 766	1.949	551 044	722	175 994	175 806	188
吉林	526 792	1.861	526 443	349	149 921	149 801	120
江西	494 705	1.747	494 158	547	133 909	133 739	170
山西	467 207	1.650	465 387	1 820	140 172	139 967	205
安徽	458 497	1.619	456 413	2 084	154 716	154 393	323
海南	440 567	1.556	435 578	4 989	38 885	38 604	281
广西	397 335	1.403	96 787	548	89 661	89 554	107
新疆	394 400	1.393	393 732	668	106 051	105 880	171
甘肃	235 278	0.831	235 091	187	62 578	62 508	70
云南	212 734	0.751	212 219	515	64 308	64 184	124
内蒙	193 117	0.682	192 968	149	48 108	48 060	48
贵州	133 984	0.473	133 789	195	32 805	32 748	57
青海	87 609	0.309	87 503	106	51 144	51 094	50
宁夏	77 957	0.275	77 792	165	16 103	16 061	42
西藏	13 470	0.047	13 430	40	2 545	2 526	19
A 股开户数	28 303 897	100.000	28 164 700	139 197	6 408 652	6 376 632	32 020
B 股开户数	129 019	100.000	120 754	3 894	15 727	14 970	209
开户数合计	28 432 916	100.000	28 285 454	143 091	6 424 379	6 391 602	32 229

三、市场活力显著增强、指数大幅上扬、成交量急剧增长

1. 指数大幅上扬

深证成份指数年终收报4 752.75点,比年初上涨1 383.14点,涨幅为41.05%。综合指数年终收报635.73点,比年初上涨233.55点,涨幅为58.08%。

表5 2000年深市A股涨幅前30名

序号	股票代码	股票简称	涨幅(%)	2000年成交金额	2000年成交量	1999年收盘	2000年收盘
1	0557	银广夏A	440.01	22 426 588 359	935 696 183	13.97	37.73
2	0540	世纪中天	428.2	5 551 375 221	201 187 436	13.19	35.55
3	0012	深南玻A	371.67	10 981 688 482	657 738 815	5.4	25.47
4	0554	泰山石油	293.5	13 161 059 752	1 323 053 629	4.31	16.96
5	0004	ST深安达	287.78	5 310 404 778	276 679 216	8.51	33
6	0676	思达高科	287.12	7 093 314 073	28 518 9403	13.66	26.44
7	0028	深益力A	268.68	3 705 279 319	17 323 1058	10.6	21.71
8	0510	金路集团	247.22	10 585 500 652	1 041 398 605	5.4	18.75
9	0504	ST港澳	227.17	7 497 513 477	657 209 276	5.3	17.34
10	0532	粤华电A	223.16	8 239 839 457	627 542 462	5.57	18
11	0710	天兴仪表	218.44	3 573 889 142	239 812 699	9.87	31.43
12	0020	深华发A	200.97	4 887 345 301	358 989 018	7.19	21.64
13	0590	紫光生物	199.94	4 692 304 583	140 340 816	17.12	28.49
14	0619	海螺型材	194.56	2 913 406 657	83 335 980	17.45	25.6
15	0650	九江化纤	183.53	3 799 335 168	24 272 4294	9.47	25.99
16	0425	徐工科技	183	4 682 577 150	21 720 5222	15.29	21.64
17	0578	数码网络	176.5	6 434 610 040	328 092 988	10.34	15.86
18	0803	美亚股份	176.49	3 699 488 197	199 772 724	8.89	24.58
19	0602	ST金马	171.43	3 421 559 534	221 036 214	9.45	25.65
20	0607	华立控股	170.02	3 386 546 378	234 063 793	8.04	21.71
21	0892	三爱海陵	168.19	6 619 435 293	351 598 268	8.77	23.52
22	0030	ST英达A	161.95	2 826 887 961	256 257 733	5.86	15.35
23	0518	ST振新	161.13	2 912 060 002	210 469 889	6.2	16.19
24	0695	灯塔油漆	159.33	5 287 933 645	334 279 529	9.22	22.98
25	0953	河池化工	154.68	4 596 384 791	320 959 146	8.01	17
26	0637	茂化实华	153.51	4 703 588 617	283 385 323	9.12	22.82
27	0616	大连渤海	153	2 614 703 495	129 188 755	10.34	26.16
28	0680	山推股份	150.55	11 253 971 094	1 164 607 834	4.57	11.45
29	0785	武汉中商	150	4 173 984 920	258 813 423	9.34	23.2
30	0713	丰乐种业	145.68	7 000 449 528	406 017 262	13.18	17.78

注:本表涨幅已考虑除权因素

2.市场交投活跃,股票基金全年成交金额突破3万亿元

2000年,深圳证券市场成交活跃,全年股票、基金成交金额高达30 920.45亿,首次突破三万亿元,比上年增长15 446.98亿元,增长99.83%。深交所代征A股股票印花税233.99亿元,比上年增加120.20亿元,增长105.63%。2000年2月17日,创下股票基金单日成交426.22亿元的历史新高。

表6 2000年深市交易金额地区分布

交易金额单位:人民币万元

省/市	总交易金额	占市场%	A股	B股	基金	债券
深圳	98 931 852.01	14.9250	91 340 744.44	3 103 819.42	3 190 818.09	1 296 470.06
上海	89 696 518.91	13.531	60 721 028.45	238 223.34	5 921 485.48	22 815 781.65
广东(其他)	54 552 361.64	8.230	52 273 830.85	248 544.99	1 834 535.88	195 449.91
北京	49 150 802.16	7.415	45 300 439.91	2 324.92	2 215 616.67	1 632 420.66
江苏	36 731 695.39	5.541	33 647 945.01	9 174.71	1 590 891.43	1 483 684.25
浙江	36 412 132.03	5.493	31 286 760.35	13 024.98	1 990 688.51	3 121 658.18
四川	26 045 066.30	3.929	23 721 361.92	0.00	936 296.52	1 387 407.86
山东	25 697 616.26	3.877	19 896 946.53	0.00	861 064.45	4 939 605.29
辽宁	24 094 995.25	3.635	22 627 309.62	0.00	899 066.17	568 619.45
湖北	20 112 146.30	3.034	19 067 691.93	0.00	957 327.12	87 127.24
福建	18 947 819.22	2.858	17 569 363.62	327.64	1 280 705.23	97 422.73
湖南	14 437 554.60	2.178	13 783 370.36	0.00	597 127.99	57 056.25
河南	14 366 827.18	2.167	12 463 632.55	0.00	499 426.68	1 403 767.95
陕西	12 866 215.03	1.941	10 220 857.86	0.00	706 520.22	1 938 836.96
重庆	11 823 872.36	1.784	10 172 640.34	10 263.51	349 097.57	1 291 870.95
天津	11 121 928.73	1.678	10 682 004.86	0.00	401 391.58	38 532.30
黑龙江	10 429 778.41	1.573	9 943 854.81	0.00	442 151.39	43 772.21
江西	10 038 447.47	1.514	9 556 714.30	0.00	420 763.10	60 970.08
安徽	9 628 130.45	1.452	8 176 203.65	0.00	731 801.94	720 124.85
海南	8 696 160.79	1.312	8 128 924.52	6 695.90	507 847.45	52 692.93
河北	7 294 663.55	1.100	6 883 592.69	0.00	263 701.20	147 369.66
吉林	7 052 251.10	1.064	6 805 524.16	75.10	218 987.81	27 664.02
广西	6 673 240.87	1.007	6 416 283.49	0.00	229 798.39	27 158.99
新疆	5 686 234.87	0.858	5 419 758.08	0.00	259 000.31	7 476.49
山西	5 137 481.57	0.775	4 832 855.40	0.00	291 549.47	13 076.71
云南	4 709 804.09	0.711	4 094 006.31	441.29	160 067.09	455 289.39
甘肃	3 722 968.07	0.562	3 620 451.35	0.00	96 054.64	6 462.09
贵州	2 482 757.92	0.375	2 121 348.14	0.00	96 718.66	264 691.12
内蒙	2 117 974.53	0.320	2 022 668.79	0.00	84 420.94	10 884.80
宁夏	1 191 370.86	0.180	1 132 634.19	0.00	52 724.33	6 012.34
青海	498 408.32	0.075	479 610.92	0.00	18 008.49	788.91
香港	166 392.41	0.025	0.00	166 392.41	0.00	0.00
西藏	142 399.06	0.021	139 908.11	0.00	2 437.40	53.55

3. 资金主要流向国企大盘股和网络科技股

在全年成交金额前二十名股票中,网络科技股有 8 家,成交金额均超过 130 亿元,其中最高的中关村成交金额达到 491.83 亿元。在成交量上,国企大盘股优势明显,在成交量前十名中有八家是国企大盘股。(见表 7)

表 7　深市 2000 年各股成交量、成交金额前二十名

单位:百万

名次	代码	股票名称	成交股数	百分比	代码	股票名称	成交金额	百分比
Rank	Code	Stock	Volume	% of Total	Code	Stock	Turnover	% of Total
1	0959	首钢股份	2 726.62	1.1749	0931	中关村	49 183.28	1.6699
2	0009	深宝安 A	2 555.34	1.1011	0682	东方电子	39 673.33	1.3470
3	0898	鞍钢新轧	2 540.24	1.0946	0001	深发展 A	33 194.04	1.1270
4	0825	太钢不锈	1 856.74	0.8001	0839	中信国安	23 768.97	0.8070
5	0001	深发展 A	1 816.44	0.7827	0002	深万科 A	23 451.51	0.7962
6	0817	辽河油田	1 807.94	0.7790	0959	首钢股份	23 236.38	0.7889
7	0800	一汽轿车	1 792.37	0.7723	0557	银广夏 A	22 426.59	0.7614
8	0002	深万科 A	1 773.66	0.7643	0962	东方钽业	18 582.50	0.6309
9	0866	扬子石化	1 764.74	0.7604	0009	深宝安 A	18 402.29	0.6248
10	0916	华北高速	1 578.95	0.6804	0021	深科技 A	17 246.05	0.5855
11	0682	东方电子	1 555.04	0.6701	0956	中原油气	16 660.05	0.5657
12	0931	中关村	1 518.14	0.6542	0016	深康佳 A	16 276.29	0.5526
13	0533	万家乐 A	1 505.08	0.6485	0527	粤美的 A	15 930.78	0.5409
14	0571	新大洲 A	1 449.30	0.6245	0040	深鸿基 A	15 834.21	0.5376
15	0653	ST 九州	1 404.47	0.6052	0817	辽河油田	14 882.35	0.5053
16	0956	中原油气	1 379.76	0.5945	0063	中兴通讯	14 215.68	0.4827
17	0501	鄂武商 A	1 368.97	0.5899	0066	长城电脑	14 178.69	0.4814
18	0005	世纪星源	1 352.40	0.5827	0406	石油大明	14 122.44	0.4795
19	0068	赛格三星	1 342.83	0.5786	0533	万家乐 A	13 857.50	0.4705
20	0040	深鸿基 A	1 342.70	0.5786	0733	振华科技	13 820.23	0.4692

四、筹资功能日益完善

随着市场规模的扩大化和投资者队伍的状大,深圳证券市场的筹资功能日益完善。2000 年,深圳证券交易所在 10 月份停发新股后,深市 A 股累计筹资金额仍然高达 628.93 亿元,比上年增加 258.72 亿元,比去年同期增长 69.88%。(见表 8)

表 8 2000 年深市新上市公司一览表

基本情况				股本情况		发行情况		
序号	股票代码	股票简称	行业分类	总股本	流通股本	发行价格	发行市盈率	主承销商
1	0957	中通控股	工业	132 502 750	45 000 000	5.94	17.54	国通证券有限公司
2	0962	东方钽业	工业	165 000 000	65 000 000	9.40	18.98	宁夏证券有限公司
3	0960	锡业股份	工业	357 904 000	130 000 000	6.00	16.01	国泰君安证券有限公司
4	0961	大连金牛	工业	270 530 000	100 000 000	4.08	11.33	海南国际信托投资公司
5	0999	三九医药	工业	753 000 000	200 000 000	8.45	19.92	中国信达信托投资公司
6	0966	长源电力	公用事业	308 451 700	90 000 000	6.10	21.03	国泰君安证券有限公司
7	0967	上风高科	工业	136 786 080	45 000 000	6.62	23.80	联合证券有限公司
8	0965	天水股份	工业	217 004 921	70 000 000	4.60	19.48	天津北方国际信托投资公司
9	0970	中科三环	工业	87 000 000	35 000 000	7.50	23.44	中国科技国际信托投资有限公司
10	0971	湖北迈亚	工业	187 000 000	55 000 000	4.42	28.05	长江证券有限公司
11	0070	特发信息	综合	250 000 000	70 000 000	7.90	29.00	国信证券有限公司
12	0978	桂林旅游	综合	118 000 000	40 000 000	6.86	25.92	国泰君安证券股份有限公司
13	0973	佛塑股份	工业	373 450 600	95 000 000	6.28	28.55	广东证券有限公司
14	0301	丝绸股份	工业	418 000 000	105 000 000	4.18	22.89	南方证券有限公司
15	0969	安泰科技	工业	152 600 000	60 000 000	14.98	50.94	国泰君安证券有限公司
16	0976	春晖股份	工业	233 970 000	70 000 000	8.68	27.55	光大证券有限公司
17	0975	乌江电力	公用事业	185 000 000	80 000 000	6.60	30.14	华夏证券有限公司
18	0977	浪潮信息	工业	215 000 000	65 000 000	7.71	26.42	大鹏证券有限公司
19	0988	华工科技	工业	115 000 000	30 000 000	13.98	34.94	长江证券有限公司
20	0979	科苑集团	工业	94 000 000	40 000 000	10.08	40.32	安徽信托投资公司
21	0980	金马股份	工业	150 000 000	58 000 000	5.49	20.18	安徽证券有限公司
22	0968	神州股份	工业	395 190 000	150 000 000	4.60	37.70	海通证券有限公司
23	0981	兰光科技	工业	161 000 000	50 000 000	8.68	32.51	甘肃省信托投资公司
24	0989	九芝堂	工业	128 620 000	40 000 000	9.00	35.90	南方证券有限公司
25	0982	圣雪绒	工业	74 000 000	30 000 000	8.60	23.24	天津信托投资公司
26	0158	常山股份	工业	400 000 000	100 000 000	6.18	29.36	国泰君安证券股份有限公司
27	0096	广聚能源	公用事业	330 000 000	85 000 000	6.00	30.00	中信证券有限公司
28	0983	西山煤电	公用事业	808 000 000	288 000 000	6.49	33.80	广发证券有限公司
29	0985	大庆华科	工业	115 000 000	30 000 000	8.34	30.25	长江证券有限公司
30	0099	中信海直	公用事业	196 000 000	60 000 000	10.20	39.23	国信证券有限公司
31	0993	闽东电力	公用事业	300 000 000	100 000 000	11.50	88.69	广发证券有限公司
32	0995	皇台酒业	工业	140 000 000	40 000 000	7.80	41.98	海通证券有限公司
33	0997	新大陆	工业	116 000 000	31 000 000	15.88	48.27	东方证券有限公司
34	0150	麦科特	工业	180 000 000	70 000 000	7.68	43.68	南方证券有限公司
35	0151	中成股份	商业	197 320 000	70 000 000	7.78	24.31	国信证券有限公司
36	0153	新力药业	工业	65 002 300	25 000 000	18.80	37.90	联合证券有限公司
37	0972	新中基	商业	124 589 173	45 000 000	5.00	21.85	中国科技国际信托投资有限公司
38	0159	国际实业	商业	171 792 300	70 000 000	5.88	38.87	南方证券有限公司
39	0155	川化股份	工业	470 000 000	130 000 000	6.18	26.87	国信证券有限公司
40	0157	中联重科	工业	150 000 000	50 000 000	12.74	34.43	联合证券有限公司
41	0869	张裕 A	工业	260 000 000	120 000 000	20.00	23.26	国泰君安证券股份有限公司
42	0998	隆平高科	综合	105 000 000	55 000 000	12.98	39.94	湘财证券有限公司

2000 年,深市共有 43 家上市公司实施了配股方案,还有 14 家上市公司公布了配股方案,还有 12 家公司实施了增资发行新股,增发也成为上市公司再筹资越来越重要的一个手段。(见表 9)

表 9　2000 年度(深市)上市公司配股情况一览表

股票代码	公司简称	配股方案	发行前总股本	计划配股数	配股价格	实际配股数	集资金额
0631	兰宝信息	10 配 3	145 010 000	26 682 542	9.00	26 682 542.00	165 780 000.00
0729	燕京啤酒	10 配 3	554 224 500	113 200 000	9.30	113 200 000.00	1 041 677 854.30
0419	通程控股	10 配 3	159 650 000	15 867 800	13.60	15 858 155.00	209 527 364.31
0717	韶钢松山	10 配 3	416 000 000	31 200 000	6.50	31 200 000.00	197 904 431.70
0420	吉林化纤	10 配 3	331 254 799	47 002 665	6.00	47 002 665.00	274 183 649.33
0889	华联商城	10 配 3	198 089 999	28 470 250	13.00	28 470 250.00	361 701 550.00
0859	国风塑业	10 配 2.5	216 000 000	19 800 000	9.50	19 800 000.00	182 964 923.29
0779	三毛派神	10 配 2.608	162 094 800	21 060 000	8.00	21 060 000.00	161 847 000.00
0856	唐山陶瓷	10 配 3	160 000 000	15 000 000	8.80	15 000 000.00	127 810 000.00
0650	九江化纤	10 配 3	102 744 000	8 424 000	8.50	13 962 000.00	67 604 000.00
0401	冀东水泥	10 配 3	814 401 612	68 226 029	4.00	67 383 938.00	264 073 016.72
0423	东阿阿胶	10 配 2.499	167 676 667	41 919 000	8.00	41 919 000.00	322 655 321.00
0737	南风化工	10 配 3	404 740 000	52 560 000	7.50	52 560 000.00	385 000 000.00
0831	关铝股份	10 配 3	215 000 000	27 000 000	7.20	27 000 000.00	187 754 874.46
0651	格力电器	10 配 3	325 200 000	32 760 000	14.00	32 760 000.00	449 595 785.73
0429	粤高速 A	10 配 3	764 256 200	91 257 800	11.00	73 822 250.00	801 020 000.11
0786	北新建材	10 配 3	260 250 000	27 325 000	15.00	27 325 000.00	394 911 580.20
0665	武汉塑料	10 配 3	129 427 845	11 676 083	11.50	11 541 643.00	127 980 231.65
0606	青海明胶	10 配 3	66 950 000	8 901 000	9.00	8 901 000.00	76 200 000.00
0795	太原刚玉	10 配 3	248 000 000	28 800 000	8.00	28 800 000.00	222 743 054.00
0549	湘火炬 A	10 配 3	221 707 200	38 372 400	15.00	38 372 400.00	559 803 389.19
0861	茂化永业	10 配 3	64 999 998	9 169 666	11.00	9 169 666.00	95 994 169.49
0089	深圳机场	10 配 2	450 000 000	49 890 000	12.00	49 890 000.00	351 569 097.18
0623	吉林敖东	10 配 3	195 468 000	38 196 600	10.00	38 196 600.00	371 015 500.00
0900	现代投资	10 配 4	285 118 500	114 047 400	9.00	114 074 000.00	1 001 680 136.60
0615	湖北金环	10 配 3	138 532 829	16 375 631	9.80	16 375 631.00	153 623 900.00
0830	鲁西化工	10 配 3	200 000 000	15 900 000	12.00	15 900 000.00	183 247 581.81
0877	天山股份	10 配 3	129 460 000	15 000 000	12.30	15 000 000.00	176 500 000.00
0061	农产品	10 配 2.5	154 132 291	30 936 445	12.80	30 725 352.00	385 289 240.45
0027	深能源 A	10 配 2.5	906 616 206	95 463 239	5.80	95 463 238.00	536 664 700.00
0693	聚友网络	10 配 3	119 164 856	9 297 750	18.00	9 297 750.00	160 997 800.00
0899	赣能股份	10 配 3	496 000 000	52 032 000	7.00	52 032 000.00	352 772 549.87
0525	红太阳	10 配 2.5	147 776 860	36 944 215	12.68	17 069 518.00	209 184 452.32
0417	合肥百货	10 配 3	75 403 830	8 837 520	14.00	8 837 520.00	120 144 234.00
0681	远东股份	10 配 2.4	125 000 000	7 500 000	20.00	7 500 000.00	145 759 327.10
0832	龙涤股份	10 配 2.143	31 779 692	34 272 853	7.00	34 272 853.00	231 674 421.14

股票代码	公司简称	配股方案	发行前总股本	计划配股数	配股价格	实际配股数	集资金额
0581	威孚高科	10配2.308	39 446 6150	41 900 000	10.00	41 900 000.00	405 060 000.00
0001	深发展A	10配3	1 551 847 092	393 975 057	8.00	393 975 057.00	3 089 885 122.92
0736	重庆实业	10配3	60 000 000	6 000 000	15.00	6 000 000.00	85 812 430.35
0815	美利纸业	10配3	114 000 000	18 000 000	9.00	18 000 000.00	140 299 868.50
0635	民族化工	10配3	100 600 000	13 962 000	8.00	13 962 000.00	107 159 879.68
0881	大连国际	10配1.667	171 774 000	22 800 000	10.00	27 300 000.00	207 983 255.38
0719	焦作碱业	10配3	73 027 000	7 832 805	10.00	7 832 805.00	67 710 000.00
0065	深圳西林	10配3	80 000 000	21 523 200	9.00	N/A	N/A
0630	铜都铜业	10配8	364 000 000	101 556 000	7.60	N/A	N/A
0705	浙江震元	10配3	99 449 992	25 879 368	8.00	N/A	N/A
0862	吴忠仪表	10配3	189 900 000	28 440 000	10.00	N/A	N/A
0890	法尔胜	10配2.142	201 600 000	23 040 000	14.00	N/A	N/A
0686	锦州六陆	10配3	110 166 000	15 194 000	10.00	N/A	N/A
0019	深深宝A	10配3	166 707 684	15 215 404	5.00	N/A	N/A
0765	华信股份	10配2	147 058 800	9 252 120	12.00	N/A	N/A
0878	云南铜业	10配3	730 800 000	67 888 800	6.60	N/A	N/A
0825	太钢不锈	10配3	942 000 000	134 170 000	6.00	N/A	N/A
0887	飞彩股份	10配3	280 000 000	21 000 000	10.00	N/A	N/A
0880	山东巨力	10配1.5	172 577 000	11 490 000	13.90	N/A	N/A
0672	铜城集团	10配3	65 000 000	7 800 000	17.50	N/A	N/A
0627	百科药业	10配1.388	278 890 560	10 140 000	15.00	N/A	N/A

五、会员综合实力进一步提高

随着深圳证券市场的快速发展，深交所会员单位的综合实力也有了很大提高，2000年，又有一批证券公司进行了增资扩股。如2000年成立的“证券航母”——中国银河证券有限责任公司，在股票基金交易额排名中赫然排在第一位。由于2000年市场行情火爆，成交剧增，各会员单位的成交额也都近翻番。2000年投资基金继续保持迅猛的发展势头，市场影响力越来越大。同时，各会员单位在股票承销业务上竞争也越来越激烈，强弱分化比较明显(见表10、11)

表10　2000年度深交所会员股票基金交易额前二十位一览表

交易金额单位：人民币百万元

名次	会员名称	股票基金	%	A股	名次
1	中国银河证券有限责任公司	372 986.326	6.031	355 179.679	1
2	国泰君安证券股份有限公司	356 363.121	5.763	335 944.403	2
3	南方证券公司	274 391.088	4.437	258 232.142	3
4	广发证券有限责任公司	263 095.145	4.254	248 396.114	4
5	海通证券有限公司	247 421.442	4.001	236 216.955	5
6	华夏证券有限公司	239 507.223	3.873	227 857.099	6

名次	会员名称	股票基金	%	A股	名次
7	申银万国证券股份有限公司	228 154.367	3.689	216 237.440	7
8	国通证券有限责任公司	132 264.641	2.139	121 723.277	9
9	广东证券股份有限公司	129 226.834	2.090	123 635.937	8
10	光大证券有限责任公司	117 066.165	1.893	112 836.938	10
11	联合证券有限责任公司	104 666.968	1.693	99 745.185	11
12	山东证券有限责任公司	99 083.903	1.602	94 585.365	12
13	国信证券有限责任公司	98 226.887	1.588	93 872.551	13
14	大鹏证券有限责任公司	88 291.610	1.428	83 455.038	14
15	中信证券有限责任公司	75 676.193	1.224	70 502.987	15
16	华泰证券有限责任公司	73 681.866	1.192	69 752.409	16
17	平安证券有限责任公司	71 364.873	1.154	62 570.204	18
18	浙江省国际信托投资公司	66 881.259	1.082	63 296.402	17
19	湘财证券有限责任公司	65 530.276	1.060	58 147.249	22
20	深圳经济特区证券公司	63 915.546	1.034	60 431.798	19

表 11　2000 年深交所会员股票承销前二十名一览表

排序	名称	主承销家数	募集资金总额(元)	副承销家数	分销家数
1	南方证券有限公司	21	13 289 720 219	5	24
2	国泰君安证券股份有限公司	18	11 776 611 262	11	14
3	中信证券有限公司	16	9 247 574 800	13	21
4	国信证券有限公司	14	7 070 363 919	3	25
5	广发证券有限公司	11	7 158 226 897	7	14
6	光大证券有限公司	8	4 291 576 902	16	35
7	海通证券有限公司	7	7 113 419 400	7	6
8	联合证券有限公司	6	2 592 843 445	6	29
9	华夏证券有限公司	5	2 176 000 000	6	23
10	湘财证券有限公司	5	2 124 095 700	5	27
11	华泰证券有限公司	5	2 478 780 000	3	16
12	长江证券有限公司	5	1 860 050 000	0	15
13	广东证券有限公司	4	1 563 530 000	0	10
14	大鹏证券有限公司	4	2 294 471 154	4	32
15	西南证券有限公司	4	3 297 484 986	7	27
16	国通证券有限公司	3	1 596 810 000	4	17
17	平安证券有限公司	3	1 380 542 896	2	23
18	安徽证券有限公司	3	948 194 700	0	4
19	中国科技国际信托投资有限公司	2	467 382 500	2	1
20	东方证券有限公司	2	692 090 000	4	10

(江向东)

第七编 证券经营机构

证券经营机构综述

2000 年,证监会根据《证券法》的基本精神,在认真学习借鉴成熟市场先进经验的基础上,积极转变监管观念,探索符合市场化方向的监管思路,在保护投资者利益、证券公司风险防范、证券公司优胜劣汰、强化从业人员监管及深化依法监管等方面作了大量工作,并利用现代信息技术手段,建成了证券机构监管信息系统,提高了监管效率,初步形成了对证券公司从市场准入、持续监管到市场退出的法律法规体系和监管架构。在此架构下,证券公司经营逐步规范,系统风险进一步得到防范,投资者合法权益得到了保护。

证券经营机构的现状

截至 2000 年底,全国有证券公司 101 家,具有股票承销资格的机构有 61 家,其中主承销商 36 家(包括 4 家为特别主承销商的资产管理公司),获得证券投资咨询资格的证券公司有 42 家,专业投资咨询公司 108 家,全国共有证券营业部 2 684 家,证券从业人员近 10 万人。经过几年的清理整顿和加强监管,证券公司的经营开始走向规范,整体实力有了大幅提高。据初步统计,与 1999 年相比,2000 年 101 家证券公司在以下几个方面有了很大的发展:一是资产总额、所有者权益和经纪、自营、承销三项主要业务收入比上年翻了一番,全国证券公司总资产、净资产分别达到 5 753 亿元和 652 亿元;二是利润和上缴国家税收翻了两番,2000 年共实现利润 240 亿元;三是客户交易结算资金余额比上年翻了一番的情况下,挪用额反而从 16% 下降到 2.33%;四是净资本总额从 26.2 亿元增到 237.3 亿元,证券公司的抗风险能力显著提高。但是,我们还必须清醒地看到,我国的证券公司还存在着这样那样的问题,如保证金挪用、违规经营、法人治理不合理等问题。同时,由于行业的垄断性,表现出证券公司的压力不够、紧迫感不强、上进心缺乏、竞争意识不足,面对国际化的趋势和我国对外开放的新形势,我们需要做好监管工作,改变证券公司目前这种状况。

证券经营机构监管

1. 监管法规制度进一步完善

健全的法律法规体系是依法监管的前提。2000 年是《证券法》全面实施的关键一年。为使《证券法》落到实处,加强了机构监管方面有关配套法规的制定工作。2000 年,证券机构监管法规建设的重点集中在以下几个方面:一是加强了证券机构日常监管的法规建设,如出台了《证券公司检查办法》等法规;二是对从业人员监管的法规建设,如《证券公司高级管理人员谈话提醒制度实施办法》等;三是出台了证券公司财务健全性的规章,如颁布实施了《证券公司净资本计算规则》;四是出台了一些清理整顿工作的规范性文件,如《关于清理规范证券营业网点问题的通知》等。

2. 加强了从业人员资格管理

证券业具有“以人为本”的特点,证券从业人员素质的高低,直接关系到证券市场的规范运作和健康发展。为此,去年对证券机构强化了对“人”的监管,从加强对证券从业人员的资格管理入手,提高从业人员素质。一是资格考试工作全面推开。2000 年,证监会组织了全证券行业的从业人员资格考试,有 9 万余人报名,6 万余人参加考试,考试合格率约 60%。二是资格认定工作逐步进行。在资格考试的基础上,合格者将按程序申请从业资格。已经授予了 2 800 余人证券投资咨询从业资格,1783 人证券投资咨询执业资格。三是监管证券公司高级管理人员水平提升。加强了对高管人员的管理及业务能力、遵纪守法、职业道德方面的审查,增加了拟聘任的高管人员申请任职资格要由两名具备任职资格的证券公司高管人员推荐的要求,进一步深化了对高管人员的监管;建立高管人员档案,实行证券公司高管人员年检制度和证券公司高管人员谈话提醒制度,加大对涉嫌违法违规行为的查处力度,将高级管理人员情况作为证券公司增资扩股或重组的一项重要审查内容。2000 年全年审查了约 130 人次证券公司高级管理人员的任职资格申请,其中有 8 名证券公司高管人员未通过任职资格审查,4 名以上高管人员受到警告以上行政处罚;强化证券公司高管人员的持续培训,指导证券业协会举办了四期高管人员培训班,从法律法规、证券业务和职业操守等方面对全国证券机构高管人员进行了封闭式脱产培训,培训人数达 789 人。

3.清理整顿工作收效明显

2000 年,我们继续落实国务院金融清理整顿方案中有关证券机构的清理整顿工作,包括期货交易所改制,证券交易中心、场外非法股票交易场所、原有投资基金管理公司、财政国债中介机构的清理整顿,信托公司证券分业经营,证券交易网点清理及证券公司清理整顿,境外中资类证券机构清理等工作。一是非法证券网点清理工作基本完成。在审查证券公司增资或重组过程中,要求公司对其非法网点进行撤并,并结合新设证券营业部工作,对非法证券营业网点进行规范;对无主管部门的证券经营机构,由当地政府组织清理,妥善处理债权债务之后,由有能力的大证券公司或就近的证券公司吸收合并;对不具备上述条件的非法网点,在妥善安置客户后,实施关闭,其债权债务及有关善后事宜,由当地政府组织处理。目前,300 余家非法证券网点已基本清理完毕。二是清理远程证券交易网点进展较大。去年我们对全国 2 239 家远程证券交易网点进行了清理整顿,撤销了 1 508 家。三是期货交易所、场外交易中心的改制工作已近尾声。批准 9 家原期货交易所改组为证券经纪公司;批复了 19 家原证券交易中心改组为证券营业部。四是清理财政证券机构取得阶段性进展。全国共有 22 个省、自治区、直辖市向我会和财政部报送财政证券机构转制预案,其中,15 家财政证券公司申请转为证券经纪公司,177 家国债服务部申请转制为证券营业部。我会已批准 10 家财政证券公司参与当地证券经营机构重组或单独转制为证券经纪公司,4 家财政证券公司(下设 30 家国债服务部)转制方案正处于我会与财政部的联合审核之中。五是信托与证券分业已经完成三分之一。根据党中央、国务院关于信托与证券分业的政策精神,我们制定了信托与证券分业的具体实施办法,并积极配合人民银行做好分业工作。2000 年,我会共批复 15 个省的信托证券分业方案,涉及到 77 家信托投资公司、346 家证券营业部。目前,已完成分业的信托投资公司有 63 家,涉及证券营业部 286 家,我会已批复其分业方案的信托投资公司有 93 家,涉及证券营业部 350 家,尚未明确分业方案的信托投资公司有 83 家,涉及营业部 326 家。六是证券公司与人民银行的脱钩工作进展较大。由于历史原因,相当一部分证券公司是人民银行投资设立。在人民银行监管证券公司职责移交我会时,尚有部分证券公司未与人民银行脱钩。经过我们和人民银行双方共同努力,目前,“脱钩”工作进展较大。已批准大多数证券公司通过参与当地证券经营机构重组实现与人民银行脱钩;对于极少数问题比较大的证券公司,证监会与人民银行正在协调风险化解的措施。七是开展了清理整顿境外中资证券类机构的工作。我们重点对境内证券公司在境外设立机构情况进行了调查摸底,在此基础上开始对境外中资证券机构进行清理整顿。

4.市场准入监管

在市场准入工作中,我们实行分类管理、分业发证的制度,分别对不同业务制定不同的市场准入标准。主要有八个方面的工作:一是按照《证券法》要求,对我国证券公司实行分类管理。到去年底已核准 11 家规模较大、运作规范、业绩良好的证券公司为综合类证券公司(目前为 14 家);核准 11 家公司为经纪类证券公司。其余的也在积极创造条件,逐步加以规范。另外,考虑到历史原因和市场的稳定,我们在信托分业、证券公司及财政证券清理过程中,对重组的证券公司给予过渡期,让其继续保留原来的业务范围,比照综合类券商开展经营活动。目前共有 13 家证券公司是按此办理的。二是积极支持网上交易的发展,对 35 家证券公司开展网上委托业务的资格进行了审核;起草了《证券公司经纪业务管理办法》。三是加大了对证券公司自营业务的监管力度。开始建立证券公司自营人员档案系统,对各证券公司的自营业务"操盘手"、负责人进行统计、登记和考核。对 24 家证券公司自营业务实行周报表制度监控证券公司自营情况。四是重新对证券经营机构股票承销业务资格进行了核准,并对证券公司承销业务实行年检制度。提高了主承销商执业水准和监管透明度。去年,授予了 7 家证券公司主承销商资格,4 家金融资产管理公司特别主承销商资格,2 家证券公司承销商资格。目前,具有股票承销业务资格的机构有 61 家,其中主承销商 36 家,承销商 25 家,我国主承销商制度初步建立。五是加大了对投资咨询人员资格认定力度,并对新批机构的高管人员实行谈话。截至目前,共授予 143 家机构证券投资咨询业务资格。其中证券公司与信托公司 41 家,专业咨询机构 102 家,授予 2 800 人从业资格,1783 人执业资格,初步形成规范的咨询从业队伍。六是资产管理业务。从 1995 年中国人民银行正式批准证券公司从事资产管理业务起,资产管理业务逐步成为证券公司新的利润增长点。但是,由于缺乏资产管理业务管理法规,证券公司在业务运作中无法可依,操作方式五花八门,潜藏的风险较大。虽然我会在有关规章中对资产管理业务的管理范围进行了初步界定,但在全面性、系统性方面还远远不能满足促进证券公司资产管理业务在规范中发展的要求。因此,我们在充分调研及征求各方面意见的基础上起草了《证券公司资产管理业务管理办法》。七是风险投资业务。《国务院办公厅转发科技部等部门关于建立风险投资机制若干意见的通知》下发以后,一些证券公司开始制定方案,以不同形式介入风险投资业务,有的是发起组建或参股风险投资公司,有的是在公司内部成立专门的风险投资部门,有的是大量持有拟申请在创业板上市公司的股份等等。针对这一新情况,我们进行了调查研究,并多次召开中外研讨会,论证后认为,目前证券公司以自有资金直接进行风险投资是不符合《证券法》的。及时明确了我会的政策要求,强调证券公司不能用自有资金投资风险投资。八是外资股业务和外资证券机构的设立。审核批准了 36 家机构的外资股资格申请材料,其中境内机构 7 家、境外机构 29 家(目前,国内有 B 股资格的券商有 28 家,境外有 48 家)。同时,在外资股资格管理过程中,对外资股资格管理办法的修订进行了研究,为 2001 年的法规修订工作打下了基础。批准设立了三家外资证券机构代表处,撤销了一家代表处。

5. 持续监管

为敦促证券公司规范经营,防范证券公司风险,2000 年,我部重点加强了对证券公司的持续监管:

第一,资本充足监管。我会在 1996 年首次使用净资本概念,以此作为衡量证券经营机构资本充足状况的指标。2000 年 11 月,根据形势的发展变化,我们在对原有净资本指标进行调整完善的基础上,制定并颁布了新的证券公司净资本计算规则。为使证券公司更好地掌握新的净资本计算规则,我会于 2000 年 12 月召开了证券公司净资本规则工作会议,对证监会派出机构、全国 98 家证券公司和 4 家资产管理公司的有关人员进行了培训。另外开始建立证券公司综合风险评价体系。

第二,内部控制制度建设。现阶段我国证券公司规模不断扩大,业务种类不断增多,组织形式不断创新,引导、督促证券公司完善内控制度、健全内控体系,对规范证券公司的经营运作和防范金融风险将发挥积极作用。为此,证监会起草了《证券公司内部控制制度指引》,从内控制度的目标和原则、内控的基本要求、内控的具体内容、内控的管理与监督等方面作了详细的规定。目前，《指引》已经公布执行。

第三,现场和非现场检查。我们对部分证券公司和证券交易营业部进行现场走访和非现场检查,对全国证券公司财务状况进行了统计分析。对检查中发现的问题,及时指出并督促其加以解决,同时,对某些证券高级管理人员进行谈话提醒。为规范对证券公司的检查制度,加强对证券公司的整体风险监管,2000年底发布了《证券公司检查办法》,为我会及派出机构对证券公司及信托投资公司的证券营业部进行检查提供了法规依据。该《办法》主要针对证券公司经营的合规性、正常性和安全性进行检查,检查方式包括现场检查和非现场检查两种。

第四，年检。一是对证券公司承销资格进行年检。组织对48家具有承销资格的证券公司进行年检；对28家具有主承销资格或有主承销业务的大证券公司的1999年度基本情况进行分析。二是对咨询机构进行年检。我们在今年年初拟定了严格的年检标准，在是否持续具备规定的资格条件、是否正常经营、是否受到违规处罚、是否提供虚假信息等方面，对100家机构和715位咨询人员进行了年检。其结果是9家机构因违规、重组等原因被撤销或者注销了业务资格，1家机构被暂停业务资格；同时有70余名咨询人员被取消或者暂停了执业资格。三是对中外合资证券公司的年检。对中外合资证券公司中国国际金融公司进行了1999年度检查，对中金公司1999年度的业务、财务、内部管理、风险监控、技术转让等方面的情况进行了全面了解，并对中金公司未经批准设立机构问题提出了进行规范的要求。另外还总结了对中金公司的监管工作，提出中金公司的发展经历对我国证券市场进一步开放的借鉴意义。

第五，保护投资者合法权益。一是加强对客户保证金的管理。下发了《关于归还挪用客户交易结算资金方案初审工作的通知》；要求各家公司上报归还保证金方案，明确要求尚有挪用保证金问题的证券公司制定归还期限，到期不还在业务、人员资格上进行限制。并据此对各证券公司上报的“客户交易结算资金清理整顿方案”进行审核，批复了87家证券公司的清理归还方案。二是严肃查处违法违规行为和处置风险。处理了两家证券公司违规申购股票问题；对综合类证券公司是否存在挪用客户交易结算金问题进行一次全面检查，对查出的问题移交稽查局立案处理。

第六,初步建立了证券公司业务的优胜劣汰机制。对在业务经营活动中涉嫌违法违规的证券公司,给予暂停直至取消业务资格的处罚,无论对公司信誉还是业务拓展都造成很大的负面影响。因此,很多证券公司都深切感到其违法违规行为的成本和损失越来越高,守法经营的意识日益加强。

第七，加强与境内外监管机构的信息交流与监管合作。一是建立了与中央银行的协调机制和会议制度，并发挥了积极作用。如在处理信托投资公司和人民银行与所属证券公司的脱钩、证券公司在进入同业拆借市场，进入信贷市场和金融债券市场、证券公司的客户交易结算资金的管理等方面进行了沟通合作。双方共同出台了有关监管规章，促进了证券公司融资渠道的开通。二是建立了与自律组织的协调机制。与沪、深两个交易所建立了季度例会制度，每三个月召开一次会议，沟通会员监管信息，协商共同采取措施，强化证券公司的合法经营和防范风险；与中国证券业协会建立了协调与会议制度。同时，指导和协调协会在券商业务的发展（如税收问题）、无序竞争、业务和法规培训方面做了一些工作。三是加强了与境外监管机构的信息交流和监管合作。中国证监会机构监管部和香港证监会中介团体部正式建立了监管工作例会制度，每季度召开一次监管工作例会，在法律许可的范围内，相互通报有关政策、法规情况，相互交流和分享监管信息，共同协商解决监管中遇到的问题。2000年该例会已经进行了4次。

6.机构监管信息系统建设

为有效监控证券公司的整体风险,提高监管效率,在借鉴香港证监会中介团体部监管信息系统的基础上,开发了证券机构监管信息系统,并从2001年1月开始试运行。该系统具有数据采集、数据与信息管理(包括报表数据管理、机构管理、从业人员资格管理、申请表管理、报表月报、季报管理等)、风险指标预警、综合风险评价、证书打印、公文管理、信息查询、系统管理等功能。该系统的建成和投入使用使我们能够及时、准确地了解证券公司财务风险和业务风险状况,实现对证券公司从市场进入到持续监管的全过程跟踪。为证监会对证券公司的监管奠定了坚实的技术基础。

(姜洋)

综合类证券公司

一、综　述

2000年,我国证券业发展最引人注目的有两个方面:一是证券机构沿着分业管理和分类经营的主线所进行的机构大重组;二是券商围绕扩充资本实力所进行的增资扩股。

截至2000年底,经过证券机构重组和新设部分券商后,我国证券公司共有100家,其中已正式核准为综合类券商的有14家;核准为经纪类券商的有11家。还有相当一部分券商处于重组后的过渡期或正处于规范阶段。经证监会正式批准拥有主承销商资格的券商有32家,拥有承销资格的券商有25家。

经过几番增资扩股后,我国券商资本实力大为增强。其中注册资本最大的为银河证券,达45亿元;100家券商注册资本总和为508.2亿元人民币,平均每家注册资本为5.08亿元人民币。从券商及注册资本的地区分布来看,我国券商注册资本主要分布在深圳、上海和北京三地,他们分别拥有券商注册资本110.99、109.94、80.68亿元人民币,三地合在一起占全国券商注册总资本的59.4%。

从券商的经营状况来看,2000年各券商的业绩普遍都有较大的改善。但比较一、二级市场业务的市场份额,可以发现一级市场业务的集中度远高于二级市场,这说明二级市场的竞争远比一级市场充分。

下面,我们从证券机构重组、增资扩股、经营业绩以及券商发展中存在的问题等方面作一简要分析。

二、证券经营机构大重组,新券商纷纷亮相

2000年,我国证券业内最引人注目的是一大批新券商不断宣告设立,使我国证券公司数目由1999年的90家增加到100家。新设立的券商包括迄今国内注册资本最大的银河证券以及首创证券、中富证券、西藏证券、天风证券、重庆证券、东北证券、天元证券、金牛证券、华西证券、上海久联证券、广东民安证券、新华证券、宏源证券、西北证券等。它们有的属于综合类证券公司,有的属于经纪类证券公司,还有的目前正处于过渡时期。

纵观这些新的证券公司,它们无一不是由原来的信托投资公司证券经营部、地区性证券交易中心或期货交易所、证券公司经过重组或改组而成。这些证券机构的重组基本上是沿两条线4种方式进行的:两条线是指信证分业,以及安置原有的地区性证券交易中心、期货交易所并化解历史遗留问题;4种方式包括:(1)由原信托投资公司证券经营部经重组或改组设立证券公司。(2)由信托投资公司的证券经营部与地方性证券公司进行重组而设立。(3)由地区性的交易中心、期货交易所重组或改组而成。(4)由地区性交易中心、期货交易所与当地证券公司进行重组而设立。

1.适应信证分业的要求,对原有的信托投资公司证券经营部和一些地方性证券公司进行整顿、重组而设立新的证券公司。

1999年7月1日正式实施的《证券法》第六条规定,证券业和银行业、信托业、保险业必须分业经营、分业管理,证券公司和银行、信托、保险机构必须分别设立;第一百零三条同时规定,进入证券交易所参与集中竞价交易的必须是具有交易所会

员资格的证券公司。这标志着我国信证分业时代的真正来临。

然而，由于历史原因，我国240余家信托投资公司中有230多家兼营证券业务，它们作为证券兼营机构在我国证券市场上占有举足轻重的作用。信托投资公司下属的证券营业网点几乎占了全国证券营业网点的半壁江山，证券交易量约占总交易量的40%（1998年底数据）；它们在一级市场上也占有可观的市场份额。

为了在实施信证分业的同时维护证券市场的稳定发展，管理层采用的方式之一是引导部分信托投资公司的证券部经过清理整顿后改组为新设的证券公司，如银河证券就是由华融、长城、东方、信达、人保5家信托公司的证券业务部门和证券营业部合并组建的全国性综合类证券公司；西藏证券是由原西藏信托独资设立的经纪类证券公司；宏源证券是由原宏源信托改组而成（见表1）。

实施信证分业的另一种方式是将信托公司的证券部与当地证券公司进行合并，组建新的证券公司。如：东北证券就是由吉林信托的证券部和吉林省证券合并组建而成；天元证券是由黑龙江国投、齐齐哈尔信托下属的证券营业部与伊春证券公司、黑龙江省财政证券公司合并组建的经纪类证券公司；新华证券是由吉林国投所属证券营业部和长春证券公司组建的；西北证券是由原宁夏信托、伊斯兰国投、银川信托所属的证券营业部与宁夏证券公司合并设立的。

2.为进一步清理并妥善安置原有的地区性证券交易中心、期货交易所，化解历史遗留问题而设立新的证券公司。

1998年以来，中国证监会加大了清理各地证券交易中心、规范期货市场的力度，使商品期货交易所由原来的14家下降到3家，各地证券交易中心先后中止了与证交所的联网业务。为了进一步清理并妥善解决有关历史遗留问题，管理层主要采取了两种对策：一是将部分期货交易所改制为经纪类证券公司，如：2000年3月，原北京商品期货交易所在撤消改组的基础上设立新的经纪类证券公司——首创证券；原海南中商期货交易所改制组建中富证券经纪有限责任公司；2000年5月，原成都期货交易所改制为天风证券经纪有限责任公司；原重庆商品期货交易所、原深圳有色金属期货交易所、原上海期交所分别改制为重庆证券、深圳金牛证券、上海久联证券等经纪类证券公司。二是对一些地方证券交易中心，主要采取将其与地方证券公司进行合并设立新的证券公司，并在原交易中心的基础上增设一家证券营业部的政策。如华西证券就是于2000年7月由原四川证券与四川交易中心合并后增资扩股设立的。

经过这一系列证券机构的重组和改制后，我国证券业不仅在一定程度上有效化解了历史遗留问题，而且新券商的加盟将使券商之间的竞争更加激烈，券商的总体实力大为增强。

表1　2000年我国证券经营机构合并重组新设证券公司一览表

	证券公司名称	公司类别	注册资本（亿元）	证券公司的设立
一、信证分业				
1	银河证券	综合类	45	2000年7月，由华融、长城、东方、信达、人保5家信托公司的证券业务部门和证券营业部合并组建
2	西藏证券	经纪类	0.6	2000年2月，由原西藏信托独资设立
3	宏源证券	过渡期	5.19	2000年9月，由原宏源信托改组而成
4	东北证券	过渡期	10	2000年6月，由吉林信托的证券部和吉林省证券合并组建而成

	证券公司名称	公司类别	注册资本(亿元)	证券公司的设立
5	天元证券	经纪类	1.3	2000年7月,由黑龙江国投、齐齐哈尔信托下属的证券营业部与伊春证券公司、黑龙江省财政证券公司合并组建
6	新华证券	过渡期	2	2000年12月,由吉林国投所属证券营业部和长春证券公司组建
7	西北证券	过渡期	7.26	2000年12月,由原宁夏信托、伊斯兰国投、银川信托所属的证券营业部与宁夏证券公司合并设立
二、交易中心、期货交易所的清理				
1	首创证券	经纪类	2.3	2000年3月,由原北京商品期货交易所在撤消改组的基础上设立
2	中富证券	经纪类	0.8	2000年3月,由原海南中商期货交易所改制组建
3	天风证券	经纪类	0.77	2000年5月,由原成都期货交易所改制组建
4	重庆证券	经纪类	1	2000年6月,由原重庆商品期货交易所改制组建
5	深圳金牛证券	经纪类	0.6	2000年7月,由原深圳有色金属期货交易所改制组建
6	上海久联证券	经纪类	2	2000年9月,由原上海期交所改制组建
7	华西证券	过渡期	10.13	2000年7月,由原四川证券与四川交易中心合并后增资扩股设立
8	广东民安证券	经纪类	3	2000年11月,由原广东联合期货交易所及粤财信托所属证券营业部合并重组而成

三、增资扩股使券商资本实力进一步提高

一方面,由于我国券商资本规模偏小,相当一部分券商由于历史遗留问题存在不同程度的不良资产,而加入WTO后即将面临海外实力数十倍于我的全球投资银行的挑战,迫使我国券商纷纷寻求增资扩股以扩大自身的资本实力。另一方面,在我国,证券业仍属于新兴产业,其发展前景被广大投资者一致看好。这供求两方面的力量合在一起,掀起了我国券商一浪又一浪的增资扩股高潮。

2000年,我国券商继续保持了1999年增资扩股的强劲势头,即便不考虑与合并重组同时进行的增资扩股情况,该年完成增资扩股的券商也达13家,增资幅度约120亿元人民币。其中增资幅度最大的当属海通证券,注册资本由10亿元增至37.46亿元,国通证券、国信证券、大鹏证券的增资幅度均达10亿元以上(见表2)。

经过2000年券商增资扩股后,我国券商的资本实力得到进一步提高。截至2000年底,我国100家券商的注册资本总和已达508.177亿元人民币,按注册资本排名的前20名券商注册资本均已超过10亿元人民币;注册资本达15亿元的券商有10家;注册资本达20亿元以上的有6家,它们分别是银河证券、海通证券、国泰君安证券、国通证券、中信证券、国信证券,其中银河证券的注册资本高达45亿元人民币(见表3)。

表 2　2000 年我国券商完成增资扩股一览表
(不计与合并重组同时进行的增资扩股情况)

序号	券商名称	增资前注册资本(亿元)	增资后注册资本(亿元)	增资幅度(亿元)	完成增资扩股时间
1	北方证券	——	3.6	3.6	2000 年 1 月
2	国通证券	8	22	14	2000 年 1 月
3	长江证券	3.02	10.29	7.27	2000 年 2 月
4	湖南证券	——	2.35	2.35	2000 年 2 月(于 11 月获准再次增资至 12.04 亿元)
5	兴业证券	1	9.08	8.08	2000 年 3 月
6	国信证券	8	20	12	2000 年 3 月
7	长城证券	1.57	8.25	6.68	2000 年 3 月
8	大鹏证券	5	15	10	2000 年 5 月
9	河北证券	0.6	5.3	4.7	2000 年 5 月
10	华安证券	——	17.5	17.5	2000 年 12 月
11	北京证券	8.5	15.15	6.65	2000 年 12 月
12	海通证券	10	37.46	27.46	2000 年 12 月
13	万通证券	0.5	5.52	5.02	2000 年 12 月
	合计		125.31		

表 3　截至 2000 年底我国注册资本前 20 名券商

序号	券商名称	注册资本(亿元)
1	中国银河证券有限责任公司	45
2	海通证券有限公司	37.47
3	国泰君安证券股份有限公司	37.27
4	国通证券有限责任公司	22
5	中信证券股份有限公司	20.82
6	国信证券有限责任公司	20
7	华安证券有限责任公司	17.5
8	广发证券有限责任公司	16
9	北京证券有限责任公司	15.1
10	大鹏证券有限责任公司	15
11	申银万国证券股份有限公司	13.2
12	西南证券有限责任公司	11.28
13	长江证券有限责任公司	10.29
14	华西证券有限责任公司	10.13
15	湘财证券有限责任公司	10.02
16	南方证券公司	10
17	东北证券有限责任公司	10
18	东方证券有限责任公司	10
19	联合证券有限责任公司	10
20	华夏证券公司	10

四、总体经营状况

2000 年,我国证券市场在宏观经济向好、管理层出台一系列利好政策的支持下获得了快速发展。二级市场交投持续活跃,沪深股指迭创新高;与此同时,一级市场扩容速度进一步加快,企业融资规模趋于扩大,各大券商凭借自己的优势围绕一、二级市场业务展开了激烈的争夺。

(一)投资银行业务

2000 年是我国三年国企改革与脱困的最后一年,证券市场的功能定位得到充分肯定,直接融资备受重视。全年新发、增发、配股的上市公司家数达 334 家,共发行流通股 180.5 亿股,筹集流通股金额 1 477.2 亿元(见表 5)。从筹资总额来看,南方证券、国泰君安、中信证券名列第一、二、三位,筹资金额分别达 180.2、151.14、119.54 亿元,三者合起来所占市场份额达 30.52%。国信、光大、海通、广发、中金、华夏、联合分获第四至第十名,前 5 名合起来所占市场份额为 53.65%;前十名的市场份额为 73.09%;前 20 名所占市场份额达 92.4%。这说明一级市场承销业务的集中度仍非常高(见表6)。

表4　2000年我国流通股融资分布

发行方式	家数	流通股数量(亿股)	流通股金额(亿元)
新股	141	117.2	821.9
增发	25	16.8	227.0
配股	168	46.5	428.3
合计	334	180.5	1 477.2

资料来源:中证报2001.1.17

表5　2000年我国券商融资金额(包括新股、增发、配股)前20名

券商	筹资总金额(亿元)	市场份额	筹资排名	发行总股数(亿股)	股数排名
南方证券	180.22	12.20	1	23.03	1
国泰君安	151.14	10.23	2	16.88	3
中信证券	119.54	8.09	3	13.35	5
国信证券	115.78	7.84	4	13.83	4
光大证券	114.46	7.75	5	10.59	8
海通证券	111.39	7.54	6	12.56	6
广发证券	84.91	5.75	7	11.64	7
中金公司	78.46	5.31	8	18.77	2
华夏证券	66.63	4.51	9	7.14	9
联合证券	57.2	3.87	10	5.78	10
西南证券	55.64	3.77	11	5.04	11
大鹏证券	36.49	2.47	12	3.87	14
山东证券	34.69	2.35	13	2.93	16
华泰证券	30.1	2.04	14	4.42	12
国通证券	28.8	1.95	15	3.99	13
长城证券	26.72	1.81	16	3.07	15
湘财证券	21.87	1.48	17	2.39	19
长江证券	19.24	1.30	18	2.4	18
广东证券	16.18	1.10	19	2.8	17
兴业证券	15.98	1.08	20	2.18	21
合计		92.4			

资料来源:沪深交易所数据统计

1.新股发行

2000年共发行新股141家,发行股数达117.2亿股,筹集资金达821.9亿元。南方证券在新股发行家数、筹集金额两项同时争得桂冠,国泰君安则同时摘得这两项的第二名。但在新股承销股数(流通股)上,由于中金公司承销了宝山钢铁这只流通盘达18.77亿股的超级航母而先拔头,使得南方证券和国泰君安在该项上分别退居第二、三名。

从新股承销家数来看,前10名市场份额为

68.79%，前20名的市场份额为90.07%；从新股承销的股数看，前10名市场份额为77.10%，前20名市场份额为92.77%；从新股承销金额看，前10名的市场份额为76.41%，前20名的市场份额为92.16%。可见，新股承销的家数、股数和金额的集中度都比较高，而且三者之间有着高度的一致性(见表7～9)。

表6　2000年券商承销新股(不含增发)家数前20名

排名	承销商	承销家数(家)	市场份额
1	南方证券	18	12.77
2	国泰君安	15	10.64
3	中信证券	15	10.64
4	国信证券	12	8.51
5	广发证券	10	7.09
6	海通证券	7	4.96
7	长江证券	5	3.55
7	光大证券	5	3.55
7	华夏证券	5	3.55
7	联合证券	5	3.55
7	湘财证券	5	3.55
12	广东证券	4	2.84
12	国通证券	4	2.84
12	华泰证券	4	2.84
15	华安证券	3	2.13
16	大鹏证券	2	1.42
16	东方证券	2	1.42
16	平安证券	2	1.42
16	西南证券	2	1.42
16	中科国投*	2	1.42

*表示非券商。资料来源：沪深交易所数据统计

表7　2000年券商承销新股(不含增发)股数前20名

排名	承销商	股发行数(亿股)	市场份额
1	中金公司	18.77	16.01
2	南方证券	16.73	14.27
3	国泰君安	12.33	10.52
4	广发证券	9.93	8.47
5	中信证券	8.63	7.36
6	国信证券	7.33	6.25
7	海通证券	7.25	6.18
8	国通证券	3.45	2.94
9	光大证券	3	2.56
10	华夏证券	2.96	2.53
11	广东证券	2.8	2.39
12	华泰证券	2.45	2.09
13	长江证券	2.4	2.05
14	湘财证券	2.39	2.04
15	联合证券	2.2	1.88
16	西南证券	1.6	1.36
17	平安证券	1.3	1.11
18	华安证券	1.28	1.09
19	大鹏证券	1.05	0.90
20	山东证券	0.9	0.77

资料来源：沪深交易所数据统计

表8　2000年券商承销新股(不含增发)金额前20名

排名	承销商	金额(亿元)	市场份额
1	南方证券	104.30	12.69
2	国泰君安	99.93	12.16
3	中金公司	78.46	9.55
4	海通证券	72.40	8.81
5	广发证券	65.35	7.95
6	中信证券	64.27	7.82
7	国信证券	57.26	6.97
8	华夏证券	22.41	2.73
9	湘财证券	21.87	2.66
10	国通证券	21.66	2.64
11	联合证券	20.05	2.44
12	光大证券	19.92	2.42
13	华泰证券	19.27	2.34
14	长江证券	19.24	2.34
15	广东证券	16.18	1.97
16	西南证券	15.68	1.91
17	大鹏证券	11.41	1.39
18	山东证券	10.78	1.31
19	华安证券	9.85	1.20
20	东方证券	7.15	0.87

资料来源：沪深交易所数据统计

2.配股和增发

2000年我国上市公司配股家数共168家,光大证券以配股24家夺得第一名,国信和南方分别以配股20家、14家获得第二、三名,国泰君安、联合、中信各以承销12家配股并列第四名。从配股家数看,其前10名的市场份额为74.40%,前20名市场份额为97.62%,市场集中度较新股高出约8个百分点。

在增发方面,由于增发不受近三年净资产收益率限制,增发价格由发行人和主承销商自主确定(新股要求其不低于6%),条件相对宽松引发了诸多创新举措。增发范围不再限于高科技公司、重大资产重组公司的A增A,为解决B股公司、H股公司后续融资难的问题而引入的"B增A"、"H增A"成为一级市场新的亮点。2000年增发A股的共有25家,光大、国泰君安、华夏、南方各以增发3家并列第一名;25家增发的股数共16.79亿股,华夏证券以发行3.26亿股摘取该项第一名,国信、南方以1.9、1.79亿股分别获得增发股数第二、三名。

表9　2000年券商承销配股家数前20名

排名	承销商	承销家数(家)	市场份额
1	光大证券	24	14.29
2	国信证券	20	11.90
3	南方证券	14	8.33
4	国泰君安	12	7.14
4	联合证券	12	7.14
4	中信证券	12	7.14
7	山东证券	11	6.55
8	大鹏证券	7	4.17
8	西南证券	7	4.17
10	长城证券	6	3.57
10	广发证券	6	3.57
12	海通证券	5	2.98
12	华夏证券	5	2.98
12	吉林证券	5	2.98
12	兴业证券	5	2.98
16	北京证券	3	1.79
16	东北证券	3	1.79
16	国通证券	3	1.79
19	华泰证券	2	1.19
19	申银万国	2	1.19

资料来源:沪深交易所数据统计

表10　2000年券商承销增发股数、家数排名

序号	承销商	发行股数(亿股)	市场份额	承销家数(家)	市场份额	家数排名
1	华夏证券	3.26	19.42	3	12	1
2	国信证券	1.9	11.32	2	8	5
3	南方证券	1.79	10.66	3	12	1
4	华泰证券	1.5	8.93	1	4	6
5	光大证券	1.47	8.76	3	12	1
6	国泰君安	1.27	7.56	3	12	1
7	大鹏证券	1.25	7.45	2	8	5
8	西南证券	1.25	7.45	2	8	5
9	平安证券	0.8	4.77	1	4	6
10	中信证券	0.7	4.17	2	8	5
11	广发证券	0.6	3.57	1	4	6
12	长城证券	0.5	2.98	1	4	6
13	联合证券	0.5	2.98	1	4	6

资料来源:沪深交易所数据统计。股数前5名市场份额为59.09%

(二)经纪业务

2000年沪深两市交易的持续活跃促使当年股票、基金、债券成交量大幅度上升。据沪深两交易所数据统计可知，2000年两市股票、基金、债券成交量依次达6 0826.6、2 801.8、18 984.1亿元，分别比1999年的股票、基金、债券成交量增长94.21%、12.73%、4.08%（见表12），由此使券商在2000年的经纪业务中也大有收获。

从证券交易总额指标来看，海通以13 817.2亿元的成交量在经纪业务总量上拔得头筹，银河、国泰君安分别以9 113.8、8 702.4亿元的证券交易总额获第二、三名，南方、华夏以7 926.4、7 563.8亿元的总成交量分列第四、五名。前5名券商证券交易总额的市场份额为28.52%，前10名券商的市场份额为40.94%，前20名会员的市场份额为53.24%，前50名会员的市场份额为71.43%。

从股票基金的交易额来看，银河证券以7 607.1亿元荣登榜首，其市场份额为6.25%；国泰君安则以6 867.6亿元的成交额位居亚军，市场份额为5.65%；申银万国、南方、海通以5 998、5 698、5 482亿元的成交额分列该项指标的第三、四、五名。股票基金交易前5名的市场份额为25.88%，前10名市场份额为37.56%，前20名市场份额为50.21%，前50名市场份额为69.32%。

从表6、表13可以看出，同时进入投行业务融资总额和经纪业务交易总额前10名的有6家券商，它们是：国泰君安、南方证券、海通证券、中信证券、广发证券和华夏证券。这6家券商同时在一二级市场业务上领先显示了它们较强的综合实力，但同时进入“承销融资总额”和“证券交易总额”前三名的却只有国泰君安证券一家。这表明任何一个券商要想同时称雄于一二级市场业务决非易事。

表11 1999～2000年沪深交易所股票、基金、债券成交量(亿元)

年份	交易所	股票	基金	债券	合计
2000	上海	31 373.86	1 334.18	16 895.83	
	深圳	29 452.78	1 467.66	2 088.27	
	合计	60 826.64	2 801.84	18 984.10	82 612.57
1999	上海	16 966.09	1 365.82	17 446.72	
	深圳	14 353.82	1 119.66	792.65	
	合计	31 319.91	2 485.48	18 239.37	52 044.76
2000年比1999年增长幅度%		94.21	12.73	4.08	58.73

资料来源:沪深交易所数据统计

表12 2000年券商证券交易总额(含股票、基金、债券)前20名

名次	券商名称	成交额(含股票、基金、债券)(亿元)	份额(%)
1	海通证券	1 3817.2	8.36
2	银河证券	9 113.8	5.52
3	国泰君安	8 702.4	5.27
4	南方证券	7 926.4	4.80
5	华夏证券	7 563.8	4.58
6	申银万国	7 548.5	4.57
7	广发证券	4 416.6	2.67
8	中信证券	3 430.4	2.08
9	山东证券	2 604.1	1.58
10	国通证券	2 525.4	1.53
11	光大证券	2 425.8	1.47
12	联合证券	2 315.7	1.40
13	广东证券	2 192.8	1.33
14	大鹏证券	2 198.1	1.33
15	国信证券	2 213.2	1.34
16	华泰证券	2 098.9	1.27
17	平安证券	1 969.9	1.19
18	浙江国投*	1 718.8	1.04
19	上海财政证券	1 635.7	0.99
20	闽发证券	1 546.6	0.94

*表示非券商。资料来源:沪深交易所数据统计

表 13　2000 年券商股票基金交易前 20 名

名次	会员名称	股票基金	份额
1	银河证券	7 922.3	6.23
2	国泰君安	7 187.8	5.65
3	申银万国	6 257.6	4.92
4	南方证券	5 861.2	4.61
5	海通证券	5 705.6	4.48
6	华夏证券	4 744.3	3.73
7	广发证券	3 976.7	3.12
8	光大证券	2 137.6	1.68
9	山东证券	2 019.3	1.59
10	联合证券	1 989.9	1.56
11	国通证券	1 965.1	1.54
12	广东证券	1 930.0	1.52
13	华泰证券	1 763.1	1.39
14	大鹏证券	1 720.9	1.35
15	中信证券	1 685.5	1.32
16	国信证券	1 646.9	1.29
17	浙江国投*	1 606.4	1.26
18	闽发证券	1 302.1	1.02
19	长城证券	1 244.9	0.98
20	平安证券	1 233.6	0.97

*表示非券商。资料来源:沪深交易所数据统计

五、券商发展方向及存在的问题

2000 年券商发展中值得关注的主要问题有以下几个方面:净资本改善状况、公司治理结构和内控机制、发展战略与组织制度的调整、券商业务开拓等。

1.运用各种资本运作战略,改善净资本状况

证监会于 2000 年 9 月 23 日颁布《关于证券公司净资本计算规则的通知》,新的净资本计算规则在借鉴国际惯例的基础上,综合考虑了证券公司自营、承销等业务的不同风险,由此确定的净资本指标可以更加准确地反映证券公司的偿付能力。而且按照新的净资本计算规则,证券公司每月都必须向证监会及当地派出机构及时准确地报送上月净资本计算表,这对部分存在历史遗留问题的老券商来说是一个严峻的挑战。因为,按照证监会的有关规定,综合类证券公司和具有主承销商资格的证券公司净资本不得低于 2 亿元,经纪类证券公司和具有承销商资格的证券公司净资本不得低于 2 000 万元。

由于证券公司的净资本直接关系到其业务资格和未来生存,因而大多券商都采取了积极应对措施,如券商加大自身清理资产力度、增加不良资产准备、增资扩股等,使券商的净资本状况有了明显的好转。这表现在两方面:一是达到或超过综合类、经纪类证券公司要求的券商数量和比重大幅增加;二是过去一些净资本状况较差的证券公司有了很大的改善。2001 年,对于部分净资本状况仍然较差的证券公司来说,如何采取包括各种资本运作在内的战略措施迅速扩充资本实力仍将是一项艰巨的任务。

2.证券公司呼唤健全、有效的治理结构和内控机制

在我国证券业,有一个非常奇特的现象,那就是很少能找到一个健康稳定发展 6 年以上而未出现重大违规或其他财务问题的证券公司。部分证券公司甚至存在着巨额不良资产,从其本身来讲这主要有两个原因:一是缺乏健全的公司治理结构,不能有效约束和制衡公司的最高决策层以确保其决策的科学性;二是公司缺乏科学完善的内部风险防范和控制系统,难以及时发现并控制经营中存在的潜在危机。

证券业是一个资金、技术、知识密集型的高风险性行业,一个决策性失误或者一个操作程序上的不规范都有可能引发整个公司甚至整个行业性危机。因此,证券公司要想持续、稳定、健康发展,就必须拥有一个完善的公司治理结构,并就其业务经营、资金管理、会计核算和信息技术系统运行建立一个有效的风险内部控制制度。在这方面,证券公司还有相当一段路要走,尤其对那些积极争取上市的证券公司来说,更是一项极其紧迫的任务。

3.券商发展战略与组织架构、制度安排大调整

2000 年,在证券市场如火如荼、一二级市场业

务竞争趋于白热化的同时,部分券商更是着眼于未来竞争格局的演变,率先谋划新的竞争战略,调整组织架构和制度安排,积极打造自身的核心竞争力。如大鹏证券提出并着手实施“五化”即“管理信息化、决策透明化、业务国际化、客户全球化、服务品牌化”的目标构想;国泰君安则在研究和规划未来发展战略的同时,悄无声息地完成了以扁平化和柔性化为主线的组织机构大整合,开始了业务流程重组与经营模式的战略大转型。

商场如战场,券商的业务竞争确实不亚于一场激烈的战争。然而在这场激烈战争的背后,另一场容易被人忽略的没有硝烟的战斗悄然无声地进行着。可以预计,2001年,结合现代信息技术开始业务流程重组,进行企业再造,构筑自己的竞争优势将是券商发展新的热点。

4.券商业务开拓

2000年,除了传统的经纪业务和投行业务外,券商还积极进行业务创新,拓展新的业务领域。这主要表现在以下几个方面:网上交易、资产管理业务、基金服务业务等。

(1)网上交易

网络技术的快速发展推动了全球网上交易的兴起,美国、韩国更是先声夺人,网上交易占总交易的比重高达40%～60%。我国券商的网上交易始于1998年,但对网上交易的合法性一直没有定论。2000年4月3日,中国证监会下发了《网上证券委托暂行管理办法》,这标志着我国券商网上交易将进入规范管理阶段,同时也意味着网上交易将成为券商合法的业务领域。由于网上交易具有成本低、不受地域限制、高效便捷的显著特点,我国众券商纷纷利用自身的竞争优势开展对网上交易业务的角逐。2000年,我国开展网上交易业务的券商达20多家。其中华泰证券的网上交易发展势头极其迅猛,2000年全年网上交易量突破210亿元,占全国网上交易总量的20%左右。可以预计,网上交易将成为未来经纪业务的发展方向,券商在网上交易领域中的争夺将成为2001年券商业务竞争的热点之一。

(2)资产委托管理

伴随三类企业和保险基金的直接或间接入市,我国投资证券市场的潜在资金量非常巨大。但由于资本市场的风险较大,市场对投资专业化的需求越来越高。而目前我国专业投资市场的欠发达在一定程度上影响了这些资金的投向,这昭示着券商资产管理业务的潜在市场非常巨大。2000年,一些资产管理和研究咨询实力强大的券商已积极着手开展资产管理业务,而且收益颇丰。随着管理层对资产管理业务的认可,资产管理业务有望进入规范和快速发展时期,它很可能成为2001年开拓新业务的又一主方向。

(3)基金服务业务

基金服务业务包括基金的发行与销售、基金研究咨询服务。2000年,我国新基金家数达33家,新基金的发行与推荐基本上是由基金管理公司的股东来完成的。2001年如果开放式基金能按期推出,则基金发行与销售可望成为券商扩张业务的新领域。随着基金规模的扩大,对基金的研究咨询服务将显得越来越重要。2000年,基金服务佣金总量大幅上涨,较1999年增长约84%,达1.57亿元。据统计,在2000年对基金的研究咨询服务方面,申银万国以1830亿元的佣金收入和11.65的市场占有率力拔头筹,南方证券、国通证券以1 681、1 539万元的佣金收入分列第二、三位。进入2001年,基金规模的持续扩大,以及各大实力券商纷纷加入该领域的角逐将使基金服务业务成为券商开拓新业务领域的又一主战场。

(伍永刚)

经纪类证券公司

一、经纪类证券公司综述

1999 年 7 月 1 日《证券法》正式实施。根据《证券法》的规定,证券经营机构将分为两类,一类为综合类证券机构,一类为经纪类证券机构。证券监管机构将以此为准,逐步对全国近 300 家证券专营和兼营机构进行规范。全国第一家按《证券法》的规定,筹建的经纪类证券公司是由原北京商品交易所改制组建的首创证券经纪有限责任公司。1999 年 7 月 1 日,也就是《证券法》实施的当日,中国证监会批准筹建首创证券经纪有限责任公司,这标志着对证券经营机构进入了依法规范和管理的新时代。

从 1999 年 7 月 1 日中国证监会批准筹建第一家经纪类证券公司开始,至 2000 年底,共批准筹(组)建经纪类证券公司 14 家,其中经筹(组)建,已批准开业的有 10 家。第一家开业的证券经纪类公司是由原苏州商品交易所改制组建的恒远证券经纪有限责任公司,该公司于 1999 年 12 月 28 日挂牌开业。

从已批准筹(组)建的证券经纪类公司的设立背景分析,主要有以下特点:

1.1998 年根据国务院文件要求,清理整顿撤销的 11 家期货交易所改制组建。

2.地方中小券商增资改制更名设立,如大同证券经纪有限责任公司。

3.按现行法律要求实行信证分离后设立:

①信证分离后独资设立,如西藏证券经纪有限责任公司。

②信证分离后合并重组设立,如天元、万联、和兴等证券经纪有限责任公司。

4.借期货交易撤销改制和信证分离之机,合并设立,如民安证券有限责任公司。

从上述特点可以看出,经纪类证券公司的设立,源于对金融、证券市场的规范。首先是按法律、法规和政策,对期货交易所、证券交易中心、信托投资公司的证券营业部等进行规范;其次是按《证券法》的规定对各地不能达到综合类证券公司标准的中小规模的证券公司进行规范。这一特点表明了证券监管部门根据《证券法》等现行法律、法规和政策,整顿和规范中国证券市场所有证券经营机构的总体思路。从目前全国近 300 家证券专营和兼营机构来看,将被规范为证券经纪公司的,将占很大一部分。因此,随着证券市场法治、监管、自律、规范八字方针的深入贯彻,在新世纪中,经纪类证券公司的队伍将会不断壮大。

2000 年 10 家已开业的经纪类证券公司共完成:

1.A 股交易额 626.19 亿元,占 A 股市场交易总额 1.04%;

2.基金交易额 20.31 亿元,占基金市场交易总额 0.73%;

3.其他交易额 103.46 亿元,占市场总交易额的 0.55%;

4.总交易额 749.16 亿元,占证券市场交易总额 0.92%。

2000 年已开业的经纪类证券公司数量,约占证券公司总数的 10%(见表)。

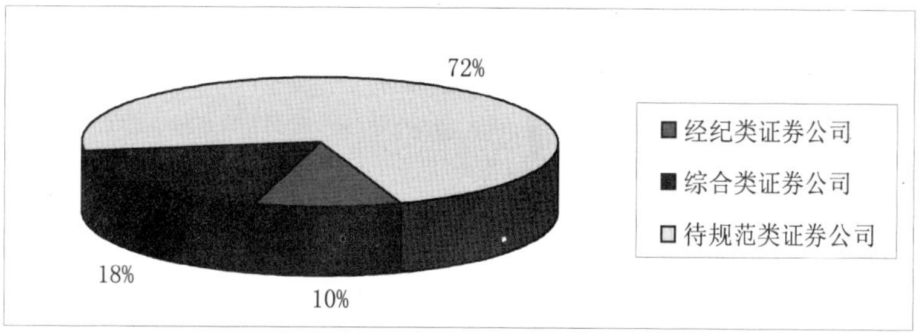

二、已开业经纪类证券公司简介

1.首创证券经纪有限责任公司

(1)公司简介

首创证券经纪有限责任公司是1999年7月1日,即《证券法》正式实施当日经中国证监会批准筹建设立的第一家规范化经纪类证券公司。首创证券公司以北京首创集团作为发起人,在对其前身——原北京商品交易所改制的基础上,由首创集团等六家股东共同出资设立,注册资本2.3亿元人民币,董事长俞昌建,总经理于楠,于2000年2月26日开业。首创证券公司总部设在北京,公司下设6个职能部门:财务部、机构部、研发部、技术部、经纪业务部和办公室。公司共有员工100人,其中具有研究生以上学历者19人,本科学历者32人,专科学历者43人,其他学历者6人。首创证券公司现有证券营业部两家,一家是在改建原北京商品交易所的基础上新设的北京北辰东路证券营业部,另一家是收购设立的深圳布吉证券营业部,首创证券公司于2000年11月份正式接收该营业部。

公司总部地址:北京市东城区东中街29号东环广场B座写字楼4层;邮编:100027。联系电话:(010)64181155;传真:(010)64182385。公司网址:http://www.sczq.com.cn。北京北辰东路营业部:北京市朝阳区北辰东路8号辰运大厦;邮编:100101。联系电话:(010)64928345;传真:(010)64924439。

深圳布吉营业部:广东省深圳市布吉镇布吉街富都酒店一楼;邮编:518112。联系电话:(0755)8877878;传真:(0755)8876076。

公司证券交易网站:http://www.sczq.com.cn;http://wap.sczq.com.cn 联系邮箱:sczq@sczq.com.cn 客户服务邮箱:service@sczq.com.cn。

(2)公司经营数据

注册资金	2.3亿元	A股交易总额	75.49亿元
挂牌开业时间	2000年2月26日	基金交易总额	0.72亿元
资产总额	8.92亿元	其他交易总额	4.67亿元
网上交易开通情况	经批准正式开通	全部交易总额	80.88亿元

注:统计时间为2000.1.1~2000.12.31。时点数据以2000.12.31为准。

(3)经营简介

开业以来,首创证券公司经纪业务的交易额一直在稳步上升。自2000年2月底至12月31日,首创证券公司完成A股和基金交易额76.21亿元,开户数达19 624户,最高托管资产总值近

40亿元。公司下属的北京北辰东路营业部于2000年2月下旬开业,该营业部凭借其全国最大和最有特色的交易大厅、舒适豪华的先进设施以及优质的个性化服务,在开业不到一年的时间里便取得了不凡的成绩,2000年12月份已跃入于北京地区98家证券营业部股票和基金交易量排名的前列,位居第11,在北京地区2000年新开业的9家证券营业部经纪业务排名中更是遥遥领先。此外,首创证券公司是北京地区最早开通WAP手机网上交易的证券公司之一,并且已取得了中国证监会批准的可正式开通网上交易的资格,是获此资格的首批23家证券公司之一,也是唯一的一家经纪类证券公司。

(4)发展规划

在新的一年里，为了尽快扩大公司规模、壮大公司实力和迅速提高自身的竞争力，首创证券公司将重点着手以下四个方面的工作：①按《证券法》和各级监管部门的要求，做好证券经纪服务的各项工作，严格规范和自律。同时，苦练内功，为公司的发展做好准备。②积极申请增资扩股，为向综合类券商转型打好基础。这是提高券商自身竞争力最为有效的途径。③充分利用中国证监会批准的网上交易资格，大力发展网上交易，推出在线经纪人服务。同时，加快、加强远程交易、小区高速宽带网等辅助交易手段的建设，以此方式来扩大业务的辐射范围。④加快收购设立证券营业部和新设证券服务部的步伐，实现营业网点的快速扩张。在新营业网点的建设上，重点放在经济发达、竞争适度、机构大户聚集的各大城市。目前，首创证券公司的又一家证券营业部——成都证券营业部的设立工作已进入待批开业阶段。此外，首创证券公司还将在业务拓展和创新、提高人才队伍素质、提高服务质量、提高公司管理绩效、优化公司内部组织结构等方面进一步加强自身建设。就经纪业务的发展而言，首创证券公司将进一步提高服务的个性化程度和质量，将主要客户群体明确地定位于大户和中户，逐渐形成自己对这两个主要客户群体服务的特色和优势。可见，首创证券公司不但有了一个良好的开端，而且蕴藏着强劲的发展潜力。

2. 恒远证券经纪有限责任公司

(1) 公司简介

恒远证券经纪有限责任公司是在对其前身——原苏州商品交易所改制的基础上，经中国证监会批准筹建设立的规范化经纪类证券公司，注册资本1亿元人民币，于1999年12月28日挂牌开业，总部设在苏州。公司员工人数30人左右，学历层次较高，结构合理。自1999年12月开业以来，到2000年12月31日共经营一年多。恒远证券公司目前下属证券营业部一家，公司办公面积和直属苏州干将路营业部营业面积共计6 151平方米左右。公司在中国证监会各级领导的关怀和指导下，以经纪业务为核心，坚持规范发展，以稳健的经营、规范的运作、有效的管理和优良的服务，使公司的社会声誉和经济效益不断提高。

公司总部地址:江苏省苏州市干将西路1296号;邮编:215004。联系电话:(0512)8270541;传真:(0512)8270563。电子信箱:szhyzq@pub.sz.jsinfo.net。苏州干将路营业部地址:同上。

(2)公司经营数据

注册资金	1亿元	A股交易总额	28亿元
挂牌开业时间	1999年12月28日	基金交易总额	0.8亿元
资产总额	2.7亿元	其他交易总额	82亿元
网上交易开通情况	已经开通	全部交易总额	110亿元

注:统计时间为2000.1.1～2000.12.31。时点数据以2000.12.31为准。

(3)经营简介

开业以来，公司严格遵守国家有关法律法规和行业监管规章，确保经营活动在法律允许的范围内进行。公司坚持“阳光业务”，从公司经营情况来看，各项业务均依法经营。公司严格内部管理，实行从严治司。严格按照现代企业制度的要求，按核定的业务经营范围和自身的经营管理特点，制定了全面系统、切实可行的内部控制制度。公司管理层牢固树立内控优先思想，自觉形成风险管理观念；经常督促全体员工了解重要的法律法规和管理层的经营思想，使公司全体职工养成忠于职守，勤勉尽责，严格遵守国家法律法规和公司各项规章制度的习惯。公司所属唯一的苏州干将路证券营业部从一张白纸起步，从无到有，从小发展，交易呈稳步健康发展的态势。2000 年全年累计成交 29 亿元（二级市场股票和基金），手续费收入 800 多万元，资金账户开户 6 000户左右。市场份额不断上升，营业部上海证券市场成交份额从开业时的全国排名 2 000 多名，上升到目前的 900 名左右，业务发展速度非常快。

(4)发展规划

2001 年，公司将继续坚持规范经营、自律守法和从严治司的经营理念，进一步在市场开拓、业务创新、客户服务与技术进步上狠下功夫，全面夯实公司可持续发展基础的工作思路，为中国证券市场的健康发展作出应有的贡献：①继续大力加强公司证券营业部建设工作：公司苏州干将路证券营业部将按照“三年三步走”的战略，第一年第一步站稳脚跟，达到全国营业部平均水平；第二年第二步固本思进，达到全国营业部中上水平；第三年第三步达到全国营业部一流水平。2000 年底营业部胜利完成预定目标，达到全国中游水平。2001 年，营业部将继续大力开拓，丰富和完善“服务一流、管理一流，效益一流”的标准，将营业部建设推向更高的台阶。②完善公司证券营业部网点布局：根据公司经营管理现状和发展规划以及证券市场的发展趋势，特别是面对中国即将加入 WTO 后中国证券市场的新形势，对于公司而言，增设证券营业部是重中之重。公司将通过申请新设、收购兼并等各种方式大力拓展营业网点。根据中国证券业发展趋势和公司现有条件，公司争取用 3～5 年时间在全国创建 15 家左右证券营业部，成为网点布局合理、经营稳健、运作规范的全国性证券经纪公司。③大力新设证券服务部：为满足广大投资者的需要，推动证券市场规范发展，在国家清理规范远程证券交易网点工作的基础上，公司将严格按照中国证监会的有关要求，根据“成熟一家、申报一家”的原则，在现有的证券营业部或新设营业部周边地区筹建证券服务部。公司现有的苏州干将路证券营业部地处经济发达，乡镇人民生活富裕的苏南地区，拟首先依托苏州干将路证券营业部，在苏州市所属的县(市)和经济发达的乡镇政府所在地设立证券服务部。④加快信息系统建设和业务创新能力，今年信息技术工作重心是发展电子商务。在网上交易、网上资讯、网上服务等方面投入力量，全力开展网络经纪业务。

总的来说，公司将充分利用国家鼓励证券市场发展的机遇，在中国证监会各级领导的关怀和指导下，领导班子团结一心，大胆创新，只争朝夕，廉洁开拓，全体同志积极进取，以优质服务和规范经营为工作宗旨，建立顺畅有效的运行机制和健全的风险控制制度，争取为国家分类管理证券公司摸索经验，争取为经纪类证券公司在中国证券市场的规范发展起到良好的表率作用。

3. 西藏证券经纪有限责任公司

(1)公司简介

西藏证券经纪有限责任公司是按照《证券法》的要求，经中国证监会机构字(2000)27 号文批准，在对西藏自治区信托投资公司原有的证券业务进行分离的基础上，由西藏自治区信托投资公司独家投资，于 2000 年 3 月 18 日正式挂牌成立的，注册资金 6 000 万元，董事长阿旺，总经理汪建中，总部设在西藏自治区拉萨市。西藏证券经纪有限责任公司是西藏自治区唯一一家从事证券经纪业务的专门机构。公司现有员工 105 人，其中具有硕士学历的占 2.86%，具有本科学历的占 14.29%，具有大专学历的占 29.52%，具有中专及以下学历的占 53.33%。目前，公司在上海和拉萨各有一家营业部。

公司总部地址：西藏自治区拉萨市北京中路 101 号；邮编：850000。联系电话：(0891)6811417。

拉萨营业部地址：(设立于 1994 年 1 月 8 日) 拉萨市北京中路 169 号；邮编：850000。联系电话:(0891)6832387,负责人:邓灿。

上海营业部地址:(设立于1995年9月20日)上海市辉河路1148号;邮编200437。联系电话:(021)65550218,负责人:陈敏。

(2)公司经营数据

注册资金	0.6亿元	A股交易总额	57.82亿元
挂牌开业时间	2000年3月18日	基金交易总额	1.92亿元
资产总额	4.83亿元	其他交易总额	0.04亿元
网上交易开通情况	未开通	全部交易总额	59.78亿元

注:统计时间为2000.1.1～2000.12.31。时点数据以2000.12.31为准。

(3)经营简介

西藏证券公司在2000年度的经营过程中,主要是围绕着经纪业务做文章,努力提高公司的经营管理水平,提高服务质量,积极发展大、中客户。在2000年度里,公司的经纪业务取得了良好成绩,完成A股和基金交易额59.74亿元。

(4)发展规划

2001年中,公司在四川成都市和西藏日喀则市各设一家营业部并申请增设北京营业部,在中国证监会批复同意后,力争在2001年底完成北京营业部的筹建和开业。在原有基础上,强化管理,使各营业部的工作更上一层楼。努力提高服务水平和质量,深挖市场潜力,提高各营业部的交易量。积极引进人才,增强公司的发展后劲和金融创新能力。

4. 四川天风证券经纪有限责任公司

(1) 公司简介

四川省天风证券经纪有限责任公司(以下简称天风公司)是根据中国证监会证监期字(1998)24号《关于成都联合期货交易所的改组方案的批复》,由四川省国有资产经营投资管理有限责任公司持有原成都联合期货交易所的净资产,与四川省嘉鑫投资股份有限公司、四川汉龙(集团)有限公司、四川宏达(集团)有限公司、四川亚华企业(集团)有限公司共同出资组建,注册资本为人民币7 700万元,法定代表人董事长孟庆山,公司于2000年4月18日正式开业。公司下设总经理办公室、人事培训部、财务部和清算中心部、电脑中心部、资产管理部、信息咨询研发部、经纪管理部、法律顾问室,其中,经纪管理部对证券营业部进行直接管理,证券营业部又下设证券服务部。天风公司现有职工58人,其中:硕士7人,大学本科学历者23人,大学专科学历者19人,中专学历者9人,中级职称以上的人员占职工总数的50%以上。目前,公司所属的证券营业部仅一家,即成都走马街证券营业部。公司总部地址:成都市走马街55号友谊广场B座19楼;邮编:610021 。联系电话:(028)6712451;传真:(028)6712441,联系人:伍渝泉。

成都走马街证券营业部地址:成都市走马街55号友谊广场B座6楼,邮编:610021。联系电话:(028)6712825;传真:(028)6605399,联系人:苏钢。

(2)公司经营数据

注册资金	0.77亿元	A股交易总额	34.74亿元
挂牌开业时间	2000年4月18日	基金交易总额	0.15亿元
资产总额	1.58亿元	其他交易总额	0.07亿元
网上交易开通情况	未开通	全部交易总额	34.96亿元

注:统计时间为2000.1.1～2000.12.31。时点数据以2000.12.31为准。

(3)经营简介

天风证券公司证券交易和支持系统采用交易网络使用千兆以上交换网,交易服务和行情服务采用双机热备份,实现了信息系统的高安全性和高可靠性。公司与深、沪交易所采用双向和单向卫星系统及地面备份系统进行通讯,与银行采用DDN专线方式实现银证联网,构筑了交易所、银行、客户群的连通网络，可以充分保证证券交易的快捷和资金安全。天风证券公司还严格按照《公司法》、《证券法》的要求，建立了相应的企业管理和内部风险控制制度，从而可以有效地防范金融风险和维护投资者的利益。

天风证券公司成都走马街证券营业部能为客户提供钱龙、汇金分析系统和 Wind、巨灵天风资讯等信息咨询系统，各系统之间切换方便、快捷，充分满足客户的不同需求，客户在 3 600 平米营业厅中可采用柜台、刷卡、热自动、电话委托和可视电话等多种委托方法进行证券交易。天风证券公司自 2000 年 4 月 18 日正式开业以来，运行良好，截至 2000 年 12 月 31 日实现证券交易额 34.96 亿元。

(4)发展规划

天风证券公司根据 2000 年的运行情况，制定了 2001 年发展计划：①拟增资扩股至 3 亿元。②增设营业网点、扩大市场份额。在条件成熟时，拟在北京、江苏江阴、大连、昆明、厦门等地新建证券营业部 5 个。在上海、深圳收购营业部 2 个，在四川省内新建证券服务部 10 个。③利用现代网络技术，发展网上交易；加强金融研究，提高投资咨询水平；争取交易品种，扩大交易范围。④通过交流与后续教育，提高从业人员的管理水平和业务素质，为天风公司发展提供人才保障。⑤拟与金融界、企业界进行广泛合作，如投资组建期货公司、与保险企业开展金融创新业务、做好企业诊断及财务顾问。

5.重庆证券经纪有限责任公司简介

(1)公司简介

重庆证券经纪有限责任公司是在原重庆商品交易所转制的基础上组建而成，于 2000 年 6 月 27 日正式成立并开业。至 2000 年 12 月 31 日，公司有 4 家股东，为重庆未来投资有限公司(原重庆商品交易所，是最大股东)，上海浦东顾路工业总公司，新疆天山水泥股份有限公司，重庆国际实业投资股份有限公司，注册资本 1 亿元人民币。公司目前有员工 79 人，平均年龄 33 岁，其中，研究生学历 7 人，本科学历 31 人；大专以上学历的员工占 93%以上。公司目前只有 1 家营业部，即重庆中山三路证券营业部。2000 年 6 月 27 日开业以来，至 2000 年 12 月 31 日，公司正式营业时间为 129 天。

公司总部办公地址：重庆市渝中区中山三路 161 号；邮编：400015 。联系电话：(023) 63618830；传真：023－63618711 。

重庆中山三路证券营业部地址：重庆市渝中区中山三路 161 号；邮编：400015 。联系电话：(023)63618830 ；传真：(023)63618711 。

(2)公司经营数据

注册资金	1 亿元	A 股交易总额	3.10 亿元
挂牌开业时间	2000 年 6 月 27 日	基金交易总额	0.09 亿元
资产总额	1.21 亿元	其他交易总额	0.005 亿元
网上交易开通情况	未开通	全部交易总额	3.195 亿元

注：统计时间为 2000.1.1～2000.12.31。时点数据以 2000.12.31 为准。

(3)经营简介

由于公司成立时间较短，只有 1 家营业部，所以开业以来，公司工作重点放在优化资本结构和扩大营业网点等方面，在经营上的经验极少，经营过程中遇到的困难和问题相对较多，主要表现在：一是管理体制上的不适应，以前是不以营利为目的事业法人，目前是以营利为目的公司制企业法人，正在建立适应市场竞争需要的管理体制和经营理念；二是人员结构不太合理，主要指年龄结构和知识结构；三是公司成立较晚，在市场开发的经验上比其他券商要欠缺一些，影响到客户资源开发和市场占有率等指标；四是营业部数量太少，只有 1 家营业部，不能形成规模效应。

(4)发展规划

为适应证券市场的发展形势，解决公司发展中的关键问题，在 2001 年里，重庆证券公司将从以下几方面扩大公司规模和发展证券经纪业务：

①公司将进行增资扩股,注册资本拟由1亿元人民币增加至8亿元,以此方式壮大公司规模,增强公司实力,提高市场竞争力,该方案已经通过股东大会同意,目前正在实施过程中。在实施步骤上采取现金募股和实物出资多种形式,实物出资的对象放在一些信托投资公司在信托与证券分业过程中剥离的证券业务资产上。②通过重组、收购、新建的方式科学合理地建设营业网点。争取使营业部数量达20家左右,分布于国内经济较发达地区和部分省会城市,以扩大公司服务的覆盖面,从而提高公司经纪业务的市场份额。③在证券经纪业务发展方面,首先要大力发展传统的交易业务,采取措施千方百计地提高交易量;其次,积极开展网上交易业务,加强技术与市场开发,加大软硬件投入,建立并全面开通网上交易系统,使网上证券经纪业务收入成为公司新的利润增长点。

通过以上措施,使公司的经营格局定位于有形网点——营业部和无形方式——网上交易二者相结合,全方位地服务客户,服务市场。

6. **中富证券经纪有限责任公司**

(1) 公司简介

中富证券经纪有限责任公司是在原海南中商期货交易所改制的基础上,经中国证监会批准设立的国内首批专业证券经纪公司之一,亦是《证券法》实施后设立的海南省第一家专业化证券公司。中富证券经纪有限责任公司由四家股东共同出资组建,其中以实力雄厚的国有集团公司为主,注册资本8 000万元人民币,于2000年4月26日正式开业。公司严格按照《公司法》、《证券法》的有关规定,依现代企业制度的要求建立起一套科学严谨的法人治理结构。股东会、董事会、监事会和总经理负责的经营管理机构按照公司的基本规章制度各司其职,保证了整个结构体系的授权有效,监督合理,反馈及时。中富证券公司现有员工27名,大学本科以上学历者95%以上,其中硕士和留学归国人员占35%。目前,公司所属的证券营业部仅一家,即海口市大同路证券营业部。海口市大同路证券营业部凭借其交通的便捷、先进的设施、幽雅舒适的交易环境、全新的服务理念和手段、专业化的理财咨询服务,为广大投资者提供优质、高效、安全的证券经纪业务。

公司总部地址:海南省海口市大同路36号华能大厦三层;邮编:570102。联系电话:(0898)6720797,6720767;传真:(0898)6719626;业务咨询:(0898)6721890,6721808;投资咨询:(0898)6721187,6721127,6763808;公司网址:www.chinafo.com。

海口大同路证券营业部地址:海南省海口市大同路36号华能大厦三层;邮编:570102。联系电话:(0898)6720797,6720767;传真:(0898)6719626;业务咨询:(0898)6721890,6721808;投资咨询:(0898)6721187,6721127,6763808。

(2)公司经营数据

注册资金	0.8亿元	A股交易总额	8.17亿元
挂牌开业时间	2000年4月26日	基金交易总额	0.99亿元
资产总额	1.62亿元	其他交易总额	8.90亿元
网上交易开通情况	未开通	全部交易总额	18.06亿元

注:统计时间为2000.1.1~2000.12.31。时点数据以2000.12.31为准。

(3) 经营简介

至2000年12月31日,中富证券公司共经营了八个多月。自开业以来,公司始终本着“高起点、新思维、信至上、人为本”的经营理念,突出经纪服务功能,紧紧依靠技术进步,积极推行精品化经营、立体式拓展、规范化管理的经营策略。中富证券公司自开业伊始就着力于技术与创新的融合并将之渗透到服务的方方面面,以此提高服务质量和服务内涵。另外,公司十分重视对客户提供个性化的信息咨询服务,不仅在日常工作中加强研究咨询力度,更充分利用网络技术资源,开通了“中富网”(www.chinafo.com),并以网站为平台,充分拓展信息咨询服务的空间;此外,公司还把对客户的日常服务与提高客户自身素质相结合,在海南的券商中率先为全部客户提供免费上网服务并举办了多期互联网和电脑知识培训班，此举博得了广泛好评。通过提供精品化的基础服务和创新服务，公司的业务规模逐步扩大，客户数量稳中有升。但是，由于海口地区证券经纪业务的竞争处于白热化状态，加之监管部门对期交所改制的证券经纪公司的政策限制较多，因此公司的生存面临严峻考验，前景堪忧。

(4)发展规划

根据对国内证券市场政策、资金、市场格局等方面的分析，中富证券公司预测自己在今后的发展道路中，将面临更为严峻的挑战和经营压力。针对这一形势，中富公司从目前公司自身情况出发，计划在新的一年里将围绕“巩固基础，强化规范，积极拓展”这一基本方针来展开一系列的具体后续工作：①巩固过去一年中打下的市场、经营基础，继续抓好海口营业部的经营建设，进一步完善营业部经营运作体系，强化规范性和风险防控能力。②积极探索证券经纪业务和市场营销手段的创新，在为市场拓展服务的同时，也在海南这个高度竞争的市场中锻炼队伍，为今后经营更为网点积累运作和管理经验。③加大工作力度，增设经营网点，加速扩大市场规模，另外，坚持不懈推进网上交易体系建设，尽快实现有形市场和无形市场的结合和拓展。④根据内控制度监管要求，进一步完善公司级经营管理体制，并构建合理激励、有效约束的公司——营业部分级经营管理体系。⑤加强员工队伍建设，营造良好的企业文化和公司形象，打造中富证券的品牌价值。

证券市场的深化改革将会带来更多更新的机遇和挑战。中富证券公司相信自己在新的一年里，在中国证监会的监督和指导下，在中国证券业协会的支持和帮助下，经过公司上下共同努力和进取，在巩固现有业务经营的同时，自己将步入一个新的发展阶段，在今后的发展道路中将会取得更好的成绩，为中国证券事业的辉煌做出应有的贡献。

7. 大同证券经纪有限责任公司

(1)公司简介

大同证券经纪有限责任公司的前身为大同证券公司，是1988年5月经中国人民银行总行批准成立的股份制非银行金融机构，是中国证券史上成立最早的证券公司之一。2000年初，公司的增资扩股得到中国证监会批复，注册资本金增至1亿元人民币，名称变更为“大同证券经纪有限责任公司”，总部设在大同。公司现为中国证券业协会、中国国债协会、上海证券交易所、深圳证券交易所会员，拥有15个上海证券交易所席位，4个深圳证券交易所席位。公司现有内设机构10个：总裁办公室、财务管理中心、电脑管理中心、经纪业务管理部、资产管理部、研究发展部、稽核监察部、安全保卫部、资金清算部、营销企划部。外设营业机构17个。证券从业人员296人。其中大专以上学历的占65%，有116人通过了中国证监会2000年证券从业人员资格考试，取得160个证券从业人员资格证书。132人具有3年以上从事证券业务或金融业务工作经历。公司目前下属8家营业部，详细情况见附表。

附表　公司总部及证券营业部地址一览

序号	网点名称	详细地址	负责人	联系电话
1	大同证券经纪有限责任公司	大同市大北街 13 号	董　祥	0352 2051233
2	大同大北街证券营业部	大同市大北街 13 号	王元新	0352－2045810
3	大同新建路证券营业部	大同市新建南路 10 号	刘　恒	0352－2031445
4	大同新平旺证券营业部	大同市矿务局新平旺向阳楼六栋	贺　俊	0352－40031168
5	大同站北街证券营业部	山西省大同市站北街 11 号	杨军一	0352－2814867
6	晋城瑞丰路证券营业部	山西省晋城市瑞丰路 58 号	张卫彤	0356－2050124
7	深圳南山南油大道证券营业部	深圳市南山区南油大道海晖	孟　波	0755－6401038
8	上海普陀路证券营业部	上海市普陀区普陀路 211 号	赵久红	021－62664400
9	太原迎泽街证券营业部	山西省太原市迎泽大街 378 号	高　岩	0351－4087160

(2)公司经营数据

注册资金	1 亿元	A 股交易总额	242.54 亿元
改制更名时间	2000 年 1 月 21 日	基金交易总额	8.26 亿元
资产总额	12.71 亿元	其他交易总额	5.15 亿元
网上交易开通情况	已开通	全部交易总额	255.95 亿元

注:统计时间为 2000.1.1～2000.12.31。时点数据以 2000.12.31 为准。

(3)经营简介

公司在“法制、监管、自律、规范”的八字方针指导下,以市场发展为契机,以内部改革为动力,以提高经济效益为目标,加强风险监控、规范稳健经营、健全内部机制、增设职能部门,保证了公司各项业务的顺利发展,经营效益得到大幅提高。在二级市场上,公司采用先进交易方式,努力为客户提供完善的证券经纪投资咨询服务,有效地提高了客户存量。2000 年公司证券交易额比 1999 年净增 101%。

(4)发展规划

在新的一年里,大同证券经纪有限责任公司总体工作思路是继续深入实施经纪业务营销战略,立足区域市场,侧重品牌营销,全面提升公司品牌的知名度和美誉度,努力创新以求突破。公司根据自己的实力和在证券业内的位置,把自己定位为专业经纪券商和经纪类券商中的龙头和典型代表,将进一步规范内控机制,精化公司各项管理,同时,也将大力推行网上交易,完善网上服务功能,增强公司综合实力,为规模发展打下基础。“长风破浪会有时,直挂云帆济沧海”,大同证券经纪有限责任公司虽然处在经济相对落后的内陆地区,但依靠自己科学的管理、周到的服务、勇往直前的创业精神,必将成为证券行业中一颗璀璨的明珠。

8．深圳市金牛证券经纪有限责任公司

(1)公司简介

金牛证券经纪有限责任公司是在对其前身——原深圳有色金属期货联合交易所改制的基础上,经中国证监会批准筹建设立的一家规范化经纪类证券公司,注册资本6 000万元人民币,法定代表人郑元亨,总经理熊晴川,于2000年8月18日开业。金牛证券公司总部设在深圳市,下设行政管理部、研究发展部、电脑中心、财务部、电子商务部、北京代表处。截至2000年12月31日,公司共有员工30名(含营业部),其中具有大专以上学历者29名,具有硕士以上学位者9名。目前,金牛证券公司只有深圳华富路证券营业部一家营业部,营业部于2000年7月25日经中国证监会批准设立,8月18日正式开业,营运资金500万元人民币。

公司注册地址:广东省深圳市华富路海外装饰大厦B座1楼、4楼,A座11楼;邮编:518031。联系电话:(0755)3255958。

深圳华富路证券营业部:广东省深圳市华富路海外装饰大厦B座1楼、4楼,A座11楼;邮编:518031。联系电话:(0755)3255958。

(2)公司经营数据

注册资金	0.6亿元	A股交易总额	8.37亿元
挂牌开业时间	2000年8月18日	基金交易总额	0.41亿元
资产总额	1.27亿元	其他交易总额	0
网上交易开通情况	未开通	全部交易总额	8.78亿元

注:统计时间为2000.1.1～2000.12.31。时点数据以2000.12.31为准。

(3)经营简介

金牛证券公司自2000年8月18日正式开业以后,在董事会的领导下,经过公司经营班子及全体员工的共同努力,公司唯一的一家营业部,在91个交易日里,创造了骄人的业绩:截止于2000年12月31日,股票市值和保证金合计5.363亿元;交易额累计8.78亿元;累计开户数为1974户,在全国市场占有率平均为0.579‰。由于开业初始,加之开办费用高,费用摊销重,2000年全年亏损268.6万元。

经营过程中,金牛证券公司取得了一些宝贵的经验。首先,在公司内部管理方面建立了一整套系统、规范的管理制度,确保了公司及营业部的正常运作。其次,严格管理,规范运作,狠抓服务,强化风险控制,为公司业务发展再上台阶积累了经验,锻炼了队伍。

(4)发展规划

公司在全面分析证券市场形势,明确公司定位的前提下,以扩大规模,增强实力,稳步发展,提高效益为指导思想,采取积极有效的措施,制定出公司切实可行的发展规划——把增设证券服务部和开设证券营业部作为公司发展打基础的重点,今年争取新设12家证券服务部,开设12家证券营业部。

9．上海久联证券经纪有限责任公司

(1)公司简介

上海久联证券经纪有限公司是由上海久联集团有限公司、申能集团等控股的全国性专业证券经纪公司,公司注册资本2亿元,总部设在上海曹杨路430号,于2000年9月27日正式开业。公司目前有员工84人,大专以上学历人数占总数的80%,其中,硕士6人,占总数7%,大学本科25人,占总数的30%。久联证券公司的控股股东久联集团是由原上海商品交易所、上海金属交易所、上海粮油商品交易所等三家期货交易所整合组建的以网络交易服务为主的大型国有集团公司。久联证券公司拥有具备多年国家级期货交易所现代电子交易运作、管理经验的优秀人才队伍,借助期货、证券同属资本市场的相通性,开业伊始既立足高起点、规范化。目前,公司下属两家证券营业部:上海曹杨路证券营业部和上海商城路证券营业部,两家证券营业部均具有先进的计算机交易系统,优越的交易环境和完善的风险管理制度。

上海曹杨路证券营业部地址:上海市曹杨路430号。联系电话:(021)62445116。

上海商城路证券营业部地址:上海市商城路618号。联系电话:(021)58315083。

(2)公司经营数据

注册资金	2.0亿元	A股交易总额	17.5亿元
挂牌开业时间	2000年9月27日	基金交易总额	0.7亿元
资产总额	4.6亿元	其他交易总额	2.6亿元
网上交易开通情况	未开通	全部交易总额	20.8亿元

注:统计时间为2000.1.1～2000.12.31。时点数据以2000.12.31为准。

(3)经营简介

上海久联证券经纪有限责任公司,自开业以来,取得了预期的经营业绩,奠定了久联证券公司进一步发展的基础。至2000年12月31日止,久联证券公司在3个月的时间里,客户股票市值和资金余额为13.2亿元人民币,总成交额为20.8亿元人民币,日均交易额约3 300万元人民币。这标志着久联证券公司在竞争激烈的证券市场中赢得了一定的市场份额。

(4)发展规划

上海久联证券经纪有限责任公司计划在五年内成为中等规模、管理规范,具有经营特色、竞争力强的综合类证券公司。其五年总体发展目标的完成,计划分三个阶段实施。第一阶段:2001年,夯实基础,做好准备;第二阶段:2002年～2003年,增资扩股,拓展功能;第三阶段:2004年～2005年,形成规模,树立品牌。具体规划如下:

第一阶段(2001年):

夯实经纪业务的客户基础,营业部数量扩大到6家,力争8家;进行增资扩股和功能拓展的可行性研究,形成实施方案,为下一阶段的工作做好准备。

第二阶段(2002年～2003年):

增加注册资本到5亿元人民币,营业部数量增加到16家;业务由经纪业务拓展至代客理财、股票承销和国债承销。

第三阶段(2004年～2005年):

增加注册资本到5～10亿元人民币,营业部数量增加到20家以上;成交额达到800亿元人民币以上,业务经营形成经纪业务、代客理财、股票承销、国债承销和投资银行业务并重的经营格局。

10.广东民安证券经纪有限责任公司

(1)公司简介

广东民安证券经纪有限责任公司是在广东粤财信托投资公司"信托业与证券业"分离和原广东联合期货交易所改组的基础上成立的广东省第三家省级证券公司,公司于2000年12月18日正式开业,公司注册资本为3亿元人民币,董事长:孔祥其,总裁:金国燕。主要股东包括:广东粤财信托投资公司、广东风华高新科技集团公司等实力雄厚的金融企业和控股公司。

民安证券公司管理上实行董事会领导下的总裁负责制,下设机构管理部、研究发展部、计划财务部、审计部、电脑中心和办公室等部门。目前,公司拥有员工共180人,其中硕士以上学历有12人,本科以上学历有66人,大专以上学历有132人,大专以上学历人员比例为73%。至2000年12月31日,公司已正式开业的证券营业部有六家,公司所属广州环市东路证券营业部被评为2000年度"全国优秀证券营业部"。

公司总部地址:广州市环市东路322号中楼十楼;联系人:熊伟 。联系电话:(020)83829921。

公司所属证券营业部营业场所

营业部名称	地址	联系人	咨询电话
广州环市东路证券营业部	广州市环市东路322号首二层	杜庆强	020－83827322
广州法政路证券营业部	广州市法政路60号首层	邱志杰	020－83550547
广州麓景路证券营业部	广州市麓景路7号东三楼	彭　飞	020－83595800
广州东湖路证券营业部	广州市东湖路35号	沈毅韬	020－87668020
深圳深南东路证券营业部	深圳市深南东路1040号经泽大厦一二层	刘　欣	0755－5413286
上海淮海西路证券营业部	上海市淮海西路239号	李　健	021－62949755

(2)公司经营数据

注册资金	3亿元	A股交易总额	150.46亿元
挂牌开业时间	2000年12月18日	基金交易总额	6.27亿元
资产总额	12.3亿元	其他交易总额	0.027亿元
网上交易开通情况	未开通	全部交易总额	156.75亿元

注:统计时间为2000.1.1～2000.12.31。时点数据以2000.12.31为准。

(3)经营简介

民安证券公司开业以来,以"维护客户利益"为宗旨,坚持"规范经营、防范风险"为根本,力求实现证券市场投资者资金安全、增值与公司发展壮大相统一为理念,在中国证券市场繁荣发展中积极开拓,努力创新。公司将坚持"立足广东、开拓西部、辐射全国"的发展战略,在拓展广东等沿海地区市场的基础上,重点开发北京、武汉、西安、成都、昆明等地区的市场,完善公司营业网点布局。民安证券公司将以提高和优化证券市场经纪业务服务质量为己任,为证券市场带来全新的服务理念。公司与"中国金融在线"合作开发的网上交易系统即将推出,并将为广大证券市场投资者提供方便快捷的交易服务。

广东民安证券经纪有限责任公司成立后,以发展经纪业务为中心,以市场和国家政策为导向,重点抓住"市场占有率"和"服务质量"两个指标,着重从内部管理、市场开拓、服务创新和企业形象塑造等方面下功夫,并取得了一定成效。主要体现在以下几个方面:①建章立制,保证了公司经纪业务管理上的规范化和制度化,形成了富有成效的内部约束机制和激励机制。②积极开创新的服务手段和交易方式,开展对客户的个性化服务。③积极探索公司内部客户经理制和经纪人制度。④加强对投资者的教育培训服务和员工的思想道德教育。

此外,为提高广大证券市场投资者素质,公司组织各营业部开办了"股民学校";另一方面,在公司全体员工范围内开展职业道德教育和敬业爱岗活动,激发员工团结拼搏、热爱公司的精神。

(4)发展规划

2001年广东民安证券公司业务发展的指导思想是:继续以扩大证券经纪业务规模为突破口,在防范和控制风险,不断完善服务体系和提高服务质量的同时,努力实现公司经济效益的持续增长和公司规模的飞跃式发展。公司主要目标包括:①力争公司证券营业部和证券服务部营业网点数量超过20家,初步调整证券营业网点布局。②争取在年底前拟定完成公司的增资扩股工作,增强公司的市场竞争力和抗风险能力。③实现经纪业务市场份额较大的突破,为向综合类券商转变创造条件。

三、经纪类证券公司发展面临的主要困难及解决方法

经纪类证券公司经过一年的经营运作,在经纪业务方面取得了骄人的成绩,但也遇到不少困难,根据各开业经纪类证券公司上报材料的综合分析,主要有以下一些在经营和发展中需要克服的困难:

1.经营业务范围过于狭窄,不利于抵御竞争风险。

在券商三大基本业务:经纪、自营、承销中,仅能从事经纪业务,且还是不完全的经纪业务。如B股经纪业务、资产管理经纪业务和投资咨询业务等还都不能进行。因此导致收入过于单一,一旦佣金下调,或者放开,则经纪类证券公司很难抵御竞争风险。而且由于不能进行咨询服务,严重影响了对广大投资者的服务,以及企业的对外宣传、知名度的提高和品牌的打造。

2.新设营业部困难,不利于公司规模扩大和企业发展。

从目前我国网上交易还不发达的情况出发,经纪类证券公司的规模扩大主要依靠营业网点的增加。既使发展网上交易,也需要增加营业部(服务部),因为任何网的编织都需要有结点。由于新设营业部审批严格,因此导致营业部的转让价格较高。而经纪类证券公司一般注册资本不大,如果高额收购,会使成本比例大幅上升。又由于文件规定对期货交易所改制的经纪类证券公司原则上不得新设营业部,使得这类证券经纪公司发展更为困难。特别是由于营业部少,还使得经纪类证券公司运营成本较高,无法尽快摊销各种费用。

3.缺乏向综合类券商发展的通道,使得经纪类证券公司无法升级。

由于现行证券法规定了经纪类证券公司的经营范围,既使做得再大、做得再好的经纪类证券公司,也因没有向综合类证券公司发展的通道,而无法实现企业的升级。

以上困难,解决的方法归纳起来主要有两点:

首先要靠自己的努力奋斗。市场竞争的法则,就是优胜劣汰。靠保护而维持生存的企业是没有前途的。经纪类证券公司在证券市场的竞争中,第一,要苦练内功,从一开始就要自律、规范。不要因小利和短视,而失去“清白”;第二,要在经纪服务业务上做出自己的特色,打造出自己的优质品牌,因地制宜,发挥自己的地方优势;第三,依靠技术进步。由于自己的包袱轻,要尽量采用网络、通讯、计算机等方面的先进技术,加快自身发展,扩大市场覆盖;第四,充分利用现行法律、法规和政策扩大规模,发展自己,如增资扩股、重组兼并,特别是与有自营、承销资格,但尚未规范的券商重组合并,以期达到“一步到位”的发展目的;第五,利用进入WTO的契机,抓住对外合资、合作的机会。

其次需要监管部门的政策支持。根据现行法律框架,近300家证券专营与兼营机构中的大部分,都将规范成为经纪类证券公司。因此监管部门的政策取向,对经纪类证券公司的规范进程和其今后的发展,特别是对中国证券中介市场的总体格局,都有非常重要的影响。

四、经纪类证券公司的发展规划

在对经纪类证券公司自身情况进行充分分析后,各经纪类证券公司都对自己的发展进行了规划和分阶段发展的计划,归纳起来主要有:

1.首先要立足现状,夯实基础,加强和完善各项内控制度,突出经纪服务特色,打造企业品牌。

2.制定3~5年规划,定出阶段目标,脚踏实地,分步实现。

3.计划新增5~20家证券营业部(服务部),以扩大公司规模,提高市场覆盖率,增加营业收入,降低费用成本,并提出设立10家营业部是经纪类证券公司的生存线。

4.准备增资扩股,为扩大公司规模,收购、兼并、重组、合并创造物质条件。有半数以上的经纪类证券公司,在积极筹划增资扩股,为企业升级和长远发展创造条件。

5.依靠技术进步等手段，大力发展网上交易，增强公司的辐射力，扩大客户群体，降低公司费用，以实现低成本扩张。

6.积极培养和引进人才，以适应日趋激烈的证券市场的竞争。

经纪类证券公司是随着《证券法》的实施而诞生的，它标志着我国证券市场一支新生力量的出现，它将以专业、优质、规范、迅速的特点，发展壮大，在中国证监会的各级领导和广大证券投资人的关怀支持下，将会茁壮成长起来，成为证券市场上的一支生力军。

材料来源：各经纪类证券公司报送，沪、深两市交易所信息中心，中国证监会机构部。

（丛小路、郝春明、赵光、张冰）

其他证券公司

一、概　述

依据《证券法》和 1999 年 3 月证监会发布的《关于进一步加强证券公司监管的若干意见》(以下简称《意见》),我国证券公司将分为综合类证券公司和经纪类证券公司。随后,以湘财证券获批为第一家综合类券商和首创证券获批为第一家经纪类券商开始,证券公司掀起了一场增资扩股和重新定位的高潮。截至 2000 年 12 月 31 日,全国 100 家证券公司(不包括中国国际金融公司)中已有 14 家被核准为综合类证券公司,12 家被核准为经纪类券商,但还有 74 家仍未确定分类。

这 74 家又分处于三个阶段:

过渡期:指已经证监会批准并完成重组或增资扩股、但还未确定类别、须在自给予过渡之日起两年内确定类别的证券公司。

正在规范:指已经证监会批准、并正处于重组或增资扩股中的证券公司。

未规范:指至今未经证监会批准进行重组、增资扩股或分类的证券公司。

二、现状与成因

截至 2000 年 12 月 31 日,处于“过渡期”的有国泰君安、河北证券、东北证券、新华证券、万通证券、长江证券、华西证券、西部证券、西北证券、西南证券、宏源证券、华鑫证券等 13 家。

处于“正在规范”的有三峡证券、湖南证券、广州证券、南方证券、平安证券、天津证券、山西证券、大连证券、黑龙江证券、齐齐哈尔证券、牡丹江证券、新疆证券、上海财政证券、浙江证券、宁波证券、闽发证券、山东证券、武汉证券、深圳特区证券、河南证券、海口财政证券等 21 家。

处于“未规范”的有华夏证券、申银万国、广东证券、内蒙古证券、辽宁证券、沈阳证券、大连证券、锦州证券、鞍山证券、哈尔滨证券、佳木斯证券、南京证券、苏州证券、无锡证券、常州证券、华福证券、厦门证券、江西证券、黄河证券、开封证券、洛阳证券、长沙证券、惠州证券、江门证券、中山证券、湛江证券、汕头证券、东莞证券、佛山证券、珠海证券、联合证券、蔚深证券、广西证券、海南证券、成都证券、贵州证券、云南证券、甘肃证券、青海证券等 40 家。

按各家公司的战略发展意图进一步分类后,统计的各家证券公司现状概览见表 1。

表 1　其他证券公司现状概览(2000 年 12 月 31 日数据)

规范进度	过渡期		正在规范		未规范	
战略定位	综合	经纪	综合	经纪或合并	综合	尚难确定
家数	13		21		40	
	11	2	17		5	35
平均注册资本	9.83		2.14		1.85	
(亿元)	11.11	2.8	2.6	0.143	10.24	0.65
平均净资本	3.67		1.2		-1.70	
(亿元)	3.96	1.0	1.53	-0.187	-2.86	-1.53
平均净资产	13.45		6.44		3.52	
(亿元)	14.6	0.34	7.54	0.24	16.86	1.5
平均总资产	97.65		45.9		40.7	
(亿元)	106.8	24	56.1	2.56	181.6	19.96
平均营业部数	34.75	10	22.75	3.3	66.4	8.76

注:①本表中关于各家证券公司的战略定位分类依据的是 2000 年 12 月 31 日情况,并具有一定主观性,因此,其中统计数据仅供参考。

②对“正在规范”类证券公司的分类标准是:a.经批复增资扩股后资本金超过 5 亿元的其战略定位划入综合类。b.划入经纪或合并类的四家是大连证券、齐齐哈尔证券、牡丹江证券和海口财政证券。其中,齐齐哈尔证券和牡丹江证券正拟与黑龙江证券合并重组为兴安证券。

③对“未规范”类证券公司的分类标准是:已具有主承销资格的,其战略定位划入综合类,即华夏、申万、广东、东方和联合证券;其余的划入“尚难确定”。

三、主体状况

这 74 家证券公司是我国券商队伍的重要主体。不仅家数上占了 3/4,而且包括了国泰君安、南方、申万、华夏等全国性的、排名前列的证券公司。其中券商发展水平参差不齐。既有前述一些国内业务规模最大的券商,更有众多中小券商;既有全国性券商,也有区域性、地方性证券公司;既有资本雄厚,实力一流的券商,也有净资本为负,业务开拓乏力的券商。

1.财务状况:

(1)“未规范”类证券公司资本严重不足。平均净资产/平均总资产为 8.64%,尤其平均净资本为 -1.70亿元。其中,可以确认定位综合类的四家中,华夏证券净资本为 -28.33 亿,对整体统计指标产生了很大影响;尚难定位的 35 家中,有 16 家净资本为负。

(2)“正在规范”类证券公司资本状况亦不容乐观。平均净资产/平均总资产为 14%,但平均净资本/平均总资产只 2.6%

(3)“过渡期”类证券公司整体财务状况相对较好。平均净资产/平均总资产为 13.8%,平均净资本/平均总资产 3.78%,因为它们在获准进入“过渡期”前都已增资扩股和重组,这体现了监管当局本轮分类规范的主要目的。

2.规模状况:

以“综合类”为目标的证券公司规模远大于以“经纪类”为目标的公司。在目标已经明确的“过渡期”券商中,前者的平均营业部数量和平均总资产分别为后者的 4.45 和 3.48 倍(对“正在规范”和“未规范”的证券公司,由于我们在二次分类时已经引入规模的因素,因此,不进行比较)。

3.战略定位:

大部分已经明确定位的证券公司都定位于综合类券商。处于“过渡期”的定位综合类与定位经纪类的比为 11:2;处于“正在规范”的为 17:4;处于“未规范”的证券公司,绝大部分倾向或寻求向综合类发展,只是很多都面临客观条件不够的问题。

形成这种现状的原因是:

第一,本次分类是由监管部门驱动而非市场竞争驱动的,因此,处于各阶段的券商彼此间参差不齐,缺乏同一的市场特征。

第二,客观上相对于一家公司战略的定位和执行,从1999年3月算起,到2000年底时间并不长,很多公司还未完成规范过程亦属正常。

第三,部分老牌大券商在前几年整顿金融秩序中,发生了合并和高层人事大变动。虽然它们的战略定位显然是综合类,但无论是出于自身需要还是证监会的要求,都有先解决内部整合再规范的必要。

第四,很多券商,尤其部分大券商要解决不良资产、大量实业投资等历史遗留问题。

第五,很多中小券商不愿束手于经纪类券商。因为《意见》中规定经纪类券商"可以开展"的业务太少,仅有委托代理性质业务,自营、财务顾问、咨询等业务都未列入,使经纪类券商难以发展。但追求定位于综合类又面临品牌、人才、资金、历史承销业绩、经纪份额等诸多问题,所以,很多小券商采取坐以观变的态度留在了"未规范"队伍中。

四、问题与对策

因处于"过渡期"、"正在规范"和"未规范"阶段的券商间缺乏同一性特征,因此,我们将所有尚未核准好分类的证券公司按它们的战略发展意图分为"定位于综合类"、"定位于经纪类"和"尚未明确定位"三种情况来说明这些券商面临的问题与采取的对策。

第一,"定位于综合类"的证券公司

已经可以确认"定位于综合类"的券商共33家。其中又分为两部分:一部分是原本就具有相当规模与实力的大券商,如国泰君安、申银万国、华夏、南方等;另一部分是从中小券商通过增资扩股或合并再增资扩股而成的。

其中大券商们面临的:一是历史遗留问题,包括合并不久、大股东易人、高层人事重大变动、不良资产过多和实业涉及太广等引起的问题,这也是造成它们未能较早被核准为综合类券商的主要原因;二是发展的问题,这些券商发展目标不仅局限于国内领先,更是要面对金融全球化、自由化、电子化,所以,要不断发现、研究并解决新问题。

对历史遗留问题的主要对策:一是文化整合。但对一些合并而来的券商,文化的整合决非朝夕可就,尤其是由两家风格迥异的公司在监管当局的促成下合并的;二是管理层的人事整合。新的管理层能否迅速确立并顺利展开工作对公司健康发展显然至关重要。个别大券商历经一年半还迟迟不能确立新领导班子自然是不可小看的问题;三是通过加强催收和保全资产,或将资产分离给新成立的子公司进行剥离来解决和剥离不良资产;四是通过出售、建立实业投资子公司等来剥离实业资产。

面对发展问题,这部分大券商在战略研究上本身就是国内领先的,由于自信无疑将成为综合类券商,它们的对策和已经核准的综合类券商基本一样:包括在人才、资金、业务范围、机构设置上实施倾斜的大投行战略、大研发战略;投资业务组合化;致力客户资产管理;经纪业务智能化、咨询化;激励手段多样化;创新日常化、全面化等。

总的来说,这些大券商虽然还面临很多问题,但它们的历史和实力决定了它们将和已经核准的综合类券商一起构成我们未来应对入世和金融全球化、自由化、电子化下竞争的主力。

对从中小券商通过增资扩股或合并再增资扩股而成,并定位于综合类的券商,它们的历史遗留问题也有,但它们首先面对的是发展的问题,而且是在人才、资金、历史业绩等优势都不明显的基础上发展的问题。增资扩股后回报股东的盈利压力遽增,也使发展问题变得更为迫切。面对这些问题,它们普遍采取的一些措施有:

急剧扩张投行与研发力量。它们原来的投

行、研发力量相对较弱，而这是综合类券商区别于经纪类券商最明显的标志。这种扩张首先是表现为一种量的扩张，即迅速扩大投行和研发的规模。而后很多券商提出走向特色发展之路，即在某些行业、地域的研究和承销上作出自己的品牌，再带动整个投行与研发的发展；在经纪业务上，它们对网上交易、网上咨询等新型平台寄予的厚望更甚于大券商；在激励机制、激励手段上更激进。这同它们的业务人员由于品牌、研究、技术优势不明显，开展业务的难度相对大一些，也是对应的；同经纪业务一样，它们对其他各类创新都普遍寄予厚望，这是它们超越老牌大券商的必经之路。

总的来说，这批即将出炉的新兴综合类券商将是我们券商队伍中充满潜资的生力军。

第二，"定位于经纪类"的证券公司

虽然这批券商已经定位于经纪类券商，但战略定位依然是它们面临的最大问题。因为《意见》中对经纪类券商的业务规定很不利于经纪类券商的长远发展和稳健经营。譬如，没有咨询资格，如何提高经纪服务质量？佣金一旦市场化，或者市场交投不活跃，如何保障公司的基本利润来源？客户资产管理和自营，这是很多小券商今天事实上的主要利润来源，不许进行的话，新利润来源在哪里？

它们的对策主要有 4 种，但每种都面临难以回避的问题。

1.据理力争政策。主要要求的政策有：新批营业部、放宽业务许可（现期主要要求咨询资格、财务顾问、并购重组、资产管理、基金管理等业务许可）、放宽从经纪类券商向综合类券商转化的承销业绩条件。但这显然不是监管当局制定《意见》时的初衷。

2.进一步增资扩股，最后向综合类券商发展。由于拥有金融"特许经营牌"，且近几年证券行业赢利颇丰，所以资金不成问题。但面临承销业务资格限制，即使资本规模符合要求了，也必须先做几年分销，分销业绩不错，才能申请主承销资格。但承销市场的格局到时应早已形成。而且，做综合类券商要求经纪业务份额达到 1%，它们已有的营业部数量普遍较少也形成了制约。

3.走并购之路。这是监管当局正愿意看到的。而且随着信托业的证券业务必须被剥离，将有大批营业部被释放出来，同时，众多小券商都有彼此合并之意。对公司而言，这的确是一条可行的迅速扩大规模之路。但谁做老大，这是很实际的问题，出于本集团或个人的利益考虑，这是很多公司现有股东和管理层都不愿面对的问题，谁都想控制住一张金融"特许经营牌"。还有文化、人事、机构、管理等整合问题。

4.走"特色"之路。首先就是网上经纪。相对而言，定位于经纪类的券商自有网点都少，开展网上业务对已有业务冲击也就小，还有美国嘉信带来的信心。但今日中国的综合类券商不会像昔日美林一样再留下这么好的发展空间，它们挟人才、资金、研究、交易通道、客户基础等综合优势早已经进到这片市场上开始抢地盘了。事实上，第一批获网上经纪资格的 23 家券商中，综合类和可以确认定位为综合类的券商占了 22 家，只有首创证券一家是经纪类的。其次是推行经纪人制度，提高服务质量。但这方面显然不会比综合类券商更容易做出"特色"来。

总的来说，定位为经纪类是在本身优势缺乏的基础上又面临被捆上一条绳索的境地。主观上它们是在不甘与无奈间寻求生存，并等待政策的变化来开拓发展的空间；客观条件和监管部门的要求是走并购之路。

第三，"尚未定位"的证券公司

尚未定位的基本上都是中小券商，它们的处境是两难：定位于经纪类，意味着马上要面临前面说的"本身优势缺乏又被捆上一条绳索的境地"；定位于综合类，不仅是找钱来增资扩股的问题，更有如何才能满足承销业绩、经纪份额等业务发展的问题。它们中已经有券商获得过主承销资格，可惜没有业绩，又被取消了。

这批券商中相当一部分现行的对策就是保持"尚未定位"，等待发现自己的出路。这条出路可能是政策的变化，可能是合并的机会，可能是大资金（包括国有和民营）的进入，还可能是发现自己形成了可赖以在市场中存在的“特色”。

等待的另一个作用是:可以在等待期间继续从事包括承销、自营、财务顾问、客户资产管理等很多《意见》中规定综合类券商才可从事的业务。这里头有部分公司主要的利润来源,有公司一旦向综合类券商迈进时所需的资历,有很多创新出“特色”的机会。但这些业务,包括有些券商的“特色”业务(除了网上经纪、经纪人制度外,它们往往还选一些投行业务如财务顾问、并购重组等作为“特色”加以培养。但品牌、融资能力等处于下风,尤其是缺乏后续的主承销资格这一硬伤,使它们竞争力大打折扣)。除了在这几年看好的市场中赢取一些利润,对明天可能只是增加一些合并时自己的份量,独自做下去,它们自己的业务人员都缺乏保持优势的信心。

总的来看,和定位为经纪类证券公司的情况一样,主观上是无奈、不甘于等待,客观上最可行的还应是并购之路。

五、结束语

从证券业发展趋势和行业整体发展看,《证券法》,尤其是《意见》推动的本轮证券公司的规范并分类,对促进我国证券公司明确战略定位、增强资本实力、解决历史遗留、加快业界整合,从而增强行业整体竞争力,化解金融风险的作用是不可否认的。虽然其中“扶大抑小”的思想的确使很多小证券公司陷入了尴尬境地,但也创造了一种加快并购、重组、转换体制的机会。很多质地优良的中小证券公司正是借这次机会完成了战略飞跃。“特许经营牌”是当前很多中小券商最大的资产。应该认识到,在行业大整合的时代,这些牌的价值正在分化,必须用心打造好这块牌,包括将数块牌合而为一,重新铸造,以寻求飞跃。

(尹哲)

证券经营机构概览

金额:万元

公司名称	鞍山证券公司		
地址	鞍山市铁东前进路2号	2000年主营业务收入	25 724
邮政编码	114001	2000年股票主承销家数	
董事长	宫鲁岩	2000年主承销总金额	
总经理	汤　涛	2000年A股交易总额	5 766 206
营业部数量	12	2000年B股交易总额	0
2000年资产总额	544 357	2000年基金交易总额	139 827
2000年净资产	24 578	2000年国债交易总额	5 308 848
2000年利润总额	2 718	2000年累计交易总额	11 214 881
2000年净利润	2 682	营业利润率(%)	10
资本利润率(%)	11	资产利润率(%)	0.49

金额:万元

公司名称	北方证券有限责任公司		
地址	辽宁省沈阳市沈河区友好街9号	2000年主营业务收入	15 606
邮政编码	110013	2000年股票主承销家数	
董事长	路畔生	2000年主承销总金额	
总经理	李兴明	2000年A股交易总额	3 288 813
营业部数量	11	2000年B股交易总额	0
2000年资产总额	231 297	2000年基金交易总额	215 742
2000年净资产	40 905	2000年国债交易总额	2 388
2000年利润总额	5 676	2000年累计交易总额	3 506 943
2000年净利润	3 780	营业利润率(%)	36.37
资本利润率(%)	9.24	资产利润率(%)	1.63

金额:万元

公司名称	北京证券有限责任公司		
地址	北京市西城区阜外大街2号万通新世界广场	2000年主营业务收入	43 528.04
邮政编码	100037	2000年股票主承销家数	3
董事长	卢克群	2000年主承销总金额	69 949.3
总经理	周康荣	2000年A股交易总额	10 119 845.61
营业部数量	23	2000年B股交易总额	0
2000年资产总额	734 418.08	2000年基金交易总额	260 758.93
2000年净资产	167 165.73	2000年国债交易总额	1 536 688.42
2000年利润总额	17 156.38	2000年累计交易总额	11 917 292.96
2000年净利润	11 219.62	营业利润率(%)	25.77
资本利润率(%)	7.4	资产利润率(%)	2.03

金额:万元

公司名称	长江证券有限责任公司		
地址	湖北省武汉市江汉区新华下路特8号	2000年主营业务收入	73 602
邮政编码	430015	2000年股票主承销家数	5
董事长	明云成	2000年主承销总金额	192 410
总经理	田　丹	2000年A股交易总额	9 600 817.02
营业部数量	20	2000年B股交易总额	73 317.44
2000年资产总额	669 078	2000年基金交易总额	595 727.46
2000年净资产	135 388	2000年国债交易总额	3 996 624.96
2000年利润总额	32 061	2000年累计交易总额	14 266 486.88
2000年净利润	20 726	营业利润率(%)	44
资本利润率(%)	15	资产利润率(%)	7.3

金额:万元

公司名称	长城证券有限责任公司		
地址	深圳市福田区特区报业大厦16楼	2000年主营业务收入	81 547
邮政编码	518034	2000年股票主承销家数	8
董事长		2000年主承销总金额	300 782.72
总经理	徐　英	2000年A股交易总额	11 534 747
营业部数量	17	2000年B股交易总额	46 205
2000年资产总额	602 921	2000年基金交易总额	840 724
2000年净资产	113 327	2000年国债交易总额	2 099 500
2000年利润总额	30 698	2000年累计交易总额	14 521 176
2000年净利润	23 898	营业利润率(%)	29.3
资本利润率(%)	28.9	资产利润率(%)	3.96

金额:万元

公司名称	长春证券有限责任公司		
地址	吉林省长春市绿园区东风大街30号	2000年主营业务收入	7 788
邮政编码	130011	2000年股票主承销家数	
董事长	张建林	2000年主承销总金额	
总经理	张建林	2000年A股交易总额	2 034 451
营业部数量	10	2000年B股交易总额	0
2000年资产总额	148 145	2000年基金交易总额	57 419
2000年净资产	27 904	2000年国债交易总额	89 798
2000年利润总额	2 371	2000年累计交易总额	2 181 668
2000年净利润	1 531	营业利润率(%)	20
资本利润率(%)	80	资产利润率(%)	1

金额:万元

公司名称	成都证券有限责任公司		
地址	四川省成都市大业路 39 号大业大厦 16 层	2000 年主营业务收入	17 264.4
邮政编码	610016	2000 年股票主承销家数	
董事长	晏　姚	2000 年主承销总金额	
总经理	贺　勇	2000 年 A 股交易总额	3 764 064
营业部数量	8	2000 年 B 股交易总额	0
2000 年资产总额	176 829.3	2000 年基金交易总额	108 690
2000 年净资产	31 049.2	2000 年国债交易总额	451 628
2000 年利润总额	8 133.5	2000 年累计交易总额	4 324 382
2000 年净利润	5 489.5	营业利润率(%)	47.05
资本利润率(%)	17.68	资产利润率(%)	3.104

金额:万元

公司名称	西安证券有限责任公司		
地址	陕西省市西安市友谊西路 130 号	2000 年主营业务收入	11 296
邮政编码	710068	2000 年股票主承销家数	
董事长	王文学	2000 年主承销总金额	
总经理	赵　恒	2000 年 A 股交易总额	2 306 388
营业部数量	7	2000 年 B 股交易总额	0
2000 年资产总额	93 964	2000 年基金交易总额	28 132
2000 年净资产	12 344	2000 年国债交易总额	254 187
2000 年利润总额	2 448	2000 年累计交易总额	25 588 707
2000 年净利润	1 476	营业利润率(%)	13.07
资本利润率(%)	29.52	资产利润率(%)	1.57

金额:万元

公司名称	重庆证券经纪有限责任公司		
地址	重庆市渝中区中山三路 161 号	2000 年主营业务收入	197
邮政编码	400015	2000 年股票主承销家数	
董事长	夏　峰	2000 年主承销总金额	
总经理	陈　华	2000 年 A 股交易总额	30 955
营业部数量	1	2000 年 B 股交易总额	0
2000 年资产总额	12 045	2000 年基金交易总额	931
2000 年净资产	10 057	2000 年国债交易总额	19
2000 年利润总额	86	2000 年累计交易总额	31 905
2000 年净利润	57	营业利润率(%)	28.9
资本利润率(%)	0.6	资产利润率(%)	0.5

金额:万元

公司名称	常州证券有限责任公司		
地址	江苏常州市延陵西路59号常信大厦18～19	2000年主营业务收入	13 282.83
邮政编码	213003	2000年股票主承销家数	
董事长	卞流成	2000年主承销总金额	
总经理	卞流成	2000年A股交易总额	3 242 058
营业部数量	7	2000年B股交易总额	0
2000年资产总额	145 014.83	2000年基金交易总额	85 769
2000年净资产	12 035.47	2000年国债交易总额	260 071
2000年利润总额	2 347.46	2000年累计交易总额	3 587 898
2000年净利润	1 359.33	营业利润率(%)	10.23
资本利润率(%)	16.99	资产利润率(%)	3.21

金额:万元

公司名称	大同证券经纪有限责任公司		
地址	山西省大同市大北街13号	2000年主营业务收入	11 664
邮政编码	037004	2000年股票主承销家数	
董事长	董祥	2000年主承销总金额	
总经理	董祥	2000年A股交易总额	2 425 448.5
营业部数量	8	2000年B股交易总额	0
2000年资产总额	121 743	2000年基金交易总额	82 584.5
2000年净资产	16 094	2000年国债交易总额	52 209.07
2000年利润总额	4 299	2000年累计交易总额	2 560 242.07
2000年净利润	3 213	营业利润率(%)	27.55
资本利润率(%)	32.13	资产利润率(%)	2.64

金额:万元

公司名称	大连证券有限责任公司		
地址	大连市中山区人民路26号中国人寿大厦25	2000年主营业务收入	21 876
邮政编码	116001	2000年股票主承销家数	1
董事长	石　雪	2000年主承销总金额	23 000
总经理	石　雪	2000年A股交易总额	5 868 362.86
营业部数量	13	2000年B股交易总额	0
2000年资产总额	332 442	2000年基金交易总额	175 813.61
2000年净资产	15 781	2000年国债交易总额	1 094 205.1
2000年利润总额	6 447	2000年累计交易总额	7 138 381.57
2000年净利润	4 029	营业利润率(%)	13.11
资本利润率(%)	40.29	资产利润率(%)	1.53

金额:万元

公司名称	大连财政证券公司		
地址	大连市中山区玉光街 59 号	2000 年主营业务收入	2 902
邮政编码	116001	2000 年股票主承销家数	
董事长		2000 年主承销总金额	
总经理	陈维刚	2000 年 A 股交易总额	487 410
营业部数量	3	2000 年 B 股交易总额	0
2000 年资产总额	21 302	2000 年基金交易总额	16 179
2000 年净资产	4 426	2000 年国债交易总额	25 817
2000 年利润总额	32	2000 年累计交易总额	529 406
2000 年净利润	32	营业利润率(%)	1.1
资本利润率(%)	0.72	资产利润率(%)	0.15

金额:万元

公司名称	大鹏证券有限责任公司		
地址	广东省深圳市深南东路 5002 号地王大厦 8 层	2000 年主营业务收入	122 083.39
邮政编码	518008	2000 年股票主承销家数	11
董事长	徐卫国	2000 年主承销总金额	422 375.80
总经理	张永恒	2000 年 A 股交易总额	16 931 255.68
营业部数量	23	2000 年 B 股交易总额	231 224.77
2000 年资产总额	948 646.74	2000 年基金交易总额	577 835.72
2000 年净资产	246 232.76	2000 年国债交易总额	6 332 538.72
2000 年利润总额	51 083.58	2000 年累计交易总额	24 072 854.89
2000 年净利润	41 376.27	营业利润率(%)	33.89
资本利润率(%)	16.93	资产利润率(%)	5.05

金额:万元

公司名称	东方证券有限责任公司		
地址	上海市巨鹿路 756 号	2000 年主营业务收入	61 206
邮政编码	200040	2000 年股票主承销家数	0
董事长	朱福涛	2000 年主承销总金额	18 750
总经理	朱福涛	2000 年 A 股交易总额	8 086 546
营业部数量	37	2000 年 B 股交易总额	83 845
2000 年资产总额	697 953	2000 年基金交易总额	363 146
2000 年净资产	122 754	2000 年国债交易总额	1 181 480
2000 年利润总额	24 083	2000 年累计交易总额	9 715 017
2000 年净利润	15 515	营业利润率(%)	25.3
资本利润率(%)	15.5	资产利润率(%)	2.2

金额:万元

公司名称	东北证券有限责任公司		
地址	吉林省长春市长春大街142号	2000年主营业务收入	47 691
邮政编码	130041	2000年股票主承销家数	9
董事长		2000年主承销总金额	220 402.62
总经理	李维雄	2000年A股交易总额	8 896 882
营业部数量	23	2000年B股交易总额	32 556
2000年资产总额	535 092	2000年基金交易总额	337 882
2000年净资产	116 468	2000年国债交易总额	74 380
2000年利润总额	22 765	2000年累计交易总额	7 341 700
2000年净利润	15 295	营业利润率(%)	32.07
资本利润率(%)	15.14	资产利润率(%)	2.86

金额:万元

公司名称	东莞证券有限责任公司		
地址	广东省东莞市莞太路篁村区胜和综合楼	2000年主营业务收入	30 014
邮政编码	523071	2000年股票主承销家数	
董事长		2000年主承销总金额	
总经理	何炎坤	2000年A股交易总额	7 714 434
营业部数量	10	2000年B股交易总额	4 756
2000年资产总额	312 272	2000年基金交易总额	214 885
2000年净资产	13 894	2000年国债交易总额	0
2000年利润总额	14 007	2000年累计交易总额	7 934 075
2000年净利润	9 540	营业利润率(%)	31.79
资本利润率(%)	190.8	资产利润率(%)	49.6

金额:万元

公司名称	佛山证券有限责任公司		
地址	广东省佛山市季华五路17号	2000年主营业务收入	8 282.84
邮政编码	528000	2000年股票主承销家数	
董事长	刘学民	2000年主承销总金额	
总经理	李弘建	2000年A股交易总额	2 053 456
营业部数量	5	2000年B股交易总额	0
2000年资产总额	133 652.13	2000年基金交易总额	57 617
2000年净资产	12 195.61	2000年国债交易总额	79 347
2000年利润总额	2 611.15	2000年累计交易总额	2 190 420
2000年净利润	1 613.36	营业利润率(%)	19.48
资本利润率(%)	20.17	资产利润率(%)	1.65

金额:万元

公司名称	福建省华福证券公司		
地址	福州市五四路国际大厦 15 层	2000 年主营业务收入	27 514.48
邮政编码	350003	2000 年股票主承销家数	
董事长		2000 年主承销总金额	
总经理	王希超	2000 年 A 股交易总额	4 276 155.5
营业部数量	11	2000 年 B 股交易总额	0
2000 年资产总额	360 413.83	2000 年基金交易总额	182 336.43
2000 年净资产	20 818.34	2000 年国债交易总额	93 897.87
2000 年利润总额	14 856.74	2000 年累计交易总额	4 552 389.8
2000 年净利润	14 712.29	营业利润率(%)	53
资本利润率(%)	71	资产利润率(%)	4

金额:万元

公司名称	福建省闽发证券有限公司		
地址	福州市五四路 158 号环球广场 28－29 层	2000 年主营业务收入	66 736.87
邮政编码	350003	2000 年股票主承销家数	
董事长	张晓伟	2000 年主承销总金额	
总经理	张晓伟	2000 年 A 股交易总额	12 409 118.52
营业部数量	19	2000 年 B 股交易总额	0
2000 年资产总额	803 435.46	2000 年基金交易总额	653 137.29
2000 年净资产	40 248.14	2000 年国债交易总额	4 016 589.47
2000 年利润总额	26 365.34	2000 年累计交易总额	17 078 845.28
2000 年净利润	17 730.48	营业利润率(%)	26.57
资本利润率(%)	162.38	资产利润率(%)	2.21

金额:万元

公司名称	广东民安证券经纪有限责任公司		
地址	广州市环市东路 322 号中梯十楼	2000 年主营业务收入	14 704.92
邮政编码	510060	2000 年股票主承销家数	
董事长	孔祥其	2000 年主承销总金额	
总经理	金国燕	2000 年 A 股交易总额	1 504 573
营业部数量	6	2000 年 B 股交易总额	0
2000 年资产总额	123 271.77	2000 年基金交易总额	62 703
2000 年净资产	30 091.53	2000 年国债交易总额	765
2000 年利润总额	7 987.2	2000 年累计交易总额	1 568 041
2000 年净利润	5 195.99	营业利润率(%)	54.32
资本利润率(%)	26.62	资产利润率(%)	4.22

金额:万元

公司名称	广东证券股份有限公司		
地址	广州市解放南路123号金汇大厦	2000年主营业务收入	108 941.45
邮政编码	510120	2000年股票主承销家数	4
董事长	钟伟华	2000年主承销总金额	161 760
总经理	钟伟华	2000年A股交易总额	19 575 570.13
营业部数量	32	2000年B股交易总额	134 453
2000年资产总额	1 242 161.94	2000年基金交易总额	742 054.69
2000年净资产	114 567.26	2000年国债交易总额	2 426 432.61
2000年利润总额	34 825.52	2000年累计交易总额	22 878 510.43
2000年净利润	20 937.85	营业利润率(%)	19.22
资本利润率(%)	19.15	资产利润率(%)	6.27

金额:万元

公司名称	广发证券有限责任公司		
地址	广州市天河北路183号大都会广场42层	2000年主营业务收入	225 821.09
邮政编码	510075	2000年股票主承销家数	17
董事长	陈云贤	2000年主承销总金额	863 300.00
总经理	方加春	2000年A股交易总额	31 914 177.83
营业部数量	53	2000年B股交易总额	526 504.62
2000年资产总额	2 348 203.24	2000年基金交易总额	1 172 920.55
2000年净资产	215 321.24	2000年国债交易总额	3 449 264.14
2000年利润总额	108 657.52	2000年累计交易总额	37 062 867.14
2000年净利润	68 529.41	营业利润率(%)	48.12
资本利润率(%)	31.83	资产利润率(%)	2.92

金额:万元

公司名称	广州证券有限责任公司		
地址	广州先烈中路69号东山广场5楼	2000年主营业务收入	24 167
邮政编码	518034	2000年股票主承销家数	
董事长	吴　张	2000年主承销总金额	
总经理	谭思马	2000年A股交易总额	5 324 026
营业部数量	9	2000年B股交易总额	144 083
2000年资产总额	196 861.74	2000年基金交易总额	167 985
2000年净资产	24 126.34	2000年国债交易总额	12 729
2000年利润总额	9 493.97	2000年累计交易总额	5 648 823
2000年净利润	5 932.34	营业利润率(%)	21.85
资本利润率(%)	39.55	资产利润率(%)	3.88

金额:万元

公司名称	广西证券有限责任公司		
地址	广西南宁市教育路7—1号	2000年主营业务收入	22 906
邮政编码	530022	2000年股票主承销家数	
董事长	黄兆鹏	2000年主承销总金额	
总经理	邓永伟	2000年A股交易总额	5 600 200
营业部数量	13	2000年B股交易总额	0
2000年资产总额	228 468	2000年基金交易总额	225 500
2000年净资产	19 378	2000年国债交易总额	0
2000年利润总额	9 179	2000年累计交易总额	5 825 700
2000年净利润	5 305	营业利润率(%)	23.16
资本利润率(%)	53.05	资产利润率(%)	2.32

金额:万元

公司名称	甘肃证券有限责任公司		
地址	兰州市中山路3号民安大厦B-25层	2000年主营业务收入	12 351
邮政编码	730030	2000年股票主承销家数	
董事长	谢铁牛	2000年主承销总金额	
总经理	于定卫	2000年A股交易总额	3 069 624.1
营业部数量	9	2000年B股交易总额	0
2000年资产总额	119 050	2000年基金交易总额	89 044.53
2000年净资产	11 943	2000年国债交易总额	2 783 357.29
2000年利润总额	2 337	2000年累计交易总额	5 942 025.92
2000年净利润	1 489	营业利润率(%)	20.52
资本利润率(%)	23.37	资产利润率(%)	0.13

金额:万元

公司名称	光大证券有限责任公司		
地址	上海市浦东新区浦东南路528号上交所南塔	2000年主营业务收入	198 570
邮政编码	200120	2000年股票主承销家数	30
董事长	王明权	2000年主承销总金额	1 240 224.14
总经理	聂庆平	2000年A股交易总额	18 900 000
营业部数量	43	2000年B股交易总额	126 700
2000年资产总额	1 205 311	2000年基金交易总额	1 100 000
2000年净资产	178 925	2000年国债交易总额	2 163 000
2000年利润总额	80 691	2000年累计交易总额	22 289 700
2000年净利润	51 874	营业利润率(%)	26.1
资本利润率(%)	28.9	资产利润率(%)	4.3

金额:万元

公司名称	国信证券有限责任公司		
地址	广东省深圳市红岭中路 1012 号国信证券大厦	2000 年主营业务收入	142 225
邮政编码	518001	2000 年股票主承销家数	34
董事长	李南峰	2000 年主承销总金额	1 238 912.51
总经理	胡关金	2000 年 A 股交易总额	14 552 017.39
营业部数量	20	2000 年 B 股交易总额	122 611.34
2000 年资产总额	1 324 491	2000 年基金交易总额	0
2000 年净资产	338 117	2000 年国债交易总额	4 589 596.29
2000 年利润总额	91 381	2000 年累计交易总额	19 264 225.02
2000 年净利润	77 416	营业利润率(%)	54.43
资本利润率(%)	24.65	资产利润率(%)	7.59

金额:万元

公司名称	国泰君安证券股份有限公司		
地址	上海市延平路 135 号	2000 年主营业务收入	492 599
邮政编码	200042	2000 年股票主承销家数	31
董事长	金建栋	2000 年主承销总金额	1 591 989.53
总经理	姚　刚	2000 年 A 股交易总额	71 877 600
营业部数量	118	2000 年 B 股交易总额	0
2000 年资产总额	4 729 046	2000 年基金交易总额	0
2000 年净资产	466 934	2000 年国债交易总额	14 788 331
2000 年利润总额	137 058	2000 年累计交易总额	86 665 931
2000 年净利润	85 910	营业利润率(%)	17.44
资本利润率(%)	23.05	资产利润率(%)	1.82

金额:万元

公司名称	国通证券有限责任公司		
地址	深圳市深南中路 34 号华强佳和大厦 A 座 8－11	2000 年主营业务收入	141 819.68
邮政编码	518031	2000 年股票主承销家数	7
董事长	万建华	2000 年主承销总金额	282 700
总经理	牛冠兴	2000 年 A 股交易总额	18 116 500
营业部数量	19	2000 年 B 股交易总额	244 700
2000 年资产总额	968 309.11	2000 年基金交易总额	1 232 400
2000 年净资产	296 018.52	2000 年国债交易总额	5 631 900
2000 年利润总额	80 691.05	2000 年累计交易总额	25 225 500
2000 年净利润	66 529.91	营业利润率(%)	46.19
资本利润率(%)	30.24	资产利润率(%)	6.87

金额:万元

公司名称	贵州证券公司		
地址	贵州省贵阳市中山东路139号4楼	2000年主营业务收入	15 063.6
邮政编码	550001	2000年股票主承销家数	
董事长		2000年主承销总金额	
总经理	宋建生	2000年A股交易总额	3 275 086
营业部数量	6	2000年B股交易总额	0
2000年资产总额	118 892.61	2000年基金交易总额	152 864
2000年净资产	12 605.43	2000年国债交易总额	41 210
2000年利润总额	7 610.15	2000年累计交易总额	3 469 160
2000年净利润	4 865.29	营业利润率(%)	32.3
资本利润率(%)	389.22	资产利润率(%)	4.09

金额:万元

公司名称	华安证券有限责任公司		
地址	安徽省合肥市长江中路357号	2000年主营业务收入	71 666.47
邮政编码	230061	2000年股票主承销家数	4
董事长	汪永平	2000年主承销总金额	104 006.99
总经理	汪永平	2000年A股交易总额	7 962 501
营业部数量	24	2000年B股交易总额	183 593
2000年资产总额	504 482.47	2000年基金交易总额	432 437
2000年净资产	173 823.61	2000年国债交易总额	362 995
2000年利润总额	43 107.17	2000年累计交易总额	8 941 526
2000年净利润	28 310.94	营业利润率(%)	60.15
资本利润率(%)	26.15	资产利润率(%)	7.21

金额:万元

公司名称	华西证券有限责任公司		
地址	四川省成都市陕西街239号	2000年主营业务收入	42 195
邮政编码	610041	2000年股票主承销家数	
董事长	张慎修	2000年主承销总金额	
总经理	涂炯韦	2000年A股交易总额	9 801 540.4
营业部数量	26	2000年B股交易总额	0
2000年资产总额	478 479	2000年基金交易总额	293 678.81
2000年净资产	111 249	2000年国债交易总额	83 141.63
2000年利润总额	16 645	2000年累计交易总额	10 178 360.84
2000年净利润	9 310	营业利润率(%)	36.54
资本利润率(%)	8.37	资产利润率(%)	1.95

金额:万元

公司名称	华夏证券有限公司		
地址	北京市东城区新中街68号	2000年主营业务收入	283 651.77
邮政编码	100027	2000年股票主承销家数	13
董事长		2000年主承销总金额	674 711.07
总经理	赵大建	2000年A股交易总额	45 231 958
营业部数量	92	2000年B股交易总额	378 920
2000年资产总额	3 189 240.89	2000年基金交易总额	1 832 488
2000年净资产	157 595.04	2000年国债交易总额	27 893 000
2000年利润总额	55 684.51	2000年累计交易总额	75 336 366
2000年净利润	26 267.96	营业利润率(%)	9.26
资本利润率(%)	26.27	资产利润率(%)	0.82

金额:万元

公司名称	华泰证券有限责任公司		
地址	南京市中山东路90号华泰证券大厦	2000年主营业务收入	98 693.66
邮政编码	210002	2000年股票主承销家数	7
董事长		2000年主承销总金额	307 013.34
总经理	吴万善	2000年A股交易总额	16 964 909.14
营业部数量	29	2000年B股交易总额	166 077
2000年资产总额	1 434 796.02	2000年基金交易总额	803 854
2000年净资产	141 914.08	2000年国债交易总额	1 925 067.72
2000年利润总额	49 686.26	2000年累计交易总额	19 859 907.86
2000年净利润	30 668.46	营业利润率(%)	50.34
资本利润率(%)	21.6	资产利润率(%)	2

金额:万元

公司名称	宏源证券股份有限公司		
地址	新疆乌鲁木齐市建设路2号宏源大厦	2000年主营业务收入	34 271.87
邮政编码	830002	2000年股票主承销家数	1
董事长	田国立	2000年主承销总金额	20 944
总经理	何加武	2000年A股交易总额	4 746 522.12
营业部数量	11	2000年B股交易总额	0
2000年资产总额	509 241.96	2000年基金交易总额	104 484.18
2000年净资产	64 613.76	2000年国债交易总额	7 509 656.18
2000年利润总额	10 199.51	2000年累计交易总额	12 360 662.48
2000年净利润	8 176.97	营业利润率(%)	22.73
资本利润率(%)	15.76	资产利润率(%)	1.6

金额:万元

公司名称	河北证券有限责任公司		
地址	河北省石家庄市裕华东路81号	2000年主营业务收入	45 736.79
邮政编码	050011	2000年股票主承销家数	
董事长	武铁锁	2000年主承销总金额	
总经理	武铁锁	2000年A股交易总额	9 742 367
营业部数量	30	2000年B股交易总额	0
2000年资产总额	478 148.32	2000年基金交易总额	309 706
2000年净资产	55 984.31	2000年国债交易总额	820 445
2000年利润总额	11 233.76	2000年累计交易总额	10 872 518
2000年净利润	6 660.31	营业利润率(%)	24.56
资本利润率(%)	20.83	资产利润率(%)	2.35

金额:万元

公司名称	河南证券有限责任公司		
地址	郑州市经六路9号附3号	2000年主营业务收入	26 805.01
邮政编码	450003	2000年股票主承销家数	
董事长	胡　燕	2000年主承销总金额	
总经理	胡　燕	2000年A股交易总额	7 268 568.83
营业部数量	18	2000年B股交易总额	0
2000年资产总额	322 850.31	2000年基金交易总额	197 665.83
2000年净资产	22 391.83	2000年国债交易总额	196 484.73
2000年利润总额	12 794.08	2000年累计交易总额	7 662 719.36
2000年净利润	8 575.06	营业利润率(%)	48
资本利润率(%)	58	资产利润率(%)	13

金额:万元

公司名称	哈尔滨财政证券公司		
地址	哈尔滨市道里区买卖街59号	2000年主营业务收入	7 011
邮政编码	150010	2000年股票主承销家数	
董事长		2000年主承销总金额	
总经理	黄文深	2000年A股交易总额	466 474
营业部数量	4	2000年B股交易总额	0
2000年资产总额	99 665	2000年基金交易总额	13 433
2000年净资产	10 916	2000年国债交易总额	810
2000年利润总额	566	2000年累计交易总额	480 717
2000年净利润	375	营业利润率(%)	5.35
资本利润率(%)	3.43	资产利润率(%)	0.38

金额:万元

公司名称	恒远证券经纪有限公司		
地址	江苏省苏州市干将西路 1296 号	2000 年主营业务收入	817.92
邮政编码	215004	2000 年股票主承销家数	
董事长	颜　羽	2000 年主承销总金额	
总经理	李由鹏	2000 年 A 股交易总额	278 597
营业部数量	1	2000 年 B 股交易总额	0
2000 年资产总额	27 443.72	2000 年基金交易总额	8 190.96
2000 年净资产	10 026.38	2000 年国债交易总额	57.19
2000 年利润总额	47.32	2000 年累计交易总额	286 845.15
2000 年净利润	34.32	营业利润率(%)	5.79
资本利润率(%)	0.47	资产利润率(%)	0.13

金额:万元

公司名称	海口市财政证券公司		
地址	海口市海甸沿江一西路 2 号	2000 年主营业务收入	64
邮政编码	570208	2000 年股票主承销家数	
董事长		2000 年主承销总金额	
总经理	丘　鹏	2000 年 A 股交易总额	0
营业部数量	0	2000 年 B 股交易总额	0
2000 年资产总额	2 217	2000 年基金交易总额	0
2000 年净资产	2 073	2000 年国债交易总额	0
2000 年利润总额	-19	2000 年累计交易总额	
2000 年净利润	-19	营业利润率(%)	-29.7
资本利润率(%)	-0.92	资产利润率(%)	-0.86

金额:万元

公司名称	海南省证券公司		
地址	海口市龙昆北路 2 号珠江广场帝豪大厦 27 层	2000 年主营业务收入	14 323
邮政编码	570125	2000 年股票主承销家数	
董事长	文　哲	2000 年主承销总金额	
总经理	燕　翔	2000 年 A 股交易总额	3 950 455
营业部数量	8	2000 年 B 股交易总额	7 815
2000 年资产总额	229 161	2000 年基金交易总额	133 913
2000 年净资产	4 064	2000 年国债交易总额	64 918
2000 年利润总额	2 994	2000 年累计交易总额	4 157 101
2000 年净利润	2 960	营业利润率(%)	21
资本利润率(%)	10	资产利润率(%)	2

金额:万元

公司名称	海通证券有限公司		
地址	上海市唐山路218号	2000年主营业务收入	360 737.54
邮政编码	200080	2000年股票主承销家数	12
董事长	王开国	2000年主承销总金额	1 240 235
总经理	王开国	2000年A股交易总额	54 264 890
营业部数量	87	2000年B股交易总额	550 112
2000年资产总额	3 123 704.76	2000年基金交易总额	2 245 448
2000年净资产	534 236.4	2000年国债交易总额	80 301 981
2000年利润总额	152 116.18	2000年累计交易总额	137 362 431
2000年净利润	106 000.02	营业利润率(%)	43.37
资本利润率(%)	40.6	资产利润率(%)	3.39

金额:万元

公司名称	黄河证券有限责任公司		
地址	郑州市纬四路东段19号广发大厦十楼	2000年主营业务收入	18 804
邮政编码	450008	2000年股票主承销家数	
董事长	南凤兰	2000年主承销总金额	
总经理	南凤兰	2000年A股交易总额	4 779 550.5
营业部数量	15	2000年B股交易总额	23 743.74
2000年资产总额	199 834	2000年基金交易总额	146 969.2
2000年净资产	33 121	2000年国债交易总额	19 966.4
2000年利润总额	5 449	2000年累计交易总额	4 970 229.84
2000年净利润	3 366	营业利润率(%)	26
资本利润率(%)	13	资产利润率(%)	2

金额:万元

公司名称	惠州证券有限责任公司		
地址	广东省惠州市麦地南路华侨新村F栋	2000年主营业务收入	5 394
邮政编码	516001	2000年股票主承销家数	
董事长		2000年主承销总金额	
总经理	张 辉	2000年A股交易总额	1 156 228
营业部数量	2	2000年B股交易总额	0
2000年资产总额	72 138	2000年基金交易总额	32 180
2000年净资产	10 713	2000年国债交易总额	3 297
2000年利润总额	2 584	2000年累计交易总额	1 191 705
2000年净利润	1 640	营业利润率(%)	47.91
资本利润率(%)	15.31	资产利润率(%)	2.27

金额:万元

公司名称	湖南证券有限责任公司		
地址	湖南省长沙市雨花亭西路1号	2000年主营业务收入	63 988.44
邮政编码	410007	2000年股票主承销家数	3
董事长	谭载阳	2000年主承销总金额	91 355.52
总经理	李选明	2000年A股交易总额	8 989 971
营业部数量	19	2000年B股交易总额	46 823
2000年资产总额	434 921.29	2000年基金交易总额	313 242
2000年净资产	39 303.59	2000年国债交易总额	73 181
2000年利润总额	17 722.88	2000年累计交易总额	9 423 217
2000年净利润	13 196.7	营业利润率(%)	30.62
资本利润率(%)	56.16	资产利润率(%)	3.03

金额:万元

公司名称	湖南省长沙证券公司		
地址	湖南省长沙市韶山北路149号	2000年主营业务收入	8 256.97
邮政编码	410011	2000年股票主承销家数	
董事长	周兆达	2000年主承销总金额	
总经理	曹建安	2000年A股交易总额	1 448 721.48
营业部数量	3	2000年B股交易总额	0
2000年资产总额	34 074.54	2000年基金交易总额	34 454.07
2000年净资产	5 434.21	2000年国债交易总额	1 457.67
2000年利润总额	2 795.37	2000年累计交易总额	1 484 633.22
2000年净利润	1 787.97	营业利润率(%)	21.65
资本利润率(%)	34.38	资产利润率(%)	7.27

金额:万元

公司名称	黑龙江省证券公司		
地址	黑龙江省哈尔滨市道里区通江街188号	2000年主营业务收入	18 552
邮政编码	150010	2000年股票主承销家数	
董事长		2000年主承销总金额	
总经理	卞玉祥	2000年A股交易总额	3 236 367.2
营业部数量	14	2000年B股交易总额	93 996.76
2000年资产总额	228 681	2000年基金交易总额	112 007
2000年净资产	−9 517	2000年国债交易总额	555 750
2000年利润总额	940	2000年累计交易总额	3 998 120.96
2000年净利润	−299	营业利润率(%)	3.82
资本利润率(%)	−7.59	资产利润率(%)	−0.14

金额:万元

公司名称	江门证券有限责任公司		
地址	广东省江门市港口路1号	2000年主营业务收入	12 213
邮政编码	529000	2000年股票主承销家数	
董事长	梁振堂	2000年主承销总金额	
总经理	黄厚庆	2000年A股交易总额	3 512 960
营业部数量	9	2000年B股交易总额	0
2000年资产总额	210 331	2000年基金交易总额	114 624
2000年净资产	13 475	2000年国债交易总额	9 653
2000年利润总额	3 589	2000年累计交易总额	3 637 237
2000年净利润	2 405	营业利润率(%)	24.24
资本利润率(%)	64.09	资产利润率(%)	1.14

金额:万元

公司名称	江西省证券公司		
地址	江西省南昌市胜利路287号	2000年主营业务收入	12244
邮政编码	330006	2000年股票主承销家数	
董事长	段 强	2000年主承销总金额	
总经理	段 强	2000年A股交易总额	2 653 344.39
营业部数量	14	2000年B股交易总额	0
2000年资产总额	156630	2000年基金交易总额	108 009.83
2000年净资产	609	2000年国债交易总额	42 457.9
2000年利润总额	3 895	2000年累计交易总额	2 803 812.12
2000年净利润	3 327	营业利润率(%)	27
资本利润率(%)	546	资产利润率(%)	2.1

金额:万元

公司名称	佳木斯市证券公司		
地址	黑龙江省佳木斯市长安路584号	2000年主营业务收入	3 366
邮政编码	154002	2000年股票主承销家数	
董事长	岳春江	2000年主承销总金额	
总经理	高 红	2000年A股交易总额	818 600
营业部数量	3	2000年B股交易总额	0
2000年资产总额	66 082	2000年基金交易总额	41 000
2000年净资产	1 483	2000年国债交易总额	3 700
2000年利润总额	93	2000年累计交易总额	863 300
2000年净利润	56	营业利润率(%)	2.3
资本利润率(%)	5.63	资产利润率(%)	0.09

金额:万元

公司名称	锦州证券有限责任公司		
地址	辽宁省锦州市中央大街二段56号建行大厦1号	2000年主营业务收入	14 553
邮政编码	121000	2000年股票主承销家数	
董事长		2000年主承销总金额	
总经理	李玉枕	2000年A股交易总额	2 404 940
营业部数量	6	2000年B股交易总额	0
2000年资产总额	149 209	2000年基金交易总额	75 106
2000年净资产	14 157	2000年国债交易总额	39 431
2000年利润总额	2 149	2000年累计交易总额	2 519 477
2000年净利润	1 440	营业利润率(%)	14.77
资本利润率(%)	10.17	资产利润率(%)	1.19

金额:万元

公司名称	开封证券公司		
地址	河南省开封市包公湖南路1号	2000年主营业务收入	5 840.93
邮政编码	475000	2000年股票主承销家数	
董事长	崔　岩	2000年主承销总金额	
总经理	胡彦如	2000年A股交易总额	1 977 067
营业部数量	4	2000年B股交易总额	0
2000年资产总额	83 211.3	2000年基金交易总额	57 613
2000年净资产	5 944.14	2000年国债交易总额	10 048
2000年利润总额	1 124.9	2000年累计交易总额	2 044 728
2000年净利润	730.54	营业利润率(%)	14.4
资本利润率(%)	22.2	资产利润率(%)	0.9

金额:万元

公司名称	辽宁省证券公司		
地址	沈阳市和平区总站路81号	2000年主营业务收入	46 826
邮政编码	110002	2000年股票主承销家数	
董事长	邵荣第	2000年主承销总金额	
总经理	智新富	2000年A股交易总额	5 800 405
营业部数量	22	2000年B股交易总额	1 847
2000年资产总额	505 382	2000年基金交易总额	2 485 302
2000年净资产	45 900	2000年国债交易总额	169 911
2000年利润总额	15 028	2000年累计交易总额	8 457 465
2000年净利润	13 973	营业利润率(%)	30
资本利润率(%)	59	资产利润率(%)	2.97

金额:万元

公司名称	洛阳市证券公司		
地址	河南省洛阳市南昌路 98 号	2000 年主营业务收入	9 315.6
邮政编码	471003	2000 年股票主承销家数	
董事长	隋新洛	2000 年主承销总金额	
总经理		2000 年 A 股交易总额	2 365 309
营业部数量	7	2000 年 B 股交易总额	0
2000 年资产总额	121 255	2000 年基金交易总额	89 639
2000 年净资产	9 125	2000 年国债交易总额	44 747
2000 年利润总额	1 733	2000 年累计交易总额	2 499 695
2000 年净利润	1 678	营业利润率(%)	16.23
资本利润率(%)	23.97	资产利润率(%)	1.38

金额:万元

公司名称	联合证券有限责任公司		
地址	深圳市深南东路 5047 号深圳发展银行大厦	2000 年主营业务收入	113 481.51
邮政编码	518001	2000 年股票主承销家数	16
董事长	王世宏	2000 年主承销总金额	603 201
总经理	殷　可	2000 年 A 股交易总额	19 764 234.13
营业部数量	40	2000 年 B 股交易总额	169 568.89
2000 年资产总额	869 810.1	2000 年基金交易总额	670 721.86
2000 年净资产	131 472.94	2000 年国债交易总额	2 374 275.07
2000 年利润总额	22 909.53	2000 年累计交易总额	22 978 799.95
2000 年净利润	16 001.94	营业利润率(%)	20.25
资本利润率(%)	12.65	资产利润率(%)	2.1

金额:万元

公司名称	牡丹江市证券公司		
地址	牡丹江市大平路文化宫南侧证券大厦	2000 年主营业务收入	5 260
邮政编码	157000	2000 年股票主承销家数	
董事长		2000 年主承销总金额	
总经理	明久成	2000 年 A 股交易总额	737 708
营业部数量	4	2000 年 B 股交易总额	0
2000 年资产总额	36 014	2000 年基金交易总额	0
2000 年净资产	414	2000 年国债交易总额	0
2000 年利润总额	1 738	2000 年累计交易总额	737 708
2000 年净利润	1 572	营业利润率(%)	33
资本利润率(%)	159	资产利润率(%)	4.36

金额:万元

公司名称	内蒙古证券有限责任公司		
地址	内蒙古呼和浩特市新城区东风路 111 号	2000 年主营业务收入	10 399.9
邮政编码	010010	2000 年股票主承销家数	
董事长	孙子荣	2000 年主承销总金额	
总经理	石治中	2000 年 A 股交易总额	2 998 484
营业部数量	10	2000 年 B 股交易总额	0
2000 年资产总额	114 178	2000 年基金交易总额	60 719
2000 年净资产	13 408	2000 年国债交易总额	1 007 007
2000 年利润总额	3 641	2000 年累计交易总额	4 066 210
2000 年净利润	2 401	营业利润率(%)	23
资本利润率(%)	25	资产利润率(%)	2

金额:万元

公司名称	宁波证券有限责任公司		
地址	宁波市开明街 417～427 号	2000 年主营业务收入	29 492
邮政编码	315000	2000 年股票主承销家数	
董事长	顾志斌	2000 年主承销总金额	
总经理	陈诚忠	2000 年 A 股交易总额	5 227 803.25
营业部数量	16	2000 年 B 股交易总额	0
2000 年资产总额	337 809	2000 年基金交易总额	222 297.64
2000 年净资产	45 800	2000 年国债交易总额	168 254.59
2000 年利润总额	8 639	2000 年累计交易总额	5 618 355.48
2000 年净利润	5 081	营业利润率(%)	29.29
资本利润率(%)	12.1	资产利润率(%)	1.5

金额:万元

公司名称	南方证券有限公司		
地址	深圳市嘉宾路太平洋商厦 4028 号 20－28 层	2000 年主营业务收入	404 005
邮政编码	518001	2000 年股票主承销家数	36
董事长	沈沛	2000 年主承销总金额	1 953 282
总经理	刘波	2000 年 A 股交易总额	56 763 764.15
营业部数量	71	2000 年 B 股交易总额	960 503.29
2000 年资产总额	3 575 765	2000 年基金交易总额	1 662 449.1
2000 年净资产	385 415	2000 年国债交易总额	20 119 429.87
2000 年利润总额	105 356	2000 年累计交易总额	79 506 146.41
2000 年净利润	76 254	营业利润率(%)	18.87
资本利润率(%)	31.64	资产利润率(%)	2.7

金额:万元

公司名称	南京证券有限责任公司		
地址	南京市大钟亭 8 号	2000 年主营业务收入	20 470
邮政编码	210008	2000 年股票主承销家数	
董事长	张治宗	2000 年主承销总金额	
总经理	徐福武	2000 年 A 股交易总额	4 415 182
营业部数量	10	2000 年 B 股交易总额	0
2000 年资产总额	226 844	2000 年基金交易总额	156 876
2000 年净资产	48 595	2000 年国债交易总额	560 949
2000 年利润总额	14 270	2000 年累计交易总额	5 133 007
2000 年净利润	9 139	营业利润率(%)	44.65
资本利润率(%)	26.63	资产利润率(%)	4.03

金额:万元

公司名称	平安证券有限责任公司		
地址	深圳市八卦岭八卦三路平安大厦三楼	2000 年主营业务收入	67 865.27
邮政编码	518029	2000 年股票主承销家数	4
董事长		2000 年主承销总金额	51 844.72
总经理	杨秀丽	2000 年 A 股交易总额	9 759 320.2
营业部数量	20	2000 年 B 股交易总额	0
2000 年资产总额	632 443.23	2000 年基金交易总额	219 723.73
2000 年净资产	88 376.77	2000 年国债交易总额	7 709 468.16
2000 年利润总额	21 350.89	2000 年累计交易总额	17 468 788.36
2000 年净利润	17 125.24	营业利润率(%)	25.23
资本利润率(%)	114.17	资产利润率(%)	19.38

金额:万元

公司名称	青海证券有限责任公司		
地址	青海省西宁市东大街 103 号	2000 年主营业务收入	10 739
邮政编码	810000	2000 年股票主承销家数	
董事长	钟小剑	2000 年主承销总金额	
总经理	钟小剑	2000 年 A 股交易总额	2 354 799.49
营业部数量	5	2000 年 B 股交易总额	0
2000 年资产总额	115 901	2000 年基金交易总额	47 834.22
2000 年净资产	14 068	2000 年国债交易总额	5 257.25
2000 年利润总额	6 374	2000 年累计交易总额	2 407 890.96
2000 年净利润	5 375	营业利润率(%)	50.05
资本利润率(%)	99.51	资产利润率(%)	5.41

金额:万元

公司名称	三峡证券有限责任公司		
地址	武汉市汉口武胜路134号泰合广场30～31楼	2000年主营业务收入	746 86
邮政编码	430033	2000年股票主承销家数	1
董事长	邓贵安	2000年主承销总金额	11 412.5
总经理	李洪尧	2000年A股交易总额	9 321 100
营业部数量	23	2000年B股交易总额	107 300
2000年资产总额	599 142	2000年基金交易总额	850 000
2000年净资产	24 735	2000年国债交易总额	10 500 000
2000年利润总额	7 975	2000年累计交易总额	20 778 400
2000年净利润	4 316	营业利润率(%)	5.77
资本利润率(%)	18.15	资产利润率(%)	0.88

金额:万元

公司名称	上海财政证券公司		
地址	上海市临平北路19号	2000年主营业务收入	57 933.93
邮政编码	200086	2000年股票主承销家数	
董事长		2000年主承销总金额	
总经理	赵叶龙	2000年A股交易总额	5 686 511.48
营业部数量	29	2000年B股交易总额	0
2000年资产总额	667 420.97	2000年基金交易总额	267 241.02
2000年净资产	145 609.02	2000年国债交易总额	10 363 006.36
2000年利润总额	25 062.97	2000年累计交易总额	16 316 758.86
2000年净利润	17 120.45	营业利润率(%)	43.26
资本利润率(%)	17.21	资产利润率(%)	2.57

金额:万元

公司名称	山东证券有限责任公司		
地址	山东省济南市泉城路180号齐鲁国际大厦	2000年主营业务收入	155 861
邮政编码	250011	2000年股票主承销家数	11
董事长	段　虎	2000年主承销总金额	370 282.12
总经理	宫龙云	2000年A股交易总额	26 286 940.33
营业部数量	50	2000年B股交易总额	0
2000年资产总额	1 124 523	2000年基金交易总额	0
2000年净资产	238 849	2000年国债交易总额	9 528 909.63
2000年利润总额	53 931	2000年累计交易总额	35 815 849.96
2000年净利润	31 587	营业利润率(%)	20.27
资本利润率(%)	20.2	资产利润率(%)	3.72

金额:万元

公司名称	山西证券有限责任公司		
地址	太原市迎泽大街 282 号	2000 年主营业务收入	15 392.79
邮政编码	030001	2000 年股票主承销家数	
董事长	张广慧	2000 年主承销总金额	
总经理	李明璋	2000 年 A 股交易总额	15 599 253.64
营业部数量	10	2000 年 B 股交易总额	0
2000 年资产总额	155 926.64	2000 年基金交易总额	97 945.34
2000 年净资产	27 147.33	2000 年国债交易总额	159 090.45
2000 年利润总额	9 146.08	2000 年累计交易总额	15 856 289.43
2000 年净利润	6 059.85	营业利润率(%)	39.37
资本利润率(%)	30.3	资产利润率(%)	15.74

金额:万元

公司名称	四川省天风证券经纪有限责任公司		
地址	四川省成都市走马街 55 号友谊广场 B 座 19 楼	2000 年主营业务收入	1 228
邮政编码	610021	2000 年股票主承销家数	
董事长	孟庆山	2000 年主承销总金额	
总经理	孟庆山	2000 年 A 股交易总额	347 384
营业部数量	1	2000 年 B 股交易总额	0
2000 年资产总额	15 744	2000 年基金交易总额	1 513
2000 年净资产	7 245	2000 年国债交易总额	0
2000 年利润总额	−455	2000 年累计交易总额	348 897
2000 年净利润	−455	营业利润率(%)	−37.06
资本利润率(%)	−5.91	资产利润率(%)	−2.89

金额:万元

公司名称	申银万国证券股份有限公司		
地址	上海市常熟路 171 号	2000 年主营业务收入	309 230
邮政编码	200031	2000 年股票主承销家数	2
董事长	王明权	2000 年主承销总金额	35 305
总经理	王玉春	2000 年 A 股交易总额	58 357 699
营业部数量	108	2000 年 B 股交易总额	1 587 025
2000 年资产总额	3 187 335	2000 年基金交易总额	2 596 811
2000 年净资产	314 622	2000 年国债交易总额	12 399 551
2000 年利润总额	122 786	2000 年累计交易总额	62 541 535
2000 年净利润	71 283	营业利润率(%)	39.94
资本利润率(%)	39.2	资产利润率(%)	2.24

金额:万元

公司名称	汕头证券股份有限公司		
地址	汕头市金砂东路汕融大厦十九楼	2000 年主营业务收入	14 901
邮政编码	515041	2000 年股票主承销家数	
董事长	吴小辉	2000 年主承销总金额	
总经理	谢一平	2000 年 A 股交易总额	4 529 879
营业部数量	13	2000 年 B 股交易总额	0
2000 年资产总额	297 106	2000 年基金交易总额	244 886
2000 年净资产	12 064	2000 年国债交易总额	625 279
2000 年利润总额	718	2000 年累计交易总额	5 400 044
2000 年净利润	423	营业利润率(%)	2.24
资本利润率(%)	3.51	资产利润率(%)	0.29

金额:万元

公司名称	沈阳财政证券公司		
地址	沈阳市沈河区北站路 105 号	2000 年主营业务收入	5 992
邮政编码	110003	2000 年股票主承销家数	
董事长		2000 年主承销总金额	
总经理	王　媄	2000 年 A 股交易总额	1148161
营业部数量	7	2000 年 B 股交易总额	0
2000 年资产总额	93028	2000 年基金交易总额	47 477
2000 年净资产	12 803	2000 年国债交易总额	882 918
2000 年利润总额	506	2000 年累计交易总额	2 078 556
2000 年净利润	359	营业利润率(%)	5.9
资本利润率(%)	2.8	资产利润率(%)	0.38

金额:万元

公司名称	苏州证券有限责任公司		
地址	苏州市西北街 118 号	2000 年主营业务收入	15 465.77
邮政编码	215001	2000 年股票主承销家数	
董事长	吴永敏	2000 年主承销总金额	
总经理		2000 年 A 股交易总额	4 825 264
营业部数量	6	2000 年 B 股交易总额	0
2000 年资产总额	296 907.27	2000 年基金交易总额	192 309
2000 年净资产	15 007.66	2000 年国债交易总额	97 706
2000 年利润总额	5 362.57	2000 年累计交易总额	5 115 279
2000 年净利润	3 193.04	营业利润率(%)	26.86
资本利润率(%)	51.56	资产利润率(%)	1.075

金额:万元

公司名称	首创证券经纪有限责任公司		
地址	北京市东城区新中街29号东环广场B座	2000年主营业务收入	4 187.33
邮政编码	100027	2000年股票主承销家数	
董事长	俞昌建	2000年主承销总金额	
总经理	于　楠	2000年A股交易总额	754 898
营业部数量	2	2000年B股交易总额	0
2000年资产总额	91 448.87	2000年基金交易总额	7 227
2000年净资产	23 482.59	2000年国债交易总额	44 475
2000年利润总额	801.53	2000年累计交易总额	806 600
2000年净利润	482.06	营业利润率(%)	19
资本利润率(%)	3.4	资产利润率(%)	0.88

金额:万元

公司名称	深圳市金牛证券经纪有限责任公司		
地址	深圳市华富路海外装饰大厦A座11楼	2000年主营业务收入	341.13
邮政编码	518031	2000年股票主承销家数	
董事长	郑元享	2000年主承销总金额	
总经理	熊晴川	2000年A股交易总额	83 520.1
营业部数量	1	2000年B股交易总额	0
2000年资产总额	12 694.99	2000年基金交易总额	4 037.89
2000年净资产	5 731.39	2000年国债交易总额	208.53
2000年利润总额	−268.61	2000年累计交易总额	87 766.52
2000年净利润	−268.61	营业利润率(%)	−78.74
资本利润率(%)	−11.36	资产利润率(%)	−2.12

金额:万元

公司名称	深圳经济特区证券公司		
地址	深圳市彩田南路证券大厦	2000年主营业务收入	41 253
邮政编码	518026	2000年股票主承销家数	
董事长	王一楠	2000年主承销总金额	
总经理	王一楠	2000年A股交易总额	10 151 897
营业部数量	18	2000年B股交易总额	99 011.52
2000年资产总额	429 792	2000年基金交易总额	188 632.79
2000年净资产	63 539	2000年国债交易总额	33 017.86
2000年利润总额	11 923	2000年累计交易总额	10 472 559.17
2000年净利润	10 281	营业利润率(%)	28.9
资本利润率(%)	57.72	资产利润率(%)	2.77

金额:万元

公司名称	天元证券经纪有限公司		
地址	哈尔滨市香坊区珠江路 50 号	2000 年主营业务收入	11 159
邮政编码	150036	2000 年股票主承销家数	
董事长	刘　成	2000 年主承销总金额	
总经理	刘　成	2000 年 A 股交易总额	
营业部数量	11	2000 年 B 股交易总额	0
2000 年资产总额	182 402	2000 年基金交易总额	0
2000 年净资产	14 131	2000 年国债交易总额	0
2000 年利润总额	1 568	2000 年累计交易总额	
2000 年净利润	1 039	营业利润率(%)	14.05
资本利润率(%)	12.06	资产利润率(%)	0.85

金额:万元

公司名称	天津证券有限责任公司		
地址	天津市和平区赤峰道 132 号	2000 年主营业务收入	16 975
邮政编码	300041	2000 年股票主承销家数	
董事长	葛子平	2000 年主承销总金额	
总经理	张　建	2000 年 A 股交易总额	2 376 482.69
营业部数量	8	2000 年 B 股交易总额	16 748.54
2000 年资产总额	22 751.3	2000 年基金交易总额	131 351.34
2000 年净资产	23 539	2000 年国债交易总额	348 643
2000 年利润总额	6 913	2000 年累计交易总额	2 873 225.57
2000 年净利润	4 588	营业利润率(%)	39.38
资本利润率(%)	57.85	资产利润率(%)	2.02

金额:万元

公司名称	万通证券有限责任公司		
地址	山东省青岛市东海路 28 号	2000 年主营业务收入	19075.33
邮政编码	266071	2000 年股票主承销家数	
董事长	刘孔青	2000 年主承销总金额	
总经理	王宏达	2000 年 A 股交易总额	3 280 815.19
营业部数量	14	2000 年 B 股交易总额	0
2000 年资产总额	209 410.12	2000 年基金交易总额	124 524.26
2000 年净资产	71 403.59	2000 年国债交易总额	40 815.56
2000 年利润总额	8 971.99	2000 年累计交易总额	3 446 155.01
2000 年净利润	5 709.87	营业利润率(%)	29.93
资本利润率(%)	16.46	资产利润率(%)	11.49

金额：万元

公司名称	万联证券经纪有限责任公司(筹)		
地址	广州市东风东路836号东峻广场第一座1702	2000年主营业务收入	11 521.29
邮政编码	510080	2000年股票主承销家数	
董事长	陶小敏	2000年主承销总金额	
总经理	陶小敏	2000年A股交易总额	37 103 563.208
营业部数量	15	2000年B股交易总额	0
2000年资产总额	162 297.12	2000年基金交易总额	945 745.393
2000年净资产	25 538.17	2000年国债交易总额	0
2000年利润总额	4 366.26	2000年累计交易总额	38 049 308.6
2000年净利润	4 362.68	营业利润率(%)	38
资本利润率(%)	9	资产利润率(%)	3

金额：万元

公司名称	无锡证券有限责任公司		
地址	江苏省无锡市中山路53号	2000年主营业务收入	21 700
邮政编码	214001	2000年股票主承销家数	
董事长	范　炎	2000年主承销总金额	
总经理	范　炎	2000年A股交易总额	4 343 603.18
营业部数量	7	2000年B股交易总额	0
2000年资产总额	319 384	2000年基金交易总额	157 031.47
2000年净资产	17 444	2000年国债交易总额	52 412.2
2000年利润总额	7 686	2000年累计交易总额	4 553 046.85
2000年净利润	5 137	营业利润率(%)	35.6
资本利润率(%)	153.7	资产利润率(%)	2.4

金额：万元

公司名称	武汉证券有限责任公司		
地址	湖北省武汉市汉口沿江大道130号	2000年主营业务收入	27 611
邮政编码	430014	2000年股票主承销家数	
董事长	李永宽	2000年主承销总金额	
总经理		2000年A股交易总额	2 729 495.88
营业部数量	14	2000年B股交易总额	3 104.6
2000年资产总额	199 259	2000年基金交易总额	156 750.54
2000年净资产	24 194	2000年国债交易总额	22 071.37
2000年利润总额	2 511	2000年累计交易总额	
2000年净利润	2 316	营业利润率(%)	9
资本利润率(%)	10	资产利润率(%)	13

金额:万元

公司名称	蔚深证券有限责任公司		
地址	深圳市福田区振华路飞亚大厦九楼	2000年主营业务收入	34 367.52
邮政编码	518041	2000年股票主承销家数	
董事长	王风华	2000年主承销总金额	
总经理	许小兵	2000年A股交易总额	6 839 993
营业部数量	16	2000年B股交易总额	52 338
2000年资产总额	272 457.71	2000年基金交易总额	165 385
2000年净资产	19 962.4	2000年国债交易总额	10 734
2000年利润总额	10 377.14	2000年累计交易总额	7 068 450
2000年净利润	8 259.65	营业利润率(%)	24.03
资本利润率(%)	82.6	资产利润率(%)	3.03

金额:万元

公司名称	兴业证券股份有限公司		
地址	福建省福州市湖东路99号标力大厦	2000年主营业务收入	72 416.61
邮政编码	350001	2000年股票主承销家数	6
董事长	兰　荣	2000年主承销总金额	166 115.62
总经理	兰　荣	2000年A股交易总额	9 077 353
营业部数量	21	2000年B股交易总额	0
2000年资产总额	737 469.54	2000年基金交易总额	2 653 769
2000年净资产	148 614.73	2000年国债交易总额	3 633 847
2000年利润总额	33 806.39	2000年累计交易总额	15 364 969
2000年净利润	20 068.63	营业利润率(%)	46.68
资本利润率(%)	13.5	资产利润率(%)	10.38

金额:万元

公司名称	西北证券有限责任公司		
地址	银川市民族北街15号	2000年主营业务收入	27 287.04
邮政编码	750004	2000年股票主承销家数	
董事长	吕　莉	2000年主承销总金额	
总经理	姜　巍	2000年A股交易总额	2 514 427
营业部数量	15	2000年B股交易总额	0
2000年资产总额	205 169.5	2000年基金交易总额	91 626
2000年净资产	76 884.08	2000年国债交易总额	563 553
2000年利润总额	14 524.28	2000年累计交易总额	3 169 606
2000年净利润	8 807.83	营业利润率(%)	52.99
资本利润率(%)	12.13	资产利润率(%)	4.29

金额:万元

公司名称	西南证券有限责任公司		
地址	重庆市渝中区临江支路2号合景大厦22-25层	2000年主营业务收入	78 546
邮政编码	400011	2000年股票主承销家数	11
董事长	张　引	2000年主承销总金额	618 130.4
总经理	孙　兵	2000年A股交易总额	11 284 902
营业部数量	25	2000年B股交易总额	70 228
2000年资产总额	644 117	2000年基金交易总额	262 515
2000年净资产	135 778	2000年国债交易总额	3 165 251
2000年利润总额	33 791	2000年累计交易总额	14 782 896
2000年净利润	22 919	营业利润率(%)	29.18
资本利润率(%)	20.31	资产利润率(%)	3.56

金额:万元

公司名称	西部证券股份有限公司		
地址	西安市东新街232号陕西信托大厦	2000年主营业务收入	51 646.34
邮政编码	710004	2000年股票主承销家数	
董事长	刘春茂	2000年主承销总金额	
总经理	安何和	2000年A股交易总额	7 625 619
营业部数量	20	2000年B股交易总额	0
2000年资产总额	639 844.45	2000年基金交易总额	163 444
2000年净资产	82 989.55	2000年国债交易总额	90 305
2000年利润总额	13 953.76	2000年累计交易总额	7 879 368
2000年净利润	90 617	营业利润率(%)	18.6
资本利润率(%)	20.6	资产利润率(%)	1.5

金额:万元

公司名称	厦门证券有限公司		
地址	福建省厦门市莲前西路2号劳富大厦17层	2000年主营业务收入	11 118.22
邮政编码	361009	2000年股票主承销家数	
董事长	苏金龙	2000年主承销总金额	
总经理	苏金龙	2000年A股交易总额	2 232 311.17
营业部数量	5	2000年B股交易总额	0
2000年资产总额	113 610.47	2000年基金交易总额	76 999.96
2000年净资产	9 444.7	2000年国债交易总额	28 002.05
2000年利润总额	2 507.45	2000年累计交易总额	2 337 313.18
2000年净利润	1 544.32	营业利润率(%)	20.67
资本利润率(%)	30.88	资产利润率(%)	1.36

金额:万元

公司名称	湘财证券有限责任公司		
地址	湖南省长沙市黄兴中路63号中山国际大厦	2000年主营业务收入	89 058
邮政编码	410005	2000年股票主承销家数	5
董事长	陈学荣	2000年主承销总金额	218 662
总经理	张世明	2000年A股交易总额	10 362 619
营业部数量	23	2000年B股交易总额	19 100
2000年资产总额	874 963	2000年基金交易总额	944 252
2000年净资产	133 435	2000年国债交易总额	1 119 751
2000年利润总额	40 766	2000年累计交易总额	12 445 722
2000年净利润	28 829	营业利润率(%)	45.77
资本利润率(%)	28.7	资产利润率(%)	3.29

金额:万元

公司名称	新疆证券有限责任公司		
地址	新疆乌鲁木齐市解放北路1号附2号(通宝大厦)	2000年主营业务收入	24 250.33
邮政编码	830002	2000年股票主承销家数	
董事长	高　虎	2000年主承销总金额	
总经理	柯延新	2000年A股交易总额	6 072 402
营业部数量	16	2000年B股交易总额	0
2000年资产总额	88 002.17	2000年基金交易总额	140 338.9
2000年净资产	21 799.23	2000年国债交易总额	66 263.8
2000年利润总额	78 487.55	2000年累计交易总额	6 279 004.7
2000年净利润	4 330.66	营业利润率(%)	17.76
资本利润率(%)	34.46	资产利润率(%)	6.87

金额:万元

公司名称	云南证券有限责任公司		
地址	云南省昆明市青年路400号	2000年主营业务收入	11 772.69
邮政编码	650021	2000年股票主承销家数	
董事长		2000年主承销总金额	
总经理	孙国萍	2000年A股交易总额	281 776.96
营业部数量	11	2000年B股交易总额	0
2000年资产总额	136 100.27	2000年基金交易总额	85 755.45
2000年净资产	202 013.44	2000年国债交易总额	29 202.98
2000年利润总额	2 437.54	2000年累计交易总额	396 735.39
2000年净利润	1 289.79	营业利润率(%)	10.96
资本利润率(%)	10.75	资产利润率(%)	0.95

金额:万元

公司名称	中山证券有限公司		
地址	广东省中山市竹苑路 102 号	2000 年主营业务收入	10 581.89
邮政编码	528403	2000 年股票主承销家数	
董事长	金向东	2000 年主承销总金额	
总经理	黄扬录	2000 年 A 股交易总额	3 014 658.23
营业部数量	5	2000 年 B 股交易总额	49 750.85
2000 年资产总额	198 520.05	2000 年基金交易总额	57 755.04
2000 年净资产	9 103.09	2000 年国债交易总额	3 016.64
2000 年利润总额	2 731.76	2000 年累计交易总额	3 125 180.76
2000 年净利润	2 029.43	营业利润率(%)	27.31
资本利润率(%)	67.65	资产利润率(%)	1.26

金额:万元

公司名称	中国国际金融有限公司		
地址	北京建国门外大街 1 号国贸大厦 2 座 28 层	2000 年主营业务收入	66 548.96
邮政编码	100004	2000 年股票主承销家数	1
董事长	王雪冰	2000 年主承销总金额	784 586
总经理	Peter Clarker	2000 年 A 股交易总额	0
营业部数量		2000 年 B 股交易总额	2 428
2000 年资产总额	204 746.2	2000 年基金交易总额	0
2000 年净资产	127 736.53	2000 年国债交易总额	2 887 553.18
2000 年利润总额	85 359.04	2000 年累计交易总额	2 889 981.18
2000 年净利润	77 958.61	营业利润率(%)	117.14
资本利润率(%)	61.03	资产利润率(%)	38.8

金额:万元

公司名称	中国银河证券有限责任公司		
地址	北京市复兴门内大街 158 号远洋大厦 13 层	2000 年主营业务收入	
邮政编码	100031	2000 年股票主承销家数	1
董事长		2000 年主承销总金额	46 500
总经理	朱　利	2000 年 A 股交易总额	75 739 229
营业部数量	172	2000 年 B 股交易总额	378 568
2000 年资产总额	4 381 520.98	2000 年基金交易总额	3 152 018
2000 年净资产	184 012.89	2000 年国债交易总额	11 672 444
2000 年利润总额	123 746.4	2000 年累计交易总额	90 942 259
2000 年净利润	75 709.86	营业利润率(%)	
资本利润率(%)		资产利润率(%)	

金额:万元

公司名称	中信证券股份有限公司		
地址	北京市朝阳区新源南路6号京城大厦3层	2000年主营业务收入	240 134
邮政编码	100004	2000年股票主承销家数	27
董事长	常振明	2000年主承销总金额	1 512 719.45
总经理	王东明	2000年A股交易总额	1 564 396.86
营业部数量	37	2000年B股交易总额	321 079.12
2000年资产总额	2 319 090	2000年基金交易总额	899 658.41
2000年净资产	402 317	2000年国债交易总额	19 344 919.81
2000年利润总额	147 986	2000年累计交易总额	22 130 054.2
2000年净利润	115 667	营业利润率(%)	61.71
资本利润率(%)	28.55	资产利润率(%)	4.99

金额:万元

公司名称	中富证券经纪有限责任公司		
地址	海南省海口市大同路华能大厦三楼	2000年主营业务收入	315.03
邮政编码	570102	2000年股票主承销家数	
董事长	唐荣汉	2000年主承销总金额	
总经理	唐荣汉	2000年A股交易总额	81 698.75
营业部数量	1	2000年B股交易总额	0
2000年资产总额	16 153.77	2000年基金交易总额	9 875.04
2000年净资产	8 040.69	2000年国债交易总额	89 029.25
2000年利润总额	47.88	2000年累计交易总额	180 603.04
2000年净利润	40.69	营业利润率(%)	5.83
资本利润率(%)	0.51	资产利润率(%)	0.25

金额:万元

公司名称	浙江证券有限责任公司		
地址	浙江省杭州市平海路1号	2000年主营业务收入	41 536
邮政编码	310006	2000年股票主承销家数	1
董事长	项建中	2000年主承销总金额	8 990
总经理	郭良勇	2000年A股交易总额	8 606 878
营业部数量	14	2000年B股交易总额	444 995
2000年资产总额	554 227	2000年基金交易总额	280 609
2000年净资产	59 486	2000年国债交易总额	812 404
2000年利润总额	5 635	2000年累计交易总额	10 144 886
2000年净利润	3 685	营业利润率(%)	8.68
资本利润率(%)	8.19	资产利润率(%)	0.66

金额:万元

公司名称	珠海证券有限公司		
地址	珠海市香洲凤凰路185号瀚高商业广场三层	2000年主营业务收入	10 263
邮政编码	519000	2000年股票主承销家数	
董事长	高杰发	2000年主承销总金额	
总经理	高杰发	2000年A股交易总额	2 889 438
营业部数量	8	2000年B股交易总额	58 555
2000年资产总额	358.24	2000年基金交易总额	65 467
2000年净资产	-17 213	2000年国债交易总额	7 033
2000年利润总额	-2 606	2000年累计交易总额	3 020 493
2000年净利润	-2 631	营业利润率(%)	-20.64
资本利润率(%)	-15.28	资产利润率(%)	-0.73

金额:万元

公司名称	湛江证券有限责任公司		
地址	广东省湛江市赤坎区中山一路22号八楼	2000年主营业务收入	6 468
邮政编码	524032	2000年股票主承销家数	
董事长	吴克龄	2000年主承销总金额	
总经理	李安民	2000年A股交易总额	1 581 309
营业部数量	8	2000年B股交易总额	0
2000年资产总额	105 541	2000年基金交易总额	50 754
2000年净资产	6 268	2000年国债交易总额	9 223
2000年利润总额	1 129	2000年累计交易总额	1 641 286
2000年净利润	735	营业利润率(%)	11.36
资本利润率(%)	15	资产利润率(%)	1

(贯 韬)

第八编 证券市场法制建设

证券市场法制建设综述

2000年，中国证监会根据党中央、国务院对证券监管工作的要求，认真贯彻执行《中华人民共和国证券法》和“法制、监管、自律、规范”的八字方针，在推进证券市场深化改革、加强监管和规范化建设方面做出了积极努力，法制建设取得了重大成果。2000年，中国证监会单独或与其他部门联合发布规章和规范性文件共70件，其内容涉及发行监管、上市公司监管、机构监管、市场监管、基金监管、期货监管等方面。这些规章和规范性文件对保障证券市场健康发展起到了积极作用。

(一)起草和制定证券法规、规章，全面推进《证券法》的贯彻落实

——发布《股票发行核准程序》。为了规范证券发行的审核程序，提高发行审核工作的透明度，2000年3月16日经国务院批准，中国证监会发布了《股票发行核准程序》，从受理申请文件到初审、发行审核委员会审核、中国证监会核准发行、未被核准的企业申请复议程序都作了明确规定。

——发布《证券交易所风险基金管理办法》和《证券结算风险基金管理暂行办法》。为了保障证券交易系统和证券登记结算系统的安全运转，妥善管理和使用证券交易所风险基金和证券结算风险基金，根据《证券法》的相关规定，经国务院批准，2000年4月4日，中国证监会和财政部共同发布了《证券交易所风险基金管理办法》和《证券结算风险基金管理暂行办法》。明确规定证券交易所风险基金是指用于弥补证券交易所重大经济损失，防范与证券交易所业务活动有关的重大风险事故，以保证证券交易活动正常进行而设立的专项基金。证券结算风险基金是指用于弥补证券登记结算公司因技术故障、操作失误、不可抗力导致的重大经济损失，以及防范与证券结算业务相关的重大风险事故而设立的专项基金。两个《办法》还分别对基金的来源、提取和交纳、基金的使用等作了具体规定。

——发布《股票发行上市辅导工作暂行办法》。为落实《中国证监会股票发行核准程序》中关于主承销商在报送申请文件前应对发行人辅导1年的规定，保证公开发行股票公司严格按照《中华人民共和国公司法》、《中华人民共和国证券法》等法律法规建立规范的法人治理结构和完善的运行机制，提高上市公司质量，中国证监会于2000年3月16日发布了《股票发行上市辅导工作暂行办法》，规定拟公开发行股票(A、B股)的股份有限公司应符合《公司法》的各项规定，在向中国证监会提出股票发行申请前，均须具有主承销资格的证券公司辅导，辅导期限为1年。《办法》对辅导内容、辅导程序、辅导要求及其责任都作了明确规定。

——发布《上市公司向社会公开募集股份暂行办法》。为规范上市公司向社会公开募集股份的行为，建立市场约束机制，保护投资者的合法权益，2000年4月30日中国证监会发布了《上市公司向社会公开募集股份暂行办法》，要求上市公司公募增发必须依法报经中国证监会核准，《办法》规定申请公募增发的上市公司原则上限于以下范围：1.符合上市公司重大资产重组有关规定的公司；2.具有自主开发核心技术能力、在行业中具有竞争优势、未来发展有潜力的公司；3.向社会公开发行股份的比例小于总股本25%或15%(总股本为4亿股以上时)的公司；4.既发行境内上市内资股，又发行境内或境外上市外资股的公司。《办法》对上市公司公募增发应当具备的条件、程序等

作了明确规定。

——发布《证券公司股票质押贷款管理办法》。为规范股票质押贷款业务的开展,维护借贷双方的合法权益,防范金融风险,促进我国资本市场的稳健发展,根据《中华人民共和国中国人民银行法》、《中华人民共和国商业银行法》、《中华人民共和国证券法》、《中华人民共和国担保法》和《贷款通则》的有关规定,2000 年 2 月 2 日中国人民银行和中国证监会联合发布了《证券公司股票质押贷款管理办法》,《办法》明确了股票质押贷款,是指证券公司以自营的股票和证券投资基金券作质押,向商业银行获得资金的一种贷款方式。股票质押贷款业务的归口管理机关为中国人民银行总行。商业银行开办股票质押贷款业务须经中国人民银行总行批准。《办法》规定借款人通过股票质押贷款所得资金的用途,必须符合《中华人民共和国证券法》的有关规定。《办法》还对贷款人、借款人的条件、质押物的保管和处分、违反规定的法律责任作了明确规定。

——发布《网上证券委托暂行管理办法》。为加强证券公司利用互联网络开展证券委托业务的管理,规范市场参与者的行为,防范和化解市场风险,切实保护投资者的利益,中国证监会于 2000 年 3 月 20 日发布了《网上证券委托暂行管理办法》。明确了网上委托是指证券公司通过互联网,向在本机构开户的投资者提供用于下达证券交易指令、获取成交结果的一种服务方式。网上委托的证券为上海证券交易所、深圳证券交易所挂牌的证券。《办法》对网上证券委托的业务规范、技术规范、信息披露等作了明确规定,是开展网上证券委托业务的重要法律依据。

——发布《证券公司检查办法》。为加强对证券公司的监管,规范证券公司运作,维护投资者利益,防范金融风险,2000 年 12 月 21 日中国证监会发布了《证券公司检查办法》。规定对证券公司检查的主要内容包括公司经营的合规性;公司经营的正常性;公司经营的安全性。检查方式分为现场检查与非现场检查两种,由中国证监会负责组织实施。

——发布《开放式证券投资基金试点办法》。为了促进证券投资基金的发展、规范开放式证券投资基金的公开募集设立、运作及其相关活动,保护证券投资基金投资人的合法权益,根据《证券投资基金管理暂行办法》的有关规定,中国证监会于 2000 年 10 月 8 日发布了《开放式证券投资基金试点办法》。《办法》规定开放式基金的设立必须经中国证监会审查批准。《办法》还就申请设立开放式基金的条件、设立募集的期限、认购、申购和赎回的条件和程序、基金托管人的职责等方面作了规定。根据《办法》的规定,第一批开放式基金的试点工作正在进行。

(二)为推进创业板市场的建立,抓紧起草相关法规、规章

1999 年 8 月 20 日中共中央、国务院《关于加强技术创新,发展高科技,实现产业化的决定》明确要求:在做好准备的基础上,适当时候在现有的证券交易所专门设立高新技术企业板块。1999 年 12 月 25 日九届全国人大常委会第十三次会议决定,高新技术股份有限公司上市交易的股票,在现有的证券交易所内单独组织交易系统,并规定:“属于高新技术的股份有限公司,发起人以工业产权和非专利技术作价出资的金额占公司注册资本的比例,公司发行新股、申请股票上市的条件,由国务院另行规定。”据此,中国证监会着手法规的起草工作,按照增强可操作性、发行上市条件宽严适度、强化市场监管、注重保护中小投资者的合法权益等原则,法规将对创业公司的股票发行上市条件、信息披露、保荐制度、监管和处罚等作具体规定,在法规起草的同时,中国证监会和深圳证券交易所认真组织起草有关规章和规则,确保创业板市场的依法运作。

(三)继续清理证券类部门规章和规范性文件

根据《证券法》和《关于贯彻执行〈证券法〉的

有关问题的通知》(证监办发[1999]11号)的精神，在1999年12月21日中国证监会发布的《关于废止部分证券类部门规章的通知》的基础上，对中国证监会成立以来至1999年12月31日期间公布的证券类和期货类部门规章和规范性文件进行了进一步清理，并逐一进行了确认，于2000年4月10日发布了《关于废止部分证券期货规章的通知(第二批)》(证监法律字[2000]1号)，明确了应予废止、已明令废止或者自行失效的证券类规章9件，期货类规章35件，这些规章和规范性文件均停止执行。对规章的及时清理和废止，是证券市场法制建设的一个重要环节。

(四)积极推行依法行政，认真处理行政复议案件和行政诉讼案件

在行政复议工作中，中国证监会一直坚持依法复议，严格执行《行政复议法》。在组织建设和制度建设上，成立了中国证监会行政复议与诉讼委员会，委员由各部门主要负责同志担任，并制定了《复议与诉讼委员会工作规则》、《诉讼复议工作人员守则》等，重大和复杂的复议案件，由该委员会集体讨论研究，对在复议中发现的问题，严格按照实事求是、有错必纠的原则及时予以纠正，从而保证了复议工作全面、正确地实施。2000年度，中国证监会共受理行政复议案件5件，1999年立案、2000年审结的复议案件8件，因不在复议范围之内，不予受理的行政复议案件1件，行政应诉案件3件。根据对2000年度行政复议与应诉案件的分析，我们认为，行政复议与应诉工作存在以下几个特点：

第一，行政复议案件的增长比例逐年增大。1998年，我会行政复议案件仅结案1起，1999年增加到5起，至2000年达到了11起。

第二，复议的内容发生了变化。2000年10月之前，我会收到的复议案件均是对行政处罚决定不服而提起的复议，但最近开始出现对行政许可不服而提出复议的案件。

第三，行政诉讼已经出现。2000年10月，中国证监会接连收到北京市第一中级人民法院的3份行政起诉状，在社会上引起了较大的反响，中国证监会认真应对诉讼，目前，一审已经审结，二审正在进行。

(冯鹤年)

证券法规概览

(一)行政法规　规范性文件

国有重点金融机构监事会暂行条例

(2000年1月10日经国务院第25次常务会议通过
2000年3月15日中华人民共和国国务院令第282号发布)

第一条　为了健全国有重点金融机构监督机制,加强对国有重点金融机构的监督,根据《中华人民共和国商业银行法》、《中华人民共和国保险法》等有关法律的规定,制定本条例。

第二条　本条例所称国有重点金融机构,是指国务院派出监事会的国有政策性银行、商业银行、金融资产管理公司、证券公司、保险公司等(以下简称国有金融机构)。

国务院派出监事会的国有金融机构名单,由国有金融机构监事会管理机构(以下简称监事会管理机构)提出建议,报国务院决定。

第三条　国有金融机构监事会(以下简称监事会)由国务院派出,对国务院负责,代表国家对国有金融机构的资产质量及国有资产保值增值状况实施监督。

第四条　监事会的日常管理工作由监事会管理机构负责。

第五条　监事会以财务监督为核心,根据有关法律、行政法规和财政部的有关规定,对国有金融机构的财务活动及董事、行长(经理)等主要负责人的经营管理行为进行监督,确保国有资产及其权益不受侵犯。

监事会与国有金融机构是监督与被监督的关系,不参与、不干预国有金融机构的经营决策和经营管理活动。

第六条　监事会履行下列职责:

(一)检查国有金融机构贯彻执行国家有关金融、经济的法律、行政法规和规章制度的情况;

(二)检查国有金融机构的财务,查阅其财务会计资料及与其经营管理活动有关的其他资料,验证其财务报告、资金营运报告的真实性、合法性;

(三)检查国有金融机构的经营效益、利润分配、国有资产保值增值、资金营运等情况;

(四)检查国有金融机构的董事、行长(经理)等主要负责人的经营行为,并对其经营管理业绩进行评价,提出奖惩、任免建议。

第七条　监事会一般每年对国有金融机构定期检查两次,并可以根据实际需要不定期地对国有金融机构进行专项检查。

第八条　监事会开展监督检查,可以采取下列方式:

(一)听取国有金融机构主要负责人有关财务、资金状况和经营管理情况的汇报,在国有金融机构召开有关监督检查事项的会议；

(二)查阅国有金融机构的财务报告、会计凭证、会计账簿等财务会计资料以及与经营管理活动有关的其他资料；

(三)核查国有金融机构的财务、资金状况，向职工了解情况、听取意见，必要时要求国有金融机构主要负责人作出说明；

(四)向财政、工商、税务、审计、金融监管等有关部门调查了解国有金融机构的财务状况和经营管理情况。

监事会主席根据监督检查的需要，可以列席或者委派监事会其他成员列席国有金融机构董事会会议和其他有关会议。

第九条　监事会指导国有金融机构的内部审计、稽核、监察等内部监督部门的工作，国有金融机构内部监督部门应当协助监事会履行监督检查职责。

第十条　监事会每次对国有金融机构进行检查后，应当及时作出检查报告。

检查报告的内容包括：财务、资金分析以及经营管理评价；主要负责人的经营管理业绩评价以及奖惩、任免建议；存在问题的处理建议；国务院要求报告或者监事会认为需要报告的其他事项。

监事会不得向国有金融机构透露前款所列检查报告内容。

第十一条　检查报告经监事会成员审核，并征求有关部门意见后，由监事会主席签署，经监事会管理机构报国务院。

监事会成员对检查报告有原则性不同意见的，应当在检查报告中说明。

第十二条　监事会在监督检查中发现国有金融机构的经营行为有可能危及金融安全、造成国有资产流失或者侵害国有资产所有者权益以及监事会认为应当立即报告的其他紧急情况，应当及时向监事会管理机构提出专项报告，也可以直接向国务院报告。

第十三条　国有金融机构应当定期、如实向监事会报送财务报告、资金营运报告，并及时报告重大业务经营活动情况，不得拒绝、隐匿、伪报。

第十四条　监事会根据对国有金融机构进行监督检查的情况，可以建议国务院责成审计署和财政部、中国人民银行、中国证券监督管理委员会、中国保险监督管理委员会依据各自的职权依法对国有金融机构进行审计或者检查。

监事会应当加强同财政部、中国人民银行、中国证券监督管理委员会、中国保险监督管理委员会的联系，相互通报有关情况。

第十五条　监事会由主席一人、监事若干人组成。

监事分为专职监事与兼职监事：从有关部门和单位选任的监事，为专职；监事会中财政部和中国人民银行、中国证券监督管理委员会、中国保险监督管理委员会等派出代表担任的监事，监事会管理机构聘请的经过资格认证的专业会计公司的专家和国有金融机构工作人员的代表担任的监事，为兼职。

监事会可以聘请必要的工作人员。

第十六条　监事会主席人选按照规定程序确定，由国务院任命。监事会主席由副部级国家工作人员担任，为专职，年龄一般在60周岁以下。

专职监事由监事会管理机构任命。专职监事由司(局)、处级国家工作人员担任，年龄一般在55周岁以下。

监事会成员每届任期3年，其中监事会主席和专职监事、派出监事不得在同一国有金融机构监事会连任。

第十七条　监事会主席应当具有较高的政策水平，坚持原则，廉洁自持，熟悉金融工作或者经济工作。

监事会主席履行下列职责：

(一)召集、主持监事会会议；

(二)负责监事会的日常工作；

(三)审定、签署监事会的报告和其他主要文件；

(四)应当由监事会主席履行的其他职责。

第十八条　监事应当具备下列条件：

(一)熟悉并能贯彻执行国家有关金融、经济

的法律、行政法规和规章制度;

(二)具有财务、金融、审计或者宏观经济等方面的专业知识,比较熟悉金融机构经营管理工作;

(三)坚持原则,廉洁自持,忠于职守;

(四)具有较强的综合分析和判断能力,并具备独立工作能力。

第十九条　监事会主席和专职监事、派出监事、专家监事实行回避原则,不得在其曾经工作过的或者其近亲属担任高级管理职务的国有金融机构的监事会中任职。

第二十条　监事会开展监督检查工作所需费用由国家财政拨付,由监事会管理机构统一列支。

第二十一条　监事会成员不得接受国有金融机构的任何馈赠,不得参加国有金融机构安排、组织或者支付费用的宴请、娱乐、旅游、出访等活动,不得在国有金融机构中为自己、亲友或者其他人谋取私利。

监事会主席和专职监事、派出监事、专家监事不得接受国有金融机构的任何报酬或者福利待遇,不得在国有金融机构报销任何费用。

第二十二条　监事会成员必须对检查报告内容保密,并不得泄露国有金融机构的商业秘密。

第二十三条　监事会成员在监督检查工作中成绩突出,为维护国家利益做出重要贡献的,给予奖励。

第二十四条　监事会成员有下列行为之一的,依法给予行政处分或者纪律处分;构成犯罪的,依法追究刑事责任:

(一)对国有金融机构的重大违法违纪问题隐匿不报或者严重失职的;

(二)与国有金融机构串通编造虚假报告的;

(三)有违反本条例第二十一条、第二十二条所列行为的。

第二十五条　国有金融机构有下列行为之一的,对直接负责的主管人员和其他直接责任人员依法给予纪律处分,直至撤销职务;构成犯罪的,依法追究刑事责任:

(一)拒绝、阻碍监事会依法履行职责的;

(二)拒绝、无故拖延向监事会提供财务状况和经营管理情况等有关资料的;

(三)隐匿、伪报有关资料的;

(四)有阻碍监事会监督检查的其他行为的。

第二十六条　国有金融机构发现监事会成员有违反本条例第二十一条、第二十二条所列行为时,有权向监事会管理机构报告,也可以直接向国务院报告。

第二十七条　本条例自发布之日起施行。1997年10月20日国务院批准、1997年11月12日中国人民银行发布的《国有独资商业银行监事会暂行规定》同时废止。

中国证监会股票发行核准程序

(经国务院批准　　2000年3月16日中国证券监督管理委员会发布)

为进一步提高股票发行核准工作的透明度,根据《中华人民共和国证券法》的有关规定,现将修订后的股票发行核准程序公告如下:

一、受理申请文件

发行人按照中国证监会颁布的《公司公开发

行股票申请文件标准格式》制作申请文件，经省级人民政府或国务院有关部门同意后，由主承销商推荐并向中国证监会申报。

中国证监会收到申请文件后在5个工作日内作出是否受理的决定。未按规定要求制作申请文件的，不予受理。同意受理的，根据国家有关规定收取审核费人民币3万元。

为不断提高股票发行工作水平，主承销商在报送申请文件前，应对发行人辅导一年，并出具承诺函。

在辅导期间，主承销商应对发行人的董事、监事和高级管理人员进行《公司法》、《证券法》等法律法规考试。如发行人属1997年股票发行计划指标内的企业，在提交发行审核委员会审核前，中国证监会对发行人的董事、监事和高级管理人员进行《公司法》、《证券法》等法律法规考试。应考人员必须80%以上考试合格。

如发行人申请作为高新技术企业公开发行股票，由主承销商向中国证监会报送推荐材料。中国证监会收到推荐材料后，在5个工作日内委托科学技术部和中国科学院对企业进行论证，科学技术部和中国科学院收到材料后在40个工作日内将论证结果函告中国证监会。经确认的高新技术企业，中国证监会将通知该企业及其主承销商按照《公司公开发行股票申请文件标准格式》制作申请文件，并予以优先审核。

二、初　审

中国证监会受理申请文件后，对发行人申请文件的合规性进行初审，并在30日内将初审意见函告发行人及其主承销商。

主承销商自收到初审意见之日起10日内将补充完善的申请文件报至中国证监会。

中国证监会在初审过程中，将就发行人投资项目是否符合国家产业政策征求国家发展计划委员会和国家经济贸易委员会意见，两委自收到文件后在15个工作日内，将有关意见函告中国证监会。

三、发行审核委员会审核

中国证监会对按初审意见补充完善的申请文件进一步审核，并在受理申请文件后60日内，将初审报告和申请文件提交发行审核委员会审核。

发行审核委员会按照国务院批准的工作程序开展审核工作。委员会进行充分讨论后，以投票方式对股票发行申请进行表决，提出审核意见。

四、核准发行

依据发行审核委员会的审核意见，中国证监会对发行人的发行申请作出核准或不予以核准的决定。予核准的，出具核准公开发行的文件。不予核准的，出具书面意见，说明不予核准的理由。

中国证监会自受理申请文件到作出决定的期限为3个月。

五、复　议

发行申请未被核准的企业，接到中国证监会书面决定之日起60日内，可提出复议申请。中国证监会收到复议申请后60日内，对复议申请作出决定。

证券交易所风险基金管理暂行办法

(2000 年 1 月 31 日国务院批准
2000 年 4 月 4 日中国证券监督管理委员会、财政部发布)

第一条 为保障证券交易系统的安全运转,妥善管理和使用证券交易所风险基金,根据《中华人民共和国证券法》第一百一十一条、一百一十二条规定,制定本办法。

第二条 本办法所称证券交易所风险基金(以下简称"本基金")是指用于弥补证券交易所重大经济损失,防范与证券交易所业务活动有关的重大风险事故,以保证证券交易活动正常进行而设立的专项基金。

第三条 本基金来源:

(一)按证券交易所收取交易经手费的百分之二十提取,作为风险基金单独列账;

(二)按证券交易所收取席位年费的百分之十提取,作为风险基金单独列账;

(三)按证券交易所收取会员费百分之十的比例一次性提取,作为风险基金单独列账;

(四)按本办法施行之日新股申购冻结资金利差账面余额的百分之十五,一次性提取;

(五)对违规会员的罚款、罚息收入。

第四条 每一个财政年度终了,本基金净资产达到或超过十亿元后,下一年度不再根据本办法第三条第(一)(二)项提取资金。

第五条 每一个财政年度终了,本基金净资产不足十亿元,下一年度应按本办法第三条第(一)(二)项规定继续提取资金。

第六条 中国证券监督管理委员会(以下简称"证监会")会同财政部可以根据市场风险情况,适当调整本基金规模、资金提取和交纳方式、比例。

第七条 本基金由证券交易所理事会管理。理事会应当指定机构,负责本基金的日常管理和使用。

第八条 本基金应当以专户方式全部存入国有商业银行,存款利息全部转入基金专户。

第九条 基金资产与证券交易所资产分开列账。本基金应当下设分类账,分别记录按本办法第三条各项所形成的本基金资产、利息收入及对应的资产本息使用情况。

第十条 本基金最低支付限额 2 000 万元。证券交易所动用基金时,必须报经证监会商财政部后批准。

第十一条 按本办法第三条第(四)项所提取的资金,应当在该条其他项资金支付完毕后才能动用。

第十二条 证券交易所应当按照有关法律、法规的规定,建立和完善业务规则、内部管理制度及会员监管制度,最大限度地避免风险事故发生。

第十三条 动用本基金后,证券交易所应当向有关责任方追偿,追偿转入本基金;同时,应及时修订和完善业务规则、内部管理制度及会员监管制度。

第十四条 经证监会批准,本基金作相应变更、清算时,由证监会会同财政部另行决定本基金剩余资产中应当上交财政和退还有关出资人的比例和数额。

第十五条 本基金的财务核算与管理办法由财政部制定。

第十六条 本办法由证监会负责解释。

第十七条 本办法自颁布之日起施行。

证券结算风险基金管理暂行办法

（2000年1月31日国务院批准
2000年4月4日中国证券监督管理委员会、财政部发布）

第一条　为了防范和化解证券市场风险，保障证券登记结算系统安全运行，妥善管理和使用证券结算风险基金，根据《中华人民共和国证券法》第一百五十四条、一百五十五条规定，制定本办法。

第二条　本办法所称证券结算风险基金（以下简称"本基金"）是指用于弥补证券登记结算公司（以下简称"登记公司"）因技术故障、操作失误、不可抗力导致的重大经济损失，以及防范与证券结算业务相关的重大风险事故而设立的专项基金。

第三条　本基金来源：

（一）按登记公司业务收入、收益的百分之二十分别提取；

（二）结算会员按人民币普通股和基金成交金额的十万分之三、国债现货和回购成交金额的十万分之一逐日交纳；

（三）按本办法施行之日新股申购冻结资金利差账面余额的百分之三十，一次性提取；

（四）对违规结算会员的罚款、罚息收入；

（五）中国证券监督管理委员会（以下简称"证监会"）和财政部规定的其他来源。

第四条　每一财政年度终了，本基金净资产达到或超过三十亿元后，下一年度不再根据本办法第三条第（一）项规定提取资金，结算会员不再根据本办法的第三条第（二）项规定交纳，但每个结算会员加入结算系统后按本办法第三条第（二）项交纳资金的时间不得少于一年。

第五条　每个财政年度终了，本基金净资产不足三十亿元，下一年度应按本办法第三条第（一）项规定继续提取资金，结算会员应按本办法第三条第（二）项规定继续交纳。

第六条　证监会会同财政部可以根据市场风险情况，适当调整本基金规模、资金提取和交纳方式、比例。

第七条　登记公司应当指定机构，负责本基金的日常管理和使用。

第八条　本基金应当以专户方式全部存入国有商业银行，存款利息全部转入基金专户。

第九条　本基金资产与登记公司资产分开列账。本基金应当下设分类账，分别记录按本办法第三条各项所形成的本基金资产、利息收入及对应的资产本息使用情况。

第十条　本基金最低支付限额2 000万元。登记公司动用本基金时，必须报经证监会商财政部后批准。

第十一条　因结算会员违约导致出现第二条所列情形时，应当按以下次序动用本基金：

（一）违约结算会员按本办法第三条第（二）项所交纳的资金；

（二）其他结算会员按本办法第三条第（二）项所交纳的资金；

（三）本办法第三条第（一）、（四）、（五）项所提取的资金；

（四）本办法第三条第（三）项所提取的资金。

第十二条　登记公司应当按照有关法律、法规的规定，建立和完善业务规则、内部管理制度及结算会员监管制度，最大限度地避免风险事故发生。

第十三条　动用本基金后，登记公司应当向有关责任方追偿，追偿款转入本基金；同时，应及时修订和完善业务规则、内部管理制度及结算会员监管制度。

第十四条　经证监会批准,本基金作相应变更、清算时,由证监会会同财政部另行决定本基金剩余资产中应当上交财政和退还有关出资人的比例和数额。

第十五条　本基金的财务核算与管理办法由财政部制定。

第十六条　本办法由证监会负责解释。

第十七条　本办法自颁布之日起施行。

金融资产管理公司条例

(2000 年 11 月 1 日经国务院第 32 次常务会议通过
2000 年 11 月 20 日中华人民共和国国务院令第 297 号发布)

第一章　总　　则

第一条　为了规范金融资产管理公司的活动,依法处理国有银行不良贷款,促进国有银行和国有企业的改革和发展,制定本条例。

第二条　金融资产管理公司,是指经国务院决定设立的收购国有银行不良贷款,管理和处置因收购国有银行不良贷款形成的资产的国有独资非银行金融机构。

第三条　金融资产管理公司以最大限度保全资产、减少损失为主要经营目标,依法独立承担民事责任。

第四条　中国人民银行、财政部和中国证券监督管理委员会依据各自的法定职责对金融资产管理公司实施监督管理。

第二章　公司的设立和业务范围

第五条　金融资产管理公司的注册资本为人民币 100 亿元,由财政部核拨。

第六条　金融资产管理公司由中国人民银行颁发《金融机构法人许可证》,并向工商行政管理部门依法办理登记。

第七条　金融资产管理公司设立分支机构,须经财政部同意,并报中国人民银行批准,由中国人民银行颁发《金融机构营业许可证》,并向工商行政管理部门依法办理登记。

第八条　金融资产管理公司设总裁 1 人、副总裁若干人。总裁、副总裁由国务院任命。总裁对外代表金融资产管理公司行使职权,负责金融资产管理公司的经营管理。

金融资产管理公司的高级管理人员须经中国人民银行审查任职资格。

第九条　金融资产管理公司监事会的组成、职责和工作程序,依照《国有重点金融机构监事会暂行条例》执行。

第十条　金融资产管理公司在其收购的国有银行不良贷款范围内,管理和处置因收购国有银行不良贷款形成的资产时,可以从事下列业务活动:

(一)追偿债务;

(二)对所收购的不良贷款形成的资产进行租赁或者以其他形式转让、重组;

(三)债权转股权,并对企业阶段性持股;

(四)资产管理范围内公司的上市推荐及债券、股票承销;

（五）发行金融债券，向金融机构借款；

（六）财务及法律咨询，资产及项目评估；

（七）中国人民银行、中国证券监督管理委员会批准的其他业务活动。

金融资产管理公司可以向中国人民银行申请再贷款。

第三章　收购不良贷款的范围、额度及资金来源

第十一条　金融资产管理公司按照国务院确定的范围和额度收购国有银行不良贷款；超出确定的范围或者额度收购的，须经国务院专项审批。

第十二条　在国务院确定的额度内，金融资产管理公司按照账面价值收购有关贷款本金和相对应的计入损益的应收未收利息；对未计入损益的应收未收利息，实行无偿划转。

第十三条　金融资产管理公司收购不良贷款后，即取得原债权人对债务人的各项权利。原借款合同的债务人、担保人及有关当事人应当继续履行合同规定的义务。

第十四条　金融资产管理公司收购不良贷款的资金来源包括：

（一）划转中国人民银行发放给国有独资商业银行的部分再贷款；

（二）发行金融债券。

中国人民银行发放给国有独资商业银行的再贷款划转给金融资产管理公司，实行固定利率，年利率为2.25%。

第十五条　金融资产管理公司发行金融债券，由中国人民银行会同财政部审批。

第四章　债权转股权

第十六条　金融资产管理公司可以将收购国有银行不良贷款取得的债权转为对借款企业的股权。

金融资产管理公司持有的股权，不受本公司净资产额或者注册资本的比例限制。

第十七条　实施债权转股权，应当贯彻国家产业政策，有利于优化经济结构，促进有关企业的技术进步和产品升级。

第十八条　实施债权转股权的企业，由国家经济贸易委员会向金融资产管理公司推荐。金融资产管理公司对被推荐的企业进行独立评审，制定企业债权转股权的方案并与企业签订债权转股权协议。债权转股权的方案和协议由国家经济贸易委员会会同财政部、中国人民银行审核，报国务院批准后实施。

第十九条　实施债权转股权的企业，应当按照现代企业制度的要求，转换经营机制，建立规范的公司法人治理结构，加强企业管理。有关地方人民政府应当帮助企业减员增效、下岗分流，分离企业办社会的职能。

第二十条　金融资产管理公司的债权转股权后，作为企业的股东，可以派员参加企业董事会、监事会，依法行使股东权利。

第二十一条　金融资产管理公司持有的企业股权，可以按照国家有关规定向境内外投资者转让，也可以由债权转股权企业依法回购。

第二十二条　企业实施债权转股权后，应当按照国家有关规定办理企业产权变更等有关登记。

第二十三条　国家经济贸易委员会负责组织、指导、协调企业债权转股权工作。

第五章　公司的经营和管理

第二十四条　金融资产管理公司实行经营目标责任制。

财政部根据不良贷款质量的情况，确定金融资产管理公司处置不良贷款的经营目标，并进行考核和监督。

第二十五条　金融资产管理公司应当根据不良贷款的特点，制定经营方针和有关措施，完善内部治理结构，建立内部约束机制和激励机制。

第二十六条　金融资产管理公司管理、处置因收购国有银行不良贷款形成的资产，应当按照

公开、竞争、择优的原则运作。

金融资产管理公司转让资产,主要采取招标、拍卖等方式。

金融资产管理公司的债权因债务人破产等原因得不到清偿的,按照国务院的规定处理。

金融资产管理公司资产处置管理办法由财政部制定。

第二十七条　金融资产管理公司根据业务需要,可以聘请具有会计、资产评估和法律服务等资格的中介机构协助开展业务。

第二十八条　金融资产管理公司免交在收购国有银行不良贷款和承接、处置因收购国有银行不良贷款形成的资产的业务活动中的税收。具体办法由财政部会同国家税务总局制定。

金融资产管理公司免交工商登记注册费等行政性收费。

第二十九条　金融资产管理公司应当按照中国人民银行、财政部和中国证券监督管理委员会等有关部门的要求,报送财务、统计报表和其他有关材料。

第三十条　金融资产管理公司应当依法接受审计机关的审计监督。

金融资产管理公司应当聘请财政部认可的注册会计师对其财务状况进行年度审计,并将审计报告及时报送各有关监督管理部门。

第六章　公司的终止和清算

第三十一条　金融资产管理公司终止时,由财政部组织清算组,进行清算。

第三十二条　金融资产管理公司处置不良贷款形成的最终损失,由财政部提出解决方案,报国务院批准执行。

第七章　附　　则

第三十三条　金融资产管理公司违反金融法律、行政法规的,由中国人民银行依照有关法律和《金融违法行为处罚办法》给予处罚;违反其他有关法律、行政法规的,由有关部门依法给予处罚;构成犯罪的,依法追究刑事责任。

第三十四条　本条例自公布之日起施行。

国务院办公厅转发国家计委、人民银行关于进一步加强对外发债管理意见的通知

(2000 年 3 月 10 日)

国家计委、人民银行《关于进一步加强对外发债管理的意见》已经国务院同意,现转发给你们,请认真贯彻执行。

关于进一步加强对外发债管理的意见

为了规范我国境内机构境外发债行为，提高发债筹集资金的使用效益，防范国家外债风险，根据国务院领导同志指示精神，现就进一步加强对外发债管理问题，提出以下意见：

一、对外发债的定义

对外发债是指我国境内机构，包括国家机关、金融机构及境内其他企事业单位和外商投资企业，在境外金融市场上发行的，以外币表示的，构成债权债务关系的有价证券。

境内机构发行境外外币可转换债券、大额可转让存单、商业票据，视同对外发债进行管理。可转换债券是指根据债权人的要求，按照发行时所定条件，可转换为公司股票或其他债券的有价证券。大额可转让存单是指银行发行具有一定期限的、可以在金融市场上转让流通的银行存款凭证。商业票据是指境内机构为满足流动资金需求，发行期限为2至270天、可流通转让的债务凭证。

二、对外发债的审批管理

（一）发债资格的认定。

对外发债实行资格审核批准制。境内机构（财政部除外）对外发债资格，由国家计委会同人民银行和有关主管部门，借鉴国际惯例进行评审后报国务院批准。发债资格每两年评审一次。具体管理办法另行制定。

（二）对外发债的审批。

1.境内机构（财政部除外）对外发债，经国家计委审核并会签国家外汇管理局后报国务院审批。国务院批准后，市场选择、入市时机等由国家外汇管理局审批。地方政府不得对外举债。

2.境内机构发行商业票据由国家外汇管理局审批，并占用国家外汇管理局核定该机构的短期对外借款余额指标；发行前设定滚动连续发行的，由国家外汇管理局会签国家计委后审批。

3.境内机构为其海外分支机构境外发债进行融资担保，发债所筹资金不调入境内使用的，由国家外汇管理局按现行有关规定审批；若发债资金调入境内使用，按境内机构对外发债的审批程序办理。

4.已上市外资股公司对外发行可转换债券，不实行资格审核批准制。国家计委会同中国证监会根据外资股公司境外融资需求及市场条件，确定境外可转换债券年度发行规模，并纳入当年利用外资计划。在年度规模内，按境内机构对外发债的审批程序办理，发债说明书报中国证监会备案。

5.境内机构对外发债后，要按照国家外汇管理局的规定办理外债登记。

（三）申请对外发债需报送的材料。

境内机构申请对外发债应向主管机关报送以下资料：

1.最近3年的经营业绩、财务状况及相关财务报表；

2.发债所筹资金的投向、用途；

3.国家有关部门批复的项目可行性研究报告或利用外资方案，以及纳入国家利用外资计划的证明文件；

4.主管部门要求的其他文件。

三、进一步加强对外发债的监督管理

为了把握境外筹资的有利时机，对外发债经国家批准后，境内机构在一定期限内自主确定承销商和发行成本等。有关发行条件和境外评级状况，由对外发债机构报国家计委及国家外汇管理局备案。

对外发债机构要严格自律,发债资金要按照国家批准的用途专款专用,其中商业票据只能用于贸易性周转,不得短贷长用。同时,要落实偿债措施,防范外债风险,保证按期对外支付,维护对外信誉。

本意见自国务院批准之日起实行。以前有关对外发债的规定与本意见不一致的,以本意见为准。

国务院关于印发鼓励软件产业和集成电路产业发展若干政策的通知

(2000 年 6 月 24 日　　国发[2000]18 号)

现将《鼓励软件产业和集成电路产业发展的若干政策》印发给你们,请认真贯彻执行。

当前,以信息技术为代表的高新技术突飞猛进,以信息产业发展水平为主要特征的综合国力竞争日趋激烈,信息技术和信息网络的结合与应用,孕育了大量的新兴产业,并为传统产业注入新的活力。软件产业和集成电路产业作为信息产业的核心和国民经济信息化的基础,越来越受到世界各国的高度重视。我国拥有发展软件产业和集成电路产业最重要的人力、智力资源,在面对加入世界贸易组织的形势下,通过制定鼓励政策,加快软件产业和集成电路产业发展,是一项紧迫而长期的任务,意义十分重大。各地人民政府和国务院有关部门要根据《鼓励软件产业和集成电路产业发展的若干政策》的要求,抓紧研究制定相应的实施细则和配套政策,尽快组织实施。

鼓励软件产业和集成电路产业发展的若干政策

为推动我国软件产业和集成电路产业的发展,增强信息产业创新能力和国际竞争力,带动传统产业改造和产品升级换代,进一步促进国民经济持续、快速、健康发展,制定以下政策。

第一章　政策目标

第一条　通过政策引导,鼓励资金、人才等资源投向软件产业和集成电路产业,进一步促进我国信息产业快速发展,力争到 2010 年使我国软件产业研究开发和生产能力达到或接近国际先进水平,并使我国集成电路产业成为世界主要开发和生产基地之一。

第二条　鼓励国内企业充分利用国际、国内两种资源,努力开拓两个市场。经过 5 到 10 年的努力,国产软件产品能够满足国内市场大部分需求，并有大量出口：国产集成电路产品能够满足国内市场大部分需求，并有一定数量的出口，同时进一步缩小与发达国家在开发和生产技术上的差距。

第二章　投融资政策

第三条　多方筹措资金，加大对软件产业的投入。

（一）建立软件产业风险投资机制，鼓励对软件产业的风险投资。由国家扶持，成立风险投资公司，设立风险投资基金。初期国家可安排部分种子资金，同时通过社会定向募股和吸收国内外风险投资基金等方式筹措资金。风险投资公司按风险投资的运作规律，以企业化方式运作和管理，其持有的软件企业股份在该软件企业上市交易的当日即可进入市场流通，但风险投资公司为该软件企业发起人的，按有关法律规定办理。

（二）“十五”计划中适当安排一部分预算内基本建设资金，用于软件产业和集成电路产业的基础设施建设和产业化项目。在高等院校、科研院所等科研力量集中的地区，建立若干个由国家扶持的软件园区。国家计委、财政部、科技部、信息产业部在安排年度计划时，应从其掌握的科技发展资金中各拿出一部分，用于支持基础软件开发，或作为软件产业的孵化开办资金。

第四条　为软件企业在国内外上市融资创造条件。

（一）尽快开辟证券市场创业板。软件企业不分所有制性质，凡符合证券市场创业板上市条件的，应优先予以安排。

（二）对具有良好市场前景及人才优势的软件企业，在资产评估中无形资产占净资产的比例可由投资方自行商定。

（三）支持软件企业到境外上市融资。经审核符合境外上市资格的软件企业，均可允许到境外申请上市筹资。

第三章　税收政策

第五条　国家鼓励在我国境内开发生产软件产品。对增值税一般纳税人销售其自行开发生产的软件产品，2010 年前按 17% 的法定税率征收增值税，对实际税负超过 3% 的部分即征即退，由企业用于研究开发软件产品和扩大再生产。

第六条　在我国境内设立的软件企业可享受企业所得税优惠政策。新创办软件企业经认定后，自获利年度起，享受企业所得税“两免三减半”的优惠政策。

第七条　对国家规划布局内的重点软件企业，当年未享受免税优惠的按 10% 的税率征收企业所得税。国家规划布局内的重点软件企业名单由国家计委、信息产业部、外经贸部和国家税务总局共同确定。

第八条　对软件企业进口所需的自用设备，以及按照合同随设备进口的技术（含软件）及配套件、备件，除列入《外商投资项目不予免税的进口商品目录》和《国内投资项目不予免税的进口商品目录》的商品外，均可免征关税和进口环节增值税。

第九条　软件企业人员薪酬和培训费用可按实际发生额在企业所得税税前列支。

第四章　产业技术政策

第十条　支持开发重大共性软件和基础软件。国家科技经费重点支持具有基础性、战略性、前瞻性和重大关键共性软件技术的研究与开发，主要包括操作系统、大型数据库管理系统、网络平台、开发平台、信息安全、嵌入式系统、大型应用软件系统等基础软件和共性软件。属于国家支持的上述软件研究开发项目，应以企业为主，产学研结合，通过公开招标方式，择优选定项目承担者。

第十一条　支持国内企业、科研院所、高等院校与外国企业联合设立研究与开发中心。

第五章　出口政策

第十二条　软件出口纳入中国进出口银行业务范围,并享受优惠利率的信贷支持;同时,国家出口信用保险机构应提供出口信用保险。

第十三条　软件产品年出口额超过100万美元的软件企业,可享有软件自营出口权。

第十四条　海关要为软件的生产开发业务提供便捷的服务,在国家扶持的软件园区内为承接国外客户软件设计与服务而建立研究开发中心时,对用于仿真用户环境的设备采取保税措施。

第十五条　根据重点软件企业参与国际交往的实际需要,对企业高中级管理人员和高中级技术人员简化出入境审批手续,适当延长有效期。具体办法由外交部会同有关部门另行制定。

第十六条　采取适应软件贸易特点的外汇管理办法。根据软件产品交易(含软件外包加工)的特点,对软件产品出口实行不同于其他产品的外贸、海关和外汇管理办法,以适应软件企业从事国际商务活动的需要。

第十七条　鼓励软件出口型企业通过GB/T19000—ISO9000系列质量保证体系认证和CMM(能力成熟度模型)认证。其认证费用通过中央外贸发展基金适当予以支持。

第六章　收入分配政策

第十八条　软件企业可依照国家有关法律、法规,根据本企业经济效益和社会平均工资,自主决定企业工资总额和工资水平。

第十九条　建立软件企业科技人员收入分配激励机制,鼓励企业对作出突出贡献的科技人员给予重奖。

第二十条　软件企业可允许技术专利和科技成果作价入股,并将该股份给予发明者和贡献者。由本企业形成的科技成果,可根据《中华人民共和国促进科技成果转化法》规定,将过去3至5年科技成果转化所形成的利润按规定的比例折股分配。群体或个人从企业外带入的专利技术和非专利技术,可直接在企业作价折股分配。

第二十一条　在创业板上市的软件企业,如实行企业内部高级管理人员和技术骨干认股权的,应在招股说明书中详细披露,并按创业板上市规则的要求向证券交易所提供必要的说明材料。上述认股权在公开发行的股份中所占的比例由公司董事会决定。

第七章　人才吸引与培养政策

第二十二条　国家教育部门要根据市场需求进一步扩大软件人才培养规模,并依托高等院校、科研院所建立一批软件人才培养基地。

(一) 发挥国内教育资源的优势,在现有高等院校、中等专科学校中扩大软件专业招生规模,多层次培养软件人才。当前要尽快扩大硕士、博士、博士后等高级软件人才的培养规模,鼓励有条件的高等院校设立软件学院;理工科院校的非计算机专业应设置软件应用课程,培养复合型人才。

(二)成人教育和业余教育(电大等)应设立或加强软件专业教学,积极支持企业、科研院所和社会力量开展各种软件技术培训,加强在职员工的知识更新与再教育。在有条件的部门和地区,积极推行现代远程教育。在工程技术人员技术职称评定工作中,应逐步将软件和计算机应用知识纳入考核范围。

(三)由国家外国专家局和教育部共同设立专项基金,支持高层次软件科研人员出国进修,聘请外国软件专家来华讲学和工作。

第二十三条　进入国家扶持的软件园区的软件系统分析员和系统工程师,凡具有中级以上技术职称,或有重大发明创造的,由本单位推荐并经有关部门考核合格,应准予本人和配偶及未成年子女在该软件园区所在地落户。

第二十四条　实施全球化人才战略,吸引国内外软件技术人员在国内创办软件企业。国内高等院校、科研院所的科技人员创办软件企业，有关部门应给予一定的资金扶持，在人员流动方面也应放宽条件；国外留学生和外籍人员在国内创办软件企业的，享受国家对软件企业的各项优惠政策。

第八章　采购政策

第二十五条　国家投资的重大工程和重点应用系统，应优先由国内企业承担，在同等性能价格比条件下应优先采用国产软件系统。编制工程预算时，应将软件与技术服务作为单独的预算项目，并确保经费到位。

第二十六条　企事业单位所购软件，凡购置成本达到固定资产标准或构成无形资产的，可以按固定资产或无形资产进行核算，经税务部门批准，其折旧或摊销年限可以适当缩短，最短可为2年。

第二十七条　政府机构购买的软件、涉及国家主权和经济安全的软件，应当采用政府采购的方式进行。

第九章　软件企业认定制度

第二十八条　软件企业的认定标准由信息产业部会同教育部、科技部、国家税务总局等有关部门制定。

第二十九条　软件企业实行年审制度。年审不合格的企业，即取消其软件企业的资格，并不再享受有关优惠政策。

第三十条　软件企业的认定和年审的组织工作经上级信息产业主管部门授权的地（市）级以上软件行业协会或相关协会具体负责。软件企业的名单由行业协会初选，报经同级信息产业主管部门审核，并会签同级税务部门批准后正式公布。

第三十一条　信息产业部、国家质量技术监督局负责拟定软件产品国家标准。

第十章　知识产权保护

第三十二条　国务院著作权行政管理部门要规范和加强软件著作权登记制度，鼓励软件著作权登记，并依据国家法律对已经登记的软件予以重点保护。

第三十三条　为了保护中外著作权人的合法权益，任何单位在其计算机系统中不得使用未经授权许可的软件产品。

第三十四条　加大打击走私和盗版软件的力度，严厉查处组织制作、生产、销售盗版软件的活动。自2000年下半年起，公安部、信息产业部、国家工商局、国家知识产权局、国家版权局和国家税务总局要定期开展联合打击盗版软件的专项斗争。

第十一章　行业组织和行业管理

第三十五条　各级信息产业主管部门对软件产业实行行业管理和监督。

第三十六条　信息产业主管部门要充分发挥软件行业协会在市场调查、信息交流、咨询评估、行业自律、知识产权保护、资质认定、政策研究等方面的作用，促进软件产业的健康发展。

第三十七条　软件行业协会开展活动所需经费主要由协会成员共同承担，经主管部门申请，财政也可适当予以支持。

第三十八条　软件行业协会必须按照公开、公正、公平的原则，履行其所承担的软件企业认定职能。

第三十九条　将软件产品产值和出口额纳入国家有关统计范围，并在信息产业目录中单独列出。

第十二章　集成电路产业政策

第四十条　鼓励境内外企业在中国境内设立合资和独资的集成电路生产企业，凡符合条件的，有关部门应按程序抓紧审批。

第四十一条　对增值税一般纳税人销售其自产的集成电路产品(含单晶硅片),2010 年前按 17%的法定税率征收增值税,对实际税负超过 6%的部分即征即退,由企业用于研究开发新的集成电路和扩大再生产。

第四十二条　符合下列条件之一的集成电路生产企业,按鼓励外商对能源、交通投资的税收优惠政策执行。

(一)投资额超过 80 亿元人民币;

(二)集成电路线宽小于 0.25μM 的。

第四十三条　符合第四十二条规定的生产企业,海关应为其提供通关便利。具体办法由海关总署制定。

第四十四条　符合第四十二条规定的生产企业进口自用生产性原材料、消耗品,免征关税和进口环节增值税。由信息产业部会同国家计委、外经贸部、海关总署等有关部门负责,拟定集成电路免税商品目录,报经国务院批准后执行。

第四十五条　为规避汇率风险,允许符合第四十二条规定的企业将准备用于在中国境内再投资的税后利润以外币方式存入专用账户,由外汇管理部门监管。

第四十六条　集成电路生产企业的生产性设备的折旧年限最短可为 3 年。

第四十七条　集成电路生产企业引进集成电路技术和成套生产设备,单项进口的集成电路专用设备与仪器,按《外商投资产业指导目录》和《当前国家重点鼓励发展的产业、产品和技术目录》的有关规定办理,免征进口关税和进口环节增值税。

第四十八条　境内集成电路设计企业设计的集成电路,如在境内确实无法生产,可在国外生产芯片,其加工合同(包括规格、数量)经行业主管部门认定后,进口时按优惠暂定税率征收关税。

第四十九条　集成电路企业的认定,由集成电路项目审批部门征求同级税务部门意见后确定。

第五十条　集成电路设计产品视同软件产品,受知识产权方面的法律保护。国家鼓励对集成电路设计产品进行评测和登记。

第五十一条　集成电路设计业视同软件产业,适用软件产业有关政策。

第十三章　附　则

第五十二条　凡在我国境内设立的软件企业和集成电路企业,不分所有制性质,均可享受本政策。

第五十三条　本政策自发布之日起实施。

(二)部门规章　规范性文件

综合类

关于废止部分证券期货规章的通知(第二批)

(2000 年 4 月 10 日　　证监法律字[2000]1 号)

根据《中华人民共和国证券法》和《关于贯彻执行〈证券法〉的有关问题的通知》(证监办发[1999]11 号)的精神,在 1999 年 12 月 21 日《关于废止部分证券类部门规章的通知》(证监法律字[1999]3 号)的基础上,我会对成立以来至 1999 年 12 月 31 日期间公布的证券类和期货类部门规章和规范性文件(以下统称规章)进行了进一步清理,并逐一进行了确认。其中,应予废止、已明令废止或者自行失效的证券类规章 9 件,期货类规章 35 件。现将这两部分共 44 件证券期货类部门规章的目录予以公布,停止执行。请转各有关单位阅知。

附件:废止的证券期货类部门规章目录(共 44 件)

附件:

废止的证券期货类部门规章目录

一、由原国务院证券委或者由证监会单独发布的规章

证券类:

1.关于印发《1994 年上市公司年报编制工作座谈会会议纪要》的通知(证监发字[1994]202 号)

2.关于对公开发行股票公司进行辅导的通知(证监发字[1995]138 号)

3.1995 年上市公司年度报告编制工作座谈会会议纪要(证监发字[1995]199 号)

4.关于印发《公开发行股票公司信息披露的内容与格式准则第二号〈年度报告的内容与格式〉》(1998 年修订稿)的通知(证监上字[1998]147 号)

5.关于做好上市公司 1998 年年度报告有关问题的通知(证监上字[1998]148 号)

6.关于对证券投资咨询机构人员进行年度检查的通知(证监机构字[1999]67 号)

7.关于做好证券公司 1998 年度审计和报告工作的通知(证监会计字[1999]3 号)

期货类:(略)

二、以原国务院证券委或者我会文号,与其他部门联合发布的规章

证券类:

1.关于企业不设股票交易岗,加强生产、经营管理的通知(国务院证券委、国家经贸委　证委发[1994]7号)

2.关于加强证券从业人员犯罪预防工作的通知(证券委、中国人民银行、最高人民检察院　证委发[1995]11号)

期货类:(略)

注册会计师执行证券、期货相关业务许可证管理规定

(2000年6月10日财政部、中国证券监督管理委员会发布　财协字[2000]56号)

第一章　总　　则

第一条　为了规范注册会计师在证券、期货市场中的执业行为,维护投资者、债权人和社会公众的合法权益,根据《中华人民共和国注册会计师法》、《中华人民共和国证券法》及其他有关法律、行政法规的规定,制定本规定。

第二条　财政部和中国证券监督管理委员会(以下简称"中国证监会")对注册会计师、会计师事务所执行证券、期货相关业务实行许可证管理。

注册会计师、会计师事务所执行证券、期货相关业务,必须取得证券、期货相关业务许可证(以下简称"证券许可证")。

第三条　本规定所称证券、期货相关业务,是指证券、期货相关机构的会计报表审计、净资产验证、实收资本(股本)的审验及盈利预测审核等业务。

本规定所称证券、期货相关机构,是指上市公司,证券、期货经营机构,证券、期货交易所和证券投资基金管理公司等。

第四条　注册会计师、会计师事务所依法执行证券、期货相关业务,不受行政区域、行业限制,任何单位和个人不得干预。

证券、期货相关机构有权自主选择有证券许可证的会计师事务所。但是,证券、期货相关机构一旦确定了有证券许可证的会计师事务所,无正当理由不得任意更换。

第二章　证券许可证的申请条件

第五条　注册会计师申请证券许可证,应当符合下列条件:

(一)所在会计师事务所已取得证券许可证或者符合本规定第六条所规定的条件并已提出申请;

(二)具有证券、期货相关业务资格考试合格证书;

(三)取得注册会计师证书1年以上;

(四)不超过60周岁;

（五）执业质量和职业道德良好，在以往 3 年执业活动中没有违法违规行为。

注册会计师证券、期货相关业务资格考试办法，由财政部另行制定。

第六条　会计师事务所申请证券许可证，应当符合下列条件：

（一）依法成立 3 年以上，内部质量控制制度和其他管理制度健全并有效执行，执业质量和职业道德良好，在以往 3 年执业活动中没有违法违规行为；

（二）具有 20 名以上符合本规定第五条或者第十四条或者第十五条第二、三款相关条件的注册会计师；

（三）60 周岁以内注册会计师不少于 40 人；

（四）上年度业务收入不低于 800 万元；

（五）有限责任会计师事务所的实收资本不低于 200 万元，合伙会计师事务所净资产不低于 100 万元。

第三章　证券许可证的申请与审批程序

第七条　注册会计师和会计师事务所申请证券许可证，应当由会计师事务所向财政部、中国证监会提出申请。

财政部、中国证监会每年 9 月受理申请。

第八条　注册会计师、会计师事务所申请证券许可证，应当根据财政部、中国证监会的要求报送有关材料。

第九条　注册会计师申请证券许可证，应当报送下列材料：

（一）省级注册会计师协会同意注册会计师申请证券许可证的文件；

（二）注册会计师申请证券许可证申请表；

（三）证券、期货相关业务资格考试合格证书复印件；

（四）注册会计师证书复印件；

（五）身份证复印件；

（六）由人才交流中心等人事管理中介机构出具的有效人事证明或者退休证明复印件；

（七）财政部、中国证监会要求报送的其他材料。

第十条　会计师事务所申请证券许可证，应当报送下列材料：

（一）省级注册会计师协会同意会计师事务所申请证券许可证的文件；

（二）会计师事务所证券许可证申请报告；

（三）会计师事务所基本情况表；

（四）会计师事务所申请证券许可证注册会计师汇总表；

（五）注册会计师申请（变更、恢复）证券许可证申请表等有关材料；

（六）会计师事务所其他注册会计师及助理人员汇总表；

（七）经过其他会计师事务所审计的上年度会计报表和审计报告复印件；

（八）会计师事务所最近 3 年执业情况总结；

（九）会计师事务所内部质量控制制度及执行情况说明；

（十）财政部、中国证监会要求报送的其他材料。

第十一条　注册会计师、会计师事务所申请证券许可证的有关材料，应经省级注册会计师协会根据本规定第五条第一款、第六条的要求审查并出具有关文件后，一同报中国注册会计师协会一式两份。中国注册会计师协会审核后，报财政部、中国证监会批准。

中国注册会计师协会认为申请材料不足时，应当及时通知会计师事务所补充。

中国注册会计师协会、中国证监会对申请证券许可证的注册会计师、会计师事务所的执业质量、职业道德和其他资格条件进行抽查。

第十二条　财政部、中国证监会自收到申请材料之日起 30 日内作出同意或不同意的决定并通知会计师事务所。

第十三条　对于符合规定条件的注册会计师、会计师事务所，由财政部、中国证监会批准授予证券许可证，并对取得证券许可证的会计师事务所予以公告。中国注册会计师协会办理颁发证券许可证的有关事宜。

第四章　证券许可证的管理

第十四条　具有证券许可证的注册会计师离开原具有证券许可证的会计师事务所,转入其他具有证券许可证的会计师事务所,应当及时办理证券许可证的变更手续。

注册会计师变更证券许可证,应当由个人提出申请,现所在会计师事务所提出意见,经现所在省级注册会计师协会审查,送中国注册会计师协会审核,报财政部、中国证监会批准后,由中国注册会计师协会办理证券许可证变更手续。

第十五条　具有证券许可证的注册会计师离开原具有证券许可证的会计师事务所从事其他行业工作,或者转入未取得证券许可证的其他会计师事务所,其原所在会计师事务所应当将其证券许可证收回,送省级注册会计师协会转交中国注册会计师协会。

有前款所列情形的注册会计师,在证券许可证上交后 3 年内重新进入具有证券许可证或者符合证券许可证申报条件的会计师事务所,并符合本规定第五条第（四）、（五）项条件的,可以申请恢复证券许可证;超过 3 年的,经过省级以上注册会计师协会认可的培训,并符合本规定第五条第（四）、（五）项条件的,可以申请恢复证券许可证。

注册会计师恢复证券许可证,应当由个人提出申请,现所在会计师事务所提出意见,经现所在省级注册会计师协会审查,送中国注册会计师协会审核,报财政部、中国证监会批准后,由中国注册会计师协会办理证券许可证恢复手续。

第十六条　注册会计师变更、恢复证券许可证,应当报送下列材料:

（一）省级注册会计师协会同意注册会计师变更、恢复证券许可证的文件;

（二）注册会计师变更证券许可证申请表或者注册会计师恢复证券许可证申请表;

（三）原证券许可证或者证券资格批准文件复印件;

（四）注册会计师证书复印件;

（五）转所批准文件或转所登记表复印件;

（六）身份证复印件;

（七）由人才交流中心等人事管理中介机构出具的有效人事证明或者退休证明复印件;

（八）财政部、中国证监会要求报送的其他材料。

第十七条　注册会计师取得、变更、恢复证券许可证后,12 个月之内不得变更。

第十八条　具有证券许可证的会计师事务所变更名称,涉及证券许可证变更的,应当由会计师事务所提出书面申请,经所在省级注册会计师协会审查,送中国注册会计师协会审核,报财政部、中国证监会批准后,由中国注册会计师协会办理证券许可证变更手续。

具有证券许可证的会计师事务所发生合并、分立等行为,涉及证券许可证变更的,应当由合并后或分立后符合证券许可证申请条件的一家会计师事务所提出书面申请,经其所在省级注册会计师协会审查,送中国注册会计师协会审核后,报财政部、中国证监会批准,决定保留、收回或者变更其证券许可证。

第十九条　注册会计师、会计师事务所的证券许可证实行年检制度。

证券许可证年检办法另行规定。

第二十条　中国注册会计师协会、中国证监会对取得证券许可证的注册会计师、会计师事务所执行证券、期货相关业务的情况进行检查。

第五章　罚　　则

第二十一条　会计师事务所未取得证券许可证或者在暂停执行证券、期货相关业务期间,擅自执行证券、期货相关业务的,责令改正,给予警告,没收违法所得,可以并处违法所得 1 倍以上 5 倍以下的罚款。对有关责任人员根据有关法律、法规予以处罚。构成犯罪的,依法追究刑事责任。

注册会计师有前款行为的,责令改正,给予警告;情节严重的,永久不得执行证券、期货相关业务。构成犯罪的,依法追究刑事责任。

第二十二条　会计师事务所以欺骗或者其他不正当手段获得证券许可证的,收回其证券许可证,给予警告,没收违法所得,可以并处违法所得1倍以上5倍以下的罚款。对有关责任人员根据有关法律、法规予以处罚。构成犯罪的,依法追究刑事责任。

注册会计师有前款行为的,收回其证券许可证,给予警告;情节严重的,永久不得执行证券、期货相关业务。构成犯罪的,依法追究刑事责任。

第二十三条　会计师事务所在执行证券、期货相关业务中,违反《中华人民共和国注册会计师法》、《中华人民共和国证券法》及其他有关法律、法规,给予警告,没收违法所得,可以并处违法所得1倍以上5倍以下的罚款;情节严重的,暂停执行证券、期货相关业务或者吊销证券许可证;构成犯罪的,依法追究刑事责任。

注册会计师在执行证券、期货相关业务中有前款行为的,给予警告;情节严重的,暂停执行证券、期货相关业务或者吊销证券许可证。构成犯罪的,依法追究刑事责任。

第二十四条　对本规定第二十一条、第二十二条、第二十三条所列行为给予的行政处罚决定,由省级以上财政部门、中国证监会作出,其中,属于吊销证券许可证的行政处罚决定,由财政部会同中国证监会作出。

第二十五条　注册会计师、会计师事务所对行政处罚决定不服的,可以依法申请复议,或者依法直接向人民法院提起诉讼。

第二十六条　省级以上财政部门、中国证监会、省级以上注册会计师协会的工作人员在实施证券许可证管理检查中滥用职权、玩忽职守、徇私舞弊或者故意刁难有关当事人的,依法给予行政处分。构成犯罪的,依法追究刑事责任。

第六章　附　　则

第二十七条　本规定所称“以上”、“以下”、“以内”,均包括本数。

第二十八条　本规定由财政部会同中国证监会负责解释。

第二十九条　本规定自发布之日起施行。财政部、中国证监会1997年12月31日发布的《关于注册会计师执行证券、期货相关业务实行许可证管理的暂行规定》(财会协字[1997]52号)同时废止。

中国证券监督管理委员会工作人员守则

(2000年9月12日　证监发[2000]70号)

第一条　为加强对中国证券监督管理委员会(以下简称“证监会”)工作人员的管理,规范证监会工作人员的行为,维护证券期货市场的公开、公平、公正,保护证券期货市场参与者的合法权益和社会公众利益,制定本守则。

第二条　证监会及其派出机构的工作人员(以下简称“工作人员”)均应遵守本守则。

第三条　工作人员应遵守国家法律、法规和国家机关工作人员应当遵循的行为规范,自觉遵守证监会的各项纪律。

第四条　工作人员应坚持勤政、廉政、高效、务实的工作作风,保持正直、诚实、公正、廉洁的品质,依法制止证券期货市场中出现的违法违规行为。

第五条　工作人员应忠于职守,依法监管,热情服务,虚心接受监督,不得滥用职权、徇私舞弊、玩忽职守或者故意刁难有关当事人。

第六条　工作人员应树立和维护证券期货监管人员的良好形象,不得参与或者支持色情、吸毒、迷信、赌博活动以及邪教和其他非法组织活动。

第七条　工作人员必须严格遵守任职回避和公务回避的规定。

工作人员之间有夫妻关系、直系血亲关系和近姻亲关系的,不得在证监会同一部门或者同一派出机构任职或者担任有上下级领导关系的职务。

工作人员在处理证券期货监管业务时,涉及本人或者涉及本人有前款所列亲属关系人员的利害关系的,必须回避,不得私下与发行申请单位等被监管对象进行接触,更不得对应回避事项施加任何影响。

工作人员不得在任何被监管的机构以及其他任何营利性机构兼任职务或者担任顾问;未经批准,也不得在社团等非营利性单位兼任职务或者担任顾问。

第八条　工作人员必须遵守国家有关保密的规定以及证监会工作人员的保密守则和注意事项,不得探询、获取、使用授权职务外的保密信息,不得向任何人透露应保密的非公开文件或者信息。

第九条　工作人员不得泄露证券交易内幕信息或者为他人买卖证券提供咨询。

第十条　工作人员在教学、演讲和写作中,内容涉及国家证券期货市场信息的,必须真实、客观。禁止编造或者传播假信息,或者作出虚假的陈述或信息误导。

第十一条　工作人员必须执行国家有关廉政规定,不得利用职务便利谋取不正当利益。

工作人员不便拒绝或者无法退回的礼品、礼金、有价证券等,应及时上缴所在单位。

第十二条　工作人员及其配偶、子女不得直接或者以化名持有、买卖股票和从事期货交易,也不得收受他人赠送的股票。

工作人员在到职以前本人及其配偶、子女已经持有股票的,应当向人事部门提交开户情况的报告,并在六个月内依法转让。

第十三条　工作人员调出或者离开证监会的,在十二个月内不得在被监管单位任职,按照干部管理权限经批准的除外。

第十四条　工作人员违反本守则的,依照人事管理权限和有关规定处理。

第十五条　本守则由证监会监察局负责解释和监督实施。

第十六条　本守则自发布之日起执行。

关于进一步明确派出机构业务工作职责的通知

(2000年9月26日　证监发[2000]73号)

为进一步贯彻落实国务院关于证券监管体制改革的要求,充分发挥证券、期货市场集中统一监管体制的优势,现就派出机构证券、期货市场监管职责和业务工作权限的有关问题通知如下:

一、稽查业务工作职责

（一）负责立案调查辖区内证券期货违法违规事项，在授权范围内作出行政处罚决定，并将立案和行政处罚决定报证管办或证监会备案；对超出行使处罚授权范围的案件，应按有关规定及时报证监会。

（二）负责办理证监会交办的案件或调查事项，并在规定的期限内上报调查报告。

（三）负责办理派出机构之间请求协助调查事项并按请求方的要求及时反馈。

（四）负责监督执行本机构和证监会作出的处罚决定，并在规定的执行期满后15日内写出执行情况报告报证监会。

（五）负责管理辖区内和证监会转办的信访事项，并按规定调查、答复或反馈。

（六）负责调解辖区内证券期货市场纠纷。

（七）负责协助公安、工商、司法、纪检、监察等部门调查辖区内证券期货违法违规案件，对违反其他法律法规、党纪政纪的移送有关部门处理。

（八）负责对证券、期货市场法律法规执行情况进行调查。

（九）各证管办负责对大区内特派办稽查工作进行业务指导，并组织、协调查办证券期货违法违规案件。

二、股票发行业务工作职责

（一）负责辖区内拟发行公司改制情况验收，出具报告。

（二）负责监督管理辖区内拟发行公司辅导工作。审核辅导备案材料，审核辅导机构定期报送的辅导报告及有关材料并反馈意见，对有关问题进行调查；对辅导机构和有关中介机构的辅导工作进行核查，评估效果，出具调查报告。

（三）负责对辖区内拟发行公司及有关中介机构在股票发行承销过程中涉嫌违规的问题进行核查，并出具核查意见。

三、有关上市公司的业务工作职责

（一）负责对辖区内上市公司进行监督检查。向有问题的上市公司发出《限期整改通知书》，对整改情况回访，并向证监会出具报告，向地方政府通报情况。

（二）负责对辖区内上市公司的配股申请进行审核，并出具书面审核意见；对增发新股的报备材料进行审阅。如发现上市公司不适合增发或增发前需要整改的，应当书面报告证监会。

（三）负责对辖区内上市公司的定期报告、临时报告进行事后审阅，对有疑点的上市公司发出《询问通知书》；对上市公司定期报告、临时报告中存在重大遗漏、虚假误导性陈述等问题提出处理意见书面报告证监会。

（四）负责对辖区内上市公司收购或重大出售资产的报备材料进行审阅并及时上报审阅意见。对上市公司实施资产重组后的规范运作情况及中介机构对公司的辅导工作进行监督，出具调查报告，提出整改意见。

（五）负责监督并及时报告辖区内上市公司发生的重大突发性事件，督促上市公司按规定披露信息，并配合地方政府及有关部门及时处置。

四、有关证券经营机构和证券投资基金的业务工作职责

（一）负责对辖区内证券公司股权比重不超过1%且绝对金额不超过1 000万元的股权变更进行审核，对证券公司分公司和证券营业部的高级管理人员任职资格进行审核；对证券营业部同城迁址进行审核；对新设证券营业部和证券服务部的开业进行审核；对证券服务部的变更事项进行审核。以上事项须报证监会备案，并通报证券交易所。

（二）负责对辖区内证券公司股票承销业务资格、自营业务资格、外资股业务资格以及承销企业债券业务资格进行初审；对证券公司股权比重超

过1%或绝对金额超过1000万元的股权变更进行初审;对证券从业人员申请证券从业资格进行初审;对证券公司高级管理人员任职资格进行初审;对证券营业部转让和异地迁址(包括省内和跨省迁址)进行初审;对证券服务部设立的申请材料进行初审;对经清理规范的证券类机构改组为证券营业部进行初审。

(三)负责对辖区内证券公司和证券营业部年检进行初检;对辖区内证券公司、证券营业部及证券服务部进行日常检查,督促其对风险进行处置。

(四)负责督促检查辖区内证券公司落实证监会批复清理规范挪用客户交易结算资金方案,督促及时处置并报告证券公司在归还客户交易结算资金过程中发生的各种风险;对证券机构的涉嫌违法违规行为进行调查。

(五)负责对辖区内外资证券机构驻华代表处的设立、撤销、展期、更换首席代表等进行初审,对外资证券机构驻华代表处迁址、更换代表进行审核,并报证监会备案。

(六)负责对辖区内证券投资咨询公司变更名称、注册资本、股东、业务范围、营业场所等进行审核,并报证监会备案;对证券投资咨询公司申请设立和取得业务资格进行初审;对证券投资咨询公司跨省区迁址进行初审;对证券投资咨询公司设立分支机构进行审核,并报证监会备案;对证券投资咨询公司年检进行初检;对证券投资咨询公司进行现场检查和非现场检查。负责对辖区内证券投资咨询机构的业务活动进行日常监管。

(七)协助做好基金从业人员资格考试工作,负责对辖区内基金从业人员申请基金从业资格进行初审。协助对辖区内基金管理公司、基金托管部进行定期或不定期的检查、年检、以及涉嫌违法、违规行为的调查;督促、落实对基金管理公司、基金托管部的整改处罚决定。对辖区内拟申请参与基金管理公司发起设立的机构的资信情况进行核查。对辖区内基金销售、申购、赎回网点的基金业务活动进行日常监督。对境外基金管理机构申请在华设立代表处事宜,依据《外国证券类机构驻华代表机构管理办法》的规定履行职责。

五、期货业务工作职责

(一)负责对辖区内期货经纪公司、期货经纪营业部、期货投资咨询公司的业务活动进行日常监督。

(二)负责对辖区内期货经纪公司的设立、变更解散、年检申请进行初审,出具初审意见。

(三) 负责对辖区内期货经纪公司营业部的设立、年检、异地变更营业场所、撤销申请进行初审, 出具初审意见; 对期货经纪公司营业部在本辖区内变更营业场所进行审核, 并报证监会备案。

(四)负责对辖区内期货投资咨询公司设立、年检进行初审,出具初审意见;对辖区内期货投资咨询公司变更名称、注册资本、股东、营业场所进行审核,并报证监会备案。

(五)负责对辖区内期货经纪公司、期货经纪营业部、期货投资咨询公司按规定报备的事项进行审核。

(六)负责对辖区内期货经纪从业人员(期货交易所工作人员除外)、期货经纪公司高级管理人员和期货营业部经理、副经理任职资格审查、日常管理和年检。对辖区内期货经纪公司内部稽核员资格进行确认。

(七)负责建立、更新和管理辖区内期货从业人员、期货经纪公司高级管理人员数据库,报证监会汇总。

六、信息安全与管理工作职责

(一)协助落实行业技术管理规范和对证券期货经营机构的技术检查;对有关信息技术资格进行核准调查;对证券期货经营机构信息技术人员进行备案。

(二)负责督促辖区内证券期货经营机构制定技术风险应急预案;组织行业技术事故调查,提出初步处理意见。

(三)负责辖区内证券期货行业统计信息的收

集、整理,开展统计调查和统计分析,督促落实统计制度,进行统计质量检查,培训统计人员。

(四)负责本单位的信息与信息系统安全。依据国家和证监会有关信息安全法规,作好密码管理和数据备份,防范计算机病毒。

(五)负责协助维护证监会国际互联网站点,并及时提供有关信息。

派出机构的行政、人事教育和培训、国际合作等方面的工作，按照有关文件的规定执行。各派出机构要严格按上述各项职责和要求，加强监管工作，规范证券市场，防范市场风险。有关部门要围绕派出机构履行职责搞好协调和服务，保障派出机构责权落实，把各项监管工作切实落到实处。

本《通知》未尽事宜,按照有关法律、法规和证监会的规定办理。

中国证监会国际互联网站管理暂行办法

(2000 年 11 月 24 日　　证监信息字[2000]8 号)

第一条　中国证券监督管理委员会(以下简称“证监会”)国际互联网站包括中文站点和英文站点两部分。站点信息发布的的主体是证监会(包括会内各部门及派出机构)。

第二条　证监会国际互联网站点设在信息中心,负责信息采集与发布的技术工作。

第三条　会内各部门派出机构应将可公开的非保密性信息以第一时间向证监会国际互联网站点报送。

第四条　会内各部门报送办公厅的发文,应在签报上标明是否“上网”。

第五条　证监会国际互联网站分别为会内各部门及派出机构设立栏目,栏目名称与部门名称相同。

第六条　会内各部门及派出机构对各自栏目中的子栏目设置,信息发布及更新负责。

第七条　以英文发布的信息,各部门负责翻译,并经审核后送证监会国际互联网站点,翻译费用由网站支付。

第八条　会内各部门及派出机构向信息中心国际互联网站发送拟上网信息的程序如下:

1.会内各部门送文时,应附本部门主任签字的《发文工作单》,同时将上网信息(中、英文)的电子文件,放在证监会国际互联网站信息管理员信箱中。

信息管理员信箱地址:网上邻居/整个网络/图书馆/lieykl/信息管理员信箱。

2.各派出机构将上网信息及经本部门主任签字的《发文工作单》一起传真到证监会国际互联网站点,并用 E－MAIL 方式将上网信息的电子文件传给证监会国际互联网站点。

站点 E－MAIL 地址:csrcweb@zhengmai.com.cn

第九条　本办法由信息中心负责解释,自发布之日实施。

关于完善公开发行证券公司信息披露规范的意见

(2000 年 12 月 23 日　　证监会计字[2000]75 号)

我国公开发行证券公司信息披露规范(信息披露规范)建设已取得可喜的成就,但仍存在不少问题。为按朱总理提出的“法制、规范、监管、自律”八字方针,促进证券市场健康迅速发展,应集中精力,完善上市公司信息披露的规范。本报告就此提出初步设想。报告由五部分组成:(1)现行体系;(2)改革设想;(3)近期任务;(4)长远规则;(5)组织实施。

一、现行体系

我国证券市场尚处于发展的初期,存在各种不规范的情况。为此,在发展证券市场的过程中,我会一直相当重视上市公司信息披露规范的制定工作。在主要借鉴美国和香港等国家与地区经验的基础上,现已初步形成了上市公司信息披露的基本规范,详见图表 1。

由此可见,我国证券市场虽尚处发展的初期,然而已在信息披露规范方面取得可喜的成绩。另一方面,也必须承认,我们在规范的制定与实施方面仍存在许多问题。如缺乏明细、可操作和公平执行的具体规范;透明度不高,有的规范已不执行,但未能出台新的规范替代,或者在实践中已有新的做法,却未形成规范对外公布,给人造成“黑箱操作”的印象;口头意见代法现象严重,法随人意,法随人变,造成了“政策多变”的错觉;部门立法,部门分割,有关措施缺乏照应或相互交叉,或存在遗漏和抵触现象;规范的制定与执行没有适当分离,造成根据需要立法或执行的现象,随意性较大;形式不规范,体例不统一,编号不系统,给使用者造成很大不便。

图表 1　我国上市公司现行信息披露规范体系

披露内容		法律	行政法规	部门规章
首次披露	招股说明书	《公司法》第 140 条、《证券法》第 58 条、59 条。	《股票发行与交易管理暂行条例》(《股票条例》)第 15 条、19 条)。	《公开发行股票公司信息披露实施细则》(《实施细则》)第 6 条、第 7 条、第 8 条;《公开发行股票公司信息披露内容与格式准则》、《内容与格式准则》)第 1 号。
	上市公告书	《公司法》第 153 条、《证券法》第 47 条、48 条。		《内容与格式准则》第 7 号。
定期报告	年报	《证券法》第 60 条、61 条、72 条;《公司法》第 156 条。	《股票条例》第 47 条、48 条、49 条。	《实施细则》第 4 条、13 条、16 条;《内容与格式准则》第 2 号、3 号。
	中报	《公司法》第 156 条。		

披露内容		法律	行政法规	部门规章
临时报告	重大事件公告	《证券法》第62条。	《股票条例》第60条、61条。	《实施细则》第17条、19条。
	并购信息披露	《证券法》第79条、84条、89条、93条;《公司法》第149条。	《股票条例》第47条、48条、49条。	《实施细则》第20条、21条。
其他披露	如股东大会、董事会决议公告等常规性公告,主要在证券交易所的《上市规则》中规范。			

二、改革设想

(一)目标

鉴于我国信息披露规范仍存在不少问题,集中精力,完善信息披露的规范已成当务之急。目标是形成一个公开透明、纲目兼备、层次清晰、易于操作、公平执行的信息披露规范体系。

(二)体系设计

兼顾我国的实践和国际经验,设计我国信息披露规范体系如图表2所示:

图表2　我国上市公司信息披露规范体系

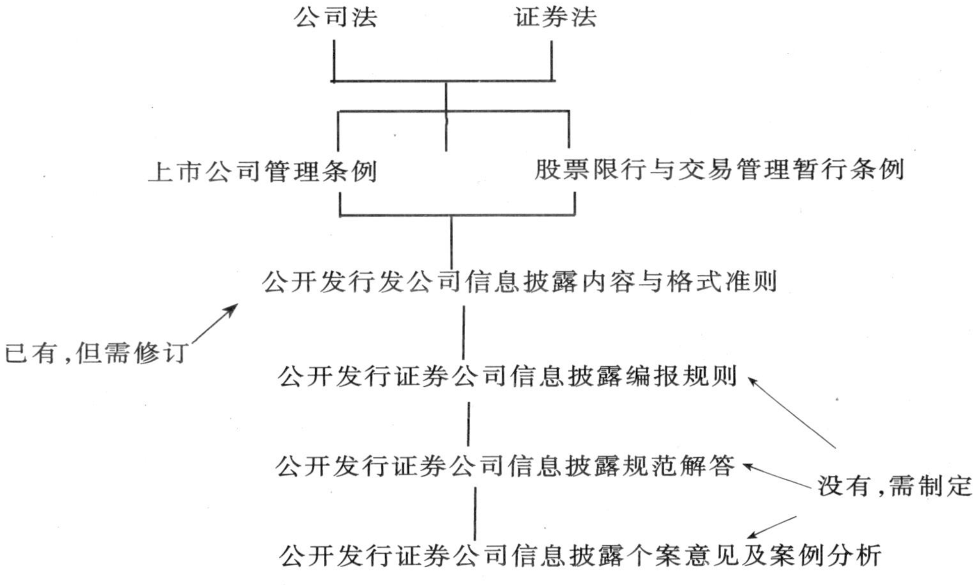

1.《内容与格式准则》。我会迄今已颁布了8个《内容与格式准则》,内容涉及招股说明书、上市公告书、年报、中报、配股说明书等。这一类规范根据上市公司主要披露类型设计。已颁布的《内容与格式准则》基本上与国际通行的规范是接轨的,因此将基本保留。完善这一类规范的任务包括根据市场发展制定或修订若干个准则;统一格式,尽可能删除临时性的规定;将律师验证笔录等定位过高的准则调入下一层次的规范等。

2.《公开发行证券公司信息披露编报规则》(《编报规则》)。《编报规则》有的涉及《内容与格式准则》在特殊行业如何运用,如金融、能源、房地产等行业上市公司信息披露的特别规定；有的涉及《内容与格式准则》在特定环节中如何运作，如企业在改制上市、收购、兼并或大比例重组时如何编制模拟财务报告等；有的涉及《内容与格式准则》的具体化，如如何编制盈利预测资料等。此类规范目前最缺乏，亟需制定并颁布实施。

3.《公开发行证券公司信息披露规范解答》(《规范解答》)。多年来,我会在监管工作中已就大量普遍存在的具体信息披露问题,形成了结论性意见,但一直未成文并公开。因此,经常出现监管者和监管对象在理解上差异甚至对立。对这些意见,应逐步加以整理,形成正式的法规解释性文件,统一编号,公诸于众。

4.《公开发行证券公司信息披露个案意见与案例分析》(《个案意见与案例分析》)。为逐步消除口头表达意见的种种弊端,建议我会今后在各项审核过程中尽可能采用书面表达意见的形式,公司征询意见会、发审委员会会议等均需有详细的记录。这些文件在保密一定时间后,应以适当方式公开。另一方面,我会每年要查处大量违规案件。但违规的具体事实、相关人员的具体责任、处罚决定的具体根据一直不公开。结果,警示作用不大,也不利于据此建立健全必要的规范,增强办案人员的能力,提高日常监管的水平。因此,有必要逐步将本会查处的案件加以整理,并以适当方式予以公开。

以上规范都不设处罚条款,如果违反,则援引法律法规中有关虚假信息披露或者不按照规定披露信息处罚。

此外,《实施细则》是我会在我国证券市场起步时于1993年6月颁布的。其内容已更合理、更具体地反映在以后颁布的《公司法》、《证券法》、《内容与格式准则》和其他规范中,但考虑到其中有小部分内容难为其他法规取代,故作为仍有效的文件保留,但不作为新规范体系的一个层次。等经一、两年的努力,新规范体系初步形成,就整个证券市场信息披露规范作全面深入的检讨时,再决定是废除还是修订。

(三)立法程序

信息披露规范的制定工作由法律部和会计部总负责,其中法律部主要负责非财务会计信息为主的部分,会计部主要负责财务会计信息为主的部分。两部门每年应根据市场发展的需要,在充分征询发行部、上市部及会内外其他方面意见后,制定立法计划,报会领导批准后执行。每季还应召集本会业务部门及交易所等方面开会,以及时根据市场发展和监管需要,制定或修订必要的规范。

《内容与格式准则》由法律部和会计部组织制定,或由各职能部门草拟,法律部和会计部审核,报分管主席签批后,以证监会名义颁布。

《编报规则》和《规范解答》由法律部或者会计部草拟。对职能部门反映的问题,法律部或者会计部认为具有普遍性的,应当提出具体的解释。其中,非财务会计信息为主的文件由法律部草拟,会签会计部及相关职能部门,报分管主席签批后,以证监会名义公布;财务会计信息为主的文件由会计部草拟,会签法律部及相关职能部门,报分管主席签批后,以证监会名义公布。

《个案意见与案例分析》由各部门完成并存档,然后按规定在适当时候公开。

(四)格式

根据《立法法》的规定,各层次的规范均应统一格式,统一编号,形成系列,以利贯彻执行。

《内容与格式准则》和《编报规则》作为规范性文件,应按《立法法》的规定,根据其内容,分“章”、“节”、“条”、“款”和“项”等;《规范解答》作为法规解释,应包括问题、主旨、涉及的法规、具体情形简介、意见等部分。《个案意见》应包括主题、时间、地点、问题、意见、参加者及签名等;《案例分析》包括个案情况、个案涉及的法律关系、违规事实及相关人员责任、处罚决定及依据等。

三、近期任务

针对市场发展需要及近年来本会遇到的主要问题,亟需制定或修订的规范如下:

（一）创业企业信息披露规范

由于创业板公司上市条件比主板低，投资者面临的风险更大，因此，必须尽快制定创业板信息披露规范，现虽已拟定出征求意见稿，但仍待进一步完善、颁布。

（二）招股说明书内容与格式准则

现行招股说明书内容与格式准则是1996年制定，1997年1月1日颁布的。此后，我国证券市场在各个方面都已发生巨大变化，此准则的许多内容已过时，亟需修订。

（三）上市公司收购信息披露内容与格式准则

我会正根据《证券法》，制定上市公司收购规则。与此相配套，需制定若干信息披露内容与格式准则，包括收购人持股报告、要约收购报告、要约收购被收购公司报告等，以规范此方面的实务，并利用上市公司收购，促进证券市场规范发展。

（四）发行上市时模拟资料的编制

由于种种原因，我国上市公司大部分都是以原企业部分经营性资产及相关负债、损益剥离改制而成，改制前财务报告以该架构在此间已经存在为前提模拟编制。由于对模拟的基础、方法、条件等没有任何正式公开的规范，各公司模拟报告缺乏可靠性和可比性，既可能误导投资者，也给我会监管带来困难，还对案件查处造成很大障碍。因此，有必要尽快为发行上市时模拟资料的编制制定规范。

（五）收购、兼并或大比例重组时模拟资料的编制

上市公司的收购、兼并和重组是证券市场充满活力的动力之一。虽然本会已对上市公司发生收购、兼并和重组行为时如何进行信息披露作一些规定，但还远不能满足投资者的信息需求。大量问题悬而未决。比如上市公司在发生收购、兼并和重组行为前后，公司的主体结构已经发生了巨大的变化，公司的经营业务和获利能力肯定完全不一样，如何将前后不一的信息披露给投资者一直未有定论。因此，应参照证券市场发达国家的经验，结合我国国情，为上市公司发生收购、兼并和重组行为时模拟资料的编制制定具体、明确的规范。

（六）上市公司首次定期报告的编制

根据我国现行法律法则，股票上市后，公司要履行持续信息披露义务，包括公布中报、年报等。但对于首次上市公司来说，上市时已经充分披露最近一期可能影响投资者决策的信息，上市后是否需要按照年报准则或中报准则进行披露？如何披露？由于没有成文的规定，上市公司首次定期报告的质量存在相当大的问题，甚至成为操纵上市后几年财务数据的起点。为此，有必要为上市公司首次定期报告制定规范。

（七）盈利预测资料的编报

公司首次公开发行股票、增发股票时的盈利预测是投资者决策和本会审批的依据之一。目前公司的盈利预测是建立在各种假设条件下的，如利率、汇率等无重大变化，社会经济环境无重大变化，公司适用的税收制度、税率及税收优惠政策无重大变动等。而事实上，这些假设在一定时间内很难保持不变，结果，盈利预测的可靠性和决策有用性就大打折扣。个别公司一发行便“跳水”已引起公愤。因此，应尽快制定有关盈利预测编报的规范，包括允许采用弹性编制方法，以使盈利预测更可靠和有用。

（八）其他具体问题

亟需完成的项目还有上市公司如何弥补亏损、如何计算关键财务比率等。

四、长远规划

本设想经一、两年的努力完成后，应就整个证券市场信息披露规范作全面深入的检讨，并形成改进意见，以使信息披露规范水平提升到一个新的高度，为证券市场的健康迅速发展，为证券市场功能的充分发挥创造良好的条件。

为完成以上短期和长远规划，本会可考虑从国外著名会计师事务所、律师事务所、投资银行等聘请高质量的专家，担任本会首席会计师、首席律师等的助理或技术顾问。也可考虑向世界银行、亚洲开发银行等申请专项贷款或赠款，用于信息披露规范的建立与健全工作，包括组织专题研究，

聘请国外或境外专家,选派工作人员出国培训、订购国外相关资料等。

五、组织实施

为做好完善信息披露规范的工作,应注意如下各点:

1.在内容上,(1)要逐步形成信息披露的基本观念与原则,如何正确处理公开与保密的关系、简单与详尽的关系、法定最低披露义务与自愿披露责任的关系、市场需求信息与监管需求信息的关系等;(2)要尽可能兼顾国际惯例与我国国情;(3)要尽可能形成比较明显的层次;(4)要尽可能将必要的规范纳入体系内,尽可能不再以临时性通知等形式规定实质性规范内容;(5)要不贪求数量与速度。

2.在形式上,(1)要以《立法法》为基本指导;(2)要在结构、体例、措词等方面尽可能保持统一格调。

3.在操作上,(1)要保持会内各部门协调一致,密切配合;(2)要处理好与财政部、中注协等相关部门的关系;(3)要尽可能广泛地吸收各方面的意见。

发行类

关于向二级市场投资者配售新股有关问题的通知

(2000年2月13日　　证监发行字[2000]5号)

为了进一步完善股票发行方式,促进证券市场的稳定健康发展,今后将在新股发行中试行向二级市场投资者配售新股的办法。现就有关问题通知如下:

一、基本规则

(一)向二级市场投资者配售新股,是指在新股发行时,将一定比例的新股由上网公开发行改为向二级市场投资者配售,投资者根据其持有上市流通证券的市值和折算的申购限量,自愿申购新股。

(二)投资者持有上市流通证券的市值,是按招股说明书概要刊登前一个交易日收盘价计算的上市流通股票、证券投资基金和可转换债券市值的总和(不含其他品种的流通证券及未挂牌的可流通证券),其中包含已流通但被冻结的高级管理人员持股。

(三)投资者每持有上市流通证券市值10 000元限申购新股1 000股,申购新股的数量应为1 000股的整数倍,投资者持有上市流通证券市值不足10 000元的部分,不赋予申购权;每一股票账户最高申购量不得超过发行公司发行总量的千分之一;每一股票账户只能申购一次。重复的申购视为无效申购。

投资者申购新股时,无需预先缴纳申购款,但申购一经确认，不得撤销。

（四）证券投资基金按现行有关规定优先配售新股后，不再按其持有上市流通证券的市值配售新股。

（五）证券交易所负责确认投资者的有效申购，并对超额申购、重复申购等无效申购予以剔除。

（六）有效申购量确认后，按以下办法配售新股：

1. 当有效申购总量等于拟向二级市场投资者配售的总量时，按投资者的实际申购量配售；

2. 当有效申购总量小于拟向二级市场投资者配售的总量时，按投资者实际申购量配售后，余额按照承销协议由承销商包销；

3. 当有效申购总量大于拟向二级市场投资者配售的总量时，证券交易所按1 000股有效申购量配一个号的规则，对有效申购量连续配号。主承销商组织摇号抽签，投资者每中签一个号配售新股1 000股。

（七）中签的投资者认购新股应缴的股款，由证券营业部直接从其资金账户中扣缴。因投资者认购资金不足，不能认购的新股，视同放弃认购，由主承销商包销，证券营业部或其他投资者不得代为认购。

二、操作程序

（一）T－2 刊登招股书概要

发行公司披露新股发行价格、发行方式和拟上市证券交易所。

发行公司拟上市证券交易所根据前一个交易日的收盘价，统计各投资者持有本所上市流通证券的市值。

（二）T－1 刊登发行公告

说明按规定向证券投资基金优先配售后，拟向二级市场投资者配售及上网公开发行新股的数量。

证券交易所计算各投资者可申购新股的数量。

（三）T＋0 自愿申购

投资者按照其可申购新股的数量，自主委托申购新股。

证券交易所确认有效申购，剔除无效申购，并按有效申购量连续配号后，将配号结果传输给各证券营业部。

（四）T＋1 摇号中抽签

证券营业部在交易场所的显著位置向投资者公布配号结果。

主承销商在中国证券监督管理委员会（以下简称中国证监会）指定报纸上公布中签率，并在公证机关的监督下组织摇号抽签。

证券交易所将中签号码分别传送给登记公司和证券营业部。

（五）T＋2 公布中签结果

证券营业部在交易场所的显著位置张贴中签结果公告。

主承销商在中国证监会指定报纸上公布抽签结果。

（六）T＋3 收缴股款

各证券营业部向中签投资者收取新股认购款，将股款集中划入证券交易所的指定账户，并将投资者认购新股的明细数据报证券交易所。

（七）T＋4 交割

证券交易所登记公司进行清算交割和股东登记，并将募集资金划入主承销商指定的账户。投资者放弃认购的新股，由主承销商包销。

（八）T＋5 划款

承销商将募集资金划入发行公司指定账户。

三、附加说明

（一）向二级市场投资者配售新股的比例，日前暂定为向证券投资基金优先配售后所余发行量的50%，今后根据市场情况调整。

采用向二级市场投资者配售部分新股的办法发行股票时，向二级市场配售与上网公开发行应同时进行（流程见附件）。

（二）投资者同时持有上海、深圳证券交易所上市流通证券的，分别计算市值；各证券交易所的交易系统只根据持有本所上市流通证券的市值配售新股。

（三）证券交易所及其会员单位应抓紧做好技术准备及有关宣传工作，帮助投资者熟悉新的发行方式。要切实维护投资者的合法权益。对在新股申购中侵害投资者权益的行为，中国证监会将依法查处。

（四）本通知自二月二十二日实施。

附件：新股同时向二级市场配售和上网公开发行的流程

附件：

新股同时向二级市场配售和上网公开发行的流程

日期	向二级市场投资者配售	上网公开发行
T－2	刊登招股书概要，交易所计算市值	
T－1	刊登发行公告	
T＋0	投资者自主申购，无需缴款 交易所确认有效申购、配号	投资者自主申购，预先缴款
T＋1	公布配号结果 摇号抽签	冻结资金
T＋2	公布中签结果	验资，确认有效申购、配号
T＋3	收缴股款	公布配号结果 摇号抽签
T＋4	清算、登记、划款	公布中签结果 清算、登记、划款
T＋5	主承销商将募集资金 划入发行公司账户	主承销商将募集资金 划入发行公司账户

股票发行上市辅导工作暂行办法

（2000年3月16日　证监发［2000］17号）

一、为了促进企业转换经营机制，发挥现代企业制度功能，提高上市公司质量，根据《中国证监会股票发行核准程序》，制定本办法。

二、拟公开发行股票（A、B股）的股份有限公司（以下称拟发行公司）应符合《公司法》的各项规定，在向中国证监会提出股票发行申请前，均须具有主承销资格的证券公司（以下称辅导机构）辅导，辅导期限为一年。

三、辅导机构应严格按照《公司法》、《证券法》等法律法规的要求，勤勉尽责，诚实信用，做好辅导工作。拟发行公司应积极配合辅导机构做好工作，按要求提供企业的有关情况，并对所提供资料的真实性负责。

四、中国证监会派出机构（以下简称派出机构）负责辖区内拟发行公司辅导工作的监督管理。

五、辅导内容主要包括以下方面：

1. 股份有限公司设立及其历次演变的合法性、有效性。

2. 股份有限公司人事、财务、资产及供、产、销系统独立完整性。

3. 对公司董事、监事、高级管理人员及持有5%以上（含5%）股份的股东（或其法人代表）进行《公司法》、《证券法》有关法律法规的培训。

4. 建立健全股东大会、董事会、监事会等组织机构，并实现规范运行。

5. 依照股份公司会计制度建立健全公司财务会计制度。

6. 建立健全公司决策制度和内部控制制度，实现有效运作。

7. 建立健全符合上市公司要求的信息披露制度。

8. 规范股份公司和控股股东及其他关联方的关系。

9. 公司董事、监事、高级管理人员及持有5%以上（含5%）股份的股东持股变动情况是否合规。

六、辅导机构对拟发行公司进行辅导时应配置三名以上辅导人员，授权其代表辅导机构从事辅导工作。辅导人员必须是有主承销资格的证券公司正式从业人员、并从事证券承销业务两年以上。辅导人员中，至少有两人具有辅导两家以上企业股票发行上市经验。辅导机构可以聘请有证券从业资格的注册会计师、律师等协助辅导人员做好辅导工作。辅导报告由辅导人员完成，并签字负责。辅导机构、辅导人员及其所聘请的注册会计师、律师等视为内幕人员，应当遵守有关内幕人员的法律规定。

七、辅导工作开始前十个工作日内，辅导机构应当向派出机构提交下列材料：

1. 辅导机构及辅导人员的资格证明文件（复印件）；

2. 辅导协议；

3. 辅导计划；

4. 拟发行公司基本情况资料表（附表1）；

5. 最近两年经审计的财务报告（资产负债表、损益表、现金流量表等）。

八、辅导协议应明确双方的责任和义务。辅导费用由辅导双方本着公开、合理的原则协商确定，并在辅导协议中列明，辅导双方均不得以保证公司股票发行上市为条件。辅导计划应包括辅导的目的、内容、方式、步骤、要求等内容，辅导计划要切实可行。

九、从辅导之日起，辅导机构每两个月向派出机构报送一次《股票发行上市辅导报告》（附表2）。辅导机构每一次报送的报告，都要按照报告中列示的各项内容如实填报，并根据有关法律法规的要求逐项评估。在此基础上，针对公司存在的问题会同拟发行公司董事、监事或有关管理人员认真研究整改方案，跟踪辅导，督促整改，并在下一次报告时说明整改情况。若拟发行公司对辅导意见有异议，辅导机构应于下一次报告时书面报告派出机构。

十、辅导机构报送的《股票发行上市辅导报告》由派出机构存档备查。辅导期满后15个工作日内，辅导机构向派出机构报送《发行上市辅导汇总报告》（附表3），该报告同时作为拟发行公司股票发行申请文件的必备材料。

十一、辅导机构在辅导过程中应将有关资料及重要情况汇总，建立“辅导工作底稿”，存档备查。

十二、辅导机构委派的辅导人员发生变动时，应于变动后十个工作日内报告派出机构，接替人员承诺完全接受前任工作。拟发行公司更换辅导机构时，原辅导机构应向派出机构书面报告解约的原因，继任辅导机构应于变更后十个工作日内向派出机构提交第七条1、2、3之规定资料，同时对原辅导机构的解约原因发表意见。继任辅导机构表示完全同意前任辅导意见的，辅导期可以连续计算；否则，辅导期从继任辅导机构开始辅导起重新开始计算。

十三、派出机构应对辅导机构按第七条规定报送的资料进行审查，如有异议应于15个工作日内书面反馈给辅导机构。过期不予反馈的，视为无异议。辅导期间，派出机构可以根据辅导报告所发现的问题对辅导情况进行抽查。

十四、辅导有效期为三年。即本次辅导期满后三年内，拟发行公司可以由主承销机构提出股票发行上市申请；超过三年，则须按本办法规定的程序和要求重新聘请辅导机构进行辅导。

十五、经辅导机构申请，派出机构对拟发行公司的改制、运行情况及辅导内容、辅导效果进行评估和调查，并出具调查报告。

十六、辅导机构对拟发行公司的辅导情况作为评选“信誉主承销商”的重要内容，中国证监会优先受理由“信誉主承销商”推荐的企业股票发行申请。中国证监会在核准过程中发现辅导不合格的，将视情节轻重对辅导机构依法作出处理。

十七、有以下情况之一的，中国证监会将认定该辅导不合格：

1. 拟发行公司存在重大法律障碍，不能实现规范运作；

2. 辅导报告或汇总报告内容存在重大虚假；

3. 中国证监会认定的其他情况。

十八、本办法自公布之日起执行。《关于对公开发行股票进行辅导的通知》（证监发［1995］138号）同时废止。

十九、本办法由中国证监会负责解释。

附表 1　拟发行公司基本情况资料表

拟发行公司：　　　　　　　股份有限公司

辅导机构：　　　　　　　　　　　　　　　　　　年　　月　　日

<table>
<tr><th colspan="2">项　　目</th><th colspan="2">内　　容</th></tr>
<tr><td rowspan="16">拟发行公司基本情况</td><td>设立（或变更）时间</td><td colspan="2"></td></tr>
<tr><td>所属行业</td><td colspan="2"></td></tr>
<tr><td>主营业务</td><td colspan="2"></td></tr>
<tr><td>股本总额</td><td colspan="2"></td></tr>
<tr><td>国家股</td><td colspan="2"></td></tr>
<tr><td>法人股</td><td colspan="2"></td></tr>
<tr><td>个人股</td><td colspan="2"></td></tr>
<tr><td>外资股</td><td colspan="2"></td></tr>
<tr><td>持股 5%以上（含 5%）股东</td><td colspan="2"></td></tr>
<tr><td>股东是否符合《公司法》规定</td><td colspan="2"></td></tr>
<tr><td>董事是否符合《上市公司章程指引》第 77、78 条规定</td><td colspan="2"></td></tr>
<tr><td>法定代表人是否符合《企业法人法定代表人登记管理规定》（1998 年 4 月 7 日公布）</td><td colspan="2"></td></tr>
<tr><td>发起人资产是否完成产权过户</td><td colspan="2"></td></tr>
<tr><td>发起人投入资金是否到位</td><td colspan="2"></td></tr>
<tr><td>其他</td><td colspan="2"></td></tr>
<tr><td></td><td colspan="2"></td></tr>
<tr><td rowspan="23">拟发行公司经营及财务状况</td><td></td><td>（辅导前两年）</td><td>（辅导前一年）</td></tr>
<tr><td>营业收入</td><td></td><td></td></tr>
<tr><td>主营业务收入</td><td></td><td></td></tr>
<tr><td>当年盈利预测</td><td></td><td></td></tr>
<tr><td>利润实现总额</td><td></td><td></td></tr>
<tr><td>主营业务利润</td><td></td><td></td></tr>
<tr><td>存货周转天数</td><td></td><td></td></tr>
<tr><td>税率</td><td></td><td></td></tr>
<tr><td>拖欠税金</td><td></td><td></td></tr>
<tr><td>净资产</td><td></td><td></td></tr>
<tr><td>资产负债率</td><td></td><td></td></tr>
<tr><td>流动比率</td><td></td><td></td></tr>
<tr><td>流动资产占总资产的比例（%）</td><td></td><td></td></tr>
<tr><td>应收账款占流动资产比例（%）</td><td></td><td></td></tr>
<tr><td>账龄三年以上应收账款占应收账款的比例（%）</td><td></td><td></td></tr>
<tr><td>现金流量</td><td></td><td></td></tr>
<tr><td>经营活动现金流量小计</td><td></td><td></td></tr>
<tr><td>融资活动现金流量小计</td><td></td><td></td></tr>
<tr><td>投资活动现金流量小计</td><td></td><td></td></tr>
<tr><td>每股收益</td><td></td><td></td></tr>
<tr><td>净资产收益率</td><td></td><td></td></tr>
<tr><td></td><td></td><td></td></tr>
<tr><td></td><td></td><td></td></tr>
<tr><td colspan="2">重要说明</td><td></td><td></td></tr>
</table>

辅导人员：

附表 2　股票发行上市辅导报告

拟发行公司:　　　　　　　　　股份有限公司

辅导机构:　　　　　　　　　　　　　　　　　　　　　年　　月　　日

	时间 项目	上期		本期	
拟发行公司经营及财务状况	营业收入				
	主营业务收入				
	利润总额				
	主营业务利润				
	存货周转天数				
	税率				
	拖欠税金				
	净资产				
	资产负债率				
	流动比率				
	流动资产占总资产的比例(%)				
	应收账款占流动资产比例(%)				
	账龄三年以上应收账款占应收账款的比例(%)				
	短期借款均如期还本付息				
	长期借款均如期还本付息				
	每股收益				
	净资产收益率				
重要变动说明					
拟发行公司规范运作情况	人事是否独立				
	董事长其他任职				
	总经理其他任职				
	财务经理其他任职				
	董事会秘书其他任职				
	财务是否独立				
	是否独立建账				
	是否有独立银行账号				
	是否独立纳税				
	资产是否独立完整				
	是否有独立固定的生产场所				
	主要工艺流程是否完整				
	是否有独立完整的供货系统				
	前 5 名供货商中有无控股股东				
	是否有独立完整的销售系统				
	前 5 名销售商中有无控股股东				
	股东大会是否依法召开并按程序运作(辅导期间辅导人员应旁听考察股东大会)				

项目＼时间		上期		本期	
拟发行公司规范运作情况	股东大会是否存在被控股股东操纵情况				
	董事会是否依法召开并按程序运作（辅导期间辅导人员要旁听考察董事会）				
	董事会是否存在被董事长或其他人员操纵情况				
	股东大会决议执行情况评估（好、中、差）				
	董事会秘书是否勤勉尽职				
	监事会是否依法召开并按程序运作（辅导期间辅导评估人员要旁听考察监事会）				
	重大决策的变更是否符合法定程序				
	关联交易数量				
	主要关联交易方				
	公司内部控制制度执行有效性评价（好、中、差）				
	内部审计制度是否健全				
	设专门内部审计人员人数				
	是否存在虚增收入和利润情况				
	有无重大诉讼				
	持有5%股份（含5%）以上股东变动情况				
重要说明	重大财务变动说明				
	重大股权变动说明				
	关联交易合理性说明				
	内部控制制度改善情况说明				
	其他				
不宜上市事项					

辅导人员（签名）：

附表 3　发行上市辅导汇总报告

辅导机构

拟发行公司：　　　　　　股份有限公司

年　　月　　日

	事项	辅导机构承诺
一	是否按《股票发行上市辅导工作暂行办法》规定的程序、内容、期间进行了辅导	□是：　　□否 说明：
二	每次报送《发行上市辅导报告》是否及时，有无差错	□是　　□否 说明：
三	辅导期间若发生辅导人员变化，是否按规定程序办理	□是　　□否 说明：
四	辅导期间若发生辅导机构更换，是否按规定程序办理	□是　　□否 说明：
五	辅导期间，若发现有不宜发行上市事项，是否跟踪辅导，并得到改善	□是　　□否 说明：
六	辅导期间，若发生拟发行公司不接受辅导意见，是否按规定程序办理	□是　　□否 说明：
七	是否已做到人事、财务、资产独立完整	□是　　□否 说明：
八	是否有独立、完整的供、产、销系统	□是　　□否 说明：
九	是否建立健全完善的内部控制制度，并有效运行	□是　　□否 说明：
十	是否设立专门的内部审计人员	□是　　□否 说明：
十一	近两年是否存在重大财务虚假	□是　　□否 说明：
十二	近两年是否存在拖欠税金	□是　　□否 说明：
十三	近两年是否符合环境保护要求	□是　　□否 说明：
十四	近两年是否存在重大关联交易	□是　　□否 说明：
十五	持股 5%以上（含 5%）股东的变更，是否已按本股东逐次办理。	□是　　□否 说明：
十六	董事会是否能够独立有效运作	□是　　□否 说明：
十七	监事会是否能够独立有效运作	□是　　□否 说明：
十八	公司业务是否不存在不宜上市内容	□是　　□否 说明：
十九	公司是否不存在不宜发行上市事宜	□是　　□否 说明：
二十	辅导机构是否完全独立完成本次辅导，并独立承担相关责任	□是　　□否 说明：
二十一	辅导协议及辅导计划完成情况说明：	
其他	经办人员签字：	辅导人员：
	法定代表人（或授权人）签字	
	盖章	

关于修改《关于进一步完善股票发行方式的通知》有关规定的通知

（2000 年 4 月 4 日　证监发行字［2000］32 号）

1999 年 7 月 28 日，中国证券监督管理委员会发布了《关于进一步完善股票发行方式的通知》（证监发行字［1999］94 号）（以下简称《通知》），并成功地进行了首钢等四家公司股票发行的试点。为进一步扩大对一般投资者上网发行和对法人配售相结合发行方式的适用范围，使发行股票公司能够根据市场情况和自身条件选择适当的发行方式，现决定对《通知》中的有关规定做如下修改：

一、取消《通知》中发行后总股本在 4 亿元以上的公司方可采用对一般投资者上网发行和对法人配售相结合的方式发行股票的限制。发行后总股本在 4 亿元以下的公司亦可采用上述方式发行股票。

二、取消《通知》中用于法人配售部分的股票不得少于公开发行量的 25%、不得多于公开发行量的 75%的限制。发行人和主承销商在充分考虑上市后该股票流动性等因素的基础上，自主确定对法人配售和对一般投资者上网发行的比例。

本通知自发布之日起实施。

关于 1997 年度股票发行计划指标有关问题的通知

（2000 年 6 月 7 日　证监发行字［2000］77 号）

为保证新股发行制度改革的顺利进行，妥善处理新老制度的衔接过渡问题，现就 1997 年度股票发行计划指标有关问题通知如下：

一、1997 年度股票发行计划指标继续有效，仍有指标的单位仍可按原有程序和办法向我会推荐企业；

二、对于占用 1997 年度计划指标正在我会审核的企业，企业推荐单位如有充分理由，可自本通知下发之日起两个月内要求撤换，并将新推荐企业函告我会，但变更后不能再变；

三、指标尚未用完的单位，自本通知下发之日起两个月内确定被推荐的企业并函告我会，企业确定后不得变更，两个月后仍未确定企业的指标作废；

四、被推荐的企业如发审委两次审核都未通过或因违规等其他原因而未获核准，其所用指标即使用完毕，推荐单位不能再用此指标推荐其他企业；

五、对于以各种形式买卖指标的行为，一经查实，指标作废，并将严肃处理有关当事人；

六、请本着对企业、对市场、对广大投资者高度负责的精神，用好1997年度剩余指标，推荐效益好有发展前景的企业发行上市。

特此通知。

关于涉及境内权益的境外公司在境外发行股票和上市有关问题的通知

(2000年6月9日　　证监发字［2000］72号)

最近一个时期，一些涉及境内权益的境外公司（以下简称“境外公司”）在香港创业板、美国那斯达克等境外市场发行股票和上市。针对境内律师就上述股票发行和上市事宜向我会进行的查询或报送的法律意见书，现将有关问题通知如下：

一、如有关境外发行股票和上市事宜属于《国务院关于进一步加强在境外发行股票和上市管理的通知》（国发［1997］21号）规定的情形，则依照该通知执行。

二、如上述事宜不属于国发［1997］21号文件规定的情形，律师就该境外发行股票和上市事宜出具的法律意见书应包括（但不限于）以下内容：

1．境外公司的基本情况：设立时间、注册地点、股权结构（附框图）及其股东背景（最终权益持有人）、拟上市资产构成（附框图）、从事业务等；

2．本次发行的基本情况：主承销商及保荐人、拟上市地、预计筹资规模及用途等；

3．如果中国境内机构或公民直接或间接持有该境外公司的股权，应详细说明该权益的形成及其演变过程，并对其合法有效性发表意见；

4．境外公司上市资产中，如果直接或间接涉及境内权益，应详细说明该权益的形成过程，并对其合法有效性发表意见；

5．说明境外公司直接或间接持有权益的境内企业所从事的业务，并对其是否符合外商投资产业政策及其他相关法律法规发表意见。

三、中国证监会发行监管部负责受理法律意见书，并按以下程序办理：

1．如认为法律意见书陈述的事实不清楚或发表了不恰当的法律意见，将对律师进行书面查询，律师应及时作出修改补充；

2．证监会可就有关外商投资涉及的法律、法规及政策问题征求国务院有关主管部门的意见；

3．如没有进一步意见，则在收到法律意见书之日起15个工作日内提出处理意见，由法律部函复律师事务所。

四、对于出具虚假、误导性法律意见或有重大遗漏的法律意见书的律师和律师事务所，证监会将依照有关法律法规予以查处。

关于股票上市安排有关问题的通知

（2000 年 6 月 23 日　　证监发行字［2000］86 号）

为推进证券市场发展的规范化进程，强化证券交易所的一线监管职能，根据《中华人民共和国证券法》等法律、法规的有关规定，现就安排新股上市工作的有关问题通知如下：

一、我会授权你所依照法定条件和法定程序核准股票上市申请。

二、你所可视公司的上市准备情况和市场状况，自主安排公司股票的持牌上市事宜。

三、你所应于上市公告书登报一周前，将上市安排计划告知我会发行监管部。

法人配售发行方式指引

（2000 年 8 月 21 日　　证监发行字［2000］111 号）

一、发行人和主承销商事先确定发行量和发行底价，通过向法人投资者询价，并根据法人投资者的预约申购情况确定最终发行价格，以同一价格向法人投资者配售和对一般投资者上网发行。

二、发行量在 8 000 万股以下的，在目前市场条件下，原则上不建议使用该发行方式。若发行人和主承销商坚持使用该方式发行，则应当采取“回拨机制”，即根据一般投资者的超额认购倍数，确定对法人的配售量。具体操作规程详见附件 1。

三、发行量在 8 000 万股以上的，对法人的配售比例原则上不应超过发行量的 50%。发行量在 20 000 万股以上的，可根据市场情况适当提高对法人配售的比例。

四、发行人可参与对战略投资者的选择，但不应参与对一般法人投资者的选择。主承销商根据公开募集文件中规定的分配原则和方法，确定一般法人投资者。

五、发行人在招股意向书中必须细化和明确战略投资者的定义，使之充分体现出战略投资的意义。战略投资者的家数原则上不超过 2 家，特大型公司发行时，可适当增加战略投资者的家数。

六、战略投资者的持股时间不少于 6 个月。发行人应保证使其股票发行 1 年后，可随时流通的股票不少于公司总股本的 25%，总股本在 4 亿股以上的不少于 15%。

七、中国证券业协会内部设立“法人配售审核小组”，负责对法人配售对象的资格审查。

八、主承销商内部应有专人负责组织法人配售发行工作。主承销商应将其名单报“法人配售审核小组”及中国证监会备案。

九、发行前，发行人应将可能成为其战略投

资者的法人单位的具体情况（详见附件2）报“法人配售审核小组”审查并报中国证监会备案。

十、发行前，发行人的全体董事和主承销商配售负责人分别签署承诺书。发行人的全体董事保证战略投资者的选择不存在违法行为和黑箱操作；主承销商保证对配售对象的选择和整个配售过程不存在违法行为和黑箱操作。

十一、法人配售过程应有公证机构人员在场，并由公证机构人员对配售过程的公正性出具公证文书。

十二、发行人和主承销商应在法人配售结果公告前，将法人投资者的申购量、申购家数、申购价格的具体分布情况（详见附件3）报“法人配售审核小组”审查并报中国证监会备案。

十三、在法人配售结果公告中，发行人和主承销商应详细披露法人投资者的申购情况及战略投资者与发行人之间的关系，具体解释价格确定过程和依据。

十四、证券投资基金可以比照战略投资者或一般法人参加预约申购。已获配的法人投资者和证券投资基金不得同时参加上网申购。

附件1

“回拨机制”的操作方案

一、发行量在8 000万股以下又坚持使用法人配售发行方式的，发行人和主承销商必须设计并采取“回拨机制”。

二、“回拨机制”指通过向法人投资者询价并确定价格，对一般投资者上网发行。根据一般投资者的申购情况，最终确定对法人投资者和对一般投资者的股票分配量。

三、发行人和主承销商在招股意向书中，规定拟向法人配售的比例，同时规定当一般投资者上网申购的超额认购倍数达到不同倍数时对法人投资者和对一般投资者相应的股票分配量。对法人投资者的配售量最低可调减至0股。

四、一般投资者上网申购超额认购倍数及股票分配比例，由发行人和主承销商在充分分析市场情况的基础上确定并报中国证监会核准。

附件 2

战略投资者备案材料

申购时向主承销商提供的必要文件	
法人营业执照	
注册资本	
＊　＊　年财务报表	
战略投资者配售协议	
主承销商要求的其他文件	
报“法人配售审核小组”的审查文件	
公司名称	
法人营业执照	
与发行人的业务关系	
与发行人关系的密切程度（具体数字指标）	
与发行人签定合同的日期	
申购价格范围	
不同申购价格时的申购量	
申购资金来源	
陈述申购目的	
持股时间	
承诺（使用自有资金申购、不得变相出售新股、规定的持有期内不得出售新股、出售时的信息披露义务等）	
发行人及主承销商对战略投资者的资格认定意见	
参加本次配售战略投资者家数	

附件 3

一般法人投资者备案材料

申购时向主承销商提供的必备文件	
法人营业执照	
注册资本	
*　*年财务报表	
主承销商要求的其他文件	
报“法人配售审核小组”审查文件	
公司名称	
法人营业执照	
申购价格范围	
申购量	
持股时间	
申购资金来源	
承诺（使用自有资金申购、不得变相出售新股、规定的持有期内不得出售新股、出售时的信息披露义务等）	
发行人及主承销商对一般法人投资者资格的认定意见	

关于拟发行股票公司聘用审计机构等问题的通知

（2000 年 9 月 22 日　证监发行字［2000］131 号）

为推进股票发行制的市场化，规范拟发行股票公司的验资、审计、资产评估及信息披露工作，根据《中国证监会股票发行核准程序》和《股票发行上市辅导工作暂行办法》的有关规定，现将有关问题通知如下：

一、今后拟申请发行股票的公司，设立时应聘请有证券从业资格许可证的中介机构承担验资、资产评估、审计等业务。若设立时聘请没有证券从业资格许可证的中介机构承担上述业务的，应在股份公司运行满三年后才能提出发行申请，在申请发行股票前须另聘有证券从业资格许可证的中介机构复核并出具专业报告。

二、拟发行股票公司应根据《公开发行股票公司信息披露的内容与格式准则第一号——招股说明书的内容与格式》的要求披露盈利预测资料。

如果发行人认为提供盈利预测数据将有助于投资人对公司及其所发行的股票做出正确判断，且发行人确信有能力对最近的未来期间的盈利情况作出比较切合实际的预测，则发行人可以在招股说明书中提供盈利预测数据。公司的董事应对盈利预测的结果负责。盈利预测结果完不成的，按相关的规定处理。

如果发行人不披露盈利预测数据，发行人、主承销商、发行人律师应对《公司法》第 137 条规定的“公司预期利润可达同期银行存款利率”的发行条件发表意见，并提供和披露有关依据。

本通知自发布之日起实施。

关于公司公告拟公开发行股票并上市有关事宜的通知

（2000 年 10 月 26 日　证监发行字［2000］141 号）

近年来，对拟发行上市公司的各种举报呈明显增长趋势，为防范化解证券市场风险，打击新股发行上市申报文件的弄虚作假行为，我会在强化信息披露监管的同时，根据群众举报，对有关拟发行上市公司进行了严格核查。为加大社会舆论监督力量，尽可能使拟上市公司的举报问题在其申请发行上市文件正式申报前得以解决，提高新股发行上市透明度和审核效率，现将有关事项通知如下：

一、各派出机构应督促辖区内拟公开发行股票并上市的公司在当地主要报纸上公告其拟公开发行股票并上市事宜。须公告的拟上市公司包括：(1)自派出机构收到本通知之日起，尚未向我会报送正式申报文件的 1997 年度计划指标内的企业;(2)按照《中国证监会股票发行核准程序》,辅导协议已在我会地方派出机构备案且辅导满六个月的企业。

二、公告信息中必须有当地政府、主管部门或派出机构举报电话和通讯地址。

三、当地主要报纸是指省级报纸,如拟上市公司法定住所(注册地)不在省会城市或计划单列市,还须在公司住所所在县、市的主要报纸上进行公告。

四、公告须连续刊登三次。

五、公告费用由拟上市公司负担。

六、请各地派出机构根据所在地拟上市公司数量的情况,分期分批安排公告。

公司在报纸上公告拟公开发行股票并上市有关事宜后,各派出机构收到有关举报,应按职责分工,尽快严格进行核查,并将举报内容和调查结果在改制调查报告或辅导调查报告中进行专题反映。

公开发行证券公司信息披露编报规则

(2000 年 11 月 2 日　　证监发[2000]76 号)

第 1 号

商业银行招股说明书内容与格式特别规定

第一条　为规范公开发行股票商业银行(以下简称商业银行)的信息披露行为,保护投资者的合法权益,依据《中华人民共和国公司法》、《中华人民共和国证券法》等法律、法规,制订本规定。

第二条　商业银行为首次发行股票而编制招股说明书时,除应遵循中国证券监督管理委员会(以下简称中国证监会)有关招股说明书内容与格式准则的一般规定外,还应遵循本规定的要求。

第三条　商业银行应披露不少于最近三年的如下主要财务数据:总负债、存款总额、长期存款及同业拆入总额、贷款总额、正常贷款、逾期贷款、呆滞贷款、呆账贷款。

必要时,还应提供自最后一个会计年度终止后到编制招股说明书之前最近可行的月份终了的上述财务数据。

第四条　商业银行应披露下列各种风险因素。对这些风险因素能够作出定量分析的,应进行定量分析;不能作出定量分析的,应进行定性描述。

(一)分析可能存在的信贷风险,尤其要分析目前的贷款组合、客户集中性风险、银行的贷款准备金制度及目前准备金水平。

(二)分析可能存在的流动性风险,包括:

1.说明此风险的存在对银行可能造成的后果,以及银行管理层对此的明确政策;说明银行是否建立用于监控此风险的管理信息系统和其他内部控制制度;说明对银行流动性风险管理水平的评估情况。

2.分析自身的规模和所处的经营环境,结合财务报表及其附注,说明流动性如何受到不利因素的影响,这些不利影响因素包括(但不限于):信贷需求的大幅度增长、大量履行各种贷款的承诺、存款水平剧减、国内或国外利率的急剧变化等。

3.分析银行的流动性对某一类资金来源的依赖程度,银行短期可兑现的流动资产、短期融资能力和成本,银行在货币市场上的信誉,同时应披露银行是否有紧急融资计划来处理突发事件。

4.分析资本充足率的现状。

(三)披露因汇率变化而产生的风险,如汇率变化对外汇交易、对持有外币资产和负债的影响等。

(四)披露因市场利率变动而产生的风险,如银行所采用的利率政策、利率的变动对银行获利能力和财务状况的影响,并对此种影响进行敏感性分析。

(五)披露技术和人为因素而产生的风险,如电脑系统不可靠、舞弊、欺诈行为和资产保全措施不得当等产生的风险。

(六)披露因国家法律、法规、政策的变化而产生的风险,如税收制度、经营许可制度、外汇制度等的变化对银行的影响。

(七)其他风险,如我国加入世界贸易组织后,更多的外资商业银行被允许进入中国信贷市场等所产生的风险。

第五条 商业银行应建立健全内部控制制度,并在招股说明书正文中专设一部分,对其内部控制制度的完整性、合理性和有效性作出说明。

商业银行还应委托所聘请的会计师事务所对其内部控制制度及风险管理系统的完整性、合理性和有效性进行评价,提出改进建议,并以内部控制评价报告的形式作出报告。内部控制评价报告随招股说明书一并呈报中国证监会。

所聘请的会计师事务所指出以上三性存在严重缺陷的,商业银行应予披露,并说明准备采取的改进措施。

第六条 商业银行计划将所募集资金用于增设分支机构的,应披露所需资金数额 、拟设地点等内容;募集资金仅用于增加资本的,可不必说明其具体投向;募集资金用于更新设备、收购兼并等其他用途时,需详细披露募集资金投向。

第七条 商业银行应在介绍发行人情况时详细披露其所属分行各自的名称、地点、职员数和资产规模以及各支行、储蓄所数量及地区分布等基本情况。

第八条 商业银行在申请公开发行股票前,应根据资产的潜在损失可能,提足各项损失准备或核销不良资产,据以确定原股东投入的净资产,并披露为解决不良资产问题已采取或拟采取的措施。此外,还应披露如下内容:

(一)最近三年年末贷款的“五级”分类情况,各级贷款呆账准备金计提比例、呆账核销政策和程序;

(二)应收利息和其他应收款项准备金的提取情况,坏账核销程序与政策。

第九条 商业银行应披露前三年主要贷款类别按月度计算的年平均余额及年平均贷款利率。

第十条 商业银行还应就其所持政府债券和贷款披露如下内容:

(一)持有金额重大的政府债券的有关情况,包括面值、利率、到期日;

(二)重组贷款金额及其中逾期部分金额;

(三)贷款的集中度,即贷款量列前十名的客户贷款金额占贷款总额的比例;

(四)贴现贷款占贷款总额比例超过20%(含20%)的,披露其金额及重要构成。

第十一条 商业银行应披露前三年主要存款类别按月度计算的年平均余额及年平均存款利率。

第十二条 商业银行存在逾期未偿付债务的,应对其金额、利率、存款人或拆入人、未按期偿还的原因、预计还款期等作详细说明。

第十三条 商业银行应披露最近三年每年年末和按月年均计算的年平均如下财务指标(必要时提供最近一期的财务指标):资本充足率、贷款质量比例、存贷款比例、短期资产流动性比例、拆借资金比例、中长期贷款比例、国际商业借款比例、利息回收率等,其中1—7项指标需列出简要的计算过程。

对以上各指标在最近三年的变化趋势、原因以及其他有关情况,还应作出分析。

第十四条 商业银行应披露可能影响其财务状况和经营成果的主要表外项目的总额及其重要情况,这些表外项目包括银行承兑汇票、融资保函、非融资保函、开出即期信用证、开出远期信用证、贷款承诺、外汇合约、有追索权的资产销售、重要的空白凭证等。

第十五条 商业银行应聘请有商业银行审计经验的、具有执行证券期货相关业务资格的会计师事务所,按中国独立审计准则对其依据中国会计和信息披露准则和制度编制的法定财务报告进行审计。此外,应增加审计内容,聘请获中国证监会和财政部特别许可的国际会计师事务所,按国际通行的审计准则,对其按国际通行的会计和信息披露准则编制的补充财务报告进行审计。

增加审计时需关注的内容包括:损失准备的提取及不良资产的处置情况;重大表外项目及其对财务状况和经营成果的影响;不同服务对象、经营项目及经营区域的资产质量、获利能力和经营风险;法定财务报告与补充财务报告之间的主要差异等。

招股说明书正文中的财务资料均应摘自法定财务报告。补充财务报告作为招股说明书附录披露,供投资者判断商业银行财务状况和投资风险时参考。

第十六条 本规定由中国证监会负责解释。

第十七条 本规定自发布之日起施行。

公开发行证券公司信息披露编报规则

第 2 号

商业银行财务报表附注特别规定

第一条 为规范公开发行证券商业银行(以下简称商业银行)的信息披露行为,保护投资者的合法权益,依据《中华人民共和国公司法》、《中华人民共和国证券法》等法律、法规,制定本规定。

第二条 商业银行编制财务报表附注时,除应遵循中国证券监督管理委员会(以下简称"中国证监会")有关财务报表附注的一般规定外,还应遵循本规定的要求。

第三条 商业银行应在主要会计政策中披露如下内容:

(一)说明贷款的种类和范围,应计贷款转为非应计贷款的标准,及非应计贷款的账务处理方法。

(二)说明计提呆账准备的范围和方法。根据余额一定比率计提的一般准备,应说明该比率是如何确定的;根据个别款项的实际情况认定的特别准备,应说明认定的依据,如根据对借款人还款能力、财务状况、抵押担保充分性等的评价。

(三)说明回售证券的计价方法、收益确认方法。

(四)对于外汇交易合约、利率期货、远期汇率合约、货币和利率套期、货币和利率期权等衍生金融工具,应说明其计价方法。采用公允价值的,还应说明公允价值取得方法,如市场比价、未来现金流量等。

对于投机活动的衍生金融工具及用于套期保值目的的其他衍生金融工具,应说明损益的确认方法,及将衍生金融工具确认为套期保值的标准。

第四条　商业银行在会计报表主要项目注释中应披露：

（一）按性质（如准备金、备付金等）分类列示存放中央银行款项，披露计算依据。

（二）按存放境内、境外同业披露存放同业款项。

（三）按拆放境内、境外同业列示拆放同业款项。

（四）按贷款性质（如信用、保证、抵押、质押等）列示短期贷款。

（五）应按如下格式披露应收利息及其坏账准备：

账龄	期初			期末		
	金额	比例	坏账准备	金额	比例	坏账准备
合计						

（六）应按性质（如国债、金融债券回购）披露回售证券。

（七）应按下列格式披露中长期贷款：

性质	期初数			期末数		
	合计	1—3年	3年以上	合计	1—3年	3年以上
信用贷款						
保证贷款						
抵押贷款						
质押贷款						
合　计						

（八）应按下列格式披露逾期贷款：

性质	期初数	期末数
信用贷款		
保证贷款		
抵押贷款		
质押贷款		
合　计		

（九）应按下列格式披露呆滞贷款：

性质	期初数				期末数			
	合计	1—2年	2—3年	3年以上	合计	1—2年	2—3年	3年以上
信用贷款								
保证贷款								
抵押贷款								
质押贷款								
合　计								

（十）应按性质（如信用、保证、抵押和质押）分类披露呆账贷款。

以上第四款、第五款、第七款、第八款、第九款、第十款中如有持本公司5%以上（含5%）股份的股东单位贷款，应在各项目注释中说明。

（十一）应按下列格式披露呆账准备情况：

类别	期初数	本期计提	本期转回	本期核销	期末数
一般准备					
特别准备					

1.若本期某些款项计提呆账准备的比例或金额较大，应说明计提的标准和理由。

2.说明对某些金额较大且逾期账龄较长的款项不计提或计提呆账准备比例较低的理由。

3.以前年度计提呆账准备的比例或金额较大的款项，如在本期全额或部分收回，应说明原确定计提比例的理由及现收回的原因。

4.如已批准核销呆账的款项金额较大，应说明其性质和金额。若实际核销的款项涉及关联方款项，还应单独披露。

（十二）应按下列格式披露同业拆入：

拆入性质	期初数	期末数
境内同业拆入		
境外同业拆入		
合　计		

(十三)应按下列格式披露存入承兑汇票保证金、信用证开证保证金、外汇买卖交易保证金等短期保证金:

款项内容	期初数	期末数
合　计		

(十四)应按下列格式披露发行的短期债券:

债券名称	面　值	发行日期	到期日	发行金额

(十五)应按性质披露银行承兑汇票、融资保函、非融资保函、贷款承诺、开出即期信用证、开出远期信用证、外汇合约、有追索权的资产销售等表外负债,包括它们的年末余额及其他具体情况。

(十六)披露比较式母公司会计报表中下列项目注释:短期贷款、中长期贷款、逾期贷款、呆滞贷款、呆账贷款总额、短期存款、长期存款总额、利息收入、利息支出、投资收益。

第五条　商业银行应按下列格式披露按币种列示的资产负债情况:

项　目	人民币	美元	港币	其他币种合计	折合人民币合计
资产项目:					
负债项目:					
资产负债净头寸					
表外项目净头寸					
贷款承诺					

第六条　商业银行应按如下格式披露贷款分布情况:

1.按行业分类的贷款情况

行　业	年初数	年末数
合　计		
减呆账准备金		
贷款净余额		

2.按地区分类的贷款情况

地　区	年初数	年末数
合　计		
减呆账准备金		
贷款净余额		

第七条　商业银行应按以下格式披露资产流动性情况:

项　目	已逾期	即时偿还	3个月内	3个月至1年	1至5年	5年以上	总额
资产:							
现金							
存放中央银行及存放同业							
贷款							
拆放							
债券投资							
其他资产							
资产合计							
负债:							
存款							
同业存放							
其他负债							
负债合计							
表外头寸流动性							
流动性净额							

第八条　本规定由中国证监会负责解释。

第九条　本规定自发布之日起施行。

公开发行证券公司信息披露编报规则

第 3 号

保险公司招股说明书内容与格式特别规定

第一条　为规范公开发行股票保险公司(以下简称保险公司)的信息披露行为,保护投资者的合法权益,依据《中华人民共和国公司法》、《中华人民共和国证券法》等法律法规,制定本规定。

第二条　保险公司为首次公开发行股票编制招股说明书时,除应遵循中国证券监督管理委员会(以下简称中国证监会)有关招股说明书内容与格式准则的一般规定外,还应遵循本规定的要求。

第三条　保险公司应披露下述财务资料以及相关计算方法与依据:

(一)前两年末经调整内在价值倍数;

(二)前两年内在价值增长情况;

(三)前一年末保险公司内在价值总额、每股内在价值,以及经调整的发行后每股内在价值;

(四)前一年末保险公司估值总额、经调整的保险公司估值总额、经调整估值折让。

第四条　保险公司应披露聘请的精算师事务所和经办精算师,以及精算师费用。

第五条　保险公司应披露各种行业风险和公司自身风险。对这些风险因素能作出定量分析的,应进行定量分析;不能作出定量分析的,应进行定性描述。

(一)在行业风险方面,应披露的内容包括:

1.利率风险,即市场利率变动的风险;

2.欺诈风险,即投保人、被保险人、保险代理人不遵循最大诚信原则,违反法定义务,向保险公司隐瞒重要事实等的风险;

3.政策性风险,即因国家政策、法律、法规变化而产生的风险,如因税收、政府监管等方面政策的变化而产生的风险;

4.其他风险,即上述因素之外的行业风险,如经济环境的变化、加入世界贸易组织、其他金融服务业的竞争给保险业带来的风险等。

(二)在公司自身风险方面,应披露的内容包括:

1.假设风险,即保险公司产品定价、计提各项责任准备金、计算内在价值与估值采用的利率假设等与实际不相符合,导致定价不充分、准备金计提不足等的风险。应分析厘定保险费率时采用的预定利率、预定附加费率等,计提各项责任准备金时采用评估利率等,以及计算内在价值、估值时采用的贴现率、投资回报率等的依据是否充分、合理;

2.资产风险,即保险公司资产价值下降或未产生预期盈利能力的风险,尤其应分析资产风险的关键因素;

3.资产与负债匹配风险,即保险公司资产与负债在结构上不相匹配,对最低偿付能力造成不利影响的风险;

4.再保险安排风险,即再保险安排不适当的风险;

5.人力资源风险,即重要人才缺失的风险;

6.其他风险,即在上述风险因素之外自身存在的风险,如巨灾风险、资本充足率风险、政策性风险与保险产品条款设计风险等。

第六条　保险公司应建立健全内部控制制度,并在招股说明书正文中专设一部分,对其内部控制制度的完整性、合理性和有效性作出说明。

保险公司还应委托所聘请的会计师事务所对

其内部控制制度及风险管理系统的完整性、合理性和有效性进行评价,提出改进建议,并以内部控制评价报告的形式作出报告。内部控制评价报告随招股说明书一并呈报中国证监会。所聘请的会计师事务所指出以上三性存在严重缺陷的,保险公司应予披露,并说明准备采取的改进措施。

第七条　保险公司募集资金中计划用于增设分支机构的部分,应披露相关计划、所需资金数额、拟设地点等内容。仅用以增加资本的募集资金,可不必说明其具体投向。

第八条　保险公司应披露公司下述情况:

(一)在行业概览及背景方面,应披露的内容包括:

1.中国保险业概览;

2.与保险公司有关的各大类保险险种的市场状况;

3 保险业监管架构。

(二)在保险公司自身情况方面,应披露的内容包括:

1.保险公司在市场竞争中的主要优势和劣势;

2.各分支机构的分布状况,包括总公司、分公司数量(分别介绍一、二级分公司数量)及分布地区;

3.主要保险产品的市场占有情况;

4.自身展业制度、营销人员及网络,以及保险代理人制度、保险代理人数等;

5.投资理念、较具体的投资策略以及最近三年末、最近一期末(若需要,下同)的投资组合概述;

6.保险产品的研究开发情况,包括研究开发能力,新保险产品研究开发进展等;

7.最近三年、最近一期(若需要,下同)内因国家利率政策调整,对其偿付能力和经营成果等的影响;

8.保险公司与其关联方之间的关联交易,例如保险、再保险、资产管理、担保和代理业务等的有关情况,包括:主要交易主、业务性质、定价政策等。

第九条　保险公司应披露最近三年、最近一期原保险业务收入、费用与利润的有关情况(可采取列表式),包括按险种大类划分的保费收入、分出保费、计提的未到期责任准备金、赔偿支出、给付支出、退保金与手续费支出等。

保险公司如果是财产保险公司,还应说明本年已到结算损益年度长期保险业务、分入再保险业务长期责任准备金的转回数;按未到期时间长短,说明未到结算损益年度长期保险业务、再保险业务的保费收入、提存的长期责任准备金。

第十条　保险公司应扼要披露各主要险种保险费率的厘定依据与方法,包括预定利率、预定给付率与预定附加费率(人身保险),预定赔付率、预定附加费率(财产保险)等的确定情况等。

第十一条　保险公司应披露最近三年末、最近一期末各主要险种责任准备金的计提方法与依据。提存数与法定提存数存在重大差异的,应披露差异情况及其形成原因。

财产保险公司还应披露前一年、最近一期前期未决、当期已决赔款的金额与已相应提取准备金的重大差异,并说明差异形成原因。

人身保险公司还应披露前一年末不同预定利率保单责任准备金的计提情况,包括准备金提存数(若提存数与法定提存数存在差异,应同时披露法定提存数)以及按合理利率计算的准备金调整数(若存在)。外部精算师应核实这一计算过程,并出具意见。外部精算师对此存在重大异议的,保险公司应予披露,并作出相应说明。

第十二条　保险公司应披露前一年末的实际资产、实际负债与实际偿付能力,以及法定最低偿付能力。当实际偿付能力较低时,应披露其原因,已采取及拟采取的措施。

保险业监管部门最近三年、最近一期对其偿付能力提出过异议的,保险公司应予披露,并作出相应说明。

第十三条　保险公司应披露最近一年末、最近一期末承担保险责任列前十位的保单保险责任,并披露相应采取的风险防范措施等。

第十四条　保险公司应披露尚处有效期的重

大分保事项的有关情况。

第十五条　保险公司应按如下格式披露最近一年末经调整的净资产以及内在价值：

	金　额
合并报表净资产额	
加：预计发行新股所得款项额	
加或减：对资产所作的市价调整：	
对资产一所作的市价调整	
对资产二所作的市价调整	
……	
减：最低偿付能力要求	
减：责任准备金增提（如果存在准备金不足）	
经调整的净资产	
加：有效保单价值	
经调整的内在价值	
经调整的每股内在价值	

第十六条　保险公司应披露最近三年、最近一期重要资金运用项目的有关情况（可采用列表式），包括投资于银行存款、买卖政府债券、买卖企业债券、投资证券基金与拆出资金等项目的期末余额与各期收益率等。

第十七条　保险公司应披露最近三年、最近一期下述财务指标：自留保费与所有者权益之比，自留保费增长率，分保比率，速动比率，保险业务成本率（财产保险），保单负债综合成本（人身保险），承保利润与投资收益两年平均比率，利润总额与所有者权益之比，准备金、权益与自留保费之比，准备金与权益之比，赔付率（财产保险），给付率（人身保险）与退保率（人身保险）。

保险公司应说明以上指标在最近三年、最近一期的变化趋势、原因以及其他有关情况。

第十八条　保险公司在申请公开发行股票前，应根据现存的重大潜亏，包括潜在利差损与不良贷款等，提足各项损失准备或予以剥离等，据此确定原股东投入的净资产，并披露为这类问题已采取、拟采取的措施。

第十九条　保险公司应聘请有保险公司审计经验的、具有执行证券期货相关业务资格的会计师事务所，按中国独立审计准则对其依据中国会计和信息披露准则和制度编制的法定财务报告进行审计。此外，应增加审计内容，聘请获中国证监会和财政部特别许可的国际会计师事务所，按国际通行的审计准则，对其按国际通行的会计和信息披露准则编制的补充财务报告进行审计。

增加审计时需关注的内容包括：损失准备的提取及不良资产的处置情况；重大表外项目及其对财务状况和经营成果的影响；不同服务对象、经营项目及经营区域的资产质量、获利能力和经营风险；法定财务报告与补充财务报告之间的主要差异等。

招股说明书正文中的财务资料均应摘自法定财务报告。补充财务报告作为招股说明书附录披露，供投资者判断保险公司财务状况和投资风险时参考。

第二十条　保险公司应将精算师评估报告作为招股说明书附录予以披露。

第二十一条　本规定由中国证监会负责解释。

第二十二条　本规定自发布之日起施行。

公开发行证券公司信息披露编报规则

第 4 号

保险公司财务报表附注特别规定

第一条　为规范公开发行证券保险公司(以下简称保险公司)的信息披露行为,保护投资者的合法权益,依据《中华人民共和国公司法》、《中华人民共和国证券法》等法律法规,制定本规定。

第二条　保险公司编制财务报表附注,除应遵循中国证券监督管理委员会(以下简称中国证监会)有关财务报表附注的一般规定外,还应遵循本规定的要求。

第三条　保险公司应在主要会计政策中披露如下内容:

(一)买入返售证券的计价方法和收益确认方法;

(二)未决赔款准备金的计提方法和计提比例;

(三)未到期责任准备金的计提方法和计提比例;

(四)长期责任准备金的计提方法;

(五)寿险责任准备金的计提方法;

(六)长期健康险责任准备金的计提方法;

(七)总准备金的计提比例;

(八)各类保费业务收入采用的确认方法。

第四条　保险公司应在财务报表主要项目注释中披露如下内容:

(一)按下格式披露短期投资:

项　目	期初数		期末数	
	投资金额	减值准备	投资金额	减值准备
国债投资				
金融债券投资				
企业债券投资				
证券基金投资				
其他				
合计				

按投资总额计提跌价准备的,可不分类列示跌价准备数额。上述投资有市价的,应披露报表日市价总额及资料来源(若报表截止日是法定公休日,应披露报表截止日最近一个交易日市价,下同)。

(二)分境内、境外同业列示拆出资金的期初数与期末数。

(三)按下列要求披露应收保费:

1.按账龄分类的应收保费

账龄	期初数			期末数		
	金额	比例	坏账准备	金额	比例	坏账准备
合计						

2.按险种分类的应收保费

险种大类	期初数			期末数		
	金额	比例	坏账准备	金额	比例	坏账准备
合计						

应收保费中如有持本公司5%(含5%)以上股份的股东单位欠款,应在本项目注释中说明。

(四)按分保公司、账龄披露应收分保账款期初数与期末数。

应收分保账款中如有持本公司5%(含5%)以上股份的股东单位欠款,应在本项目注释中说明。

(五)按类别、期限披露买入返售证券期初数与期末数。

(六)按下列格式披露投资额列前十位的长期股权投资:

被投资单位	期初数			期末数		
	账面价值	减值准备	所占股权比例	账面价值	减值准备	所占股权比例
合计						

上述投资有市价的,应披露报表日市价及资料来源。

(七)按下列格式披露长期债券投资:

债券种类			面值	应计利息	未摊销的折价及溢价	合计	年利率	减值准备
国债	上市	期初数						
		期末数						
	非上市	期初数						
		期末数						
其他债券	上市	期初数						
		期末数						
	非上市	期初数						
		期末数						
合计		期初数						
		期末数						
减:一年内到期的长期债券		期初数						
		期末数						
长期债券投资		期初数						
		期末数						

上述投资有市价的,应披露报表日市价及资料来源。

(八)按下列格式披露待处理抵债物资和其他长期资产:

类别	期初数		期末数	
	账面价值	减值准备	账面价值	减值准备
合计				

上述资产有市价的,应披露报表日市价及资料来源。

(九)披露境内、境外同业拆入资金期初数与期末数。

(十)披露未逾期其他应付款期初数与期末数,并按下列格式披露逾期其他应付款:

类别	逾期时间	期初数	期末数
类别一			
	合计		
类别二	逾期时间	期初数	期末数
	合计		
合计			

(十一)披露未逾期应付保户利差的期初数与期末数,并按下列格式披露逾期应付保户利差:

逾期时间	期初数	期末数
合计		

(十二)按类别、期限披露卖出回购证券款期初数与期末数:

(十三)按如下格式披露未决赔款准备金:

期初提存数	前期未决、本期已决赔款准备金转回数	期末提存数

(十四)按如下格式披露未到期责任准备金:

类别	期初提存数	期末提存数
合计		

(十五)按如下格式披露长期责任准备金:

类别	期初提存数	本期已到结算损益年度业务转回数	期末提存数	
			前期业务提存数	本期新增业务提存数
合计				

(十六)按如下格式披露寿险责任准备金:

类别	期初提存数	期末提存数	
		前期业务提存数	本期新增业务提存数
合计			

(十七)按如下格式披露长期健康险责任准备金:

类别	期初提存数	期末提存数	
		前期业务提存数	本期新增业务提存数
合计			

(十八)披露独立承保业务、共保业务的保费收入;有异地承保业务的,披露异地承保业务的保费收入。

人身保险公司还应披露,团体保险、个人保险业务的保费收入。

(十九)披露与追偿款收入相关的赔款事故发生时间等重要事项。

(二十)披露法定分保业务、非法定分保业务的分出保费、分保费用支出。

(二十一)按下列格式披露投资收益:

项目内容	债券投资收益	股权投资收益(成本法)	股权投资收益(权益法)	股权转让收益	其他投资收益	合计
短期投资						
长期投资						
上年度合计						
短期投资						
长期投资						
本年度合计						

第五条　保险公司应按业务类别(如原保险、再保险业务)、业务所在地理区域等披露保费收入的来源情况。

第六条　保险公司应按以下格式披露偿付能力的有关情况:

		账面资产	实际资产	账面负债	实际负债
流动性项目	期初数				
	期末数				
非流动性项目	期初数				
	期末数				
合计	期初数				
	期末数				
实际偿付能力	期初数				
	期末数				

第七条　保险公司如存在尚未收回的贷款,应按《公开发行证券公司信息披露编报规则第二号——商业银行财务报表附注特别规定》的有关要求,对此编制相应的财务报表附注。

第八条　本规定由中国证监会负责解释。

第九条　本规定自发布之日起施行。

公开发行证券公司信息披露编报规则

第5号

证券公司招股说明书内容与格式特别规定

第一条 为规范公开发行股票证券公司(以下简称“证券公司”)信息披露行为,保护投资者的合法权益,依据《中华人民共和国公司法》、《中华人民共和国证券法》等法律法规,制定本规定。

第二条 证券公司为首次公开发行股票而编制招股说明书时,除应遵循中国证券监督管理委员会(以下简称“中国证监会”)有关招股说明书内容与格式准则的一般规定外,还应遵循本规定的要求。

第三条 证券公司应披露不少于最近三年年末或各该年度的如下主要会计数据:资产总额、股东权益、自营证券、应收款项、流动资产、代买卖证券款、受托资金、流动负债、长期负债、营业收入、手续费收入、自营证券差价收入、证券发行收入、营业支出、营业费用、利润总额和净利润。

第四条 证券公司应披露下述各种风险因素。对这些风险因素能作出定量分析的,应进行定量分析;不能作出定量分析的,应进行定性描述。

(一)分析可能存在的证券经纪风险,如因证券营业部地理分布不合理和投资者的投资观念、证券交易技术等发生变化而对证券经纪业务产生的影响。

(二)分析可能存在的证券承销风险,如因市场发育程度、发行方式、承销承诺、市场判断等因素发生变化而对证券承销业务产生的影响。

(三)分析可能存在的证券自营风险,如因投资产品本身内含风险、证券市场价格异常波动、投资决策不当等因素而对证券自营业务产生的影响。

(四)分析可能存在的资产管理风险,如因资产管理措施不恰当、风险对冲机制不健全等原因而对资产管理业务产生的影响。

(五)分析其他证券经营业务可能存在的风险,如金融新业务、新产品的开发对证券公司产生的影响。

(六)分析人为因素产生的管理风险,如因内部控制不健全、自身操作不当、职员道德水准不高等可能对公司产生直接和间接的经济损失。

(七)分析由于资产结构和财务结构不合理而形成的财务风险,如因整体业务结构和规模设计不合理(如自营规模过大、长期投资权重过高等)、对外担保等而导致公司整体变现能力差等流动性风险。

(八)分析因技术因素而产生的操作风险,如因电脑系统不可靠、网络技术不完善、电子技术创新等而产生的风险。

(九)分析因同业竞争而产生的风险 ,如经营许可证制度变化、市场竞争(包括外资证券公司被允许进入中国证券市场)等对我国证券公司的影响。

(十)分析因国家法律、法规、政策的可能变化而产生的政策性风险,如因税收制度、经营许可制度、外汇制度、利率政策、收费标准等发生变化而对证券公司的影响。

第五条 证券公司应建立健全的内部控制制度,并在招股说明书正文中专设一部分,对其内部控制制度的完整性、合理性和有效性作出说明。

证券公司还应委托所聘请的会计师事务所对其内部控制制度及风险管理系统的完整性、合理性和有效性进行评价,提出改进建议,并以内部控制评价报告的形式作出报告。内部控制评价报告随招股说明书一并呈报中国证监会。

所聘请的会计师事务所指出以上三性存在缺陷的,证券公司应予披露,并说明准备采取的改进措施。

第六条　证券公司募集资金计划投向需经有关部门批准的,应作出特别说明,并披露有关部门的批准文号、所需资金额等内容。

募集资金用于风险投资项目的,应当披露项目概况、存在的主要风险及可能给公司带来的收益等。

募集资金仅为了增加资本的或用于补充公司流动资金的,可不必说明募集资金具体投向。

第七条　证券公司应在介绍发行人情况时详细披露经核准的业务范围,管理总部、分公司的名称、地点、职员数,以及营业部的数量、职员总数、总营运资金和分布等基本情况。

证券公司还应专设一部分披露其研究情况,包括研究经费、研究人员总数、研究人员结构(年龄、学历、技术职称等构成)、主要研究成果及这些研究成果对公司开展业务的积极影响等。

第八条　证券公司在申请公开发行股票前,应根据资产的潜在损失可能,提足各项损失准备或核销不良资产,据以确定原股东投入的净资产,并披露为解决不良资产问题已采取或拟采取的措施。

第九条　证券公司应按下列要求披露前三年或前三年加最近一期的主要经营业绩:

(一)在证券经纪业务方面,应披露的内容包括:

1.按证券种类(如股票、基金、国债、企业债券和其他证券等)披露各期代理买卖证券的金额和市场份额。

2.按债券的种类(如国债、企业债券等)披露各期代理的已兑付债券金额。

(二)在证券承销业务方面,应披露的内容包括:

1.按发行类别(如首次发行、公募增发、配股、债券发行等)分别披露各期担任主承销的次数、承销金额和相应的承销收入。

2.各期副主承销次数、承销金额及承销收入。

3.各期分销次数及分销金额。

(三)按自营证券种类披露各期自营证券的规模、自营证券差价收入和自营证券收益率。

(四)披露有关资产管理业务的各期平均受托管理资金、受托资金总体损益和平均受托资产管理收益率。

(五)其他业务利润较大的,分别按业务类别披露各期收益情况。

第十条　证券公司应披露不少于最近三年每年年末或各该年度的如下财务指标:净资产负债率、流动比率、净资本、自营证券比率、长期投资比率、固定资本比率、净资产收益率、总资产利润率、营业费用率、利润总额、净利润以及每股收益等。

分析以上各项指标在最近三年的变化趋势、原因以及其他有关情况。

第十一条　证券公司应披露前三年各项准备(包括自营证券跌价准备、坏账准备、长期投资减值准备和对一般风险准备等)的计提方法与依据。某期准备金冲销金额较大的,应披露冲销的金额、原因和依据。

第十二条　证券公司应披露可能影响其财务状况和经营成果的主要表外项目(如代保管证券、融资合约、重要的承销合同、担保、抵押、质押等)的总额及有关情况。

第十三条　证券公司应聘请有证券公司审计经验的、具有执行证券期货相关业务资格的会计师事务所,按中国审计准则对其依中国会计和信息披露准则和制度编制的法定财务报告进行审计。此外,应增加审计内容,聘请获中国证监会和财政部特别许可的国际会计师事务所,按国际通行的审计准则,对其按国际通行的会计和信息披露准则编制的补充财务报告进行审计。

增加审计时需关注的内容包括:损失准备的

提取及不良资产的处置情况；重大表外项目及其对财务状况和经营成果的影响；不同经营业务及经营区域的资产质量、获利能力和经营风险；法定财务报告与补充财务报告之间的主要差异。

招股说明书正文中的财务资料均应摘自法定财务报告。补充财务报告作为招股说明书附录披露，供投资者判断证券公司财务状况和投资风险时参考。

第十四条　本规定由中国证监会负责解释。

第十五条　本规定自发布之日起施行。

公开发行证券公司信息披露编报规则

第 6 号

证券公司财务报表附注特别规定

第一条　为规范公开发行证券的证券公司（以下简称证券公司）的信息披露行为，保护投资者的合法权益，依据《中华人民共和国公司法》、《中华人民共和国证券法》等法律法规，制定本规定。

第二条　证券公司编制财务报表附注时，除应遵循中国证券监督管理委员会（以下简称中国证监会）有关财务报表附注的一般规定外，还应遵循本规定的要求。

第三条　证券公司应在主要会计政策中披露如下内容：

（一）客户交易结算资金会计核算办法；

（二）自营证券分类、计价依据、成本结转方法，以及自营证券跌价准备的计提方法；

（三）代理发行证券业务会计核算办法；

（四）代理兑付债券业务会计核算办法；

（五）资产管理业务会计核算办法；

（六）交易席位费的摊销方法；

（七）各项业务收入的确认方法；

（八）一般风险准备的计提标准和管理办法。

第四条　证券公司至少应披露比较式母公司财务报表（汇总分公司和营业部以后的财务报表）的如下主要项目注释：

（一）按代理买卖证券客户、委托管理资产客户和公司分别披露银行存款、清算备付金的期初数和期末数。

（二）按交易场所披露交易保证金的期初数和期末数。

（三）按下列格式披露自营证券：

证券种类	期初数			期末数		
	投资成本	市值	被质押数	投资成本	市值	被质押数
股票						
基金						
国债						
企业债券						
其他						
合计						

自营证券中有未流通的，应按成本和参考市价分别披露未流通证券的期初数和期末数。

(四)披露自营证券跌价准备的期初数、本期计提、本期冲转和期末数。本期某类自营证券跌价准备计提比例较大的,应解释其原因。

(五)披露期末金额较大的前五笔拆出资金的单位名称、金额和期限。有拆放境外资金的,须单独列示单位名称、性质、金额和期限。

(六)按交易场所和交易品种披露买入返售证券的期初数和期末数。

(七)披露应收款项如下情况:

1.按性质归类的各种应收款项(如应收认购新股占用款、其他应收款、逾期应收款项等)的期初数和期末数。

2. 按逾期账龄归类的期初和期末各类逾期应收款项(包括逾期拆出资金、逾期买入返售证券、逾期应收股利、逾期应收利息等)的金额和比例。

3. 期末应收款项中如有持本公司5%(含5%)以上股份的股东单位的欠款,应单独予以说明。

(八)披露坏账准备的如下情况:

1.披露坏账准备的期初数、本期计提、本期收回已转销数、本期核销和期末数。

2.本期某些款项计提坏账准备的比例或金额较大的,应说明计提的标准和理由。

3.说明对某些金额较大且逾期账龄较长的应收款项不计提或计提坏账比例较低的理由。

4.以前年度计提坏账准备比例或金额较大的款项,在本期又全额或部分收回的,应说明原估计计提比例的理由及现收回的原因。

5. 已批准转为坏账损失的应收款项金额较大的,应说明此笔应收款项的性质和金额。实际冲销的款项中有应收关联方款项的,还应单独披露。

(九)按承销方式披露代发行证券的期初数和期末数。

(十)按兑付债券的方式披露代兑付债券的期初数和期末数。

(十一)按下列格式披露受托资产:

受托资产形态	期初数		期末数	
	账面值	市值	账面值	市值
股票				
基金				
债券				
其他				
合计				

期末受托管理的资产(包括股票、债券、基金等)市值低于其成本的10%,应说明原因。

(十二)披露长期股权投资如下情况:

1.按下列格式披露全资子公司:

被投资公司名称、行业、初始投资额、投资成本、增减额、累计权益增减额、期末数。

2.按下列格式披露控股子公司:

行业类别	被投资公司数	初始投资额	投资成本增减额	累计权益调整增减额	期末数
工业					
商业					
金融					
房地产					
其他					
合计					

有控股基金管理公司的,须单独披露公司名称和当期收益情况。

3.按行业列示期末联营投资或参股投资的投资项目数和金额。

4.对于长期股权投资中的证券投资,应按类别(如发起法人股、募集法人股、转配法人股、基金投资、其他证券投资等)分别披露期初数和期末数。

期末长期证券投资中有被质押或冻结情况的,应注明其金额和原因。

5.被投资单位不能持续经营、发生重大亏损、净资产为负数等的,应列示被投资单位的名称、期末净资产和公司的投资金额、投资比例、可能或已承担的投资损失等。

（十三）披露长期投资减值准备的期初数、本期计提、本期冲销和期末数，并说明本期投资减值准备的计提方法和比例。本期冲销投资减值准备金额较大的，须披露具体投资项目、金额和动用依据。

（十四）按交易场所披露交易席位费的原始金额、累计摊销或转出数、期末数。

（十五）披露期末金额较大的前五笔质押借款的借出单位名称、本金、利率和期限，并注明被质押证券的种类、账面成本和来源。

（十六）披露期末金额较大的前五笔拆入资金的单位名称、金额和期限，并注明有无境外单位拆入资金。

（十七）分别按交易场所和交易品种披露卖出回购证券款的期初数和期末数。

（十八）披露应付款项的如下情况：

1.按应付款项类别（如应付交易所配股款、应付承销费、逾期应付款项等）分别列示应付款项的期初数和期末数。

2.期末应付款项中如有欠持本公司5%（含5%）以上股份的股东单位的款项，应披露股东单位名称、金额和款项性质。

3.期末应付款项中如有金额较大的应付拟上市或已上市公司款项，应披露该公司名称、款项性质与金额，并注明是否逾期。

（十九）分别按个人客户和法人客户披露代买卖证券款的期初数和期末数。

（二十）按承销方式分别披露代发行证券款的期初数和期末数。

（二十一）按债券种类披露代兑付债券款的期初数和期末数。

（二十二）按委托资产管理个人客户和法人客户分别披露受托资金的期初数和期末数。如已实现但尚未结算的资产管理利润超过受托资金的10%，须单独披露，并说明公司可能获得的资产管理业绩报酬。

（二十三）分别披露一般风险准备的期初数、本期增加数、本期减少数和期末数。一般风险准备本期减少金额较大的，应说明减少的原因或依据。

（二十四）按代理买卖证券手续费收入、代理兑付债券手续费收入、代理保管证券手续费收入和其他手续费收入分别披露手续费收入的本期数和上期数。

证券公司还应按地理区域披露证券营业部家数以及各区域代理买卖证券业务手续费收入情况。

（二十五）按证券类别披露自营证券差价收入的构成：

项　目	本期数	上期数
自营股票差价收入		
自营基金差价收入		
自营国债差价收入		
自营公司债券差价收入		
自营其他证券差价收入		
合计		

（二十六）按下列格式披露证券发行收入：

项　目		本期数	上期数
股票发行收入	A股		
	B股		
国债发行收入			
企业债券发行收入			
其他证券发行收入			
合计			

（二十七）按下列格式披露投资收益：

项　目		本期数	上期数
股权投资收益	成本法		
	权益法		
股权转让收益			
基金投资收益			
债权投资收益			
其他投资收益			
合计			

本期某项投资活动所获取的收益占报告期净利润超过10%(含10%)的,应对该项业务的内容和交易金额等作出说明。

第五条 证券公司专为招股说明书而编制财务报表附注时,应比照本规定,披露至少最近三年比较式利润表和最近三年年末比较式资产负债表重要项目的注释。

第六条 本规定由中国证监会负责解释。

第七条 本规定自发布之日起施行。

上市公司类

关于安排上市公司转配股分期、分批上市的通知

(2000年3月13日　证监公司字[2000]19号)

为了促进证券市场的规范发展,保护广大投资者的合法权益,维护社会稳定,经研究决定,分期、分批安排上市公司转配股上市流通。现将有关问题通知如下:

一、转配股分期、分批上市,由证券交易所组织实施。从2000年4月开始,用24个月左右的时间逐步安排。

二、证券交易所安排转配股上市流通,应严格按产生转配股的时间先后,陆续进入二级市场流通;公司有多次转配行为的,按首次发生转配股的时间,确定上市顺序,同一公司的全部转配股同时安排上市。

三、上海、深圳证券交易所应在核定各上市公司转配股的数量后,及时在指定报刊上公布目前上市公司转配股总量,涉及转配股上市公司的名单、上市顺序和每家公司转配股数量。

四、在实施过程中,证券交易所应当按季度将转配股上市的公司名单、每家转配股数量和预定的上市日期报我会备案,并在指定报刊上公布。

五、在每家上市公司转配股上市前,证券交易所应当要求公司提交上市申请,并督促该公司按规定公布关于转配股上市的提示性公告。转配股数量较大(超过1亿股)或转配股与现有流通股相比比例较大(超过1:1)的公司,董事会在充分征求股东意见的基础上,可以提出分次上市的方案,经证券交易所同意后安排上市。

六、证券交易所应当与有关上市公司认真核对转配股的数量和持有人名单,防止暂不上市流通股份违规上市流通(对转配股数量或持有人名单存在重大争议的上市公司,其转配股上市时间应适当后延)。

七、在国务院做出新的规定前,国家拥有的股份和法人持有的未流通股份及其增量暂不上市流通。

关于上市公司配股工作有关问题的补充通知

（2000 年 3 月 16 日　　证监公司字[2000]21 号）

根据财政部《股份有限公司会计制度有关会计处理问题补充规定》（财会字[1999]35 号）等有关政策规定，现就公司配股工作的有关问题补充通知如下：

一、公司 1997 和 1998 年度净资产收益率，按当年年度报告公布的数据计算。

二、公司 1999 年度净资产收益率，原则上按当年年度报告公布的数据计算，但公司应提供有关备考财务资料，详细说明如果公司 1999 年度不执行财会字[1999]35 号文件，公司 1999 后末总资产、净资产以及 1999 年度利润总额 、净利润、摊薄净资产收益率和每股收益情况。公司所提供的备考财务资料需经注册会计师出具审核意见。

三、公司应在配股申报材料附件中上报 1999 年度报告摘要。

四、公司应在《配股说明书》中增加第五部分详细说明公司上市后历年分红派息的情况，原第五及其后面部分顺序后移。

本通知自发布之日起执行，公司申请配股的其他要求仍按有关规定执行。请各派出机构及时将本通知转发到拟在年内申请配股的公司，并在配股初审中认真执行。

上市公司向社会公开募集股份暂行办法

（2000 年 4 月 30 日　　证监公司字[2000]42 号）

第一条　为规范上市公司以向社会公开募集方式增资发行股份（以下简称“公募增发”）的行为，建立市场约束机制，保护投资者的合法权益，根据有关法律、法规的规定，制定本暂行办法。

第二条　上市公司公募增发必须依法报经中国证券监督管理委员会（以下简称“中国证监会”）核准。

第三条　申请公募增发的上市公司原则上限于以下范围：

（一）符合上市公司重大资产重组有关规定的公司；

（二）具有自主开发核心技术能力、在行业中具有竞争优势、未来发展有潜力的公司；

（三）向社会公开发行股份的比例小于总股本 25%或 15%（总股本为 4 亿股以上时）的公司；

（四）既发行境内上市内资股，又发行境内或境外上市外资股的公司。

第四条　上市公司公募增发，必须具备以下条件：

(一)上市公司必须与控股股东在人员、资产、财务上分开,保证上市公司的人员独立、资产完整和财务独立。

(二)前一次发行的股份已经募足,募集资金的使用与招股(或配股)说明书所述的用途相符,或变更募集资金用途已履行法定程序,资金使用效果良好,本次发行距前次发行股票的时间间隔不少于《公司法》的相应规定。

(三)公司在最近三年内连续盈利,本次发行完成当年的净资产收益率不低于同期银行存款利率水平;且预测本次发行当年加权计算的净资产收益率不低于配股规定的净资产收益率平均水平,或与增发前基本相当。

属于本办法第三条第一项进行重大资产重组的上市公司,重组前的业绩可以模拟计算,重组后一般应运营12个月以上。

(四)公司章程符合《公司法》和《上市公司章程指引》的规定。

(五)股东大会的通知、召开方式、表决方式和决议内容符合《公司法》及有关规定。

(六)本次发行募集资金用途符合国家产业政策的规定。

(七)公司申报材料无虚假陈述,在最近三年内财务会计资料无虚假记载,属于本办法第三条第一项的公司应保证重组后的财务会计资料无虚假记载。

(八)公司不存在资金、资产被控股股东占用,或有明显损害公司利益的重大关联交易。

第五条 上市公司申请公募增发,必须由具有主承销商资格的证券公司向中国证监会报送推荐意见,并同时抄报上市公司所在地的中国证监会派出机构。证券公司内核小组应按规定对该发行项目进行评审,并同意推荐。担任主承销商的证券公司负责向中国证监会报送上市公司公募增发申报材料。

第六条 上市公司应按下列程序申请核准公募增发:

(一)上市公司的发行申请及证券公司的推荐意见自报送中国证监会备案之日起20个工作日之后,中国证监会未提出异议的,董事会可就本次发行的有关事宜作出决议,发出召开股东大会的通知。涉及股东利益协调问题,须提请股东大会表决。有关前次募集资金使用情况的专项报告,应与股东大会通知一并公告。

(二)股东大会须就本次发行的数量、发行定价方式、发行对象、募集资金用途、决议的有效期、对董事会办理本次发行具体事宜的授权等事项进行逐项表决,上市公司应当按规定公布股东大会决议。股东大会批准后,报中国证监会审核。

(三)经中国证监会核准后,上市公司择定时间刊登招股意向书及发售办法。核准后的招股意向书有修改时,应事先征得中国证监会同意。

(四)发行价格确定后,上市公司应编制招股说明书,并刊登发行公告,其中注明招股说明书的放置地点及互联网网址,供投资者查询,招股说明书应同时报中国证监会备案。

(五)募集资金转入上市公司账户,经注册会计师验资后,上市公司发布股份变动公告,并公布新股上市时间。

第七条 上市公司应审慎地作出发行当年的盈利预测,并经过具有证券从业资格的注册会计师审核,如存在影响盈利预测的不确定因素,应作出敏感性分析与说明。如果上市公司不能作出预测,则应在招股意向书、发行公告和招股说明书的显要位置作出风险警示。

第八条 上市公司公募增发应按照《上市公司向社会公开募集股份操作指引(试行)》的有关规定实施。

第九条 担任本次发行主承销商的证券公司应参照《证券公司承销配股尽职调查报告指引(试行)》编制尽职调查报告。

主承销商及上市公司应保证在有关本次发行的信息公开前保守秘密,不向参加配售的机构提供任何财务资助和补偿,并向中国证监会报送承诺函。

第十条 在获准发行后,上市公司与主承销商应组织市场推介活动,在不超越招股意向书的范围内向投资者介绍公司的情况。主承销商应组织承销团成员为本次发行出具研究分析报告，并应遵循《证券期货投资咨询管理暂行办法》的有关规定。

第十一条　上市公司公募增发后，凡不属于公司管理层事前无法预测且事后无法控制的原因，利润实现数未达到盈利预测的，上市公司董事长及其聘任的注册会计师、担任主承销商的证券公司法定代表人和项目负责人应在股东大会及指定报刊上公开作出解释；利润实现数未达到盈利预测80%的，如无合理解释，上市公司董事长及其聘任的注册会计师、担任主承销商的证券公司法定代表人和项目负责人应在指定报刊公开道歉。中国证监会实行事后审查，如发现上市公司有意出具虚假盈利预测报告误导投资者的，将予以查处；如发现注册会计师违规，存在重大疏忽、遗漏或弄虚作假的，将依法予以处罚。

第十二条　本办法自发布之日起施行。

上市公司申请向社会公开募集股份报送材料标准格式（试行）

（2000年4月30日　　证监公司字[2000]43号）

一、发行申请材料的纸张、封面及份数

（一）纸张 A4纸张规格

（二）封面

1.标有“上市公司向社会公开募集股份申请材料”字样；

2.发行人名称；

材料侧面须标注公司名称，正本需注明。

（三）份数

申请材料首次报送三份，其中一份为原件。提交发行审核委员会（以下简称“发审会”）审核之前，补报九份材料。发审会通过后，除原件留中国证券监督管理委员会存档外，其余申请材料退发行人。

二、向社会公开募集股份（以下简称“公募增发”）申请材料目录

第一章　发行人公募增发的申请

1－1 发行人公募增发的申请

1－2 主承销商对发行人申请公募增发的推荐意见

第二章　有关本次发行的授权文件

2－1 董事会决议公告及股东大会通知公告（公告复印件）

2－2 股东大会决议

2－3 股东大会的决议公告（公告复印件）

2－4 发行人最近一次股份变动公告（公告复印件）

2－5 发行人营业执照（复印件）

第三章　招股文件

3－1 招股意向书

3－2 发行公告

3－3 发行方案

第四章　有关本次募集资金运用的文件

4－1 有全体董事签字的募集资金运用可行性分析

4－2 政府有关部门同意投资立项（包括固定资产、技改项目等）的批准文件

4－3 资产评估报告和/或审计报告（涉及收购资产或股权）

注:4－2为参考文件

第五章　发行申请材料的附件

5－1发行人最近三年经审计的财务报告(在下半年申报发行申请材料的,应附上经审计的当年中期财务报告)

5－2经注册会计师审核的盈利预测报告(如有)

5－3法律意见书

5－4会计师事务所关于前次募集资金使用情况专项报告

5－5全体董事签字的关于前次募集资金使用情况说明

5－6主承销商尽职调查报告

5－7承销协议

5－8发行人承诺函

5－9主承销商承诺函

5－10注册会计师对发行人内部控制制度的完整性、合理性和有效性进行评价的管理建议书。

5－11一年来信息披露情况简介

5－12近一年股价走势

5－13验证笔录

5－14各中介机构及签字人员的证券从业资格证书

注:1.每一页的页码必须与目录中的页码相符

2.页码标注的举例说明

例如:第四章4－1的页码标注应为:4－1－1,4－1－2,4－1－3,……4－1－n。

上市公司向社会公开募集股份招股意向书的内容与格式(试行)

(2000年4月30日　　证监公司字[2000]44号)

说　　明

(一)上市公司向社会公开募集股份(以下简称“公募增发”),应按照本规定编制招股意向书。

招股意向书是上市公司向中国证券监督管理委员会(以下简称“中国证监会”)申请公开发行股票申报材料的必备文件。

(二)招股意向书的内容与格式包括:

1.封面;

2.目录;

3.正文;

4.附录;

5.备查条件。

本规定适用于上市公司编制向投资者及证券监督管理机构、证券交易所报送的招股意向书文本的内容和格式,其中,本规定第一部分封面中的重要提示和第三部分正文应当在中国证监会指定的全国性报刊上公布,并同时公布本规定第三部分附录和第四部分备查文件中的全部文件的索引。

(三)上市公司对本规定列举的各项内容应当进行披露,但是本规定某些具体要求对上市公司确实不适用的,上市公司可根据实际情况作出适当修改,同时予以说明。但凡对投资者做出投资决策有重大影响的信息,不论有无规定,上市公司均应予以披露。

（四）本规定适用于上市公司在公募增发境内上市内资股（A股）时编制的招股意向书。

（五）有关本次公募增发的招股说明书原则上应按照本招股意向书内容与格式的要求编制，在本招股意向书中本次发行方案的有关内容最终确定后，应在招股说明书中作出相应的披露。

（六）本规定自公布之日起实施。

一、封面

招股意向书的封面应载明下列事项：

（一）发行人股票上市的证券交易所名称、股票简称和代码；

（二）"招股意向书"字样，未正式定稿前，必须标有"未定稿"字样；

（三）发行人的正式名称和注册地；

（四）公募增发股票的类型（例如普通股、优先股）、每股面值、公开发行的股票数量（其中，机构投资者可认购数量、股权登记日登记在册的股东可认购数量、其他社会公众投资者可认购数量）、定价方法或每股发行价（如已确定）；

（五）发行方式及发行期；

（六）本次发行的主承销商；

（七）发行人聘请的律师事务所；

（八）重要提示，发行人应按照下列文字陈述：

"本公司全体董事保证本招股意向书的内容真实、准确、完整，国家证券监督管理机构对本次公开发行股票所作出的任何决定，均不表明其对发行人所公开发行股票的价值或者投资人的收益作出实质性判断或者保证，任何与此相反的声明均属虚假不实陈述。"

招股意向书所作纸张规格应为A4纸。

二、目　　录（略）

三、正　　文

（一）绪言

在绪言中应当载明：

1.本招股意向书编写所依据的法规，核准本次分募增发股票方案的部门；

2.声明公司董事会全体成员确信该招股意向书中不存在任何重大遗漏或者误导，并对其内容的真实性、准确性、完整性负个别和连带的责任。

3.下列文字必须载入绪言：

"本次公开发行的股票是根据本招股意向书所载明的资料申请发行的。除本公司董事会和主承销商外，没有委托授权任何其他人提供未在本招股意向书中列载的信息和对本意向书作任何解释或者说明。"

（二）本次发行的有关机构

本节应列出以下有关机构的名称、所在地、电话、传真以及这些机构中与本次公募增发有关的联系人姓名：

1.发行人股票上市的证券交易所；

2.发行人及其法定代表人；

3.主承销商；

4.发行人聘请的会计师事务所；

5.发行人聘请的律师事务所；

6.主承销商聘请的律师事务所；

7.股份登记机构；

8.其他。

（三）本次发行的方案

1.公开发行股票的类型、每股面值、股份数量；

2.发行定价方法或定价区间；

3.发行对象：向机构投资者、股权登记日登记在册的股东及其他社会公众投资者发售股份的比例和数量；如配售中涉及战略投资者，且在招股意向书公布前已明确认购意向，应披露战略投资者的身份、与发行人的关系及配售的数量；

4.预计募集资金总额（含发行费用）（不确定的，可在发行公告中披露）；

5.股权登记日和除权日；

6.本次发行中的停牌、复牌及新股上市的时间安排（不能确定具体时间的，以上网发行时间为基准点计算）；

7.本次发行股份的上市流通。

（四）承销

本节说明与本次承销和发行有关的事项，包括（但不限于）下列项目：

1.承销方式（包销或代销）；

2.承销期的起止时间（注明如何计算起止时

间,可不确定具体日期);

3.全部承销机构的名称及其承销量;

4.发行费用,包括承销费用、中介机构费用、其他费用等(不确定的,可在发行公告中披露)。

(五)风险因素

发行人应参照公开发行股票公司信息披露的内容与格式准则第一号《招股说明书的内容与格式》正文第五节“风险因素”的内容予以披露。

(六)本次募集资金的使用计划

发行人应参照公开发行股票公司信息披露的内容与格式准则第四号《配股说明书的内容与格式》(1999年修订)正文第十款“募集资金的使用计划”的内容予以披露。

(七)前次募集资金使用情况的说明

发行人应参照公开发行股票公司信息披露的内容与格式准则第四号《配股说明书的内容与格式》(1999年修订)正文第六款“前次募集资金的运用情况说明”的内容予以披露。涉及前次以实物资产配股的,还应说明实物资产到位的情况。

(八)股利分配政策

本节叙述发行人关于股利分配的各项政策:

1.发行人股利分配的一般政策;如公司已发行了外资股,应明确未分配利润按中国有关会计制度与国际会计准则确定的累计未分配利润数字中较低者为最大限额来进行分配;如果暂时不准备派发股利,简要说明原因;

2.新股东是否享有公司本次股票发行完成前的滚存利润;

3.其他应说明的股利分配政策。

(九)发行人基本情况

本节简要介绍发行人的全面情况,包括(但不限于)下列内容:

1.发行人的名称、发行人成立的日期、发行人住所;

2.以方框图的形式披露发行人的组织结构和内部管理结构、关联企业以及发行人对其他企业的持股情况,并以文字简要介绍主要股东及其他关联企业的基本情况;

3.发行人业务经营范围及实际从事的主要业务;

4.发行人的主要产品品种、生产能力、主要市场及其市场占有情况和销售额、销售方式等(包括海外市场);

5.主要原材料的供应、自然资源的耗用情况,如果涉及外汇平衡问题,还应予以说明;

6.对发行人业务有重要意义的工业产权和其他类似无形资产的有关情况;

7.新产品、新项目研究开发的有关情况;

8.正在进行或计划进行的投资项目、技术改造、产品更新的一般情况,包括对机器设备、土地、厂房及研究开发项目的投资;

9.国家的政策、法规、制度等对发行人的生产经营条件是否有任何限制或优惠;

10.发行人在过去三年内如果发生过重大改组、变更、收购、兼并、清理整顿行为以及重大投资行为,需予以详细说明,并说明上述行为对发行人财务状况和经营情况的影响;

11.关联交易,说明发行人与其关联企业、董事、监事、高级管理人员之间的关联交易——供、产、销、服务、管理、资金融通等方面的情况;

12.如控股股东有放弃竞争和避免利益冲突的承诺,应予以披露。

本节内容中的某些部分如果属于发行人的重要商业秘密,可适当简化。

(十)本次发行前后的股权结构变化

(十一)发行人的主要会计资料

披露发行人最近三年并当年中期(如下半年申请发行)经审计的会计报表主要数据,包括资产总额、负债总额、股东权益、主营业务收入、主营业务利润、营业利润、利润总额、净利润。

须提示投资者刊登公司最近三年并当年中期财务会计报告的报刊名称、刊登时间。

本节还应当提供以下信息:

1.计算以下各项财务指标:流动比率、速动比率、资产负债率、应收账款周转率、存货周转率、净资产收益率、每股净利润:

2.说明发行人在上市后的最近三年中资产流

动性的情况及变化趋势，包括营运资金和流动性比率的增减变动及其原因；

3.说明发行人在上市后最近三年中利润构成、盈利水平变化趋势及原因。

（十二）盈利预测（如有）

发行人可在招股意向书中提供经注册会计师审核的盈利预测数据。发行人应提醒投资者，鉴于盈利预测所依据的种种假设的不确定性，进行投资判断时不应过于依赖该项资料。

预测的数据（合并会计报表）至少应包括会计年度营业收入、利润总额、净利润、每股盈利。发行人如果享有优惠税率，应披露其依据及批准机关。

预测应是在对一般经济条件、营业环境、市场情况、发行人生产经营条件和财务状况等进行合理假设的基础上，按照发行人正常的发展速度、本着审慎的原则做出的。盈利预测表后应附有与本预测相关的背景及分析资料。

预测期间的确定：

1.如果预测是在发行人会计年度的前六个月做出，则为自预测时起至该会计年度结束时止的期间。

2.如果预测是在发行人会计年度的后六个月做出，则为自预测时起至不超过下一个会计年度结束时止的期间。

盈利预测所采用的各项假设必须加以说明。注册会计师必须对盈利预测依据的假设基准的合理性、基础数据的真实性、所采用的会计政策和计算方法及其与招股意向书所载财务报表所采用的会计政策的一致性进行审核并做出报告。

（十三）公司发展规划

本节介绍发行人已经制定的、有一定依据、比较切实可行的发展计划与安排，包括（但不限于）以下内容：

1.发行人的生产经营发展战略；

2.发行人的发展目标和规模；

3.发行人的市场发展计划；

4.发行人的销售计划；

5.发行人的生产经营计划；

6.发行人的固定资产投资计划及设备更新计划；

7.发行人的人员扩充计划；

8.发行人的资金筹措和运用计划，等等。

（十四）重要合同及重大诉讼事项

本节简要介绍发行人已签订的重要合同和作为一方当事人的尚未做出判决的重大诉讼事项。

（十五）其他重要事项

本节披露发行人认为对投资者作出投资判断有重大影响的其他事项。

（十六）与本次发行有关的中介机构的意见

1.发行人聘请的律师出具的法律意见书的结论性意见；

2.担任本次发行主承销商的证券公司出具的尽职调查报告的结论性意见；

3.注册会计师就发行人内部控制制度的完整性、合理性和有效性出具的管理建议书的结论性意见。

（十七）董事会成员及承销团成员签署意见

四、附录

附录至少应包括以下各项：

（一）股东大会关于本次发行的决议（摘要）；

（二）公司章程修改内容简述；

（三）刊载发行人最近的董事会决议公告和股东大会决议公告的报刊名称、日期；

（四）近三年及发行当年中期（如下半年申请发行）审计报告、会计报表及附注。

五、备查条件

备查文件至少应当包括以下各项：

1.修改后的公司章程正本；

2.最近年度报告或中期报告正本；

3.中国证监会核准发行的文件；

4.承销协议；

5.前次募集资金运用情况的专项报告；

6.法律意见书；

7.主承销商律师的验证笔录；

8.注册会计师的管理建议书；

9.重要合同；

10.中国证监会要求的其他文件。

同时还应当说明备查文件的查阅期间(不应短于发行期间)和查阅地点。这些地点应当是投资者较易达到的地点,例如发行人、承销商、证券交易所等。

上市公司向社会公开募集股份操作指引(试行)

(2000 年 4 月 30 日　　证监公司字[2000]45 号)

一、上市公司向社会公开募集股份(以下简称“公募增发”)定价可以采取市价折扣或市盈率定价等方法。

二、上市公司公募增发可以采用对公众投资者上网发行和对机构投资者配售相结合的方式,原则上,应预留一定比例的股份向机构投资者配售,上网发行部分和配售部分可以根据投资者认购情况相互进行回拨。具体实施可以选择以下形式:

(一)按机构投资者网下累计投标询价结果定价并配售,对公众投资者上网定价发行:承销期开始前,可以不确定发行定价和上网发行量(也可以确定上网发行量),发行人在指定报刊刊登招股意向书后,向机构投资者进行推介,根据机构投资者累计投标询价的结果,来确定发行价格及向机构配售的数量,其余部分向公众投资者(包括股权登记日登记在册的流通股股东)上网定价发行。

(二)网下对机构投资者累计投标询价与网上对公众投资者累计投标询价同步进行:经发行人股票上市的证券交易所(以下简称“交易所”)同意,发行人和主承销商可以在定价底限之上(包括定价区间),采取机构投资者网下累计投标询价和公众投资者网上累计投标询价同时进行的方式,通过累计计算对应不同价格的公众投资者和机构投资者的申购数量之和,按总申购量超过发行量的一定倍数,来确定发行价格以及配售与公开发行的数量。

(三)经中国证券监督管理委员会(以下简称“中国证监会”)认可的其他形式。

三、在配售中,发行人和主承销商应向机构投资者(包括战略投资者)和发行人股东说明新股申购及分配的方法。

四、配售中,申购数量高于配售上限时,可以采取等比例配售等方法进行。对于按某一标准将机构投资者分为不同类型,且不同类型按不同比例配售的,主承销商应披露有关标准。向机构投资者和股权登记日登记在册的股东以外的投资者发行新股,如有超额认购,可以按有效申购数量采取等比例分配、抽签等方法。

五、战略投资者应向发行人以书面方式表达认购意向。发行人选择的战略投资者应对其业务产生协同效应,符合其长期商业利益。有关战略投资者的认购情况应在招股意向书或发行公告中予以披露。

六、主承销商和发行人可以与机构投资者商定,就配售部分的上市流通时间作出限制,并报告交易所,交易所应按有关配售股份的规定作出相应安排。

七、投资者申购本次发行的股票后,持有发行人股份达到发行人股本总额 5% 以上的(包括 5%),主承销商应当提醒发行人和该投资者及时履行信息披露义务。

八、经中国证监会同意,发行人可以与主承销商在承销协议中约定授予主承销商超额配售选择权,在包销数额之外预留不超过本次拟发行股份数额15%的股份,预留股份应在发行人股东大会批准的本次发行股票的数量之内,为本次发行的一部分。

九、发行人在发行前,应与交易所协商,作出上网询价、停牌、复牌和新股上市等有关安排。

十、发行完成后,主承销商和发行人应当在15个工作日内,向中国证监会报送发行承销报告,并将配售的详细情况备案。

十一、释义

(一)累计投标询价:在发行中,根据不同价格下投资者认购意愿确定发行价格的一种方法。通常,证券公司将发行价格确定在一定的区间内,投资者在此区间内按照不同的发行价格申报认购数量,证券公司将所有投资者在同一价格之上的申购量累计计算,得出一系列在不同价格之上的总申购量;最后,按照总申购量超过发行量的一定倍数(即超额认购倍数),确定发行价格。

(二)超额配售选择权:俗称绿鞋。是指发行人授予主承销商的一项选择权,获此授权的主承销商可以根据市场认购情况,在股票发行上市后的一个月内,按同一发行价格超额发售一定比例的股份(通常在15%以内),即主承销商按不超过包销额115%的股份向投资者发售,发行人取得按包销额发售股份所募集的资金。新股上市后的一个月内,如果市价跌破发行价,主承销商用超额发售股份取得的资金从二级市场购回股票,分配给提出申购的投资者;如果市价高于发行价,主承销商可以要求发行人增发这部分股份,分配给提出申购的投资者,发行人取得增发这部分股份所募集的资金。这样,主承销商在未动用自有资金的情况下,通过行使超额配售选择权,以平衡市场对某只股票的供求,起到稳定市价的作用。

上市公司股东大会规范意见
(2000年修订)

(2000年5月18日　证监公司字[2000]53号)

一、一般规定

第一条　为规范上市公司行为,保证上市公司股东大会能够依法行使职权,根据《中华人民共和国公司法》(以下简称《公司法》),《中华人民共和国证券法》(以下简称《证券法》)的规定,制定本规范意见。

第二条　董事会应严格遵守《公司法》及其他法律法规关于召开股东大会的各项规定,认真、按时组织好股东大会。上市公司全体董事对于股东大会的正常召开负有诚信责任,不得阻碍股东大会依法履行职权。

第三条　股东大会分为年度股东大会和临时股东大会。年度股东大会每年召开一次,应当于上一会计年度结束后的六个月内举行。

公司在上述期限内因故不能召开年度股东大会的,应当报告证券交易所,说明原因并公告。

在上述期限内,公司无正当理由不召开年度股东大会的,证券交易所应当依据有关规定,对该公司挂牌交易的股票予以停牌,并要求公司董事会做出解释并公告。董事会应当承担相应的责任。

第四条　股东大会应当在《公司法》规定的范围内行使职权，不得干涉股东对自身权利的处分。

股东大会讨论和决定的事项，应当依照《公司法》和《公司章程》的规定确定，年度股东大会可以讨论《公司章程》规定的任何事项。

第五条　公司召开股东大会，董事会应当在会议召开三十日以前以公告方式通知各股东。

第六条　年度股东大会和应股东或监事会的要求提议召开的股东大会不得采取通讯表决方式；临时股东大会审议下列事项时，不得采取通讯表决方式：

(一)公司增加或者减少注册资本；

(二)发行公司债券；

(三)公司的分立、合并、解散和清算；

(四)《公司章程》的修改；

(五)利润分配方案和弥补亏损方案；

(六)董事会和监事会成员的任免；

(七)变更募股资金投向；

(八)需股东大会审议的关联交易；

(九)需股东大会审议的收购或出售资产事项；

(十)变更会计师事务所；

(十一)《公司章程》规定的不得通讯表决的其他事项。

第七条　公司董事会应当聘请有证券从业资格的律师出席股东大会，对以下问题出具意见并公告：

(一)股东大会的召集、召开程序是否符合法律法规的规定，是否符合《公司章程》；

(二)验证出席会议人员资格的合法有效性；

(三)验证年度股东大会提出新提案的股东的资格；

(四)股东大会的表决程序是否合法有效；

(五)应公司要求对其他问题出具的法律意见。

公司董事会也可同时聘请公证人员出席股东大会。

第八条　董事会发布召开股东大会的通知后，股东大会不得无故延期。公司因特殊原因必须延期召开股东大会的，应在原定股东大会召开日前至少五个工作日发布延期通知。董事会在延期召开通知中应说明原因并公布延期后的召开日期。

公司延期召开股东大会的，不得变更原通知规定的有权出席股东大会股东的股权登记日。

二、股东大会讨论的事项与提案

第九条　股东大会的提案是针对应当由股东大会讨论的事项所提出的具体议案，股东大会应当对具体的提案作出决议。

第十条　董事会在召开股东大会的通知中应列出本次股东大会讨论的事项，并将董事会提出的所有提案的内容充分披露。需要变更前次股东大会决议涉及的事项的，提案内容应当完整，不能只列出变更的内容。

列入“其他事项”但未明确具体内容的，不能视为提案，股东大会不得进行表决。

第十一条　会议通知发出后，董事会不得再提出会议通知中未列出事项的新提案，对原有提案的修改应当在股东大会召开的前十五天公告。否则，会议召开日期应当顺延，保证至少有十五天的间隔期。

第十二条　年度股东大会，单独持有或者合并持有公司有表决权总数百分之五以上的股东或者监事会可以提出临时提案。

临时提案如果属于董事会会议通知中未列出的新事项，同时这些事项是属于本规范意见第六条所列事项的，提案人应当在股东大会召开前十天将提案递交董事会并由董事会审核后公告。

第一大股东提出新的分配提案时，应当在年度股东大会召开的前十天提交董事会并由董事会公告，不足十天的，第一大股东不得在本次年度股东大会提出新的分配提案。

除此以外的提案，提案人可以提前将提案递交董事会并由董事会公告，也可以直接在年度股东大会上提出。

第十三条 对于前条所述的年度股东大会临时提案，董事会按以下原则对提案进行审核：

（一）关联性。董事会对股东提案进行审核，对于股东提案涉及事项与公司有直接关系，并且不超出法律、法规和《公司章程》规定的股东大会职权范围的，应提交股东大会讨论。对于不符合上述要求的，不提交股东大会讨论。如果董事会决定不将股东提案提交股东大会表决，应当在该次股东大会上进行解释和说明。

（二）程序性。董事会可以对股东提案涉及的程序性问题做出决定。如将提案进行分拆或合并表决，需征得原提案人同意；原提案人不同意变更的，股东大会会议主持人可就程序性问题提交股东大会做出决定，并按照股东大会决定的程序进行讨论。

第十四条 提出涉及投资、财产处置和收购兼并等提案的，应当充分说明该事项的详情，包括：涉及金额、价格（或计价方法）、资产的账面值、对公司的影响、审批情况等。如果按照有关规定需进行资产评估、审计或出具独立财务顾问报告的，董事会应当在股东大会召开前至少五个工作日公布资产评估情况、审计结果或独立财务顾问报告。

第十五条 董事会提出改变募股资金用途提案的，应在召开股东大会的通知中说明改变募股资金用途的原因、新项目的概况及对公司未来的影响。

第十六条 涉及公开发行股票等需要报送中国证监会核准的事项，应当作为专项提案提出。

第十七条 董事会审议通过年度报告后，应当对利润分配方案做出决议，并作为年度股东大会的提案。董事会在提出资本公积转增股本方案时，需详细说明转增原因，并在公告中披露。董事会在公告股份派送或资本公积转增方案时，应披露送转前后对比的每股收益和每股净资产，以及对公司今后发展的影响。

第十八条 会计师事务所的聘任，由董事会提出提案，股东大会表决通过。董事会提出解聘或不再续聘会计师事务所提案时，应事先通知该会计师事务所，并向股东大会说明原因。会计师事务所有权向股东大会陈述意见。

非会议期间，董事会因正当理由解聘会计师事务所的，可临时聘请其他会计师事务所，但必须在下一次股东大会上追认通过。

会计师事务所提出辞聘的，董事会应在下一次股东大会说明原因。辞聘的会计师事务所有责任以书面形式或派人出席股东大会，向股东大会说明公司有无不当。

三、股东或监事会提议召开临时股东大会

第十九条 单独或者合并持有公司有表决权总数百分之十以上的股东（下称“提议股东”）或者监事会提议董事会召开临时股东大会时，应以书面形式向董事会提出会议议题和内容完整的提案。书面提案应当报所在地中国证监会派出机构和证券交易所备案。提议股东或者监事会应当保证提案内容符合法律、法规和《公司章程》的规定。

第二十条 董事会在收到监事会的书面提议后应当在十五日内发出召开股东大会的通知，召开程序应符合本规范意见相关条款的规定。

第二十一条 对于提议股东要求召开股东大会的书面提案，董事会应当依据法律、法规和《公司章程》决定是否召开股东大会。董事会决议应当在收到前述书面提议后十五日内反馈给提议股东并报告所在地中国证监会派出机构和证券交易所。

第二十二条 董事会做出同意召开股东大会决定的，应当发出召开股东大会的通知，通知中对原提案的变更应当征得提议股东的同意。通知发出后，董事会不得再提出新的提案，未征得提议股东的同意也不得再对股东大会召开的时间进行变更或推迟。

第二十三条 董事会认为提议股东的提案违反法律、法规和《公司章程》的规定,应当做出不同意召开股东大会的决定,并将反馈意见通知提议股东。提议股东可在收到通知之日起十五日内决定放弃召开临时股东大会,或者自行发出召开临时股东大会的通知。

提议股东决定放弃召开临时股东大会的,应当报告所在地中国证监会派出机构和证券交易所。

第二十四条 提议股东决定自行召开临时股东大会的,应当书面通知董事会,报公司所在地中国证监会派出机构和证券交易所备案后,发出召开临时股东大会的通知,通知的内容应当符合以下规定:

(一)提案内容不得增加新的内容,否则提议股东应按上述程序重新向董事会提出召开股东大会的请求;

(二)会议地点应当为公司所在地。

第二十五条 对于提议股东决定自行召开的临时股东大会,董事会及董事会秘书应切实履行职责。董事会应当保证会议的正常秩序,会议费用的合理开支由公司承担。会议召开程序应当符合以下规定:

(一)会议由董事会负责召集,董事会秘书必须出席会议,董事、监事应当出席会议;董事长负责主持会议,董事长因特殊原因不能履行职务时,由副董事长或者其他董事主持;

(二)董事会应当聘请有证券从业资格的律师,按照本规范意见第七条的规定,出具法律意见;

(三)召开程序应当符合本规范意见相关条款的规定。

第二十六条 董事会未能指定董事主持股东大会的,提议股东在报所在地中国证监会派出机构备案后会议由提议股东主持;提议股东应当聘请有证券从业资格的律师,按照本规范意见第七条的规定出具法律意见,律师费用由提议股东自行承担;董事会秘书应切实履行职责,其余召开程序应当符合本规范意见相关条款的规定。

四、股东大会的召开

第二十七条 公司召开股东大会应坚持朴素从简的原则,不得给予出席会议的股东(或代理人)额外的经济利益。

第二十八条 公司董事会、监事会应当采取必要的措施,保证股东大会的严肃性和正常秩序,除出席会议的股东(或代理人)、董事、监事、董事会秘书、高级管理人员、聘任律师及董事会邀请的人员以外,公司有权依法拒绝其他人士入场,对于干扰股东大会秩序、寻衅滋事和侵犯其他股东合法权益的行为,公司应当采取措施加以制止并及时报告有关部门查处。

第二十九条 在年度股东大会上,董事会应当就前次年度股东大会以来股东大会决议中应由董事会办理的各事项的执行情况向股东大会做出报告并公告。

第三十条 在年度股东大会上,监事会应当宣读有关公司过去一年的监督专项报告,内容包括:

(一)公司财务的检查情况;

(二)董事、高层管理人员执行公司职务时的尽职情况及对有关法律、法规、《公司章程》及股东大会决议的执行情况;

(三)监事会认为应当向股东大会报告的其他重大事件。

监事会认为有必要时,还可以对股东大会审议的提案出具意见,并提交独立报告。

第三十一条 注册会计师对公司财务报告出具解释性说明、保留意见、无法表示意见或否定意见的审计报告的,公司董事会应当将导致会计师出具上述意见的有关事项及对公司财务状况和经营状况的影响向股东大会做出说明。如果该事项对当期利润有直接影响,公司董事会应当根据孰低原则确定利润分配预案或者公积金转增股本预案。

第三十二条 股东大会对所有列入议事日程

的提案应当进行逐项表决，不得以任何理由搁置或不予表决。年度股东大会对同一事项有不同提案的，应以提案提出的时间顺序进行表决，对事项作出决议。

第三十三条　临时股东大会不得对召开股东大会的通知中未列明的事项进行表决。临时股东大会审议通知中列明的提案内容时，对涉及本规范意见第六条所列事项的提案内容不得进行变更；任何变更都应视为另一个新的提案，不得在本次股东大会上进行表决。

第三十四条　股东大会就关联交易进行表决时，涉及关联交易的各股东，应当回避表决，上述股东所持表决权不应计入出席股东大会有表决权的股份总数。

第三十五条　股东大会审议董事、监事选举的提案，应当对每一个董事、监事候选人逐个进行表决。改选董事、监事提案获得通过的，新任董事、监事在会议结束之后立即就任。

第三十六条　公司股票应当在股东大会召开期间停牌。公司董事会应当保证股东大会在合理的工作时间内连续举行，直到形成最终决议。因不可抗力或其他异常原因导致股东大会不能正常召开或未能做出任何决议的，公司董事会应向证券交易所说明原因并公告，公司董事会有义务采取必要措施尽快召开股东大会。

第三十七条　会议提案未获通过，或者本次股东大会变更前次股东大会决议的，董事会应在股东大会决议公告中做出说明。

第三十八条　股东大会各项决议的内容应当符合法律和《公司章程》的规定。出席会议的董事应当忠实履行职责，保证决议内容的真实、准确和完整，不得使用容易引起歧义的表述。

股东大会的决议违反法律、行政法规，侵犯股东合法权益的，股东有权依法向人民法院提起民事诉讼。

第三十九条　股东大会决议公告应注明出席会议的股东（和代理人）人数、所持（代理）股份总数及占公司有表决权总股份的比例，表决方式以及每项提案表决结果。对股东提案做出的决议，应列明提案股东的姓名或名称、持股比例和提案内容。

发行境内上市外资股的公司，应当对内资股股东和外资股股东出席会议及表决情况分别做出统计并公告。

第四十条　利润分配方案、公积金转增股本方案经公司股东大会批准后，公司董事会应当在股东大会召开后两个月内完成股利（或股份）的派发（或转增）事项。

五、其　　他

第四十一条　召集、召开股东大会的方式和股东大会决议内容不符合《公司法》、本规范意见和《公司章程》要求的，中国证监会除责令公司限期纠正外，将给予通报批评；拒不纠正的，自该事实发生之日起十二个月内，不受理该公司从证券市场筹资的申请。

任何单位和个人利用召开股东大会之机，从事内幕交易、操纵市场等违法活动的，中国证监会将依法查处。

第四十二条　对股东大会的召集、召开、表决程序及决议的合法有效性发生争议又无法协调的，有关当事人可以向人民法院提起诉讼。

第四十三条　发行外资股的上市公司国家另有规定的，从其规定。

第四十四条　本规范意见自公布之日起施行。1998 年 2 月 23 日中国证监会发布的《上市公司股东大会规范意见》（证监[1998]4 号）同时废止。

关于上市公司为他人提供担保有关问题的通知

(2000年6月6日　　证监公司字[2000]61号)

为了保护投资者的合法权益和上市公司财产安全,防范证券市场风险,现就上市公司为他人提供担保的有关问题通知如下:

一、上市公司为他人提供担保应当遵守《中华人民共和国公司法》、《中华人民共和国担保法》和其他相关法律、法规的规定。并按照《中华人民共和国证券法》和《证券交易所股票上市规则》的有关规定披露信息。

二、上市公司不得以公司资产为本公司的股东、股东的控股子公司、股东的附属企业或者个人债务提供担保。

三、上市公司为他人提供担保应当遵循平等、自愿、公平、诚信、互利的原则。任何单位和个人不得强令上市公司为他人提供担保,上市公司对强令其为他人提供担保的行为有权拒绝。

四、上市公司为他人提供担保,应当采用反担保等必要措施防范风险。

五、上市公司为他人提供担保必须经董事会或股东大会批准。董事会应当比照公司章程有关董事会投资权限的规定,行使对外担保权。超过公司章程规定权限的,董事会应当提出预案,并报股东大会批准。上市公司董事会在决定为他人提供担保之前(或提交股东大会表决前),应当掌握债务人的资信状况,对该担保事项的利益和风险进行充分分析,并在董事会有关公告中详尽披露。

股东大会或者董事会对担保事项做出决议时,与该担保事项有利害关系的股东或者董事应当回避表决。

董事会秘书应当详细记录有关董事会会议和股东大会的讨论和表决情况。有关的董事会、股东大会的决议应当公告。

六、当出现被担保人债务到期后十五个工作日内未履行还款义务,或是被担保人破产、清算、债权人主张担保人履行担保义务等情况时,上市公司有义务及时了解被担保人的债务偿还情况,并在知悉后及时披露相关信息。

七、上市公司应当完善内部控制制度,未经公司股东大会或者董事会决议通过,董事、经理以及公司的分支机构不得擅自代表公司签订担保合同。

八、上市公司应当加强担保合同的管理。为他人担保,应当订立书面合同。担保合同应当按照公司内部管理规定妥善保管,并及时通报监事会、董事会秘书和财务部门。

九、上市公司为债务人履行担保义务后,应当采取有效措施向债务人追偿,并将追偿情况及时披露。

十、上市公司董事、经理及其他管理人员未按规定程序擅自越权签订担保合同,对上市公司造成损害的,上市公司应当追究当事人的责任。

上市公司为他人提供担保未按照《证券交易所股票上市规则》的要求履行信息披露义务的,证券交易所应当根据《证券交易所股票上市规则》视情节轻重对有关上市公司及责任人给予相应的处分。

上市公司对担保事项的信息披露违反《中华人民共和国证券法》和本通知规定的,中国证监会依法对有关上市公司及责任人给予处罚。

关于加强上市公司监管工作的意见

(2000 年 6 月 7 日　　证监公司字[2000]62 号)

为了落实全国证券期货工作会议精神，充分发挥集中统一监管体制的优势，提高上市公司监管工作的总体水平，现就进一步做好上市公司监管工作提出如下意见：

一、加强对上市公司的监督检查工作

监督检查工作是证监会派出机构对上市公司进行日常监管的重要手段。各派出机构应当在证监会的统一部署、组织和指导下，开展对上市公司的监督检查工作。监督检查以巡回检查和专项核查为主要工作形式。

巡回检查是针对上市公司存在的带有普遍性的问题，每年按一定比例对上市公司改制和运 作情况进行合规性现场检查。通过巡回检查，督促上市公司完善法人治理结构，提高经营管理的透明度。特别要检查“三分开”的落实情况 ，及时发现那些集团公司吃股份公司“大锅饭”的情况。巡回检查工作要加强针对性，突出预防性，注重实效性。对于上市公司存在的不规范问题，应向被检查公司发出《限期整改通知书》，要求公司董事会提出整改方案并形成决议，督促其限期落实整改措施。各派出机构应及时向地方政府通报巡检情况，以取得有关单位支持，帮促上市公司完成整改工作。同时，要建立整改情况回访制度，切实监督整改。

专项核查是针对投资者投诉及社会舆论反映集中的上市公司问题以及证监会审核业务中涉及的有关问题进行调查核实。各派出机构应认真处理好投资者投诉，密切关注社会舆论反映集中的上市公司问题，根据对证券市场的影响程度，及时组织专项核查。

对于监督核查中发现的上市公司涉嫌违规的问题，有关派出机构要在掌握重要事实和线索的基础上，视情节轻重分别采取内部批评或提出通报批评、公开批评、移交稽查立案等处理建议。

二、加强配股初审工作

各派出机构要加大对上市公司配股申请初审工作的力度。严格按照有关上市公司配股和信息披露的各项规定，对上市公司的配股申请进行审核。在配股审核工作中，要特别关注上市公司为达到收益率指标人为调节利润、拼凑募集资金使用项目、上市公司大股东以不良资产配股、控股股东占用上市公司资金以及上市公司与控股股东在人员、资产和财务上没有分开等问题。

各派出机构对经审核认定为暂不宜配股的公司，应明确说明理由，及时通知该公司，并书面报告证监会。通过加强各派出机构与证监会上市公司监管部门在审核工作中的联系和人员交流培训，进一步统一审核尺度，提高审核质量。在此基础上，逐步扩大派出机构审核人员直接向发行审核委员会报告初审情况的试点范围。

加强审核工作的透明度。各派出机构要参照证监会上市公司监管部拟定的《上市公司办理配股申报业务须知》，制定本单位的配股申报来访者须知，向申报配股的上市公司公开审核程度、注意事项、法律要求等有关规定。

三、加强对上市公司信息披露的监管工作

各派出机构应建立对上市公司信息披露文件

的事后审查制度。在审查中重点关注上市公司法人治理结构运作情况、公司资产的安全性、资产债务重组、控制权变更(或主要高级管理人员变动)、募集资金使用、重要关联交易、担保、诉讼事项、财务会计报告真实性、完整性及可能存在的重大风险因素等方面内容,认真做好审查工作底稿。

各派出机构要通过对年度报告、中期报告的事后审查,摸清辖区内上市公司总体状况、存在的主要问题和发展前景,并撰写汇总分析报告、专题报告和典型案例。在定期报告法定披露结束后十五天(即五月十五日和九月十五日)内,将上述文件报证监会上市公司监管部。

各派出机构要针对辖区内上市公司年度报告暴露出来的突出问题和潜在的风险,确定本年度巡回检查对象。发现上市公司定期报告、临时报告存在重大遗漏、虚假或误导性陈述的,应及时向证监会上市公司监管部和证券交易所报告或通报,以进一步采取监管措施。

四、加强对涉及上市公司资产重组活动的监管

各派出机构要密切关注涉及辖区内上市公司的收购兼并、资产重组活动、对这些上市公司建立专卷,重点跟踪,发现有可能存在较大风险的公司,要及时了解情况,研究对策,提出监管建议。各派出机构要加强对上市公司资产重组信息的监管,发现异常情况,及时通报证券交易所。各派出机构要依法或根据证监会上市公司监管部的要求,对上市公司股权转让、吸收合并、重大资产交易等行为的备案或申报材料进行审阅或审核,并及时将审阅意见报证监会上市公司监管部。

五、逐步建立健全上市公司监管信息系统

为了更好地发挥集中统一监管体制的优势,提高上市公司监管工作效率和质量,各派出机构要根据证监会的统一部署和要求,逐步建立和完善辖区内上市公司实物档案库和电子信息系统。上市公司实物档案库应完整保存上市公司自首次公开发行以来的全部公开信息资料,上市公司依法申报和报备的材料,上市公司巡回检查、专项核查的相关资料,定期报告的事后审查工作底稿以及对上市公司申报事项的审核文件和监管案例。

六、加强对上市公司突发性重大事件的风险防范工作

各派出机构应发挥监管“前沿”的优势，加大对上市公司行为风险的监控力度，对于可能对市场及社会稳定问题造成重大影响的突发性事件，应按照重大事件报告制度的要求及时上报有关情况，并主动联系协调地方政府有关部门和公、检、法机关，研究制订紧急事态处置预案，同时，敦促上市公司董事、监事及高级管理人员严格遵守证券法律法规和上市规则，忠实履行职务，认真履行信息披露义务，维护股东的合法权益。在出现上市公司经营停顿、管理“瘫痪”等的极端情况下，应及时向证监会报告，并提请地方政府采取措施，保障上市公司的财产安全，依法做好善后处理工作。

关于进一步加强 ST、PT 公司信息披露监管工作的通知

(2000 年 6 月 7 日　　证监公司[2000]63 号)

为了进一步提高 ST、PT 公司透明度,充分揭示风险,现就加强 ST、PT 公司信息披露监管工作有关事项通知如下:

一、ST 公司在进行对经营前景有重大影响的交易活动(如收购、出售资产、重组债务)时,证券交易所有权决定其股票交易临时停牌,一次停牌期限最长不超过一个月。连续三次(合计 3 个月)停牌后,该 ST 公司未主动申请复牌的,由证券交易所实施有条件强制复牌,即恢复在每个交易日上午进行半日交易。

二、对失去持续经营能力的 ST 公司,其股票比照《股票上市规则》中有关进入破产程序公司股票交易的有关规定,只在每个交易日上午进行交易。

三、要求 ST 公司在第一、第三季度结束后披露季报(季报准则另行发布)。

四、修订上市公司股票暂停上市规则,取消特别转让价格 5% 的跌幅限制。

请你们将上述有关内容增补进《股票上市规则》,并在执行中就 ST、PT 公司的风险加强对投资者的宣传教育。

公开发行股票公司信息披露的内容与格式准则第三号《中期报告的内容与格式》

(2000 年修订稿)

一、总　　则

(一)根据《中华人民共和国证券法》(以下简称《证券法》)、《中华人民共和国公司法》(以下简称《公司法》)、《股票发行与交管理暂行条例》(以下简称《股票条例》)和《公开发行股票公司信息披露实施细则》(以下简称《信息细则》)制订本准则。

(二)凡根据《证券法》、《公司法》、《股票条例》在中华人民共和国境内公开发行股票并在证券交易所上市的股份有限公司(以下简称"公司")应当按照本准则的规定编制中期报告。

(三)公司应当披露本准则列举的各项内容。但是本准则某些具体要求对公司确实不适用的,公司可根据实际情况在不影响披露内容完整性的前提下做出适当的修改,同时予以说明。如公司做出修改致使披露内容减少,应经证券交易所批准并报中国证券监督管理委员会(以下简称"中国证监会")备案。公司还可根据其自身的实际情况,增加其他内容。

已发行境内上市外资股及其衍生证券并在证

券交易所上市的公司,应同时编制中期报告外文译本。公司应保证两种文本内容的一致性,并在外文文本上注明:“本报告分别以中、英(或日、法文等)文两种文字编制,在对两种文本的理解发生歧义时,以中文文本为准。”

在境内并在境外证券市场上市的公司,如果境外证券监管部门要求的中期报告的内容与本准则不一致,应遵循报告内容从多不从少,报告披露时限从短不从长,报告要求从严不从宽的原则办理。并应在同一时间公布中期报告。

(四)公司董事会必须保证中期报告内容的真实、准确、完整,并就其保证承担连带责任。

(五)公司应当在每个会计年度的前六个月结束后二个月内编制完成中期报告,并将中期报告登载于中国证监会指定的国际互联网网站上。登载于国际互联网网站的中期报告财务数据应精确到人民币元。上交所上市公司指定披露的网址为:http://www.sse.com.cn;深交所上市公司指定披露的网址为 http://www.cninfo.com.cn。同时,公司应将中期报告摘要刊登在至少一种由中国证监会指定的全国性报纸上,刊登中期报告摘要的字号应不小于六号字。

公司应在 8 月 31 日前将中期报告各两份分别报送中国证监会、当地证券监管派出机构和证券交易所。

上市公司可以将中期报告正文登载于公司自己的国际互联网网站上,但其披露时间不得早于中期报告正文在中国证监会指定的国际互联网网站上的披露时间。

(六)如果公司确有困难,无法在规定时间内编制完成中期报告并在指定报纸和指定网站上刊登、登载,公司应当在中期报告披露最后期限到期前至少十日,向其股票挂牌交易的证券交易所提出延期披露中期报告申请,说明延期的原因及预计披露的最后期限,并同时报告中国证监会。延长期限不得超过三十日。经证券交易所批准延期后,公司应在指定报刊上公告延期披露中期报告的原因及披露的最后期限。

(七)中期报告应采用良好的纸张印刷,幅面应为 209 毫米×295 毫米(相当于标准的 A4 纸规格)。中期报告的封面应载明公司法定名称、“中期报告”字样和报告期年份。

(八)已发行境内上市外资股及其衍生证券并在证券交易所上市的公司原则上执行本准则,国家另有规定的,从其规定。

(九)本准则自公布之日起实施,中国证监会此前发布的《公开发行股票公司信息披露的内容与格式准则第三号〈中期报告的内容与格式〉(1998 年修订稿)》同时废止。

(十)本准则由中国证监会负责解释。

二、中期报告正文

重要提示:本公司董事会保证本报告所载资料不存在任何虚假记载、误导性陈述或者重大遗漏,并对其内容的真实性、准确性和完整性负个别及连带责任。

如果公司财务会计报告未经会计师事务所审计,公司应明确表达“公司中期财务会计报告未经审计”。

如果公司财务会计报告已经审计并被会计师事务所出具标准无保留意见的审计报告,公司应明确表述“公司中期财务会计报告已经××审计师事务所审计并出具无保留意见的审计报告”。

如果公司中期财务会计报告已经审计并被出具了有解释性说明、保留意见、拒绝表示意见或否定意见的审计报告,应做出以下陈述:

“公司财务会计报告已经××会计师事务所审计并出具了有解释性说明(或保留意见、否定意见、拒绝表示意见)的审计报告,本公司董事会、监事会对相关事项亦有详细说明,请投资者注意阅读”。

(一)公司简介

1.公司的法定中、英文名称及缩写。

2.公司注册地址、办公地址及其邮政编码,公司国际互联网网址、电子信箱。

3.公司法定代表人。

4.公司董事会秘书及董事会证券事务代表的

姓名、联系地址、电话、传真、电子信箱。

5. 公司选定的中国证监会指定报纸名称，中国证监会指定国际互联网网址，公司中期报告备置地点。

6. 公司股票上市交易所、股票简称和股票代码。

(二)主要财务数据和指标

1. 采用数据列表方式，提供报告期末和上年末(或报告期内和上年相同期间)主要财务指标，包括以下各项：净利润、扣除非经常性损益后的净利润、总资产、资产负债率、股东权益(不包含少数股东权益)、每股收益、净资产收益率、每股净产和调整后的每股净资产。

2. 如公司在报告期末至中期报告披露日之间因发行新股、送股、配股、转增股本、可转换公司债券转股、减资或其他原因引起公司股份总数发生变动，还应列示变动后的每股收益和每股净资产。

主要财务指标计算公式如下：

每股收益 = 净利润/报告期末普通股股份总数

净资产收益率 = 净利润/报告期末股东权益 × 100%

每股净资产 = 报告期末股东权益/报告期末普通股股份总数

调整后每股净资产 = (报告期末股东权益 - 三年以上的应收款项 - 待摊费用 - 待处理(流动、固定)资产净损失 - 开办费 - 长期待摊费用 - 住房周转金负数余额)/报告期末普通股股份总数。

注：编制合并会计报表的公司应以合并报表数填列或计算以上数据和指标

非经常性损益是指公司正常经常损益之外的、一次性或偶发性损益，例如资产处置损益、临时性获得的补贴收入、新股申购冻结资金利息、合并价差摊入等。

公司在披露"扣除非经常性损益后的净利润"的指标时，还应同时说明所扣除的项目、涉及金额。

(三)股本变动和主要股东持股情况

1. 股本变动情况

依照《公开发行股票公司信息披露的内容与格式准则第二号〈年度报告的内容与格式〉(1999年修订稿)》附件二《公司股份变动情况表》要求的格式披露。

如报告期内因发行新股、送股、配股、转增股本、可转换公司债券转股、减资、内部职工股上市或其他原因引起公司股份总数及结构的变动，应予以说明。

2. 主要股东持股情况：持有本公司5%(含5%)以上股份的股东的名称、报告期内股份增减变动情况、报告期末持股数量等。若持股5%(含5%)以上的股东少于10人，则应列出至少10名最大股东的持股情况。如前10名股东之间存在关联关系，应予以说明。

持股5%(含5%)以上的法人股东所持股份发生质押、冻结等情况，公司应予以披露。

如果有战略投资者或一般法人因配售新股成为前10名股东的应予以注明，并披露约定持股期间的起止日期。

(四)经营情况的回顾与展望

简要介绍公司在报告期内的经营情况及下半年计划，包括(但不限于)以下内容：

1. 公司报告期内主要经营情况

(1)公司主营业务的范围及其经营状况，如果公司经营业务涉及不同行业，则应对占公司主营业务收入10%(含10%)以上的经营活动及所在行业分别进行介绍。

(2)对公司利润产生重大影响的其他业务经营活动。

2. 公司投资情况

(1)募集资金使用情况

对于前一次招股说明书，配股说明书中承诺的募集资金投资项目，如在报告期内完成或在报告期内继续使用的，公司应介绍项目的投入情况，项目进度及收益情况；未达到所承诺进度的，应当解释原因；募集资金用途改变的，应当说明变更原因、变更程度及其披露情况。

(2)其他投资情况

对报告期内非募集资金投资的项目应说明投资项目、项目进度及收益情况等。

3.如果生产经营环境以及宏观政策、法规发生重大变化,已经、正在或将要对公司的财务状况和经营成果产生重要影响的,须明确说明。

4.下半年计划

包括(但不限于)下列各项:

(1)公司针对宏观经济环境的变化和国家有关政策的要求所要着重进行的工作。

(2)公司针对上半年生产经营过程中存在的问题拟采取的措施和对策。

(五)重要事项

应披露以下内容;

1.公司中期拟定的利润分配预案、公积金转增股本预案。

2.公司上年度利润分配方案、公积金转增股本方案及其执行情况。报告期内配股方案的实施情况。

3.重大诉讼、仲裁事项,应披露以下内容:

(1)公司在报告期内发生的涉及公司的重大诉讼、仲裁事项。

(2)已在上一年度的年度报告中披露过但当时尚未结案的重大诉讼、仲裁事项,应陈述进展情况或审理结果及影响。

(3)如报告期内无重大诉讼、仲裁事项,应明确陈述"本报告期内公司无重大诉讼、仲裁事项"。

4.报告期内公司收购兼并、资产重组事项的简要情况及进程,说明上述事项对公司财务状况和经营成果的影响,说明所涉及的金额及其占利润总额的比例。

5.重大关联交易事项

报告期内发生的关联交易,若对于某一关联方,报告期内累计交易总额高于3000万元或占上市公司最近一期经审计净资产值5%以上或占本期净利润的10%以上的,须披露详细情况。如果发生的交易属不同类型,应按以下要求分别披露:

(1)购销商品、提供劳务发生的关联交易,至少应披露以下内容:关联交易方、交易内容、定价原则、交易价格、交易金额、占同类交易金额的比例、结算方式及关联交易事项对公司利润的影响。可以获得同类交易市场价格的,应披露市场参考价格,实际交易价格与市场参考价格差异较大的,应说明原因。大额销货退回需披露详细情况。公司还应对关联交易的必要性和持续性作出说明。

(2)资产、股权转让发生的关联交易,至少应披露以下内容:关联交易方、交易内容、定价原则、资产的账面价值、评估价值、转让价格、结算方式及获得的转让收益,转让价格与账面价值或评估价值差异较大的,应说明原因。

(3)公司与关联方(包括未纳入合并范围的子公司)存在债权、债务往来等事项的,应披露形成的原因及其对公司的影响。

(4)其他重大关联交易

6.上市公司与控股股东在人员、资产、财务上的"三分开"情况,即明确说明上市公司相对于其控股股东是否人员独立、资产完整、财务独立。如目前"三分开"还存在问题,公司董事会应说明整改措施和预计所需要的时间。

7.若发生托管、承包、租赁其他公司资产或其他公司托管、承包、租赁上市公司资产的事项,且该事项为上市公司带来的利润达到上市公司当年利润总额的10%以上(含10%)时,公司应详细披露有关合同的主要内容,如有关资产的情况、涉及的金额和期限、收益及其确定依据等。同时还应披露该收益对上市公司的影响。

8.聘任、解聘会计师事务所情况

9.其他重大合同及其所属情况。

10.公司对外担保事项应遵照《关于上市公司为他人提供担保有关问题的通知》(证监公司字[2000]61号)的规定执行,并详细披露报告期内发生的担保事项。

11.公司报告期内更改名称或股票简称的情况。

12.董事会、监事会应分别对会计师事务所出具的保留意见、否定意见、拒绝表示意见或有解释性说明的中期审计报告所涉及的事项进行说明。

13.其他在报告期内发生《证券法》第六十二条、《股票条例》第六十条及《信息细则》第十七条所列举的重大事件,以及公司董事会判断为重大事件的事项。

注:对上述重要事项的披露情况(信息披露报纸及报露日期)应予以说明。

(六)财务会计报告

1.会计报表

会计报表的编制应遵守国家有关政策法规、规章制度的规定。

公司应当编制、披露、报送完整的中期会计报表。会计报表应包括资产负债表、利润表及利润分配表、现金流量表。

资产负债表的报告日为公司本会计年度前六个月的最后一天和上个会计年度的最后一天。利润表及利润分配表的报告期间为本会计年度前六个月和上年的相同期间。现金流量表的报告期间为本会计年度前六个月。

公司应按照有关规定编制合并会计报表,并同时披露合并会计报表及母公司报表。对应纳入合并范围而未予合并的子公司应明确列示该公司名称及其总资产、净资产、净利润,并说明未合并原因。

2.会计报表附注至少应包括下列内容:

(1)如果与最近一期年度报告相比,会计政策、会计估计或核算方法发生了变化,应予以说明。

(2)如果与最近一期年度报告相比,合并范围发生了变化,就予以说明。

(3)关联方关系及关联交易、非货币性交易及或有事项等应按财政部《企业会计准则－关联方关系及其交易的披露》、《企业会计准则－非货币性交易》、《企业会计准则－或有事项》等准则的要求披露。

(4)季节性、周期性收入的说明。

(5)会计报表主要项目注释应按照《公开发行股票公司信息披露的内容与格式准则第二号〈年度报告的内容与格式〉(1999 年修订稿)》附件一《会计报表附注指引》的要求披露,至少应包括以下各项:短期投资、应收账款、其他应收款、坏账准备、待摊费用、存货、长期投资、在建工程、长期待摊费用、财务费用、其他业务利润、投资收益、营业外收支净额等。

3.上市公司的中期财务会计报告可以不经过审计,但下列情形除外:

(1)公司拟在下半年办理配股和公募增发申报事宜的。

(2)在中期拟定分红预案或公积金转增股本预案,并将在下半年实施的。

(3)中国证监会或证券交易所认为应当进行审计的其他情形。

凡未经审计的中期财务会计报告,应注明“未经审计”字样。如果中期财务会计报告经过审计,公司应当披露完整的审计意见(若注册会计师出具的审计意见为无保留意见,且在审计报告中无其他说明,本条可省略,但应明确陈述注册会计师出具“无保留意见的审计报告”字样;若为保留意见、否定意见、拒绝表示意见或有解释性说明的审计报告,则应登载审计报告全文及相关报表项目的注释)。

(七)备查文件目录

包括下列文件:

1.载有董事长亲笔签名的中期报告文本;

2.载有法定代表人、主管会计工作负责人(如设置总会计师,须为总会计师)、会计机构负责人(会计主管人员)签名并盖章的会计报表;

3.如经审计,载有会计师事务所盖章、注册会计师亲笔签字并盖章的审计报告正本;

4.报告期内在中国证监会指定报刊上公开披露过的所有公司文件的正本及公告原稿;

5.公司章程;

6.在其他证券市场公布的中期报告文本。

公司应将上述备查文件备置于公司办公地点,在中国证监会、证券交易所要求提供时和股东依据法规或公司章程要求查阅时,公司应及时提供。

三、中期报告摘要

重要提示:本公司董事会保证本报告所载资料不存在任何虚假记载、误导性陈述或者重大遗漏,并对其内容的真实性、准确性和完整性负个别及连带责任。

如果公司财务会计报告未经会计师事务所审计,公司应明确表述“公司中期财务会计报告未经审计”。

如果公司财务会计报告已经审计并被会计师事务所出具标准无保留意见的审计报告,公司应明确表述“公司中期财务会计报告已经××会计师事务所审计并出具无保留意见的审计报告”。

如果公司中期财务会计报告已经审计并被出具了有解释性说明、保留意见、拒绝表示意见或否定意见的审计报告,应做出以下陈述:

“公司财务会计报告已经××会计师事务所审计并出具了有解释性说明(或保留意见、否定意见、拒绝表示意见)的审计报告,本公司董事会、监事会对相关事项亦有详细说明,请投资者注意阅读”。

(一)公司简介

1.公司的法定中、英文名称及缩写。

2.公司注册地址、办公地址及其邮政编码,公司国际互联网网址、电子信箱。

3.公司法定代表人。

4.公司董事会秘书及董事会证券事务代表的姓名、联系地址、电话、传真、电子信箱。

5.公司选定的中国证监会指定报纸名称,中国证监会指定国际互联网网址,公司中期报告备置地点。

6.公司股票上市交易所、股票简称和股票代码。

(二)主要财务数据和指标

1.采用数据列表方式,提供报告期末和上年末(或报告期内和上年相同期间)主要财务指标,包括以下各项:净利润、扣除非经常性损益后的净利润、总资产、资产负债率、股东权益(不包含少数股东权益)、每股收益、净资产收益率、每股净资产和调整后的每股净资产。

2.如公司在报告期末至中期报告披露日之间因发行新股、送股、配股、转增股本、可转换公司债券转股、减资或其他原因引起公司股份总数发生变动,还应列示变动后的每股收益和每股净资产。

注:公司在披露“扣除非经常性损益后的净利润”指标时,应说明所扣除的项目、涉及金额。

(三)股本变动和主要股东持股情况

1.股本变动情况

依照《公开发行股票公司信息披露的内容与格式准则第二号〈年度报告的内容与格式〉(1999年修订稿)》附件二《公司股份变动情况表》要求的格式披露。

如报告期内因发行新股、送股、配股、转增股本、可转换公司债券转股、减资、内部职工股上市或其他原因引起公司股份总数及结构的变动,应予以说明。

2.主要股东持股情况:持有本公司5%(含5%)以上股份的股东的名称、报告期内股份增减变动情况、报告期末持股数量等。若持股5%(含5%)以上的股东少于10人,则应列出至少10名最大股东的持股情况。如前10名股东之间存在关联关系,应予以说明。

持股5%(含5%)以上的法人股东所持股份发生质押、冻结等情况,公司应如实披露。

如果有战略投资者或一般法人因配售新股成为前10名股东的应予以注明,并披露约定持股期间的起止日期。

注:如报告期内股本及主要股东持股、质押、冻结等情况没有发生变化,上述内容可免予披露,但公司应明确表述“报告期内本公司股本和主要股东持股情况没有变动”。

(四)经营情况的回顾与展望

简要介绍公司在报告期内的经营情况及下半年计划,包括(但不限于)以下内容:

1.公司报告期内主要经营情况

(1)公司主营业务的范围及其经营状况,如果公司经营业务涉及不同行业,则应对占公司主营业务收入10%(含10%)以上的经营活动及所在行业分别进行介绍。

(2)对公司利润产生重大影响的其他业务经营活动。

2.公司投资情况

(1)募集资金使用情况

对于前一次招股说明书、配股说明书中承诺的募集资金投项目，如在报告期内完成或在报告期内继续使用的，公司应介绍项目的投入情况、项目进度及收益情况；未达到所承诺的进度的，应当解释原因；募集资金用途改变的，应当说明变更原因、变更程序及其披露情况；

(2)其他投资情况

对报告期内非募集资金投资的项目应说明投资项目、项目进度及收益情况等。

3.公司财务状况

分析公司财务状况，至少包括报告期内总资产、应收款项、存货、长期投资、固定资产、长期负债、股东权益、主营业务利润、净利润的期末数或期间数，同时说明比较式会计报表相同报表项目之间增减变动的主要原因。

除上述报表项目外，仅须披露比较式会计报表中相同报表项目之间变化幅度超过30%的其他会计报表项目注释及变动原因。公司会计报表中如有少见的报表项目、报表项目的名称反映不出项目的性质和报表项目金额异常的，公司应予以披露。

4.如果生产经营环境以及宏观政策、法规发生了重大变化，如已经、正在或将要对公司的财务状况和经营成果产生重要影响，须明确说明。

5.下半年计划包括(但不限于)下列各项：

(1)公司针对宏观经济环境的变化和国家有关政策的要求所要着重进行的工作。

(2)公司针对上半年生产经营过程中存在的问题拟采取的措施和对策。

(五)重要事项

公司的重要事项应当按照本准则第二节“中期报告正文”第五条“重要事项”中的规定进行披露，公司只须注明信息披露报纸及披露日期。

(六)财务会计报告

1.会计报表

公司中期会计报表至少应当包括母公司和合并利润表。利润表的报告期间为本会计年度前六个月和上年的相同期间。

2.会计报表附注至少应包括下列内容：

(1)如果与最近一期年度报告相比，会计政策、会计估计或核算方法发生了变化，应予以说明。

(2)如果与最近一期年度报告相比，合并范围发生了变化，应予以说明。

3.凡未经审计的中期财务会计报告，应注明“未经审计”字样。如果中期财务会计报告经过审计，公司应当披露完整的审计意见(若注册会计师出具的审计意见为无保留意见，且在审计报告中无其他说明，本条可省略，但应明确陈述注册会计师出具“无保留意见的审计报告”字样；若为保留意见、否定意见、拒绝表示意见或有解释性说明的审计报告，则应刊登审计报告全文、完整的会计报表及相关报表项目的注释)。

关于规范上市公司重大购买或出售资产行为的通知

(2000年6月26日　证监公司字[2000]75号)

为规范上市公司重组行为，支持上市公司通过重组提高资产质量，维护投资者合法权益，现就规范上市公司重大购买或出售资产行为的有关问题通知如下：

一、上市公司实施重大购买或出售资产的行为，应当遵守本通知和证券交易所上市规则的有关规定。

二、本通知所称“上市公司重大购买或出售资产的行为”，是指上市公司购买、出售或置换资产达到下列标准之一的情形：

(一)收购或出售的资产总额占上市公司最近经审计后总资产的50%以上；

(二)收购或出售的资产净额占上市公司最近经审计后净资产的50%以上；

(三)收购或出售资产相关的利润占上市公司最近经审计后利润的50%以上。

三、上市公司实施重大购买或出售资产的行为，应履行下列程序；

(一)上市公司董事会对有关事宜进行可行性研究，并按照法律、法规和证券交易所股票上市规则的要求履行信息披露义务；

(二)上市公司董事会聘请具有证券从业资格的会计师事务所、律师事务所和财务顾问对有关事宜进行认证并出具意见；

(三)董事会就有关事宜进行审议并形成决议；监事会对董事会履行诚信义务情况进行监督并发表意见；

(四)董事会应当在形成决议后两个工作日内向证券交易所报告，并将该决议及中介机构和监事会的意见一并公告。同时，按照本通知附件的要求，向中国证监会及上市公司所在地的中国证监会派出机构报送备案材料。监管机构要求补充有关材料的，董事会应在召开股东大会前及时补充并作出公告；

(五)股东大会就有关事宜进行审议并形成决议。董事会应就上市公司重组后是否产生关联交易或形成同业竞争等问题向股东大会提交单独议案。上市公司应当聘请具有证券从业资格的律师，对股东大会的合法有效性出具意见；

(六)股东大会审议通过后，上市公司实施有关购买或出售资产的计划；

(七)有关购买或出售资产过户手续完成后，上市公司应聘请具有证券从业资格的律师事务所对实施结果出具法律意见，并将该法律意见与过户手续完成情况一并及时公告。该法律意见书应当与其他相关文件共同备置于公司，供投资者查阅。

(八)上市公司在股东大会作出有关购买或出售资产决议九十日后仍未完成有关手续的，应立即将实施情况报告证券交易所并公告。此后每三十日应当公告一次，直至完成有关购买或出售资产过户手续。

四、上市公司进行重大购买或出售资产交易时，如交易对方已与上市公司控股股东就直接或间接受让上市公司股权事宜或向上市公司推荐董事事宜达成默契，则上市公司所实施的该项购买或出售资产的交易属于关联交易，应执行有关法律、法规或者规则中关于关联交易的规定。同时，交易对方在与上市公司达成购买或出售资产的协议时，应立即向中国证监会和证券交易所报告其拟受让股权的情况并公告。

五、上市公司实施重大购买或出售资产的行为后，应当保证上市公司的持续经营能力，保证上市公司与控股股东在人员、资产、财务上分开。在资产重组完成后六个月内，上市公司应当按照中国证监会《关于对拟发行上市企业改制情况进行调查的通知》(证监发[1999]4号)第(二)至(四)项的要求，向中国证监会及上市公司所在地派出机构报送规范运作情况的报告。

六、上市公司购买或出售的资产占上市公司总资产70%以上，应当聘请具有主承销商资格的证券公司进行辅导，辅导的内容和报告程序应当参照中国证监会对公开发行股票公司进行辅导的规定执行。前述上市公司重组效果良好，运作规范的，可以在重组完成一年以后提出配股或增发新股的申请，其重组前的业绩可以模拟计算。经中国证监会同意，前述重组后申请增发或配股的期限也可以少于一年。对不符合本通知规定的，中国证监会将不受理其配股或增发新股的申请。

七、上市公司重组后不符合上市条件的，中国证监会将按照有关法律法规的规定作出暂停或终止上市的决定。

八、本通知自发布之日起执行，中国证监会《关于上市公司置换资产变更主营业务若干问题的通知》（证监上字[1998]26号）同时废止。

附件：上市公司购买或出售资产报备材料目录。

上市公司购买或出售资产报备材料目录

1.上市公司董事会购买或出售资产事宜的书面报告。包括事件的经过、交易各方情况介绍、交易内容、价格及定价依据、金额、支付方式、对上市公司的影响等；

2.上市公司董事会关于与控股股东在人员、资产、财务上分开的承诺和具体实施方案；

3.董事会决议副本。董事会决议应就该项购买或出售资产事项是否有利于上市公司长远发展，是否有利于全体股东的利益表明意见，并说明董事投票情况，董事投反对票的情况应单独加以说明；

4.上市公司购买或出售资产交易公告副本；

5.购买或出售资产协议或协议草案；

6.控股股东或上市公司股份收购人关于准备长期持有上市公司股份的声明；

7.会计师事务所对上市公司拟购买或出售的资产连续两个会计年度的财务状况和经营业绩出具的审计报告；

8.律师事务所出具的法律意见书。该法律意见书应包括购买或出售资产行为是否合法，是否符合本通知及相关法律、法规、规章或规则的规定，交易完成后上市公司是否符合上市条件，以及本次购买或出售是否有应披露而未披露的合同、协议、安排等内容；

9.财务顾问报告。该报告应包括上市公司购买或出售资产后是否具有持续经营能力，上市公司与控股股东是否在资产、人员、财务方面实现了三分开、是否存在同业竞争和关联交易，以及该交易是否符合全体股东的利益等内容；

10.中国证监会要求的其他文件。

关于境内上市外资股(B股)公司非上市外资股上市流通问题的通知

(2000年9月1日 证监公司字[2000]140号)

为进一步推进B股市场的发展,保护投资者利益,现就境内上市外资股(以下简称“B股”)公司非上市外资股的上市流通事宜通知如下:

凡发行上市前属于中外合资企业的B股公司,应就非上市外资股上市流通的问题征求原中外合资企业审批部门的意见,在获得原审批部门同意后,向中国证监会报送非上市外资股上市流通的申请方案。

经中国证监会核准,B公司外资发起人股,自公司成立之日起三年后,可以在B股市场上流通;外资非发起人股可以直接在B股市场上流通。

关于上市公司2000年年度报告披露工作有关问题的通知

(2000年11月27日 证监公司字[2000]202号)

为确保上市公司2000年年度报告工作顺利进行,现将2000年年度报告披露工作有关问题通知如下:

一、上市公司在刊载年度报告摘要的同时,应将年度报告登载于中国证监会指定的国际互联网网站上。上交所上市公司指定披露的网址为:http://www.sse.com.cn;深交所上市公司指定披露的网址为:http://www.cninfo.com.cn。年度报告报送程序及网上披露事宜应遵照交易所的有关规定执行。

二、在审议通过年度报告的董事会会议上,董事会应对以下事项作出决议并公告:

(一)本年度利润分配方案。如果公司本年度盈利,且作出不分配的方案,应说明不分配的原因及资金使用安排。

(二)预计公司下一年度利润分配政策。包括公司分配利润的次数;公司下一年度实现净利润用于股利分配的比例,公司本年度未分配利润用于下一年度股利分配的比例;分配主要是采用派发现金还是送红股的形式,并明确现金股息占股利分配的比例。

三、上市公司应当遵照《公开发行股票公司信息披露的内容与格式准则第二号〈年度报告的内容与格式〉(1999年修订稿)》的要求披露上市公司“三分开”的情况,应重点说明以下内容:

(一)在人员方面,应说明上市公司在劳动、人事及工资管理等方面是否独立;说明经理、副经理等高级管理人员是否在上市公司领取薪酬,在股东单位是否担任重要职务。

(二)在资产方面,应说明上市公司是否拥有独立的生产系统、辅助生产系统和配套设施;工业产权、商标、非专利技术等无形资产是否由上市公司拥有,如上市公司不独立拥有工业产权、商标、非专利技术等无形资产,应说明目前使用情况,说明股份公司的采购和销售系统是否由股份公司独立拥有。

(三)在财务方面,应说明上市公司是否设立独立的财会部门,并建立了独立的会计核算体系和财务管理制度;是否独立在银行开户。

四、如公司或持股5%以上股东在指定报纸和网站上曾披露承诺事项,公司应作为重要事项说明该承诺事项在报告期内的履行情况。如无承诺事项,也应明确说明。

五、在年度报告摘要“会计数据和业务数据摘要”部分,上市公司如按年报准则规定的公式计算各项指标的,可不披露财务指标的计算方法。如不按年报准则规定的公式计算各项指标的,应披露财务指标的计算方法;此外,“报告期内股东权益变动情况表”可不予披露。

六、如上市公司被出具了标准无保留意见审计报告,在年度报告摘要“财务会计报告”中,其会计报表附注可不披露。但本期与最近一期年度报告相比,会计政策或会计估计发生变化的或合并范围发生了变化的除外。

七、如上市公司被出具了非标准无保留意见审计报告,签字注册会计师应在审计报告完成十日内,分别向中国证监会、证券交易所就有关情况作出书面报告,说明审计意见涉及事项对报告期内公司财务情况和经营成果的影响。

八、金融类上市公司还应遵照中国证监会有关金融上市类公司年度报告的特别规定披露相关内容。

公开发行证券公司信息披露编报规则

(2000年12月21日　证监发[2000]80号)

第7号

商业银行年度报告内容与格式特别规定

第一条　为规范公开发行股票商业银行(以下简称商业银行)的信息披露行为,保护投资者的合法权益,依据《中华人民共和国公司法》、《中华人民共和国证券法》等法律法规,制定本规定。

第二条　商业银行编制年度报告时,除应遵循中国证券监督管理委员会(以下简称中国证监会)有关年度报告内容与格式的一般规定外,还应遵循本规定的要求。其中的财务报表附注部分还应遵循《公开发行证券公司信息披露编报规则第2号—商业银行财务报表附注特别规定》的要求。

第三条　商业银行应披露截至报告期末前三年年末如下财务数据:总负债、存款总额、长期存款及同业拆入总额、贷款总额、各类贷款余额。

商业银行应披露截至报告期末前三年年末及按月平均计算的下述年均财务指标:资本充足率、贷款质量比例、存贷款比例、短期资产流动性比例、拆借资金比例、中长期贷款比例、国际商业借款比例、利息回收率。

上述有关财务数据、财务指标 1999 年以前(含 1999 年)的可按对贷款执行"一逾两呆"分类方法计算,2000 年的应对按贷款执行"五级"分类方法计算。商业银行应说明对有关财务数据、财务指标前后期所采用的不同计算口径。

第四条　商业银行董事会应在其报告中披露如下事项:

(一)所属分行各自的名称、地点、职员数和资产规模以及支行、储蓄所数量及地区分布等基本情况;

(二)年末贷款的"五级"分类情况,各级贷款呆账准备的计提比例;

(三)年末列前十名的客户贷款额占贷款总额的比例;

(四)年末占贷款总额比例超过 20%(含 20%)的贴息贷款的金额及其重要构成;

(五)重组贷款的年末余额及其中逾期部分金额;

(六)本年主要贷款类别按月度计算的年均余额及年均贷款利率;

(七)年末所持金额重大的政府债券的有关情况,包括面值、利率、到期日;

(八)本年应收利息与其他应收款坏账准备的提取情况;

(九)本年主要存款类别按月度计算的年均余额及年均存款利率;

(十)不良资产的年末余额,本年为解决不良资产已采取及拟采取的措施;

(十一)年末存在逾期未偿付债务的,对其金额、利率、存款人或拆入人、未按期偿付原因以及预计还款期等所作的说明;

(十二)可能对其财务状况与经营成果造成重大影响的表外项目的年末余额及其重要情况;

(十三)前一报告期末所披露风险因素本年内给商业银行造成的损失,以及本年末所存在的可能对其造成重大影响的各种风险因素及相应对策。这些风险因素包括信贷风险、流动性风险、汇率风险、市场利率风险、技术风险、政策风险等。对风险因素能够作出定量分析的,应进行定量分析;不能作出定量分析的,应进行定性描述。

以上各项以及呆账、坏账核销政策及程序与前一报告期相比发生重大变化的,商业银行董事会应予以说明,并解释其原因。

第五条　商业银行应聘请有商业银行审计经验的、具有执行证券期货相关业务资格的会计师事务所,按中国独立审计准则对其依据中国会计和信息披露准则和制度编制的法定财务报告进行审计。此外,应增加审计内容,聘请获中国证监会和财政部特别许可的国际会计师事务所,按国际通行的审计准则,对其按国际通行的会计和信息披露准则编制的补充财务报告进行审计。

增加审计时需关注的内容包括:损失准备的提取及不良资产的处置情况;重大表外项目及其对财务状况和经营成果的影响;不同经营业务及经营区域的资产质量、获利能力和经营风险;法定财务报告与补充财力报告之间的主要差异。

年度报告正文中的财务资料应与法定财务报告一致,补充财务报告应作为年度报告的附录披露。

第六条　商业银行应对内部控制制度的完整性、合理性与有效性作出说明。

商业银行还应委托所聘请的会计师事务所对其内部控制制度,尤其是风险管理系统的完整性、合理性与有效性进行评价,提出改进建议,并出具评价报告。评价报告随年度报告一并报送中国证监会和证券交易所。

所聘请的会计师事务所指出以上三性存在严重缺陷的,商业银行董事会应对此予以说明,监事会应就董事会所作的说明明确表示意见,并分别予以披露。

第七条　商业银行编制年度报告摘要时,应包括上述第三条—第五条的主要内容。对其中的财务指标,可不必列出计算公式。法定财务报告与补充财务报告之间存在重大差异的,应在摘要中予以说明。

第八条　本规定由中国证监会负责解释。

第九条　本规定自发布之日起施行。

公开发行证券公司信息披露编报规则

（2000 年 12 月 21 日　　证监发[2000]80 号）

第 8 号

证券公司年度报告内容与格式特别规定

第一条　为规范公开发行股票证券公司（以下简称证券公司）的信息披露行为，保护投资者的合法权益，依据《中华人民共和国公司法》、《中华人民共和国证券法》等法律法规，制定本规定。

第二条　证券公司编制年度报告时，除应遵循中国证券监督管理委员会（以下简称中国证监会）有关年度报告内容与格式的一般规定外，还应遵循本规定的要求。其中的财务报表附注部分还应遵循《公开发行证券公司信息披露编报规则第 6 号—证券公司财务报表附注特别规定》的要求。

第三条　证券公司应披露截至报告期末前三年年末或年度如下财务数据与财务指标：流动资产、代买卖证券款、受托资金、流动负债、净资本、营业收入、手续费收入、自营证券差价收入、证券发行收入、营业支出、净资产负债率等。

第四条　证券公司董事会应在其报告中披露如下事项：

（一）证券经纪业务情况，包括：

1.按证券种类（如股票、基金、国债、企业债券和其他证券等）和交易场所披露代理买卖证券的金额、市场份额。

2.按债券的种类（如国债、企业债券等）披露报告期内代理的已兑付债券金额。

3.披露报告期内代理保管证券的增减变动情况，并注明有无将代保管证券抵押、回购或卖空情况。

（二）按全额承购包销、余额承购包销和代销等承销方式分别披露报告期内承销的次数、承销金额和相应的承销收入。

（三）按自营证券种类披露本期与上期按月计算的自营证券年均余额、自营证券差价收入和自营证券收益率。

（四）披露本期与上期有关资产管理业务的平均受托管理资金、受托资金总体损益和平均受托资产管理收益率。

（五）其他业务利润较大的，分别按业务类别披露本期与上期的收入和支出情况。

（六）前一报告期末的披露风险因素本年内给证券公司造成的损失，以及本年末所存在的可能对其造成重大影响的各种风险因素及相应对策。这些风险因素包括营运风险、管理风险、市场风险、财务风险、电子技术风险、法律法规风险等。对风险因素能够作出定量分析的，应进行定量分析；不能作出定量分析的，应进行定性描述。

（七）资产负债表日后的非调整事项，包括所投资金融品种或金融工具等价格的异常波动、对一项金融资产的大额投资、公司股票和债券的发行、外汇汇率的较大变动、自然灾害、重大证券交易等等。应详细披露这些非调整事项的内容以及对财务状况和经营成果的影响；如无法作出估计，应说明原因。

第五条　证券公司应聘请具有证券公司审计经验的、具有执行证券期货相关业务资格的会计师事务所,按中国独立审计准则对其依据中国会计和信息披露准则和制度编制的法定财务报告进行审计。此外,应增加审计内容,聘请获中国证监会和财政部特别许可的国际会计师事务所,按国际通行的审计准则,对其按国际通行的会计和信息披露准则编制的补充财务报告进行审计。

增加审计时需关注的内容包括:损失准备的提取及不良资产的处置情况;重大表外项目及其对财务状况和经营成果的影响;不同经营业务及经营区域的资产质量、获利能力和经营风险;法定财务报告与补充财务报告之间的主要差异。

年度报告正文中的财务资料应与法定财务报告一致,补充财务报告应作为年度报告的附录披露。

第六条　证券公司应对内部控制制度的完整性、合理性和有效性作出说明。

证券公司还应委托所聘请的会计师事务所对其内部控制制度,尤其是风险管理系统的完整性、合理性和有效性进行评价,提出改进建议,并出具评价报告。评价报告随年度报告一并报送中国证监会和证券交易所。

所聘请的会计师事务所指出以上三性存在缺陷的,证券公司董事会应对此予以说明,监事会应就董事会所作出的说明明确表示意见,并分别予以公开披露。

第七条　证券公司编制年度报告摘要时,应包括上述第三条至第六条的主要内容。对其中的财务指标,可不必列出计算公式。法定财务报告与补充财务报告之间存大重大差异的,应在摘要中予以说明。

第八条　本规定由中国证监会负责解释。

第九条　本规定自发布之日起施行。

市场交易类

关于做好对连续三日涨停个股处理的通知

(2000 年 2 月 16 日　　证监市场字[2000]1 号)

在股票指数普遍上扬、达到涨幅限制价位的个股较多的情况下,考虑到有关信息披露工作条件的限制,可以对达到《上市规则》有关规定的个股免于临时停牌的处理,但符合以下情形的除外:(1)ST 股票;(2)今年已预告亏损的个股。请你所按此决定执行,并协调处理有关技术工作。

关于协助做好地方登记公司清理改组工作有关问题的通知

(2000 年 3 月 17 日 证监市场字[2000]3 号)

为了做好地方登记公司的清理整顿和证券登记结算业务的规范工作,化解证券登记结算业务中存在的风险,现就地方登记公司清理改组有关问题通知如下:

一、地方登记公司的清理工作,以地方政府为主,证券交易所负责安全妥善转移或收回委托地方登记公司代理的各项业务。

二、证券交易所对申请改组的地方登记公司应及时做好代理业务的全面检查以及登记结算历史资料的核对工作,保证资料的真实完整。在检查核对工作结束后,应及时与登记公司的后续单位签订三方代理意向书。意向书中应明确,登记结算历史资料应按照“谁代理,谁接收,谁承担,谁负责”的原则,由后续单位继续妥善保管,无后续单位的,由证券交易所负责全部收回。

三、证券交易所对检查验收合格并签订了意向书的地方登记公司,可出具检查验收合格通知书。获得检查验收合格通知书的地方登记公司可按照我会机构管理的有关规定,申请机构改组工作。

四、证券交易所在规范地方登记公司业务中应加强领导,精心组织,抽调专门人员,妥善处理登记业务清理工作。同时,应保证证券市场正常运转,登记结算业务顺利进行,防止引发社会不安定因素。规范过程中出现的重大问题,证券交易所要及时上报中国证监会。

关于规范证券开户代理业务有关问题的通知

(2000 年 3 月 27 日 证监市场字[2000]4 号)

为配合证券交易中心和证券经营机构清理整顿工作,现就涉及证券交易所登记开户代理业务的有关问题通知如下:

一、对于已完成清理和机构改组任务的证券交易中心(与登记公司二合一),证券交易所应与其承继单位的法人重新签订代理协议,明确各自的法律责任和权利义务,并妥善处理历史资料保管与转移事项。

二、对于清理和机构改组工作尚未结束且当地尚无其他开户代理机构的证券交易中心(与登记公司二合一),证券交易所可以继续维持其代理开户现状,待其机构改组完成后,再与其承继单位的法人续签代理协议,明确各自的法律责任和权利义务。

三、对于省级(含计划单列市)独立的证券登记公司,证券交易所可以与其续签临时代理开户协议。证券交易所应跟踪当地机构清理整顿的进展情况,及时调整代理业务。

四、对于已经从事代理开户业务的证券公司、银行,证券交易所可继续委托其代理开户业务,但应与其法人续签代理协议。

五、对于存在多家登记公司(两家以上)代理开户的地区,当地派出机构应当联系有关部门,督促其加快清理整顿步伐,尽快制定机构改组方案。原则上,一个省、自治区、直辖市只能委托一个机构代理开户业务。

六、各派出机构应当督促当地开户代理机构在完成有关清理整顿工作的同时,配合证券交易所落实规范开户代理业务的有关事项,联系当地有关部门,妥善处理有关代理机构的法人变更登记等事宜。

七、证券交易所在办理新的开户代理业务时,应当充分调查研究,掌握被委托对象的法人现状及其变化,制定详细方案,逐步实施。在选择新的代理机构时,两所应相互沟通,从全局出发,一致行动,最大限度地为投资者提供便利,如遇特殊重大问题,应及时上报中国证监会。

关于上市公司股份分类有关业务处理事项的通知

(2000 年 5 月 8 日　　证监市场字[2000]8 号)

根据股票市场监管业务的现状,现就境内上市公司股份分类处理事项的有关要求通知如下:

一、上市公司的年度报告等公开信息披露文件,内容涉及公司股份分类的,除个别分类词汇略作修改(见附件)外,原则上继续按照我会《关于颁发〈上市公司办理配股申请和信息披露的具体规定〉的通知》(证监发字[1994]161号)、《关于印发〈1994 年上市公司年度报告编制工作座谈会会议纪要〉的通知》(证监发字[1994]202 号)的有关规定执行;一个公司的信息披露文件所涉及的公司股份分类,可以根据该公司的具体情况省略其不具备的类别,或者对其股份类别的特殊情况附加补充说明。由于实行法人配售、向基金配售等原因,股票投资人持有的上市期限未到的可上市流通股票,应计入上市流通股票总数之内,但公司有义务另附文字说明该部分股票数量和上市日期。

对首次公开发行上市的公司,除国家另有规定的外,其招股说明书、上市公告书的相关内容适用以上要求。

二、有关股票市场的综合统计报表涉及汇总上市公司股份的,原则上按照本通知第一条的规定执行;根据业务需要,也可以增加更详细的划分,但仅限于汇总统计使用,不宜公开。

三、在上市股票交易系统中,应当严格按照法律、政策规定,区分以下类别:

(一)尚不允许上市挂牌交易的股份;

(二)允许上市挂牌交易但有时间间隔限制的股份;

(三)允许上市挂牌交易且没有时间间隔限制的股份;

(四)以人民币兑换的股票和以外币兑换的股

票。

四、在股份登记系统中的分类，原则上按照本通知第一条的规定执行；证券交易所应结合计算机系统升级方案的设计，从技术控制角度考虑以下要求：

（一）将尚不允许上市挂牌交易的股份与已经上市挂牌交易的股票区别开来；

（二）将上市公司的股份分类与投资人分类区别开来；

（三）将境内投资人持有的股份（或股票）与境外投资人持有的股份（或股票）区别开来；

（四）对投资人的分类应当考虑现行法律和行政法规的多重要求。

五、当前办理尚不允许上市挂牌交易的股份的登记过户事宜，应当按照“投资人变更即办、股份类别变更暂缓”的原则处理。投资人变更，由当事人出具符合法律规定的凭证；股份类别变更，应当依据国家有关部门的明确规定或批文；经司法机关裁决的股份登记变更事宜，比照本条规定办理。

六、证券交易所应结合协助国有资产管理部门进行的国有股权核查工作，着手规范投资人分类登记工作。按照“新老划段”的原则，对今后新开户的法人或者受让上市公司股份的法人，要求其按照《公司法》、原国有资产管理局和国家体改委《股份有限公司国有股权管理办法》、外经贸部《关于设立外商投资企业股份有限公司若干问题的暂行规定》、国家统计局和国家工商行政管理局《关于划分企业登记注册类型的规定》（国统字[1998]200 号）、中国人民银行《关于印发〈金融机构管理规定〉的通知》（银发[1994]198 号文）、中国证监会《关于进一步完善股票发行方式的通知》（证监发行字[1999]94 号）和《关于法人配售股票有关问题的通知》（证监发行字[1999]121 号）的规定，分别确认其法人类别。

七、对上市公司现任董事和高级管理人员持有的股份，应当依法限制其上市流通；在公司信息披露文件中，应当区别公司股份结构的披露与上市公司现任董事和高级管理人员持股情况的披露；在汇总统计该公司流通股与非流通股时，应当根据前述人员最初获得股份的来源，分别归入上市流通股或者内部职工股。

附件：上市公司信息披露文件涉及的股份类别划分

上市公司信息披露文件涉及的股份类别划分

一、原发起人持有的尚未上市流通股份（简称：发起人股）

1.国家股

2.内资发起人持有的股份

3.外资发起人持有的股份

4.其他发起人持有的股份

二、非发起人持有的尚未上市流通股份（简称：非发起人股）

5.上市前募集的法人股（简称：募集法人股）

6.上市后形成的转配股（简称：转配股）

7.上市期限已确定的内部职工股（简称：职工股）

8.其他未上市流通的股份（指特殊情况形成的非发起人股份，简称：其他股份）

三、已上市流通的股份

9.已在境内上市流通、以人民币兑换的股份（简称：A 股）

10.已在境内上市流通、以外币兑换的股份（法定名称：境内上市外资股；简称：B 股）

11.境内上市公司在境外发行上市的股份(法定名称:境外上市外资股;简称:H股)

注:对本公司不具备的股份类别,在信息披露文件中可以省略;

因本公司特殊情况无法按以上类别归类的,可以单独列出,并附加文字说明。

关于做好全国证券回购债务清欠收尾工作的意见

(2000年7月11日　中国人民银行、财政部、公安部、中国证监会发布　银发[2000]232号)

根据《国务院批转中国人民银行关于进一步做好证券回购债务清偿工作请示的通知》(国发[1996]20号),中国人民银行会同财政部、中国证监会于1996年8月成立了全国证券回购债务清欠办公室(以下简称“全国清欠办”),统一指导、协调全国的证券回购债务清偿工作。经过几年的不懈努力,清欠工作取得明显成效,证券回购债务本金余额由1995年8月的706.47亿元下降到目前的114.33亿元。如果剔除由金融机构被关闭、已进入诉讼程序、涉案等因素所涉及的债务记录,证券回购债务本金余额为80.8亿元,债务清偿率达88.6%。证券回购债务余额的大幅度下降,对化解金融风险,维护正常的金融秩序,起到了积极作用。目前全国证券回购债务清欠工作已经进入收尾阶段,现就有关问题提出如下意见:

一、对各类机构剩余债务的处理意见

目前,证券回购债务本金余额还有80.8亿元。主要结构如下:信托投资公司类机构32.2亿元,证券公司类机构19亿元,财政系统国债服务部类机构11亿元,信用社类机构8亿元,企业集团财务公司类机构4.7亿元,租赁公司类机构2.4亿元,银行类机构1.3亿元,非金融机构1.9亿元,其他机构0.3亿元。

(一)对金融类机构债务的处理意见

银行、信托投资公司、证券公司、企业集团财务公司、租赁公司、信用社等金融类机构,有偿债能力但长期赖债不还的,由中国人民银行采取有效措施,监督偿还。对确实缺乏偿债能力,甚至已资不抵债、濒临破产的,由中国人民银行按照国务院有关处置中小金融机构风险的指示精神,分别不同情况,采取救助、重组或依法撤销的处置措施,中国证监会在监管职责范围内予以协助。

(二)对财政类机构债务的处置意见

财政国债中介机构证券回购债务的清理,按照国务院办公厅关于《整顿财政国债中介机构方案》(国办发[1999]52号)文件规定,由全国证券回购债务清欠办公室统一组织,财政部积极予以配合。对在清理财政国债中介机构回购债务过程中出现的资金缺口,原则上由地方政府自行解决。

(三)对非金融机构债务的处置意见

在当时证券回购交易中,由于有关交易场所审查不严,或者受某些地方政府及企业主管部门的指派,一批非金融机构直接进入交易场所,还有一些非金融机构通过租用、借用金融机构的席位参与了证券回购交易，酿成巨额债务，至今无力偿还或不积极偿还。据统计，这类企业共 12 家，债务余额 1.9 亿元。比较突出的除“辽国发”外，还有海南保平集团、深圳尊荣集团等。清欠工作开始以后，这些非金融机构采用各种方式逃废债务。加之人民银行、财政部和证监会对此类机构缺乏管理手段，导致清欠效果不佳。

请地方政府或主管部门负责，公安、检察部门配合，对上述非金融机构着手进行登记、调查、取证，严格监控其资金转移，依法严格限制其主要负责人出国，并依法要求这些机构限期清偿债务。涉嫌金融诈骗等犯罪行为的，移交司法部门立案处理，冻结、扣押这些机构的资产，追究有关责任人员的刑事责任。

二、对有关涉案问题的处理意见

请公安机关对涉嫌诈骗的证券回购案件依法立案查处。

三、抓紧撤销三个交易场所

鉴于全国证券回购债权债务编链工作已进入收尾阶段，根据《国务院批转中国人民银行关于进一步做好证券回购债务清偿工作请示的通知》(国发[1996]20 号)精神，请国务院经济体制改革办公室、天津市和湖北省人民政府在本文下达 20 个工作日内，分别提出对联办 STAQ 系统、天津和武汉证券交易中心撤销方案，报证监会备案。撤销工作结束后，由证监会检查验收，并将结果报告国务院。

四、继续保留全国清欠办，做好清欠的最后收尾工作

为了做好清欠收尾工作，暂时保留全国清欠办(挂靠人民银行)，负责协调人民银行、财政部、证监会、公安部、审计署和最高人民法院、最高人民检察院等部门完成清欠的最后收尾工作。

关于上市公司非流通股份类别变更有关问题的通知

(2000 年 8 月 16 日　证监市场字[2000]14 号)

为规范上市公司股份类别变更涉及的有关证券登记业务，配合证券市场各项改革措施的实施，现将上市公司非流通股份中涉及国有股权转让后变更登记的有关问题通知如下：

上市公司国有股权转让行为发生在国有法人之间的，转让后的股份类别仍然登记为国有股权；发生以下情形之一的转让行为，受让方为非国有法人(包括非国有控股企业)或其他投资者的，其受让的股权可以登记为其他非流通股份：

(一)出让方取得财政部书面批准的；

(二)因法院终审裁决而被执行的；

(三)由法院主持或授权拍卖的；

(四)自本通知发布后，财政部对上市公司国有股权变更作出专门规定，出让方依据其规定办理相关事项的。

以上规定自通知发布之日起执行。

证监市场字[2000]8 号文有关条款与本通知不一致时，按本通知执行。

机构类

证券公司股票质押贷款管理办法

(2000 年 2 月 2 日　中国人民银行、中国证券监督管理委员会发布　银发[2000]40 号)

第一章　总　　则

第一条　为规范股票质押贷款业务的开展，维护借贷双方的合法权益，防范金融风险，促进我国资本市场的稳健发展，根据《中华人民共和国中国人民银行法》、《中华人民共和国商业银行法》、《中华人民共和国证券法》、《中华人民共和国担保法》和《贷款通则》的有关规定，特制定本办法。

第二条　本办法所指的股票质押贷款，是指证券公司以自营的股票和证券投资基金券作质押，向商业银行获得资金的一种贷款方式。

第三条　本办法所指的质押物，是指在证券交易所上市流通的、综合类证券公司自营的人民币普通股票(A 股)和证券投资基金券(以下统称股票)。

第四条　本办法所指借款人为依照《中华人民共和国证券法》设立的综合类证券公司总公司贷款人为国有独资商业银行及其授权分行、其他商业银行总行。证券登记结算机构为本办法所指质押物的法定登记机构。

第五条　股票质押贷款业务的归口管理机关为中国人民银行总行。商业银行开办股票质押贷款业务须经中国人民银行总行批准。

第六条　借款人通过股票质押贷款所得资金的用途，必须符合《中华人民共和国证券法》的有关规定。

第二章　贷款人、借款人

第七条　申请开办股票质押贷款业务的贷款人，应具备以下条件：

(一)有健全的内控机制，制定和实施了统一授信制度；

(二)有专职部门和人员负责经营和管理股票质押贷款业务；

(三) 有专门的业务管理信息系统，能同步了解股票市场行情，以及上市公司有关重要信息；

(四)中国人民银行认为应具备的其他条件。

第八条　借款人应具备以下条件：

(一)资产具有充足的流动性；

(二)其自营业务符合中国证监会规定的有关风险控制比率；

(三)已按中国证监会规定提取足额的交易风险准备金；

(四)在近一年内经营中未出现重大的违规违纪行为，现任高级管理人员和主要业务人员无任何重大不良记录；

(五)上一年度公司经营正常，未发生经营性亏损；

(六)未挪用客户交易结算资金。

第三章　贷款的期限、利率、质押率

第九条　股票质押贷款期限最长为 6 个月。贷款合同到期后，不得展期，新发生的质押贷款按本办法规定重新审查办理。借款人提前还款，须经贷款人同意。

第十条　股票质押贷款利率参照中国人民银行规定的金融机构同期同档次商业贷款利率确定，并可适当浮动，最高上浮幅度为 30%，最低下浮幅度为 10%。

第十一条　用于质押贷款的股票原则上应业绩优良、流通股本规模适度、流动性较好。贷款人不得接受以下几种股票作为质押物：

(一)上一年度亏损的上市公司股票；

(二)前 6 个月内股票价格的波动幅度(最高价/最低价)超过 200% 的股票；

(三)可流通股股份过度集中的股票；

(四)证券交易所停牌或除牌的股票；

(五)证券交易所特别处理的股票；

(六)证券公司持有一家上市公司已发行股份的 5% 以上的，该证券公司不得以该种股票质押；但是，证券公司因包销购入售后剩余股票而持有 5% 以上股份的，不受此限。

第十二条　股票质押率由贷款人依据被质押的股票质量及借款人的财务和资信状况与借款人商定，但股票质押率最高不能超过 60%。质押率上限的调整由中国人民银行决定。

质押率的计算公式：

质押率 = 贷款本金/质押股票市值

质押股票市值 = 质押股票数量·前七个交易日股票平均收盘价。

第四章　贷款程序

第十三条　借款人申请质押贷款时，必须向贷款人提供以下材料：

(一)企业法人营业执照、法人代码证、法定代表人证明文件；

(二)中国人民银行颁发的贷款卡(证)；

(三)经会计(审计)师事务所审计的上一年度的财务报告及上月的资产负债表、损益表和现金流量表；

(四)用作质物的权利证明文件；

(五)用作质物的股票上市公司的基本情况；

(六)贷款人需要的其他资料。

第十四条　贷款人收到借款人的借款申请后，对借款人的借款用途、资信状况、偿还能力、资料的真实性，以及用作质物的股票的基本情况进行调查核实，并及时对借款人给予答复。

第十五条　贷款人在贷款前，应审慎分析借款人信贷风险和财务承担能力，根据统一授信管理办法，核定借款人的借款限额。

第十六条　贷款人对借款人的借款申请审查同意后，根据有关法规与借款人签订质押贷款合同。

第十七条　借款人和贷款人签订质押贷款合同后，双方应同时在证券登记机构办理出质登记。证券登记机构应向贷款人出具股票质押登记书面证明。

第十八条　贷款人在发放股票质押贷款前，应在证券交易所开设股票质押贷款业务特别席位，专门保管和处分作为质物的股票。

第十九条　借款人应按贷款合同的约定偿还贷款本息。在借款人清偿贷款后，贷款合同自行终止。贷款人应在贷款合同终止的同时办理质押登记注销手续，并将股票质押登记书面证明退还给借款人。

第五章　贷款风险控制

第二十条　贷款人发放的股票质押贷款余额，不得超过其资本金的 15%；贷款人对一家证券公司发放的股票质押贷款余额，不得超过其资本金的 5%。

第二十一条　一家商业银行接受的用于质押的一家上市公司股票，不得高于该上市公司全部流通股票的 10%。一家证券公司用于质押的一家上市公司股票，不得高于该上市公司全部流通股票的 10%，并且不得高于该上市公司已发行股份的5%。被质押的一家上市公司股票不得高于该上市公司全部流通股票的20%。上述比率由证券登记机构负责监控。中国人民银行可根据需要适时调整上述比率。

第二十二条　证券公司与商业银行自行协商建立主办行关系,一家证券公司只能在一家商业银行办理股票质押贷款。

第二十三条　贷款人有权向证券登记机构核实质押物的真实性、合法性,证券登记机构应根据贷款人的要求,及时真实地提供上述情况。

第二十四条　贷款人应随时分析每只股票的风险和价值,选择适合本行质押贷款的股票,并根据其价格、盈利性、流动性和上市公司的经营情况、财务指标以及股票市场的总体情况等,制定本行可接受质押股票及其质押率的名单。

第二十五条　贷款人应随时对持有的质押股票市值进行跟踪,并在每个交易日至少评估一次每个借款人出质股票的总市值。

第二十六条　为控制因股票价格波动带来的风险,特设立警戒线和平仓线。警戒线的公式为:(质押股票市值/贷款本金)·100%=130%;平仓线的公式为:(质押股票市值/贷款本金)·100%=120%。在质押股票市值与贷款本金之比降至警戒线时,贷款人应要求借款人即时补足因证券价格下跌造成的质押价值缺口。在质押股票市值与贷款本金之比降至平仓线时,贷款人应及时出售质押股票,所得款项用于还本付息,余款清退给借款人,不足部分由借款人清偿。

第六章　质押物的保管和处分

第二十七条　贷款人应在证券交易所开设股票质押特别席位(以下简称特别席位),用于质押物的存放和处分;在证券登记结算机构开设特别资金结算账户(以下简称资金账户),用于相关的资金结算。存放在特别席位下股票的处分权和存放在资金账户资金的处分权均属贷款人,未经贷款人同意,除法院以外的其他任何单位或个人均不得动用或冻结。

第二十八条　证券登记结算机构应根据出质人的申请将出质股票转移至贷款人特别席位下存放。

第二十九条　借款人可向贷款人提出申请,经贷款人同意后,双方重新签订合同,进行部分(或全部)质押物的置换,经贷款人同意后,由双方同时向证券登记结算机构办理质押变更登记。质押变更后,证券登记结算机构应向贷款人重新出具股票质押物登记书面证明。

第三十条　在质押合同生效期间,借款人可向贷款人申请,贷款人同意后,按借款人的指令,由贷款人进行部分(或全部)质押物的卖出,卖出资金必须进入贷款人特别资金账户存放,该资金用于部分(或全部)提前归还贷款,多余款项退借款人。

第三十一条　出现以下情况之一,贷款人应通知借款人,并要求借款人追加质押物、置换质押物或增加在贷款人资金账户存放资金:

(一)质押物的市值处于本办法第二十六条规定的警戒线以下;

(二)质押物出现本办法第十一条中的情况之一。

第三十二条　未经借款人同意,贷款人不得单方面处分质押物。但出现下列情况之一,贷款人可单方面处分质押物,由此产生的损失由借款人承担:

(一)质押物的市值处于本办法第二十六条规定的平仓线以下(含平仓线);

(二)贷款合同期满后,借款人没有履行还款义务。

贷款合同期满,借款人履行还款义务的,贷款人应将质押物归还借款人;贷款合同期满,借款人没有履行还款义务的,贷款人可选择下列方式之一对质押物进行处分:

(一)由贷款人通过特别席位卖出质押物,所获资金用于清偿贷款本息;

(二)通过法律手段进行资产保全。

第三十三条　质押物在质押期间所产生的孳息(包括送股、分红、派息等)随质押物一起质押。

质押物在质押期间发生配股时，出质人应当购买并随质押物一起质押。出质人不购买而出现价值缺口的，出质人应当及时补足。

第七章　罚　　则

第三十四条　商业银行有下列行为之一的，将视情节轻重，给予警告、通报和暂停、取消办理股票质押贷款业务资格的处罚，并追究有关人员的责任：

（一）未经中国人民银行总行批准从事股票质押贷款业务的；

（二）为不具备本办法规定资格的证券公司办理股票质押贷款的；

（三）发放股票质押贷款的期限超过6个月的；

（四）接受本办法禁止质押的股票为质押物的；

（五）质押率、警戒比率和其他贷款额度控制比率违反本办法规定的；

（六）未按统一授信制度等规定和谨慎原则发放股票质押贷款，造成贷款损失的；

（七）泄露与股票质押贷款相关的重要信息和借款人商业秘密，并造成损失的。

第三十五条　证券公司有下列行为之一的，将视情节轻重，给予警告、通报和暂停、取消办理股票质押贷款业务资格的处罚，并追究有关人员的责任：

（一）在一家以上商业银行办理股票质押贷款的；

（二）用非自营股票办理股票质押贷款的；

（三）提供虚假或隐瞒重要事实的文件或资料，造成贷款损失的；

（四）未按合同约定的用途使用贷款，挪作他用的；

（五）套取贷款牟取非法收入的；

（六）拒绝或阻挠借款人监督检查贷款使用情况的；

（七）未按合同约定归还商业银行贷款的。

第三十六条　证券登记机构有下列行为之一的，将视情节轻重，给予警告、通报的处罚，并追究有关人员的责任：

（一）未按贷款人要求核实股票的真实性与合法性；

（二）未按贷款人要求及时办理质押股票的冻结和解冻；

（三）一家上市公司被质押登记的股票超过全部流通股的20%。

第三十七条　本办法第三十四条规定的违法行为，由中国人民银行负责查处；第三十五条、第三十六条规定的违法行为，由中国人民银行、中国证监会按照各自的职责负责查处。

第八章　附　　则

第三十八条　证券登记机构应按照本办法制定有关实施细则。

第三十九条　商业银行从事股票质押贷款业务，应根据本办法制定实施细则，以及相应的业务操作流程和管理制度，并报中国人民银行备案。

第四十条　贷款人办理股票质押业务中所发生的相关费用由借贷双方协商解决。

第四十一条　本办法由中国人民银行负责解释。

第四十二条　本办法自颁布之日起执行。

关于上报清理规范远程证券交易网点方案有关问题的通知

(2000 年 2 月 24 日　　证监机构字[2000]32 号)

为了提高清理规范远程证券交易网点工作的效率,保证工作质量,现就上报清理规范远程证券交易网点方案的有关问题通知如下:

一、本次清理规范工作应本着“清理撤销为主,规范设立为辅”的原则进行。对于经过清理整顿后拟保留的证券服务部,必须按《关于清理规范远程证券交易网点有关问题的通知》(以下简称证监机构字[1999]123 号文件)的规定和 1999 年 12 月上海证券机构监管工作会议的要求严格审核。优先保留经营规范、未挪用保证金和未卖空债券的证券公司的远程证券交易网点。

二、拟上报的清理规范远程证券交易网点方案应包括以下主要内容:

(一)本辖区内远程证券交易网点的基本情况,包括远程证券交易网点的名称、数量、分布、业务量等,为清楚起见,也可制成表格说明(如附表);

(二)在调查中了解的远程证券交易网点的风险状况及其他动态情况;

(三)本辖区清理规范远程证券交易网点的意见,包括拟撤销或保留的证券服务部的总体安排和原因;

(四)清理规范中存在的问题及相关建议;

(五)其他需要单独说明的特殊情况。

三、检查中如发现证券经营机构在 1999 年 11 月 1 日后新设各类远程证券交易网点的情况,应书面报告证监会,由证监会依照证监机构字[1999]123 号文件的有关精神对证券经营机构、直接责任人和有关责任人员进行处罚。

四、远程证券交易网点保留为证券服务部的条件。

为配合证券、信托分业政策的实施,证券服务部只能由证券公司设立,证券服务部同城区只能保留一家,而且证券营业部不能跨地区(指地市级以上行政区划)设立证券服务部。远程证券交易网点保留为证券服务部除应符合证监机构字[1999]123 号文件的规定外,还应符合以下条件:

(一)经营场所固定,基础设施完备,场地符合证券交易的要求及相关安全标准。

(二)交易设备要同证券营业部保持同一标准,保证行情及交易指令的安全传输。

(三)证券营业部直接委派的管理人员不得少于 4 人。其中,主要管理人员证券业从业经历不得少于 2 年,并至少有一人应取得证券从业人员资格证书。

(四)资金存取采用银证联网方式进行。

(五)证券公司及其证券营业部符合中国证监会有关证券服务部数量管理的限制。

(六)远程证券交易网点在 1999 年 11 月 1 日前已经从事经营活动。

在接到证监会对本辖区清理规范方案的批复后,各派出机构要组织有关证券公司上报申请材料。证券公司申请保留证券服务部应提供以下材料:

(1)派出机构的初审意见。

(2)证券公司的申请报告。

(3)证券服务部的营业场地情况说明。

(4)主要管理人员简历及申请表。

(5)技术设备情况介绍。

(6)1999 年业务量情况报告。

(7)内部控制制度及有关管理规章。

(8)银证联网的资料证明。

(9)证监会要求的其他资料。

联系电话:010—88061004、88061003

附表:远程证券交易网点基本情况统计表(略)

证券公司统计报表制度(试行)

(2000 年 2 月 28 日　　证监信息字[2000]3 号)

一、制度说明

(一)为了及时、准确、完整地了解全国证券公司的基本情况,依照《中华人民共和国统计法》、《中华人民共和国证券法》的规定,制定本统计报表制度。

(二)本报表制度属于综合统计调查,主要用于满足业务主管部门、证券交易所、各级证券监管机构的基本需要。

(三)本报表所指证券公司是指依照证券法规定的从事证券经营业务的有限责任公司或者股份有限责任公司。

(四)本报表采用电子方式报送,各证券公司按《证券公司统计报表报送管理软件》(2.0 版)向交易所、证监会报送数据。

(五)本报表制度按报告期别分为月报制度和年报制度等定期统计报表制度。各证券公司每月前 10 个交易日内向交易所、证监会信息中心和机构监管部报送上月数据;各证券公司次年 1 月 15 日前向交易所、证监会信息中心和机构监管部报送上年未经审计的全年所有数据(经审计的会计数据——表 01、表 02 及其附表和表 03,于 4 月 30 日前再次报送)。

(六)各证券公司必须按照规定及时、准确、全面地向交易所、证监会报送数据,不得虚报、瞒报、拒报、迟报,不得伪造。

(七)未完成证券与信托分业的信托投资公司就其证券业务参照报送。

(八)各报表填报范围具体规定说明如下:

1. 本制度中,机构是指以法人名义开立账户的投资者,个人是指以自然人名义开立账户的投资者。各报表中“金额”单位,如没有特殊说明均为“元”。表 06—1 中的保证金系指“中华人民共和国证券法”中的“客户账户上的资金”。

2. 表 01、表 02、表 03 与“证券公司会计制度”中有限责任证券公司的资产负债表、利润表和现金流量表完全一致。若证券公司是股份有限公司,表 01 中投资风险准备项填入长期投资减值准备项的数字;实收资本项填入股本项的数字,其他各项参照一般证券公司的资产负债表、利润表和现金流量表填写。表 02 附表(此表为年报表)与“证券公司会计制度”中会证股 02 表附表 1 完全一致。若证券公司是有限责任证券公司,按“证券公司会计制度”会证 02 表附表 1 第三项的“应付利润”项目对应填入本表“应付普通股股利”项,“转增资本的利润”对应填入本表“转作股本的普通股股利”项。

3. 表 04 分别报送上一个月内新股发行、配股和增发实际完成的业务量。表 05“期末净持有”中的市价金额按每月最后一个交易日的收盘价计算。

4.表06—3和表15—2只由营业部填写,其他机构不填写。

5.表08中"机构全称"应与经营许可证上的名称一致。"机构地址"为机构总部所在地的通讯地址。"资产总额"和"净资产"按资产负债表中相应的数字填写。主要管理人员栏中的"副董事长"和"副总经理"可根据情况列举多位。"证券业务负责人"由未完成证券与信托分业的信托投资公司填写,证券公司不需要填写此项目。

6.表09中"营运资本"指由总公司拨付给营业部并经验资的资金表09、表12如果一页表中填写不下,可加新页,序号不能重复。

7.表10中证券公司,主要管理人员填报正副董事长、正副总经理、各主要职能部门正副经理及各营业部正副经理;未完成证券与信托分业的信托投资公司,主要管理人员填报公司董事长、总经理、主管证券业务副总经理、证券业务部门正副经理及各营业部正副经理。

8.表13填写所持股份超过5%(含5%)的股东或前10位股东情况。

9.表14填写证券公司对外投资参股7%及以上或作为前10位股东的情况,投资金额按成本价填写。

10.表15—1反映证券公司总部控制的客户交易结算资金账户情况,由证券公司总部填报:开户行只填专户所在银行的全称,不得缺省,"分理处"指专户所在的银行分支机构,应详细填列,格式为:"××银行××分行××分理处","报送时间"指报表所属时间,如报表反映2000年1月31日情况,则填列"2000年1月31日"。表15—2反映营业部的客户交易结算资金账户情况,由营业部填写,证券公司报送;"公司上交所会员码、深交所会员码"填本公司的相应代码,以便统计识别,其他内容参照表15—1。

二、报表目录及表式

编号	名称	类型
表01	证券公司资产负债表	月报　年报
表02	证券公司利润表及利润分配表	月报　年报
表03	证券公司现金流量表	年报
表04	证券公司承销业务统计表	月报　年报
表05	证券公司自营业务统计表	月报　年报
表06	证券公司经纪业务统计表	月报　年报
表07	证券公司筹资情况统计表	月报　年报
表08	证券公司基本情况统计表	年报
表09	证券公司营业网点统计表	年报
表10	证券公司主要管理人员统计表	年报
表11	证券公司从业人员构成统计表	年报
表12	证券公司主要职能部门统计表	年报
表13	证券公司股东情况统计表	年报
表14	证券公司投资参股情况统计表	年报
表15	客户交易结算资金专户统计表	月报　年报
表16	证券公司资产补充说明细统计表	月报　年报
表17	资产管理业务统计表	月报　年报

表01　证券公司资产负债表

编制单位:　　　　　　　　年　　月　　日　　　　　　　　金额单位:元

会员代码____深:　　　　　　沪:

资　　产	行次	期初数	期末数	负债和所有者权益	行次	期初数	期末数
流动资产:				流动负债:			
现金	1			质押借款	51		
银行存款	2			拆入资金	52		
其中:客户资金存款	3			卖出回购证券款	53		

资　　产	行次	期初数	期末数	负债和所有者权益	行次	期初数	期末数
委托资金存款	4			应付款项	54		
清算备付金	5			应付工资	55		
其中:客户备付金	6			应付福利费	56		
受托资金备付金	7						
交易保证金	8			应付利润	57		
自营证券	9			应交税金及附加	58		
减:自营证券跌价准备	10			预提费用	59		
自营证券净额	11			代买卖证券款	60		
拆出资金	12			代发行证券款	61		
买入返售证券	13			代兑付债券款	62		
应收款项	14			受托资金	63		
减:坏账准备	15			一年内到期的长期负债	64		
应收款项净额	16			其他流动负债	65		
应收股利	17						
应收利息	18						
代发行证券	19						
代兑付债券	20						
受托资产	21						
待转发行费用	22						
待摊费用	23						
待处理流动资产净损失	25			流动负债合计	70		
一年内到期的长期债券投资	26			长期负债:			
其他流动资产	27			长期借款	71		
流动资产合计	28			应付债券	72		
长期投资:				长期应付款	73		
长期股权投资	29			其他长期负债	74		
长期债券投资	30						
长期投资合计	31						
减:投资风险准备	32						
长期投资净额	33			长期负债合计	78		
固定资产:				递延税项:			
固定资产原价	34			递延税款贷项	79		
减:累计折旧	35						
固定资产净值	36			负债合计	81		

资　　产	行次	期初数	期末数	负债和所有者权益	行次	期初数	期末数
在建工程	37			所有者权益:			
固定资产清理	38			实收资本	82		
待处理固定资产净损失	39			资本公积	83		
固定资产合计	40			一般风险准备	84		
无形资产及其他资产:				盈余公积	85		
无形资产	41			其中:法定公益金	86		
交易席位费	42			未分配利润	87		
长期待摊费用	43						
其他长期资产	44						
无形资产及其他资产合计	45						
递延税项:							
递延税款借项	46						
				所有者权益合计	91		
资产总计	50			负债和所有者权益总计	92		

附注:

项　　目	行次	年初数	期末数	项　　目	行次	年初数	期末数
代保管证券(面值)	f1			涉讼金额 拨付给分公司或营业部的营运资金总额			
对外担保总金额	f2			f4			

负责人:　　　　　　制表人:

联系电话:　　　　　报出日期:　　　年　　月　　日

表 02　证券公司利润表

编制单位:　　　　报告期:　　　年　　月　　日　　　　　　　　金额单位:元

会员代码____深:　　　　　沪:

项　　目	行次	本月数	本年累计数
一、营业收入	1		
其中:1.手续费收入	2		
2.自营证券差价收入(亏损以"-"号填列)	3		
3.证券发行收入	4		
4.利息收入	4		

项 目	行次	本月数	本年累计数
5.金额企业往来收入	6		
6.买入返售证券收入	7		
7.其他业务收入	8		
8.汇兑收益	9		
二、营业支出	14		
其中：1.手续费支出	15		
2.利息支出	16		
3.金融企业往来支出	17		
4.卖出回购证券支出	18		
5.自营证券跌价损失	19		
6.营业费用	20		
7.其他业务支出	21		
8.汇兑损失	22		
9.营业税金附加	23		
三、营业利润	31		
加：投资收益(亏损以“-”号填列)	32		
营业外收入	33		
减:营业外支出	34		
四、利润总额(亏损以“-”号填列)	35		
减:所得税	36		
五、净利润(亏损以“-”号填列)	37		

负责人： 制表人：

联系电话： 报出日期： 年 月 日

关于归还挪用客户交易结算资金方案初审工作的通知

（2000 年 3 月 10 日 证监机构字[2000]44 号）

证券公司按期归还挪用的客户交易结算资金，是化解证券市场风险，重塑证券公司形象的一件大事。从目前各派出机构上报所在地证券公司的归还方案看，存在报送不及时、初审工作不够认真等情况。现将《关于重申清理整顿客户交易结算资金有关要求的通知》和《证券公司归还客户交易结算资金情况表》发给你们,并请转发辖区内证券公司,要求认真制定还归方案。同时,各清理整顿小组要将初审工作落到实处,并于3月31日前将各证券公司的归还方案和派出机构的初审意见报送我会机构监管部。

附件:

一、《关于重申清理整顿客户交易结算资金有关要求的通知》

二、《证券公司归还客户交易结算资金情况表》

附件一

关于重申清理整顿客户交易结算资金有关要求的通知

证券公司按期归还挪用的客户交易结算资金,是化解证券市场风险、重塑证券公司形象的一件大事。从目前各证券公司上报的方案来看,存在着报送不及时、计划草率、缺乏可操作性等问题,说明部分证券公司对挪用客户交易结算资金行为的严重性和按期归还的重要性缺乏清醒的认识。为此,中国证监会要求各证券公司认真落实《建立客户交易结算资金存管制度及清理整顿客户交易结算资金的若干意见》(证监机构字[1999]133号),并就有关要求重申如下:

一、各证券公司应在两至三年内全部归还挪用的客户交易结算资金。对于两年内不能完全归还挪用的客户交易结算资金的公司,可转让部分证券营业部,用于归还挪用的客户交易结算资金。

二、在客户交易结算资金完全归还之前,各证券公司支付股东的投资回报比例不得超过一年期企业存款利率。

三、对于不能按归还方案归还挪用的客户交易结算资金的证券公司及其责任人,我会按《证券法》第一百九十三条处理。

随本通知下发《证券公司归还客户交易结算资金情况表》,请各证券公司认真填写,于3月23日前将归还方案和该表格交所在地我会派出机构两份。

附件二

证券公司归还挪用客户交易结算资金结算情况表

<table>
<tr><td colspan="2">公司名称</td><td colspan="6"></td></tr>
<tr><td colspan="2">联系人</td><td colspan="2"></td><td colspan="2">联系电话</td><td colspan="2"></td></tr>
<tr><td colspan="2">挪用金额</td><td colspan="2"></td><td colspan="2">基　期</td><td colspan="2">年　月</td></tr>
<tr><td colspan="2">挪用比例</td><td colspan="2"></td><td colspan="2"></td><td colspan="2"></td></tr>
<tr><td colspan="2">财务状况</td><td colspan="2"></td><td colspan="2"></td><td colspan="2"></td></tr>
<tr><td colspan="2" rowspan="6">占用形式</td><td colspan="2"></td><td colspan="2">金额</td><td colspan="2">占挪用总额比例</td></tr>
<tr><td colspan="2">购置固定资产</td><td colspan="2"></td><td colspan="2"></td></tr>
<tr><td colspan="2">证券自营</td><td colspan="2"></td><td colspan="2"></td></tr>
<tr><td colspan="2">违规拆借、回购债权</td><td colspan="2"></td><td colspan="2"></td></tr>
<tr><td colspan="2">其他</td><td colspan="2"></td><td colspan="2"></td></tr>
<tr><td colspan="2">合计</td><td colspan="2"></td><td colspan="2"></td></tr>
<tr><td rowspan="13">归还计划</td><td rowspan="2"></td><td colspan="2">2000年</td><td colspan="2">2001年</td><td colspan="2">2002年</td></tr>
<tr><td>6月底</td><td>12月底</td><td>6月底</td><td>12月底</td><td>6月底</td><td>12月底</td></tr>
<tr><td>长期资产变现</td><td></td><td></td><td></td><td></td><td></td><td></td></tr>
<tr><td>自营证券平仓</td><td></td><td></td><td></td><td></td><td></td><td></td></tr>
<tr><td>限分利润</td><td></td><td></td><td></td><td></td><td></td><td></td></tr>
<tr><td>节约开支</td><td></td><td></td><td></td><td></td><td></td><td></td></tr>
<tr><td>追讨债权</td><td></td><td></td><td></td><td></td><td></td><td></td></tr>
<tr><td>其他</td><td></td><td></td><td></td><td></td><td></td><td></td></tr>
<tr><td>合计</td><td></td><td></td><td></td><td></td><td></td><td></td></tr>
<tr><td>计划数</td><td></td><td></td><td></td><td></td><td></td><td></td></tr>
<tr><td>实际数</td><td></td><td></td><td></td><td></td><td></td><td></td></tr>
<tr><td>计划股东回报率</td><td></td><td></td><td></td><td></td><td></td><td></td></tr>
<tr><td>实际股东回报率</td><td></td><td></td><td></td><td></td><td></td><td></td></tr>
<tr><td>其他需说明事项</td><td colspan="7"></td></tr>
<tr><td>公司领导签名</td><td colspan="4">董事长：
总经理：</td><td>公司盖章</td><td colspan="2"></td></tr>
</table>

说明：

1. 本表由证券公司根据上报证监会的归还挪用客户交易结算资金方案填列（“归还计划”栏中的“实际数”、“股东回报率”由证监会根据公司以后年度的实际情况填写）。
2. “财务状况”栏填公司对基期财务状况的描述，主要是负债情况、估计不能收回的债仅、资产流动性、柜台卖空有价证券的余额、支付压力、以前年度获利情况等。
3. 股东回报率按下式计算：

   股东回报率＝当年分配给股东的利润/（实收资本（股本）＋资本公积）
4. 表中金额项目单位除说明外均为人民币万元。

关于证券公司业务资料报送有关问题的通知

(2000年3月14日　证监机构字[2000]47号)

为配合《关于发布〈证券公司统计报表制度〉(试行)的通知》(证监信息字[2000]3号)的实施,现就证券公司、未完成证券与信托分业的信托投资公司(以下统称“公司”)的业务资料报送问题通知如下:

一、要高度重视业务资料编报工作,由一名公司主要负责人分管,并指定专门人员经办。

二、本通知所称业务资料包括定期报送资料和不定期报送资料两类。定期报送资料是指《证券公司统计报表制度》规定的报送内容;不定期报送资料是指以下重要或变更事项:

(一)公司改制或增资扩股及章程的修改;

(二)公司业务范围重大调整;

(三)公司前十名或持股7%以上股东变动;

(四)公司法定代表人或高级管理人员变更;

(五)公司名称、地址、住所及营业地址变更:

(六)公司合并或分立;

(七)公司收购或转让营业网点;

(八)公司联系电话、传真变更;

(九)公司资金、财务、人员等管理制度及各类经营业务风险控制制度的重大变化;

(十)公司发生重大亏损及重大债权、债务事项发生收回或支付困难;

(十一)财务指标已达到有关规定的风险预警状态;

(十二)重大诉讼、仲裁事项;

(十三)证监会,上海、深圳证券交易所规定的其他事项。

三、公司应向中国证券监督管理委员会(以下简称中国证监会),所在地证监会派出机构,上海、深圳证券交易所报送业务资料;其证券营业部应向所在地证监会派出机构报送业务资料,具体报送要求由所在地证监会派出机构规定。

四、定期报送资料应按照《证券公司统计报表制度》规定的内容、期限报送。公司应将报表文件以电子邮件方式通过互联网发到中国证监会及上海、深圳证券交易所,同时以书面形式报所在地证监会派出机构。因互联网报送故障或无网络条件等原因无法发送电子邮件的单位,须将拟报送电子文件拷贝后以软盘方式邮寄报送。

未完成证券与信托分业的信托投资公司除按《证券公司统计报表制度》报送证券业务资料外,还应于每季度终了后15日内以书面方式向中国证监会,所在地证监会派出机构,上海、深圳证券交易所报送公司整体的资产负债表、利润表,并就公司与其证券部门当期资金往来的金额、性质、余额等做出说明。

五、不定期资料的报送,各公司应当在收到中国证监会批准本通知第二条所述(一)、(二)、(三)、(四)、(五)、(六)、(七)项变更事项的批复后3个工作日内报告上海、深圳证券交易所;在上述(八)、(九)、(十)、(十一)、(十二)、(十三)项重要事项发生后的3个工作日内报告中国证监会,所在地证监会派出机构,上海、深圳证券交易所。

本通知中未规定报送格式与方式的业务资料,应当按照中国证监会,上海、深圳证券交易所的具体要求报送。

六、各公司应对所报送业务资料的真实性、准确性、完整性、及时性承担责任,不得有任何虚假、伪造、隐瞒或重大遗漏，并不得拖延或拒绝报送。中国证监会将对各公司业务资料报送情况进行检查，检查情况将进行公布，并记入档案，作为考核证券公司经营状况及公司有关高级管理人员任职资格的参考指标。凡违反本通知规定的，中国证监会将视情节对公司处以警告以上直到暂停部分业务资格的处罚，并可对有关责任人处警告以上处罚。

证监会派出机构应督促辖区内各证券公司及时准确报送业务资料。

七、本通知自发布之日起执行，《关于证券经营机构业务资料报送有关问题的通知》（证监机字[1997]3号）、《关于严格执行证券公司业务资料报送制度有关问题的通知》（证监办发[1999]22号）同时废止。

八、报告期从2000年1月1日开始，各公司须使用随本通知下发的报送软件补报2000年1月份月报。

网上证券委托暂行管理办法

（2000年3月30日　证监信息字[2000]5号）

第一章　总　则

第一条　为切实保护投资者利益，防范风险，加强网上证券委托（以下简称“网上委托”）的管理，保证我国证券市场健康发展，制定本办法。

第二条　网上委托是指证券公司通过互联网，向在本机构开户的投资者提供用于下达证券交易指令、获取成交结果的一种服务方式。

第三条　本办法中的互联网是指因特网或其他类似技术形式的通用性公共计算机通信网络，不包括证券公司租用公共通信设施建设的专门用于委托业务的电话拨号网或其他形式的计算机网格。

第四条　网上委托的证券为上海证券交易所、深圳证券交易所挂牌的证券。

第五条　网上委托应遵循公开、公平、公正和诚实信用、安全高效的原则。

第二章　业务规范

第六条　在证券公司合法营业场所依法开户的投资者，经本人申请办理相关手续后，方能进行网上委托。

证券公司在为投资者办理网上委托相关手续时，应要求投资者提供身份证明原件，并向投资者提供证实证券公司身份、资格的证明材料。禁止代理办理网上委托相关手续。

第七条　证券公司应制定专门的业务工作程序，规范网上委托，并与客户本人签订专门的书面协议，协议应明确双方的法律责任，并以《风险揭示书》的形式，向投资者解释相关风险。

第八条　开展网上委托的证券公司，必须为网上委托客户提供必要的替代交易方式。

第九条　证券公司应定期向进行网上委托的投资者提供书面对账单。

第十条　开展网上委托业务的证券公司禁止直接向客户提供计算机网络及电话形式的资金转

账服务。禁止开展网上证券转托管业务。

第三章　技术规范

第十一条　证券公司必须自主决策网上委托系统的建设、管理和维护。有关投资者资金账户、股票账户、身份识别等数据的程序或系统不得托管在证券公司的合法营业场所之外。

第十二条　证券公司应采取严格、完善的技术措施,确保网上委托系统和其他业务系统在技术上隔离。禁止通过网上委托系统直接访问任何证券公司的内部业务系统。

第十三条　证券公司必须将未申请网上委托的投资者的所有资料与网上委托系统进行技术隔离。

第十四条　网上委托系统应有完善的系统安全、数据备份和故障恢复手段。在技术和管理上要确保客户交易数据的安全、完整与准确。客户交易指令数据至少应保存 15 年(允许使用能长期保存的、一次性写入的电子介质)。

第十五条　证券公司应安排本单位专业人员负责管理、监督网上委托系统的运行,并建立完善的技术管理制度和内部制约制度。

第十六条　网上委托系统应包含实时监控和防范非法访问的功能或设施;应妥善存储网上委托系统的关键软件(如网络操作系统、数据库管理系统、网络监控系统)的日志文件、审计记录。

第十七条　在互联网上传输的过程中,必须对网上委托的客户信息、交易指令及其他敏感信息进行可靠的加密。

第十八条　证券公司应采用可靠的技术或管理措施,正确识别网上投资者的身份,防止仿冒客户身份或证券公司身份;必须有防止事后否认的技术或措施。

第十九条　证券公司应根据本公司的具体情况,采取技术和管理措施,限制每位投资者通过网上委托的单笔委托最大金额、单个交易日最大成交总金额。

第二十条　网上委托系统中有关数据传输安全、身份识别等关键技术产品应通过国家权威机构的安全性测评;网上委托系统及维护管理制度应通过国家权威机构的安全性认证;涉及系统安全及核心业务的软件应由第三方公证机构(或双方认可的机构)托管程序源代码及必要的编译环境。

第四章　信息披露

第二十一条　证券公司应提供一个固定的互联网站点,作为网上委托的入口网站。

第二十二条　证券公司应在入口网站和客户终端软件上进行风险揭示。揭示的风险至少应包括:

因在互联网上传输原因,交易指令可能会出现中断、停顿、延迟、数据错误等情况;

机构或投资者的身份可能会被仿冒;

行情信息及其他证券信息,有可能出现错误或误导;

证券监管机关认为需要披露的其他风险。

第二十三条　证券公司开展网上委托业务的同时,如向客户提供证券交易的行情信息,应标识行情的发布时间或滞后时间;如向客户提供证券信息,应说明信息来源,并应提示投资者对行情信息及证券信息等进行核实。

第五章　资格申请

第二十四条　获得中国证监会颁发的《经营证券业务许可证》的证券公司,可向中国证监会申请开展网上委托业务。未经中国证监会批准,任何机构不得开展网上委托业务。

第二十五条　获得网上委托业务资格的证券公司可在其达到《证券经营机构营业部信息系统技术管理规范》要求的证券营业部开展网上委托业务。

第二十六条　证券公司以外的其他机构,不得开展或变相开展网上委托业务。证券公司不得以支付或变相支付交易手续费的方式与提供技术服务或信息服务的非证券公司合作开展网上委托业务。

第二十七条　证券公司申请开展网上委托业务,需具备以下条件:

1.建立了规范的内部业务与信息系统管理制度;

2.具有一定的公司级的技术风险控制能力;

3.建立了一支稳定的、高素质的技术管理队伍;

4.在过去两年内未发生重大技术事故。

第二十八条　证券公司申请网上委托业务,应向中国证监会提交下列材料:

1.开展网上委托业务的申请书(需加盖公章);

2.《经营证券业务许可证》复印件;

3.(公司级)分管技术的负责人的简历;

4.网上委托系统专职管理维护人员名单及简历;

5.执行《证券经营机构营业部信息系统技术管理规范》的情况汇报;

6.网上委托业务的管理制度;

7.计划开展网上委托业务的分支机构名单,内容主要包括通信地址、负责人姓名、联系方式、在证券交易所的会员代码及开展网上委托业务的席位(分支席位)代码等;

8.与客户签订网上委托协议范本,《风险揭示书》范本及向客户提供的其他有关网上委托的所有资料;

9.网上委托系统的简要系统分析报告和系统设计报告,其内容主要包括:网络结构、实时监控、身份识别、传输加密、数字签名、网络隔离、风险防范等方面遵循的技术标准及技术实现策略、网络通信方式及网络接入方式等,并提供简要的网络结构和功能图;

10.系统测试报告,包括系统峰值容量、响应与延迟指标、容错能力、可靠性及有关系统配置的重要数据等;

11.系统故障时的应急方案,包括信息传播及转移委托方式、数据及系统恢复措施等;

12.国家权威机构提供的系统、有关产品、管理维护制度的安全性测评认证证书或其他有关质量监督部门的证书(复印件);

13.公司开展网上委托业务的互联网入口站点地址;

14.公司开展网上委托业务的风险控制方案,包括控制网上委托有关风险的技术、管理、业务等方面的措施,如公司自定的网上单笔委托限额及单个交易日成交限额等;

15.网络接入提供商、系统集成商、硬件和软件提供商名单及其他关联企业名单;

16.网上委托系统中主要硬件及软件的规格型号及版本;

上述材料一式三份报送中国证监会。

第二十九条　中国证监会自受理申报材料之日起最长三个月内作出决定。

第三十条　获准开展网上委托业务资格的证券公司,采用相同的技术系统和业务规则,在原未开展网上委托业务的分支机构增加此业务时,应由证券公司总部将上述材料中与该分支机构有关的部门报送中国证监会备案。

第三十一条　获准开展网上委托业务的证券公司,对正在运行的网上委托技术系统进行重大升级或业务管理制度作出重大修订时,应将上述材料中有关变化的部分报送中国证监会备案。

第六章　附　　则

第三十二条　获准开展网上委托业务的证券公司,应于每年一月底前向中国证监会报送本公司开展网上委托业务的工作总结。

第三十三条　证券公司违反本办法有关规定的,中国证监会将视情节轻重,处以警告、没收违法所得、罚款、暂停网上委托业务等处罚,情节严重的,吊销网上委托业务许可。

第三十四条　证券公司执行本办法的有关情况纳入证监会对证券公司的年检范围。

第三十五条　本办法自发布之日起施行。

证券公司网上委托业务核准程序

(2000 年 4 月 29 日　　证监信息字[2000]6 号)

为了规范网上委托业务的开展,根据《网上证券委托暂行管理办法》(以下简称《办法》)的规定,制订本核准程序。

一、申请受理

拟申请网上委托业务的证券公司(以下简称“申请公司”),应根据《办法》的要求,准备申请文件一式三份,分别报送中国证监会机构监管部和信息中心,并送当地派出机构备案。

中国证监会收到申请文件后,在 5 个工作日内作出是否受理申请的决定。未按规定要求制作申请文件的,不予受理。

二、初　审

中国证监会受理申请文件后,对申请文件的合规性进行初审,并在 30 日内将初审意见函告申请公司。

中国证监会对按照初审意见修改完善的申请文件进一步审核,形成初审报告。

三、专家审核

证监会聘请专家组成审核委员会,对申请文件中的有关事宜和技术应用方案进行审核。申请公司应派技术及相关业务负责人到场答辩。必要时,证监会可要求申请公司主要技术合作方参加。

审核委员会进行充分讨论后,采用投票方式表决,提出审核意见。

四、核准决定

依据公司基本情况和专家审核意见,中国证监会对申请作出是否核准的决定。予以核准的,出具同意开展网上委托业务的文件;不予核准的,出具书面意见说明理由。

因重大违规事件、重大技术事故等因素导致整体质量差、风险隐患大的公司,不予核准开展网上委托业务。

中国证监会自受理申请文件到作出决定的期限为 3 个月。

五、复　议

申请未被核准的公司,可在接到中国证监会书面决定之日起 60 日内提出复议申请。中国证监会在收到复议申请 60 日内,对复议申请作出决定。

经复议仍未被核准的公司,自收到中国证监会书面决定起,一年内不得再次提出申请。

关于加强证券公司承销企业债券业务监管工作的通知

（2000 年 4 月 30 日　　证监机构字[2000]85 号）

近年来，证券公司因承销企业债券出现风险的情况时有发生，直接影响到证券公司的资产质量和客户交易结算资金的安全。根据国务院关于防范和化解金融风险的指示精神，现就加强证券公司承销企业债券业务监管工作的有关问题通知如下：

一、证券公司承销中央企业债券须经中国证监会批准，并具备以下条件：

（一）已取得中国证监会颁发的《经营股票承销业务资格证书》；担任主承销商的，应取得股票主承销商资格证书；

（二）具有健全的管理制度和内部控制制度；

（三）近一年内无严重的违法违规行为；

（四）中国证监会规定的其他条件。

二、证券公司承销地方企业债券须经中国证监会批准，并具备以下条件：

（一）已取得中国证监会颁发的《经营股票承销业务资格证书》；担任主承销商的，应取得股票主承销商资格证书，注册资本不低于人民币五亿元，净资本不低于人民币五亿元；

（二）已承销尚未到期的企业债券总金额不得高于其净资产的 80%；

（三）具有健全的管理制度和内部控制制度；

（四）近一年内未出现过承销的企业债券卖不出去，挪用客户交易结算资金进行余额包销或到期不能兑付、被迫垫付兑付资金金额超过五百万元的情况；

（五）近一年内无严重的违法违规行为；

（六）中国证监会规定的其他条件。

三、证券公司从事企业债券的承销，注册地中国证监会派出机构应要求主承销商报送下列申请材料：

（一）申请书；

（二）本通知第一条、第二条要求的证明材料或陈述材料；

（三）承销协议；

（四）承销团协议；

（五）市场调查与可行性报告；

（六）主承销商对承销团成员的内核审查报告；

（七）风险处置预案。

中国证监会派出机构依据有关规定和本通知的要求对主承销商的申请材料进行初审，并在 15 个工作日内出具意见。初审通过的，将初审意见和申请材料报中国证监会复审，如副主承销商、分销商及发行人在异地的，还应将初审意见抄送其所在地中国证监会派出机构。复审通过的，由中国证监会批复，并抄送有关派出机构。

四、中国证监会派出机构要加强证券公司承销企业债券的日常监管：

（一）事前监督，督促证券公司进行充分的市场调查和可行性分析，并在法律文件中明确承销商、发行人和担保人三方的责任，明确担保和还款的资金来源，证券公司不得向发行人提供或变相提供各种形式的担保；

（二）提示风险，督促证券公司及发行人建立信息披露制度，依法披露企业债券的有关风险、财务状况和重大事项，增强企业债券发行的透明度；

（三）明确事后责任，企业债券到期出现兑付问题的，要按照“谁投资（或组建），谁负责；谁用钱

(或担保),谁还债”的原则,由投资人、组建单位和主管部门共同落实到期债务所需资金,证券公司作为承销商不得垫付;

(四)加强沟通,遇有重大问题,负责承销的证券公司及其所属营业部,要积极向中国证监会派出机构、当地人民政府及有关方面反映,配合处理有关兑付问题,维护交易场所秩序。各有关派出机构之间应加强联系,及时通报情况,积极化解风险。

五、本通知自下发之日起执行。证券公司违反本通知规定的,比照《证券经营机构股票承销业务管理办法》的有关规定予以处罚。

关于加强证券投资咨询机构变更与咨询人员流动管理的通知

(2000年5月8日　证监机构字[2000]86号)

根据《证券、期货投资咨询管理暂行办法》和《证券、期货投资咨询管理暂行办法实施细则》,现就证券投资咨询机构变更与证券咨询人员流动管理的有关问题通知如下:

一、专业证券投资咨询机构跨省区迁址,需向原注册地派出机构报送迁出申请;经批准后,向拟迁入地派出机构报送迁入申请,附原注册地派出机构的审批意见;拟迁入地派出机构审核同意后,将审核意见及机构迁入申请、原注册地派出机构的审批意见,一并报我会审批。

迁出、迁入申请需详细说明机构搬迁原因、公司资产负债、已签合同履约状况、未决诉讼、善后处理等情况,并附财务审计报告。

二、专业证券投资咨询机构名称、注册资本、出资人、出资比例、业务范围、业务内容、业务方式、营业场所变更,需于变更前报注册地派出机构审批,由派出机构报我会备案。

证券咨询机构经批准变更名称、地址后,需在指定报刊公告。

专业证券投资咨询机构出资人变更,派出机构需对新出资人受让资格进行审查,重点是受让企业所有制形式、受让自然人国籍、有无违法违规情况、企业累计盈亏情况、有无未决诉讼、自然人股东有无到期未清偿债务。

三、专业证券投资咨询机构副总经理以上高级管理人员和证券经营机构负责咨询业务的高级管理人员、部门主要负责人变更,需自变更之日起五个工作日内向注册地派出机构报告,并由派出机构及时报我会备案。

四、专业证券投资咨询机构在注册地之外设立办事处、理财顾问工作室,需报注册地、设立地派出机构及我会备案。设立地派出机构有权要求咨询机构报送详细的备案材料。

五、证券咨询人员调入、调出本机构,均需自变更之日起五个工作日内调出、调入机构报注册地派出机构备案。咨询人员不再从事证券咨询业务的,原所在机构应收回其执业证书并上交注册地派出机构,由派出机构上交我会;咨询人员调往其他有资格的机构继续执业的,由调入机构向注册地派出机构申请在咨询人员执业资格证书上签署变更证明。派出机构应将咨询人员变更情况及时报告我会。

六、证券投资咨询机构变更及人员流动中涉及需向工商、税务、劳动等部门报备的,应按有关规定办理。

七、各派出机构在审批辖区内证券投资咨询机构变更与咨询人员流动时,可根据有关法律法规和监管工作需要，在此通知基础上，要求证券咨询机构增加报备材料。

八、请各派出机构将此通知转发辖区内证券投资咨询机构。对因咨询机构变更与人员流动可能引发的咨询机构从业条件不符的情况要认真检查，并将有关情况及时报告我会。

财政国债中介机构转制为证券营业部审批工作实施细则

（2000 年 5 月 24 日　中国证券监督管理委员会、财政部发布
证监机构字[2000]96 号）

为做好财政国债中介机构转制为证券营业部的审批工作，根据《国务院办公厅转发财政部整顿财政国债中介机构方案的通知》（国办发[1999]52 号）和《关于财政国债中介机构转制工作有关问题的通知》（财债字[1999]225 号），制定本实施细则。

一、申请转制为证券营业部应该具备下列条件

（一）符合证券市场发展需要；

（二）营运资金不少于人民币 500 万元；

（三）证券从业人员符合中国证监会的有关规定；

（四）有符合要求的营业场所及交易设施；

（五）开办股票业务时间较长，规模较大，上一年度日均股票和基金代理交易量原则上达到 500 万元；

（六）挪用的客户交易结算资金在转制前全部归位；

（七）违规吸收的个人、单位资金及其他负债在改制前全部清退。

二、补充报送的申请材料

申请转制为证券营业部的财政国债中介机构除按财债字[1999]225 号文规定报送申请材料外，还应补充报送下列材料。

（一）具有证券业从业资格的会计师事务所出具的证券营运资金验资报告（验资时间须在 1999 年 9 月 30 日以后）；

（二）上一年度末投资者开户数量；

（三）上一年度末客户交易结算资金余额；

（四）上一年度末客户持有的股票和基金市值；

（五）近三年股票、基金代理交易情况统计；

（六）近三年国债代理交易情况统计；

（七）沪、深证券交易所交易席位代码；

（八）上一年度末从业人员数量；

（九）具有证券业从业资格的会计师事务所出具的客户交易结算资金归位证明；

（十）违规吸收的个人、单位资金及其他负债清理清退的说明。

三、申请程序

（一）各省级财政部门负责组织本辖区内财政国债中介机构转制申请材料的报送工作，并对申请材料出具意见后，送中国证监会当地派出机构初审。

（二）中国证监会当地派出机构将初审意见和

申请材料报送中国证监会,同时抄报财政部。

(三)中国证监会根据派出机构的初审意见和财政部的核查意见,对申请材料进行审查。

四、申请对象

此次申请对象限177家申请转制为证券营业部的国债服务部。

五、申请材料要求

(一)补充申请材料报送到中国证监会派出机构的截止时间为2000年6月30日。

(二)申请转制的财政国债中介机构应确保申请材料的真实、准确、完整,并认真填写附表内容。

关于加强证券服务部管理若干问题的通知

(2000年6月21日　证监机构字[2000]131号)

为规范证券服务部的经营活动,保护投资者的合法权益,根据《关于清理规范远程证券交易网点有关问题的通知》(证监机构字[1999]123号)的有关精神,现就进一步加强证券服务部管理的若干问题通知如下:

一、申请设立

证券服务部是经证监会批准并经工商注册登记后,由证券公司的证券营业部在其法定营业场所外设立的为投资者进行证券交易服务的营业网点。证券服务部是证券公司的下属机构,不具有法人资格,证券公司对证券服务部的经营活动负法人责任。

证券公司设立证券服务部应由总公司向拟设证券服务部所在地的证监会派出机构(下简称"派出机构")报送申请材料,经派出机构初审同意后,报证监会审批。证券公司申请设立证券服务部应具备以下条件:

(一)有固定合格的经营场所,经营场所的面积不小于200平方米,并符合各项安全管理规定;

(二)有符合营运要求的技术设备,交易设备要同证券营业部保持同一标准,符合《证券经营机构营业部信息系统技术管理规范(试行)》的有关规定,并符合证监会对开展网上证券委托业务的要求;

(三)有必要的管理人员,证券营业部直接委派的管理人员不少于4人,其中证券服务部的负责人应取得证券从业人员资格证书,其他人员符合证监会有关证券从业人员管理的资格要求;

(四)有健全的风险管理制度;

(五)资金存取采用银证联网方式进行。

二、营业范围

(一)提供证券交易行情;

(二)提供电话委托、自助委托等其他委托方式;

(三)提供合法的信息咨询服务;

(四)证监会批准的其他业务。

证券服务部在经营中不得有下列行为:

(一)为客户直接办理开户;

(二)为客户办理资金存取,与客户直接发生资金往来;

（三）办理柜台交易和交割；

（四）接受客户的全权委托；

（五）设立账簿，保存客户资料和数据；

（六）在经营中直接收费；

（七）超范围经营。

三、风险管理

为保证证券服务部的安全运行，证券公司应制定有关证券服务部管理的规章制度，包括：

（一）人事管理制度；

（二）设备管理制度；

（三）安全管理制度；

（四）计算机信息系统管理制度；

（五）稽核管理制度；

（六）其他管理制度。

证券服务部必须由证券公司独立经营，不得联营或委托经营。

证券公司每年应对证券服务部进行一次现场稽核，稽核报告存档备查。

四、日常监管

证券服务部由派出机构实施属地监管，证券服务部下列变更事项应报请派出机构批准；

（一）同城迁址；

（二）变更证券服务部负责人。

证券公司撤销证券服务部，应经派出机构初审后，报证监会批准。

派出机构在对证券营业部实施现场检查时，应同时检查其下设的证券服务部。

证券公司及其所属证券营业部、证券服务部违反本规定的，依照证监会的有关监管法规处罚。

派出机构应根据本通知和证券机构管理的有关法规，加强对证券服务部的日常监管，同时要督促辖区内证券公司对其设立的证券服务部加强管理，规范经营，防范和化解风险。要及时总结监管中的经验和问题，结合本地区的实际情况，摸索出一套行之有效的证券服务部管理办法。

关于证券经营机构股票承销业务监管工作的补充通知

（2000 年 9 月 5 日　　证监机构字[2000]199 号）

我会《关于加强证券经营机构股票承销业务监管工作的通知》（证监机构字[1999]54 号）规定：“证券公司以包销方式承销股票，单项包销金额不得超过净资本的百分之三十，并且不得超过人民币二亿元。”这对于有效防范证券经营机构承销风险起到了十分重要的作用。但是随着证券市场的发展和证券公司风险管理机制的改善，该规定有必要作进一步完善。为适应市场发展需要，现就证券经营机构股票承销业务监管工作有关问题补充通知如下：

一、对于发行规模和募集资金总额较小的股票承销，证券经营机构目前仍按证监机构字[1999]54 号文件的规定执行。

二、对于发行规模和募集资金总额巨大的超大盘股票承销，可由主承销商向我会提出承销团成员“单项包销金额不得超过三亿元”的豁免申请。特殊情况下，主承销商可提出“单项包销金额不得超过净资本的百分之三十”的豁免申请。经我会批准后,再组织实施。

三、鉴于超大盘股票发行的承销风险较大,参与承销的主承销商和其他承销团成员应认真组织承销工作,制定详尽的风险处置预案,以保证发行工作的顺利进行。

关于调整证券公司净资本计算规则的通知

(2000年9月23日　　证监机构字[2000]223号)

为加强对证券公司的监管,我会对原有证券公司净资本计算方法进行了调整,制定了新的净资本计算规则,现予以发布,并就有关问题通知如下:

一、填写方法

根据财政部发布的证券公司会计制度和财务制度及公司的资产负债表、会计报表附注等会计资料进行填写,计算规则中主要项目间的关系为:净资本=∑(资产余额×折扣比例)-负债总额-或有负债。

二、报送时间与方式

1.报送时间:证券公司应在每月前5个工作日内向中国证监会和当地中国证监会派出机构报送上月净资本计算表。

2. 方式:在未建立电子报送系统前,《证券公司净资本计算规则》以书面形式通过传真报送。

三、其他要求

证券公司应根据其资产负债表等财务会计资料认真准确及时填报,经法人代表签字并加盖公章后报送。对虚报、瞒报、拒报、迟报的证券公司,中国证监会将依据有关规定予以处罚。

附:证券公司净资本计算规则及折扣比例说明

证券公司净资本计算规则

填报单位(名称及公章):　　时间:　　单位:万元

项　目	行次	期初余额	期末余额	折扣比例	折扣后金额	
					期初额	期末额
流动资产						
现金	1			100%		
银行存款	2			100%		

项　目	行次	期初余额	期末余额	折扣比例	折扣后金额	
					期初额	期末额
清算备付金	3			100%		
交易保证金	4			100%		
自营证券	5					
其中:国债				95%		
投资基金				90%		
股票				90%		
可转换债券				90%		
其他上市证券				80%		
拆出资金(合同期以内)	6			95%		
买入返售证券	7					
其中:未逾期				100%		
逾期一年以内(含一年)				70%		
逾期一年至二年(含二年)				50%		
逾期二年以上				0		
应收款项	8					
其中:一年以内(含一年)				90%		
一年至二年(含二年)				70%		
二年至三年(含三年)				50%		
三年以上				0		
应收股利	9			100%		
应收利息	10					
其中:一年以内(含一年)				95%		
一年至二年(含二年)				50%		
二年以上				0		
代发行证券	11			100%		
代兑付债券	12			100%		
受托资产	13			100%		
待转发行费用	14			0		
待摊费用	15			0		
待处理流动资产净损失	16			0		

项目	行次	期初余额	期末余额	折扣比例	折扣后金额	
					期初额	期末额
一年内到期的长期债券投资	17					
其中:国债				95%		
其他债券				70%		
其他流动资产	18			50%		
长期投资	19					
其中:长期国债投资				90%		
长期股权投资				70%		
长期债券投资						
其中:中央企业债券				80%		
地方企业债券				50%		
其他长期债券				50%		
固定资产净值	20			60%		
在建工程	21			50%		
无形资产及其他资产	22					
其中:无形资产				40%		
交易席位费				60%		
长期待摊费用				0%		
其他长期资产				40%		
折扣后金额合计	23	期初额			期末额	
减:负债总额	24					
或有负债	25					
净资本金额	26					
附:准备金提取情况						
坏账准备						
自营证券跌价准备						
投资风险准备						
一般风险准备						

填报时间:　　财务负责人:　　填表人:　　联系电话.

关于证券公司净资本计算规则中折扣比例的说明

1.现金、银行存款、清算备付金、交易保证金的流动性最强,无风险或基本无风险,因此,未打折扣。

2.根据市场风险状况,将自营证券中的国债、投资基金、股票、可转换债券及其他上市证券的折扣比例分别确定为95%、90%、90%、90%、80%。

3.根据买入返售证券是否逾期及逾期长短确定相应的折扣比例,未逾期的不折扣,逾期一年以内为70%,逾期一年至二年为50%,逾期二年以上全部扣减。

4.根据拆出资金流动能力,规定合同期以内的折扣比例95%,超过合同期的将转入应收款项进行折扣。

5.根据应收利息的期限长短,确定一年以内的折扣比例为95%,一年至二年的折扣比例为50%,二年以上的全部扣减。

6.根据应收款项账龄的长短,确定账龄在一年以内的折扣比例为90%,一年至二年的折扣比例为70%,二年至三年的折扣比例为50%,账龄在三年以上的全部扣减。

7.应收股利指因进行长期股权投资而应收取的现金股利,其流动性强、风险小,因此,未打折扣。

8.鉴于代发行证券、代兑付债券和受托资产科目与代发行证券款、代兑付债券款和受托资金等负债科目相对应,在负债总额中已扣减,所以不再打折扣,否则会出现重复折扣。

9.待转发行费用、待摊费用及待处理流动资产净损失不能构成任何偿付能力,所以完全扣减。

10.根据市场风险的大小,确定一年内到期的长期债券投资中的国债折扣比例为95%,其他债券的折扣比例为70%。

11.其他流动资产项目反映除流动资产项目外的其他流动资产,我们将其折扣比例确定为50%。

12.根据变现能力的强弱和市场风险的大小,确定长期投资中的国债、股权、中央企业债券、地方企业债券、其他长期债券的折扣比例分别为90%、70%、80%、50%、50%。

13.固定资产和在建工程流动性差,按照国际惯例,应当将其全部扣减,但考虑到目前我国证券公司的实际情况,确实其折扣比例分别为60%和50%。

14.无形资产及其他资产包括无形资产、交易席位费、长期待摊费用等项目,流动性差,变现能力弱,折扣比例分别为40%、60%、0%、40%。

15.或有负债指未在资产负债表内反映的,将来可能成为公司负债的项目,包括为其他企业提供的担保、未决诉讼、赔偿责任等。考虑到或有负债本身的特点和风险状况,将其全部扣减。

关于清理规范证券营业网点问题的通知

(2000年10月11日　　证监机构字[2000]235号)

为了满足市场需求,完善监管服务,杜绝无证经营,防范和化解风险,中国证监会拟对证券营业网点进行清理规范。现将有关事项通知如下:

一、清理规范原则

(一)申请规范为证券营业部的,应具备以下条件:

1.在1998年年底前设立并开业;

2.1999年日均股票、基金交易量在500万元以上;

3.没有挪用客户交易结算资金,没有违规吸收社会资金;

4.计算机信息系统符合我会的有关规定。

(二)申请转为证券服务部的,应具备中国证监会《关于清理规范远程证券交易网点的通知》(证监机构字[1999]123号)中规定的设立证券服务部的条件。

(三)不具备转为证券营业部或证券服务部条件的,在所在地中国证监会派出机构监督下,由其设立机构负责在本通知下发之日起半年内予以撤销。

二、清理规范程序

(一)本通知附件所列140家证券营业网点,凡具备转为证券营业部或证券服务部条件的,由所在地中国证监会派出机构负责审批并报我会备案。其中转为证券营业部的,由所在地中国证监会派出机构到我会换领《证券经营机构营业许可证》。

(二)其他不规范证券营业网点,凡具备转为证券营业部或证券服务部条件的,由所在地中国证监会派出机构依据以上规定进行初审,报我会审批。

三、为体现公平、公正原则,对于通过清理将不规范网点转为证券营业部或证券服务部的证券公司,在本通知下发之日起1年内,不再受理其新设证券营业部或证券服务部的申请。

四、今后,未经批准擅自设立证券营业网点的,中国证监会将依据有关规定严肃查处;构成犯罪的,依法追究其刑事责任。

附件:140家换证遗留证券营业网点名单(略)

关于《证券经营机构高级管理人员任职资格管理暂行办法》的补充通知

(2000年10月27日　　证监机构字[2000]240号)

为加强对证券公司高级管理人员的监管,促进证券公司规范发展,我会对1998年颁布的《证券经营机构高级管理人员任职资格管理暂行办法》进行了补充，现将补充事项通知如下：

一、证券公司高级管理人员必须具备下列条件：

1.学历和从业经历符合《证券经营机构高级管理人员任职资格管理暂行办法》的规定；

2.熟悉有关金融、证券法律法规，具备履行职责所必备的经营管理知识，有较强的管理能力和业务开拓能力；

3.遵守法律、法规和中国证监会的有关规定；

4.诚实信用，勤勉尽责，财政稳健，具有良好的职业道德。

二、有下列情形之一的，不得担任证券公司高级管理人员：

1.《公司法》、《证券法》及《证券经营机构高级管理人员任职资格管理暂行办法》所列不适宜担任证券公司高级管理人员行为的；

2.近三年受过其他金融监管部门及其他主管部门处罚，不适宜担任证券公司高级管理人员的；

3.因个人管理能力造成公司经营严重亏损或业务活动出现重大问题的；

4.近五年内受过有关党纪政纪处分的；

5.有欺诈或不诚实行为的；

6.因涉嫌重大投诉或违法违规行为处于调查之中且没有定论的；

7.近三年受过中国证券业协会纪律处分的；

8.有赌博、吸毒、嫖娼等违反社会公德行为，造成不良影响的；

9.利用职务便利为自己直接或间接牟取不正当利益的；

10.个人负有数额较大的债务且到期未清偿的。

三、证券公司拟聘任的高级管理人员申请任职资格，要由两名具备任职资格的证券公司高级管理人员推荐。推荐人应如实陈述被推荐人情况，并对被推荐人的业务水准、职业道德及遵规守法情况出具意见。推荐意见中有虚假陈述的，将记入推荐人的档案。

四、证券公司拟聘任的高级管理人员申请任职资格，要认真填写《证券公司高级管理人员任职资格申请表》，连同其软盘和《证券经营机构高级管理人员任职资格管理暂行办法》规定的其他材料一同报送所在地中国证监会派出机构。中国证监会派出机构初审后，报中国证监会审批。

五、中国证监会将按照以上规定对已聘任的证券公司高级管理人员进行年检。

六、中国证监会依据《证券经营机构高级管理人员任职资格管理暂行办法》和本通知规定，对具备证券公司高级管理人员条件的申请人，出文表示“没有异议”；对不具备条件的，出文提出异议，并说明理由。

七、《证券公司高级管理人员任职资格申请表》中如出现虚假、隐瞒、重要遗漏等问题，中国证监会将在3年内不再受理填表人的高级管理人员任职资格申请，并将对相关证券公司列为诚实性有问题的机构记录在案，对该公司今后的申请材料实行重点审查。

八、中国证监会派出机构要根据以上规定做好对证券公司高级管理人员任职资格的初审工作，并建立证券公司高级管理人员档案信息系统，加强日常监管。若发现证券公司高级管理人员违反上述规定，应及时报告我会。

九、证券公司财务部门负责人和稽核部门负责人的任职资格管理，比照本通知执行。证券公司分公司和证券营业部经理、副经理的任职资格管理，由中国证监会派出机构比照本通知执行，并报我会备案。

十、本通知自发布之日起执行，《证券经营机构高级管理人员任职资格管理暂行办法》中的有关条款与本通知不一致的，以本通知为准。

附件：证券公司高级管理人员任职资格申请表（略）

关于证券公司申请设立证券服务部有关问题的通知

(2000 年 11 月 14 日　　证监机构字[2000]264 号)

为满足广大投资者的需要,推动证券市场规范发展,在清理规范远程证券交易网点工作的基础上,我会将开展受理新设证券服务部的审核工作。现就有关事项通知如下:

一、申报条件

证券公司申请设立证券服务部需符合下列条件:

(一)证券公司及拟设立证券服务部的证券营业部内控制度健全,规章完备;

(二)证券公司及拟设立证券服务部的证券营业部运作规范,近一年内没有被处罚的记录或因涉嫌重大违规正在受到调查;

(三)在证券机构设立方面没有历史遗留问题或历史遗留问题已得到解决且满一年;

(四)证券公司没有新发生挪用客户交易结算资金的行为,历史上发生的挪用正按照上报批准的客户交易结算资金清理方案逐步归位;

(五)证券公司拟设立的证券服务部应与其归属的证券营业部在同一省级行政区。

中国证监会已批复撤销的远程证券交易网点,原证券经营机构不能在原址申请重新设立。

二、申请材料

证券公司申请设立证券服务部,需向中国证监会派出机构提交下列材料:

(一)申请报告。包括拟设立证券服务部的证券营业部的名称、设立理由、具体地点等。

(二)证券公司基本情况。包括上一年度的经营情况;证券营业部和证券服务部的分布情况;近一年是否因违规经营受到处罚;挪用客户交易结算资金及清理归位情况;在机构设立方面存在的历史遗留问题及解决情况;公司内控制度建设的有关情况。

(三)拟设立证券服务部的证券营业部的基本情况。包括上一年度的盈利情况;业务许可证复印件(公司盖章);证券营业部经营情况、管理制度情况;是否建立了证券营业部对证券服务部的管理制度;是否存在挪用客户交易结算资金及个人柜台债务。

(四)落实清理规范远程证券交易网点方案的情况。

(五)设立证券服务部的可行性研究报告。

(六) 证券服务部管理规章制度。包括人事管理制度、设备管理制度、安全管理制度、计算机信息系统管理制度、稽核管理制度及其他管理制度。

(七)与银行签订的银证转账协议。

(八)会计师事务所出具的独立出资设立证券服务部的文件。

(九)证券服务部负责人申请表。拟委派的证券服务部负责人的任职资格比照证券营业部经理管理,申请表比照证券营业部经理任职资格申请表填写。

证券服务部至少配备一名具备大专以上学历、具有计算机基础理论知识和专业经验的信息技术人员。

（十）拟设立证券服务部的场地及设备情况说明。场地使用证明。

（十一）风险处置预案。

（十二）证券公司注册地派出机构出具的证券公司符合设立证券服务部条件的意见书。

以上材料一式两份，用 A4 纸打印装订。

三、审核程序

（一）证券公司设立证券服务部应向拟设立证券服务部所在地的证监会派出机构提出申请，派出机构初审同意后，报中国证监会复审。

（二）证券服务部拟设立地派出机构初审时间为申请文件送达日起 15 个工作日；中国证监会复审时间为申请文件送达日起 30 个工作日。如文件资料不完整，则审核时限重新计算。

证券公司设立证券服务部申请获中国证监会复审通过，批复文件主送派出机构，抄送证券公司；申请未获得复审通过，中国证监会将未获得复审通过的原因书面通知证券公司，且半年内不得重新申请。

（三）证券服务部筹建期为 3 个月，经派出机构验收并批复开业后，证券服务部须到当地工商行政管理部门申请营业许可证。逾期不开业，批复文件自动失效，半年内不得重新申请。

四、监督管理

在证券服务部监管工作中，各派出机构除应根据现行证券服务部监管法规履行职责，还要做好以下几项工作：

（一）要求设立证券服务部的证券经营机构提供证券服务部负责人基本情况真实性的保证意见书；

（二）要求证券公司设证券服务部的证券营业部定期向派出机构上报证券服务部运行、经营情况；

（三）每年要对本辖区 50％以上的证券服务部进行现场检查或走访；

（四）证券服务部发生风险时，要及时要求证券公司进行解决，并与当地政府沟通情况。对重大风险，要及时上报中国证监会。

派出机构要指导、督促证券公司切实履行法人责任，加强对证券服务部的管理，规范经营，防范风险。自本通知收到之日起，未经批准擅自设立证券服务的，中国证监会将依据有关规定严肃查处；构成犯罪的，依法追究其刑事责任。

申请设立证券服务部文件中存在虚假陈述行为的，中国证监会将依据有关规定对证券公司及其负责人进行处罚，并暂缓或停止受理该证券公司的各项业务申请。

请各派出机构将本通知转发给在本辖区内注册的证券公司。

关于 2000 年证券从业人员从业资格申请和审核问题的通知

（2000 年 12 月 8 日　　证监机构字［2000］278 号）

2000 年度证券从业人员从业资格考试业已结束，为了使资格审核及授予工作有序地进行，根据《证券从业人员资格管理暂行规定》和《证券、期货投资咨询管理暂行办法》的有关规定，现就 2000 年证券从业人员从业资格申请和审核的有关事宜通知如下：

一、申请人员需具备的条件

(一)具有完全的民事行为能力；

(二)品行良好、正直诚实,具有良好的职业道德；

(三)申请证券投资咨询从业资格需具有大学本科以上学历,且具有专职从事证券业务连续两年以上的从业经历;申请证券发行、证券交易从业资格需具有大学本科或证券相关专业(财经、财会、法律、计算机)大学专科以上学历,其他学科的专科学历或高中毕业须具有连续从事两年以上证券业务或三年以上其他金融业务经历,以上学历须为国家认可；

专职从事证券业务的从业经历包括证券监管部门、证券交易所、证券投资咨询机构、证券登记结算机构、证券业自律组织、证券经营机构的工作经历,具有证券相关业务资格的会计师事务所、律师事务所、资产评估机构的工作经历,上市公司董事会秘书、证券部岗位上的工作经历,从事基金、债券业务经历,专业证券研究机构的工作经历,证券专业报刊编辑、记者的工作经历；

(四)参加中国证监会统一组织的证券从业人员资格考试且成绩合格,或参加中国证监会认可的自律组织举办的培训且考试成绩合格；

(五)自愿并承诺遵守国家有关法规以及行业自律性组织的行为规范,接受证监会的监督与管理。

有下列情形之一的,不得申请证券从业资格：

1.《证券法》规定不得成为证券从业人员的；

2.在申请证券从业资格前五年受过与证券业务有关的警告、罚款、没收违法所得、没收非法财物、暂停或取消从业资格等处罚的；

3.在申请证券从业资格前五年受过与金融证券业务有关的党纪政纪处分的；

4.在申请证券从业资格前五年受过刑事处罚的；

5.因涉嫌违法违规行为正在接受司法机关、纪检监察机关、证券监管部门的调查且没有定论的。

符合上述条件,且证券基础知识和证券交易两科合格者,可申请证券经纪从业资格;证券基础知识和证券发行与承销两科合格者,可申请证券代理发行从业资格;证券基础知识和证券投资分析两科合格者,可申请证券投资咨询从业资格。

申请人如提供虚假材料,一经查实,中国证监会及其派出机构将在三年内不受理其资格申请;已取得从业资格者如被查实在资格申请过程中提供虚假材料,中国证监会将撤销其资格,并视情节给予三年内或永久不受理其资格申请的处罚。

二、申请人员需提交的材料

(一)证券从业人员从业资格申请表(见附件)；

(二)身份证明原件及复印件(中国证监会派出机构验证后即退还原件)；

(三)学历证明原件及复印件(中国证监会派出机构验证后即退还原件)；

(四)证券从业人员资格考试成绩合格证书或培训结业证书原件及复印件(中国证监会派出机构验证后即退还原件)；

(五)连续两年专职从事证券业务的从业经历证明(申请证券投资咨询从业资格人员提供)；

(六)三张近期免冠两寸照片(其中两张自行贴在《证券从业人员从业资格申请表》的相应位置)。

上述申报材料一式两份,其中一份为正本。采用幅面为 209×295 毫米规格的纸张(相当于 A4 纸张规格)。

三、审核程序

(一)自本通知下发之日起,申请人即可通过所在法人机构统一向注册地中国证监会派出机构提出申请,其中异地证券营业部、证券公司分公司的人员以分公司或指定的一家证券营业部为单位直接向当地的派出机构申请。

（二）中国证监会派出机构对申报材料进行初审，并将初审通过人员的申报材料的正本以及初审意见于2001年2月15日前报中国证监会机构部。各派出机构对拒绝受理的申请或初审未通过的从业人员，应说明原因。

各派出机构应按照本通知规定的条件认真履行审核职责。重点加强对申请人的以往经历和学历状况的审查，要对学历证书复印件与原件进行同一认定，要与出具证明的机构核对申请人员的以往经历和表现。

各派出机构要设立举报电话，及时受理群众的有关投诉。一旦发现提供虚假材料的申请者，要严肃处理，并及时报告中国证监会。

（三）中国证监会对派出机构上报的初审材料进行复审，向合格者发放从业资格证书，并将批准文件抄送中国证监会派出机构。对复审未通过的从业人员，中国证监会将说明原因。

为了建立全国证券从业人员资格管理数据库，各代申请从业资格的机构须按我会统一制定的EXCEL格式上报申报材料，各派出机构对初审通过人员的《证券从业人员从业资格申请表》按我会统一制定的EXCEL格式进行汇总后，须将软盘于2001年2月15日前报中国证监会机构部。

附件：证券从业人员从业资格申请表（略）

关于发布《证券公司检查办法》的通知

（2000年12月12日　证监机构字[2000]281号）

为加强对证券公司的监管，保护投资者的利益，我会制定了《证券公司检查办法》，现予以发布。我会将按照《证券公司检查办法》，对证券公司进行检查。对信托投资公司证券营业部的检查比照《证券公司检查办法》执行。

附：

证券公司检查办法

第一条　为加强对证券公司的监管，规范证券公司运作，维护投资者利益，防范金融风险，根据国家法律、法规，制定本办法。

第二条　本办法适用于经中国证券监督管理委员会（以下简称“中国证监会”）批准设立的证券公司及其证券营业部、证券服务部（以下简称“公司”）。

第三条　本办法由中国证监会负责组织实施。

第四条　对公司检查的主要内容包括：

(一)公司经营的合规性。主要检查公司贯彻执行国家金融证券法规、制度以及中国证监会各项规定的情况;重点是公司设立、撤销以及有关事项变更的合法性、合规性,各项业务操作的合法性、合规性和公司高级管理人员、从业人员从业资格及业务行为的合规性以及公司内部控制制度的健全性和有效性等。

(二)公司经营的正常性。主要对公司日常经营情况进行统计,了解公司业务开展情况和经营收支情况,分析其经营情况是否正常,针对公司的经营风险、资产负债、净资本情况和损失情况进行分析、对公司的内部风险控制能力进行评价,有针对性的采取措施,防范和化解风险。

(三)公司经营的安全性。主要是对公司的内控制度、信息系统进行考评,督促其加强安全管理,制定风险处置预案,防止安全事故的发生。

第五条 检查方式分为现场检查与非现场检查两种。

现场检查指检查人员亲临检查现场,通过听取汇报、查验有关资料等方式进行实地检查。

非现场检查主要是通过手工或计算机系统对公司上报的业务报表、财务报表等有关资料进行定期和不定期的统计分析,通过设置风险预警指标及时发现公司存在的问题。

第六条 中国证监会及其派出机构应当督促公司建立健全内部检查制度,设立内部检查机构,定期进行自查并向中国证监会及其派出机构、上海、深圳证券交易所报送内部风险自查情况。

第七条 中国证监会负责检查工作的总体部署和组织实施并根据工作需要随时进行检查,中国证监会派出机构负责辖区内的检查工作并根据中国证监会的部署和工作需要进行检查。

第八条 中国证监会根据需要委托具有从事证券业务资格的会计师事务所、律师事务所有关人员组成检查小组,对公司进行检查。

第九条 中国证监会及其派出机构进行检查时,可要求被检查的公司向检查人员提供以下文件:

(一)公司的会计报表、相关账簿和凭证以及其他涉及会计报表的资料;

(二)公司的自营、代理、资产管理等业务开展的交易记录、电脑数据、合同文本、公司有关管理制度文件等;

(三)公司的股东大会、董事会、监事会的会议记录,决议文本,公司经理办公会议文件等;

(四)现场检查操作规程中涉及的内容及其他应该查阅的文件。

检查中涉及被检查公司主审会计师事务所的,检查人员可要求会计师事务所提供对公司财务报告发表审计意见的工作底稿。

第十条 检查人员对被检查对象进行现场检查时,接受检查的人员不予以协助和配合,不如实反映情况,拒绝检查,隐瞒情况的,被检查对象的主审会计师事务所拒绝检查、隐瞒情况的,中国证监会根据法律、法规及有关规定予以处罚。

第十一条 检查人员进行检查时,可以对有关情况和资料进行记录、录音、录像、照相和复制。

第十二条 检查人员进行检查时,应出示工作证和中国证监会的有效证明。

第十三条 检查人员应遵守法律、法规及有关规定,认真履行职责。检查结果未公布前,检查人员及被检查公司不得透露与检查结果有关的任何信息。检查人员对检查过程中知悉的商业秘密负有保密责任。检查人员在检查过程中的违规违纪行为按照有关法律法规和纪律规定处理。

第十四条 中国证监会对检查中未发现问题、检查结果良好,运作规范的公司进行通报表扬。

对检查中发现问题的公司出具整改意见书,限期整改,对整改不力的公司通报批评,并将检查结果作为出具公司年度检查意见的依据之一。

对在检查过程中发现的违反法律、法规及有关规定的公司及有关责任人,中国证监会根据法律、法规及有关规定在职权范围内给予处罚。构成犯罪的,移送司法机关依法追究刑事责任。

第十五条 本办法由中国证监会负责解释。

第十六条 本办法自发布之日起执行。

基金类

关于做好基金管理公司1999年年度审计和报告工作的通知

(2000年1月3日　　证监基金字[2000]1号)

为适应基金市场发展的需要，规范基金管理公司的运作，提高基金管理公司财务信息的质量，现将基金管理公司1999年年度审计和报告工作有关问题通知如下：

一、各基金管理公司应当指定专门的经办人员切实做好年度报告的编制和报送工作，公司负责人要审核并签发年度报告。

二、各基金管理公司必须聘请具有证券、期货相关业务资格的会计师事务所及其注册会计师进行审计。注册会计师必须勤勉尽责，独立、客观、公正地发表审计意见，同时应以管理建议书的形式，对公司内部控制制度的完整性、合理性和有效性作出评价，并提出改进建议。

三、凡出具有解释性说明、保留意见、无法表示意见或否定意见审计报告的，注册会计师应当在审计报告完成后十日内，向中国证监会作出书面报告，说明出具此类审计报告的理由及相关事项对公司财务状况和经营成果的影响等。

四、各基金管理公司应当在每个会计年度结束后四个月内将年度报告、审计报告、管理建议书一式三份报送中国证监会，并同时以电子文件格式报送。

五、公司必须保证年度报告所载资料不存在任何重大遗漏、虚假陈述或者严重误导，并对其内容的真实性、准确性和完整性承担责任。

六、中国证监会对公司年度报告的及时性、完整性和真实性进行事后检查。如发现各基金管理公司未及时报送相关报告，或所报的报告中存在遗漏、虚假和欺诈的，中国证监会将视情节轻重，依据有关法律、法规的规定对基金管理公司、会计师事务所及相关责任人员分别予以警告、罚款、暂停或永久取消证券业务资格等处罚。

关于调整证券投资基金认购新股事项的通知

(2000年5月18日　　证监基金字[2000]34号)

为配合股票发行方式的市场化改革，现将调整证券投资基金(以下简称“基金”)认购新股的有

关事项通知如下:

一、新股发行时不再单独向基金配售新股。《关于证券投资基金配售新股有关问题的通知》(证监基字[1998]28号)、《关于进一步做好证券投资基金配售新股工作的补充通知》(证监基金字[1999]34号)自本通知发布之日起废止。

二、基金可使用以基金名义开设的股票账户,比照个人投资者和一般法人、战略投资者参与新股认购。新股上网公开发行部分,基金可参与申购;新股向二级市场投资者配售部分,基金可按所持有股票的市值申请配售;新股网下预约配售部分,基金可作为战略投资者或一般法人投资者,申请预约配售。

三、基金参与新股认购,应遵循新股发行的有关规定。基金账户申购新股,不设申购上限。

本通知自发布之日起施行。

关于《证券投资基金信息披露指引》的补充通知

(2000年5月30日　　证监基金字[2000]35号)

为进一步加强对基金投资运作的监管,提高基金运作的透明度,保障基金持有人的合法权益,现决定在《证券投资基金信息披露指引》(证监发[1999]11号)附件二年度报告的内容与格式(试行)、附件三中期报告的内容与格式(试行)中补充以下内容:

一、基金中报、年报需列示按市值占基金资产净值比例大小排序的所有股票明细,至少应当包括股票名称、数量、市值、占基金资产净值比例(%)。

二、基金中报、年报中需列示报告期内新增及剔除的所有股票明细,至少应当包括股票名称、数量。

三、本通知自公布之日起施行。

关于基金管理公司在境内设立分支机构有关问题的通知

(2000年9月27日　　证监基金字[2000]66号)

为加强对基金管理公司设立分支机构的管理,根据有关法律、法规和政策的规定,现就基金管理公司在境内设立分支机构的有关问题通知如下:

一、基金管理公司的分支机构包括分公司和办事处。

分公司和办事处为基金管理公司的全资附属非法人机构,其法律责任由基金管理公司承担。

二、基金管理公司在境内设立分公司，应经中国证券监督管理委员会（以下简称“中国证监会”）批准；在境内设立办事处，应报中国证监会备案。

三、分公司可从事基金产品开发、推销及公司授权的其他业务,但不得超出公司的经营范围;办事处不得从事经营性活动。

四、分公司和办事处不得以合资、合作方式设立;不得以承包、租赁方式经营。

五、基金管理公司申请设立分公司,应向中国证监会报送下列材料:

(一)申请报告,包括设立分公司的原因和拟设立分公司的名称、场所等;

(二)董事会决议;

(三)拟设立分公司的主要职责和管理制度;

(四)拟任分公司负责人及主要业务骨干的简历;

(五)中国证监会规定的其他材料。

六、基金管理公司设立分公司的申请获得批准后,应按照有关规定持中国证监会的批准文件到工商行政管理机关办理登记注册手续。

七、基金管理公司设立办事处后,应在15个工作日内将办事处的场所、职责、管理制度及负责人名单等报中国证监会备案。

八、基金管理公司撤销分公司或变更分公司登记事项,应按照有关规定到工商行政管理机关办理有关手续并报中国证监会备案。

基金管理公司撤销办事处或变更办事处重要事项,应报中国证监会备案。

九、基金管理公司应建立有效的管理制度,加强对分公司和办事处的管理。

十、中国证监会将对基金管理公司的分公司和办事处进行定期或不定期检查,并将检查结果作为基金管理公司年检的重要内容。

开放式证券投资基金试点办法

(2000年10月8日　中国证券监督管理委员会发布
证监基金字[2000]73号)

第一条　为促进证券投资基金的发展,规范开放式证券投资基金(以下简称“开放式基金”)的公开募集设立、运作及其相关活动,保护证券投资基金投资人的合法权益,根据《证券投资基金管理暂行办法》(以下简称《暂行办法》)的有关规定,制定本办法。

第二条　开放式基金活动及与该活动相关的自然人、法人和其他组织,应当遵守本办法;本办法未规定的,应当遵守《暂行办法》及其他有关规定。

第三条　开放式基金可以按照本办法,在规定的场所和开放时间内,由投资人向基金管理人申请申购基金单位;或者应基金投资人的要求,由基金管理人赎回投资人持有的基金单位。

第四条　开放式基金由基金管理人设立。

开放式基金的设立,必须经中国证券监督管理委员会(以下简称“中国证监会”)审查批准。

第五条　申请设立开放式基金,除应当遵守《暂行办法》第七条第(三)、(四)、(五)项的规定外,还应当具备下列条件:

(一)有明确、合法、合理的投资方向;

(二)有明确的基金组织形式和运作方式;

(三)基金托管人、基金管理人近一年内无重大违法、违规行为。

第六条　申请设立开放式基金,除应当按照《暂行办法》第八条的规定报送材料外,基金管理人还应当向中国证监会报送开放式基金实施方案及相关文件。

第七条　基金管理人有下列情形之一的,中国证监会不受理其设立开放式基金的申请:

(一)因有重大违法、违规行为正在受到国家有关部门的调查;

(二)因公司高级管理层变动、与公司有关的诉讼、仲裁等重大事件,可能或已经对所管理的基金运作造成不良影响;

(三)中国证监会认定的其他情形。

第八条　基金管理人应自开放式基金设立申请获得批准之日起6个月内进行设立募集;超过6个月尚未开始设立募集的,原申请内容如有实质性改变,应当向中国证监会报告;原申请内容没有实质性改变的,应当向中国证监会备案。

第九条　开放式基金的设立募集期限不得超过3个月。设立募集期限自招募说明书公告之日起计算。

符合下列条件的,开放式基金方可成立:

(一)设立募集期限内,净销售额超过2亿元;

(二)在设立募集期限内,最低认购户数达到100人。

不符合上述条件的,该基金不得成立。基金管理人应当承担募集费用,已募集的资金并加计银行活期存款利息,应当自募集期满之日起30天内退还基金认购人。

第十条　开放式基金成立后的存续期间内,其有效持有人数量连续20个工作日达不到100人,或者连续20个工作日最低基金资产净额低于5000万元的,基金管理人应当及时向中国证监会报告,说明出现上述情况的原因以及解决方案。

第十一条　开放式基金可以对单个账户持有开放式基金单位的比例设置限制,并应当在基金招募说明书中予以载明。

第十二条　开放式基金成立初期,可以在基金契约和招募说明书规定的期限内只接受申购,不办理赎回,但该期限最长不得超过3个月。

第十三条　开放式基金可在基金契约及招募说明书中载明预期的基金规模,在达到预期的基金规模后,可不再接受申购申请。

第十四条　开放式基金的基金托管人除应当遵守《暂行办法》第十九条的规定外,还应当履行下列职责:

(一)依法持有基金资产;

(二)采取适当、合理的措施,使开放式基金单位的认购、申购、赎回等事项符合基金契约等有关法律文件的规定;

(三)采取适当、合理的措施,使基金管理人用以计算开放式基金单位认购、申购、赎回和注销价格的方法符合基金契约等法律文件的规定;

(四)采取适当、合理的措施,使基金投资和融资的条件符合基金契约等法律文件的规定;

(五)在定期报告内出具托管人意见,说明基金管理人在各重要方面的运作是否严格按照基金契约的规定进行;如果基金管理人有未执行基金契约规定的行为,还应当说明基金托管人是否采取了适当的措施。

第十五条　开放式基金的基金管理人除应当遵守《暂行办法》第二十六条的规定外,还应当履行下列职责:

(一)依据基金契约,决定基金收益分配方案;

(二)编制并公告季度报告、中期报告、年度报告等定期报告;

(三)办理与基金有关的信息披露事宜;

(四)确保需要向基金投资人提供的各项文件或资料在规定时间内发出;并且保证投资人能够按照基金契约规定的时间和方式,随时查阅到与基金有关的公开资料,并得到有关资料的复印件。

第十六条　基金单位计价出现错误时,基金管理人应当立即公告、予以纠正,并采取合理的措施防止损失进一步扩大;计价错误偏差达到基金资产净值0.5%时,基金管理人应当通报基金托管人并报中国证监会备案。

因基金单位计价错误给投资人造成损失的，基金管理人应当承担赔偿责任；有关投资者获得赔偿的方法应当在基金契约中具体列明。

第十七条　开放式基金单位的认购、申购和赎回业务可以由基金管理人直接办理，也可以由基金管理人委托其他机构代为办理。

基金管理人委托其他机构代为办理开放式基金单位认购、申购和赎回业务的，应当与有关机构签订委托代理协议。

第十八条　商业银行以及经中国证监会认定的其他机构可以接受基金管理人的委托，办理开放式基金单位的认购、申购和赎回业务。

商业银行开办开放式基金单位的认购、申购和赎回业务，应当经中国证监会和中国人民银行审查批准。

第十九条　申请开办开放式基金单位的认购、申购和赎回业务的机构，应当符合下列条件：

（一）设有专门管理开放式基金单位认购、申购和赎回业务的部门；

（二）有足够的熟悉开放式基金业务的专业人员；

（三）有便利、有效的商业网络；

（四）有安全、高效的办理开放式基金单位认购、申购和赎回业务的技术设施；

（五）中国证监会规定的其他条件。

第二十条　基金管理人或者其他机构及其经办业务人员，在直接或者代为办理开放式基金单位的认购、申购和赎回业务过程中，应当严格遵守法律、法规，以及本行业公认的道德标准和行为规范，不得误导、欺骗投资人。

第二十一条　开放式基金单位的注册登记业务可以由基金管理人办理，也可以委托商业银行或者中国证监会认定的其他机构办理。

商业银行办理开放式基金的注册登记业务，应当经中国证监会和中国人民银行审查批准。

第二十二条　代办注册登记业务的机构，可以接受基金管理人的委托，开办以下业务：

（一）建立并管理投资人基金单位账户；

（二）负责基金单位注册登记；

（三）基金交易确认；

（四）代理发放红利；

（五）建立并保管基金投资人名册；

（六）基金契约或者注册登记代理协议规定的其他职责。

第二十三条　基金管理人可以根据开放式基金运营的需要，按照中国人民银行规定的条件，向商业银行申请短期融资。

第二十四条　开放式基金每周至少有一天应为基金的开放日，办理基金投资人申购、赎回、变更登记、基金之间转换等业务申请。

基金开放日期及时间应在基金契约中规定。

第二十五条　开放式基金的基金管理人应当于每个开放日的第二天公告开放日基金单位资产净值。

第二十六条　申购开放式基金单位的份额和赎回基金单位的金额，依据申购赎回日基金单位资产净值加、减有关费用计算，具体计算方法应当在招募说明书中予以载明。

基金单位资产净值，应当按照开放日闭市后基金资产净值除以当日基金单位的余额数量计算。具体计算方法应当在基金契约和招募说明书中予以载明。

第二十七条　投资人申购基金单位时，必须全额交付申购款项。款额一经交付，申购申请即为有效；除有基金招募说明书载明的不接受投资人申购申请的情形发生外，基金管理人不得拒绝基金投资人的申购申请。

第二十八条　基金管理人应当于收到基金投资人申购、赎回申请之日起3个工作日内，对该交易的有效性进行确认。

除本办法另有规定外，基金管理人应当自接受基金投资人有效赎回申请之日起7个工作日内，支付赎回款项。

第二十九条　除有下列情形外，基金管理人不得拒绝接受基金投资人的赎回申请：

（一）不可抗力；

（二）证券交易场所交易时间非正常停市，导

致基金管理人无法计算当日基金资产净值;

(三)其他在基金契约、基金招募说明书中已载明并获批准的特殊情形。

发生上述情形之一的,基金管理人应当在当日立即向中国证监会备案;已接受的赎回申请,基金管理人应当足额兑付;如暂时不能足额兑付,可按单个账户占申请总量的比例分配给赎回申请人,其余部分按基金契约及招募说明书载明的规定,在后续开放日予以兑付。

第三十条 开放式基金单个开放日,基金净赎回申请超过基金总份额的10%时,为巨额赎回。巨额赎回申请发生时,基金管理人在当日接受赎回比例不低于基金总份额的10%前提下,可以对其余赎回申请延期办理。对于当日的赎回申请,应当按单个账户赎回申请量占赎回申请总量的比例,确定当日受理的赎回份额;未受理部分可延迟至下一个开放日办理,并以该开放日当日的基金资产净值为依据计算赎回金额,但投资者可在申请赎回时选择将当日未获受理部分予以撤消。

发生巨额赎回并延期支付时,基金管理人应当通过邮寄、传真或者招募说明书规定的其他方式、在招募说明书规定的时间内通知基金投资人,说明有关处理方法,同时在指定媒体及其他相关媒体上公告;通知和公告的时间最长不得超过3个证券交易所交易日。

第三十一条 开放式基金连续发生巨额赎回,基金管理人可按基金契约及招募说明书载明的规定,暂停接受赎回申请;已经接受的赎回申请可以延缓支付赎回款项,但不得超过正常支付时间20个工作日,并应当在指定媒体上进行公告。

第三十二条 发生基金契约或招募说明书中未予载明的事项,但基金管理人有正当理由认为需要暂停开放式基金申购、赎回申请的,应当报经中国证监会批准;经批准后,基金管理人应当立即在指定媒体上刊登暂停公告;暂停期间,每两周至少刊登提示性公告一次;暂停期间结束,基金重新开放时,基金管理人应当公告最新的基金单位资产净值。

第三十三条 开放式基金可以收取申购费,但申购费率不得超过申购金额的5%,申购费用可以在基金申购时收取,也可以在赎回时从赎回金额中予以扣除。

开放式基金可以根据基金管理运作的实际需要,收取合理的赎回费,但赎回费率不得超过赎回金额的3%;赎回费收入在扣除基本手续费后,余额应当归基金所有。

开放式基金可以选用可调整的申购、赎回费率。开放式基金收取费用的方式、条件以及费率标准应当在基金契约和招募说明书中予以载明。

第三十四条 基金的投资方向应当符合基金契约及招募说明书的规定;基金名称显示投资方向的,基金的非现金资产应当至少有80%属于该基金名称所显示的投资内容。

第三十五条 开放式基金的收益分配,应当根据基金契约及招募说明书的规定进行。

第三十六条 开放式基金的广告、宣传推介应当经中国证监会核准;其内容应当真实、完整、准确,不得有虚假、误导性陈述和重大遗漏。

第三十七条 开放式基金的各相关机构应当依法保存基金业务活动的记录、账册、报表和其他业务资料。

第三十八条 开办开放式基金单位认购、申购和赎回业务、注册登记业务的机构违反《暂行办法》或者本办法的,比照《暂行办法》第六章的有关规定执行。

第三十九条 本办法自发布之日起施行。

第九编 证券市场大事记

2000年中国证券市场大事记

一　月

1月6日　我国金融资产已达15.5万亿元。(截止到1999年底,银行网点11万个,境外保险、银行金融机构600多家)。

证监会公布通过1999年年度检查的证券投资咨询机构及证券投资咨询人员和新增执业人员名单。

财政部正式印发"《股份有限公司会计制度有关会计处理问题补充规定问题解答》的通知",就公司执行补充规定的有关具体操作问题作出明确规定。

1月7日　中国证监会公布第二批通过1999年年度检查的证券投资咨询机构及人员和新增执业人员名单。

周正庆发表署名文章称,证券市场10年筹资4 000亿元。

1月10日　国务院第25次常务会议原则通过《国有重点金融机构监事会暂行条例(草案)》。

1月11日　国务院下发《关于纠正地方自行制定税收先征后返政策的通知》。

1月12日　1999年全年证券交易印花税收入245亿元,比1998年增加近两成。

1月14日　第二批5家证券公司(华泰、长城、北京、兴业、中金)获准进入银行同业市场。1999年9月30日以来首批进入累计拆入资金177.15亿元(首批国通、国信、国信、广发、大鹏、光大、湘财)。

保监会颁布《保险公司管理规定》,自3月1日起执行。

1月18日　中国证券业协会召开常务理事会。

1月20日　江泽民主席在省部级领导干部财税专题研讨会上发表讲话,建立完善的社会主义市场经济体系,保持国民经济持续快速健康发展,全面落实跨世纪发展的宏伟任务。

经中国证监会审批,重组后的北京裕兴公司获准赴香港创业版上市,这是第一家内地高科技企业在港创业板上市。

1月25日　人民银行货币委员会2000年首次例会确定,证券公司融资政策将进一步落实。

保监会主席马永伟向记者表示:保险资金运用渠道还要拓宽,符合条件的保险公司可申请发股上市。

全国证券期货工作会议暨思想政治工作会议在京召开。

1月26日　朱镕基总理在全国银行、证券、保险工作会议上讲话,指出继续推进金融改革和整顿,突出抓好金融管理和监督。

1月27日　国务院办公厅批转《关于建立我国风险投资机制的若干意见》。

二　月

2月14日　龙年开市第一天,沪深股指分别上扬9.36%和9.05%,500余只股票涨停。

中国人民银行和中国证监会联合发布《证券公司股票质押贷款管理办法》。

中国证监会发出通知,改革新股发行方式,试行向二级市场投资者配售新股的方法。

2月15日　《中华人民共和国人民币管理条例》颁布,于2000年5月1日起实行。

证券投资咨询年检基本结束,77家证券投资咨询机构通过年检,999名执业人员通过年检或在年检中获得资格。新增6家机构,139人。

财政部、国家税务总局决定,对投资者买卖封闭式基金单位,在2000年年底前仍免征收交易印花税。

首只百元股票——"亿安科技"诞生,15日收盘价为104.39元。

2月16日　2000年国债承销协议签定,浦发银行、深发展及7家证券公司入选承销团。

2月17日　沪深股市成交额首次突破900亿元,创出925.49亿元的新高。

中央金融工委召开第十四次全委会,国务院副总理温家宝提出金融系统领导干部要过好"五关"——政治、权力、金钱、享乐、亲朋关。

沪深交易所作出规定:连续3个涨停免停牌。但ST股票和今年预告亏损的股票连续3个交易日达到涨幅限制,仍予以临时停牌。

2月18日　中国证监会通报批评为北京金裕电子技术有限公司间接在香港创业板上市出具法律意见的北京竞天律师事务所及律师,6个月内不受理徐耀武律师出具的法律意见。证监会负责人强调,境外上市须办理有关手续。

2月19日　国家经贸委确定第二批13家技术创新试点单位,加上首批6家目前共19家技术创新试点单位。

2月21日　中国注册会计师协会出台《资产减值准备审计指导意见》,该《意见》对资产减值准备审计的审计程序作出了明确的规定。

2月22日　10只首批发行上市的基金管理费拟于2000年开始下调1个百分点。

国家计委副主任汪洋表示继续实行积极的价格政策,2000年预期目标为:价格总水平止跌,居民消费价格指数转负为正。"入世"对2000年我国价格总水平影响不大。

2月23日　新华社发布消息,党中央、国务院决定,周小川同志任中国证监会主席。

中国证监会就新股配售答疑。

人民银行发出通知,严禁金融机构不正当存款竞争,对继续使用不正当手段进行存款竞争,特别是搞高息揽存的,将严肃查处。

上交所首只可转换债券——"虹桥国际机场"刊登募集说明书,拟上市。

综艺股份公告因更改成立日期,虚增利润资产,中国证监会对其处罚。

2月24日　中国人民银行发布《银行信贷登记咨询管理办法(试行)》,决定在全国实行银行信贷登记咨询管理制度,以及时、全面反映借款人情况,防止重复抵押贷款和逃、废债,防范金融风险。

2月26日　经证监会批准,光大集团控股申银万国证券公司。

国家统计局统计公报显示,1999年股票筹资941亿元,比上年增长12%。

原北京商品交易所撤消改组为首创证券经纪有限责任公司,注册资本2.3亿元。

大连四只老基金拟于2000年2月29日为基准日合并转型为证券投资基金。基金管理公司为南方基金管理公司。将以高科技产业上市公司为主要投资对象。

2月28日　1999年国内生产总值突破8万亿元。

三　月

3月1日　500亿凭证式国债发行,其中二年期100亿,三年期350亿,五年期50亿,年利率分别为:2.55%、2.89%、3.14%。

中国证券业协会公开招聘工作人员。

3月2日　中国证监会资格考试办公室就考试工作答疑。

全国人大常委会第十四次会议通过《全国人大常委会关于加强经济工作监督的决定》。

3月3日　7家外资银行获准经营人民币业务,至此经营人民币业务的外资银行已达32家。

中国建设银行和湘财证券率先签署股票质押贷款主办行协议,同时签定首笔股票质押贷款承诺书,承诺金额1.2亿元。

工行上海分行与国泰、华安两家基金管理公司签定债券融资协议。

3月6日　中国证券业协会就近期少数证券营业部出现堵单及行情中断现象向会员发出通知,要求会员加强服务,保证证券交易的顺利进行。

3月7日　证监会党委书记、主席周小川要求证券监管系统领导干部要过好"五关"。

山东证券扩股、合并、更名同步进行,注册资本增至18亿元,实现和厦门国投证券部的跨省合并,拟更名为天同证券。

3月8日　"陕信基金、长安基金、常信基金、南京基金、通信基金"五只老基金合并重组成"兴科"证券投资基金。该基金由华夏基金管理公司发起和管理。

中国证监会发布《关于向二级市场投资者配售新股问题的公告》。

3月11日　朱镕基总理在国务院五次全会上发表讲话指出:切实从严治政,全面加强管理。

3月13日　沪深证券交易所有关人士指出,ST公司的认定原则上以当前的年报数据为准。

3月14日　中国证监会决定,转配股将从今年4月开始逐步安排上市。

中国证券业协会与上海证券报联合举办征集协会会标的活动。

3月15日　经中国保监会批准,泰康和华泰保险公司其投资证券投资基金的比例提高至上年末总资产的10%。

天水股份和沧州大化将于3月17日～27日首次采用上网定价发行和二级市场配售相结合的新发行方式。

国务院发布实施《国有重点金融机构监事会暂行条例》。

3月16日　中国证券业协会发布《关于禁止股票承销业务中融资和变相融资行为的行业公约》。

3月17日　中国证监会发布《中国证监会股票发行核准程序》、《股票发行上市辅导工作暂行办法》。

中国证券业协会公布《信誉主承销商考评办法》。

财政部发出通知,要求严格政府性基金管理。

3月20日　中国基金网自年初起开始半年的网上筹资。中国基金网旨在成为中国所有证券基金咨询与交易的平台。

3月22日　国务院发布《国有重点金融机构监事会暂行条例》、《国有企业监事会暂行条例》。两条例自发布起实施。

3月23日　中国证券业协会组织2000年证券市场科研课题研究,48家证券公司1 000多研究人员申报了课题,组织了10个专题组。

3月25日　广发证券博士后工作站正式挂牌,这是我国第一家获准成立的金融企业博士后工作站。

财政部下发《关于作好地方清理自行制定税收先征后返政策统计工作的通知》。

3月28日　中国人民银行颁布《金融机构高级管理人员任职资格管理办法》。

信息产业部吴基传重申,网络公司境外上市,必须剥离境内互联网信息供应商业务。

3月29日　国家计委主任曾培炎说,未来10年中国民经济年均增长7%,国民生产总值将比2000年翻一番;信息产业部部长吴基传说,未来10年信息产业年增长速度大约是全国GDP增长速度的3倍左右,年均增长20%。

新浪网在美申请发行上市,主承销商为摩根史坦利公司和中国国际金融有限公司。

国内首个资产证券化项目签约——中国国际海运集装箱股份公司与荷兰银行签署总金额为8 000万美元的应收账款证券化项目协议。该项目打开了我国企业进军国际高层次资本市场的通道。

3月30日　中国证监会发布《网上证券委托暂行管理办法》。

周小川主席在中国发展高层研讨会上提出发展新思路——凡市场能够决定的都要由市场决定。

3月31日　深沪证券交易所公布有关上市公司转配股产生的时间、数量和今年二季度的转配股上市安排。两家交易所上市公司中有169家含有转配股,约329203.2833万股。

兴业证券完成增资扩股,经核准为综合类证券公司。

工行向广发证券公司发放国内第一笔股票质押贷款1 368万元。

四　月

4月1日　国务院颁布施行《个人存款账户实名制规定》。

4月5日　中国证监会对拟公开发行股票公司、证券公司发出:关于修改《关于进一步完善股票发行方式的通知》的通知。通知规定发行股票公司采取法人配售方式不再受总股本和规模比例的限制。

4月7日　中国人民银行会同工商、司法等部门采取严厉措施,依法取缔和查处非法集资活动。

4月11日　经主管机关批准,中富证券获准开业。

国内第一只浮动企业债即将面市。三峡债券第三期30亿元企业债券将于上半年发行。

中国人民银行加大深化改革力度,提出发展目标,鼓励股份制银行上市。

4月12日　朱镕基总理在国有重点企业培训班上强调,要加强企业机制制度建设,努力营造有利于企业家健康成长的社会环境。

4月13日　国务院办公厅转发国家计委、人民银行《关于进一步加强对外发债管理的意见》。

中国证券业协会教育培训委员会成立。

4月14日　中国证监会党校成立。第一期进修班开学。周小川主席要求进一步加强党的建设,全面提高政治业务素质。

4月15日　世界经济论坛2000年中国企业高峰会在京开幕。

4月16日　云南发行4亿元人民币的公路债券,这将是有选择权的债券品种——3年固定利率债券附可转5年期浮动利率债券。它具有期限灵活、收益保底等特点。

4月17日　人民日报全文发表江泽民主席1月19日《关于财政税收工作问题》的讲话。

财政部发行2000年记账式(二期)国债280亿元,票面利率随1年期银行存款利率变化而浮动,期限10年。

4月18日　中国证监会主席周小川在中国企业高峰会上发表演讲,通报了最近证券市场发生的5件大事。

4月19日　中国证监会副主席高西庆在中国企业高峰会议上讲话时指出:证券市场要为新经济创造环境。

上交所颁布《结算备付金管理办法》。该办法将于7月1日实施。

4月21日　朱镕基总理在江苏考察时强调:坚定不移地推进金融改革和整顿。

4月24日　风华高科增发新股方式创新,新老股东同时上网竞购。这是继定价增发、市场价格折扣定价增发后的又一种新的增发方式。

4月25日　中国证监会有关负责人就《网上证券委托暂行管理办法》答记者问。

财政部颁布新修订的《企业国有资产产权登记管理办法实施细则》。

财政部有关负责人表示,国家发行彩票实行额度管理。

财政部发行2000年凭证式国债(二期)600亿元。

4月29日　沪深交易所发布股票上市新规则,五月一日起正式实施。

9万余人参加证券从业人员资格考试。

康赛集团因对1998年配股过程中其第一大股东出资不实情况未作如实披露而受到上交所公开谴责。

五　月

5月8日　中国证监会发布《关于调整证券投资基金认购新股事项》的通知。

5月9日　中国证监会印发《证券公司网上委托业务核准程序》。

5月10日　中国证监会主席周小川在人民日报发表题为《国有商业银行如何充实资本》的文章。

中国证券业协会公布1999年券商业绩排名。

5月11日　首次证券投资基金从业人员资格考试将于6月举行。

5月12日　中国证监会主席周小川在“金融企业与资本市场发展”座谈会上指出,欢迎金融企业发行上市,有关问题正在抓紧研究。

5月15日　中国证监会副主席高西庆提出,股票发行改革的目标是大力推行核准制,推进市场化。

中国证监会有关负责人就“股票发行核准程序和上市辅导工作的若干问题”答记者问。

中国证券业协会举办首期高级管理人员培训班。

5月16日　周小川主席在2000年上市公司监管工作会议上强调,监管部门要当好“裁判员”。

中国证监会主席周小川视察上海期货交易所。

东方证券与7家银行签署“银证转账”协议。

5月18日　中国证监会发出通知,废止证券投资基金在一级市场享有的特惠待遇,在新股认购时将不再单独向基金配售新股。今后证券投资基金将比照个人投资者和一般法人、战略投资者参与新股认购。

记账式(三期)国债200亿元发行。期限两年。

中国人民银行颁布《全国银行间债券市场债券交易管理办法》。财政部发布《企业会计准则——或有事项》,新修订的《会计法》规定,或有事项应按照国家统一的会计制度,在财务会计报表中予以说明。

5月22日　中国证监会发布《上市公司向社会公开募集股份暂行办法》及相关的通知意见。其中有《上市公司向社会公开募集股份操作指引(试行)》、《上市公司申请向社会公开募集股份报送材料标准格式(试行)》和《上市公司向社会公开募集股份招股意向书的内容与格式(试行)》。

记账式(四期)140亿国债在沪深交易所发行。

5月23日　国务院办公厅举办证券市场知识讲座,朱镕基、李岚清等国务院领导出席听课。证监会副主席高西庆博士作了题为“证券市场基本知识”的报告。

中国证券业协会在京举办“基金发展国际研讨会”。证监会主席周小川在会上致辞,提出要充分发挥市场作用,采用超常规、具有创造性的思路推进基金业的发展。

5月24日　中国证监会副主席陈耀先率团出席国际证监会组织第25届年会。在新一届执委竞选中,中国证监会连任该组织执委。

经国务院清理整顿领导小组宣布,注册资产评估师、注册税务师与注册会计师行业统一由中国注册会计师协会管理。

5月26日　中国证监会修订颁布《上市公司股东大会规范性意见》。

中国证券业协会在京举办“证券营业部业务创新和风险控制”高级研讨会。

5月27日　全国人大财经委副主任周正庆在“加入WTO与中国金融市场”高级研讨会上作了题为“以积极姿态脚踏实地应对入世挑战”的发言。

5月30日　朱镕基总理在完善社会保障体制座谈会上强调加快建立全国统一、规范和完善的社会保障体系,对于深化改革、保持社会稳定、实现可持续发展具有十分重大的意义。

中国证监会首席顾问梁定邦认为,中国证券市场需要建立统一指数。

六　月

6月2日　2000年记账式凭证(四期)国债挂牌。本期国债可用作场内回购交易抵押券,抵押比例为1:1。

中国证监会党委要求以“三个代表”重要思想指导证券监管工作。

6月3日　太平洋保险公司首家获准入市资金比例提高至15%。

6月5日　三大金融监管机构在上海研讨金融发展战略。人民银行戴相龙行长、中国证监会周小川主席、中国保监会马永伟主席作了主题发言。会议指出,面对新世纪和新形势,中国金融业的改革和开放将进入新阶段。

6月6日　中国证监会批准上海期货交易所天然橡胶期货合约保证金从10%降为5%。

中国证监会有关负责人就新股发行多少问题答记者问。

6月9日　“诚志股份”发行方式有突破。发行股数及价格均由募集资金计划及实际竞价配售结果最终确定。

上交所正式发布“上证基金指数”。5月8日为基日,基日指数为1000点。

6月12日　中国证监会主席周小川在接受新华社记者采访时提出,发展网上证券交易符合国际证券市场发展趋势,有利于提高市场透明度,满足投资者多种需求。

中国证监会发出《关于〈证券投资基金信息披露指引〉的补充通知》,对"证监发[1999]11 号《证券投资基金信息披露指引》"作出补充和完善。

6 月 15 日　朱镕基总理在政协举办的"21 世纪论坛"2000 会议上发表讲话,纵论中国经济未来 10 年发展的特点。

中国证监会发出《关于上市公司为他人提供担保有关问题的通知》。

财政部部长项怀诚在"国企改革—资本市场发展—完善社保体系国际研讨会"上提出,多种渠道充实社会保障基金。

6 月 16 日　中国人民银行戴相龙行长在"21 世纪论坛"上发表演讲,我国金融业重点抓好五项工作,迎接全球化的挑战。

6 月 17 日　沪深交易所决定从 6 月 23 日起 PT 股票限涨不限跌。

深交所公布《上市公司股票暂停上市处理规则》。

新股发行又有新变化,法人投资者持股期限延长一倍。

6 月 18 日　中国证监会首次在北京、上海、深圳组织基金从业人员资格考试。

6 月 19 日　"欣龙无纺"今天发布公告将于 7 月 1 日起停牌直至股东大会召开公告决议为止。该公司将成为首家因不能按时召开股东大会而停牌的上市公司。

6 月 21 日　中国证监会和财政部根据《证券法》制定的《证券交易所风险基金管理暂行办法》和《证券结算风险基金管理暂行办法》获国务院批准,并正式颁布实施。

记账式(五期)国债 200 亿元发行,期限 5 年,年利率 3%。

6 月 22 日　中国证监会向律师事务所发布《关于涉及境内权益的境外公司在境外发行股票和上市有关问题的通知》。

6 月 23 日　中国证监会向上市公司发布《公开发行股票公司信息披露的内容与格式准则第三号〈中期报告的内容与格式〉(2000 年修订稿)》。对 1998 年 6 月发布的同名准则进行了修改,其中增加了对重大关联交易事项、主要财务指标等更为详细的报告要求。

6 月 24 日　沪深证券交易所公布 2000 年第三季度上市公司转配股的安排。其中沪市 20 家,深市 18 家,逾 9.26 亿股。

6 月 27 日　香港联交所成功上市,当日报收 8.25 港元。

中国第五次在日发行日元债券,总额为 300 亿日元,票面利率为 1.72%。

6 月 28 日　中国证券业协会在京召开《证券法》实施一周年座谈会。参加座谈会的有中国证监会副主席高西庆、首席顾问梁定邦;全国人大财经委副主任厉以宁;全国人大法工委副主任委员卞耀武;全国人大财经委经济法室副主任王连洲;沪深交易所总经理和部分证券公司代表。

国家税务局下发《关于企业股权投资业务若干所得税问题的通知》和《关于企业合并分立业务有关所得税问题的通知》。

6 月 30 日　中国证监会有关负责人就新股发行方式答记者问。

七　月

7 月 6 日　上市公司过千家,达到 1004 家(其中深市 493 家,沪市 511 家)。10 年来累计从股市融资 4000 亿元。A、B 股上市公司 41 家。单纯 B 股上市公司 27 家。市场总股本 3158.86 亿股,流通股 1 066.08 亿元,平均市盈率为 52.8 和 52.51 倍。

中国证券业协会成立证券分析师专业

委员会。

国家进出口银行成功发行 50 亿元金融债券。

7 月 7 日 中国证监会周小川主席在证监会党委中心组学习会上提出要加强和改进中国证监会监管系统思想政治工作,抓好新形势下证券市场人才培育和使用。

中国证监会要求承销商加强和提高增发质量,尽快提高投行专业人员的业务水平。为此中国证监会提出了五项要求。

7 月 13 日 朱镕基总理向欧洲企业和金融界人士发表演讲指出“中国经济出现重大转机”。

上半年交易印花税完成 267.73 亿元,同比大增 147.7%。

7 月 14 日 中国证券业协会发布《信誉主承销商信誉积分规则》。

中国工商银行收购香港友联银行,成为友联银行实际绝对控股机构。

7 月 15 日 光大银行获深沪证交所证券清算资格。同时该行获得中国证监会批准,成为两交所上网新股验资专户资格。使光大银行具备了向证券公司提供多样化服务的资格,为进一步加强与证券公司合作奠定了基础。

7 月 17 日 中国证监会发布公告,对盈利预测产生重大误差的 11 家上市公司的发行主承销商、审核赢利预测的会计师事务所的名称、以及注册会计师的名字进行批露。证监会将依法进行处罚。

7 月 18 日 中国证监会法律部发布《关于证券从业律师事务所涉及境内权益的境外公司相关业务资格认可有关问题的通告》。并就强化境外发行上市法律业务管理发表讲话。目前有证券律师事务所超过 300 家,有证券资格的律师近 2000 人。

7 月 19 日 境外上市公司高管人员座谈会在深圳举行,中国证监会副主席高西庆在会上讲话,支持鼓励 H 股上市公司率先做大做强。

上证综指开盘摸高 2000 点。

7 月 20 日 中国人民银行戴相龙行长在国务院新闻办举办的记者招待会上强调,继续实行稳健的货币政策,巩固经济回升的良好势头。同时戴行长谈到分业经营体制下的银行业与证券业合作的监管模式。

7 月 21 日 中国证券业协会证券分析师专业委员会发布《中国证券分析师执业道德守则》。

7 月 24 日 中国证监会发布《关于规范上市公司重大购买或出售资产行为的通知》。

金融工委召开第 17 次全委会,会议强调要全面贯彻江主席在思想政治工作会议上的重要讲话精神,加强和改进金融系统思想政治工作。工委书记温家宝指出,做思想政治工作要结合行业特点。

7 月 25 日 中国证监会首席顾问梁定邦在上海亚太金融学会第七届年会上发表演讲说,正在研究开放 A 股市场,包括:A、B 股并轨将由市场决定;引入“合格的外国机构投资者”制度已提上日程;关于主板市场合并还没有最后决定;在有关二板市场的法规出台之前,证监会不会受理企业的申请等内容。

中国人民银行颁布第 3 号银行令实施《企业集团财务公司管理办法》。今后将允许财务公司发行中长期债券、同业拆借以及进行有价证券、金融机构股权及成员单位股权投资。财务公司获准入市。

7 月 26 日 中国人民银行货币政策委员会召开第三季度例会。会议提出加快利率市场化改革步伐。

中国人民银行颁布《金融租赁公司管理办法》。金融租赁公司获准入市。

证监会秘书长屠光绍受周小川主席委托在亚太金融学会第七届年会上作报告时指出,今年将加快建立统一的股票登记结算体系和指数体系;在分业经营管理的基础上,加强银行、证券、保险业的相互支持和协作;研究设立投资者权益保障基金。未来要加紧制定《证券法》配套的法规和实施细则;研究增加交易时间的可行性;加快创业板和债券市场的发展;适时建立电子交易板;鼓励境外企业在国内市场上市,试行允许中外合资企业和外资企业在国内市场上市;研究向合理的外国机构投资者有限度地开放国内股票市场。

中国证监会组织部署证券营业部安全经营检查,避免突发事件,确保安全经营。

7月27日　中国证券业协会秘书长马庆泉在亚太金融学会第七届年会上发表演讲指出,协会正在采取积极有效措施,加强从业人员教育与培训,促进从业人员整体素质的提高。

宏远信托参股国泰基金管理公司,占20%的股权。这是上市公司首家参股基金管理公司。

7月31日　中国证监会主席周小川视察深圳第二交易结算系统,并就证券市场发展和深交所今后的工作方向作了重要指示。

八　月

8月1日　鹏华基金与工行签订了开放式基金全面合作协议,标志着开放式基金进入前期准备阶段。

8月2日　中央金融工委发布《关于在金融系统职工中深入开展职业道德教育的意见》

8月3日　中国证监会有关负责人在第五期上市公司董事培训班上说,上市公司融资购并将更宽松。

8月4日　华安基金管理公司与英国富林明投资管理公司签订技术合作协议。这标志着基金业中外合作正式启动。

中国人民银行总行公告撤消华阳金融租赁公司,并收缴其持有的《金融机构法人许可证》和《经营外汇业务许可证》。

8月7日　博时基金管理公司与劳动和社会保障部合作的研究项目“社会保障基金测算与投资运营管理”启动,标志着社保基金入市步伐渐近。

8月9日　国务院已于5月份原则同意建立创业板股票市场方案,并授权中国证监会组织实施。

宝钢发行20亿元中央企业债券。

8月10日　中埃签署证券监管备忘录。与中国证监会签署备忘录的海外机构达14个。

金融工委在北京召开座谈会,提出证券业要抓好职业道德教育。

8月12日　保监会主席马永伟表示,支持保险公司入市。2000年上半年保险公司投资证券公司已达91.5亿元资金。

8月15日　中国人民银行公布最新统计数据资料,贷款总量继续增加,金融运行健康发展。

8月16日　中国人民银行发出通知再次重申:严禁高息揽存,制止不正当竞争。

中国证券业协会召开第二次常务理事会,会议审议通过了《会员提案制度》、《关于加强证券从业人员教育培训工作的意见》,决定适时筹建投资者权益保障基金。

基金从业资格及格线已确定。两科平均分为60分(含60分)。

8月17日　中国银河证券有限责任公司宣告成立,注册资本45亿元,营业部174家。共有员工5143人。到目前为止,我国有10家证券公司注册资本超过15亿元。

8月18日　国家计委副主任李子彬在外交部召开的新闻发布会上透露,目前中国政府将出台一系列鼓励外商投资的举措,其中包括允许外企在国内上市。

国务院向重点国企派出监事会。

8月19日　中国证券业协会在北京举办首次"人力资源开发与管理研修班"。探讨新经济情况下,证券公司人力资源开发与管理的新观念和新作法。

记账式(六期)国债发行,年利率3.5%,实际发行总额125.5亿元。

8月22日　中国证监会召开全国证券系统思想政治工作会议暨监管工作会议。

中国证监会发布《法人配售发行方式指引》。

国务院派出的15个国有重点金融机构监事会进驻16家国有重点金融机构。国务院任命了15位监事会主席。

郑百文因重组方案正在拟定之中暂停交易。

江泽民出席世界计算机大会并讲话。

8月23日　中国证监会主席周小川在全国证券监管系统思想政治工作会议上提出八项任务。

上海金融监管部门建立联系会议制度。

8月25日　国家计委主任曾培炎在九届人大第17次会议上报告说,国民经济发展出现重要转机,继续实施积极的财政政策,加快改革。

8月26日　全国人大通过国务院提请审议的增发长期国债500亿元和2000年中央财务预算方案。

8月28日　中国证监会主席周小川在全国证券工作会议上指出,努力开创证券市场规范发展新局面。

8月29日　江泽民主席在长春主持召开的东北三省党的建设和"十五"期间经济社会发展问题座谈会上强调:积极推进经济结构战略性调整。

中国证监会重申,坚决查处非法证券交易活动。

8月30日　中国证监会主席周小川在全国证券工作会议上谈社会保障基金的成立与发展及对证券市场建设的作用。

8月31日　上海、深圳交易所新的企业债券上市规则获证监会批准。自9月1日起颁布实施。

九　月

9月1日　国家计委出台《关于运用价格杠杆促进西部开发的若干意见》,进一步促进西部开发。

9月4日　华安基金管理公司筹建安国开放式基金,发行规模暂定为50亿元,目前已顺利模拟两个月。南方基金管理公司欲与海外同行合作,设计发起开放式基金。

9月5日　我国金融业将建立人行、证监会、保监会三方监管联席会议制度。

9月6日　中国人民银行决定从9月21日起改革我国外币利率管理体制,放开外币贷款利率。大额外币存款利率由金融机构与客户协商确定;小额外币存款利率由银行行业协会统一制定,各金融机构统一执行。

中国人民银行行长戴相龙在金融学会第六次代表大会上讲话指出,可考虑成立短期资金公司,专门为证券公司提供融资服务。

中国人民银行印发《财务公司进入全国银行间同业拆借市场和债券市场管

理规定》，财务公司成为货币市场的新成员。

9月9日 对外经贸部部长石广生在第四届中国投资贸易洽谈会国际投资论坛上讲话提出，鼓励外商投资有五项新举措。

国务院体改办副主任李剑阁就基金制度与资本市场关系发表演讲，指出应允许养老基金投资证券投资基金，这将使中国资本市场产生质的飞跃。

9月12日 凭证式(三期)国债发行，总额800亿元，三年、五年利率为2.89%、3.14%。

9月13日 中国证监会颁布《关于监管系统厅局以上领导干部的配偶、子女个人经商办企业活动的具体规则》。

9月14日 证监会修订并实施工作人员守则。

基金公司股权首次拍卖，陕国投竞得南方基金公司20%股权。(待批准)

9月15日 太平洋和平安保险公司确定分业重组方案，并准备组建控股公司。

9月16日 投资基金法起草小组副组长曹凤歧透露，开放式基金试点办法已上报。

我国登记外债余额1 476.6美元，比上年末少42亿美元，下降2.8%。

9月19日 证券公司高级管理人员全员轮训结束，700多名证券公司董事长、总经理、总会计师、总工程师、总稽核师参加了学习。

9月20日 我国证券公司创业板技术准备开始，深交所要求各证券公司应在11月1日起按照《接口规范》作好准备。

我国综合国力终于迈上1万亿美元的大台阶。

9月22日 国家计委、国家经贸委颁布《当前国家重点鼓励的产业、产品和技术目录(2000年修订)》。

9月25日 长城资产管理公司获准承销业务资格。

9月26日 国务院决定建立“全国社会保障基金”，并设立“全国社会保障基金理事会”，首任理事长刘仲黎。

全国银行债券市场成员的代表在京共同签署《全国银行债券市场债券回购协议》。

9月28日 沪、深证券交易所公布四季度转配股上市安排，约65家，14.44亿元转配股将上市。今年2、3季度已有63家上市公司约14.57亿元转配股上市流通。

9月29日 中国证监会发出《关于拟发行股票公司聘用审计机构等问题的通知》。

华融、信达资产管理公司获准从事证券承销和推荐上市业务。

我国首次发布高新技术产品名单，有11个领域2056种产品。

工行与国泰君安联合推出“银证通”业务。

9月30日 国务院调整证券交易印花税中央与地方的比例。由现在的中央88%、地方12%，分三年调整到中央97%、地方3%。

鹏华基金与美国景顺签订咨询协议。

十 月

10月9日 中国证监会依法查处西藏圣地股东虚假出资问题，对违反证券法律法规的机构和个人通报批评。

10月11日 中国人民银行货币委员会召开第四季度例会预测，全年金融调控目标顺利实现。

证监会发布《关于调整证券公司净资本计算规则的通知》。

中央金融工委发出《金融系统司局级以上领导干部配偶、子女个人经商办企业的具体规定》的通知。

10月12日 中国证监会颁布《开放式证券投资基金试点办法》。

财政部将在部分高新技术企业进行“股票期权制”试点。

10月14日　中国证监会主席周小川在深圳高交会上演讲并就市场热点问题回答与会代表的提问。

中英首家合资保险公司“信诚人寿保险公司”成立。由中国国际信托和英国保诚集团分别出资。

10月16日　中国证监会主席周小川在接受记者采访时说“保护投资者利益是重中之重”。

10月17日　中国证券业协会召开“2000年度全国优秀营业部表彰大会暨证券经纪业务创新研讨会”,高西庆副主席出席大会并讲话。

深圳市颁布《深圳创业资本投资高新技术产业暂行规定》。

10月18日　中国证监会高西庆副主席指出:证券市场正在经历大的阶段性发展,增加市场品种是发展方向,证券业的垄断优势将越来越少,重要的是降低成本,业务创新。

10月19日　2000年记账式(八期)国债发行,发行量200亿元。

《创业板市场规则》咨询文件向社会征求意见。

国泰君安与中行、长江证券与农行分别签署了“银证通”业务合作协议。宣布在全国部分地区推出“银证通”业务。

10月20日　财政部通知,各地实行的上市公司税收优惠政策将允许保留到2001年12月31日。

10月23日　国家计委副主任王春正首次披露国务院关于促进西部大开发政策措施的主要内容。

上证所已开始设计“新一代交易系统”。

10月25日　中国证监会主席周小川在“WTO与中国证券市场国际研讨会”上演讲表示,将逐步推进证券市场的对外开放。允许外国机构通过交易所设立的特别席位直接进行B股交易;允许设立中外合资的证券公司和基金管理公司;允许符合条件的外国企业到中国市场发行股票;允许外资有控制、有步骤、有限额的进入中国市场。

10月28日　国家经贸委发布《国有大中型企业建立现代企业制度和加强管理的基本规范(试行)》。

中信证券与清华大学联手建立《中信清华金融工程开放实验室》。

10月31日　财政部增发500亿元建设国债,以10年期浮动利率形式发行。发行对象为商业银行。

宝钢公开发行新股将采用网下配售与上网定价发行相结合的发行方式。这是《法人配售发行方式指引》公布后的首只面向法人配售的新股。

北京同仁堂7280万股(H股)在香港联交所上市。

三家基金公司获准筹建,即易方达、银华、宝盈基金管理公司。

十一月

11月1日　中国证券业协会发表调查报告,佣金完全放开条件不够,建议采用收费递减和浮动制等过渡办法。

11月2日　国务院第32次常务会议原则通过《金融资产管理公司条例(草案)》。

中国人民银行下发《关于开办债券结算代理业务有关问题的通知》。

金融工委决定在全行业开展《创先争优》活动。

中国证券业协会在北京长富宫召开

“对外开放形势下的中国证券市场”主题研讨会。证监会高西庆副主席在会上发表演讲。

11月8日　国家开发银行确定两年发展目标。用两年左右时间资产质量达到相当规模，进入资本市场并占据一定份额。

11月9日　首家专业化票据机构——中国工商银行票据营业部在上海成立。

12家外资保险机构将在加入WTO前后陆续获准进入中国市场。其中4家美国公司;5家欧洲公司;2家日本公司;1家韩国公司。

11月10日　中国证监会有关负责人说，明年ST公司开始推行季报制度;上市公司收购暂行办法也将出台。

11月11日　中行广东分行开办个人股票质押贷款，这是国内第一家开办个人股票质押贷款业务的银行。

11月12日　财政部通过上交所发行2000记账式(10期)国债120亿元，基本利差0.38%。

11月13日　国家有关部门组成调查组审查郑百文公司。

11月14日　中国证监会发布金融企业上市信息披露特别规定，即《公开发行证券公司信息披露规则》第1～6号。商业银行、保险公司、证券公司发行上市必须分别聘请境内和境外会计师事务所进行审计。

11月15日　中国证监会举办“净资本计算规则会议”，高西庆副主席在会上讲话。

11月16日　中国证券业协会就佣金打折问题发出通知，要求目前仍按现行法规执行。

11月17日　江泽民主席参加亚太经合组织会议第八次领导人非正式会议，并在会上发表经济全球化的重要演说。

证监会有关人士指出：金融企业提交上市申请须经其行业监管部门同意，辅导期为一年，券商不得自我辅导，自我承销。

11月20日　朱镕基总理在山东考察工作时强调，加快完善社会保障体系。

11月21日　国务院颁布《金融资产管理公司条例》。标志着金融资产管理公司全面进入股票承销业务。

11月22日　中国证监会通知要求，拟上市公司须提前在当地报纸公告。

《投资基金法》(第四稿)酝酿重大突破——私募基金将可能出现;投资顾问机构可担当基金管理人;基金管理人业务将有所拓宽。

11月23日　沪深交易所发出通知，佣金标准不得擅自更改。

上交所决定扩大上市公司的临时公告事后审核试点企业范围。自即日起110家上市公司的临时公告将免于上交所的事前审核，实行事前登记，事后审核。

11月24日　中国证监会新闻发言人发表谈话，切实保障中小投资人的利益，打击操纵市场行为，实行一系列加强市场监管的重要措施。

证监会公告，禁止非法公开发股。

记账式(11期)国债200亿元一年期发行，年利率2.35%。

两市场综指再创历史新高，分别收于2 119.44点和654.37点。

11月28日　中国证监会就高管人员任职资格发出补充办法，对高管人员提出了人选要求、推荐制度、行为准则，规定10种人不得任职。

国税局通知，买卖国库券需纳所得税。

11月30日　民生银行创下单个股票申购资金最高记录，冻结资金达4 014.31亿元。

中央召开经济工作会议，会议提出明年要继续实行稳健的货币政策，努力发挥金融对经济增长的作用。

十二月

12 月 1 日　中国证监会发布《关于证券公司申请设立证券服务部有关问题的通知》。

12 月 2 日　上交所在网上征求《上市公司治理指引》的意见。

12 月 4 日　中国证监会主席周小川在“中国上市公司博览会”上作了题为“在规范与发展中迎接新世纪的挑战”的演讲，纵论证券市场的现状与未来。

12 月 6 日　中国证监会有关负责人就郑百文资产重组问题接受记者采访时指出，正在调查郑百文发行上市后是否存在违法违规行为；要求郑百文充分披露重组方案及存在的风险；根据法律规定有权对长期亏损的企业作出退市决定。

12 月 7 日　国务院副总理温家宝在全国计划工作会议上讲话时强调，要牢固树立发展是硬道理的战略思想。制定“十五”计划要把发展作为主题，把结构调整作为主线，把改革开放和科技进步作为动力，把提高人民生活水平作为根本出发点。

12 月 8 日　沪深交易所发出《关于上市公司收购母公司商标等无形资产信息披露问题的通知》

12 月 14 日　朱镕基总理在江苏、浙江考察工作时指出：鼓励国企规范上市，实行股份制改造。

12 月 15 日　中国证监会要求证券公司尽职调查，重视对上市公司的辅导，切实把好质量关，落实《上市公司向社会公开募集股票暂行办法》。

PT 红光被判欺诈发行股票罪。这是我国首例被刑事处罚的上市公司。

全国财政工作会议提出，2001 年将加大支出管理制度改革方案。

12 月 16 日　上海证券交易所提高 B 股市场运行效率，推行无形席位；开通即时成交回报；降低交易结算费用；缩小申报价位最小变动单位；强化 B 股市场。

中国证券业协会与证券交易所等单位联合举办“证券市场十年论坛”，周小川主席在会上发表讲话。

12 月 20 日　中国证监会发布《关于改进法人股协议转让工作程序的公告》。

12 月 22 日　朱镕基总理在给中央企业工委工作会议的重要批示强调，深化企业改革，完善监督机制，务求实际效果。

梁定邦谈明年证券市场热点问题。

12 月 23 日　中国证券业协会在北京举办“2000 年重点科研课题颁奖暨 2001 年证券市场展望研讨会”，屠光绍秘书长在会上发表讲话。

银行协会下调部分币种小额外币存款利率。

12 月 26 日　劳动和社会保障部发布指导意见：建立以岗位工资为主的基本工资制度；董事会成员按职责和贡献取得报酬；对科技骨干探索实行年薪制和股权、期权；探索进行内部职工持股试点。

12 月 28 日　中国证监会为已上市的商业银行、证券公司发布年报特别规定——《公开发行证券公司信息披露编报规则》第 7 号、第 8 号。

12 月 29 日　中国证监会组织有关单位成功开发证券机构监管信息系统一期工程。

中国证监会发布《上市公司可转换债券咨询文件》并公开征求意见。

12 月 30 日　中国期货业协会成立，田源当选为第一任会长。证监会周小川主席在会上讲话指出，期货市场建设重在保护投资者。

沪深证券交易所发出通知，增发股份须在网上发布信息。

第十编 统计资料

2000 年证券市场概况

	1992	1993	1994	1995	1996	1997	1998	1999	2000
境内上市公司数(A、B股)(家)	53	182	291	323	530	745	851	949	1088
境内上市外资股(B股)(家)	18	41	58	70	85	101	106	108	114
境外上市公司数(H股)(家)		6	15	18	25	42	43	46	52
股票总发行股本(亿股)	68.87	387.73	684.54	848.42	1219.54	1942.67	2526.79	3088.95	3791.71
其中:流通股本(亿股)	21.18	107.88	226.04	301.46	429.85	671.44	861.94	1079.65	1354.26
股票市价总值(亿元)	1048.13	3531.01	3690.61	3474.28	9842.38	17529.24	19505.64	26471.17	48090.94
其中:股票流通市值(亿元)	-	861.62	968.89	938.22	2867.03	5204.42	5745.59	8213.97	16087.52
股票成交金额(百万股)	3795.39	23422.17	201333.91	70547.06	253314.06	256079.12	215411.00	293238.88	475840.00
股票成交金额(亿元)	681.25	3667.02	8127.63	4036.47	21332.16	30721.84	23544.25	31319.60	60826.65
上证综合指数(收盘)	780.39	833.80	647.87	555.29	917.01	1194.10	1146.70	1366.58	2073.48
深证综合指数(收盘)	241.2	238.27	140.63	113.24	327.45	381.29	343.85	402.18	635.73
平均市盈率									
上海	-	42.48	23.45	15.70	31.32	39.86	34.38	38.13	58.22
深圳	-	42.69	10.28	9.46	35.42	41.24	32.31	37.56	56.03
平均换手率(%)									
上海			1134.65	528.72	913.43	701.81	453.63	471.46	492.87
深圳			583.83	254.52	1350.35	817.43	406.56	424.52	509.10
投资者开户数(万户)	216.65	777.66	1058.98	1242.47	2307.23	3333.33	3911.13	4481.19	5801.14
国债发行额(亿元)	460.78	381.31	1137.55	1510.86	1847.77	2411.79	3808.77	4015.00	4657.00
企业债发行额(亿元)	683.71	235.84	161.75	300.80	268.92	255.23	147.89	158.2	83
债券成交量(万手)				100660.50	174297.17	161732.38	203161.4	170716.33	197979
债券成交额(亿元)				59367.61	18039.35	16476.89	21661.78	18284.12	19119.16
国债现货成交金额(亿元)	7.1276	61.02	468.37	775.20	5029.24	3582.75	6059.95	5300.87	4157.49
国债回购成交金额(亿元)	0.00	0.42	75.78	1248.52	13008.64	12876.06	15540.84	12890.53	14733.68
证券投资基金只数(只)							6	23	34
证券投资基金规模(亿元)							120	510	562.00
证券投资基金成交金额(亿元)							555.33	1623.12	2465.79
期货总成交量(万手)		890.69	12110.72	63612.07	34256.77	15876.32	10445.57	7363.91	5461.07
期货总成交量(亿元)		5521.99	31601.41	100565	84119.16	61170.66	36967.24	22343.01	16082.29

换手率=全年成交金额(本年末流通市值+上年末流通市值)×100%

资料来源:摘自《2001 中国证券期货统计年鉴》

2000 年 全 国 股 票 市 场 每

日期	1月		2月		3月		4月		5月		6月	
	成交额	成交量	成交额	成交量	成交额	成交量	成交额	成交量	成交额	成交量	成交额	成交量
1					447.28	1746685376.49					290.99	1322657010.69
2					393.03	1485388723.65					344.87	1579300874.41
3					480.03	1862817195.88	349.39	1345348361.90				
4	100.24	441149691.81					291.93	1183409237.91				
5	151.31	694109718.53					243.42	953686394.47			417.22	2009031668.54
6	181.49	816312621.16			488.27	1960277823.22	298.59	1180626362.99			331.65	1407135906.98
7	366.81	1614231978.20			308.66	1307180059.28	343.82	1345195058.54			317.64	1343453758.29
8					319.192	1300712006.11			205.99	689203549.94	325.86	1299219594.30
9					367.31	1366678136.34			196.63	721007289.14	278.11	1257843.69.38
10	358.65	1519622667.85			317.38	1204927911.11	340.45	1390515281.50	172.08	699511484.21		
11	285.71	1293144434.80					312.68	1138721522.95	162.06	673632199.77		
12	221.35	1024053685.74					265.45	1040818529.09	139.60	60477779.39	235.79	1050964150.99
13	131.49	637851762.43			273.55	973689301.13	308.44	1374282950.99			255.55	1204316167.27
14	111.73	524825742.40	431.74	1787468309.56	368.94	1453969482.00	335.96	1510825943.63			303.08	1408148396.88
15			667.92	2537202645.68	300.91	1232280379.95			128.83	547083265.41	263.37	1139562796.44
16			650.04	2398011756.90	273.72	1185662781.98			106.17	428567277.51	288.71	1202068264.93
17	115.82	539143302.78	880.96	3343452647.20	272.76	1079604001.66	352.94	1518436872.27	111.35	434273826.64		
18	136.52	610021309.00	508.91	1877691289.10			249.97	1075489416.82	159.09	631919410.85		
19	131.34	543472354.91					260.76	1088770402.74	216.85	811098011.55	238.19	997301596.52
20	190.77	718903948.85			337.70	1382351654.36	310.03	1337999061.25			195.72	829836804.49
21	270.90	1062712581.81	595.92	2306218409.22	356.90	1403527636.59	311.22	1370576477.05			183.04	691265852.27
22			481.17	1889309244.59	343.59	1222478983.09			298.91	1227413822.23	204.75	720849836.01
23			366.72	1377399410.52	365.03	1367013558.69			250.64	1081507752.29	264.40	995022915.00
24	292.60	1135604784.49	304.36	1059046251.90	456.46	1760877240.93	282.82	1292038674.63	318.09	1307730828.76		
25	256.86	1036172845.81	363.23	1300410227.01			213.80	928183292.29	346.08	1465019329.86		
26	189.94	769911691.27					204.03	876500650.79	350.72	1501516308.41	287.98	1220108012.48
27	306.75	1207142842.40			422.00	1605110923.96	237.36	971329047.83			266.64	1039802835.04
28	383.66	1521441684.14	471.73	1692680409.23	461.11	1950973913.36	246.14	856114072.87			256.21	966480464.52
29			556.72	2189477599.96	388.09	1599190006.83			379.24	1529951679.75	269.01	978081612.73
30					358.25	1429737812.24			329.23	1395008275.60	265.77	1012894997.68
31					374.00	1516447094.13			303.41	1367780445.35		

资料来源:摘自《2001年中国证券期货统计年鉴》

日成交量、成交额

成交额：亿元；成交量：手

7月		8月		9月		10月		11月		12月	
成交额	成交量	成交额	成交量	成交额	成交量	成交额	成交量	成交额	成交量	成交额	成交量
		219.39	910856688.83	223.19	934904243.46			151.70	587235803.20	171.62	614360719.36
		220.41	906293642.94					177.56	661365794.76		
241.41	1010580655.87	274.69	1108963349.14					152.58	590914456.39		
166.40	689849897.89	284.10	1178699193.48	192.35	771527819.95					187.17	714346067.56
169.51	652637373.93			183.30	725319836.91					174.18	633119211.56
181.89	678155593.57			193.14	728633445.24			173.28	692640576.71	205.64	744114086.20
205.31	901111384.93	264.33	1081522772.35	157.69	631447857.75			148.37	536026868.19	183.40	710429651.90
		268.45	1098307361.30	147.12	573953497.80			163.68	635843681.04	173.86	717117504.90
		301.66	1238011549.67			109.87	428529544.10	241.43	929686369.29		
274.50	1207128519.98	322.22	1333071319.18			139.12	527987858.00	302.67	1112260600.41		
272.87	1197253823.88	279.22	1140489164.59	147.33	622088005.68	148.55	572406359.58			170.71	656482424.49
272.68	1207354268.78			146.53	550082577.12	157.58	576092275.52			161.58	876666215.72
375.40	1532338168.08			176.93	611411602.82	152.94	54530751.42	304.72	10955551116.70	150.41	658389055.66
304.43	1309073377.95	258.52	1089928490.31	147.93	516961000.07			274.52	1023671115.34	128.08	545829425.64
		231.64	1041824456.98	134.05	474411742.56			278.48	1020421148.69	140.29	553090058.35
		242.98	1073010890.76			127.57	471914273.30	281.46	1044074652.71		
287.33	1361760065.12	244.63	1120298123.49			100.33	358761570.61	255.08	968422686.80		
218.95	886566534.78	239.97	1037188729.21	134.25	522995205.02	142.77	51042815.92			167.41	734276452.41
229.36	979798859.98			163.06	681320198.37	118.56	434152211.71			171.58	748694302.11
235.46	936789112.10			144.32	516681366.83	198.30	676995792.23	262.69	1013494128.72	186.72	835215084.78
213.91	861972285.03	318.82	1364549282.93	125.56	493235468.79			237.30	911256351.79	206.25	933900204.80
		298.58	1329268597.30	118.91	516576671.36			237.52	853267937.68	206.47	838544964.38
		420.81	1907827238.03			191.43	717185936.46	275.65	1041614464.37		
231.35	937734050.94	314.99	138683365.16			150.33	528627047.85	320.62	1239740862.90		
206.09	883012185.82	247.25	1027304529.46	93.48	380300759.41	220.96	865432143.04			205.16	868801288.64
229.26	962538339.79			109.43	349665820.06	167.17	792252990.33			189.28	779973309.00
288.73	1209966981.72			96.01	341931195.77	152.82	610628019.23	219.74	822378062.39	191.14	879871934.90
256.77	1107044477.38	267.81	1132006864.65	102.14	385662218.72			182.12	673785691.57	183.26	785093022.33
		252.11	1013171035.98	103.92	372684715.74			201.59	722130568.63	183.40	854428484.11
		261.32	1013529710.45			181.76	750748983.48	169.49	643695349.79		
287.40	1241457146.54	276.62	1134041385.55			160.02	653277727.02				

2000 年上海股票每

日期	1月		2月		3月		4月		5月		6月	
	成交额	成交量	成交额	成交量	成交额	成交量	成交额	成交量	成交额	成交量	成交额	成交量
1					238.74	1730554299					154.27	1310732991
2					203.53	1470587770					174.81	1563760637
3					257.68	1845294031	179.21	1331152712				
4	51.84	437093283					148.33	1171900332				
5	81.37	688088526					121.64	943598786			214.94	1989718311
6	95.21	809045403			266.15	1942721831	144.68	1168019987			162.17	1393735486
7	194.85	1599787078			164.39	1295243198	156.84	1329600548			158.44	1329969326
8					172.18	1289477061			93.70	680800638	152.27	1285855437
9					186.50	1353769464			94.43	713243496	143.54	1246436736
10	187.79	1505398458			163.94	1193079686	161.92	1375398342	84.47	692281274		
11	157.72	1282073130					143.331	1125416095	81.41	667474816		
12	126.57	1015920872					126.74	1029783735	71.46	599311955	124.88	1041463014
13	74.69	632760608			128.83	961866248	149.57	1361559386			138.72	1194189706
14	62.56	520472696	231.58	1771616140	186.61	1438800149	167.89	1496474144			159.23	1395740710
15			349.25	2513949815	156.95	1219290150			66.43	542044117	140.27	1128815099
16			340.09	2374706569	136.37	1173978736			53.11	424044984	145.89	1189984275
17	62.90	534398577	472.62	3314081379	138.91	1068958478	180.07	1503701535	53.82	429544357		
18	70.72	604529134	258.42	1859944948			125.64	1065513272	78.88	625249990		
19	64.94	538081215					133.17	1078532104	101.86	801648893	120.38	987694859
20	88.75	711282040			172.20	1368496026	164.63	1326762776			97.53	821727196
21	137.43	1052432270	326.16	2286206781	176.36	1388214439	170.92	1359496321			87.53	683933839
22			261.79	1872796404	168.86	1208528779			152.94	1215765499	95.46	712045831
23			185.77	1363529642	174.34	1351110479			125.73	1071696734	127.48	984395039
24	146.06	11244539743	147.62	1047496049	226.07	1741827392	156.28	1281631117	162.80	1295260308		
25	129.97	1025987583	185.05	1287532852			111.12	919648723	183.50	1452018648		
26	95.77	762356064					105.97	868580087	183.16	1488281945	141.36	1208695909
27	159.93	1196053960			201.03	1586679833	122.27	962050821			116.29	1027465101
28	207.09	1508170758	244.22	1676122815	223.88	1930498008	113.68	846696912			121.12	955712715
29			321.96	2171987562	192.40	1582907091			188.61	1515201182	122.65	966762923
30					180.12	1415577904			168.61	1381422727	126.24	1001850393
31					185.52	1501109966			162.48	1355533756		

资料来源:《2001 年中国证券期货统计年鉴》

日成交量、成交额

成交额：亿元；成交量：手

7月		8月		9月		10月		11月		12月	
成交额	成交量	成交额	成交量	成交额	成交量	成交额	成交量	成交额	成交量	成交额	成交量
		122.74	902182489	119.09	926638187			81.96	582088227	86.22	607984475
		110.96	897428542					88.42	654429491		
119.84	1000907485	131.60	1097328958					73.29	584797416		
85.81	683468564	145.18	1167916012	95.73	763881933					94.42	707281263
80.74	645652781			89.16	717958291					88.34	626759176
88.25	670517099			88.66	720582691			89.29	686310573	107.95	736720062
107.42	893213163	131.94	1071385368	76.25	624957179			72.79	530279005	101.98	704238560
		134.90	1087760186	71.43	568172949			86.00	630141324	103.06	711883959
		157.75	1227007036			57.27	424584931	131.03	921732691		
140.72	1196092213	179.67	1322574233			70.11	522865267	158.93	1101741721		
143.93	1186861052	154.07	1131479938	73.68	616490701	76.63	566963597			91.01	650896068
149.06	1197051567			69.06	543594166	76.30	569861542			94.57	871842930
193.50	1518203625			77.26	603753054	73.31	542442478	154.79	1084673482	86.32	653943433
163.35	1297941836	137.86	1080763412	65.11	510427640			143.77	1014449448	68.75	541528706
		127.76	1034094739	61.03	469047696			143.38	1010352446	79.23	548703521
		134.58	1064648105			60.96	466744490	149.83	1034434804		
156.61	1350878622	137.76	1111979779			46.91	354640516	130.86	958949085		
110.81	878002242	129.15	1028331068	63.80	517698471	77.82	505839981			92.12	729045675
126.85	971777262			79.38	674231327	59.38	4259807012			109.95	744492792
129.97	928315101			65.36	510608275	96.89	670333726	134.68	1004092524	111.35	829892455
108.09	853451829	164.86	1351916080	64.18	488490652			120.42	902445397	124.53	928054724
		157.19	1317062126	64.48	512275354			120.51	844737742	126.18	832829437
		230.07	1891858561			96.39	710546916	142.89	1031902555		
113.90	927657728	170.62	1375175301			73.43	523243708	166.03	1228144893		
110.50	875270044	134.64	1018381919	46.75	376578202	114.09	857620089			119.65	862954021
116.80	953181982			46.29	344904676	86.84	786145877			108.73	774605291
146.63	1198327272			42.92	337982152	77.87	604910903	114.68	814538505	118.11	874306483
133.27	1096612180	145.01	1122209384	51.19	381822652			92.62	667209735	113.52	779817872
		133.39	1003973103	51.01	368757813			107.54	715301537	116.66	849286836
		137.97	1004270124			93.74	744168856	91.15	638121756		
153.28	1230764120	139.98	1122894797			79.12	647150445				

2000 年深圳股票每

日期	1月		2月		3月		4月		5月		6月	
	成交额	成交量	成交额	成交量	成交额	成交量	成交额	成交量	成交额	成交量	成交额	成交量
1					208.54	16131077.49					136.72	11924019.69
2					189.50	14800953.65					170.06	15540237.41
3					222.69	17523164.88	170.18	14195649.90				
4	48.40	4056408.81					143.60	11508905.91				
5	69.94	6021192.53					121.78	10087608.47			202.28	19313357.54
6	86.28	7267218.16			222.12	17555992.22	153.91	12606375.99			169.48	13400420.98
7	171.96	14444900.20			144.27	11936861.28	186.98	15594600.54			159.20	13484432.29
8					146.94	11234945.11			112.29	8402911.94	173.59	13364157.30
9					181.26	12908672.34			102.20	7763793.14	134.57	11406333.38
10	170.86	14224209.85			153.44	11848225.11	178.53	15116939.50	87.61	7230210.21		
11	127.99	11071304.80					169.37	13305427.95	80.65	6157383.77		
12	94.78	8132813.74					138.71	11034794.09	68.14	5465824.39	110.91	9501136.99
13	56.80	5091154.43			144.72	11823053.13	158.87	12723564.99			116.83	10126461.27
14	49.17	4353046.40	200.16	15852169.56	182.33	15169333.00	168.07	14351799.63			143.85	12407686.88
15			318.67	23252830.68	143.96	12990229.95			62.40	5039148.41	123.10	10747697.44
16			309.95	23305187.90	137.35	11684045.98			53.06	4522293.51	142.82	12083989.93
17	52.92	4744725.78	408.34	29371268.20	133.85	10645523.66	172.87	14735337.27	57.53	4729469.64		
18	65.80	5492175.00	250.49	17746341.10			124.33	9976144.82	80.21	6669420.85		
19	66.40	5391139.91					127.59	10238298.74	114.99	94491180.55	117.81	9606737.52
20	102.02	7621908.85			165.50	13855628.36	145.40	11236285.25			98.19	8109608.49
21	133.47	10280311.81	269.76	20011628.22	180.54	15313197.59	140.30	11080156.05			95.50	7332013.27
22			219.38	16512840.59	174.73	13950204.09			145.97	11648323.23	109.29	8804005.01
23			180.95	13869768.52	190.69	15903079.69			124.91	9811018.29	136.92	10627876.00
24	146.54	11150841.49	156.74	11550202.90	230.39	19049848.93	126.54	10407557.63	155.29	12470520.76		
25	126.89	10185262.81	178.18	12877375.01			102.68	8534569.29	162.58	13000681.86		
26	94.17	7555627.27					98.06	7920563.79	167.56	13234363.41	146.62	11412103.48
27	146.82	11088882.40			220.97	18431090.96	115.09	9278226.83			150.35	12337734.04
28	176.57	13270926.14	227.51	16557594.23	237.23	20475905.36	132.46	9417160.87			135.09	10767749.52
29			234.76	17490037.96	195.69	16282915.83			190.63	14750497.75	146.36	11318689.73
30					178.13	14159908.24			160.62	13585548.60	139.53	11044604.68
31					188.48	15337128.13			140.93	12246689.35		

资料来源:《2001 年中国证券期货统计年鉴》

日成交量、成交额

成交额:亿元;成交量:手

7月		8月		9月		10月		11月		12月	
成交额	成交量	成交额	成交量	成交额	成交量	成交额	成交量	成交额	成交量	成交额	成交量
		106.65	8674199.83	104.10	8266056.46			69.74	5147576.20	85.40	6376244.36
		109.45	8865100.94					89.14	6936303.76		
121.57	9673170.87	143.09	11634391.14					79.29	6117040.39		
80.59	6381333.89	138.92	10783181.48	96.62	7645886.95					92.75	7064804.56
88.77	6984592.93			94.14	7361545.91					85.84	6360035.56
93.64	7638494.57			104.48	8050754.24			83.99	6330003.71	97.69	7394024.20
97.89	7898221.93	132.39	10137404.35	81.44	6490678.75			75.58	5747863.19	81.42	6191091.90
		133.55	10547175.30	75.69	5780548.80			77.68	5702357.04	70.80	5233545.90
		143.91	11004513.67			52.62	3944613.10	110.40	7953678.29		
133.78	11036306.98	142.55	10497086.18			69.01	5122591.00	143.74	105180879.41		
128.95	10392771.88	125.15	9009226.59	73.65	5597304.68	71.92	5442762.58			79.70	5586356.49
123.62	10302701.78			77.47	6488411.12	81.28	6230733.52			71.06	4823285.72
181.90	14134543.08			99.67	7658548.82	79.63	6088273.42	149.93	10881634.70	64.09	4445622.66
141.08	11131541.95	120.66	9165078.31	82.82	6533360.07			130.75	9221667.34	59.33	4300719.64
		103.88	7729717.98	73.02	5364046.56			135.10	10068702.69	61.06	4386537.35
		108.40	8362785.76			66.61	5169783.30	131.63	9639848.71		
130.72	10881443.12	106.87	8318344.49			53.42	4121054.61	124.22	9473601.80		
108.14	8564292.78	110.82	8857661.21	70.45	5296734.02	64.95	4587834.92			75.29	5230777.41
102.51	8021597.98			83.68	7088871.37	59.18	4345199.71			61.63	4201510.11
105.49	8474011.10			78.96	6073091.83	101.41	6662066.23	128.01	9401604.72	75.37	5322629.78
105.82	8520456.03	153.96	12633202.93	61.38	4744816.79			116.88	8810954.79	81.72	5845480.80
		141.39	12206471.30	54.43	4301317.36			117.01	8530195.68	80.29	5715527.38
		190.74	15968677.03			95.04	6639020.46	132.76	9711909.37		
117.45	10076322.94	144.37	11688064.16			76.90	5383339.85	154.59	11595969.90		
95.59	7742141.82	112.61	8922610.46	46.73	3722557.41	106.87	7812054.04			85.51	5847267.64
112.46	9356357.79			63.14	4761144.06	80.33	6107113.33			80.55	5368018.00
142.10	11639709.72			53.09	3949043.77	74.95	5717116.23	105.06	7839557.39	73.03	5565451.90
123.50	10432297.38	122.80	9797480.65	50.95	3839566.72			89.50	6575956.57	69.74	5275150.33
		118.72	9197932.98	52.91	3926902.74			94.05	6829031.63	66.74	5141648.11
		123.35	9259586.45			88.02	6580127.48	78.34	5573593.79		
134.12	10693026.54	136.64	11146588.55			80.90	6127282.02				

2000 年全国A股每

日期	1月		2月		3月		4月		5月		6月	
	成交额	成交量	成交额	成交量	成交额	成交量	成交额	成交量	成交额	成交量	成交额	成交量
1					446.42	1731149702.57					285.96	1202639082.50
2					392.36	1475126643.08					339.22	1468155550.44
3					479.58	1847040633.40	348.04	1313178307.99				
4	99.67	431024337.78					291.64	1167168127.91				
5	150.59	675906603.09					242.29	932304679.02			409.99	1886845080.13
6	180.88	799588851.78			487.44	1941660732.21	297.47	1159666748.33			329.63	1316571209.98
7	365.16	1574541265.07			307.94	1294604770.37	342.66	1320652733.24			312.73	1257029871.66
8					318.44	1279123169.14			205.36	672841575.79	321.74	1213013287.16
9					366.76	1353956166.17			196.01	702991804.38	274.59	1174981804.23
10	357.31	1484483110.95			316.91	1193831923.01	339.75	1376132660.79	171.59	684596071.85		
11	285.02	1278001028.72					311.86	1122599247.62	161.87	663722412.77		
12	220.77	1009360136.55					264.72	1020862541.45	139.29	597074173.51	233.39	998570358.97
13	131.09	628798254.67			273.08	962188368.15	307.44	1344305541.71			251.42	1109033499.42
14	111.43	517924480.47	429.08	1719913066.93	368.34	1436753421.04	335.12	1484813202.92			299.72	1335338393.70
15			664.86	2472575974.61	300.53	1222164311.49			128.55	541161935.77	261.00	1097575666.87
16			648.21	2352947008.87	273.16	1171353800.63			105.67	414829507.11	285.56	1137639986.40
17	115.54	531274377.88	879.12	3295689383.30	272.04	1058277417.61	351.77	1483762923.58	110.95	424758149.89		
18	136.11	600962795.42	507.50	1838606150.54			249.26	1055638800.25	158.64	616942476.59		
19	130.88	530322975.72					259.90	1072442574.50	216.32	796904822.18	236.56	955120318.39
20	190.20	700593080.53			337.04	1369240450.22	309.22	1320386872.38			193.79	773788523.98
21	270.41	1048555913.55	594.03	2253431742.30	356.37	1392482803.83	310.76	1344595124.05			181.02	648330252.35
22			479.76	1854324994.86	343.05	1208241746.63			297.38	1174724430.86	203.16	690570135.39
23			365.80	1352756381.76	362.76	1304107955.48			249.71	1045428482.02	262.84	961991890.20
24	292.06	1124867386.98	303.69	1045782367.12	453.80	1716576057.76	282.09	1252051580.63	315.95	1229665619.72		
25	256.08	1016601981.15	362.35	1282664208.30			213.00	909071804.91	344.36	1408088665.95		
26	189.31	757535430.38					203.36	856252219.42	348.84	1440656172.89	285.14	1136780615.27
27	305.04	1172643671.04			419.05	1558974905.06	236.84	956110032.27			264.44	980879007.18
28	382.02	1489712231.56	470.74	1675059259.88	459.00	1908651526.75	245.47	839791407.49			254.26	933457593.34
29			555.58	2169216008.92	386.53	1561724009.54			374.84	1428046447.61	267.66	947825976.89
30					357.06	1403307621.08			324.39	1289602470.17	263.36	983147215.40
31					372.99	1495814747.70			297.90	1248959992.29		

日成交量、成交额

成交额:亿元;成交量:手

7月		8月		9月		10月		11月		12月	
成交额	成交量	成交额	成交量	成交额	成交量	成交额	成交量	成交额	成交量	成交额	成交量
		216.67	846633748.01	219.40	832434440.55			150.09	544172989.24	170.33	584109333.87
		217.44	849908538.25					175.73	614007418.17		
240.02	975857181.47	270.30	1017336520.82					148.92	498080702.78		
165.27	664975594.02	280.32	1079938541.38	189.59	707044621.99					184.52	642567883.00
167.80	609547486.66			180.35	650668738.13					172.48	593191781.25
179.14	634233271.58			190.80	678698143.20			169.49	593171097.42	203.62	696025045.70
203.72	866433162.82	259.67	961043190.03	154.77	564446699.80			146.51	490028410.77	181.89	674465280.06
		261.84	943681758.71	144.86	512206282.91			160.83	567209526.61	172.30	684395732.33
		295.57	1082270368.04			109.18	418852917.59	238.87	862382256.48		
273.38	1184053532.73	318.77	1242034175.43			138.28	514640091.43	299.99	1052804257.52		
271.83	1170455592.13	275.02	1034627174.33	145.42	573992819.54	147.66	554240442.52			169.17	617251285.49
271.75	1180363055.55			143.12	504376008.03	156.95	563521233.82			160.15	843903907.75
373.31	1468925217.84			176.23	586940959.82	151.92	522818323.80	302.02	1028021829.90	148.95	620312819.99
302.58	1262625906.07	252.82	960292642.28	145.98	482861880.44			272.71	978142009.90	125.34	476467922.49
		225.75	885960699.30	132.85	448470213.03			276.22	967453179.14	138.57	514323850.62
		238.07	947706529.07			127.04	456111001.93	279.28	986078896.28		
285.20	1309121755.99	239.10	964260834.36			99.74	342447276.44	253.11	921449276.23		
217.31	833888287.70	234.74	905724077.41	132.34	478582272.10	141.89	498689609.14			161.17	588778817.08
227.60	939512331.63			160.66	624253725.07	118.03	423574649.33			167.39	647923169.47
233.83	890687814.82			142.91	486288558.46	196.72	643717939.40	259.02	924332200.50	181.03	727910437.14
212.17	815429589.28	309.78	1197781246.76	124.60	469075522.01			233.52	819598799.03	199.42	783254715.94
		284.80	1101391694.51	117.15	462869818.64			235.10	793675321.33	201.85	740907454.18
		409.41	1675624291.78			190.28	686826383.25	272.48	962842542.56		
228.54	900434112.98	305.54	1166057692.35			149.64	516825377.96	316.23	1128476484.22		
203.16	804731712.94	241.31	893945214.12	92.47	350503620.91	215.29	761172238.74			200.67	749636184.64
226.12	888651153.49			108.24	321223291.17	159.51	587081808.59			185.73	686359443.00
285.11	1126273631.76			94.80	309449284.64	150.06	553574567.59	217.25	758148502.80	183.38	731430633.07
253.31	1005508727.45	263.72	1026164592.33	101.22	360902492.00			180.15	623134241.86	177.55	671086296.85
		248.68	931764045.08	102.56	356387469.68			200.09	686574766.02	176.84	746212816.75
		258.74	964886986.87			177.99	641060488.13	167.93	604378638.60		
284.46	1164995849.91	271.57	1030129656.07			156.67	563343583.51				

2000 年 全 国 B 股 每

日期	1月		2月		3月		4月		5月		6月	
	成交额	成交量	成交额	成交量	成交额	成交量	成交额	成交量	成交额	成交量	成交额	成交量
1					0.87	15535673.92					5.03	120017928.19
2					0.66	10262080.57					5.65	111145323.97
3					0.78	15776562.48	1.35	32170053.91				
4	0.56	10125354.03					0.28	16241110.00				
5	0.72	18203115.44					1.14	21381715.45			7.23	122186588.41
6	0.61	16723769.38			0.83	18617091.01	1.11	20959614.66			2.02	90564697.00
7	1.65	39690713.13			0.72	12575288.91	1.16	24542325.30			4.91	86423886.63
8					0.68	21588836.97			0.63	16361974.15	4.11	86206307.14
9					0.56	12721970.17			0.61	18015484.76	3.52	82861265.15
10	1.34	35139556.90			0.46	11095988.10	0.70	14382620.71	0.49	14915412.36		
11	0.69	15143406.08					0.81	16122275.33	0.19	9909787.00		
12	0.58	14693549.19					0.73	19955987.64	0.32	7703605.88	2.40	52393792.02
13	0.40	9053507.76			0.47	11500932.98	1.00	29977409.28			4.14	95282667.85
14	0.30	6901261.93	2.65	67555242.63	0.60	17216060.96	0.84	26012740.71			3.37	72810003.18
15			3.07	64626671.07	0.39	10116068.46			0.29	5921329.64	2.36	41987129.57
16			1.82	45064748.03	0.57	14308981.35			0.50	13737770.40	3.15	64428278.53
17	0.29	7868924.90	1.84	47763263.90	0.73	21326584.05	1.17	34673948.69	0.39	9515676.75		
18	0.41	9058513.58	1.42	39085138.56			0.71	19850616.57	0.45	14976934.26		
19	0.46	13149379.19					0.86	16327828.24	0.54	14193189.37	1.64	42181278.13
20	0.58	18310868.32			0.66	13111204.14	0.80	17612188.87			1.92	56048280.51
21	0.49	14156668.26	1.89	52786666.92	0.53	11044832.76	0.46	25981353.00			2.02	42935599.92
22			1.41	34984249.73	0.55	14237236.46			1.53	52689391.37	1.59	30279700.62
23			0.92	24643028.76	2.28	62905603.21			0.92	36079270.27	1.56	33031024.80
24	0.54	10737397.51	0.68	13263884.78	2.66	44301183.17	0.73	39987094.00	2.13	78065209.04		
25	0.78	19570864.66	0.87	17746018.71			0.80	19111487.38	1.72	56930663.91		
26	0.62	12376260.89					0.65	20248431.37	1.86	60860135.52	2.85	83327397.21
27	1.72	34499171.36			2.94	46136018.90	0.51	15219015.56			2.20	58923827.86
28	1.64	31729452.58	0.99	17621149.35	2.12	42322386.61	0.67	16322665.38			1.95	33022871.18
29			1.14	20261591.04	1.56	37465997.29			4.40	101905232.14	1.33	30255635.84
30					1.18	26430191.16			4.84	105405805.43	2.42	29747782.28
31					1.02	20632346.43			5.51	118820453.06		

日成交量、成交额

成交额:亿元;成交量:手

7月		8月		9月		10月		11月		12月	
成交额	成交量	成交额	成交量	成交额	成交量	成交额	成交量	成交额	成交量	成交额	成交量
		2.71	64222940.82	3.80	102469802.91			1.62	43062813.96	1.30	30251358.49
		2.97	56385104.69					1.83	47358376.59		
1.39	34723474.40	4.39	91626828.32					3.66	92833753.61		
1.14	24874303.87	3.79	98760652.10	2.76	64483197.96					2.66	71778184.56
1.72	43089887.27			2.95	74651098.78					1.70	39927430.31
2.75	43922321.99			2.35	49935302.04			3.78	99469479.29	2.02	48089040.50
1.59	34678222.11	4.66	120479582.32	2.92	67001157.95			1.86	45998457.42	1.51	35964371.84
		6.61	154625602.59	2.26	61747214.89			2.85	68634154.43	1.56	32721772.57
		6.08	155741181.63			0.69	9676626.51	2.58	67304112.81		
1.11	23074987.25	3.45	91037143.75			0.84	13347766.57	2.69	59456342.89		
1.05	26798231.75	4.19	105861990.26	1.91	48095186.14	0.89	18165917.06			1.53	39231139.00
0.93	26991213.23			3.42	45706569.09	0.64	12571041.70			1.42	32762307.97
2.09	63412950.24			0.70	24470643.00	1.02	25712427.62	2.69	67533286.80	1.47	38076235.67
1.85	46447471.88	5.70	129635848.03	1.96	34099119.63			1.81	45529105.44	2.73	69361503.15
		5.89	155863757.68	1.20	25941529.53			2.28	52967969.55	1.71	38766207.73
		4.92	125304361.69			0.53	15803271.37	2.18	57995756.43		
2.13	52638309.13	5.55	156037289.13			0.58	16314294.17	1.96	46973410.57		
1.64	52678247.08	5.22	131464651.80	1.90	44412932.92	0.88	11738206.78			6.24	145497635.33
1.76	40286528.35			2.40	57066473.30	0.53	10577562.38			4.19	100771132.64
1.63	46101297.28			1.40	30392808.37	1.58	33277852.83	3.67	89161928.22	5.69	107304647.64
1.74	46542695.75	9.04	166768036.17	0.96	24159946.78			3.77	91657552.76	6.83	150645488.86
		13.78	227876902.79	1.75	53706852.72			2.42	59592616.35	4.62	97637510.20
		11.40	232202946.25			1.15	30359553.21	3.17	78771921.81		
2.83	37299937.96	9.45	220805672.81			0.68	11801669.89	4.39	111264378.68		
2.93	78280472.88	5.94	133359315.34	1.00	29797138.50	5.65	104259904.30			4.49	119165104.00
3.13	73887186.30			1.19	28442528.89	7.66	205171181.74			3.55	93613866.00
3.63	83693349.96			1.20	32481911.13	2.76	57053451.64	2.49	64229559.59	7.76	148441301.83
3.47	101535749.93	4.10	105842272.32	0.91	24759726.72			1.96	50651476.71	5.71	114006725.48
		3.42	81406990.90	1.37	16297246.06			1.50	35555802.61	6.57	108215667.36
		2.59	48642723.58			3.78	109688495.35	1.56	39316711.19		
2.93	76461296.63	5.05	103911729.48			3.34	89934143.51				

2000 年上海 A 股每

日期	1月		2月		3月		4月		5月		6月	
	成交额	成交量	成交额	成交量	成交额	成交量	成交额	成交量	成交额	成交量	成交额	成交量
1					238.44	1715255891					151.51	1191545824
2					203.34	1460541446					172.17	1453706356
3					257.36	1829708060	178.61	1299331407				
4	51.64	427115181					148.04	1155659222				
5	81.02	670037678					121.25	922563090			212.11	1869018430
6	94.89	792431757			265.81	1924309181	144.25	1147384966			160.15	1303170789
7	194.11	1560457895			164.14	1282849501	156.35	1305388443			156.39	1244519328
8					171.86	1268031349			93.37	664598752	150.30	1200552089
9					185.84	1341197986			94.08	695330080	141.72	1164200930
10	187.15	1470541810			163.75	1182103925	161.64	1361208167	84.17	677442319		
11	157.42	1267097006					142.99	1109533220	81.22	657565029		
12	126.30	1001348719					126.38	1010009258	71.33	591682672	123.74	989551888
13	74.52	623807114			128.63	950478370	149.01	1331768806			136.53	1099561326
14	62.44	513647892	230.33	1704555152	186.31	1421710806	167.42	1470638466			157.53	1323519499
15			347.84	2449873450	156.81	1209302319			66.32	536208387	139.23	1087359683
16			339.13	2329965682	136.14	1159825828			52.85	410461954	144.28	1126076967
17	62.77	526602711	471.68	3266627183	138.58	1047815883	179.44	1469291444	53.66	420150783		
18	70.55	595574491	257.68	1821113930			125.27	1045834269	78.62	610360494		
19	64.69	525021742					132.87	1062478160	101.59	787602416	119.35	945727369
20	88.43	693069231			171.93	1355587978	164.32	1309393107			96.28	765951291
21	137.17	1038375049	325.19	2233754903	176.17	1377353867	170.46	1333514968			86.64	641455107
22			261.08	1838070610	168.62	1194452782			152.03	1163369556	94.77	682092647
23			185.31	1339069307	173.18	1288698486			125.10	1035753987	126.64	951632674
24	145.87	1113854768	147.35	1034391897	225.28	1698275339	155.55	1241644023	161.28	1217469585		
25	129.61	1006579852	184.64	1269944279			110.78	900744168	182.34	1395316618		
26	95.56	750133770					105.61	848479989	181.88	1427657669	139.51	1125728188
27	159.27	1161937464			200.17	1541334241	122.00	946952683			114.96	968844241
28	206.43	1476801599	243.83	1658704340	223.14	1888823567	113.39	830541336			120.31	923062781
29			321.55	2152015095	191.78	1545951125			186.29	1414053206	121.92	936720270
30					179.69	1389492758			166.03	1276886605	125.53	972553098
31					185.15	1480776087			159.61	1237677599		

资料来源:《2001 中国证券期货统计年鉴》

日成交量、成交额

成交额:亿元;成交量:手

7月		8月		9月		10月		11月		12月	
成交额	成交量	成交额	成交量	成交额	成交量	成交额	成交量	成交额	成交量	成交额	成交量
		111.12	838311941	116.37	824532623			80.76	539178787	85.28	577862891
		109.50	841575236					87.07	607242823		
119.01	966365646	129.25	1006406935					70.59	492295689		
85.23	658781908	142.66	1069590779	94.03	699734671					92.20	635659994
79.72	602807567			87.15	643609529					87.07	586979612
87.00	627226091			87.34	670994048			86.23	587104462	106.39	688791982
106.50	858804555	128.77	951430146	74.35	558293742			71.41	484444082	100.84	668429679
		130.67	933953196	69.69	506597721			83.78	561708587	102.00	679369691
		153.35	1071813159			57.00	415066879	128.81	854543272		
140.15	1173217285	177.22	1231883248			69.78	509693986	156.96	1042524704		
143.30	1160230173	151.08	1026005022	72.29	568560641	76.18	548953250			89.82	611803395
148.45	1170175558			67.80	498670966	75.99	557414484			93.53	839225131
191.99	1454993049			76.56	579282411	72.67	516870947	152.60	1017310819	85.12	615966469
162.25	1251760358	134.03	951718176	64.15	476652281			142.35	969046526	66.59	472366347
		123.07	878620938	60.30	443282615			141.62	957548611	77.97	510096285
		130.82	939703541			60.57	450998702	148.04	976566733		
155.44	1298558395	133.05	956216542			46.51	338392993	129.39	912138135		
109.65	825492016	125.04	897263745	62.58	473531439	77.54	494282777			87.05	583966195
125.93	931737576			77.84	617465329	59.13	419319646			106.53	644004620
128.90	882420269			64.57	480465647	96.08	637322736	131.79	915192619	107.57	723267037
107.00	807151986	159.20	1186172130	63.57	464459122			117.36	811030566	119.14	777907960
		149.30	1090865570	63.16	458740407			118.58	785309758	122.64	735556781
		222.81	1660903533			95.62	680321037	140.30	953323172		
113.07	891074578	163.78	1155155563			73.13	511599182	162.53	1117175655		
108.63	797369034	130.51	885557256	46.02	346886647	111.11	754273884			115.16	743788917
115.03	879780994			45.57	316634792	81.01	581623598			105.18	680991425
144.59	1115197212			42.12	305668908	76.28	548242266	112.73	750487024	112.68	726642171
130.68	995382218	141.97	1016715326	50.58	357181266			91.05	616687665	109.40	666369842
		130.99	922864499	50.61	352817236			106.42	679872100	112.54	741867895
		136.50	955968152			90.66	634717226	89.95	598924295		
151.37	1154689547	137.02	1019631408			76.60	557498911				

2000 年深圳 A 股每

日期	1月		2月		3月		4月		5月		6月	
	成交额	成交量	成交额	成交量	成交额	成交量	成交额	成交量	成交额	成交量	成交额	成交量
1					207.98	15893811.57					134.45	11093258.50
2					189.02	14585197.08					167.05	14449194.44
3					222.22	17332573.40	169.43	13846900.99				
4	48.03	3909156.78					143.60	11508905.91				
5	69.57	5868925.09					121.04	9741589.02			197.88	17826650.13
6	85.99	7157094.78			221.63	17351551.21	153.22	12281782.33			169.48	13400420.98
7	171.05	14083370.07			143.80	11755269.37	186.31	15264290.24			156.34	12510543.66
8					146.58	11091820.14			111.99	8242823.79	171.44	12461198.16
9					180.92	12758180.17			101.93	7661724.38	132.87	10780874.23
10	170.16	13941300.95			153.16	11727998.01	178.11	14924493.79	87.42	7153752.85		
11	127.60	10904022.72					168.87	13066027.62	80.65	6157383.77		
12	94.47	8011417.55					138.34	10853283.45	67.96	5391501.51	109.65	9018470.97
13	56.57	4991140.67			144.45	11709998.15	158.43	12536735.71			114.89	9472173.42
14	48.99	4276588.47	198.75	15357914.93	182.03	15042615.04	167.70	14174736.92			142.19	11818894.70
15			317.02	22702524.61	143.72	12861992.49			62.23	4953548.77	121.77	10215983.87
16			309.08	22981326.87	137.02	11527972.63			52.82	4367553.11	141.28	11563019.40
17	52.77	4671666.88	407.44	29062200.30	133.46	10461534.61	172.33	14471479.58	57.29	4607366.89		
18	65.56	5388304.42	249.82	17492220.54			123.99	9804531.25	80.02	6581982.59		
19	66.19	5301233.72					127.03	9964414.50	114.73	9302406.18	117.21	9392949.39
20	101.77	7523849.53			165.11	13652472.22	144.90	10993765.38			97.51	7837232.98
21	133.24	10180864.55	268.84	19676839.30	180.20	15128936.83	140.30	11080156.05			94.38	6875145.35
22			218.68	16254384.86	174.43	13788964.63			145.35	11354874.86	108.39	8477488.39
23			180.49	13687074.76	189.58	15409469.48			124.61	9674495.02	136.20	10359216.20
24	146.19	11012618.98	156.34	11390470.12	228.52	18300718.76	126.54	10407557.63	154.67	12196034.72		
25	126.47	10022129.15	177.71	12719929.30			102.22	8327636.91	162.02	12772047.95		
26	93.75	7401660.38					97.75	7772230.42	166.96	12998503.89	145.63	11052427.27
27	145.77	10706207.04			218.88	17640664.06	114.84	9157349.27			149.48	12034766.18
28	175.59	12910632.56	226.91	16354919.88	235.86	19827959.75	132.08	9250071.49			133.95	10394812.34
29			234.03	17200913.92	194.75	15772884.54			188.55	13993241.61	145.74	11105706.89
30					177.37	13814863.08			158.36	12715865.17	137.83	10594117.40
31					187.84	15038667.70			138.29	11282393.29		

资料来源:《2001 中国证券期货统计年鉴》

日成交量、成交额

成交额:亿元;成交量:手

7月		8月		9月		10月		11月		12月	
成交额	成交量	成交额	成交量	成交额	成交量	成交额	成交量	成交额	成交量	成交额	成交量
		105.55	8321807.01	103.03	7901817.55			69.33	4994202.24	85.05	6246442.87
		107.94	8333302.25					88.66	6764595.17		
121.01	9491535.47	141.05	10929585.82					78.33	5785013.78		
80.04	6193686.02	137.66	10347762.38	95.56	7309950.99					92.32	6907889.00
88.08	6739919.66			93.20	7059209.13					85.41	6212169.25
92.14	7007180.58			103.46	7704095.20			83.26	6066635.42	97.23	7233063.70
97.22	7628607.82	130.90	9613044.03	80.42	6152957.80			75.10	5584328.77	81.05	6035601.06
		131.17	9728562.71	75.17	5608561.91			77.05	5500939.61	70.30	5026041.33
		142.22	10457209.04			52.18	3786038.59	110.06	7838984.48		
133.23	10836247.73	141.55	10150927.43			68.50	4946105.43	143.03	10279553.52		
128.53	10225419.13	123.94	8622152.33	73.13	5432178.54	71.48	5287192.52			79.35	5447890.49
123.30	10187497.55			75.32	5705042.03	80.96	6106749.82			66.62	4678776.75
181.32	13932168.84			99.67	7658548.82	79.25	5947376.80	149.42	10711010.90	63.83	4346350.99
140.33	10865548.07	118.79	8574466.28	81.83	6209599.44			130.36	9095483.90	58.75	4101575.49
		102.68	7339761.30	72.55	5187598.03			134.60	9904568.14	60.60	4227565.62
		107.25	8002988.07			66.47	5112299.93	131.24	9512163.28		
129.76	10563360.99	106.05	8044292.36			53.23	4054283.44	123.72	9311141.23		
107.66	8396271.70	109.70	8460332.41	69.76	5050833.10	64.35	4406832.14			74.12	4812622.08
101.67	7774755.63			82.82	6788396.07	58.90	4255003.33			60.86	3918549.47
104.93	8267545.82			78.34	5822911.46	100.64	6395203.40	127.23	9139581.50	73.46	4643400.14
105.17	8277603.28	150.58	11609116.76	61.03	4616400.01			116.16	8568233.03	80.28	5346755.94
		135.50	10526124.51	53.99	4129411.64			116.52	8365563.33	79.21	5350673.18
		186.60	14720758.78			94.66	6505346.25	132.18	9519370.56		
115.47	9359534.98	141.76	10902126.35			76.51	5226195.96	153.70	11300829.22		
94.53	7362678.94	110.80	8387958.12	46.45	3616973.91	104.18	6898354.74			85.51	5847267.64
111.19	8870159.49			62.67	4588499.17	78.50	5458210.59			80.55	5368018.00
140.52	11076419.76			52.68	3780376.64	73.78	5332301.59	104.52	7661478.80	70.70	4788462.07
122.63	10126509.45	121.75	9449266.33	50.64	3721226.00			89.10	6446549.86	68.15	4716454.85
		117.69	8899546.08	51.95	3570233.68			93.67	6702666.02	64.30	4344921.75
		122.24	8918834.87			87.33	6343262.13	77.98	5454343.60		
133.09	10306302.91	134.55	10498248.07			80.07	5844672.51				

2000 年 上 海 B 股 每

日期	1月		2月		3月		4月		5月		6月	
	成交额	成交量	成交额	成交量	成交额	成交量	成交额	成交量	成交额	成交量	成交额	成交量
1					0.30	15298408					2.76	119187167
2					0.18	10046324					2.64	110054281
3					0.31	15585971	0.60	31821305				
4	0.20	9978102					0.28	16241110				
5	0.36	18050848					0.39	21035696			2.83	120699881
6	0.32	16613646			0.34	18412650	0.42	20635021			2.02	90564697
7	0.74	39329183			0.25	12393697	0.49	24212015			2.05	85449998
8					0.32	21445712			0.33	16201886	1.96	85303348
9					0.21	12571478			0.34	17913416	1.82	82235806
10	0.64	34856648			0.19	10975761	0.28	14190175	0.30	14838955		
11	0.29	14976124					0.31	15882875	0.19	9909787		
12	0.26	14572153					0.36	19774477	0.13	7629283	1.14	51911126
13	0.17	8953494			0.20	11387878	0.56	29790580			2.20	94628380
14	0.12	6824804	1.24	67060988	0.30	17089343	0.47	25835678			1.70	72221211
15			1.42	64076365	0.15	9987831			0.11	5835730	1.03	41455416
16			0.96	44740887	0.24	14152908			0.26	13583030	1.61	63907308
17	0.14	7795866	0.94	47454196	0.33	21142595	0.63	34410091	0.16	9393574		
18	0.17	8954643	0.75	38831018			0.37	19679003	0.26	14889496		
19	0.25	13059473					0.30	16053944	0.28	14046477	1.03	41967490
20	0.33	18212809			0.27	12908048	0.31	17369669			1.24	55775905
21	0.26	14057221	0.97	52451878	0.19	10860572	0.46	25981353			0.90	42478732
22			0.71	34725794	0.25	14075997			0.91	52395943	0.69	29953184
23			0.46	24460335	1.16	62411993			0.62	35942747	0.84	32762365
24	0.19	10599175	0.27	13104152	0.79	43552053	0.73	39987094	1.51	77790723		
25	0.36	19407731	0.40	17588573			0.34	18904555	1.16	56702030		
26	0.21	12222294					0.35	20100098	1.27	60624276	1.86	82967721
27	0.66	34116496			0.86	45345592	0.26	15098138			1.32	58620860
28	0.66	31369159	0.40	17418475	0.75	41674441	0.29	16155576			0.81	32649934
29			0.41	19972467	0.62	36955966			2.32	101147976	0.72	30042653
30					0.42	26085146			2.58	104536122	0.72	29297295
31					0.37	20333879			2.87	117856157		

数据来源:上海证券交易所

日成交量、成交额

成交额:亿元;成交量:手

7月		8月		9月		10月		11月		12月	
成交额	成交量	成交额	成交量	成交额	成交量	成交额	成交量	成交额	成交量	成交额	成交量
		1.62	63870548.00	2.73	102105564.00			1.20	42909440.00	0.95	30121584.00
		1.46	55853306.00					1.35	47186668.00		
0.83	34541839.00	2.35	90922023.00					2.70	92501727.00		
0.59	24686656.00	2.52	98325233.00	1.70	64147262.00					2.23	71621269.00
1.02	42845214.00			2.01	74348762.00					1.27	39779564.00
1.25	43291008.00			1.33	49588643.00			3.05	99206111.00	1.56	47928080.00
0.92	34408608.00	3.17	119955222.00	1.90	66663437.00			1.38	45834923.00	1.14	35808881.00
		4.23	153806990.00	1.74	61575228.00			2.22	68432737.00	1.06	32514268.00
		4.40	155193877.00			0.25	9518052.00	2.23	67189419.00		
0.57	22874928.00	2.45	90690985.00			0.33	13171281.00	1.97	59217017.00		
0.62	26630879.00	2.98	105474916.00	1.39	47930060.00	0.45	18010347.00			1.18	39092673.00
0.61	26876009.00			1.26	44923200.00	0.32	12447058.00			1.04	32617799.00
1.51	63210576.00			0.70	24470643.00	0.64	25571531.00	2.18	67362663.00	1.20	37976964.00
1.10	46181478.00	3.83	129045236.00	0.96	33775359.00			1.42	45402922.00	2.15	69162359.00
		4.69	155473801.00	0.73	25765081.00			1.77	52803835.00	1.25	38607236.00
		3.76	124944564.00			0.39	15745788.00	1.79	57868071.00		
1.18	52320227.00	4.72	155763237.00			0.39	16247523.00	1.46	46810950.00		
1.16	52510226.00	4.10	131067323.00	1.22	44167032.00	0.28	11557204.00			5.07	145079480.00
0.92	40039686.00			1.54	56765998.00	0.25	10487366.00			3.42	100488172.00
1.07	45894832.00			0.78	30142628.00	0.81	33010990.00	2.88	88899905.00	3.78	106625418.00
1.09	46299843.00	5.66	165743950.00	0.61	24031530.00			3.05	91414831.00	5.39	150146764.00
		7.89	226196556.00	1.31	53534947.00			1.93	59427984.00	3.54	97272656.00
		7.26	230955028.00			0.76	30225879.00	2.59	78579383.00		
0.84	36583150.00	6.84	220019738.00			0.29	11644526.00	3.50	110969238.00		
1.87	77901010.00	4.13	132824663.00	0.72	29691555.00	2.97	103346205.00			4.49	119165104.00
1.76	73400988.00			0.72	28269884.00	5.84	204522279.00			3.55	93613866.00
2.05	83130060.00			0.79	32313244.00	1.59	56668637.00	1.95	64051481.00	5.42	147664312.00
2.60	101229962.00	3.04	105494058.00	0.60	24641386.00			1.56	50522070.00	4.12	113448030.00
		2.39	81108604.00	0.40	15940577.00			1.12	35429437.00	4.13	107418941.00
		1.47	48301972.00			3.09	109451630.00	1.20	39197461.00		
1.91	76074573.00	2.96	103263389.00			2.52	89651534.00				

2000 年深圳B股每

日期	1月		2月		3月		4月		5月		6月	
	成交额	成交量	成交额	成交量	成交额	成交量	成交额	成交量	成交额	成交量	成交额	成交量
1					0.57	237265.92					2.27	830761.19
2					0.48	215756.57					3.01	1091042.97
3					0.47	190591.48	0.75	348748.91				
4	0.36	147252.03										
5	0.36	152267.44					0.75	346019.45			4.40	1486707.41
6	0.29	110123.38			0.49	204441.01	0.69	324593.66				
7	0.91	361530.13			0.47	181591.91	0.67	330310.30			2.86	973888.63
8					0.36	143124.97			0.30	160088.15	2.15	902959.14
9					0.35	150492.17			0.27	102068.76	1.70	625459.15
10	0.70	282908.90			0.27	120227.10	0.42	192445.71	0.19	76457.36		
11	0.40	167282.08					0.50	239400.33				
12	0.32	121396.19					0.37	181510.64	0.19	74322.88	1.26	482666.02
13	0.23	100013.76			0.27	113054.98	0.44	186829.28			1.94	654287.85
14	0.18	76457.93	1.41	494254.63	0.30	126717.96	0.37	177062.71			1.67	588792.18
15			1.65	550306.07	0.24	128237.46			0.18	85599.64	1.33	531713.57
16			0.86	323861.03	0.33	156073.35			0.24	154710.40	1.54	520970.53
17	0.15	73058.90	0.90	309067.90	0.40	183989.05	0.54	263857.69	0.23	122102.75		
18	0.24	103870.58	0.67	254120.56			0.34	171613.57	0.19	87438.26		
19	0.21	89906.19					0.56	273884.24	0.26	146712.37	0.61	213788.13
20	0.25	98059.32			0.39	203156.14	0.49	242519.87			0.68	272375.51
21	0.23	99447.26	0.92	334788.92	0.34	184260.76					1.12	456867.92
22			0.70	258455.73	0.30	161239.46			0.62	293448.37	0.90	326516.62
23			0.46	182693.76	1.12	493610.21			0.30	136523.27	0.72	268659.80
24	0.35	138222.51	0.41	159732.78	1.87	749130.17			0.62	274486.04		
25	0.42	163133.66	0.47	157445.71			0.46	206932.38	0.56	228633.91		
26	0.41	153966.89					0.30	148333.37	0.59	235859.52	0.99	359676.21
27	1.06	382675.36			2.08	790426.90	0.25	120877.56			0.88	302967.86
28	0.98	360293.58	0.59	202674.35	1.37	647945.61	0.38	167089.38			1.14	372937.18
29			0.73	289124.04	0.94	510031.29			2.08	757256.14	0.61	212982.84
30					0.76	345045.16			2.26	869683.43	1.70	450487.28
31					0.65	298467.43			2.64	964296.06		

数据来源:深圳证券交易所

日成交量、成交额

成交额：亿元；成交量：手

7月		8月		9月		10月		11月		12月	
成交额	成交量	成交额	成交量	成交额	成交量	成交额	成交量	成交额	成交量	成交额	成交量
		1.09	352392.82	1.07	364238.91			0.42	153373.96	0.35	129801.49
		1.51	531798.69					0.48	171708.59		
0.56	181635.40	2.04	704805.32					0.96	332026.61		
0.55	187647.87	1.27	435419.10	1.06	335935.96					0.43	156915.56
0.70	244673.27			0.94	302336.78					0.43	147866.31
1.50	631313.99			1.02	346659.04			0.73	263368.29	0.46	160960.50
0.67	269614.11	1.49	524360.32	1.02	337720.95			0.48	163534.42	0.37	155490.84
		2.38	818612.59	0.52	171986.89			0.63	201417.43	0.50	207504.57
		1.68	547304.63			0.44	158574.51	0.35	114693.81		
0.54	200059.25	1.00	346158.75			0.51	176485.57	0.72	239325.89		
0.43	167352.75	1.21	387074.26	0.52	165126.14	0.44	155570.06			0.35	138466.00
0.32	115204.23			2.16	783369.09	0.32	123983.70			0.38	144508.97
0.58	202374.24					0.38	140896.62	0.51	170623.80	0.27	99271.67
0.75	265993.88	1.87	590612.03	1.00	323760.63			0.39	126183.44	0.58	199144.15
		1.20	389956.68	0.47	176448.53			0.51	164134.55	0.46	158971.73
		1.16	359797.69			0.14	57483.37	0.39	127685.43		
0.95	318082.13	0.83	274052.13			0.19	66771.17	0.50	162460.57		
0.48	168021.08	1.12	397328.80	0.68	245900.92	0.60	181002.78			1.17	418155.33
0.84	246842.35			0.86	300475.30	0.28	90196.38			0.77	282960.64
0.56	206465.28			0.62	250180.37	0.77	266862.83	0.79	262023.22	1.91	679229.64
0.65	242852.75	3.38	1024086.17	0.35	128416.78			0.72	242721.76	1.44	498724.86
		5.89	1680346.79	0.44	171905.72			0.49	164632.35	1.08	364854.520
		4.14	1247918.25			0.39	133674.21	0.58	192538.81		
1.99	716787.96	2.61	785934.81			0.39	157143.89	0.89	295140.68		
1.06	379462.88	1.81	534652.34	0.28	105583.50	2.68	913699.30				
1.37	486198.30			0.47	172644.89	1.82	648902.74				
1.58	563289.96			0.41	168667.13	1.17	3848144.64	0.54	178078.59	2.34	776989.83
0.87	305787.93	1.06	348214.32	0.31	118340.72			0.40	129406.71	1.59	558695.48
		1.03	298386.90	0.97	356669.06			0.38	126365.61	2.44	796726.36
		1.12	340751.58			0.69	236865.35	0.36	119250.19		
1.02	386723.63	2.09	648340.48			0.82	282609.51				

2000 年沪深上市公

行业	公司数量	加权平均每股收益(元)	加权净资产收益率(%)	加权平均每股净资产(元)	主营收入(亿元)	同比(%)
两市总体	1112	0.2111	7.9375	2.6590	10981.39	21.18
沪市	606	0.2179	8.1724	2.6663	6368.19	20.30
深市	506	0.2014	7.6028	2.6488	4613.20	22.41
农、林、牧、渔业	30	0.2186	7.8364	2.7892	166.06	34.90
采掘业	14	0.3700	13.5143	2.7382	144.09	28.85
食品、饮料	53	0.2851	9.1459	3.1173	403.21	17.82
纺织、服装、皮毛	59	0.2574	8.9521	2.8757	399.16	28.20
木材、家具	2	0.3247	8.8355	3.6755	5.43	39.20
造纸、印刷	22	0.2255	7.3282	3.0778	118.37	32.03
石油、化学、塑胶、塑料	126	0.1389	5.5450	2.5053	1562.28	29.00
电子	24	0.2788	9.4195	2.9599	314.28	12.93
金属、非金属	100	0.2288	9.4800	2.4130	1977.71	18.13
机械、设备、仪表	174	0.1418	5.2798	2.6856	1546.68	12.80
医药、生物制品	52	0.2299	8.2287	2.7933	420.82	20.07
其他制造业	16	0.2561	8.6021	2.9767	73.03	22.59
电力、煤气及水的生产和供应业	43	0.3440	12.0334	2.8590	315.55	19.59
建筑业	19	0.2438	8.3802	2.9090	292.04	10.37
交通运输、仓储业	45	0.2022	7.6390	2.6474	346.52	22.75
信息技术业	64	0.2373	7.4868	3.1691	780.90	30.69
批发和零售贸易	99	0.1762	6.6742	2.6394	1222.21	20.76
金融、保险业	7	0.2915	10.1137	2.8822	127.09	24.73
房地产业	34	0.2077	8.4853	2.4474	181.02	21.41
社会服务业	38	0.1970	7.8346	2.5148	183.59	12.79
传播与文化产业	10	0.2761	8.0889	3.4128	24.49	5.61
综合类	81	0.1468	6.7547	2.1739	376.86	35.49

资料来源:中国证券报

司 年 报 数 据 全 景

利润总额（亿元）	同比（%）	净利润（亿元）	同比（%）	总资产（亿元）	股东权益（亿股）	最新总股本（亿股）	流通股（亿股）	A股流通市值（亿元）
1067.51	14.62	818.49	13.61	21944.73	10311.64	3935.12	1291.56	15895.25
643.26	18.20	495.24	17.06	13016.37	6059.92	2317.59	702.22	8724.12
424.25	9.59	323.25	8.71	8928.36	4251.72	1617.53	589.33	7171.13
16.99	-16.77	14.34	-13.84	316.50	182.97	65.84	26.91	379.32
38.82	51.92	31.22	57.94	311.84	231.01	85.36	18.13	229.69
51.31	2.68	39.70	2.00	734.76	434.04	144.55	48.77	720.92
44.45	41.39	34.19	40.77	692.93	381.96	134.67	49.76	610.61
1.06	21.13	0.90	32.30	14.52	10.21	2.78	1.23	22.47
15.45	15.78	11.67	25.80	319.70	159.28	51.75	21.76	239.55
91.45	-8.04	69.90	-11.44	2259.20	1260.67	506.94	133.88	1534.34
32.49	5.28	25.02	7.27	535.47	265.61	90.75	33.89	431.44
189.48	28.47	144.31	28.62	2636.97	1522.30	639.35	157.84	1510.10
98.57	-9.71	73.11	-11.98	2767.76	1384.67	526.85	200.42	2147.28
38.75	17.97	29.20	17.01	712.27	354.89	129.40	47.12	733.35
10.75	-5.80	8.60	-6.54	194.06	99.96	33.86	12.31	194.43
105.27	20.83	78.37	14.28	1151.61	651.28	232.05	70.20	719.54
19.15	-9.70	14.89	-10.49	440.46	177.64	62.67	23.94	278.48
77.29	8.99	56.13	1.41	1400.35	734.81	281.11	63.98	653.45
52.95	20.14	43.09	18.58	1126.25	575.58	185.63	72.97	1288.15
46.68	55.27	34.90	90.11	1178.33	522.93	200.73	82.34	1104.84
27.59	58.59	22.53	55.68	2801.60	222.76	77.29	29.35	467.92
32.17	54.60	25.60	59.67	676.82	301.65	123.93	49.81	609.30
29.68	19.44	24.30	25.24	532.21	310.21	124.31	39.49	505.27
6.30	3.88	5.43	2.80	98.72	67.14	20.47	6.42	153.24
40.85	13.47	31.08	8.23	1042.41	460.10	214.84	101.04	1361.57

2000 年度上海证券交易所

代码	简称	每股收益(元)				每股净资产(元)		每股经营现金流量(元)		净资产收益率(%)		主营收入(万元)		净利润(万元)	
		2000年	扣除后	1999年	扣除后	2000年	调整后	2000年	1999年	2000年	1999年	2000年	同比(%)	2000年	同比(%)
600000	浦发银行	0.397	0.397	0.303	0.337	3.089	2.878	0.702	0.404	12.87	11.24	571041.44	15.45	95790.47	31.37
600001	邯郸钢铁	0.506	0.402	0.536	0.428	3.95	3.94	0.61	0.364	12.82	15.35	585668.44	15.04	75261.97	2.88
600002	齐鲁石化	0.223	0.223	0.2	0.2	2.49	2.46	0.39	0.593	8.95	8.75	715551.04	22.95	43482.49	12.33
600003	东北高速	0.1767	0.1171	0.17	0.17	2.3414	2.3408	0.1238	0.01	7.5482	7.54	34436.06	-6.47	21441.64	7.56
600005	武钢股份	0.338	0.34	0.29	0.29	2.178	2.178	0.772	0.532	15.53	13.67	692528.08	17.35	70689.20	16.67
600006	东风汽车	0.3738	0.3709	0.3209	/	2.6948	2.5443	0,4758	0.2225	13.87	12.74	344631.19	11.69	37384.01	16.49
600007	中国国贸	0.18	0.19	0.23	0.23	2.56	2.54	0.39	0.36	7.13	9.19	54281.40	13.38	14599.80	-20.09
600008	首创股份	0.3938	0.3923	0.4895	0.4895	3.513	3.5086	0.3764	/	11.21	34.62	16632.10	2.96	43321.55	10.62
600009	上海机场	0.395	0.394	0.44	0.441	3.154	3.153	0.537	0.473	12.52	15.19	86789.62	16.00	54520.30	-8.29
600010	钢联股份	0.32	0.33	0.28	/	1.74	1.74	0.14	/	18.47	17.97	589847.31	-0.41	28889.16	14.77
600016	民生银行	0.25	0.24	0.15	0.14	3.47	3.33	1.05	2.46	7.16	13.55	271010.84	66.84	42916.63	114.34
600018	上港集箱	0.603	0.5959	0.5822	0.5988	4.3655	4.3099	1.3223	1.3198	13.8128	31.4541	182527.82	29.57	54402.56	35.00
600019	宝钢股份	0.24	0.24	0.21	0.22	2.02	2.02	0.72	/	11.84	/	3094053.45	9.24	299210.39	31.53
600033	福建高速	0.2787	0.0702	0.1171	0.0863	1.877	1.8767	0.6802	0.348	14.85	7.33	20146.66	6.22	13517.11	137.92
600037	歌华有线	0.57	0.58	0.48	0.48	1.73	1.7	0.66	/	33.23	31.03	23172.62	28.52	10921.54	19.58
600038	哈飞股份	0.2706	0.2677	0.37	0.37	4.25	4.25	0.25	/	6.3635	23.74	23738.18	23.63	4058.89	21.04
600051	宁波联合	0.17	0.14	0.05	0.1	2.64	2.57	0.25	0.011	6.28	2.06	295731.70	47.86	5017.76	213.01
600052	浙江广厦	0.23	0.2	0.26	0.25	1.94	1.69	-0.39	-0.41	11.67	9.61	163594.94	7.09	9578.81	23.92
600053	江西纸业	0.34	0.23	0.34	0.19	4.16	4.16	0.64	0.23	8.13	10.25	30146.68	11.08	5453.65	17.47
600054	黄山旅游	0.15	/	0.27	/	2.37	2.21	0.155	0.21	6.3	12.3	28603.02	-0.57	4490.53	-45.78
600055	万东医疗	0.28	0.278	0.275	0.26	3	2.97	0.22	0.33	9.32	9.42	27741.70	34.20	3105.21	1.70
600056	中技贸易	0.2474	0.2302	0.2636	0.2629	3.9329	3.9193	-1.15	2.8947	6.29	8.5874	140009.55	-4.86	3225.39	1.97
600057	厦新电子	-0.487	-0.512	0.091	0.013	1.453	1.315	-0.71	0.58	-33.52	4.69	99347.74	-17.85	-17448.19	-634.92
600058	龙腾科技	0.4898	0.5173	0.3246	0.355	4.3485	4.274	0.2937	0.9467	11.2641	8.4122	1174969.95	57.70	20772.88	50.90
600059	古越龙山	0.401	0.401	0.401	/	3.73	3.69	0.72	0.086	10.75	11.38	39073.78	-0.79	8252.30	-0.08
600060	海信电器	0.3	0.29	0.29	0.19	3.4	3.34	0.56	0.23	8.9	8.92	430054.40	44.21	12534.16	5.43
600061	中纺投资	0.335	0.285	0.315	0.315	3.383	3.367	0.33	0.4	9.91	11.65	71045.50	45.65	4810.57	15.63
600062	双鹤药业	0.4217	0.4123	0.32	0.36	2.5861	2.522	0.5653	0.56	16.31	10.96	116833.91	61.48	12891.47	69.88
600063	皖维高新	0.214	0.205	0.198	0.196	2.445	2.418	0.3	0.136	8.75	9.47	38692.80	34.08	5409.52	16.26
600064	南京高科	0.327	0.327	0.603	/	3.182	3.182	0.612	0.146	10.28	21.13	88101.63	-15.57	11260.40	-45.77
600065	大庆联谊	0.1612	0.153	0.038	0.038	4.945	4.9	0.144	0.055	3.26	0.787	48483.70	48.54	2579.39	323.72

上 市 公 司 经 济 指 标 总 览

总资产（万元）	股东权益（万元）	资本公积（万元）	未分配利润（万元）	最新流通A股（万股）	最新总股本（万股）	分红配股方案	最新市盈率（倍）	年报刊登日期	代码
13072243.17	744476.95	389003.73	49653.97	40000.00	241000.00	/	51.21	2001/4/26	60000
759147.90	586939.39	311351.39	79281.08	49000.00	148655.31	10派2元	16.26	2001/4/18	600001
828910.56	486082.64	221292.53	40680.21	35000.00	195000.00	10派0.9元	27.98	2001/4/20	600002
414590.85	284064.50	137139.40	13170.03	30000.00	121320.00	10派0.7元	38.60	2001/3/29	600003
633129.80	455286.24	198122.42	10216.07	32000.00	209048.00	10派2.8元	20.15	2001/4/5	600005
406905.27	269477.81	130545.14	28592.77	30000.00	100000.00	10派2元	25.15	2001/3/6	600006
366429.10	204839.90	91890.00	20232.50	16000.00	80000.00	10派1.04元	67.22	2001/3/22	600007
501249.64	386426.37	267950.94	83.31	16000.00	110000.00	10派3.34元	47.05	2001/4/20	600008
765011.00	435622.52	167562.59	91294.07	48130.61	138130.61	10派3元	25.77	2001/3/29	600009
265793.17	156436.41	48461.54	12055.79	35000.00	125000.00	10派1元	20.56	2001/4/11	600010
6805821.51	599573.77	375288.29	36479.14	35000.00	173024.80	10派2元转增3	73.80	2001/3/31	600016
704427.26	393857.02	266096.78	7718.14	8400.00	90220.00	10派3.5元	40.10	2001/2/15	600018
3896670.41	2528153.71	1155245.13	31461.91	139289.19	1251200.00	10派0.5元	22.96	2001/3/15	600019
223811.74	91032.51	25717.59	12100.23	20000.00	68500.00	不分配	31.11	2001/3/8	600033
60466.35	32863.32	9956.80	250.07	8000.00	27000.00	10派1元	68.60	2001/3/7	600037
77618.83	63783.96	44224.11	2638.28	6000.00	15000.00	不分配	80.56	2001/2/24	600038
184088.85	79841.91	39454.97	-1126.39	8539.79	30240.00	10派1.1元	82.94	2001/4/6	600051
238532.04	82044.80	23184.33	8581.63	19656.00	42336.00	10派1元配3	53.00	2001/2/20	600052
112796.85	67053.52	35586.77	11867.80	7597.35	16107.00	10派1元	40.21	2001/3/9	600053
95845.30	71667.89	25557.06	7655.59	5200.00	30290.00	不分配	100.47	2001/3/17	600054
52667.61	33323.84	17721.93	2256.80	3900.00	11100.00	10派2元	74.29	2001/3/20	600055
112157.91	51265.26	31907.58	3357.45	3900.00	13035.00	10派1元	87.03	2001/3/20	600056
129378.09	52058.70	29355.68	-16687.34	14400.00	35820.00	不分配	/	2001/4/6	600057
429360.13	184415.35	98773.98	30593.29	12000.00	42408.87	不分配	45.53	2001/3/10	600058
144434.09	76735.91	39607.46	10836.25	8190.00	20600.00	10派2元配3(9-13元)(*)	36.08	2001/2/13	600059
272013.32	140909.73	54801.86	29759.33	20384.00	49376.78	10派1.05元	41.83	2001/4/17	600060
76084.20	48555.25	26249.04	4392.81	4680.00	14350.60	10派0.5元送2转增8(*)	38.03	2001/2/20	600061
148415.63	79055.90	27955.25	13278.07	10980.40	30569.50	10派1元配3(12-14元)(*)	43.51	2001/3/2	600062
119843.89	61845.83	30147.55	3774.65	9900.00	25290.00	10派1.5元	58.64	2001/3/16	600063
213231.07	109513.03	50602.54	9217.29	15520.51	34414.59	不分配	48.10	2001/4/3	600064
137922.40	79119.65	46157.33	6815.83	5000.00	16000.00	10派0.5元送2(*)	76.86	2001/1/18	600065

续表

代码	简称	每股收益(元)				每股净资产(元)		每股经营现金流量(元)		净资产收益率(%)		主营收入(万元)		净利润(万元)	
		2000年	扣除后	1999年	扣除后	2000年	调整后	2000年	1999年	2000年	1999年	2000年	同比(%)	2000年	同比(%)
600066	宇通客车	0.6368	0.63	0.621	/	6.35	6.24	1.6	0.1965	10.03	11.03	119896.83	71.25	8707.16	23.17
600067	福州大通	0.22	0.2	0.23	0.219	2.85	2.8	-0.42	0.41	7.76	10.91	38925.35	44.97	2321.64	20.96
600068	葛洲坝	0.3	0.33	0.37	0.35	4.45	4.38	0.01	0.75	6.76	8.92	215579.57	4.85	21211.95	-6.93
600069	银鸽投资	0.028	0.024	0.031	0.027	1.73	1.71	0.08	0.08	1.62	1.81	15424.82	9.95	1044.39	-9.03
600070	浙江富润	0.35	0.36	0.3	0.25	3.17	3.15	0.64	-0.08	10.9	10.06	21371.47	11.46	2615.06	13.52
600071	凤凰光学	0.36	0.34	0.26	0.26	3.47	3.47	0.18	0.49	10.27	8.27	27339.65	11.77	3830.49	35.09
600072	江南重工	0.072	-0.059	0.202	0.203	3.416	3.403	0.022	-0.335	2.121	6.031	35355.43	-33.02	1988.91	-63.63
600073	上海梅林	0.25	0.07	0.32	-0.09	2.41	2.32	0.11	0.25	10.24	13.34	53724.03	-4.45	7990.30	14.88
600074	南京中达	0.442	0.426	0.223	0.223	3.716	3.673	1.553	-0.807	11.9	6.61	49578.17	32.22	6389.74	98.08
600075	新疆天业	0.386	0.327	0.278	0.271	4.78	4.58	0.717	-0.239	8.07	6.19	141249.23	94.33	8754.06	38.71
600076	青鸟华光	0.2653	0.2585	0.1674	0.1623	2.813	2.763	0.4241	-0.0507	9.431	6.419	24409.93	28.36	5953.64	58.49
600077	国能集团	0.24	0.24	0.1	0.02	2.97	2.75	-0.53	0.08	8.24	3.7	31308.89	210.77	3094.39	134.51
600078	澄星股份	0.2	0.23	0.26	0.28	3.54	3.54	-0.23	0.41	5.65	7.54	54139.65	21.69	3604.97	-22.80
600079	人福科技	0.289	0.233	0.275	0.221	2.28	2.229	0.208	-0.384	12.66	7.03	18849.91	40.48	3637.64	99.34
600080	金花股份	0.35	0.35	0.42	0.42	3.42	3.26	0.41	0.29	10.19	18.05	18382.49	12.40	8051.68	-7.23
600081	东风科技	0.26	0.21	0.3	0.29	2	1.97	0.2	0.02	12.94	16.53	39410.93	100.94	5192.61	44.76
600082	津百股份	-0.618	-0.618	0.015	0.015	2.71	2.532	0.073	0.22	-22.8	0.464	43385.89	-18.57	-9205.83	-4112.48
600083	PT红光	-0.307	-0.253	-0.846	/	0.12	-0.197	-0.087	-0.001	-254.89	-555.33	3730.10	-33.40	-7058.48	63.73
600084	新天国际	0.49	0.48	0.29	0.284	3.55	3.46	0.025	0.24	13.7	7.3	68613.94	38.68	8811.11	117.55
600085	同仁堂	0.611	0.61	0.58	0.581	3.973	3.943	0.699	0.235	15.38	18.36	102439.21	22.64	14664.85	5.29
600086	多佳股份	0.145	0.146	0.169	0.169	2.323	2.31	-0.177	0.213	6.25	8.74	28573.00	13.57	3195.40	-9.62
600087	南京水运	0.484	0.484	0.515	0.515	3.36	3.27	0.82	0.97	14.38	10.11	52298.64	46.35	11576.63	50.43
600088	中视股份	0.131	0.127	0.283	0.279	3.92	3.89	0.42	0.367	3.34	7.28	20468.11	12.16	2386.74	-53.74
600089	特变电工	0.36	0.36	0.608	/	3.1599	3.0797	0.043	0.246	11.36	17.45	99684.72	57.25	9315.09	2.61
600090	啤酒花	0.41	0.39	0.29	0.28	2.15	2.03	/	/	18.92	/	61574.11	121.57	9357.17	154.25
600091	明天科技	0.38	0.38	0.25	0.205	3.4	3.38	0.29	0.02	11.13	8.82	78591.60	35.02	8563.01	28.27
600092	精密股份	0.197	0.1926	0.2509	0.2421	2.69	2.69	0.2894	-0.4154	7.32	13.99	12541.61	-27.11	5145.19	-13.66
600093	禾嘉股份	0.17	0.15	0.23	0.18	2.88	1.48	-0.19	0.75	6.03	8.35	17556.66	0.03	2216.54	-24.68
600094	华源股份	0.25	0.21	0.34	0.27	2.9	2.81	0.42	0.27	8.58	11.91	147449.02	49.30	12234.84	27.05
600095	哈高科	0.078	0.072	0.217	/	2.77	2.65	0.257	/	2.83	7.919	22385.76	-43.34	2047.32	-63.97
600096	云天化	0.4479	0.4479	0.4576	0.4576	2.9921	2.9884	0.6367	0.5024	14.97	17.3	76536.84	-0.30	16490.45	-36.58

总资产（万元）	股东权益（万元）	资本公积（万元）	未分配利润（万元）	最新流通A股（万股）	最新总股本（万股）	分红配股方案	最新市盈率（倍）	年报刊登日期	代码
142578.10	86822.48	63921.88	4887.23	9372.31	13672.37	10派6元	28.88	2001/2/27	600066
54113.39	29914.88	13384.87	3541.95	6792.43	10501.17	10派1元	75.36	2001/4/6	600067
458378.26	313877.35	201751.09	31395.89	34580.00	70580.00	10派1元	29.53	2001/4/10	600068
91335.45	64431.11	13371.67	9971.62	14560.00	37160.00	不分配	344.29	2001/3/20	600069
41979.82	23998.56	11020.78	3800.45	3120.00	7573.30	10派2元	55.89	2001/3/6	600070
56388.85	37293.46	16751.79	6730.00	4862.00	10745.36	10派0.75元送3转增4(*)	52.78	2001/3/6	600071
107607.07	93788.74	54597.40	6849.39	12480.00	27458.08	不分配	144.44	2001/3/30	600072
133813.96	78034.08	43669.61	-1645.17	12000.00	32400.00	不分配	56.52	2001/2/28	600073
111006.02	53713.39	29242.72	7698.16	5220.00	14460.00	10派1元配3(13-17元)(*)	35.88	2001/1/19	600074
219024.50	108416.89	64816.89	14617.67	9720.00	22680.00	10派1元配3(13-15元)	36.35	2001/3/16	600075
102967.11	63127.66	24264.72	9614.13	9600.00	22441.60	10派0.6元	85.34	2001/2/27	600076
79481.10	37674.50	21232.13	2167.36	4654.07	12681.91	10派1元	74.17	2001/4/13	600077
81396.94	63779.84	31288.18	7910.55	6612.98	18006.20	10派1元	68.40	2001/3/28	600078
51811.66	28724.07	10449.21	1558.52	6422.00	12597.00	10派0.5元	64.46	2001/2/8	600079
103440.22	78873.26	27652.83	23331.94	9984.00	23083.52	不分配	42.31	2001/4/12	600080
75339.80	40119.88	12588.06	4711.45	5025.00	20100.00	10派1元	123.08	2001/3/21	600081
117687.78	40376.89	29529.24	-7066.93	7917.78	14898.08	不分配	/	2001/4/26	600082
129948.89	2769.17	6327.89	-26558.72	13573.06	23000.00	不分配	/	2001/4/20	600083
158641.83	64296.90	27290.79	15525.78	6864.00	18090.80	10派1元转增3(*)	29.94	2001/2/6	600084
167570.74	95358.20	46880.91	16292.42	7800.00	25980.00	10派2元转增3	38.12	2001/3/20	600085
77328.67	51154.54	15132.35	10211.28	7992.46	22017.60	10派0.25元送1转增5(*)	95.31	2001/3/9	600086
95748.91	80494.64	39771.25	6253.39	7280.00	23932.31	10派3元配1.875(10-12元)(*)	32.52	2001/2/7	600087
80727.78	71413.42	46716.62	1482.75	6000.00	18210.00	10派1元转增3	200.08	2001/4/25	600088
181700.56	81995.35	35980.54	15018.89	13041.60	25949.02	10派1元	41.36	2001/3/15	600089
117141.82	49446.12	11939.67	3775.27	10882.56	22994.79	10派0.375元送1.5转增4.5(*)	35.37	2001/3/6	600090
112931.94	76952.58	39126.58	11005.19	9620.00	22652.60	10派2元	41.92	2001/3/8	600091
96293.64	70253.20	25186.13	15048.45	13309.92	26119.62	不分配	62.23	2001/3/20	600092
72183.94	36733.70	15019.95	6891.31	5100.00	12750.00	10派0.5元	86.24	2001/3/16	600093
326754.92	142577.95	73787.63	6511.60	11040.00	49175.40	10派1元	46.88	2001/4/10	600094
164639.08	72438.50	35917.18	6464.60	15106.60	26156.00	不分配	161.28	2001/4/19	600095
155623.57	110164.05	51263.45	9673.82	10000.00	36818.18	不分配	30.36	2001/2/27	600096

续表

代码	简称	每股收益(元)				每股净资产(元)		每股经营现金流量(元)		净资产收益率(%)		主营收入(万元)		净利润(万元)	
		2000年	扣除后	1999年	扣除后	2000年	调整后	2000年	1999年	2000年	1999年	2000年	同比(%)	2000年	同比(%)
600097	ST恒泰	-0.5388	-0.5226	-1.6378	/	0.0938	0.0655	-0.0177	-0.0367	-574	-297.96	2697.88	-54.87	-6220.48	20.92
600098	广州控股	0.705	0.625	0.442	0.459	3.4	3.39	1.4	0.954	20.74	18.06	345917.44	41.70	88254.98	66.56
600099	林海股份	0.042	0.041	0.103	0.106	2.71	2.7	0.29	0.03	1.54	3.77	20011.05	-28.64	761.34	-59.42
600100	清华同方	0.616	0.616	0.62	0.62	6.718	6.49	0.479	0.19	9.17	12.23	331884.71	98.92	23597.55	46.71
600101	明星电力	0.558	0.558	0.568	0.532	4.33	4.27	0.76	0.54	12.89	14.32	24347.05	17.71	8166.01	-1.74
600102	莱钢股份	0.605	0.616	0.432	0.43	3.25	3.25	1.27	0.57	18.62	14.88	452540.76	13.40	52714.82	40.02
600103	青山纸业	0.238	0.233	0.313	0.3115	2.246	2.23	0.188	0.43	10.58	7.69	88577.26	63.30	16781.69	51.92
600104	上海汽车	0.53	0.535	0.51	0.517	3.43	3.4	0.394	0.671	15.48	17.57	250680.66	2.98	74226.69	3.91
600105	永鼎光缆	0.248	0.24	0.279	/	2.677	2.624	0.03	0.08	9.27	11.09	74071.58	41.75	6192.55	-11.12
600106	重庆路桥	0.251	0.251	0.3012	0.187	2.76	2.68	0.41	0.35	9.1	11.56	12279.57	7.45	7781.70	-16.65
600107	美尔雅	0.188	0.159	0.279	0.228	2.475	2.442	0.385	0.262	7.59	6.48	31190.12	-7.59	6761.98	21.38
600108	亚盛集团	0.2916	0.2665	0.37	0.298	2.8596	2.83	0.32	0.455	10.2	10.9	69009.12	31.29	11666.44	2.38
600109	ST成百	-0.44	-0.336	-0.382	/	0.564	0.051	0.189	0.532	-78.07	-38.07	78374.61	2.80	-3124.60	-15.17
600110	长春热缩	0.4004	0.36	0.218	0.218	3.22	3.15	0.6	0.159	12.44	7.48	8963.03	20.43	4631.09	83.38
600111	稀土高科	0.243	0.255	0.174	/	2.482	2.355	0.421	0.006	9.79	9.55	39253.49	59.38	9808.11	54.69
600112	长征电器	0.2046	0.1644	0.1608	0.1536	2.83	2.75	0.11	0.15	7.24	6.02	18235.05	21.79	3518.71	27.22
600113	浙江东日	0.13	0.13	0.2	0.2	3.02	3	0.4	0.6525	4.24	6.39	10123.98	53.40	1512.12	-35.15
600115	东方航空	0.00413	-0.0466	0.04	-0.09	1.36	1.2	0.63	0.49	0.304	3.11	1182175.81	10.81	2008.19	-90.35
600116	三峡水利	0.22	0.19	0.18	0.07	3.01	2.91	0.64	-0.03	7.2	5.98	22207.57	16.11	3788.72	30.22
600117	西宁特钢	0.14	0.14	0.19	0.19	2.33	2.21	0.09	-0.36	5.88	9.95	131828.21	-1.34	7992.57	-23.68
600118	中国泛旅	0.091	0.1	0.186	0.185	1.479	1.465	0.41	-0.14	6.14	8.4	29392.20	78.42	1719.08	-21.93
600119	长江投资	0.1436	0.0978	0.0871	/	2.38	2.31	-0.0114	0.0442	6.03	3.89	50829.07	22.81	2153.99	64.90
600120	浙江东方	0.63	0.49	0.6	0.53	4.36	4.22	0.012	0.31	14.39	18.14	310798.83	20.52	8845.43	36.36
600121	郑州煤电	0.1455	0.1459	0.3996	/	1.55	1.548	0.052	0.505	9.39	15.53	45883.94	-4.26	11786.35	-34.45
600122	宏图高科	0.271	0.258	0.281	0.251	1.999	1.942	-1.254	-0.268	13.58	10.83	118286.42	54.45	8013.39	45.06
600123	兰花科创	0.0223	-0.0037	0.2	0.16	2.229	2.129	0.369	-0.14	1	10.98	30278.58	-20.28	826.76	-88.02
600125	铁龙股份	0.42	0.41	0.28	/	2.66	2.63	0.58	0.57	15.81	11.94	30545.90	10.02	8011.13	47.45
600126	杭钢股份	0.574	0.584	0.356	0.371	2.79	2.75	0.146	0.439	20.62	18.38	392878.51	27.65	37073.66	73.55
600127	金健米业	0.237	0.229	0.218	0.187	2.151	2.048	0.078	0.36	11.029	11.087	70345.61	37.78	6049.97	8.97
600128	江苏工艺	0.22	0.18	0.4	0.35	2.79	2.63	0.37	0.46	7.95	10.59	143205.51	18.61	4423.92	-3.39
600129	太极集团	0.232	0.213	0.322	0.188	3.86	3.42	0.14	0.72	6.02	10.53	119736.31	19.13	5865.31	-22.15

总资产（万元）	股东权益（万元）	资本公积（万元）	未分配利润（万元）	最新流通A股（万股）	最新总股本（万股）	分红配股方案	最新市盈率（倍）	年报刊登日期	代码
62000.78	1083.43	23866.38	-25721.74	3500.00	11544.99	不分配	/	2001/4/11	600097
825102.45	425511.18	127346.93	138397.50	23400.00	125280.00	10派1.35元(*)	26.28	2001/3/15	600098
57836.60	49552.51	23936.56	5023.71	7600.00	18260.00	10派0.5元转增2	304.29	2001/3/30	600099
529057.97	257361.16	170387.82	28867.47	16507.24	38307.46	10派1元转增5	69.06	2001/3/27	600100
97040.96	63358.80	21838.94	15774.86	7308.00	14644.39	10派2元配3(15-18元)	30.34	2001/2/8	600101
513685.99	283096.54	96938.67	67549.29	15600.00	87118.20	10派2.6元(*)	21.26	2001/2/6	600102
238961.43	158626.70	36422.15	31317.43	44608.42	70630.00	10配1.5(6-8元)	29.12	2001/3/7	600103
680796.72	479593.00	202842.21	90017.76	54600.00	182000.00	10送5	25.74	2001/3/6	600104
99350.66	66811.58	30607.52	5330.46	7500.00	24961.05	10派1元配3(10.5-13.5元)	63.63	2001/3/20	600105
129989.58	85534.75	41424.31	6916.96	9000.00	31000.00	10派1元	56.18	2001/2/28	600106
126707.11	89101.66	23210.26	17939.49	13320.00	36000.00	10派1元	56.54	2001/3/12	600107
163930.56	114424.13	44344.66	21442.68	21294.00	40014.00	10派0.25元送1转增2	35.32	2001/3/28	600108
27157.62	4002.16	2383.46	-6301.06	2750.00	7098.27	不分配	/	2001/3/29	600109
53103.79	37222.37	17728.59	5134.63	4050.80	11564.80	10派1元配3(12-18元)(*)	60.19	2001/2/17	600110
122309.08	100180.81	46512.70	7879.78	14560.00	40367.40	10派1.2元	66.13	2001/3/17	600111
79399.50	48625.72	24718.24	5043.85	5200.00	17200.00	10派0.5元	73.75	2001/2/20	600112
43574.58	35629.72	21603.84	482.71	4000.00	11800.00	10派2元	126.08	2001/3/13	600113
2698629.81	660654.78	144795.42	5245.91	30000.00	486695.00	10派0.2元	1375.30	2001/4/10	600115
113351.60	52613.70	26837.84	5104.02	5799.20	17476.80	不分配	73.41	2001/3/20	600116
253645.35	135945.22	55097.45	17747.90	16000.00	58222.00	10派0.6元	60.50	2001/4/18	600117
36081.02	28019.69	1750.26	4133.07	7200.00	18950.40	不分配	219.23	2001/4/16	600118
78666.29	35739.70	16949.10	2794.78	4800.00	15000.00	10送1	116.99	2001/3/26	600119
131815.95	61464.43	28643.44	9502.24	5856.06	14103.61	10送3转增3(*)	38.02	2001/2/12	600120
177793.61	125553.04	22176.26	11496.42	21600.00	81000.00	10派0.25元配3(6-12元)	113.54	2001/2/22	600121
186258.11	59017.09	13065.29	12215.20	12000.00	29520.00	不分配	54.80	2001/4/10	600122
166328.85	82739.60	41885.48	2523.30	14400.00	37125.00	不分配	508.07	2001/4/21	600123
86634.32	50671.79	5619.65	15194.98	5000.00	19077.60	10派1.5元(*)	38.36	2001/2/7	600125
293890.67	179829.01	72920.47	29612.97	16575.00	64533.75	10派1.5元	19.76	2001/3/14	600126
97955.26	54852.20	17533.47	8533.16	11500.00	30500.00	10派0.5元送2转增3	94.60	2001/4/26	600127
82525.87	55630.02	22007.28	7465.08	7412.31	19944.75	10派1.5元	68.09	2001/3/15	600128
197157.79	97497.71	49608.16	12898.09	7500.00	25260.00	不分配	112.11	2001/4/6	600129

续表

代码	简称	每股收益(元)				每股净资产(元)		每股经营现金流量(元)		净资产收益率(%)		主营收入(万元)		净利润(万元)	
		2000年	扣除后	1999年	扣除后	2000年	调整后	2000年	1999年	2000年	1999年	2000年	同比(%)	2000年	同比(%)
600130	波导股份	0.275	0.2	0.4	/	5.04	4.91	-0.96	-0.62	5.46	31.19	93485.68	201.82	4401.21	-8.51
600131	岷江水电	0.11	0.104	0.159	0.152	1.5	1.5	0.14	0.16	6.92	10.65	10675.35	-16.27	3035.23	-30.18
600132	重庆啤酒	0.262	0.251	0.244	0.227	3.57	3.55	0.51	0.366	7.35	6.97	33815.55	8.58	4479.36	7.27
600133	东湖高新	0.1808	0.1545	0.1542	0.1346	2.228	2.161	-0.6946	-0.03	8.12	10.88	34820.44	32.01	4983.26	26.26
600135	乐凯胶片	0.756	0.74	0.843	0.82	3.395	3.385	1.05	1.356	22.27	19.12	75894.66	22.50	21545.91	34.57
600136	道博股份	0.19	0.11	0.318	0.279	4.03	3.94	0.41	0.031	4.82	10.66	19236.76	33.03	2027.75	-32.90
600137	长江包装	0.264	-0.53	-0.731	-0.732	2.736	2.489	0.096	-0.05	9.66	-237.4	13263.74	48.90	1604.89	136.14
600138	青旅控股	0.4504	0.4497	0.4619	0.445	3.806	3.662	0.131	0.139	11.83	17.05	102658.36	21.56	12024.99	8.46
600139	鼎天科技	0.18	0.13	0.21	/	2.24	2.07	0.1	0.1	7.98	9.72	20902.46	99.35	1355.70	-14.92
600141	兴发集团	0.17	0.16	0.16	0.11	2.47	2.47	0.58	-0.03	6.74	6.85	27344.22	40.15	2662.86	1.14
600145	四维瓷业	0.26	0.24	0.18	/	2.46	2.44	0.28	0.41	10.66	7.35	19839.77	17.60	3609.02	58.89
600146	大元股份	0.03	0.03	0.105	0.007	2.31	2.3	-0.26	0.078	1.5	4.59	133422.41	74.34	689.62	-67.08
600148	离合器	0.085	0.083	0.55	/	1.44	1.36	0.18	-0.04	5.95	21.11	15399.44	-4.29	1150.38	-72.11
600149	邢台轧辊	0.19	0.19	0.25	0.16	3.08	3.05	-0.04	-0.38	6.16	8.64	38189.02	3.45	3225.28	-24.02
600150	ST重机	-0.193	-0.209	-0.121	-0.12	1.91	1.79	0.58	0.11	-10.11	-5.75	72281.18	31.90	-4666.56	-59.86
600151	航天机电	0.5	0.45	0.43	0.39	3.95	3.69	0.51	0.27	12.63	15	96471.25	17.59	14601.75	26.43
600152	维科精华	0.1695	0.152	0.3768	0.19	1.943	1.916	0.206	0.38	8.73	13.27	130331.66	132.17	4976.32	-3.04
600153	厦门建发	0.35	0.39	0.47	0.42	4.66	4.63	0.19	0.83	7.49	15.96	514881.84	51.46	10328.10	-8.38
600155	宝硕股份	0.301	0.302	0.428	0.408	2.997	2.941	0.535	0.404	10.06	14.39	105241.03	21.74	8289.07	-3.24
600156	益鑫泰	0.176	0.1637	0.2443	/	2.7	2.7	0.46	0.32	6.51	10.61	83061.30	-7.97	7724.88	-23.59
600157	鲁润股份	0.1923	0.1923	0.85	0.85	1.59	1.56	0.145	0.93	12.1	33.7	41131.54	-30.04	3277.45	-59.33
600158	中体产业	0.31	0.28	0.31	0.2	4.12	4.02	0.38	0.0017	7.42	10.55	20514.65	23.70	5972.59	8.57
600159	宁城老窖	0.21	0.16	0.295	0.24	3.08	3.07	-0.15	0.35	6.82	10.27	26546.15	-7.46	4372.44	-28.77

总资产(万元)	股东权益(万元)	资本公积(万元)	未分配利润(万元)	最新流通A股(万股)	最新总股本(万股)	分红配股方案	最新市盈率(倍)	年报刊登日期	代码
122975.74	80631.20	85410.62	4954.59	4000.00	16000.00	10派1元	100.40	2001/4/3	600130
121847.27	41129.41	3578.39	5950.93	6930.00	27347.88	10派1元	119.27	2001/3/16	600131
125385.93	60976.21	33714.45	3715.80	5200.00	17087.20	10派2元	65.46	2001/3/17	600132
151604.62	61401.27	27551.29	1137.08	8320.00	27559.22	10派1元	86.73	2001/3/10	600133
110984.49	96750.32	33245.62	28377.43	10491.30	28500.00	10派3元送2(*)	29.55	2001/3/22	600135
72478.45	42084.20	24443.27	5060.38	4092.40	10444.40	10派1元	96.74	2001/4/25	600136
57103.40	16609.31	12882.85	-3358.79	1740.00	6071.13	不分配	82.92	2001/2/27	600137
166426.17	101469.26	57860.68	11529.83	11700.00	26700.00	10派1.5元	38.88	2001/3/24	600138
53028.98	16997.39	4465.50	2676.42	2940.00	7601.02	10派1元	160.50	2001/4/25	600139
67130.74	39485.22	17347.90	3716.43	4000.00	16000.00	10派1元	92.65	2001/3/15	600141
60080.69	33843.32	16300.50	2719.72	8910.00	24750.00	10派0.25元送1转增7(*)	50.00	2001/2/15	600145
100331.39	46287.39	24155.24	1296.77	6000.00	20000.00	不分配	607.33	2001/3/15	600146
32030.31	19342.27	3674.23	1193.57	3600.00	13469.40	10派1元	160.24	2001/4/6	600148
95673.57	52364.35	22277.52	9626.42	4500.00	16980.00	不分配	73.26	2001/3/28	600149
127335.12	46135.49	29109.75	-7652.39	7700.00	24149.31	不分配	/	2001/4/10	600150
209523.00	115635.31	72941.27	6452.24	8840.00	29240.00	10派2元转增6(*)	30.64	2001/3/6	600151
86311.09	57021.70	21077.76	4458.71	10350.00	29349.42	不分配	60.35	2001/3/27	600152
330502.09	137980.24	88598.14	15056.51	7980.48	29600.00	10派3元	50.77	2001/3/30	600153
179568.23	82422.32	35116.50	15317.68	8000.00	27500.00	10派1元转增5	51.96	2001/4/6	600155
152036.06	118711.88	60253.38	10817.74	13600.00	43890.00	10派1.5元	63.01	2001/3/29	600156
73750.27	27094.76	602.86	5459.59	6355.84	17044.62	不分配	79.10	2001/4/5	600157
111324.30	80484.51	52613.56	4123.00	5850.00	19511.40	10派2元送1转增2	73.23	2001/4/6	600158
75713.34	64132.91	29950.59	7987.86	6400.00	22180.00	10送1.8756转增1.8756	91.81	2001/4/4	600159

续表

代码	简称	每股收益(元)				每股净资产(元)		每股经营现金流量(元)		净资产收益率(%)		主营收入(万元)		净利润(万元)	
		2000年	扣除后	1999年	扣除后	2000年	调整后	2000年	1999年	2000年	1999年	2000年	同比(%)	2000年	同比(%)
600160	巨化股份	0.321	0.339	0.332	0.316	2.87	2.82	0.9	0.96	11.2	11.75	123537.99	10.12	10957.00	-3.10
600161	天坛生物	0.1975	0.1888	0.22	0.22	1.45	1.44	0.25	0.22	13.6	15.46	13757.75	0.06	3791.99	-12.15
600162	山东临工	0.15	0.15	0.27	0.25	3.39	3.33	0.3	-0.17	4.46	10.18	44301.78	13.04	2656.01	-33.92
600163	福建南纸	0.23	0.22	0.27	0.23	3.57	3.55	0.43	0.41	6.34	9.97	95401.99	108.85	6915.32	-6.06
600165	宁夏恒力	0.219	0.208	0.204	0.2	1.9	1.87	0.58	-0.18	11.53	10.5	33652.65	42.17	5023.59	15.05
600166	福田股份	0.3236	0.1675	0.4025	0.3437	3.3	3.06	0.02	0.56	9.8	16.72	332194.71	7.06	9075.92	-10.65
600167	ST黎明	-0.1812	-0.1983	-0.1163	-0.1231	2.37	2.23	-0.11	0.11	-7.66	-4.54	28812.14	12.26	-3442.01	-55.80
600168	武汉控股	0.3348	0.2916	0.417	0.2659	2.9376	2.9337	0.3358	0.4384	11.4	16.28	23511.01	-2.49	14769.84	-13.19
600169	太原重工	0.14	0.12	0.202	0.176	2.335	2.299	-0.054	-0.096	6.026	10.244	54378.25	27.76	5237.09	-25.53
600170	上海建工	0.42	0.42	0.38	0.38	3.85	3.83	-0.54	-0.1	10.93	10.66	776728.76	4.10	22627.54	11.06
600171	上海贝岭	0.4	0.39	0.33	0.27	2.77	2.75	0.6	0.21	14.33	12.82	79238.46	94.83	17216.38	21.77
600172	黄河旋风	0.2	0.19	0.302	/	1.79	1.78	0.09	0.22	11.18	17.77	31893.92	36.99	4887.88	-33.74
600173	牡丹江	0.254	0.252	0.234	0.208	2.74	2.73	0.069	0.014	9.26	8.78	41381.48	4.41	5836.51	8.41
600175	宝华实业	0.177	0.179	1.185	1.157	3.95	3.8	0.22	-0.68	4.48	15.7	7077.94	-47.02	1890.28	-70.09
600176	中国化建	0.209	0.1365	0.1328	/	2.194	2.003	0.457	-0.379	9.52	6.012	37188.01	0.63	4651.67	66.77
600177	雅戈尔	0.5116	0.505	0.7524	0.7378	2.8912	2.8845	0.3731	1.2978	17.7	18.32	143773.96	38.12	29065.01	49.69
600178	东安动力	0.3312	0.3229	0.31	0.3	2.605	2.6006	0.6371	0.61	12.71	12.3	155832.73	25.69	13994.08	6.83
600179	黑化股份	0.061	0.021	0.03	0.018	2.4	2.35	-0.71	-0.435	2.54	1.42	107136.80	30.09	2012.70	79.99
600180	九发股份	0.3098	0.3098	0.328	/	3.57	3.51	0.106	0.024	8.68	15.23	35147.65	26.75	6478.99	3.75
600181	云大科技	0.39	0.37	0.37	0.35	5.3	4.4	/	0.21	7.31	9.61	24515.65	70.08	6753.96	27.89
600182	桦林轮胎	0.009	-0.012	0.064	0.026	2.356	2.323	-0.082	-0.256	0.397	2.715	71299.34	1.11	318.00	-85.32
600183	生益科技	0.4371	0.432	0.3868	0.4032	1.9215	1.9158	0.2659	-0.6887	22.75	18.12	98869.33	27.77	21449.92	69.48
600185	海星科技	0.1013	0.1067	0.2137	0.1702	2.4873	2.4697	0.1208	-0.4304	4.07	8.74	40511.43	-16.28	2005.56	-52.61
600186	莲花味精	0.2864	0.283	0.2809	0.2109	2.412	2.3878	0.1484	0.27	11.87	13.22	131042.06	4.54	17182.07	1.93
600187	黑龙股份	0.32	0.2317	0.29	/	3.47	3.46	0.09	0.12	9.07	11.08	43754.13	20.23	6874.30	17.19
600188	兖州煤业	0.29	0.3	0.3	/	2.63	2.56	0.41	0.37	11.19	12.43	478058.09	17.47	76418.20	-2.14
600189	吉林森工	0.34	0.33	0.34	0.33	3.73	3.56	0.23	0.16	9.04	10.96	54358.06	25.34	10457.13	6.72
600190	锦州港	0.14	0.14	0.23	/	2.15	2.09	0.28	0.29	6.7	11.1	30411.72	-3.79	9082.75	-38.32
600191	华资实业	0.28	0.27	0.23	0.22	3.75	3.71	0.39	-0.61	7.34	9.14	61608.84	80.83	7259.33	31.86
600192	长城电工	0.1521	0.1478	0.3449	0.2748	3.4145	3.4036	0.0417	0.1346	4.45	11.98	68953.75	-2.25	4874.56	-52.09
600193	创兴科技	0.307	0.295	0.239	0.228	3.05	3.05	0.268	-0.45	10.06	8.4	18826.60	-28.34	2574.30	28.35

总资产（万元）	股东权益（万元）	资本公积（万元）	未分配利润（万元）	最新流通A股（万股）	最新总股本（万股）	分红配股方案	最新市盈率（倍）	年报刊登日期	代码
187060.97	97897.31	44423.38	14649.70	8800.00	34100.00	10派2.5元配3(9.5－11.5元)(*)	42.21	2001/2/7	600160
44598.40	27872.86	5166.93	1011.59	4800.00	19200.00	10派2元(*)	131.75	2001/3/8	600161
121441.39	59587.44	28781.07	8252.40	4900.00	17589.00	不分配	85.07	2001/2/23	600162
248107.99	109151.01	61337.22	12144.36	9100.00	30594.66	不分配	57.74	2001/4/19	600163
77859.27	43586.08	18216.39	－325.32	9360.00	25120.00	10派3元	128.49	2001/4/14	600165
265749.96	92626.09	48779.06	7431.43	8000.00	28046.60	10派1.4元	42.34	2001/3/27	600166
70464.92	44948.32	33250.42	－7878.41	7000.00	19000.00	不分配	/	2001/4/25	600167
156843.06	129593.48	76779.68	2045.36	12750.00	44115.00	10派5元	39.64	2001/3/9	600168
148484.98	86902.71	36791.59	10162.44	14400.00	37217.24	10派0.3元	62.43	2001/4/17	600169
512623.82	206971.32	103837.48	36056.57	15000.00	53700.00	10派1.25元	31.31	2001/2/26	600170
146112.98	120145.98	54795.45	14924.23	15600.00	43443.40	10派1.6元	57.90	2001/3/13	600171
69203.41	43727.21	13091.00	3230.87	10400.00	26800.00	10派1元	61.50	2001/4/12	600172
96259.83	62997.00	27214.40	8016.48	8000.00	23000.00	10派1.8元	56.97	2001/3/6	600173
64832.50	42146.91	22040.98	1803.42	2668.00	10668.00	10派1元	115.54	2001/4/17	600175
124311.72	48843.87	20536.54	4883.57	7420.00	22260.00	10派1元	60.86	2001/3/22	600176
244570.80	164249.74	61184.45	22062.31	18590.00	56809.51	10派2元(*)	26.27	2001/3/6	600177
171435.84	110060.13	54246.65	5959.49	10660.00	42250.00	10派2.5元配3(7－10元)(*)	33.54	2001/1/19	600178
173938.13	79340.50	38717.99	6330.63	10000.00	33000.00	10派0.3元	147.54	2001/4/26	600179
93607.58	76730.47	40878.94	12284.42	6656.00	20915.84	10派1元	58.75	2001/3/28	600180
134799.66	92337.89	60524.40	10829.30	16800.00	34813.62	10转增10(*)	38.67	2001/1/20	600181
200049.36	80089.09	37646.33	3707.92	12000.00	34000.00	不分配	925.56	2001/4/20	600182
147579.72	94303.82	21850.68	14245.13	12750.00	49078.13	10派1.5元	39.17	2001/3/1	600183
80805.05	49249.03	23909.20	3435.16	6800.00	19800.00	10派0.6元	208.49	2001/4/13	600185
310170.56	144721.39	44437.19	33884.35	28000.00	68000.00	不分配	39.87	2001/3/24	600186
185648.77	75759.55	40654.14	10341.71	6500.00	21815.00	10派1元转增5	62.97	2001/2/27	600187
843844.37	682713.81	252622.89	133396.28	11931.06	270000.00	10派0.82元	39.76	2001/4/23	600188
166067.89	115707.83	65029.70	13875.81	11050.00	31050.00	10派2元	37.32	2001/2/28	600189
228801.80	135785.51	25390.28	30071.84	6000.00	63100.00	10派1元送4转增1	124.14	2001/3/13	600190
127438.06	98845.62	60059.86	9789.64	9082.39	26355.00	10派1元	51.61	2001/4/18	600191
188708.38	109433.61	61153.31	12212.53	11050.00	32050.00	不分配	79.75	2001/4/19	600192
54436.54	25592.92	11562.09	4684.65	2300.00	8390.00	10派0.5元送2转增8(*)	45.31	2001/3/20	600193

续表

代码	简称	每股收益(元)				每股净资产(元)		每股经营现金流量(元)		净资产收益率(%)		主营收入(万元)		净利润(万元)	
		2000年	扣除后	1999年	扣除后	2000年	调整后	2000年	1999年	2000年	1999年	2000年	同比(%)	2000年	同比(%)
600195	中牧股份	0.23	0.23	0.22	0.3	2.06	1.98	0.46	-0.42	11.26	11.07	143707.93	70.57	9039.95	3.55
600196	复星实业	0.437	0.417	0.409	0.399	3.9	3.817	0.471	0.169	11.22	15.31	57952.08	18.99	12851.55	38.92
600197	伊力特	0.34	0.34	0.304	0.31	3.16	3.16	-0.067	0.408	10.7	10.05	35339.11	-16.33	7452.23	11.24
600198	大唐电信	0.406	0.375	0.399	0.38	4.84	4.57	-0.71	-0.68	8.4	10.7	239762.38	120.22	17843.98	42.82
600199	金牛实业	0.25	0.24	0.5	0.47	2.25	2.24	-0.52	0.22	11.24	14.09	63839.54	-7.71	8152.75	-12.17
600200	江苏吴中	0.359	0.322	0.259	0.231	3.261	3.087	0.59	-0.041	11.01	8.71	41424.41	37.44	4796.18	38.67
600201	金宇集团	0.267	0.1248	0.314	0.314	3.54	3.44	1.008	-0.32	7.539	9.17	19673.53	18.79	2590.12	-12.14
600202	哈空调	0.5057	0.417	0.2644	/	2.9861	2.9853	0.0083	-0.1848	16.94	9.86	19132.92	44.17	5648.49	91.27
600203	福日股份	0.231	0.137	0.167	0.137	2.27	2.23	0.205	0.09	10.17	7.76	59255.69	-16.25	5912.44	38.09
600205	山东铝业	0.753	0.778	0.277	0.275	2.22	2.2	0.4	-0.45	33.86	14.08	258527.43	53.16	42163.28	171.44
600206	有研硅股	0.31	0.15	0.34	0.32	4.76	4.74	0.13	-0.19	6.47	7.36	11918.32	53.27	4467.09	-10.39
600207	安彩高科	1.2002	0.87	0.5018	/	4.843	4.788	1.071	0.027	24.78	12.11	210658.66	118.15	52807.17	139.15
600208	戴梦得	0.22	0.18	0.26	0.16	2.77	2.64	0.89	0.43	7.85	/	115588.89	72.94	4539.09	-17.31
600209	罗顿发展	0.2615	0.2604	0.3182	0.246	2.2571	2.2502	0.1357	-0.1149	11.59	10.31	34366.59	81.80	6165.70	23.30
600210	紫江企业	0.469	0.458	0.373	0.37	2.995	2.95	0.71	0.39	15.65	13.19	80252.44	35.66	15157.96	25.71
600211	西藏药业	0.29	0.273	0.27	0.254	3.27	3.18	0.168	0.02	8.91	8.49	8312.29	0.19	3572.18	8.00
600212	江泉实业	0.399	0.314	0.348	0.298	3.91	3.88	-0.18	0.14	10.21	9.37	79930.32	49.70	8746.87	14.83
600213	亚星客车	0.29	0.2	0.311	0.305	3.21	3.16	1.29	-0.02	8.94	10.11	91603.92	-11.97	5452.84	-7.65
600215	长春经开	0.47	0.46	0.56	/	4.85	4.81	-0.6503	-1.51	9.62	10.3	67710.56	18.05	14261.76	0.03
600216	浙江医药	0.069	0.044	0.144	0.123	2.112	1.98	0.033	-0.225	3.27	5.42	107756.35	-9.45	2070.38	-37.69
600217	秦岭水泥	0.3	0.3	0.27	0.27	3.21	3.16	0.16	0.14	9.34	9.28	39637.13	59.58	6194.30	9.14
600218	全柴动力	0.205	0.208	0.411	0.271	2.482	2.473	-0.084	0.214	8.25	16.94	41838.38	-9.10	5322.32	-50.22
600219	南山实业	0.5394	0.5311	0.39	0.37	4.744	4.744	0.6167	0.15	11.37	8.98	92802.24	24.41	13863.73	37.88
600220	江苏阳光	0.38	0.38	0.63	0.6	3.75	3.75	0.33	0.55	10.22	10.78	50921.31	-2.42	11969.36	4.12
600221	海南航空	0.224	0.167	0.2	0.17	2.94	2.44	0.31	-0.14	7.62	6.7	229648.43	27.08	16351.58	20.51
600222	众生制药	0.315	0.28	0.28	0.24	3.01	3	0.01	0.73	10.45	9.57	13992.26	-16.49	4287.40	11.53
600223	万杰高科	0.27	0.25	0.33	0.3	2.96	2.95	0.31	0.145	9.25	8.46	76196.30	39.48	14700.12	8.39
600225	天香集团	0.246	0.2	0.184	0.152	2.998	2.899	0.043	-0.756	8.22	6.58	37027.79	10.76	3300.97	33.67
600226	升华拜克	0.346	0.324	0.312	0.309	2.5	2.5	0.268	0.262	13.84	8.59	20457.89	75.77	6091.11	77.51
600227	赤天化	0.383	0.361	0.328	0.328	4.12	4.12	0.004	0.37	9.3	8.21	60086.76	0.35	6513.33	16.97
600228	昌九股份	0.09	0.09	0.053	0.007	2.5	2.46	-0.05	-0.12	3.48	2.16	23349.41	-5.95	1567.94	63.74

总资产（万元）	股东权益（万元）	资本公积（万元）	未分配利润（万元）	最新流通A股（万股）	最新总股本（万股）	分红配股方案	最新市盈率（倍）	年报刊登日期	代码
142237.44	80268.08	32141.14	4285.47	12000.00	39000.00	10派2元配3(7-9元)	51.30	2001/2/15	600195
157110.18	114552.45	66723.12	10858.91	11250.00	29376.00	10派1.8元	50.16	2001/3/23	600196
95556.55	69678.70	42254.27	2544.16	7500.00	22050.00	10派2元	45.94	2001/4/18	600197
462704.35	212467.03	130104.10	27476.04	16537.38	43898.64	不分配	68.97	2001/3/8	600198
141352.62	72556.13	26595.41	10427.69	13000.00	34640.00	10派1元	46.20	2001/3/30	600199
69518.11	43569.83	18425.05	3470.00	5360.00	13360.00	10派0.8元送2转增3配3(12-18元)(*)	56.49	2001/2/28	600200
57109.07	34355.36	20004.56	2295.85	4550.00	10921.33	10派1元	71.54	2001/3/14	600201
56160.71	33353.35	14515.91	5127.00	3000.00	11169.60	10派2元送3转增7(*)	34.90	2001/3/9	600202
134623.71	58108.36	28622.16	2449.40	7000.00	25640.00	10派1.2元	59.31	2001/3/16	600203
246159.41	124521.64	48430.40	11617.56	16000.00	56000.00	10派5元	19.40	2001/2/21	600205
74717.61	69040.90	51487.10	1163.36	6500.00	14500.00	10派2元	91.16	2001/4/6	600206
320156.42	213098.30	123198.55	18552.63	18000.00	44000.00	10派5元	19.16	2001/2/28	600207
222602.86	57836.37	26957.27	5382.15	6500.00	20903.36	10派1.5元	74.14	2001/3/28	600208
91801.14	53210.08	17649.87	9141.64	7500.00	23574.19	10派0.625元(*)	80.31	2001/1/20	600209
216925.63	96870.58	56744.97	3677.02	8500.00	32340.00	10派3元配3(12-18元)(*)	38.12	2001/2/20	600210
52836.09	40104.39	23851.22	2969.23	4500.00	12260.00	10派2元	78.90	2001/4/10	600211
110565.45	85697.25	28383.26	27232.96	5500.00	21902.40	10派1元配3(11-15元)	38.02	2001/2/7	600212
116526.71	61019.81	36216.79	2577.00	6000.00	19000.00	10派1.5元	43.76	2001/4/17	600213
215644.47	148297.56	71135.54	34685.09	9000.00	30600.00	10派1元	36.38	2001/3/14	600215
143663.44	63375.31	25678.78	5053.96	7540.00	30004.00	10送0.5转增4.5	273.19	2001/4/16	600216
98949.12	66354.30	36444.33	5465.01	7000.00	20650.00	10派0.5元送2转增8	90.43	2001/3/16	600217
90867.52	64530.65	27565.47	7988.27	7793.63	26000.00	10派1.5元配3(8-11元)	57.32	2001/2/15	600218
160853.72	121931.62	70732.66	16475.84	7500.00	25700.00	10派1.5元配3(11-17元)(*)	30.50	2001/2/17	600219
132018.13	117083.28	65745.23	16020.35	11900.00	31238.17	10派0.5元	39.79	2001/2/9	600220
1018364.87	214535.76	97680.09	30744.18	22140.00	73025.28	10派0.6元	38.04	2001/4/17	600221
57285.66	41040.71	22657.30	3142.59	3500.00	13614.52	10派2.5元配3(17-19元)	61.84	2001/2/16	600222
217001.71	158857.95	74347.69	17410.90	14300.00	53625.00	10派3元	48.04	2001/4/11	600223
92630.58	40172.58	22177.97	3344.93	4500.00	13400.00	10派0.5元转增5	100.41	2001/4/21	600225
55141.02	44010.03	21123.73	3671.10	5600.00	17603.76	10派1元送2(*)	75.69	2001/2/22	600226
84326.48	70060.76	46809.08	3551.35	7000.00	17000.00	10派2.5元(*)	37.08	2001/2/20	600227
74312.08	45059.22	23252.05	2865.73	6000.00	18000.00	10派0.5元送1转增5	240.00	2001/3/31	600228

续表

代码	简称	每股收益(元)				每股净资产(元)		每股经营现金流量(元)		净资产收益率(%)		主营收入(万元)		净利润(万元)	
		2000年	扣除后	1999年	扣除后	2000年	调整后	2000年	1999年	2000年	1999年	2000年	同比(%)	2000年	同比(%)
600229	青岛碱业	0.22	0.17	0.26	0.2	2.93	2.91	0.44	0.39	7.49	9.66	78792.11	28.49	6475.74	23.66
600230	沧州大化	0.19	0.15	0.38	/	2.56	2.56	0.079	0.213	7.51	23.27	54187.16	-9.83	4993.05	-26.25
600231	凌钢股份	0.46	0.46	0.52	0.52	3.72	3.58	0.2	0.96	12.23	21.11	159419.24	21.27	14107.27	28.75
600232	金鹰股份	0.2888	0.2748	0.3255	/	2.386	2.3227	0.348	0.2249	12.1	27.56	57146.24	23.86	4861.76	21.10
600233	大连创世	0.27	0.22	0.36	0.35	3.62	3.58	-0.12	1.07	7.45	22.53	28880.05	22.60	2967.40	9.24
600234	天龙集团	0.21	0.18	0.29	0.29	3.27	3.13	0.07	0.41	6.35	12.68	42267.74	-5.76	1949.93	5.07
600235	民丰特纸	0.2507	0.2333	0.3361	0.3291	3.043	3.0153	0.2599	0.4513	8.2392	20.8335	31391.21	12.02	4437.65	5.64
600236	桂冠电力	0.348	0.345	0.396	0.396	3.49	3.48	0.53	0.77	9.99	13.51	64718.36	3.56	23562.65	5.19
600237	铜峰电子	0.27	0.21	0.39	0.33	4.3	4.28	0.04	0.81	6.34	19.41	17684.58	19.79	2726.48	15.88
600238	海南椰岛	0.2	0.15	0.15	0.16	2.25	2.24	0.22	-0.6	8.76	7.06	20925.12	81.58	3274.09	32.03
600239	红河光明	0.417	0.32	0.22	/	3.66	3.6	0.41	0.16	11.4	6.6	5644.37	40.57	2106.90	89.14
600240	仕奇实业	0.2588	0.2611	0.3488	/	4.27	4.22	0.363	0.325	6.07	24.98	23261.79	15.21	4529.30	29.85
600241	辽宁时代	0.2983	0.2992	0.3883	/	3.273	3.2712	0.5316	0.6506	9.11	24.25	103381.24	13.10	3161.77	7.13
600242	华龙集团	0.151	0.133	0.24	0.228	3.02	/	0.32	0.3	5.11	16.11	10225.72	12.47	2630.72	-3.93
600243	青海华鼎	0.12	0.11	0.16	0.16	2.52	2.47	-0.45	0.25	4.76	10.81	22172.27	10.00	1882.67	18.52
600246	先锋股份	0.1964	0.193	0.3145	0.306	3.1805	3.1521	0.1469	0.1872	6.0232	19.5381	18946.98	56.41	1806.76	-7.33
600247	物华股份	0.16	0.16	0.23	0.23	2.92	2.82	0.08	0.01	5.44	11.44	11981.02	44.86	1749.45	1.95
600248	秦丰农业	0.24	0.22	0.36	/	3.85	3.63	0.0007	/	6.27	25.09	16419.68	7.55	3115.02	7.17
600250	南纺股份	0.49	0.38	0.39	/	2.35	2.11	0.46	-0.32	20.91	16.97	251671.27	37.58	3822.31	25.97
600252	中恒集团	0.22	0.19	0.38	0.28	2.9	2.88	-0.14	0.64	7.57	21.93	15392.92	11.27	2785.92	-10.16
600253	天方药业	0.2	0.168	0.2594	/	3.3106	3.304	0.1515	0.0877	6.04	17.22	36697.15	11.25	4199.85	7.95
600255	鑫科材料	0.293	0.286	0.47	0.47	4.81	4.79	0.2	0.08	6.1	29	71598.76	40.72	2786.27	-8.87
600256	广汇股份	0.418	0.367	0.27	/	1.7	1.678	-0.099	0.569	24.583	24.989	71992.52	386.90	14790.53	331.36
600257	洞庭水殖	0.335	0.288	0.382	0.368	5.551	5.429	0.052	0.246	6.034	23.92	7463.52	107.28	2445.29	94.23
600258	首旅股份	0.24	0.21	0.32	/	2.94	2.85	0.23	0.4	8.11	19.3	74970.66	81.85	5526.38	8.08
600259	兴业聚酯	0.206	0.15	0.273	0.186	2.75	2.66	0.53	0.745	7.51	15.68	61596.50	26.37	4401.30	12.55
600260	凯乐科技	0.39	0.37	0.45	/	4.52	4.51	0.53	0.44	8.54	22.66	30658.08	17.34	6782.43	24.85
600261	浙江阳光	0.38	0.28	0.27	0.27	3.98	3.9	0.23	0.18	9.52	26.15	30342.83	78.81	4661.76	104.57
600262	北方股份	0.199	0.18	0.34	0.242	3.289	3.254	-0.846	1.011	6.04	32.57	23464.21	-12.33	3373.88	-13.77
600263	路桥建设	0.199	0.182	0.259	/	3.394	3.348	-0.054	0.128	5.85	14.41	168564.08	7.35	8103.12	6.72
600265	景谷林业	0.24	0.19	0.33	0.24	2.94	2.83	0.26	0.21	8.24	21.06	15434.48	-4.50	2548.27	20.57

总资产（万元）	股东权益（万元）	资本公积（万元）	未分配利润（万元）	最新流通A股（万股）	最新总股本（万股）	分红配股方案	最新市盈率（倍）	年报刊登日期	代码
154297.79	86482.82	37037.20	13511.41	9000.00	29512.62	10派1.8元	53.55	2001/4/10	600229
85959.58	66459.63	35414.70	2697.78	8000.00	25933.16	10派0.5元	76.63	2001/3/28	600230
153757.06	115354.80	65001.84	7688.51	10000.00	31000.00	10派1.5元	26.22	2001/3/28	600231
71691.25	40167.35	18539.77	2038.28	4500.00	16834.76	10派1元转增3	77.56	2001/4/5	600232
53978.13	39840.93	24016.67	139.79	3500.00	11000.00	10派2元	73.63	2001/2/14	600233
44930.73	30710.89	18123.99	1568.97	3000.00	9386.00	不分配	90.81	2001/4/24	600234
94534.43	53860.50	33531.01	1196.10	5200.00	17700.00	10派1.5元	60.55	2001/3/20	600235
294622.50	235819.52	153091.22	530.56	6200.00	67536.30	10派2.51元(老股东10派3.01元)	48.74	2001/3/29	600236
65813.10	42995.70	25130.60	4242.83	4000.00	10000.00	10派1元	95.56	2001/3/19	600237
59502.27	37391.42	15203.21	3643.00	5000.00	16600.00	10派0.6元	76.40	2001/4/17	600238
21480.23	18489.30	8289.20	2781.24	2000.00	5056.60	10派1元送4转增1配3(15-25元)	87.58	2001/1/17	600239
101264.57	74640.20	53784.06	1617.79	7500.00	17500.00	10派1.2元	60.24	2001/3/15	600240
61706.93	34693.63	21092.66	2087.53	3000.00	10600.00	10派1元	76.80	2001/3/28	600241
70773.43	52552.52	26928.00	5756.43	6000.00	17402.98	不分配	103.97	2001/3/26	600242
65627.15	39540.29	22839.20	434.92	5500.00	15660.00	10派0.4元	169.58	2001/4/13	600243
41464.40	29260.67	18482.47	1014.75	3000.00	9200.00	10派0.8元	105.14	2001/1/31	600246
42881.26	32172.60	14944.60	4645.42	3500.00	11000.00	10派0.5元	131.75	2001/2/22	600247
59127.45	49655.36	32848.82	2764.94	4800.00	12882.00	10派1元	97.00	2001/3/29	600248
66765.50	18278.73	/	4133.53	5500.00	13266.28	10派2元	36.92	2001/4/18	600250
58426.99	36790.50	18194.66	2961.05	4500.00	12671.76	10派2元	80.82	2001/3/15	600252
112071.22	69522.13	45882.66	1568.55	6000.00	21000.00	10派1元	108.00	2001/4/17	600253
67281.39	45710.07	34712.00	468.33	3000.00	9500.00	10派2元	110.99	2001/3/31	600255
111662.57	60164.85	8963.93	11388.47	10000.00	35378.32	不分配	62.20	2001/2/20	600256
48247.47	40523.32	31245.23	1311.65	4000.00	7300.00	10派1元	72.87	2001/3/6	600257
111232.44	68120.61	42455.40	147.67	4400.00	23140.00	10派1.9元	94.50	2001/3/15	600258
134883.84	58621.18	25242.17	9914.42	4863.39	21340.00	10派0.2元	71.99	2001/3/8	600259
104615.04	79465.15	46784.00	11545.43	5500.00	17588.00	10派1元(*)	77.21	2001/2/14	600260
66674.44	48984.15	32840.00	1951.34	4000.00	12316.00	10派1元	60.21	2001/2/16	600261
78439.25	55909.80	37063.00	321.72	5500.00	17000.00	10派1.2元	81.01	2001/4/5	600262
274879.02	138536.18	85755.09	7981.16	8600.00	40813.30	10派0.8元	67.79	2001/3/28	600263
51488.89	30911.93	18806.63	906.03	4000.00	10500.00	10派1.2元	84.13	2001/3/24	600265

续表

代码	简称	每股收益(元)				每股净资产(元)		每股经营现金流量(元)		净资产收益率(%)		主营收入(万元)		净利润(万元)	
		2000年	扣除后	1999年	扣除后	2000年	调整后	2000年	1999年	2000年	1999年	2000年	同比(%)	2000年	同比(%)
600266	北京城建	0.3682	0.3619	0.3338	0.326	3.5999	3.5364	-0.5165	-0.2098	10.23	8.84	720843.16	22.69	14729.26	10.32
600267	海正药业	0.3576	0.3428	0.4264	0.4521	4.7688	4.7451	0.357	0.2814	7.5	21.06	51800.40	44.73	5578.16	12.79
600268	国电南自	0.401	0.402	0.284	0.258	3.83	3.73	-0.37	-0.3	10.47	7.83	41916.89	9.86	4735.88	41.13
600269	赣粤高速	0.499	0.464	0.716	0.716	7.15	7.15	0.28	0.86	6.97	13.93	28316.91	20.35	17607.57	5.54
600270	外运发展	0.65	0.62	0.78	0.78	4.99	4.8	0.94	0.79	13.05	48.22	104569.07	33.08	18039.08	11.45
600272	开开实业	0.149	0.149	0.134	0.121	2.203	2.113	0.976	0.156	6.786	6.224	57520.08	47.29	2959.81	11.86
600275	武昌鱼	-0.2795	0.2159	0.3283	0.2861	2.983	2.9797	-0.2603	0.1995	9.37	28.57	11230.01	2.69	6835.97	19.26
600276	恒瑞医药	0.491	0.429	0.553	0.553	5.047	5.008	0.148	0.365	9.74	32	48470.72	17.10	6527.14	27.15
600277	亿利科技	0.225	0.218	0.319	0.319	4.468	4.123	-0.14	/	5.04	8	20870.08	14.57	3555.58	11.57
600278	东方创业	0.307	0.299	0.32	0.3	2.92	2.69	0.045	0.57	10.5	18.49	277971.41	32.57	9824.74	28.92
600279	重庆港九	0.209	0.185	0.2248	/	3.107	3.067	0.058	0.172	6.74	19.01	7076.98	33.52	4781.44	49.35
600280	南京中商	0.22	0.21	0.32	0.33	3.45	3.34	0.39	1.79	6.36	13.71	68617.17	-11.93	2659.67	-5.09
600281	太化股份	0.129	0.116	0.151	/	2.729	2.665	-0.179	/	4.72	9.65	78544.82	10.72	4627.84	20.77
600282	南钢股份	0.5	0.48	0.49	0.49	3.59	3.56	/	/	13.86	25.33	338977.55	25.85	20896.07	41.49
600283	钱江水利	0.159	0.1573	0.3078	0.3174	2.9587	2.4155	-0.2195	0.354	5.3735	19.8	14595.28	-5.97	4536.30	-26.43
600285	羚锐股份	0.2574	0.2406	0.36	0.36	4.07	4.05	0.0365	0.0233	6.33	34.93	13073.45	25.73	2583.62	18.71
600286	国光瓷业	0.3	0.2766	0.2214	0.2187	3.76	3.73	0.49	-0.1256	7.98	6.21	24863.86	36.40	2853.60	35.68
600287	江苏舜天	0.5939	0.534	0.6278	/	4.3866	3.8676	0.4088	0.4166	13.5382	31.3747	248284.05	32.52	9069.90	28.16
600288	大恒科技	0.28	0.24	0.33	0.32	4.58	4.52	0.32	/	6.01	16.32	118836.11	45.20	3852.76	31.46
600289	亿阳信通	0.585	0.549	0.662	/	8.04	8	-1.86	0.13	7.28	46.17	47363.43	90.41	6191.89	41.94
600290	苏福马	0.19	0.17	0.19	0.17	2.56	2.52	0.27	0.2	7.36	12.83	15861.77	36.45	1566.83	56.11
600291	西水股份	0.2	0.18	0.21	0.18	3.38	3.28	-0.2	-0.05	6.01	13.23	17603.98	20.59	3254.36	55.78
600292	九龙电力	0.438	0.43	0.645	0.643	4.52	4.52	0.26	1.82	9.68	35.51	27751.81	-8.39	7320.29	5.76
600293	三峡新材	0.2074	0.1905	0.3	0.3	3.4249	3.408	0.1198	0.25	6.06	18.82	40231.42	22.99	4376.66	-6.67
600295	鄂尔多斯	0.47	0.47	0.26	0.25	3.58	3.55	-0.59	1.07	13.21	7.39	182181.82	23.12	20639.92	84.64
600296	兰州铝业	0.333	0.281	0.384	0.375	3.863	3.853	0.239	0.448	8.61	25.46	124619.54	21.52	9809.63	38.00
600297	美罗药业	0.25	0.22	0.23	0.23	4.41	4.34	0.53	/	5.71	15.17	56774.25	30.17	2892.41	67.68
600298	安琪酵母	0.3062	0.2253	0.3576	0.2426	4.014	3.9655	0.2108	0.4789	7.627	31.0692	18465.79	20.42	4154.46	15.36
600299	星新材料	0.26	0.22	0.38	0.38	3.18	3.16	-1.06	0.46	8.06	27.67	42794.74	1.62	6161.58	0.27
600300	维维股份	0.36	0.34	0.48	0.3	3.82	3.75	0.28	0.22	9.4	44.47	92825.67	1.17	11859.31	8.22
600301	南化股份	0.22	0.21	0.181	/	2.83	2.83	0.191	-0.096	7.7	11.94	46261.01	63.33	4021.50	98.21

总资产（万元）	股东权益（万元）	资本公积（万元）	未分配利润（万元）	最新流通A股（万股）	最新总股本（万股）	分红配股方案	最新市盈率（倍）	年报刊登日期	代码
673937.69	143995.65	87108.37	9834.21	10000.00	40000.00	10派5元转增5	56.11	2001/3/24	600266
120690.79	74392.71	48065.55	7852.59	4000.00	15600.00	10派1元送3转增3	97.87	2001/3/29	600267
76550.41	45244.32	30355.51	1592.34	4000.00	11800.00	10派2元	65.71	2001/3/15	600268
397943.98	252445.49	210050.46	216.97	9240.00	35300.00	10派0.42元	33.67	2001/3/26	600269
199158.20	138212.28	101485.50	5808.60	7000.00	27716.00	10派1元送1	44.75	2001/3/28	600270
101547.62	43614.92	8711.11	1801.28	4500.00	24300.00	10派0.8元	112.48	2001/4/27	600272
87809.69	72958.32	42304.82	4626.99	7000.00	24458.09	10派0.6元	57.78	2001/3/29	600275
98627.33	67043.26	43053.23	6494.50	4000.00	13285.00	10派1元送3转增3(*)	71.69	2001/3/1	600276
94490.68	70587.57	48850.93	4588.32	5800.00	15800.00	不分配	90.00	2001/2/27	600277
209005.35	93530.42	53584.26	3798.56	4000.00	32000.00	10派1.6元	57.75	2001/3/13	600278
81451.71	70933.31	44237.12	439.12	8600.00	22839.10	10派1元	73.92	2001/4/11	600279
79289.95	41840.98	20155.60	3363.30	3500.00	12126.09	10派0.6元	84.00	2001/4/20	600280
177418.12	97956.53	58892.91	1817.92	10500.00	35890.60	10派0.6元	98.06	2001/3/24	600281
259477.82	150773.97	79778.03	21556.70	12000.00	42000.00	10派1元送2	21.60	2001/3/9	600282
135181.79	84419.54	50425.38	3855.86	8500.00	28533.00	不分配	85.03	2001/3/12	600283
51479.39	40846.40	28033.57	2214.52	4000.00	10036.00	10派1元	78.63	2001/2/22	600285
73430.32	35749.81	19044.68	5450.90	3500.00	9500.00	10派1元	67.23	2001/3/6	600286
139115.81	66995.05	42034.48	1955.92	4000.00	15272.59	10派3.6元送1(*)	41.25	2001/2/27	600287
122285.84	64122.06	42876.65	4648.82	5000.00	14000.00	10派1.4元	112.57	2001/3/23	600288
138716.79	85101.89	67698.38	3937.81	4000.00	10589.00	10派2元	80.21	2001/4/14	600289
37492.68	21283.14	12072.64	524.93	3000.00	8300.00	10派2元	113.16	2001/3/10	600290
81526.95	54108.12	35758.40	1450.40	6000.00	16000.00	10派1元	76.40	2001/3/21	600291
103940.40	75636.79	46169.20	9396.37	6000.00	16725.00	10派2元	52.72	2001/3/27	600292
129712.60	72265.82	43568.06	3341.48	5500.00	21100.00	10派0.5元	86.74	2001/3/30	600293
340163.19	156244.43	95398.05	4308.82	/	43600.00	10派3.6元(老股东)	47.66	2001/3/2	600295
202597.83	113970.40	76135.35	5391.72	5500.00	29500.45	10派0.5元	43.03	2001/3/29	600296
83412.62	50685.69	36075.53	2423.60	4000.00	11500.00	10派1元(*)	97.92	2001/2/9	600297
61866.08	54470.56	36647.34	2665.65	3500.00	13570.00	10派1元	82.72	2001/3/13	600298
122288.35	76430.06	46546.71	4037.34	8000.00	24000.00	10派0.5元	76.85	2001/3/24	600299
160702.07	126113.67	89510.51	180.42	9200.00	33000.00	10派3元	44.19	2001/4/7	600300
67479.68	52229.01	31349.78	1572.87	7244.83	18470.61	10派1元	60.09	2001/3/10	600301

续表

代码	简称	每股收益(元)				每股净资产(元)		每股经营现金流量(元)		净资产收益率(%)		主营收入(万元)		净利润(万元)	
		2000年	扣除后	1999年	扣除后	2000年	调整后	2000年	1999年	2000年	1999年	2000年	同比(%)	2000年	同比(%)
600302	标准股份	0.381	0.353	0.21	0.21	3.69	3.68	0.49	/	10.31	14.72	57483.48	69.52	6072.70	145.54
600303	曙光股份	0.35	0.29	0.35	0.35	4.78	4.73	0.49	0.72	7.35	25.82	35287.17	94.80	3159.88	80.60
600305	恒顺醋业	0.202	0.203	0.24	/	1.1427	1.1261	0.3154	0.1882	17.68	23.64	14311.20	13.41	1760.21	-16.72
600306	商业城	0.19	0.2	0.24	0.24	2.87	2.81	0.51	/	6.73	15.55	83647.60	1.84	2647.43	43.68
600307	酒钢宏兴	0.24	0.23	0.27	0.23	2.68	2.58	0.31	0.14	8.9	17.28	312279.12	6.61	17392.39	22.01
600308	华泰股份	0.46	0.43	0.69	0.67	7.05	7.04	0.2	0.97	6.47	26.08	62617.68	24.01	8782.19	24.73
600309	烟台万华	0.42	0.44	0.33	0.28	5.01	5.01	0.7	0.68	8.29	20.48	34485.31	63.90	4980.35	89.51
600310	桂东电力	0.4162	0.43	0.4171	0.4171	1.67	1.67	0.29	0.46	24.91	25.99	40013.68	17.98	4651.33	-0.20
600312	平高电气	0.38	/	0.29	/	/	/	/	/	23.38	22.85	50046.43	-1.93	4747.77	33.55
600313	中农资源	0.0804	0.0647	0.1741	0.1695	2.9738	2.908	-0.4523	/	2.7	11.92	166689.91	21.91	2027.00	-32.38
600315	上海家化	0.3	0.3	0.12	0.14	1.6	1.5	0.79	0.35	18.78	13.45	119203.69	10.08	5726.40	61.26
600316	洪都航空	0.29	0.29	0.38	0.38	7.24	7.23	0.62	/	4.05	24.75	28871.40	7.20	4106.37	36.62
600318	巢东股份	0.18	0.13	0.35	0.35	2.94	2.94	0.18	/	6.02	22.02	42264.51	-7.15	3540.12	-15.40
600319	亚星化学	0.3	/	0.25	/	1.16	/	/	/	25.75	24.02	50261.68	13.10	7029.79	17.62
600320	振华港机	0.27	0.27	0.24	0.24	3.73	3.57	-1.44	-0.07	7.29	10.9	215685.86	58.00	12424.58	37.87
600323	南海发展	0.19	0.19	0.13	0.04	3.13	3.07	0.35	0.23	6.11	7.81	13167.57	338.27	3979.83	107.30
600326	西藏天路	0.1768	0.25	0.2395	/	1.6105	1.5826	0.8698	-0.2989	10.98	16.71	25508.19	20.08	1060.90	-26.18
600328	兰太实业	0.22	0.22	0.28	0.29	3.67	3.63	0.12	-0.25	5.94	18.46	25060.19	7.99	3769.12	17.74
600330	天通股份	0.444	0.432	0.269	0.253	1.366	1.35	0.814	0.345	32.54	25.5	25184.49	60.13	5019.77	65.45
600332	广州药业	0.2	0.17	0.18	0.16	1.87	1.74	0.39	0.4	10.65	9.42	426533.38	22.07	14623.42	13.66
600333	长春燃气	0.18	0.14	0.18	0.18	2.78	2.64	/	/	6.68	11.66	27880.83	2.07	4356.36	35.73
600335	中发展	0.2045	0.0889	0.28	/	1.64	1.56	0.33	0.44	9.57	14.74	22615.61	-25.41	1670.09	-27.48
600336	澳柯玛	0.083	0.0036	0.235	/	3.44	3.43	1.29	-0.3	2.41	13.8	53571.85	-24.31	2824.40	-52.20
600337	美克股份	0.4	0.34	0.57	0.46	6.39	6.36	-0.02	0.2	6.31	48.51	23606.32	33.52	3715.60	26.10
600338	珠峰摩托	0.21	0.14	0.48	/	3.736	3.696	0.749	-0.981	5.62	25.66	101059.44	0.29	3327.21	-36.37
600339	天利高新	0.21	0.21	0.29	0.29	3.58	3.51	0.25	0.47	5.93	18	31176.94	35.14	3608.19	14.81
600345	长江通信	0.56	0.5	0.58	0.46	4.55	4.47	0.37	0.7	12.36	22.82	28936.19	-0.97	9277.63	34.05
600356	恒丰纸业	0.28	/	0.33	/	/	/	/	/	8.59	20.17	33416.55	12.01	3936.22	20.59
600358	国旅联合	0.1353	0.0979	0.2255	0.2255	3.0498	3.0059	0.0738	0.3043	4.44	14.89	15402.30	5.68	1894.37	-6.68
600359	新农开发	0.303	0.288	0.229	0.214	2.488	1.258	0.407	0.206	12.18	9.38	68566.47	8.39	8905.95	32.44
600360	华微电子	0.31	/	0.25	/	/	/	/	/	16.6	16.25	18071.47	13.24	2123.17	22.50

总资产（万元）	股东权益（万元）	资本公积（万元）	未分配利润（万元）	最新流通A股（万股）	最新总股本（万股）	分红配股方案	最新市盈率（倍）	年报刊登日期	代码
91486.69	58911.62	39668.75	968.44	4500.00	15950.49	10派2元	72.28	2001/4/6	600302
80753.35	43000.26	29999.29	2479.95	4000.00	9000.00	10派2元转增8	92.83	2001/3/30	600303
19340.67	9958.21	/	841.03	4000.00	12715.00	10派0.5元	85.35	2001/3/26	600305
69412.97	39320.12	24672.43	321.56	4500.00	13702.99	10派2元	108.84	2001/3/22	600306
301254.39	195244.14	115206.22	2423.95	20000.00	72800.00	10派1.6元	29.54	2001/3/27	600307
237137.62	135702.17	97199.62	11187.83	9000.00	19247.33	10派3元	36.78	2001/3/31	600308
75760.77	60106.99	43801.03	2535.26	4000.00	12000.00	10派1元送2转增8(*)	71.62	2001/3/10	600309
29129.73	18673.21	6014.85	42.38	4500.00	15675.00	10派3.5元	45.43	2001/2/23	600310
57803.37	20302.71	0.14	6237.27	6000.00	18350.00	不分配	54.95	2001/2/16	600312
134492.93	74998.56	48208.40	486.14	8000.00	25220.00	10派0.58元	198.01	2001/4/27	600313
80486.89	30492.38	9750.97	1138.29	8000.00	27000.00	10派0.8598元	55.87	2001/3/10	600315
122088.63	101388.44	85714.05	1058.44	6000.00	14000.00	10派1元	78.07	2001/2/28	600316
100227.08	58807.20	36750.45	1031.27	8000.00	20000.00	10派0.5元	73.44	2001/3/21	600318
71755.49	27300.66	0.00	2091.13	8000.00	31559.40	不分配	61.83	2001/3/21	600319
386642.67	170509.97	111649.30	291.71	7040.00	45650.00	10派2.27元(A股股东除外)	55.33	2001/4/18	600320
96796.74	65180.16	38164.93	1874.20	6500.00	20851.42	10派2.5元	86.95	2001/3/21	600323
26993.68	9663.12	2365.06	901.77	4000.00	10000.00	10派0.5元	134.62	2001/4/17	600326
98456.81	63434.25	45334.95	80.19	6000.00	17265.29	10派1.7元	74.86	2001/3/27	600328
38542.04	15428.08	42.23	2785.08	4000.00	15298.00	10派1元	88.47	2001/3/24	600330
306391.48	137310.45	44510.87	101.98	7800.00	81090.00	10派0.3元	75.45	2001/4/23	600332
84214.86	65200.68	37469.77	2705.66	6000.00	23913.60	10派0.5元	89.50	2001/3/13	600333
54744.22	13364.86	4297.79	52.78	3500.00	11662.86	10派3.5元	95.89	2001/3/30	600335
220162.07	117244.40	81228.16	602.64	9000.00	34103.60	10派2元	163.61	2001/4/18	600336
75494.77	58872.02	46924.25	1181.15	4000.00	9208.00	10派2元	75.75	2001/4/10	600337
108849.37	59154.77	39974.82	861.09	5000.00	15833.30	10派0.3元	103.00	2001/4/17	600338
79418.58	60870.89	40674.14	2047.40	6000.00	17000.00	10派1.5元(*)	118.10	2001/2/27	6000339
108406.37	75070.92	30965.49	18438.39	4500.00	16500.00	10派2元	77.50	2001/3/16	600345
66961.48	45796.26	26844.17	1945.79	/	14000.00	10派1元	94.64	2001/4/14	600356
62975.15	42697.10	27303.48	804.98	5000.00	14000.00	不分配	128.75	2001/2/21	600358
129641.61	73138.50	32020.00	7595.89	9000.00	29400.00	10派2.5元配3(9-12元)(*)	44.26	2001/2/10	600359
38673.37	12786.93	3400.00	2069.55	5000.00	11800.00	不分配	80.97	2001/3/10	600360

续表

代码	简称	每股收益(元)				每股净资产(元)		每股经营现金流量(元)		净资产收益率(%)		主营收入(万元)		净利润(万元)	
		2000年	扣除后	1999年	扣除后	2000年	调整后	2000年	1999年	2000年	1999年	2000年	同比(%)	2000年	同比(%)
600363	联创光电	0.1625	0.1006	0.1942	0.1207	1.7093	/	0.099	/	9.51	11.95	47410.73	46.17	1702.93	-16.35
600365	通葡萄酒	0.143	0.1011	0.2278	/	3.8011	3.7846	0.1774	-0.3641	3.76	17.94	13831.47	9.15	2002.48	9.86
600366	宁波韵升	0.2836	0.23	0.4235	/	4.0758	3.9903	0.1364	0.4775	6.96	25.56	28750.87	29.61	3604.85	-7.59
600367	红星发展	0.73	0.79	0.51	0.51	1.8	1.77	0.72	/	40.55	34.4	25230.98	28.05	5110.30	42.91
600368	五洲交通	0.19	0.18	0.27	0.22	2.22	2.22	0.11	0.35	8.45	20.93	13503.21	1.39	8296.49	-14.94
600369	长运股份	0.161	0.099	0.296	0.247	3.265	3.253	0.448	0.906	4.93	19.23	15554.76	8.86	2773.86	-8.44
600376	天鸿宝业	1.07	0.396	0.51	0.291	3.23	3.23	0.29	-0.84	32.96	17.91	35096.22	122.05	7275.16	107.53
600377	宁沪高速	0.137	0.137	0.124	0.124	2.65	2.65	0.2	0.18	5.18	4.84	138169.62	21.37	69148.65	14.32
600378	天科股份	0.21	0.18	0.29	0.29	3.45	3.44	0.02	/	6.03	18.54	13865.31	8.00	2409.78	17.06
600382	广东明珠	0.21	0.21	0.1	/	1.49	1.46	0.93	0.14	14.18	12.43	34325.65	6.30	2340.75	13.96
600383	金地集团	0.468	0.473	0.282	0.282	2.059	1.929	2.069	-0.356	22.71	14.35	57899.77	95.17	8416.30	65.73
600386	北京巴士	0.42	0.42	0.4	0.4	1.88	1.82	0.53	0.25	22.54	24.97	53245.99	60.93	7303.04	5.44
600388	龙净环保	0.117	0.094	0.133	0.114	3.504	3.49	0.157	0.013	3.35	10.63	18515.61	26.63	1958.17	44.48
600389	江山股份	0.21	0.198	0.34	0.217	2.69	2.659	0.235	0.153	7.79	31.05	52257.79	14.84	3143.93	-15.86
600390	金瑞科技	0.31	0.31	0.47	0.47	6.52	6.47	0.11	/	4.76	30.84	22399.17	24.97	3307.74	5.99
600393	东华实业	0.523	/	0.483	/	3.85	/	/	/	13.6	14.66	24300.38	39.61	5228.50	4.80
600396	金山股份	0.191	/	0.161	/	1.26	/	/	/	15.43	13.91	9208.11	15.95	1624.59	18.73
600398	凯诺科技	0.35	0.33	0.51	/	5.46	5.46	1.12	0.44	6.39	34.06	26028.47	94.14	3372.45	28.80
600399	抚顺特钢	0.21	0.16	0.25	0.24	2.65	2.64	0.14	0.04	7.77	14.9	162332.58	1.97	10723.51	8.38
600400	红豆股份	0.27	0.27	0.32	0.32	2.99	2.99	0.4	0.1	9.05	30.04	37882.52	30.05	4861.23	16.34
600422	昆明制药	0.36	0.31	0.38	/	5.21	5.08	0.49	1.04	6.87	22.45	51203.91	12.10	3517.85	59.11
600466	迪康药业	/	/	/	/	/	/	/	/	/	/	10534.68	8.08	2610.57	-9.89
600500	中化国际	0.35	0.35	0.32	/	3.86	3.85	-1.69	0.03	9.07	8.4	568275.11	61.75	13060.46	10.91
600518	康美药业	0.47	0.47	0.38	0.38	1.97	1.91	0.19	0.57	23.62	21.56	35240.15	7.18	2455.27	21.69
600550	天威保变	0.31	0.3	0.26	0.26	1.73	1.73	-0.03	0.01	17.71	15.88	61427.50	5.33	4908.32	17.47
600555	茉织华	0.52	0.51	0.31	0.29	1.85	1.84	0.56	0.54	24	18	139424.23	101.78	18517.13	69.76
600558	大西洋	0.309	0.33	0.279	0.266	1.77	/	/	/	17.42	18.41	40869.87	9.87	2318.25	10.79
600600	青岛啤酒	0.1058	0.0398	0.0918	0.049	2.48	2.36	0.37	0.34	4.26	3.69	376625.91	54.01	9520.18	15.19
600601	方正科技	0.67	0.67	0.18	0.2	2.77	2.67	0.03	-0.6	24.13	8.64	269852.73	63.27	12483.14	268.70
600602	真空电子	0.357	0.366	0.397	0.141	3.4	3.33	0.45	0.81	10.5	11.39	505564.68	15.58	30087.50	-1.13
600603	兴业房产	0.02	0.02	0.17	0.17	1.94	1.94	-0.98	-1.22	1.07	7.24	22596.99	-31.93	403.56	-85.12

总资产（万元）	股东权益（万元）	资本公积（万元）	未分配利润（万元）	最新流通A股（万股）	最新总股本（万股）	分红配股方案	最新市盈率（倍）	年报刊登日期	代码
70130.45	17914.24	5286.63	110.59	/	10480.30	10派0.4元	156.00	2001/4/25	600363
67929.70	53215.03	35066.13	3400.59	6000.00	14000.00	不分配	100.98	2001/3/28	600365
84545.75	51803.78	33205.24	1264.12	3500.00	12710.00	10派1.5元转增5(*)	89.46	2001/2/28	600366
27926.90	12603.31	3438.67	802.66	3000.00	10000.00	不分配	58.77	2001/4/10	600367
140843.79	98129.07	35896.96	6166.90	8000.00	44200.00	10派1元(另向老股东10派1.14元)	68.63	2001/3/21	600368
83374.62	56257.66	34551.04	756.89	7000.00	17230.00	10派1元	119.81	2001/4/7	600369
53742.01	22071.45	/	10672.48	4000.00	10825.00	不分配	32.34	2001/3/6	600376
1505722.73	1334304.17	748453.90	48615.86	15000.00	503774.75	10派0.9元	64.01	2001/4/12	600377
49325.83	39974.16	27238.56	492.96	4500.00	11572.39	10派0.8元转增3(另向发起人10派1元)(*)	109.29	2001/3/16	600378
41045.40	16510.01	/	3846.24	6000.00	17087.33	10派1.38元	73.10	2001/3/16	600382
113250.85	37066.09	4620.00	/	/	18000.00	/	56.73	2001/4/6	600383
86269.25	32404.44	9072.86	1744.29	8000.00	25200.00	10派1元	39.52.	2001/3/15	600386
84809.82	58518.20	40559.45	642.87	6500.00	16700.00	10派0.6元	180.26	2001/2/27	600388
72557.67	40354.89	22676.73	2042.54	4000.00	15000.00	10派1元(*)	105.29	2001/3/23	600389
91258.16	69558.42	56874.49	1375.52	4000.00	10670.00	10派1元(另向老股东10派1.99元)	128.81	2001/4/6	600390
71168.95	38451.68	10407.15	13004.77	2763.19	10000.00	不分配	64.24	2001/3/13	600393
26934.16	10662.11	5.54	1169.70	/	8500.00	/	96.39	2001/3/23	600396
78348.41	52787.20	39153.70	2996.70	4500.00	9670.08	10派2元	68.57	2001/3/28	600398
275368.58	137926.39	72459.43	11056.92	12000.00	52000.00	10派0.5元	40.62	2001/4/6	600399
71690.05	53719.81	30847.00	3291.13	5000.00	17952.30	10派0.5元	61.37	2001/3/20	600400
79879.60	51194.93	38751.00	9.16	4000.00	9818.00	10派1.53元(*)	77.78	2001/3/6	600422
20041.12	11683.57	3.81	3227.25	5000.00	12740.00	不分配	/	2001/2/7	600466
209122.67	144000.31	91944.21	8666.89	12000.00	37265.00	10派2.5元	46.71	2001/3/10	600500
23122.90	10396.31	/	4136.47	1800.00	7080.00	10派2元	79.83	2001/4/7	600518
82786.07	27722.24	8325.62	2496.53	6000.00	22000.00	不分配	57.45	2001/2/23	600550
181581.39	65308.06	21765.77	408.44	/	35350.00	10派3.8元(老股东)	43.81	2001/2/27	600555
39297.76	13306.23	3518.95	1653.58	4500.00	12000.00	10派1.47元	58.58	2001/2/22	600558
699523.10	223537.86	90733.93	24312.04	19658.36	100000.00	10派1元	93.29	2001/4/19	600600
130875.09	51742.62	35986.25	-6290.52	18662.40	18662.40	不分配	49.39	2001/4/12	600601
773991.49	286512.29	138574.28	23286.90	31815.64	84293.43	10派1元	37.90	2001/4/18	600602
114618.42	37856.88	9695.61	2482.21	19464.19	19464.19	不分配	914.00	2001/4/14	600603

续表

代码	简称	每股收益(元)				每股净资产(元)		每股经营现金流量(元)		净资产收益率(%)		主营收入(万元)		净利润(万元)	
		2000年	扣除后	1999年	扣除后	2000年	调整后	2000年	1999年	2000年	1999年	2000年	同比(%)	2000年	同比(%)
600604	二纺机	0.012	-0.155	0.012	-0.223	1.523	1.391	0.156	0.133	0.8	0.754	46529.56	65.18	691.71	2.45
600605	轻工机械	0.04	0.04	0.15	0.13	1.53	1.44	0.024	0.13	2.63	10.21	21975.00	-18.96	846.55	-73.50
600606	金丰投资	0.268	0.085	0.482	0.435	1.403	1.097	0.127	-0.27	19.1	20.37	24020.55	71.22	4414.77	5.67
600607	上实联合	0.4751	0.451	0.4116	0.3974	6.6637	6.44	0.3173	0.7511	7.13	13.91	92143.95	69.58	9708.38	52.83
600608	上海科技	0.1417	0.1157	0.1119	0.1097	2.01	1.94	0.9387	0.0871	7.04	6.17	18117.33	2.43	2143.84	64.31
600609	一汽金杯	0.2287	0.1178	0.1982	0.2132	2.3432	1.8677	-0.3885	-0.0864	9.76	11.06	82499.24	4.96	24985.05	29.75
600610	ST中纺机	0.01	-0.12	-0.52	-0.58	0.25	0.05	0.1	-0.069	3.69	-219.54	38668.82	39.66	325.47	101.75
600611	大众交通	0.35	0.35	0.32	0.28	3.38	3.21	0.64	0.44	10.25	9.73	134982.07	30.16	19604.10	8.41
600612	第一铅笔	0.0485	0.0356	0.0546	0.044	1.834	1.5775	0.1015	0.0934	2.6432	3.0593	100076.16	11.11	1220.52	-11.25
600613	永生股份	0.0453	-0.0185	0.0436	-0.1048	2.2287	2.2074	0.18154	-0.0222	2.034	1.99	5580.77	-46.74	670.46	4.06
600614	胶带股份	0.179	-0.297	0.009	/	1.564	0.568	0.372	0.119	11.43	0.66	15096.97	-36.03	2057.80	1820.96
600615	丰华圆珠	0.014	-0.034	0.422	0.142	4.086	4.081	0.855	0.259	0.344	10.24	3506.42	-78.81	205.20	-96.77
600616	第一食品	0.21	0.21	0.16	0.16	2.54	2.17	0.28	0.27	8.23	10.18	59666.28	28.82	2650.26	47.75
600617	联华合纤	0.037	0.0375	0.0314	0.03	1.7	1.6	0.12	0.19	2.18	1.86	41430.44	48.89	619.22	17.95
600618	氯碱化工	0.044	0.038	0.034	0.0023	2.62	2.3	0.37	0.23	1.66	1.19	294236.79	32.27	5067.46	41.72
600619	冰箱压缩	0.176	0.155	0.027	0.019	2.42	2.332	0.82	1.18	7.27	1.22	175677.40	33.84	6694.48	482.59
600620	天宸股份	0.119	0.094	0.139	-0.046	1.413	1.19	0.455	-0.566	8.4	10.333	27464.88	61.04	3165.42	-14.59
600621	上海金陵	0.5011	0.2884	0.27	0.2	2.4	2.26	0.02	0.15	20.9	14.21	86966.64	54.53	20201.80	85.86
600622	嘉宝实业	-0.267	-0.275	0.0023	-0.05	1.96	1.937	0.414	0.28	-13.61	0.1	22843.52	4.04	-8905.22	-11751.50
600623	轮胎橡胶	-0.484	-0.61	0.015	-0.17	1.7	1.45	0.08	0.59	-28.4	0.68	370434.83	-8.05	-43074.29	-3348.38
600624	复华实业	0.1079	0.084	0.0929	-0.2337	1.9216	1.6927	-0.046	/	5.61	3.81	25251.51	12.92	2841.63	50.85
600625	PT水仙	-0.62	-0.64	-0.84	/	-0.25	-0.86	-0.04	-0.16	/	-234.81	11044.18	-36.81	14570.67	26.81
600626	申达股份	0.406	0.414	0.379	0.368	2.93	2.85	0.23	0.65	13.84	13.1	280582.66	16.83	12336.62	18.15
600627	电器股份	0.2	0.11	0.06	0.02	1.73	1.25	0.2	0.38	11.85	3.87	236501.33	41.97	10618.24	240.52
600628	新世界	0.342	0.273	0.3137	0.3137	3.42	3.37	0.9634	1.3572	10	12.26	199867.04	4.38	7573.10	27.80
600629	ST棱光	-0.264	-0.26	-0.248	/	0.81	0.29	0.01	-0.096	-32.78	-23.14	2840.54	-10.38	-3999.12	-6.70
600630	龙头股份	0.405	0.403	0.317	0.317	3.44	2.916	0.412	-0.03	11.762	10.01	194865.88	8.19	15178.87	27.60
600631	第一百货	0.11	0.11	0.22	0.12	3.32	2.62	0.85	0.44	3.34	6.98	426991.89	-14.40	5866.51	-46.31
600632	华联商厦	0.3	0.14	0.25	0.2	2.77	2.6	0.85	1.13	10.77	9.58	361956.24	-2.34	11481.26	21.09
600633	PT双鹿	-1.166	-0.5507	-0.303	/	-1.053	-1.168	-0.004	-0.003	/	-243.09	/	/	-17731.19	-284.77
600634	海鸟电子	0.05	0.05	0.07	/	2.12	2.11	-0.05	0.1	2.27	3.55	18135.01	-29.75	418.56	-34.70

总资产（万元）	股东权益（万元）	资本公积（万元）	未分配利润（万元）	最新流通A股（万股）	最新总股本（万股）	分红配股方案	最新市盈率（倍）	年报刊登日期	代码
164148.27	86286.14	31732.37	-17953.34	7118.19	56644.92	不分配	937.50	2001/4/25	600604
61592.53	32127.99	3527.31	815.97	2400.00	21019.20	不分配	504.25	2001/2/22	600605
109753.06	23118.43	833.02	2302.54	4170.90	16479.47	10派1.2元	64.48	2001/2/14	600606
237379.09	137961.50	92431.98	10963.44	8862.13	20434.16	10派1元转增5	45.04	2001/3/10	600607
46780.70	30450.55	9751.72	1014.88	9320.77	15126.22	不分配	114.11	2001/3/20	600608
547301.03	256028.57	81005.60	17282.81	36400.00	109266.71	不分配	32.62	2001/4/11	600609
83113.03	8815.52	16104.43	-49174.11	2574.00	35709.15	不分配	1315.00	2001/4/25	600610
392246.87	191328.98	68022.27	22426.28	10947.34	56585.16	10派2.5元	42.86	2001/3/10	600611
145102.46	46176.67	13230.60	-1590.16	2908.79	25177.94	不分配	395.88	2001/4/18	600612
53013.12	32963.93	14051.58	-787.97	912.55	14790.50	不分配	579.47	2001/3/29	600613
59959.69	18003.06	8561.61	-1572.42	834.90	11513.34	不分配	173.24	2001/4/12	600614
82168.53	61462.22	27349.24	12477.96	4650.05	15041.64	10派0.5元	1351.43	2001/4/21	600615
51078.65	32221.95	14635.62	1368.28	4565.40	12693.04	10派1.1元	77.33	2001/3/23	600616
53244.37	28364.15	5783.57	2958.17	900.00	16719.48	10派0.26元	650.00	2001/4/20	600617
490245.91	305126.50	153240.88	7146.85	2783.24	116448.31	不分配	419.55	2001/4/17	600618
267764.44	92074.28	35465.24	4006.77	2028.00	38052.00	不分配	96.93	2001/4/19	600619
99800.70	37700.56	4246.49	1437.95	8046.55	26677.43	10派0.5元	116.13	2001/2/15	600620
182018.01	96677.58	21429.96	23772.62	16150.41	40314.03	10送3配3(7-9元)	35.72	2001/3/22	600621
107916.23	65414.21	44123.42	-14038.95	11519.91	33368.83	不分配	/	2001/4/19	600622
671668.47	151649.75	105522.92	-69574.83	2288.00	88946.77	不分配	/	2001/4/20	600623
95321.82	50630.41	18288.33	218.32	16172.19	26347.71	10派0.5元	147.17	2001/4/24	600624
42315.10	-5995.93	22335.48	-55767.16	1754.93	23640.10	不分配	/	2001/4/18	600625
224951.29	89131.50	30243.08	3507.21	14048.16	33821.09	10派0.8989元	26.40	2001/3/8	600626
436796.71	89575.64	32322.43	2723.01	5100.00	51796.54	10派0.3元	69.25	2001/2/10	600627
204749.15	75765.54	30441.41	16814.63	9678.57	22146.07	10派1元送2	38.30	2001/4/18	600628
54284.17	12200.33	2142.26	-6786.37	5776.05	15137.76	不分配	/	2001/3/27	600629
397226.51	129051.27	73294.30	6708.10	14700.00	37520.22	10派1.2元	31.04	2001/4/19	600630
458524.80	175773.29	96653.31	3897.44	17119.16	52985.94	10转增1	98.55	2001/4/10	600631
223629.32	106644.72	41480.65	8453.61	9574.39	38460.20	10派1元	40.27	2001/3/30	600632
55760.32	-16010.44	22831.24	-57327.36	1320.00	15205.08	不分配	/	2001/4/20	600633
27646.01	18453.29	6917.92	811.86	3980.97	8720.73	不分配	378.00	2001/4/16	600634

续表

代码	简称	每股收益（元）				每股净资产（元）		每股经营现金流量（元）		净资产收益率(%)		主营收入（万元）		净利润（万元）	
		2000年	扣除后	1999年	扣除后	2000年	调整后	2000年	1999年	2000年	1999年	2000年	同比(%)	2000年	同比(%)
600635	大众科创	0.2692	0.2001	0.2584	0.208	2.44	2.37	0.1454	0.2633	11.04	10.91	23117.46	-30.95	12816.72	4.17
600636	三爱富	0.3599	0.3627	0.2021	0.201	2.17	2.14	0.338	0.386	16.56	10.6	48858.61	20.91	4176.88	78.08
600637	广电股份	0.2824	0.296	0.1918	0.1911	2.0099	1.742	-0.4633	0.4481	14.05	10.38	270361.01	21.59	17378..36	47.24
600638	新黄浦	0.2372	0.2244	0.1842	0.0887	3.2374	3.2176	0.423	0.5939	7.33	6.14	48067.60	14.77	12295.19	28.78
600639	浦东金桥	0.101	0.099	0.075	0.06	2.43	2.28	-0.215	-0.041	4.14	2.93	56982.27	-9.24	7025.04	48.22
600640	联通国脉	0.17	0.18	0.34	0.34	3.32	3.11	0.21	0.4	5.1	10.43	38576.48	-23.15	6172.58	-50.01
600641	中远发展	0.765	0.49	0.84	0.84	2.74	2.73.	-0.69	-1.752	27.91	27.59	29249.14	-45.11	28140.38	27.45
600642	申能股份	0.933	0.53	0.508	0.2759	2.93	2.862	0.499	0.409	31.82	19.54	142397.19	24.39	152304.03	83.60
600643	爱建股份	0.294	0.298	0.298	0.299	4.44	4.27	-0.118	0.131	6.62	6.3	56475.13	-13.93	13548.23	8.68
600644	乐山电力	0.15	0.13	0.19	0.2	1.91	1.69	0.29	0.25	7.78	6.57	28469.13	7.11	3713.09	27.52
600645	望春花	0.303	0.23	0.127	-0.062	2.676	2.486	0.203	/	11.33	5.34	20093.66	100.52	4739.91	138.25
600646	国嘉实业	0.253	0.254	0.408	0.455	2.16	2.12	-0.027	-1.09	11.73	21.48	21166.87	-45.14	4545.21	-38.02
600647	ST粤海发	-0.1478	-0.1391	0.0569	0.0656	0.1946	0.0945	0.0171	-0.6099	-75.94	34.11	2748.92	11.82	-790.98	-359.79
600648	外高桥	0.0351	-0.0019	0.045	-0.0358	2.0855	2.0695	0.0338	-0.0904	1.68	2.16	9249.24	-21.74	2377.81	-22.03
600649	原水股份	0.22	0.22	0.25	0.25	2.39	2.38	0.44	0.29	9.04	9.91	80861.95	-11.49	40649.47	-6.62
600650	新锦江	0.011	0.011	0.00029	0.00033	3.02	2.78	0.113	0.057	0.38	0.01	21760.25	17.39	567.77	3713.80
600651	飞乐音响	0.541	0.328	0.123	0.078	1.67	1.59	0.61	0.067	32.44	10.96	27571.57	30.96	7980.29	339.29
600652	爱使股份	0.2244	0.1896	0.1309	0.068	1.97	1.94	-0.1	0.347	11.4	13.02	31735.62	15.01	6722.31	164.52
600653	华晨集团	0.412	0.239	0.514	0.222	1.89	1.77	0.187	0.07	21.86	23.17	551141.75	126.64	22593.81	20.31
600654	飞乐股份	0.2	0.12	0.2	0.18	1.88	1.55	0.02	0.06	10.87	11.78	55228.85	3.68	7666.68	2.16
600655	豫园商城	0.22	0.21	0.22	0.22	3.64	3.34	0.29	0.22	6.17	6.73	361640.60	1.29	10442.22	8.82
600656	华源制药	0.148	0.129	0.1	0.036	1.518	1.26	0.27	0.19	9.75	7.33	26444.57	-20.14	1380.18	47.45
600657	青鸟天桥	0.5006	0.5083	0.4	0.33	5.3951	5.1229	-4.37	0.24	9.28	16.49	48921.03	79.08	6895.79	44.61
600658	兆维科技	0.0331	-0.0611	-0.4091	-0.2534	1.129	1.104	0.3342	-0.002	2.93	-37.33	16784.62	42.34	552.81	108.09
600659	福建福联	0.2	0.2	0.24	0.07	1.95	1.73	-0.88	/	10.33	13.5	34631.60	61.66	2501.47	-16.20
600660	福耀玻璃	0.59	0.61	0.28	0.25	1.9	1.79	0.89	0.55	31.03	17.57	75499.92	24.03	15003.42	112.59
600661	交大南洋	0.21	0.21	0.17	0.08	1.97	1.91	0.26	0.15	10.6	9	41550.81	192.62	3017.72	21.56
600662	上海强生	0.33	0.3	0.32	0.32	3.03	2.92	0.89	0.94	10.83	11.38	60668.13	17.99	9231.10	2.92
600663	陆家嘴	0.187	0.155	0.012	0.012	2.31	2.3	0.15	0.27	8.12	0.527	66331.75	3.35	33001.25	1501.85
600664	哈药集团	0.51	0.49	0.31	0.33	3.58	3.48	1.2	0.96	14.13	9.63	644445.84	43.63	22806.34	64.43
600665	沪昌特钢	0.0178	0.0175	0.0154	0.0153	1.86	1.84	0.17	-0.14	0.959	0.836	75243.15	-32.89	1281.57	15.77

总资产（万元）	股东权益（万元）	资本公积（万元）	未分配利润（万元）	最新流通A股（万股）	最新总股本（万股）	分红配股方案	最新市盈率（倍）	年报刊登日期	代码
178980.82	116106.34	41794.68	11259.52	25729.92	47618.17	10派2元	50.19	2001/3/16	600635
49007.68	25223.09	5943.19	3246.67	4492.80	11606.40	10派1元(*)	49.54	2001/2/27	600636
468414.47	123665.54	32531.91	17234.32	8306.40	74528.41	10派1元	71.10	2001/4/17	600637
298627.95	167795.90	75871.09	23714.89	13088.62	51830.73	不分配	73.52	2001/4/14	600638
274091.48	169593.05	81235.06	2578.04	11715.00	69784.00	不分配	141.58	2001/3/17	600639
136009.39	120964.02	48376.54	2611.58	5533.56	36488.27	10派1元	138.59	2001/3/15	600640
241074.64	100822.12	7248.98	15339.38	9906.62	36786.60	10派2元	25.10	2001/3/12	600641
991534.58	478645.51	102080.38	10569.25	25099.20	163308.78	10派4.5元	18.85	2001/2/22	600642
261108.10	204664.92	95015.48	55.40	30835.27	46068.80	10派1.5元	44.56	2001/3/30	600643
110330.24	47712.67	10462.94	2947.78	12876.16	24933.65	不分配	85.13	2001/3/16	600644
67835.60	41813.92	18309.01	3990.67	6134.71	15626.75	10派0.1元转增6	78.88	2001/4/26	600645
90011.59	38757.15	3485.75	8366.09	3038.01	17970.99	不分配	88.66	2001/4/27	600646
16677.38	1041.63	1828.59	-6456.88	2100.00	5351.68	不分配	/	2001/3/15	600647
279740.53	141259.25	32218.24	25331.62	4950.00	67732.50	10送1	589.74	2001/4/18	600648
705140.44	449873.16	207919.59	17669.97	56085.15	188439.50	10派1.6元	41.59	2001/3/14	600649
187772.09	151389.42	93667.57	1615.31	3801.60	50146.37	不分配	1321.82	2001/4/18	600650
82097.33	24600.61	326.34	6874.31	19192.99	19192.99	10送3	65.62	2001/4/26	600651
101506.23	58961.26	26368.04	1514.52	29962.48	29962.48	10派0.7元	60.16	2001/3/15	600652
353130.16	103357.23	10200.26	17182.32	65697.76	65732.47	10派0.2元送2.3	26.82	2001/3/13	600653
164974.39	70559.81	17573.65	9559.54	33301.74	44000.18	不分配	61.25	2001/3/20	600654
343928.62	169222.65	91951.28	8148.54	14907.95	46533.35	10派1元	50.82	2001/3/24	600655
40515.88	14150.51	4218.06	-176.21	5096.00	9321.84	不分配	100.00	2001/3/30	600656
265045.37	74318.66	47404.40	5383.74	7922.77	13775.22	10派1元	53.94	2001/4/18	600657
55393.67	18856.07	5593.03	-9508.60	9507.00	16702.31	不分配	547.73	2001/3/31	600658
128535.89	24205.36	3877.43	5433.27	3183.58	12387.27	10派0.3元送3转增1	125.85	2001/2/15	600659
138243.04	48351.41	6027.31	9536.87	13016.94	40756.08	10派2.7元送3.7转增2.3(*)	23.93	2001/2/15	600660
51436.03	28457.08	9117.75	1739.64	2545.54	14473.07	10派1.5元	119.52	2001/2/22	660661
138396.54	85255.14	25541.08	16658.10	15033.60	28094.04	10派1元送1	51.76	2001/3/12	660662
738460.17	430798.03	131277.73	26019.71	16052.40	186768.40	10派1元	83.90	2001/4/20	660663
444940.01	161416.17	59992.84	13255.19	26637.07	45086.04	10派1.5元配3(11-12.5元)	25.78	2001/3/17	660664
158707.02	133704.26	36753.09	8052.92	14700.00	72010.21	不分配	488.76	2001/4/20	600665

续表

代码	简称	每股收益（元）				每股净资产（元）		每股经营现金流量（元）		净资产收益率(%)		主营收入（万元）		净利润（万元）	
		2000年	扣除后	1999年	扣除后	2000年	调整后	2000年	1999年	2000年	1999年	2000年	同比(%)	2000年	同比(%)
600666	西南药业	0.14	0.14	0.12	0.12	1.67	1.53	0.18	0.39	8.15	7.72	29366.04	2.78	2024.91	14.92
600667	太极实业	-0.111	-0.112	0.052	-0.028	2.43	2.28	0.359	0.074	-4.59	2.07	62397.52	2.06	-4105.37	-312.62
600668	尖峰集团	0.13	0.13	0.11	0.11	1.72	1.59	0.19	0.29	7.51	7.15	94239.02	45.67	3886.21	13.63
600669	鞍山合成	0.097	-0.0036	0.133	-0.289	1.42	1.2	-0.038	-0.12	6.83	10.05	15477.70	20.11	2244.70	-27.31
600670	ST高斯达	0.213	0.116	0.148	/	1.155	0.922	-0.175	-0.0158	18.41	15.71	3622.08	1064.88	2984.20	43.55
600671	天目药业	0.01	0.01	0.12	0.11	2	1.9	-0.09	0.48	1.1	6.09	9417.55	-31.66	248.50	-82.07
600672	英豪科教	0.26	0.25	0.88	0.84	1.4	1.39	0.23	0.58	18.85	43.73	63538.86	-8.65	11624.66	-52.03
600673	成量股份	0.01	0.01	-0.02	/	1.16	1.03	0.12	0.09	0.98	-1.91	11374.94	22.07	125.56	159.31
600674	川投控股	0.51	0.383	0.14	0.1	2.16	2.1	-0.24	0.013	23.58	8.09	59589.80	96.67	12315.29	265.65
600675	中华企业	0.19	0.02	0.31	0.03	2.08	2	-0.01	-0.02	8.92	10.25	58876.46	75.29	10810.17	-10.35
600676	交运股份	0.3281	0.3243	0.3419	/	5.381	5.331	0.22	0.12	6.1	19.09	26173.67	22.53	5543.33	36.30
600677	浙江中汇	0.2823	0.2109	0.2569	0.196	1.613	1.43	0.305	0.418	17.5	14.15	157064.85	13.00	9208.15	41.54
600678	四川金顶	0.075	0.079	0.035	0.044	1.84	1.511	0.0585	0.064	4.05	1.99	21289.37	-8.62	1738.08	112.47
600679	凤凰股份	0.0551	-0.037	0.0117	-0.2148	1.9936	1.9366	-0.2589	0.043	2.7644	0.6158	68995.09	3.04	2558.89	370.41
600680	上海邮通	0.091	0.089	0.04	0.03	1.773	1.65	0.117	-0.14	5.12	2.32	55554.04	7.81	2767.30	128.09
600681	诚成文化	0.15	0.14	0.025	0.025	1.73	1.66	0.082	0.02	8.61	1.035	23803.62	51.05	3097.42	784.09
600682	南京新百	0.31	0.31	0.29	0.29	3.7	3.51	0.67	0.5	8.43	10.7	134740.28	5.67	7182.59	31.16
600683	ST甬华联	0.03	-0.08	-1.41	-1.37	1.17	1.12	0.04	0.11	2.94	-123.69	66053.57	-9.90	683.96	102.44
600684	珠江实业	-0.55	-0.13	0.11	/	3.08	2.11	-0.21	-0.47	-17.73	3	10330.74	1436.22	-10203.58	-602.86
600685	广船国际	-1.4674	-0.0071	0.0022	/	1.2712	1.12	0.0483	0.0381	-115.43	0.0814	222226.99	-2.59	-72586.96	-66030.25
600686	厦门汽车	0.24	0.22	0.21	0.155	2.05	1.98	0.53	0.748	11.83	10.82	86314.19	57.59	-3674.83	15.74
600687	新宇软件	0.4	0.4313	0.17	-0.14	2.88	2.88	-0.54	0.77	13.91	6.47	8325.84	1875.78	2537.16	135.26
600688	上海石化	0.126	0.13	0.102	/	1.92	1.85	0.41	0.43	6.54	5.69	2046758.30	42.27	90393.20	22.51
600689	上海三毛	0.3893	0.0295	0.2719	0.0906	3.1935	3.09	-0.2232	-0.2307	12.192	8.458	66398.46	122.55	6521.28	60.39
600690	青岛海尔	0.75	0.75	0.66	0.66	5.12	5.12	0.85	-0.14	14.67	12.03	482837.80	21.49	42408.99	36.52
600691	东新电碳	-0.149	-0.149	0.059	/	1.305	0.785	-0.157	-0.007	-11.45	4.08	6278.90	1.35	-1154.91	-351.65
600692	亚通股份	0.203	0.155	0.15	0.128	2.68	2.63	0.42	-0.26	7.56	6.22	16978.66	11.32	2563.18	31.56
600693	东百集团	0.057	0.021	0.09	0.09	2.898	2.07	0.277	0.037	1.956	3.076	58559.81	9.03	752.45	-37.34
600694	大商股份	0.37	0.36	0.24	0.23	3.59	3.46	0.48	0.51	10.35	6.94	135785.77	9.70	8409.36	54.68
600695	大江股份	0.012	-0.018	0.01	-0.004	1.437	1.39	0.13	0.33	0.82	0.72	166082.64	-8.15	792.52	14.79
600696	福建豪盛	0.0302	-0.1822	-0.3668	-0.3668	1.46	1.46	-0.1645	0.078	2.07	-25.67	6163.82	-39.03	791.76	108.24

总资产（万元）	股东权益（万元）	资本公积（万元）	未分配利润（万元）	最新流通A股（万股）	最新总股本（万股）	分红配股方案	最新市盈率（倍）	年报刊登日期	代码
40834.94	24851.91	4350.27	1799.54	6319.38	14879.30	10派0.5元	101.36	2001/3/14	600666
209611.43	89455.77	50374.10	-3176.18	18964.00	36881.74	不分配	/	2001/4/14	600667
158683.40	51720.79	14859.75	2214.60	14483.80	30045.91	不分配	77.54	2001/4/5	600668
99276.33	32877.12	1335.37	5631.56	14864.85	23217.08	10配3(7-10元)	126.49	2001/2/14	600669
31569.44	16212.99	1779.11	/	8605.21	14033.37	不分配	65.68	2001/4/26	600670
40588.11	22663.28	4999.36	3384.01	6341.54	12177.86	10派0.2元	1421.00	2001/3/20	600671
120710.19	61673.73	1842.65	7942.83	25600.00	44097.70	10派0.6元配3(6-9元)	39.35	2001/3/1	600672
33907.71	12841.01	10730.74	-10677.89	4554.00	11079.44	不分配	1349.00	2001/4/13	600673
95661.58	52221.01	8598.64	9522.91	9671.29	24138.03	10派0.75元送3转增3配3(11-17元)(*)	23.67	2001/1/12	600674
357834.98	121130.30	43832.07	5003.14	26546.68	58121.26	10派1元	56.42	2001/4/7	600675
125186.29	90917.02	65490.60	2837.12	7340.00	16896.19	10派2元	43.89	2001/3/22	600676
156883.43	52619.63	7262.04	6395.24	17074.57	32617.24	10派0.8元	56.68	2001/2/17	600677
73638.55	42886.12	15246.36	1009.63	9600.00	23266.00	不分配	129.73	2001/4/7	600678
175317.71	92566.13	58542.63	-18543.76	2640.00	46432.28	不分配	538.66	2001/3/31	600679
117745.62	54076.98	13064.15	4216.77	2704.00	30492.53	10派0.3元	226.37	2001/2/8	600680
67067.38	35987.63	11553.47	1677.53	10852.38	20806.80	10派0.4元	86.87	2001/3/17	600681
140989.41	85210.68	52420.65	626.47	15288.00	23020.82	10派1.5元	33.97	2001/3/16	600682
88418.13	23300.07	34549.55	-33290.14	8989.04	19925.37	不分配	361.67	2001/4/11	600683
106004.65	57540.43	35815.85	-7972.54	10003.50	18703.94	不分配	/	2001/4/17	600684
241838.05	62882.46	65197.70	-61902.37	12647.95	49467.76	不分配	/	2001/4/23	600685
89586.87	31051.67	7641.98	2976.04	5760.00	15151.76	10派2元	55.00	2001/2/27	600686
37894.20	18240.87	2636.37	5497.94	4222.15	11000.00	10派1.5元送6转增1.3422(*)	61.25	2001/1/19	600687
2209965.70	1381703.80	285627.80	83214.40	72000.00	720000.00	10派0.6元	40.08	2001/4/17	600688
103091.02	53488.91	23384.20	9241.67	5712.00	16749.28	10派0.6元送2	42.00	2001/4/12	600689
403509.27	289070.16	152954.06	35799.46	37491.42	66470.69	10派2元送2	26.67	2001/3/16	600690
24449.09	10088.04	5928.85	-4883.03	3321.60	7727.45	不分配	/	2001/3/24	600691
53685.01	33905.36	12806.05	4978.39	5292.00	12639.92	不分配	80.84	2001/3/22	600692
78187.99	38255.96	17190.31	2544.27	7230.10	13200.87	10派1元	257.89	2001/4/18	600693
129890.04	81265.73	42027.07	9099.42	12013.18	22615.98	10派2.2元配3(7-10元)	27.59	2001/2/24	600694
216287.00	97170.28	22649.71	-2276.16	2574.00	67630.57	不分配	1291.67	2001/4/19	600695
72011.34	38224.61	21335.53	-11687.56	8965.22	26197.36	不分配	404.30	2001/2/24	600696

续表

代码	简称	每股收益(元)				每股净资产(元)		每股经营现金流量(元)		净资产收益率(%)		主营收入(万元)		净利润(万元)	
		2000年	扣除后	1999年	扣除后	2000年	调整后	2000年	1999年	2000年	1999年	2000年	同比(%)	2000年	同比(%)
600697	欧亚集团	0.36	0.285	0.273	0.246	3.56	3.49	0.376	0.266	10.12	8.02	60478.45	21.17	4415.02	31.99
600698	济南轻骑	-0.28	-0.27	0.02	0.014	2.79	2.79	-0.33	0.09	-10.03	0.66	53411.62	-40.76	-27243.30	-1481.15
600699	辽源得亨	0.293	0.26	0.174	0.0644	1.77	1.59	0.75	-0.11	16.55	9.54	22762.45	49.97	4658.84	102.73
600700	数码测绘	0.39	0.39	0.35	0.35	2.76	2.67	-0.34	0.04	13.97	22.89	58697.79	-2.61	5618.59	21.27
600701	工大高新	0.193	0.178	0.181	0.181	2.38	2.34	0.23	-0.21	8.1	7.92	55936.50	52.42	6250.12	6.40
600702	沱牌曲酒	0.316	0.289	0.341	0.33	4.91	4.9	0.32	0.62	6.43	8.71	94090.85	11.20	10649.11	4.79
600703	ST天颐	-0.207	-0.199	-0.98	/	0.85	0.67	0.81	-0.195	-24.3	-92.92	7174.66	-36.93	-2472.78	78.96
600704	中大股份	0.25	0.22	0.36	0.29	3.61	3.48	-0.1	-0.42	6.93	12.42	652168.37	57.79	7209.00	-23.14
600705	北亚集团	0.2	0.191	0.247	0.325	1.6	1.55	0.165	0.04	12.54	11.6	31400.25	-3.49	10083.45	21.82
600706	长安信息	0.125	0.125	-1.153	-1.153	1.37	1.23	0.6	-0.48	9.14	-91.28	37710.85	110.26	1094.16	110.86
600707	彩虹股份	0.273	0.273	0.454	/	3.677	3.675	0.122	0.263	7.43	17.37	190563.06	86.74	11514.34	-29.57
600708	东海股份	0.0232	0.0184	-0.2565	-0.4434	1.0723	1.0354	0.1236	-0.0788	2.16	-25.62	18055.63	12.22	552.19	109.05
600709	蓝田股份	0.97	0.97	1.15	1.15	4.88	4.46	1.76	1.15	19.81	29.28	184090.96	-0.57	43162.86	-15.87
600710	常林股份	0.06	0.025	0.038	0.029	2.79	2.71	0.15	0.103	2.14	1.38	40295.36	3.78	983.25	58.34
600711	雄震集团	0.009	-0.077	0.03	/	1.06	0.87	0.077	-0.05	0.92	3.2	3240.01	72.23	58.83	-71.20
600712	南宁百货	0.198	0.198	0.193	0.11	3.05	2.45	0.34	0.94	6.5	6.58	46788.67	20.05	1793.78	2.99
600713	南京医药	0.25	0.243	0.381	0.38	2.35	2.32	0.45	0.26	10.63	17.03	132987.64	3.37	4852.37	-34.45
600714	山川股份	0.1931	0.1939	0.1997	0.2017	1.8367	1.7859	-0.062	0.4	10.51	10.29	15693.47	9.93	2081.97	11.22
600715	松辽汽车	0.22	0.016	0.147	/	1.7	1.56	0.04	-0.06	13.03	10	1038.45	441.10	3107.70	49.87
600716	耀华玻璃	0.1	0.1	0.0526	0.0526	1.64	1.51	0.158	0.11	6.11	3.22	31502.95	5.13	3245.78	97.24
600717	天津港	0.52	0.52	0.35	0.35	4.04	3.98	0.91	0.77	12.93	10.36	65616.90	31.81	19164.32	62.21
600718	东大阿派	0.58	0.58	0.58	0.55	4.13	4.02	0.23	0.51	14	11	110899.94	50.93	16289.34	29.67
600719	大连热电	0.3	0.3	0.21	0.21	3.15	3.1	1.38	0.01	9.6	6.5	32045.04	16.23	6114.70	45.34
600720	祁连山	0.253	0.23	0.33	0.28	2.43	2.27	0.11	0.06	10.43	12.12	27429.30	12.64	5489.42	35.53
600721	ST百花村	-0.92	-0.72	-0.42	/	1.34	1.27	-0.0349	-0.0047	-68.74	-18.6	9262.17	-13.48	-8719.41	-118.89
600722	沧州化工	0.247	0.25	0.352	0.35	2.42	2.37	0.32	0.09	10.22	18.5	135763.58	102.43	10416.83	-24.58
600723	西单商场	0.17	0.1729	0.2	/	2.51	2.43	0.25	0.32	6.89	8.39	173793.92	6.27	6294.04	-15.47
600724	宁波富达	0.21	0.2	0.26	0.25	1.46	1.39	0.13	-0.01	14.45	10.5	46879.07	39.13	4328.57	60.18
600725	云维股份	0.192	0.191	0.0296	0.0296	3.11	3	0.36	0.117	6.16	1.02	15401.96	6.72	2111.66	547.63
600726	龙电股份	0.32	0.3	0.31	0.31	3.92	3.91	0.27	1.26	8.17	10.92	80749.87	4.11	22470.01	22.03
600727	鲁北化工	0.52	0.52	0.83	0.83	5.52	5.52	1.03	1	9.4	23.45	83862.58	-12.25	19605.68	-28.66

总资产（万元）	股东权益（万元）	资本公积（万元）	未分配利润（万元）	最新流通A股（万股）	最新总股本（万股）	分红配股方案	最新市盈率（倍）	年报刊登日期	代码
67564.27	43638.21	21555.80	6211.81	6491.23	12273.72	10派2元	39.22	2001/4/10	600697
414681.71	271595.47	107552.56	30526.37	30671.00	97181.74	不分配	/	2001/4/27	600698
56658.98	28150.43	4392.23	5628.42	7198.96	15891.55	10派0.375元配2.5(10-12元)(*)	39.93	2001/1/18	600699
105752.78	40214.32	18694.99	3903.35	6167.59	14544.90	10派0.5元送2转增8	84.10	2001/4/21	600700
158578.01	77192.72	31797.09	7004.14	17469.10	32409.10	10派1元	65.03	2001/4/17	600701
205912.72	165637.96	79243.26	35121.75	14861.86	33730.00	不分配	42.06	2001/3/19	600702
30735.53	10177.42	23580.17	-27331.60	5861.55	11951.65	不分配	/	2001/1/20	600703
278493.98	104045.31	60076.75	4230.34	12716.82	28826.90	10派2元	53.16	2001/4/10	600704
147300.34	80919.15	6134.90	16815.89	20891.52	50313.74	不分配	66.90	2001/1/19	600705
72475.83	11973.15	8621.05	-6724.43	3750.00	8733.34	不分配	165.60	2001/4/18	600706
224549.62	154874.93	63183.75	37233.22	14364.48	42114.88	10派1.2元	42.75	2001/2/23	600707
134127.57	25514.33	12667.97	-13608.57	8659.20	23793.48	不分配	594.83	2001/4/7	600708
283765.19	217841.81	34081.06	100480.11	19975.04	44603.92	10派2元配3(12.5-15.5元)	17.45	2001/3/1	600709
78677.78	46017.06	24487.04	3760.01	7440.00	16500.00	不分配	255.67	2001/3/10	600710
14714.35	6408.40	2706.98	-2823.65	1512.00	6036.00	不分配	2527.78	2001/1/20	600711
62799.04	27596.71	16130.31	982.19	3954.00	9042.00	10派0.6元	85.35	2001/4/20	600712
122923.83	45651.30	18923.99	1044.66	8309.74	19426.07	10派1.6元	57.80	2001/4/6	600713
33257.26	19801.81	7270.41	353.41	2500.00	9375.00	10派0.5元送1.5	104.51	2001/3/22	600714
65289.24	23827.71	24125.75	-15247.79	10137.60	22425.60	10转增6(*)	57.05	2001/1/19	600715
86051.00	53093.07	16775.96	638.73	8100.00	32400.00	10派1元	96.20	2001/2/21	600716
219120.20	148263.96	80424.13	16065.20	11956.74	36658.54	10派1元转增8(*)	21.92	2001/2/28	600717
198102.13	116341.56	57879.31	16568.40	11325.83	28145.17	10派5元	54.66	2001/3/2	600718
119962.03	63708.87	30197.40	4286.66	7605.00	20229.98	10派1元	47.60	2001/3/30	600719
80848.55	52610.68	21090.11	7139.74	10197.52	21684.64	10转增6(*)	34.35	2001/2/27	600720
34692.25	12688.04	16796.23	-14195.01	4650.00	9480.08	不分配	/	2001/4/24	600721
267952.24	101890.89	29156.55	22953.93	1150000	42142.00	10派0.75元	47.65	2001/4/10	600722
155411.21	91378.11	43761.96	1609.62	18591.94	40971.80	10派0.889元	57.88	2001/4/11	600723
54795.88	29948.59	2963.62	3610.21	6650.92	22773.05	不分配	103.10	2001/3/20	600724
38046.57	34261.44	17155.22	1382.89	3748.48	11000.00	不分配	81.77	2001/2/23	600725
330576.27	274919.01	135650.82	51511.74	8300.00	70079.06	10派1.2元转增6(*)	31.22	2001/2/15	600726
308992.82	209536.57	96468.18	62154.23	15210.00	37930.00	10派1元	31.85	2001/4/6	600727

续表

代码	简称	每股收益(元)				每股净资产(元)		每股经营现金流量(元)		净资产收益率(%)		主营收入(万元)		净利润(万元)	
		2000年	扣除后	1999年	扣除后	2000年	调整后	2000年	1999年	2000年	1999年	2000年	同比(%)	2000年	同比(%)
600728	新太科技	0.305	0.294	0.249	0.188	3.896	3.89	0.011	0.439	7.824	10.694	72529.19	18.66	6348.32	34.26
600729	重庆百货	0.3474	0.345	0.3574	0.3714	1.91	1.67	0.55	0.1	18.2	19.42	204351.47	18.07	7087.80	-2.79
600730	中国高科	0.17	0.16	0.02	0.01	1.86	1.83	2.63	0.02	9.07	1.7	86561.32	148.85	2939.45	609.99
600731	湖南海利	0.154	0.148	0.1874	/	1.93	1.89	0.03	0.0212	7.98	8.844	33316.44	11.00	3610.27	36.88
600732	上海港机	0.081	0.045	0.055	0.034	1.64	1.55	-0.41	0.301	4.95	2.59	49504.42	-9.67	2014.47	91.21
600733	前锋股份	0.126	0.1	0.069	-0.141	1.408	1.406	0.244	-0.461	8.95	6.55	13691.06	-11.08	2490.49	82.19
600734	实达电脑	-0.7171	-0.7226	-0.1519	0.212	1.5118	1.4608	-0.1882	-0.1519	-47.8	-6.7898	320161.19	45.94	-25211.23	-372.21
600735	兰陵陈香	0.172	0.163	0.254	0.159	2.617	2.589	-0.361	0.026	6.6	10.9	22489.10	-0.97	2044.49	-2.45
600736	苏州高新	0.26	0.25	0.35	0.34	2.27	2.25	-0.07	/	11.25	16.18	46074.15	-14.08	10808.22	-27.55
600737	新疆屯河	0.24	0.22	0.515	0.507	2.18	2.16	0.12	0.251	10.98	16.97	45407.55	45.65	9185.79	3.50
600738	兰州民百	0.445	0.02	0.182	0.08	3.17	3.14	0.57	0.39	14.03	6.38	61279.19	4.39	5215.33	144.93
600739	辽宁成大	0.7	0.69	1.06	0.83	2.88	2.74	-0.03	0.4	24.34	23.95	122483.28	-7.23	17389.79	29.67
600740	山西焦化	0.2352	0.2453	0.197	0.225	3.12	2.97	0.93	-0.016	7.53	8.3	32564.67	22.75	4771.42	33.13
600741	巴士股份	0.31	0.32	0.46	0.45	2.55	2.41	0.9	1.6	12.25	15.95	220560.92	32.74	16206.97	17.29
600742	一汽四环	0.52	0.5	0.585	0.56	4.57	4.33	0.35	0.44	11.37	22.78	83703.23	6.19	10994.64	2.60
600743	ST幸福	-0.9783	-0.0863	-0.2107	-0.2246	0.4768	0.4695	0.009	-0.016	-205.2	-14.42	29557.79	103.99	-30601.33	-364.53
600744	华银电力	0.2751	0.2529	0.3068	0.2882	4.023	3.998	0.47	0.039	6.84	7.92	106771.30	11.20	17749.06	-10.33
600745	ST康赛	-0.75	-0.49	-0.63	-0.64	0.8	0.16	-0.05	0.01	-93.25	-40.59	8172.12	43.40	-9137.87	-19.00
600746	江苏索普	0.2197	0.1663	0.1195	0.0851	2.049	1.996	0.3229	0.1026	10.72	8.25	24792.82	21.44	3739.85	99.92
600747	大显股份	0.54	0.46	0.47	0.44	3.19	3.15	0.33	0.28	16.92	12.88	63362.91	31.46	13407.61	59.03
600748	浦东不锈	0.025	0.012	0.041	0.028	1.811	1.811	-0.016	-0.065	1.38	2.31	51634.30	56.37	1470.54	-39.32
600749	西藏圣地	0.083	0.055	0.012	/	1.39	1.2	0.008	0.021	6.02	0.92	3818.28	-10.74	667.29	596.79
600750	东风药业	0.19	0.19	0.2	/	3.58	3.56	0.83	-0.15	5.28	5.75	36846.01	183.22	2761.60	-5.52
600751	天津海运	0.1765	0.1758	0.1063	0.1108	1.8369	1.7427	-0.1021	0.2262	9.6107	6.6439	84675.77	67.72	8226.70	66.09
600752	哈慈股份	0.18	0.16	0.23	0.22	2.22	2.16	0.11	0.08	7.92	11.1	39552.29	89.93	5304.65	-22.48
600753	ST冰熊	-0.34	-0.38	-0.22	/	0.75	0.68	-0.08	0.45	-45.46	-0.2	10339.70	6.52	-4369.97	-53.66
600754	新亚股份	0.213	0.025	0.213	-0.008	2.21	1.94	0.86	0.11	9.67	10.15	69637.67	3.60	11810.95	0.14
600755	厦门国贸	0.021	0.18	0.258	0.31	3.296	3.27	0.523	-0.069	0.633	8	227456.60	-2.8	413.35	-91.93
600756	齐鲁软件	0.16	0.15	0.25	0.19	2.14	2.1	0.13	0.27	7.4	12.18	5713.77	-22.01	1747.07	-37.56
600757	华源发展	0.33	0.31	0.34	0.3	3.9	3.85	0.65	0.54	8.51	10.29	208419.68	42.66	10446.25	44.29
600758	金帝建设	0.0315	-0.1137	0.069	/	2.23	1.71	0.202	0.01	1.412	3.149	59307.39	8.62	503.85	-54.51

总资产（万元）	股东权益（万元）	资本公积（万元）	未分配利润（万元）	最新流通A股（万股）	最新总股本（万股）	分红配股方案	最新市盈率（倍）	年报刊登日期	代码
117027.51	81101.33	47843.65	6884.44	8112.00	20818.02	10派1元	64.92	2001/4/5	600728
102272.20	38951.23	7104.28	2390.94	5100.00	20400.00	10派2.7元	49.71	2001/2/28	600729
157907.69	32401.79	14023.93	-2840.69	5460.00	17460.00	不分配	107.82	2001/2/13	600730
91745.15	45261.46	13492.76	5781.23	7464.31	23392.12	10派0.5元	74.87	2001/3/28	600731
119664.99	40718.36	10538.31	2335.31	8294.00	24799.06	不分配	211.85	2001/3/10	600732
44587.20	27824.19	10511.76	-3309.67	7560.00	19758.60	不分配	201.59	2001/3/20	600733
177774.49	53148.79	36709.26	-27882.71	13273.21	35155.84	不分配	/	2001/4/26	600734
42505.70	31167.93	10793.30	6429.80	6420.12	11908.69	10送1转增2	138.26	2001/3/20	600735
246520.79	96099.20	24253.68	16035.56	11610.00	42264.00	10派1.5元	50.27	2001/4/24	600736
191091.78	83629.59	26307.19	11502.66	19346.91	38362.11	不分配	84.50	2001/4/11	600737
106601.29	37180.33	17834.10	5576.90	6562.80	11719.86	10派1元送3转增7(*)	26.70	2001/3/12	600738
127692.98	71433.98	10800.81	263.98	9781.20	24757.20	10派2元配3(18-21元)	31.30	2001/2/23	600739
161410.19	63358.58	30392.38	7470.48	8450.00	20285.00	10派1元	60.80	2001/4/17	600740
407844.47	132349.86	60483.66	317.13	24000.00	51865.40	10派1.9元	30.39	2001/4/3	600741
124779.75	96716.40	51793.08	9028.72	10319.40	21152.34	10派1.5元	30.27	2001/3/13	600742
28627.97	14913.24	17931.17	-37530.32	7820.00	31280.00	不分配	/	2001/2/20	600743
457683.73	259563.20	145642.43	11321.20	22176.00	64512.00	10派1元配3(7-10元)	40.93	2001/3/6	600744
40055.45	9798.81	21199.33	-25992.73	4675.94	12174.49	不分配	/	2001/4/26	600745
53747.68	34885.57	11950.72	3534.65	4890.38	17023.41	10派0.5元送2转增6	93.22	2001/2/24	600746
138926.23	79236.61	15912.78	28881.80	12806.82	27758.07	10派0.5元	30.87	2001/3/28	600747
121234.05	106415.83	42443.56	-951.71	15697.00	58754.16	不分配	326.00	2001/3/31	600748
20409.34	11085.14	2471.60	272.33	2400.00	8000.00	不分配	247.47	2001/4/20	600749
70846.72	52316.76	27476.83	7178.19	6240.00	14611.20	10派1元	83.16	2001/3/19	600750
162945.50	85598.97	4667.26	22946.01	7976.10	46600.00	不分配	69.75	2001/4/27	600751
89904.53	66937.01	15635.89	12526.24	12376.04	30133.60	10配3(7-9元)	64.50	2001/2/6	600752
39470.80	9613.13	6779.21	-9966.08	3200.00	12800.00	不分配	/	2001/4/21	600753
191798.60	122131.11	29036.69	11347.88	9775.07	60324.07	10派1元	60.80	2001/3/28	600754
148940.83	65300.09	36813.97	-501.81	1270000	19812.00	不分配	611.90	2001/4/14	600755
29767.43	23618.76	2761.40	7598.64	4580.16	11014.72	10派1元送3转增2(*)	159.56	2001/2/27	600756
288541.33	122804.85	67947.22	10361.00	9360.00	31476.28	10派1.2元送2转增3	59.97	2001/3/20	600757
112247.26	35680.13	20170.01	-3455.23	6159.52	15975.52	不分配	364.44	2001/3/27	600758

续表

代码	简称	每股收益（元）				每股净资产（元）		每股经营现金流量（元）		净资产收益率（%）		主营收入（万元）		净利润（万元）	
		2000年	扣除后	1999年	扣除后	2000年	调整后	2000年	1999年	2000年	1999年	2000年	同比（%）	2000年	同比（%）
600759	ST琼华侨	-0.3277	-0.3277	-0.8286	-0.79	-2.292	-2.773	-0.0149	-0.01	/	/	43.41	-87.48	-17280.35	/
600760	山东黑豹	0.094	0.039	0.181	0.181	296	2.92	0.02	-0.09	3.18	6.21	29295.68	-21.79	2563.52	-48.10
600761	安徽合力	0.29	0.28	0.22	0.22	3.2	3.18	0.49	0.06	8.92	8.01	48507.69	30.22	5832.48	44.12
600762	金荔科技	0.14	0.14	-0.826	/	1.89	-0.44	0.98	0.131	7.56	/	19437.43	310.40	944.12	117.29
600763	北京中燕	-0.149	-0.158	0.103	0.135	1.25	1.18	-0.04	0.13	-11.91	7.4	11.67	-99.86	-2381.32	-243.80
600764	三星石化	0.295	0.292	0.162	0.162	2.271	2.268	0.34	-0.0057	12.99	7.43	59543.13	40.13	5401.61	82.34
600765	力源液压	0.004	0.005	-0.067	-0.064	1.644	1.629	0.066	0.13	0.224	-4.101	4394.82	19.26	40.85	105.48
600766	烟台发展	0.1327	0.1242	0.1983	0.1531	1.4565	1.2455	-0.0151	0.5875	9.1138	10.0437	30873.19	-26.91	2122.63	0.40
600767	运盛实业	0.01	0.01	0.02	0.014	1.77	1.75	-0.01	0.49	0.4	0.7	26481.78	-22.68	241.84	-42.82
600768	ST甬华通	-0.31	-0.31	-0.24	-0.24	0.88	0.76	0.04	0.05	-35.1	-20.08	13416.53	8.32	-2861.34	-29.36
600769	祥龙电业	0.06	0.05	0.16	0.16	2.67	2.67	-0.06	-0.19	2.29	6.18	49947.03	36.12	2132.85	-62.12
600770	综艺股份	0.336	0.135	0.311	0.311	2.09	1.98	0.0799	0.237	16.04	17.27	37521.73	-7.16	9060.37	7.96
600771	东盛科技	0.284	0.291	0.306	0.305	1.564	1.504	0.062	-0.34	18.19	14.97	31103.87	31.13	5315.46	85.71
600772	石油龙昌	0.225	0.2342	0.2781	0.2793	2.12	2.06	0.66	1.41	10.59	14.64	35527.78	11.75	5107.86	-19.08
600773	西藏金珠	0.25	0.22	0.21	0.21	3.32	3.19	0.16	0.15	7.46	8.38	11135.10	2.73	2418.16	31.15
600774	汉商集团	0.315	0.306	0.3	0.3	4.3	4.12	0.58	0.63	7.32	7.65	62437.89	-22.22	2721.56	3.53
600775	南京熊猫	0.2	0.17	0.08	/	1.22	1.14	-0.26	0.41	16.68	8.18	122443.44	-14.40	13282.34	144.85
600776	东方通信	0.6	0.61	0.5	0.5	5.68	5.54	1.37	0.69	10.62	14.68	771390.06	11.63	37862.45	31.56
600777	新潮实业	0.32	0.32	0.309	/	3.54	3.52	0.39	0.153	8.91	11.17	58507.37	50.21	6455.71	12.02
600778	友好集团	0.12	0.12	0.21	0.21	1.77	1.65	0.23	0.36	6.54	11.55	98289.37	7.49	2967.10	-45.20
600779	全兴股份	0.439	0.44	0.812	0.804	1.66	1.63	0.34	0.56	26.4	41.09	128055.85	8.42	17896.72	-18.84
600780	通宝能源	0.25	0.22	0.28	0.19	2.23	2.23	0.62	0.53	10.99	13.34	24065.74	36.58	5286.60	-12.94
600781	民丰实业	0.02	0.01	0.02	0.01	2.48	2.29	0.28	-0.27	0.68	0.67	29492.06	-7.30	198.33	0.84
600782	新华股份	0.2227	0.1952	0.124	0.1191	2.1633	2.1326	-0.0684	0.299	10.29	6.11	25439.03	53.89	2688.79	79.53
600784	鲁银投资	0.1907	0.1929	0.2323	0.234	2.3616	2.3295	-0.1994	0.0257	8.08	9.38	9967.27	-28.11	4305.72	-9.66
600785	新华百货	0.395	0.363	0.239	0.195	3.133	3.112	0.051	0.785	12.62	8.38	50636.14	98.52	3478.70	65.45
600786	东方锅炉	-0.559	-0.603	0.0321	/	1.7775	1.1467	0.1978	0.0562	-31.4478	1.376	35876.28	-54.36	-11809.60	-1839.95
600787	中储股份	0.153	0.153	0.71	0.244	2.42	2.39	0.318	0.43	6.31	30.61	44389.81	-23.59	4742.53	-64.93
600788	达尔曼	0.416	0.429	0.517	0.412	4.046	3.92	0.23	0.56	10.28	14.29	30656.49	8.68	10761.47	-21.06
600789	鲁抗医药	0.16	0.16	0.13	0.13	3.1	3.05	0.061	0.096	5.29	4.21	70132.22	18.32	5975.55	29.15
600790	轻纺城	0.374	0.346	0.406	0.398	4.48	4.22	0.282	0.763	8.34	13.91	98467.61	24.97	8695.39	9.36

总资产（万元）	股东权益（万元）	资本公积（万元）	未分配利润（万元）	最新流通A股（万股）	最新总股本（万股）	分红配股方案	最新市盈率（倍）	年报刊登日期	代码
25243.57	-47803.24	7781.33	-59614.86	6916.00	20855.20	不分配	/	2001/4/26	600759
102626.76	80692.01	24248.93	21613.76	13158.60	27300.00	10派0.5元配3(5-7元)	113.19	2001/4/18	600760
87562.98	65411.93	34027.91	2498.98	9422.03	20463.63	10派3元	39.97	2001/3/28	600761
59220.60	12482.69	21660.35	-15781.66	2704.00	6604.00	10转增6(*)	121.36	2001/3/13	600762
20507.43	20000.27	6817.71	-3033.98	4032.00	16032.00	不分配	/	2001/4/17	600763
54442.55	41597.27	13177.85	6283.27	5898.56	18318.17	10派2元	47.32	2001/3/8	600764
23799.17	18250.46	7595.07	-865.74	3450.00	11103.20	不分配	3645.00	2001/3/28	600765
78070.74	23290.24	6113.15	-370.07	5017.77	15990.27	不分配	107.08	2001/4/19	600766
129694.25	60342.75	18180.53	3954.90	9674.46	34101.02	不分配	1052.00	2001/3/23	600767
23424.91	8153.09	2988.29	-4895.81	2678.40	9288.00	不分配	/	2001/4/18	600768
120014.27	93270.54	39537.51	14296.65	8736.00	34881.60	不分配	181.17	2001/4/11	600769
97265.54	56495.04	4217.13	14528.57	9900.00	27000.00	10派1元配3(15-20元)	61.55	2001/3/15	600770
65955.49	29220.22	2328.64	6022.29	4950.00	18688.70	不分配	61.58	2001/2/20	600771
135826.69	48226.93	8119.99	11208.05	6318.00	22698.00	不分配	72.53	2001/4/6	600772
38827.17	32432.76	16228.73	4965.68	3751.80	9758.12	10派1元送2	87.60	2001/4/10	600773
67558.52	37163.44	12100.20	11407.76	3461.12	9446.72	10派1元	56.13	2001/3/31	600774
245621.49	79616.61	47844.43	-52543.08	5800.00	65501.50	不分配	87.65	2001/3/16	600775
794567.25	356528.31	213261.19	49490.25	9494.00	62800.00	10派3元	43.00	2001/4/5	600776
97738.75	72472.76	37465.86	8573.18	5037.09	20486.95	10派1.5元(*)	45.63	2001/2/16	600777
143572.11	45380.38	17153.35	336.78	13407.62	31149.14	10派0.8元	110.00	2001/3/29	600778
168005.41	67796.37	2955.63	15982.12	13366.08	40753.25	10派1元(*)	30.91	2001/1/20	600779
77964.91	48105.97	16262.48	6238.82	9356.72	21569.46	10派1.25元	44.08	2001/3/23	600780
86013.66	29374.52	15303.20	417.21	3375.00	11839.52	10转增5	1108.50	2001/4/24	600781
38408.23	26124.93	11426.15	1226.64	3510.00	12076.27	10派0.9元送1转增5(*)	107.68	2001/3/20	600782
124600.65	53309.19	15852.34	9337.99	17182.80	22573.35	10派0.8元配2(8-12元)	67.38	2001/3/22	600784
51065.38	27559.01	11905.31	4983.26	4972.50	8797.50	10派1元配3(10-12元)(*)	44.51	2001/2/16	600785
125580.98	37553.07	22629.20	-11701.98	5400.00	21127.12	不分配	/	2001/4/3	600786
94255.05	75205.90	32216.88	3440.46	12616.38	31033.77	10派0.3元	73.92	2001/2/28	600787
165217.74	101839.01	38841.96	26938.48	10471.50	28663.94	10派1元	33.99	2001/3/30	600788
226992.48	113047.42	53591.82	11158.89	15809.79	36475.42	10派0.8元	65.00	2001/3/27	600789
267811.14	104200.9	66581.64	7905.66	15764.58	23241.29	10派1元送2转增4(*)	27.01	2001/3/9	600790

续表

代码	简称	每股收益(元)				每股净资产(元)		每股经营现金流量(元)		净资产收益率(%)		主营收入(万元)		净利润(万元)	
		2000年	扣除后	1999年	扣除后	2000年	调整后	2000年	1999年	2000年	1999年	2000年	同比(%)	2000年	同比(%)
600791	贵华旅业	-0.47	-0.47	0.158	0.158	1.13	0.85	-0.09	-0.33	-41.79	9.84	11871.01	-40.03	-4688.26	-399.65
600792	云南马龙	-0.27	-0.27	0.146	-0.06	1.91	1.81	-0.94	0.22	-14.17	6.63	5956.66	5.42	-1378.67	-284.68
600793	宜宾纸业	0.119	0.114	0.053	/	1.616	1.544	0.52	0.38	7.38	-1.28	41276.91	39.78	1255.84	123.40
600794	保税科技	0.192	0.177	0.177	0.177	1.77	1.69	0.022	0.4	10.86	11.17	16188.18	23.83	2067.01	8.17
600795	国电电力	0.615	0.608	0.865	0.865	8.897	8.872	0.768	0.935	6.913	37.66	140725.38	105.40	28184.50	27.97
600796	钱江生化	0.3674	0.3356	0.3442	0.3095	2.354	2.341	0.395	0.17	15.604	16.106	19860.17	-3.65	3912.97	6.74
600797	天然科技	0.28	-0.04	0.25	0.03	2.28	2.22	0.52	-0.57	12.05	11.72	64437.43	255.82	6594.00	14.02
600798	宁波海运	0.163	0.164	0.21	0.162	1.48	1.48	0.196	0.18	11	14.53	26215.34	25.79	8338.45	0.86
600799	科利华	0.307	0.307	0.513	0.518	1.832	1.783	0.16	-0.405	16.755	19.437	34382.52	10.28	11963.78	1.55
600800	天津磁卡	0.302	0.302	0.601	/	2.95	2.84	-0.94	-0.4	10.2	14.68	37671.08	10.92	11088.64	-24.80
600801	华新水泥	0.05	0.047	0.013	0.013	2.18	2.11	0.42	0.36	2.31	0.6	59462.58	30.58	1652.31	290.10
600802	福建水泥	0.185	0.0661	0.293	0.077	3.04	2.84	-0.215	0.355	6.1	11.51	54212.38	-8.62	5242.39	-29.21
600803	威远生化	0.2	0.19	0.19	0.19	2.75	2.75	-0.22	-0.1	7.11	7.18	23682.60	-7.99	2306.72	2.69
600804	工益股份	-0.27	-0.27	0.0071	/	1.71	1.62	0.123	0.056	-15.73	0.35	23417.19	-10.47	-3147.35	-3887.91
600805	悦达投资	0.246	0.223	0.283	0.05	3.17	3.15	0.92	0.28	7.77	11.94	103709.49	59.63	13442.91	1.99
600806	昆明机床	0.015	0.009	-0.19	/	2.08	2.01	0.05	-0.04	0.7	-9.21	9107.15	96.93	357.63	107.68
600807	济南百货	0.0015	0.0015	0.226	0.197	2.126	2.098	-0.365	0.047	0.0692	10.62	15969.69	-15.54	15.88	-99.35
600808	马钢股份	0.027	0.027	0.002	/	1.84	1.78	0.2273	0.1668	1.48	0.11	818568.68	22.75	17603.10	1242.54
600809	山西汾酒	0.0294	0.0219	0.0107	0.0039	1.8268	1.7288	-0.01	0.04	1.61	0.6	37247.16	22.81	1272.61	173.84
600810	神马实业	0.215	0.215	0.186	0.186	6.704	6.651	0.108	0.115	3.2	2.86	104044.35	-12.80	11059.48	15.80
600811	东方集团	0.353	0.324	0.39	/	4.8	4.63	0.64	0.49	7.36	10.83	97691.08	60.33	18439.58	12.09
600812	华北制药	0.1	0.1	0.09	0.09	2.16	2.06	0.1141	-0.3195	4.4	4.18	166788.95	2.30	11118.24	7.23
600813	ST鞍一工	-0.49	-0.49	-0.1	-0.37	0.06	-0.99	-0.02	-0.21	-858.56	-16.86	13070.49	10.52	-12739.83	-397.31
600814	杭州解百	0.139	0.107	0.1627	/	1.72	1.61	0.294	0.44	8.061	6.48	85883.78	15.22	3291.44	27.87
600815	厦工股份	0.068	0.046	0.089	0.073	2.62	2.52	0.19	0.3	2.59	3.07	71680.32	29.12	2033.19	-23.71
600816	鞍山信托	0.2666	0.2709	0.23	/	2.538	1.6829	0.7842	0.16	10.5	9.83	27947.23	19.15	9312.71	15.51
600817	宏盛科技	0.28	0.28	0.071	0.03	1.38	1.104	-0.56	0.443	20.43	6.45	67866.55	604.99	2333.40	298.23
600818	ST永久	-0.93	-0.88	-1.32	-1.28	-1.29	-1.29	0.05	0.02	/	/	27972.89	-22.12	-24862.33	29.03
600819	耀皮玻璃	0.317	0.317	0.193	0.193	3.3	3.12	0.53	0.36	9.61	6.03	86687.38	31.69	15462.12	64.17
600820	隧道股份	0.3633	0.3497	0.2515	0.2393	3.45	3.13	-0.4131	-0.3975	10.54	8.01	276147.73	27.52	13661.06	44.43
600821	天津劝业	0.12	0.12	0.11	/	2.57	2.38	0.03	-0.05	4.63	4.35	177301.64	-3.32	3475.26	5.98

总资产（万元）	股东权益（万元）	资本公积（万元）	未分配利润（万元）	最新流通A股（万股）	最新总股本（万股）	分红配股方案	最新市盈率（倍）	年报刊登日期	代码
25240.00	11219.19	1400.66	-2124.56	3300.00	9900.00	不分配	/	2001/3/29	600791
16074.33	9731.19	7124.89	-2680.73	1500.00	5100.00	不分配	/	2001/4/24	600792
79320.84	17020.17	1287.68	1362.76	3354.00	10530.00	不分配	139.41	2001/3/30	600793
37366.53	19034.45	2786.02	2889.31	3855.36	10767.36	不分配	78.33	2001/3/29	600794
851349.86	407731.68	309613.16	40306.10	20702.82	82487.81	10派2元转增8(*)	33.14	2001/1/20	600795
41305.07	25076.44	7555.46	3623.85	3249.00	10651.40	10派1.5元配3(17-21元)	57.97	2001/3/17	600796
175652.55	56496.56	18789.66	11072.25	13121.88	26976.88	10派0.75元送3	80.96	2001/4/24	600797
92748.43	75827.20	13800.90	4329.67	14145.00	51187.50	10派1.25元	63.68	2001/3/27	600798
133985.53	71402.55	18051.67	7971.11	17845.41	38984.40	10派0.3元	47.79	2001/3/15	600799
172464.99	100443.63	43888.54	22418.38	17449.28	36777.28	10派0.25送1转增4	74.50	2001/4/26	600800
201535.01	71531.39	31334.12	424.73	4800.00	32840.00	10派0.4元	225.80	2001/3/30	600801
167825.96	85892.72	36335.26	932.31	13429.94	28281.70	不分配	51.35	2001/4/20	600802
58596.17	32457.14	14147.82	4514.23	6609.60	11822.17	10派1元	72.70	2001/4/6	600803
36889.50	20011.12	8164.09	-3093.42	7195.68	11661.12	不分配	/	2001/4/3	600804
354502.01	172921.08	83239.11	20683.90	30949.05	54544.52	10派0.4元(*)	38.17	2001/2/10	600805
66943.47	50933.72	30528.05	-5776.33	6000.00	24500.74	不分配	1093.33	2001/3/9	600806
50641.95	22946.51	5007.67	5342.78	6435.00	10792.70	不分配	14660.00	2001/4/5	600807
1685726.95	1188798.49	349134.45	18789.11	60000.00	645530.00	10派0.2元	147.41	2001/4/19	600808
113863.86	79084.43	29924.29	1428.47	7668.41	43292.41	不分配	366.67	2001/4/10	600809
396335.72	345119.69	243489.38	33921.26	12870.00	51480.00	10转增1	53.44	2001/4/6	600810
536786.23	250585.83	139611.00	19741.14	36526.99	52189.70	10派1元转增1	30.14	2001/4/10	600811
597111.58	252773.52	107514.45	6841.80	46926.86	116939.42	10派0.5元	68.50	2001/4/20	600812
133009.65	1480.93	23190.65	-49034.95	9960.00	25800.00	不分配	/	2001/4/25	600813
79137.87	40829.29	10900.15	1722.63	10139.76	23737.04	10派0.5元配3(6-8元)	70.14	2001/3/31	600814
111044.87	78446.49	42296.13	1890.70	7980.00	29960.91	10派1元	192.79	2001/4/5	600815
283010.66	88668.25	27053.64	12193.64	20513.44	34931.52	10派0.75元送3配3(10-12元)	47.56	2001/4/18	600816
41295.96	11423.12	3424.35	-1861.70	1124.20	8251.80	不分配	99.29	2001/3/20	600817
27807.56	-34190.24	21652.13	-86393.61	1495.00	26565.94	不分配	/	2001/4/26	600818
202273.43	160872.92	57749.20	20613.22	3125.00	48750.00	10派2.2元	47.57	2001/3/14	600819
443155.50	129613.75	69589.46	10502.72	15140.54	37606.94	10派0.55元转增3配3(6-10元)	39.64	2001/3/27	600820
138548.17	75086.87	27735.11	7477.03	14558.50	29252.10	10派0.95元	92.33	2001/4/12	600821

续表

代码	简称	每股收益(元)				每股净资产(元)		每股经营现金流量(元)		净资产收益率(%)		主营收入(万元)		净利润(万元)	
		2000年	扣除后	1999年	扣除后	2000年	调整后	2000年	1999年	2000年	1999年	2000年	同比(%)	2000年	同比(%)
600822	物贸中心	0.011	-0.067	-0.038	-0.095	1.355	1.138	-0.044	-0.11	0.779	-2.84	126632.03	15.36	266.83	127.61
600823	世茂股份	-0.1543	-0.0217	0.3577	0.1531	2.15	2.04	0.2687	-0.1413	-7.19	12.44	22930.19	-17.03	-3648.88	-153.92
600824	益民百货	0.259	0.259	0.228	0.228	2.87	2.79	0.458	0.645	9.02	8.28	60199.61	8.45	4401.77	13.47
600825	华联超市	0.278	0.278	0.12	0.03	2.213	0.627	1.533	0.92	12.56	6.19	170338.11	558.68	2858.35	123.59
600826	兰生股份	0.21	0.18	0.27	0.25	2.8	2.62	0.92	-0.33	7.52	10.36	171576.19	9.23	5911.23	-21.73
600827	友谊股份	0.22	0.22	0.18	0.11	2.21	1.16	0.99	0.11	10.01	10	247441.54	329.51	5417.00	32.98
600828	成商集团	0.142	0.107	0.203	0.156	2.55	2.3	0.14	0.27	5.59	8.1	143951.75	5.16	2412.38	-29.75
600829	天鹅股份	0.4656	0.244	0.0176	0.0176	3.53	3.36	0.47	0.44	13.2	0.56	51696.96	33.95	6154.31	2549.76
600830	甬城隍庙	0.233	0.055	0.211	0.089	2.318	2.126	0.104	0.269	10.042	10.132	44265.50	20.32	3678.56	10.18
600831	ST黄河科	-0.221	-0.221	-0.197	-0.197	0.908	0.4636	-0.198	-0.198	-24.33	-0.2018	2829.11	-73.46	-2460.06	-12.19
600832	东方明珠	0.309	0.309	0.289	0.259	2.55	2.38	-0.07	0.293	12.13	11.76	71680.53	33.24	19987.47	6.95
600833	PT网点	-0.857	-0.725	-1.136	-1.061	-2.515	-2.558	0.013	-0.012	/	/	419.06	138.12	-13653.99	24.60
600834	凌桥股份	0.16	0.16	0.19	/	1.39	1.39	0.35	0.22	11.38	9.44	10794.81	4.30	5423.27	21.23
600835	上菱电器	0.615	0.58	0.537	0.355	6.12	5.87	1.51	0.55	10.05	9.13	362828.45	3.57	27586.89	14.64
600836	界龙实业	0.074	0.076	0.036	0.038	1.87	1.26	0.21	-0.042	3.96	1.99	40812.08	33.96	826.62	107.09
600837	PT农商社	-1.06	-1.06	-6.17	/	-8.79	-8.93	-0.27	/	/	/	28702.19	-50.25	-6889.76	82.88
600838	上海九百	0.2184	0.1976	0.1169	0.0783	2.13	1.96	0.624	-0.858	10.26	6.13	77615.81	29.02	5173.75	86.74
600839	四川长虹	0.127	0.09	0.236	/	6.087	5.978	1.05	1.411	2.08	3.96	1070721.39	7.97	27423.65	-46.34
600840	浙江创业	0.15	0.093	0.064	0.048	1.19	1.07	0.274	0.038	12.54	6.11	11686.87	59.89	2092.97	135.19
600841	上柴股份	0.081	0.061	0.158	0.158	3.45	3.28	0.25	0.41	2.36	4.56	126244.09	9.77	3903.81	-48.59
600842	中西药业	-0.6514	-0.6514	0.1755	0.1755	1.0343	0.8261	0.3189	/	-47.85	10.4	23934.52	-35.47	-14043.19	-471.05
600843	上工股份	0.1387	0.1125	0.0227	-0.1152	2.6456	2.4414	-0.0302	1.2304	5.2414	0.9046	55908.46	47.81	3500.85	511.45
600844	英雄股份	0.045	-0.156	0.043	-0.054	2.105	1.98	0.18	-0.046	2.15	2.03	43275.32	-22.44	1376.10	5.97
600845	ST钢管	-0.44	-0.38	-0.7	-0.7	0.81	0.73	0.12	0.07	-54.48	-55.53	23128.69	8.10	-11620.19	36.44
600846	同济科技	0.1414	0.1414	0.2288	/	1.4671	1.4056	0.2045	-0.059	9.64	10.03	67591.49	20.05	3455.36	-1.12
600847	万里电池	0.1019	-0.0364	0.0658	-0.14	1.11	0.91	0.308	0.01	9.18	6.52	9705.48	13.11	903.76	54.94
600848	自仪股份	-0.54	-0.54	-0.35	-0.347	0.45	0.25	0.16	0.135	-119.54	-34.92	54196.11	12.74	-21563.33	53.85
600849	上海医药	0.81	0.8	0.41	0.41	3.56	3.34	0.64	0.72	22.62	15.04	460777.48	1.56	18483.75	95.75
600850	华东电脑	0.154	0.1001	0.2264	/	1.92	1.88	0.37	-0.29	8.02	11.87	139073.81	17.23	1755.90	7.74
600851	海欣股份	0.35	0.35	0.34	/	4.84	4.76	-0.05	0.44	7.24	11.68	96491.54	27.24	11731.51	24.09
600852	中川国际	0.25	0.24	0.11	0.08	1.53	1.41	0.13	0.9	15.98	8.72	28780.13	33.69	4028.70	122.02

总资产（万元）	股东权益（万元）	资本公积（万元）	未分配利润（万元）	最新流通A股（万股）	最新总股本（万股）	分红配股方案	最新市盈率（倍）	年报刊登日期	代码
84170.22	34257.35	7553.63	-1555.96	1331.00	25272.03	不分配	1702.73	2001/4/17	600822
165678.38	50755.00	21087.40	556.11	11315.90	23644.48	不分配	/	2001/3/16	600823
101160.22	48780.25	21171.75	1459.93	8973.48	19364.91	10派1.32元	49.81	2001/2/27	600824
118411.14	22765.87	5942.32	3842.66	2571.27	10285.02	10派0.5元送2转增3	100.86	2001/3/7	600825
137703.91	78619.69	25552.31	9493.71	9514.00	28042.82	不分配	65.52	2001/3/10	600826
325923.62	54108.67	14828.29	8053.05	3356.41	24429.30	10派1元	73.64	2001/2/13	600827
99269.75	43135.41	18798.77	/	4257.00	16929.00	10派1元	109.15	2001/3/28	600828
100109.46	46635.54	26180.78	2745.48	3327.50	13216.83	10派1元	33.51	2001/4/10	600829
60143.18	36630.42	8716.91	7442.36	10262.88	17514.68	不分配	64.89	2001/4/10	600830
45630.88	10110.30	33159.04	-34872.44	4634.54	11128.67	不分配	/	2001/4/6	600831
381414.27	164784.61	73985.74	240.76	12068.21	64627.16	10派2.2元	86.67	2001/4/19	600832
47913.88	-40076.07	14662.84	-73527.90	4797.93	15934.74	不分配	/	2001/4/19	600833
59354.10	47648.47	7971.12	568.99	6960.00	34307.00	10派1.5元	107.81	2001/3/3	600834
705981.62	274424.48	194330.71	12168.27	14160.00	44838.11	10派3元转增2	28.83	2001/3/28	600835
72045.09	20900.37	11214.36	-3218.89	4132.81	11169.38	不分配	207.16	2001/3/21	600836
56910.62	-57321.35	6262.15	-71479.68	1638.00	6524.49	不分配	/	2001/4/19	600837
107918.05	50437.56	15302.42	5990.36	13124.18	26725.47	10送1转增4	65.25	2001/3/28	600838
1660500.98	1317462.95	406449.29	204707.76	95140.23	216421.14	不分配	88.35	2001/3/27	600839
32764.63	16691.44	1908.20	-282.69	6442.03	13975.14	不分配	92.67	2001/3/29	600840
236493.87	165685.02	75930.87	7639.67	2160.00	48030.93	10派0.5元	193.21	2001/4/12	600841
125401.51	22299.74	14217.12	-16781.98	8422.55	21559.46	不分配	/	2001/4/26	600842
132473.54	66792.57	35682.29	3249.45	1560.00	25246.64	不分配	134.61	2001/4/12	600843
160533.00	64116.51	18180.08	8833.70	2768.43	30456.45	不分配	424.44	2001/4/20	600844
64379.33	21330.49	33305.88	-38810.96	1320.00	26224.41	不分配	/	2001/4/26	600845
105549.01	35842.56	4454.04	318.59	11871.92	24431.15	10派1元(*)	93.92	2001/3/8	600846
19855.21	9847.65	4308.59	-4706.57	3989.70	8866.00	不分配	176.55	2001/4/3	600847
111860.82	18038.42	20880.97	-41638.61	3367.43	39928.69	不分配	/	2001/4/26	600848
353529.26	79404.84	26135.00	12330.97	12539.94	22955.23	10派1元转增2	25.19	2001/2/28	600849
52903.45	22462.60	8528.21	932.03	3240.00	11402.10	10派0.5元转增5	162.53	2001/3/24	600850
267002.02	162198.31	107705.85	3177.62	9292.57	33529.17	10派2元转增5	57.37	2001/3/29	600851
109574.13	25213.97	8729.45	-863.47	5630.86	16430.86	不分配	63.04	2001/3/23	600852

续表

代码	简称	每股收益(元)				每股净资产(元)		每股经营现金流量(元)		净资产收益率(%)		主营收入(万元)		净利润(万元)	
		2000年	扣除后	1999年	扣除后	2000年	调整后	2000年	1999年	2000年	1999年	2000年	同比(%)	2000年	同比(%)
600853	北满特钢	-0.3593	-0.43	-0.2663	/	1.48	1.29	0.3205	-0.1113	-24.28	/	114057.37	-0.86	-19128.44	-34.91
600854	春兰股份	0.87	0.83	0.865	0.858	5.69	5.67	0.48	0.11	15.3	17.24	182498.10	-6.28	26652.30	0.60
600856	长百集团	0.13	0.13	0.2	0.13	2	1.71	0.39	0.04	6.61	10.54	33719.14	9.95	2418.33	-34.56
600857	首创科技	0.17	0.11	0.42	0.17	1.77	1.76	0.13	0.23	9.68	15.8	66141.74	23.12	3295.98	-35.41
600858	渤海集团	-0.1981	-0.1251	0.0403	-0.0418	1.1867	1.1521	-0.0218	0.0187	-16.6946	2.9137	2407.13	-10.71	-2404.01	-591.00
600859	王府井	0.078	0.063	0.011	0.017	3.954	3.42	0.47	0.08	1.96	0.26	227235.97	63.27	3050.36	666.45
600860	北人股份	0.129	0.1286	0.122	/	2.44	2.29	0.089	0.169	5.28	4.87	44205.60	-3.87	5142.33	5.27
600861	北京城乡	0.24	0.21	0.29	/	3.83	3.42	1.39	-0.52	6.2	7.9	106497.75	-11.50	9700.66	-17.65
600862	纵横国际	0.45	0.37	0.43	0.4	4.66	4.61	-0.19	0.16	9.49	32.22	40592.18	75.68	9008.25	41.55
600863	内蒙华电	0.322	0.322	0.213	/	3.538	3.501	0.054	-0.326	9.1	6.24	142284.24	15.98	30419.92	50.99
600864	岁宝热电	0.118	0.114	0.172	0.16	2.84	2.79	0.152	0.083	4.15	6.3	23620.52	22.75	1611.16	-27.57
600865	百大集团	0.2	0.2	0.18	0.19	2.43	2.23	0.52	0.13	8.3	7.57	92847.95	12.21	5437.79	10.82
600866	星湖科技	0.345	0.343	0.366	0.362	3	2.92	0.373	0.275	11.51	10.04	34887.49	20.26	8649.97	22.51
600867	通化东宝	0.1427	0.1196	0.2083	/	4.36	4.26	0.089	-0.293	3.27	4.93	19908.35	-9.39	4630.90	-31.50
600868	梅雁股份	0.261	0.258	0.27	0.27	2.353	2.307	0.326	0.285	11.08	12.41	59377.43	9.46	18105.02	-2.46
600869	青海三普	0.08	0.08	0.05	0.05	1.89	1.73	0.03	0.01	4.14	2.73	12387.94	9.94	939.84	57.93
600870	厦华电子	-0.79	-0.77	0.17	0.06	3.02	2.99	0.24	-1.39	-26.01	6.51	344791.32	21.27	-29161.40	-637.94
600871	仪征化纤	0.21	0.229	0.189	0.235	2.205	2.154	0.528	0.5	9.53	9.05	901447.20	27.40	84022.80	11.33
600872	中炬高新	0.298	0.224	0.234	0.18	3.016	2.928	0.592	-0.103	9.87	8.53	76047.45	46.35	13394.22	27.35
600873	西藏明珠	0.045	0.043	-0.423	-0.22	2.387	2.3	0.125	0.215	1.9	-18.09	5097.38	36.72	490.45	110.70
600874	创业环保	0.13	0.13	-0.28	-0.28	1.06	1.06	0.79	0.23	11.99	-30.51	350073.80	23.09	16860.40	145.06
600875	东方电机	0.0051	-0.0498	0.011	/	2.55	2	0.39	0.025	0.2	0.42	64441.70	-14.89	230.97	-52.35
600876	洛阳玻璃	0.09	0.09	0.07	0.07	2.22	1.81	0.064	0.13	4.25	3.51	90152.20	9.66	6599.10	26.55
600877	中国嘉陵	0.05	-0.01	0.11	0.09	3.21	3.08	1.66	0.17	1.55	3.54	271605.45	-16.67	2354.31	-55.52
600878	北大科技	0.114	0.118	0.423	/	1.848	1.833	-0.13	0.045	6.18	24.39	25979.92	-53.46	3248.85	-72.99
600879	火箭股份	0.44	0.35	0.33	0.32	2.32	2.32	0.07	0.99	19.03	11.87	42029.26	57.66	6422.72	98.45
600880	博瑞传播	0.21	0.2	0.19	0.1	1.61	1.38	0.32	0.06	13.08	13.08	22475.80	43.91	2735.38	11.21
600881	亚泰集团	0.37	0.27	0.3	0.21	3.63	3.51	0.01	0.26	10.11	10.4	105533.56	35.95	17434.52	42.34
600882	山东农药	0.06	0.06	0.17	0.17	2.85	2.65	0.12	-0.21	2.06	6.15	39014.77	-2.27	1091.00	-65.75
600883	富邦科技	0.102	0.107	0.3007	0.301	1.349	1.336	0.036	0.392	7.53	15.26	6169.91	-15.27	1036.52	-48.02
600884	杉杉股份	0.504	0.322	0.368	0.298	3.53	3.48	0.239	0.515	14.27	11.78	80704.84	3.15	11994.35	37.09

总资产（万元）	股东权益（万元）	资本公积（万元）	未分配利润（万元）	最新流通A股（万股）	最新总股本（万股）	分红配股方案	最新市盈率（倍）	年报刊登日期	代码
221851.41	78770.72	52018.85	-38613.30	16456.00	53240.00	不分配	/	2001/4/7	600853
256099.65	174185.36	63001.97	/	7979.40	30630.60	10派2元转增5	28.24	2001/2/17	600854
71553.95	36581.41	14332.17	178.78	8591.48	18273.77	10派0.5元配3(10-12元)	92.31	2001/4/7	600856
45696.65	34046.75	7857.51	4076.70	9150.88	19229.18	10派0.8元	79.41	2001/3/2	600857
24007.99	14399.90	5627.95	-4148.25	6795.36	12134.67	不分配	/	2001/3/29	600858
291661.09	155378.77	95124.76	5629.19	19837.86	39297.30	10派0.5元	118.59	2001/4/21	600859
135707.56	97462.69	39951.13	4677.97	5000.00	40000.00	10派1元	99.38	2001/2/23	600860
224598.36	155567.57	69960.16	5450.61	16731.00	40573.89	10派0.8元配3(6-9元)	45.92	2001/4/18	600861
159441.80	92573.32	63585.37	4845.57	10197.32	19870.40	10派1.2元转增2	39.69	2001/3/30	600862
376967.61	334326.74	192767.40	9819.97	15210.00	94498.00	10派1元配3(5-8元)	31.77	2001/2/21	600863
82780.05	38860.85	17590.17	4673.56	4537.50	13659.45	不分配	125.76	2001/3/31	600864
137764.31	65476.93	31826.69	306.82	13533.99	26970.63	10派1.6元	54.50	2001/3/6	600865
108292.90	75139.83	33287.49	9387.23	14952.34	25053.01	10派1元送3(*)	37.48	2001/3/10	600866
146911.29	141794.09	74112.28	23445.88	15769.73	32449.30	10派1元	83.39	2001/3/28	600867
243989.42	163382.74	46519.81	31454.30	49758.90	69433.77	10派0.5元送2	27.16	2001/4/18	600868
37916.97	22724.96	5856.90	1366.17	3000.00	12000.00	不分配	199.38	2001/4/10	600869
418833.14	112103.38	92287.50	-22929.54	15151.35	37081.87	不分配	/	2001/4/21	600870
1136108.80	882107.90	307882.50	45095.20	20000.00	400000.00	10派0.9元	32.43	2001/4/17	600871
258710.36	135754.26	52240.24	22454.02	24923.61	45005.60	10派0.3元配3(8-10元)	31.98	2001/3/27	600872
43884.73	25832.09	17514.44	-4340.33	5213.66	10823.66	不分配	323.33	2001/3/8	600873
141953.40	140665.40	6928.90	626.10	11249.50	133000.00	不分配	91.38	2001/3/19	600874
239727.34	114706.52	60606.49	3741.05	6000.00	45000.00	不分配	1949.02	2001/4/9	600875
288904.50	155271.60	96998.80	-34107.80	5000.00	70000.00	不分配	117.78	2001/4/18	600876
385413.03	152123.82	30059.73	8612.40	21960.00	47387.08	不分配	158.20	2001/3/6	600877
82597.91	52566.65	5224.16	9467.29	8863.63	28443.07	不分配	116.75	2001/2/20	600878
88293.93	33750.22	6636.48	9032.67	9450.00	16147.21	10派0.4512元送1.80492转增2.70738(*)	57.48	2001/2/24	600879
39864.75	20913.20	3270.09	1.75	4187.75	13018.01	10派0.7元	142.29	2001/1/20	600880
403321.73	172510.90	92855.93	19500.71	27551.56	47510.63	10派0.75元	27.54	2001/2/28	600881
93715.58	52877.86	25929.12	2610.94	9682.96	18584.91	不分配	178.17	2001/3/17	600882
20117.18	13759.20	1113.14	546.49	2700.00	10200.00	10派0.4元配3(10-16元)	175.59	2001/3/31	600883
122918.04	84046.18	27200.57	9521.45	11691.53	23783.09	10派1元配3(10-14元)(*)	28.37	2001/2/8	600884

续表

代码	简称	每股收益(元)				每股净资产(元)		每股经营现金流量(元)		净资产收益率(%)		主营收入(万元)		净利润(万元)	
		2000年	扣除后	1999年	扣除后	2000年	调整后	2000年	1999年	2000年	1999年	2000年	同比(%)	2000年	同比(%)
600885	双虎涂料	-0.117	-0.117	0.01	-0.088	1.02	0.85	0.05	-0.1	-11.45	0.89	10269.59	-16.55	-1517.51	-1256.67
600886	湖北兴化	0.021	0.021	-0.213	-0.183	3.385	3.385	0.695	0.191	0.621	-6.33	185907.41	41.48	592.37	109.86
600887	伊利股份	0.67	0.68	0.61	/	5.22	5.05	0.62	1.04	12.87	12.35	150503.20	30.78	9847.70	10.31
600888	新疆众和	0.242	0.225	0.029	/	2.14	2.03	0.47	0.42	11.32	1.52	41782.70	31.40	2500.09	741.03
600889	南京化纤	0.25	0.24	0.296	0.3	2.82	2.78	-0.04	1.27	8.72	8.66	29151.98	-76.64	3976.30	8.17
600890	长春长铃	0.23	0.22	0.21	0.21	2.52	2.47	-0.01	0.25	9.17	8.72	40930.16	12.82	6617.89	10.08
600891	秋林集团	0.013	-0.012	0.02	0.02	2.52	2.44	0.065	-0.144	0.51	0.727	56740.83	-5.82	313.30	-30.20
600892	石劝业	0.0239	0.0124	-0.3648	-0.3648	1.3896	1.0194	0.2223	0.0648	1.7195	-2625.9315	2178.30	20.54	120.67	106.55
600893	吉发股份	-0.0476	-0.0646	0.021	-0.037	2.79	2.28	0.28	0.44	-1.7	0.73	103905.78	42.48	-1118.57	-324.27
600894	广钢股份	0.148	0.062	0.055	/	2.35	2.33	0.39	0.37	6.28	2.36	250683.49	13.55	10122.68	166.68
600895	张江高科	0.55	0.55	0.27	0.27	3.64	3.63	-0.36	-0.29	15.07	8.6	18220.36	8.03	12790.16	99.83
600896	中海海盛	0.21	0.23	0.2	0.21	2.45	2.35	0.42	0.27	8.66	8.7	42866.09	24.78	6744.94	4.34
600897	厦门机场	0.19	0.187	0.189	0.189	4.2	4.19	0.41	0.38	4.54	4.6	18077.96	4.95	5143.49	0.90
600898	PT郑百文	-0.2381	-0.2338	-4.8435	-4.8429	-6.7557	-8.3802	0.0699	0.4178	/	/	53526.33	-59.07	-4705.09	95.08
600899	信联股份	0.35	0.34	0.21	0.14	2.72	2.7	0.16	0.11	12.7	8.62	15510.73	39.93	6115.77	62.38
900929	国旅B股	0.13	0.13	0.11	0.03	3	2.88	0.31	0.36	4.18	3.92	54106.28	16.74	1663.15	9.29
900935	金泰B股	0.01	-0.01	0.006	/	1.6	1.57	0.14	0.079	0.63	0.37	15385.04	-4.13	186.74	70.32
900939	汇丽B股	0.13	0.13	-0.043	-0.057	1.89	1.67	0.13	0.18	6.89	-2.48	33023.16	45.44	2144.01	398.61
900948	伊煤B股	0.034	0.039	0.018	0.02	2.14	2.01	0.38	0.13	1.61	0.84	83291.08	20.83	1255.61	92.90
900949	东电B股	0.31	0.38	0.41	0.41	2.56	2.55	0.51	0.75	12.08	16.59	340022.27	4.71	62170.87	-24.49
900950	五菱B股	-0.22	-0.214	0.018	0.022	1.61	1.31	-0.19	-0.19	-13.64	0.82	67777.16	-21.50	-7293.48	-1549.74
900951	大化B股	0.065	0.066	-0.114	/	2.03	2.03	-0.032	-0.122	3.22	-0.06	94453.86	17.04	1796.18	157.08
900953	凯马B股	0.13	0.11	0.13	0.09	2.11	2.08	0.04	0.08	6.35	6.43	317935.94	12.26	8560.62	5.75
900956	东贝B股	0.11	0.11	0.132	0.132	1.54	1.5	0.063	0.013	7.04	8.94	17582.69	-5.86	2544.37	-17.83
900957	凌云B股	0.22	0.22	0.55	/	1.66	1.65	-0.1	-0.22	13.04	41.65	77941.21	-4.18	7549.06	-16.88

总资产（万元）	股东权益（万元）	资本公积（万元）	未分配利润（万元）	最新流通A股（万股）	最新总股本（万股）	分红配股方案	最新市盈率（倍）	年报刊登日期	代码
43034.83	13256.77	6090.84	-7558.80	4986.80	12980.71	不分配	/	2001/4/6	600885
116700.07	95376.01	50592.57	1290.331	10731.70	28174.58	不分配	564.29	2001/3/15	600886
116115.31	76498.03	42727.24	6475.45	7978.30	14667.11	10派3.5元	36.16	2001/3/29	600887
91007.61	21678.25	9978.21	390.43	2925.00	10338.90	10派0.4元	80.58	2001/4/20	600888
61832.29	45610.12	17970.90	6780.91	6681.85	16154.74	10派0.5元配3(8-11元)	46.32	2001/4/5	600889
119811.12	72176.67	28820.86	6178.34	12135.83	28689.41	10派1元转增3	87.39	2001/3/13	600890
107083.34	61333.60	30369.73	1597.27	12941.93	24356.41	不分配	790.77	2001/4/12	600891
24546.09	7017.70	9497.39	-8388.66	1530.97	5050.00	不分配	950.63	2001/4/10	600892
184028.12	65626.41	44682.92	-6564.51	11531.69	23491.09	不分配	/	2001/4/24	600893
343115.19	161112.52	71191.62	2766.99	16169.03	68618.00	10派1元	62.16	2001/4/11	600894
143046.09	84848.41	37310.28	17052.09	10800.00	30429.00	10派0.77元送3.065转增2.3(*)	34.96	2001/3/12	600895
110918.87	77885.07	32091.40	6395.45	15607.80	31728.26	10派1元	49.24	2001/3/13	600896
129196.60	113292.60	62586.92	15007.62	6750.00	27000.00	10派1元	74.05	2001/3/9	600897
96171.42	-133479.83	25032.52	-179499.56	10709.92	19758.21	不分配	/	2001/3/20	600898
80450.53	48288.55	12441.83	11526.56	5430.54	17750.54	10派0.6元	70.83	2001/2/27	600899
68662.63	39798.89	17060.93	1501.28	/	13255.63	10派0.5元	/	2001/4/10	900929
43216.03	29584.68	18287.87	-7501.90	/	18530.00	不分配	/	2001/4/18	900935
80125.63	31139.33	7246.24	6022.31	/	16500.00	不分配	/	2001/4/16	600939
126804.39	78193.52	40210.99	60.67	/	36600.00	10派0.15元	/	2001/4/18	900948
726957.54	514746.38	186327.21	76173.15	/	201000.00	10派2.18元	/	2001/3/27	900949
123036.67	53465.99	30316.40	-10041.81	/	33191.40	不分配	/	2001/4/12	900950
93812.87	55744.56	22868.72	3956.08	/	27500.09	不分配	/	2001/4/12	900951
364202.90	134863.12	49880.27	14827.32	/	64000.00	不分配	/	2001/3/1	900953
57168.81	36131.08	8232.88	3283.57	/	23500.00	10派0.5元	/	2001/3/31	900956
146075.43	57907.69	17997.59	2515.46	/	34900.00	10派0.2元	/	2001/4/3	900957

2000 年度深圳证券交易所

代码	简称	每股收益(元)				每股净资产(元)		每股经营现金流量(元)		净资产收益率(%)		主营收入(万元)		净利润(万元)	
		2000年	扣除后	1999年	扣除后	2000年	调整后	2000年	1999年	2000年	1999年	2000年	同比(%)	2000年	同比(%)
0001	深发展A	0.26	0.257	0.14	/	2.44	2.27	0.82	2.96	10.68	19.58	278916.27	26.62	50655.18	126.61
0002	深万科A	0.477	0.431	0.42	0.391	4.61	4.31	0.14	0.08	10.37	10.95	387329.67	32.99	30123.15	31.46
0004	北大高新	0.262	0.054	0.078	0.078	1.059	0.796	0.524	0.631	24.74	9.79	13100.66	4.27	2200.64	236.44
0005	世纪星源	0.002	-0.02	0.24	-0.01	1.45	1.42	0.04	-0.01	0.13	14.74	14594.75	7.65	105.75	-99.13
0006	深振业A	0.467	0.48	0.353	0.287	4.43	4.02	0.18	0.579	10.55	8.48	188412.50	0.88	11841.20	32.26
0007	ST达声	-1.2	-0.71	-0.27	-0.28	0.54	0.1	-0.15	0.2	-222.15	-15.37	5215.13	-65.23	-17214.52	-348.63
0009	深宝安A	0.039	0.013	0.032	0.032	1.36	1.25	0.15	-0.035	2.85	2.44	63750.54	-25.75	3720.24	20.50
0010	深华新	0.14	0.07	-0.37	-0.17	1.05	0.99	-0.19	-0.12	12.94	-40.07	53328.59	28.00	1994.27	137.11
0011	ST深物业	0.1	0.095	0.079	0.079	0.488	0.04	0.591	0.08	20.33	22.69	65812.03	19.82	5371.28	25.05
0012	南玻科控	0.24	0.23	-0.25	0.025	2.71	2.59	0.48	0.46	8.97	-9.71	111643.44	14.20	16422.88	196.78
0013	深石化A	0.124	0.121	0.033	0.033	1.87	1.77	0.095	0.03	6.63	1.9	81909.68	31.81	3762.78	272.62
0014	ST深华源	0.14	-0.36	-0.84	-0.36	0.0021	-0.201	0.12	-0.04	6391.25	639.54	7818.36	10.49	1215.44	116.15
0016	深康佳A	0.3736	0.3751	0.9091	0.9174	6.0049	5.6549	-0.0092	0.7	6.22	14.32	901655.47	-10.97	22488.33	-54.80
0017	ST中华A	-0.371	-0.374	-0.347	-0.373	0.095	-1.87	-0.014	0.012	-390	-87	6797.31	0.59	-17795.13	-7.01
0018	深中冠A	0.03	0.015	0.06	0.037	1.816	1.8	0.12	0.11	1.65	3.614	16375.82	-40.67	506.32	-53.62
0019	深深宝A	0.064	-0.0324	0.174	-0.026	1.737	1.73	0.159	0.108	3.67	10.33	7023.98	6.92	1062.03	-63.46
0020	深华发A	0.01	0.01	0.035	0.035	1.057	0.855	0.016	0.11	0.98	3.37	11841.16	-28.09	292.84	-70.75
0021	深科技A	0.206	0.206	0.427	0.427	3.175	3.15	-0.6	0.677	6.48	14.15	386410.75	18.73	15087.00	-51.82
0022	深赤湾A	0.216	0.216	0.19	0.196	2.83	2.784	0.562	0.427	7.65	6.91	43217.07	14.05	8256.12	13.96
0023	深天地A	0.1286	0.002	0.1841	0.1249	1.95	1.57	0.1763	0.1242	6.6	9.92	25686.34	-14.72	1784.57	-30.15
0024	招商局A	0.439	0.381	0.403	0.395	4.51	4.38	0.474	0.381	9.72	12.22	291723.11	213.52	20891.06	30.72
0025	ST特力A	-0.54	-0.57	-0.53	-0.53	0.42	0.3	0.0008	-0.64	-127.6	-55.02	15261.61	-50.55	-11838.30	-1.89
0026	飞亚达A	0.059	0.058	0.124	0.124	2.38	2.26	-0.016	0.151	2.47	5.33	25302.81	-9.71	1466.52	-52.44
0027	深能源A	0.3542	0.399	0.3606	0.3606	2.5526	2.3347	1.2375	0.8678	13.87	19.75	230802.29	45.73	35490.26	8.54
0028	深益力A	-0.006	-0.07	0.129	-0.115	1.12	1.07	0.03	0.143	-0.55	6.34	10789.90	19.64	-178.48	-108.67
0029	深深房A	0.0757	0.0756	0.1	-0.0047	1.58	1.5	0.13	0.14	4.78	6.71	85284.09	17.86	7655.20	-27.64
0030	ST英达A	0.0146	-0.03	0.16	-0.053	0.243	-0.295	-0.102	0.39	6	143.99	73983.86	-27.00	420.31	-90.68
0031	深宝恒A	0.04	0.04	-0.26	-0.228	1.91	1.86	0.19	0.132	2.3	-13.78	31372.97	25.05	2040.11	117.04
0032	深桑达A	0.243	0.243	0.237	/	1.87	1.6	-0.09	0.01	12.95	13.68	115260.30	35.34	3175.62	2.43
0033	新都酒店	-0.043	-0.038	-0.01	-0.01	1.466	1.41	0.126	0.06	-2.39	-0.067	10997.30	7.57	-1236.80	-326.70
0034	深信泰丰	0.87	0.298	0.15	-0.028	1.1	0.89	0.52	0.32	79.2	64	41588.71	-24.09	27147.93	495.84

上市公司经济指标总览

总资产（万元）	股东权益（万元）	资本公积（万元）	未分配利润（万元）	最新流通A股（万股）	最新总股本（万股）	分红配股方案	最新市盈率（倍）	年报刊登日期	代码
6722749.98	473888.37	279306.15	/	139312.48	194582.21	不分配	60.19	2001/4/14	0001
562224.72	290619.87	143541.26	1151.89	39805.94	63097.19	10派1.8元	30.17	2001/3/20	0002
50820.67	8894.23	13235.94	-13406.82	4165.72	8397.67	不分配	110.27	2001/3/2	0004
202066.70	82458.93	4369.17	6092.03	34388.13	65167.97	10派0.1137元送0.43719转增0.43719	3990.00	2001/4/7	0005
378781.12	112285.14	59518.40	5278.60	15772.99	25359.16	10派2元	30.75	2001/4/10	0006
95188.92	7748.93	8570.28	-20911.53	7956.10	14359.37	不分配	/	2001/4/18	0007
466422.86	130350.08	70449.35	-100675.24	57942.74	95881.00	不分配	187.18	2001/4/18	0009
35178.19	15406.58	2068.81	-1812.09	6779.38	14701.74	不分配	108.29	2001/3/31	0010
266728.87	26424.98	30600.78	-65053.49	9135.50	54179.92	不分配	107.70	2001/4/12	0011
282484.20	183169.47	91846.05	5835.74	10716.60	67697.54	10派1.2元	86.04	2001/4/7	0012
232994.20	56732.99	23338.66	-6126.18	5132.40	30335.50	不分配	108.63	2001/4/4	0013
31041.99	19.02	11604.79	-23973.19	4522.04	8964.68	不分配	119.36	2001/4/24	0014
1006301.38	361484.07	182129.08	7042.17	22410.72	60198.64	10派1.5元配2.727(9-15元)	33.99	2001/3/24	0016
245930.64	4558.77	98777.35	-166086.02	7661.70	47943.30	不分配	/	2001/4/11	0017
43773.27	30708.48	2972.29	313.27	2012.12	16914.24	不分配	574.00	2001/4/3	0018
42611.09	28964.50	4990.21	3487.35	3994.07	18192.31	10派1元	221.72	2001/4/17	0019
46696.66	29933.06	9846.08	-15968.30	5623.96	28316.12	不分配	2113.00	2001/3/3	0020
387486.16	232722.22	52964.22	31568.53	20058.21	73293.21	10派0.5元配3(14-19元)	85.34	2001/3/2	0021
225233.85	107959.50	40603.28	34.52	5043.55	38151.70	10派1.29元	62.04	2001/4/12	0022
82855.45	27054.50	10034.87	0.78	4606.40	13875.62	10派0.506元	145.26	2001/3/29	0023
488882.77	214855.91	115764.97	25654.43	13096.52	47639.60	10派1.3元	31.57	2001/4/14	0024
76647.89	9279.02	16664.70	-34812.69	3428.51	22028.16	不分配	/	2001/4/7	0025
78198.25	59322.88	19110.85	2339.05	6034.41	24931.80	不分配	284.75	2001/4/24	0026
754431.35	255793.89	57698.96	14361.48	40526.35	100207.94	不分配	28.51	2001/4/13	0027
49088.66	32299.34	1523.31	-2124.91	5488.56	28814.94	不分配	/	2001/4/4	0028
411391.35	160157.22	86144.01	-35560.09	14784.00	101166.00	不分配	127.87	2001/4/27	0029
143828.27	7009.37	33286.34	-68599.76	4026.00	28842.00	不分配	997.95	2001/4/17	0030
140670.14	88890.51	55279.62	-29516.23	16348.99	46630.24	不分配	234.75	2001/4/6	0031
84529.61	24523.35	7741.35	58.74	3630.00	13081.20	10派1元	77.49	2001/3/3	0032
66170.00	42185.50	22619.90	-10036.30	6722.35	28772.35	不分配	/	2001/4/30	0033
136896.59	34276.54	29471.20	-32882.46	8460.46	31113.94	不分配	19.32	2001/1/17	0034

续表

代码	简称	每股收益(元)				每股净资产(元)		每股经营现金流量(元)		净资产收益率(%)		主营收入(万元)		净利润(万元)	
		2000年	扣除后	1999年	扣除后	2000年	调整后	2000年	1999年	2000年	1999年	2000年	同比(%)	2000年	同比(%)
0035	中科健A	0.39	0.35	-0.09	/	1.84	1.51	2.03	/	21.37	-6.27	86615.16	41.36	4546.42	533.37
0036	华联控股	0.2635	0.2522	0.3396	0.3278	2.39	2.31	0.84	-0.04	11.02	10.16	243882.90	105.58	9473.85	16.39
0037	深南电A	0.41	0.28	0.33	0.4	2.01	1.84	0.57	0.59	20.25	19.56	88971.40	48.11	14528.82	23.59
0038	深大通A	0.046	0.0067	-0.406	-0.39	1.173	1.123	-0.004	0.083	3.899	-36.037	5865.54	-44.39	413.96	111.26
0039	中集集团	1.358	1.015	0.757	0.752	6.15	5.96	0.571	0.845	22.1	15.19	895427.48	72.30	46196.51	79.31
0040	深鸿基A	0.025	0.025	0.257	0.206	2.574	2.421	0.073	0.315	0.96	10.08	37432.35	-36.56	1166.59	-90.33
0042	深长城A	0.467	0.48	0.44	0.417	5.107	4.842	0.629	-0.279	9.14	9.37	144288.66	19.11	11178.88	6.10
0043	深南光A	0.12	0.12	0.14	0.14	3.14	2.31	0.47	0.36	3.77	4.49	87677.89	21.91	1645.69	-15.55
0045	深纺织A	0.139	0.139	0.124	0.093	1.7	1.56	0.44	0.251	8.16	7.93	29289.63	41.71	2271.71	12.07
0046	光彩建设	0.185	0.18	0.661	0.019	2.71	2.626	0.293	-0.241	6.82	25.18	27517.06	166.67	3784.39	-72.05
0047	ST中侨	-1	-0.89	-1.2	-1.02	0.07	-1.33	0.29	0.07	-1433.33	/	7584.52	-42.72	-12070.69	16.36
0049	深万山A	0.003	-0.026	-0.036	-0.075	1.48	1.27	-0.019	0.014	0.22	-2.46	2825.74	-7.81	43.72	108.79
0050	深天马A	0.28	0.224	0.189	0.131	2.97	2.89	0.08	-0.197	9.4	6.55	31761.38	18.05	3251.80	47.77
0055	深圳方大	0.23	0.23	0.22	0.22	3.45	3.43	0.107	0.124	6.78	6.72	43149.28	-4.94	6929.99	4.23
0056	深国商A	0.16	0.16	0.14	0.13	1.92	1.65	0.18	0.22	8.51	8.29	46986.29	49.30	3612.30	16.75
0058	深赛格	0.018	-0.005	0.138	0.138	2.316	2.151	-0.069	0.087	0.79	6.33	230649.00	0.00	1320.80	-84.36
0059	辽通化工	0.0035	-0.05	0.16	0.065	2.21	2.08	0.35	0.355	0.16	6.84	112096.86	-19.75	233.50	-97.81
0060	中金岭南	0.3	0.32	0.43	0.5	2.52	2.16	-0.07	0.56	1194	11.94	285078.30	-0.66	13024.71	4.16
0061	农产品	0.483	0.482	0.542	0.537	5.191	4.69	0.51	0.84	9.3	13.4	127268.46	106.20	8921.96	27.61
0062	深圳华强	0.3619	0.3588	0.42	0.41	4.23	4.21	0.62	0.35	8.54	10.55	46881.49	-43.78	9784.56	-12.44
0063	中兴通讯	0.86	0.82	0.61	0.5	4.56	4.5	-0.17	-1.52	18.78	13.82	452342.58	80.80	35415.24	67.47
0065	北方国际	0.19	0.1729	0.206	/	1.84	1.78	-0.37	-0.008	10.3	12.46	32142.03	34.83	1518.41	-7.82
0066	长城电脑	0.3649	0.3664	0.804	0.794	2.63	2.62	-0.1332	0.162	13.86	26.12	225315.88	34.47	16731.29	-27.85
0068	赛格三星	0.186	0.237	0.007	0.007	1.91	1.81	0.22	0.4	9.74	0.4	112978.02	32.38	14641.25	2456.83
0069	华侨城A	0.23	0.25	0.145	0.145	2.48	2.41	0.136	0.194	9.26	8.32	15079.09	4.18	8571.09	70.90
0070	特发信息	0.22	/	0.29	/	3.12	2.95	-0.59	-0.23	7.16	20.14	57081.03	16.98	5587.95	6.67
0078	海王生物	0.4	0.48	0.2	0.17	1.54	1.47	-0.71	-0.13	26.11	15.17	19898.12	125.11	6153.35	98.07
0088	盐田港A	0.161	0.17	0.149	0.149	2.419	2.396	0.175	0.157	6.638	6.213	24783.73	8.20	9393.83	7.81
0089	深圳机场	0.633	0.621	0.557	0.543	3.971	3.942	0.43	0.483	15.94	19.55	45390.07	23.64	31649.66	26.34
0090	深天健	0.435	0.435	0.466	0.454	4.371	4.103	-0.615	-1.086	9.95	11.42	154687.19	14.48	9710.40	-6.75
0096	广聚能源	0.21	0.19	0.19	0.18	2.75	2.67	-0.04	0.39	7.49	11.12	111814.71	39.31	7088.96	54.38

总资产（万元）	股东权益（万元）	资本公积（万元）	未分配利润（万元）	最新流通A股（万股）	最新总股本（万股）	分红配股方案	最新市盈率（倍）	年报刊登日期	代码
84454.61	21279.56	10363.35	-1844.99	4253.05	11588.72	不分配	61.54	2001/4/14	0035
262927.95	86005.79	34774.22	8333.77	17717.25	35955.51	10派1元	38.98	2001/4/14	0036
134140.81	71754.16	14502.21	10278.74	4375.80	36976.60	0派0.7132元送2.40963转增2.40963(*)	51.90	2001/3/13	0037
18443.97	10617.08	4774.16	-6032.16	1914.00	9048.60	不分配	420.87	2001/3/28	0038
663979.15	209067.26	62149.74	34177.39	4599.13	34020.14	10派2元	20.53	2001/4/6	0039
236983.62	120853.05	47406.32	6027.75	28527.78	46959.34	不分配	406.00	2001/4/11	0040
344856.49	122304.03	61670.88	6605.64	6912.17	23946.30	10派1.5元	38.89	2001/4/10	0042
124191.67	43698.41	23814.51	311.10	3800.86	13932.55	10派0.8元	132.50	2001/4/10	0043
69657.00	27833.97	16788.49	-7153.26	2217.60	16341.60	不分配	120.00	2001/4/10	0045
130462.46	55522.40	10199.84	18380.56	9732.17	20488.78	10派元1	66.11	2001/3/24	0046
137165.30	842.16	11052.50	-26208.99	3292.46	12040.46	不分配	/	2001/4/6	0047
46087.97	20299.71	8418.67	-2212.77	4472.36	13682.92	不分配	6133.33	2001/4/21	0049
60693.36	34581.28	15945.81	2721.23	3344.00	13277.00	10派1.7514元	81.46	2001/4/24	0050
128086.85	102251.59	41220.49	22748.36	4200.00	29640.00	10派1.2元	75.48	2001/2/26	0055
110884.69	42466.30	5110.97	5689.85	5522.23	22090.12	不分配	76.25	2001/4/14	0056
410858.30	168162.70	60734.00	9235.80	8627.63	72614.59	不分配	640.56	2001/4/28	0058
254949.39	146617.31	82007.89	-7384.59	16900.00	66322.52	不分配	2042.86	2001/4/7	0059
457901.17	109060.50	47856.45	4242.00	20520.00	43200.00	10派2元	32.63	2001/3/28	0060
224659.69	95960.47	62151.24	1478.03	10059.33	18485.76	10派2元	34.58	2001/4/14	0061
126470.66	114508.40	54048.06	24006.98	12802.15	27040.00	10派1元	44.76	2001/3/24	0062
632100.68	188581.57	64776.83	63848.83	12480.00	41340.00	不分配	44.09	2001/2/20	0063
30612.55	14743.53	3523.54	2427.34	2579.82	10152.32	不分配.	121.26	2001/2/13	0065
222805.57	120689.77	31835.93	30282.88	18071.94	45849.15	10派1元	47.08	2001/3/31	0066
307419.24	150315.72	58899.96	8488.70	22500.00	78597.05	10派0.8元	54.52	2001/3/28	0068
130283.92	92584.05	42123.49	7758.40	11684.84	37260.00	10转增2	78.30	2001/4/4	0069
136935.73	78062.06	49415.63	1520.46	7000.00	25000.00	10派2.8元	109.23	2001/3/21	0070
87229.72	23571.12	1646.90	4862.96	9654.04	22180.00	10派1.3778元	54.33	2001/3/31	0078
340424.51	141524.11	75780.40	1.50	12487.10	58500.00	10派1.3元	95.96	2001/3/28	0088
262358.33	198498.25	100423.38	35380.49	18000.00	49989.00	10派4元	27.91	2001/3/27	0089
300767.85	97582.95	45069.02	5266.55	5800.00	22326.16	10派1.5元	46.46	2001/3/26	0090
129561.86	90729.72	53541.33	1332.27	8500.00	33000.00	10派1.1元	63.38	2001/3/23	0096

续表

代码	简称	每股收益(元)				每股净资产(元)		每股经营现金流量(元)		净资产收益率(%)		主营收入(万元)		净利润(万元)	
		2000年	扣除后	1999年	扣除后	2000年	调整后	2000年	1999年	2000年	1999年	2000年	同比(%)	2000年	同比(%)
0099	中信海直	0.2615	0.2422	0.3366	0.2904	4.2131	4.1895	0.2954	0.1175	6.21	20.33	29726.40	11.10	5125.75	11.97
0150	麦科特	0.2211	0.199	0.3291	0.3291	3.7	3.68	-0.096	0.78	5.98	29.15	29285.96	-0.72	3980.63	9.95
0151	中成股份	0.32	0.3	0.42	0.42	3.81	3.8	0.41	0.28	8.39	25.55	39764.28	29.30	6310.61	18.91
0153	新力药业	0.404	0.392	0.216	0.225	8.175	8.106	0.398	0.025	4.94	16.63	11414.65	99.53	2626.92	204.21
0155	川化股份	0.21	0.19	0.3	0.3	2.8	2.8	0.16	0.28	7.4	18.19	104251.10	0.94	9736.42	-3.21
0156	安塑股份	0.23	0.21	0.25	0.24	4.82	4.69	0.02	0.34	4.79	11.48	13387.53	16.80	2226.16	46.71
0157	中联重科	0.3504	0.3395	0.4475	0.4411	5.3978	5.3106	0.0276	-0.0017	6.49	30.96	24485.02	33.05	5255.82	17.44
0158	常山股份	0.23	0.26	0.27	0.29	2.85	2.83	0.0015	0.94	8.22	17.19	183212.90	11.59	9361.07	13.75
0159	国际实业	0.1498	0.1057	0.2519	0.0574	3.2921	3.2793	-0.7754	-0.6171	4.55	18.15	34999.41	-12.98	2573.60	0.36
0301	丝绸股份	0.232	0.234	0.2656	/	2.604	2.588	0.523	0.9716	8.9	16.51	132638.42	30.34	10818.78	30.16
0400	许继电气	0.532	0.531	0.83	0.92	3.72	3.707	0.16	0.46	14.29	15.23	97939.48	32.35	20116.46	3.00
0401	冀东水泥	0.1056	0.1056	0.1295	0.1017	1.7501	1.6523	0.1003	0.2242	6.04	8.06	65485.74	18.94	9315.05	-11.70
0402	金融街	0.32	0.32	0.15	0.03	1.6	1.6	-0.25	0.13	19.9	6.97	22055.86	81.85	4013.87	232.04
0403	三九生化	0.61	0.56	0.61	0.52	2.8	2.79	0.14	-0.18	21.59	17.74	38118.44	8.92	11907.20	48.52
0404	华意压缩	0.14	0.054	0.121	0.052	1.97	1.97	-0.04	-0.16	7.17	6.27	19882.02	13.92	3348.73	16.80
0405	有色鑫光	-0.295	-0.253	0.179	0.114	1.528	1.017	-0.047	0.113	-19.277	9.796	65582.82	23.35	-11219.57	-264.99
0406	石油大明	0.91	0.91	0.31	0.26	4.21	3.91	0.93	0.5	21.55	13.2	83780.95	81.54	27506.11	422.92
0407	胜利股份	0.17	0.18	0.25	0.25	2.41	2.32	-0.06	-0.2	7.21	14.98	95504.25	-11.69	4153.23	-24.77
0408	河北华玉	0.19	0.18	0.33	0.29	2.85	2.74	0.1	0.3	6.7	11.79	44799.25	45.13	1984.20	-42.32
0409	四通高科	0.04	0.035	-0.107	-0.085	1.46	1.13	-0.076	-0.05	2.71	-7.54	9162.94	1468.61	681.14	137.01
0410	沈阳机床	0.047	0.026	0.032	-0.21	2.745	2.615	0.014	0.09	1.72	1.19	58574.38	67.88	1610.00	46.00
0411	PT凯地	-0.639	-0.452	-0.599	/	0.387	0.279	-0.061	-0.106	-165.22	-58.39	8870.25	9.15	-7366.63	-6.70
0412	北方五环	-0.586	-0.579	0.117	-0.039	1.118	1.002	-0.172	-0.101	-52.44	6.67	5732.60	-26.98	-16937.60	-602.69
0413	宝石A	0.219	0.217	-0.226	-0.169	1.42	1.4	-0.497	-0.035	15.47	-19.93	4491.89	685.02	8396.12	197.10
0415	汇通水利	0.2	0.199	0.298	0.3	1.825	1.782	-0.763	0.056	10.93	18.02	17049.45	2.18	4654.29	-33.12
0416	ST国货	-0.21	-0.21	-0.362	-0.278	1.98	1.91	0.166	-0.35	-10.66	16.55	16481.69	-15.99	-2393.90	41.81
0417	合肥百货	0.592	0.386	0.564	0.564	6.76	6.47	0.84	1.19	8.75	10.12	79210.84	9.55	4985.63	17.16
0418	小天鹅A	0.5155	0.4868	0.5735	0.5729	5.47	5.37	0.536	0.5905	9.43	10.93	272486.35	2.45	18821.77	-10.10
0419	通程控股	0.2035	0.1816	0.2367	0.2139	3.2265	3.1183	0.5832	0.2637	6.31	11.16	65878.17	1.84	3571.15	-5.51
0420	吉林化纤	0.13	0.11	0.28	0.27	3.13	3.08	-0.74	1.01	4.08	10.32	86539.72	8.00	4830.83	-48.23
0421	南京中北	0.134	0.157	0.138	0.132	2.09	1.89	0.59	0.08	6.42	6.75	34379.18	18.09	2645.85	-2.83

总资产（万元）	股东权益（万元）	资本公积（万元）	未分配利润（万元）	最新流通A股（万股）	最新总股本（万股）	分红配股方案	最新市盈率（倍）	年报刊登日期	代码
109426.64	82577.18	59913.67	1122.81	6000.00	19600.00	10派2元	86.58	2001/3/2	0099
76680.37	66606.83	45005.91	1892.49	7000.00	18000.00	10派1元转增8(*)	61.78	2001/2/15	0150
98909.55	75208.38	52723.18	9.78	7000.00	19732.00	10派1.6元	64.53	2001/3/17	0151
63478.62	53142.15	42922.01	2978.20	2500.00	6500.23	不分配	89.43	2001/3/29	0153
177321.91	131512.74	75502.54	3317.11	13000.00	47000.00	不分配	48.95	2001/2/27	0155
64125.64	46492.09	31014.39	4034.69	3600.00	9650.00	10派0.5元	95.65	2001/3/20	0156
95043.98	80967.42	61179.62	3454.63	5000.00	15000.00	10派1元	68.64	2001/3/6	0157
188515.95	113815.27	66331.37	2336.97	10000.00	40000.00	10派1元	51.78	2001/3/8	0158
89330.38	56555.38	36621.70	1928.74	7000.00	17179.23	不分配	132.98	2001/4/3	0159
178812.98	121518.94	64098.25	7173.88	9960.08	46660.08	10派0.5元	54.44	2001/3/13	0301
207886.40	140755.13	59020.91	31294.63	19440.00	37827.20	10派2元	33.44	2001/3/8	0400
223824.39	154320.74	47799.07	259.83	26995.02	88178.56	10派1.4元	66.48	2001/3/21	0401
59974.88	20173.91	3240.92	2323.38	4796.64	12590.64	10派5元	63.41	2001/2/27	0402
117857.53	55146.52	12928.02	16528.78	9404.52	19668.35	10派1元配2(6-19元)	30.66	2001/2/13	0403
69979.59	46720.16	14762.91	3276.22	7341.19	23725.08	10派1元	71.71	2001/4/14	0404
104950.96	58200.89	18498.54	-4569.91	11292.37	38092.54	不分配	/	2001/4/3	0405
180406.95	127621.92	66079.35	17329.08	22150.42	30335.63	10派2元	17.46	2001/3/6	0406
103438.84	57621.62	20178.82	10119.42	14419.67	23958.88	不分配	62.06	2001/3/27	0407
73238.55	29603.42	14321.90	2748.51	3132.00	10382.40	不分配	99.89	2001/4/3	0408
32176.97	25097.34	17875.39	-10784.71	7517.37	17137.41	不分配	375.00	2001/4/7	0409
286494.40	93596.18	47764.34	6051.73	13537.28	34091.93	10派0.2元	202.13	2001/4/18	0410
29230.40	4458.61	10174.12	-19362.82	3151.29	11525.00	不分配	/	2001/4/18	0411
80375.50	/	/	/	10632.17	28896.17	不分配	/	2001/4/28	0412
161689.83	54268.23	53584.16	/	4507.24	38300.00	不分配	55.02	2001/4/20	0413
77444.25	42564.99	9618.45	6131.40	9568.18	23318.00	10派0.3元配3(8-12)	65.05	2001/4/20	0415
38147.48	22457.80	14330.91	-4337.39	6258.73	11367.90	不分配	/	2001/2/27	0416
97424.19	56968.37	34648.83	5080.33	3040.78	8424.14	10派1.5元送2	38.24	2001/3/24	0417
340714.94	199586.58	110543.19	177.77	7200.00	36510.38	10派3元	29.39	2001/3/20	0418
110985.26	56626.96	28543.08	7655.07	6508.05	17550.82	10派1元	74.74	2001/4/3	0419
212312.15	118381.26	49364.83	13676.64	19419.79	37825.75	10派1.2元	65.00	2001/2/26	0420
82467.01	41215.46	14544.90	3613.48	7596.49	19718.30	10派1元	88.43	2001/3/6	0421

续表

代码	简称	每股收益(元)				每股净资产(元)		每股经营现金流量(元)		净资产收益率(%)		主营收入(万元)		净利润(万元)	
		2000年	扣除后	1999年	扣除后	2000年	调整后	2000年	1999年	2000年	1999年	2000年	同比(%)	2000年	同比(%)
0422	湖北宜化	0.211	0.205	0.397	0.396	3.378	3.34	0.504	0.167	6.24	12.52	39376.71	-6.41	3944.20	-46.79
0423	东阿阿胶	0.403	0.411	0.323	0.249	3.469	3.465	0.839	-0.14	11.615	11.947	42346.24	51.09	8444.50	87.38
0425	徐工科技	0.213	0.21	0.453	0.443	1.81	1.42	0.15	0.47	11.8	14.8	126164.42	9.85	7515.98	-6.01
0426	富龙热力	0.343	0.343	0.362	0.216	4	3.79	0.665	0.036	8.58	9.92	17273.29	17.80	6324.26	-5.37
0428	华天酒店	0.23	0.19	0.217	0.196	3.18	3.01	1.035	0.055	7.19	7.37	19280.08	35.07	3629.32	5.12
0429	粤高速A	0.15	0.16	0.39	0.24	4.01	3.89	0.19	0.25	3.78	12.14	25110.09	-2.75	12701.52	57.07
0430	ST张家界	-0.557	0.429	-0.016	0.0091	0.502	0.447	-0.098	-0.1489	-114.519	-1.556	3389.51	-34.67	-10232.05	-3280.9
0488	晨鸣纸业	0.5102	0.3902	0.452	0.296	6.3162	6.1841	0.322	-0.597	8.08	12.92	241147.43	40.18	23132.70	33.45
0498	丹东化纤	0.018	0.018	0.092	0.04	1.86	1.84	-0.06	0.02	0.98	5	83942.57	15.60	708.82	80.23
0501	鄂武商A	0.06	0.06	0.05	0.06	2.3	1.65	0.33	0.33	2.41	2.29	201153.40	21.06	2815.21	7.96
0502	琼能源	0.2327	-0.0478	0.126	/	1.6705	1.4586	0.3139	-0.0199	13.93	8.84	6213.06	2728.05	3622.37	84.62
0503	海虹控股	0.232	0.2174	0.408	0.2396	1.3073	1.2394	0.6502	-0.1444	17.746	21.7	42288.17	43.17	7941.00	-3.37
0504	赛迪传媒	0.09	0.266	-0.195	/	1.01	0.99	-0.01	-0.006	8.97	-25.71	2204.02	149.74	2826.14	146.43
0505	珠江控股	0.17	-0.05	0.07	-0.11	1.23	1.17	0.014	0.104	13.53	6.65	3721.76	-7.37	6272.47	128.13
0506	东泰控股	0.103	0.065	0.097	/	1.11	1.049	0.074	0.036	9.27	9.65	27030.84	174.66	2564.10	6.23
0507	粤富华	0.147	0.158	0.118	0.087	2.64	2.6	0.24	-0.004	5.55	4.47	20958.92	105.23	5055.11	32.13
0509	天歌科技	0.1398	0.123	0.1299	0.0986	1.66	1.39	0.26	0.06	8.42	8.02	28832.16	21.39	3008.31	7.66
0510	金路集团	0.28	0.283	0.002	-0.026	1.996	1.853	0.242	0.012	14.04	0.09	51100.29	48.42	8207.04	17872.39
0511	银基发展	0.262	0.262	0.178	0.138	4.94	4.92	-1.18	-0.039	5.3	13.11	25437.65	281.09	4713.02	103.74
0513	丽珠集团	0.03	0.03	0.005	/	2.99	2.65	0.13	0.8	1.13	0.18	117855.32	3.95	1037.58	529.81
0514	渝开发A	0.004	-0.03	0.104	0.03	1.54	1.4	-0.02	0.08	0.29	6.75	4561.25	-12.56	52.12	-95.74
0515	PT渝钛白	0.027	-0.02	-1.09	-1.15	1.68	1.57	0.51	0.36	1.61	/	21478.61	30.91	350.93	102.48
0516	陕解放A	0.265	0.265	0.22	0.24	1.92	1.9	0.39	0.18	13.86	12.07	72808.42	7.30	3194.43	19.15
0517	甬成功	0.61	0.6	0.301	0.186	2.82	2.79	0.12	0.133	21.47	13.61	20365.19	325.37	5446.59	101.00
0518	四环生物	0.4	0.38	0.29	0.11	1.53	1.44	0.18	0.03	25.88	24.69	18724.68	77.91	5301.61	36.92
0519	银河动力	0.2	0.13	0.23	0.23	1.67	1.64	0.2	-0.07	11.99	8.8	15532.03	-3.04	2559.51	54.15
0520	中国凤凰	0.128	0.1243	0.199	/	2.43	2.42	-0.22	0.45	5.28	8.28	80106.41	93.26	6652.22	-35.46
0521	美菱电器	0.013	0.0127	0.116	0.115	3.33	3.26	0.14	-0.047	0.4	3.46	133902.34	0.92	552.63	-88.45
0522	ST白云山	0.19	0.2	0.15	0.13	0.14	-1.46	0.33	0.18	134.36	-306.43	82252.69	4.16	7176.48	27.60
0523	广州浪奇	0.01	0.01	0.09	0.09	2.22	2.16	0.05	-0.08	0.48	3.57	44898.63	16.68	243.25	-88.06
0524	东方宾馆	0.08	0.07	0.09	0.09	2.56	2.21	0.17	0.16	2.96	3.14	22434.26	8.77	2042.58	-13.70

总资产（万元）	股东权益（万元）	资本公积（万元）	未分配利润（万元）	最新流通A股（万股）	最新总股本（万股）	分红配股方案	最新市盈率（倍）	年报刊登日期	代码
103146.27	63160.38	19900.34	19244.00	8373.11	18696.30	10派1元	59.67	2001/2/22	0422
87102.33	72704.52	38019.34	9217.07	14729.94	20959.57	10派2元转增3(*)	40.92	2001/3/8	0423
151076.78	63706.48	20424.64	3483.69	12137.65	35274.10	10派0.8元送1转增2配3(9-15元)(*)	81.64	2001/3/13	0425
106787.09	73707.69	34530.11	15477.91	5104.08	18448.08	10派0.2733元送1.0932	42.80	2001/3/30	0426
70443.82	50461.76	20110.69	9803.67	6081.89	17284.00	不分配	63.57	2001/3/13	0428
379108.75	327668.87	195379.92	20705.12	18288.78	83807.85	10派1元转增5	84.93	2001/3/21	0429
38993.01	9223.77	1051.20	-12285.68	7435.80	18360.00	不分配	/	2001/4/26	0430
538426.36	286373.07	182884.31	36661.77	7000.00	45339.79	10派3元送1	36.55	2001/3/29	0488
153282.86	72452.57	14535.70	14007.09	17400.00	39000.00	不分配	553.33	2001/3/30	0498
324871.87	116596.13	53026.38	2289.24	20427.31	50724.86	10派0.4元	137.00	2001/4/5	0501
42884.84	26004.02	26127.59	-19582.32	5715.87	15566.85	不分配	71.29	2001/2/13	0502
96710.36	44748.02	4511.03	3899.19	11865.92	34228.72	10派0.3元	101.08	2001/2/15	0503
59704.89	31497.28	27490.86	-29482.24	8675.59	31157.39	不分配	204.56	2001/2/28	0504
80401.43	46370.52	28315.47	-29509.13	11340.58	37765.08	不分配	66.71	2001/3/30	0505
72703.35	27668.77	6368.49	-4363.21	14431.35	24910.17	不分配	129.81	2001/2/10	0506
113373.13	91118.04	66782.43	-11740.84	19555.80	34499.74	不分配	57.35	2001/4/6	0507
68673.50	35713.08	9617.43	574.89	11601.96	21518.53	10派1元配3(10-15元)	97.28	2001/2/28	0509
100145.35	58450.61	27406.97	-2447.46	19319.50	29287.61	10派6元	77.14	2001/4/12	0510
141778.59	88867.53	62600.93	5969.28	11903.05	17988.10	10派1元转增5	60.04	2001/2/24	0511
158829.07	91600.19	42046.13	5079.37	11559.15	30603.55	不分配	430.00	2001/4/26	0513
49765.92	18159.69	3236.58	754.93	4324.32	11754.29	不分配	4110.00	2001/4/2	0514
71461.33	21783.54	8388.12	-61827.86	5544.00	13000.52	不分配	528.89	2001/2/27	0515
63578.55	23050.63	3792.56	5144.66	4344.65	13037.83	10派1.8元	57.77	2001/3/28	0516
57070.62	25368.35	7614.34	6103.72	2780.18	8989.78	待定	42.66	2001/2/10	0517
27467.24	20483.35	5659.45	979.21	7589.67	13374.24	10派0.375元(*)	43.38	2001/1/10	0518
39750.48	20069.31	2093.57	1324.72	4974.18	12774.80	10派1元	83.35	2001/3/27	0519
138663.38	125917.61	45517.65	4920.67	29499.09	51916.88	10派1元	57.19	2001/3/20	0520
252668.21	137751.05	57142.95	10754.85	13805.28	41364.29	不分配	708.46	2001/4/14	0521
180111.73	5341.13	25294.36	-59876.89	15654.44	37434.44	不分配	48.00	2001/4/6	0522
64928.98	50826.87	16516.39	194.60	9418.67	22935.06	不分配	1060.00	2001/4/6	0523
80166.88	68951.61	28582.13	1324.21	9890.05	26967.37	10派1元	121.63	2001/4/4	0524

续表

代码	简称	每股收益(元)				每股净资产(元)		每股经营现金流量(元)		净资产收益率(%)		主营收入(万元)		净利润(万元)	
		2000年	扣除后	1999年	扣除后	2000年	调整后	2000年	1999年	2000年	1999年	2000年	同比(%)	2000年	同比(%)
0525	红太阳	0.2408	0.2408	0.373	0.3682	2.67	2.4763	0.4851	0.7067	9.02	23.03	22405.46	2.04	3969.35	-13.60
0526	厦海发	0.173	0.173	0.112	-0.105	1.793	1.792	0.207	-0.204	9.63	6.89	8662.58	1491.85	1369.09	54.81
0527	粤美的A	0.63	0.55	0.57	0.52	4.07	3.67	0.77	0.13	15.35	15.28	880524.43	52.08	30316.21	9.17
0528	桂柳工A	0.004	0.004	0.008	0.017	2.13	2.1	0.12	0.01	0.17	0.36	76519.05	5.29	115.43	-53.90

总资产（万元）	股东权益（万元）	资本公积（万元）	未分配利润（万元）	最新流通A股（万股）	最新总股本（万股）	分红配股方案	最新市盈率（倍）	年报刊登日期	代码
63438.04	44013.10	21992.25	3147.23	7609.04	16484.64	10派0.5元送1.5转增5.5	80.48	2001/4/10	0525
22744.51	14211.82	7467.47	-1634.91	3277.53	7925.03	不分配	102.08	2001/4/17	0526
717408.64	197536.21	95677.23	26837.89	29008.30	48488.97	10派3元	20.19	2001/3/27	0527
120502.71	69726.08	24492.62	231.53	11963.68	32753.68	不分配	1975.00	2001/3/28	0528

续表

代码	简称	每股收益(元)				每股净资产(元)		每股经营现金流量(元)		净资产收益率(%)		主营收入(万元)		净利润(万元)	
		2000年	扣除后	1999年	扣除后	2000年	调整后	2000年	1999年	2000年	1999年	2000年	同比(%)	2000年	同比(%)
0529	粤美雅A	0.02	0.01	-0.8	-0.8	4.13	4.11	-0.31	/	0.41	-19.38	70406.08	-15.91	678.28	102.14
0530	大冷股份	0.223	0.223	0.203	0.203	3.15	3.1	0.117	0.072	7.09	6.71	80068.32	11.12	7815.13	9.97
0531	穗恒运A	0.22	0.24	0.25	0.21	2.097	2	0.55	0.9	10.61	11.86	66801.30	11.06	5928.02	-9.62
0532	粤华电A	-0.71	-0.117	0.01	0.009	1.75	1.68	0.25	0.12	-40.81	0.39	/	/	-15592.08	-6512.48
0533	万家乐A	0.04	0.04	0.27	0.23	2.36	2.2	0.24	0.23	1.71	11.69	116706.60	4.86	2318.05	-84.97
0534	汕电力A	0.0717	0.0732	0.0178	0.0178	2.6058	2.5811	0.061	-0.0154	2.7533	0.6775	8640.42	11.35	1494.20	302.05
0535	ST猴王	-2.28	-2.07	-0.31	-0.32	-1.24	-1.38	-0.01	0.004	/	-29.98	4229.60	-45.32	-68973.60	-624.28
0536	ST闽闽东	-0.37	-0.37	-0.42	-0.42	-0.29	-0.41	-0.03	-0.05	-127.48	-562.37	14173.50	-15.19	-4450.70	12.73
0537	南开戈德	0.6	0.54	0.56	0.55	3.79	3.76	-0.06	0.64	15.84	23.86	45427.97	27.47	12829.85	39.03
0538	云南白药	0.265	0.253	0.18	0.181	2.1	2.07	0.57	0.23	12.63	8.92	80640.50	234.29	4922.44	46.94
0539	粤电力A	0.377	0.389	0.648	0.648	1.84	1.78	0.66	1.24	20.49	19.84	428809.21	24.77	97029.22	16.26
0540	世纪中天	1.19	0.18	0.29	0.29	2.26	2.07	0.06	1.2	52.89	11.91	21416.83	45.03	22947.76	693.48
0541	佛山照明	0.45	0.438	0.574	0.483	5.24	5.21	0.48	0.6	8.59	13.37	68728.04	14.06	16115.35	1.76
0542	TCL通讯	0.14	0.14	-0.956	-0.956	2.326	1.96	-0.05	-0.397	6.01	-41.95	93222.90	214.06	2631.66	114.63
0543	皖能电力	0.2856	0.2681	0.2359	0.2148	2.96	2.94	0.23	0.22	9.64	8.04	68961.41	7.24	22077.64	21.06
0544	豫白鸽A	0.02	0.086	-0.3	-0.32	1.04	0.965	0.86	0.17	1.91	-28.34	62498.30	41.11	535.70	106.71
0545	恒和制药	0.036	0.051	-0.73	-0.17	1.2	1.14	0.025	-0.008	2.99	-61.86	14899.69	-9.00	487.22	104.94
0546	ST吉轻工	-0.784	-0.422	-0.756	0.027	-0.566	-1.012	0.007	-0.004	/	-187.85	5990.40	37.70	-13289.80	-3.77
0547	闽福发A	0.31	0.3	0.519	0.519	3.39	3.31	0.57	0.2	9.16	16.35	22528.21	45.37	3794.52	-40.25
0548	湖南投资	0.196	0.198	0.216	0.216	1.8	1.792	0.253	0.057	10.88	13.48	13095.51	30.10	5692.17	-9.40
0549	湘火炬A	0.331	0.326	0.235	0.235	3.619	3.407	0.055	0.347	9.13	14.9	154338.38	271.29	8595.85	65.15
0550	江铃汽车	0.062	0.04	-0.187	-0.176	1.916	1.24	1.212	1.12	3.22	-10.06	282515.51	15.79	5329.15	133.08
0551	创元科技	0.19	0.19	0.2	0.02	2.03	1.96	1.02	-0.13	9.17	10.4	33970.42	431.67	4493.95	-7.93
0552	甘长风A	0.181	0.126	0.14	0.058	1.314	1.312	-0.084	0.27	13.79	12.57	23662.43	12.51	3223.37	29.66
0553	沙隆达A	0.06	0.03	0.21	0.2	3.39	3.26	0.35	0.04	1.79	6.37	91314.63	-6.08	1800.70	-71.44
0554	泰山石油	0.402	0.209	0.092	/	2.453	2.271	0.523	-0.072	16.4	4.49	106526.85	11.69	12893.25	336.70
0555	太光电信	0.006	-0.039	-0.149	-0.075	1.24	1.01	0.09	0.14	0.49	-12.42	73.42	-80.38	49.39	104.05
0557	银广夏A	0.827	0.819	0.51	0.47	2.39	2.15	0.25	-0.02	34.56	13.56	90898.87	136.98	41764.64	226.83
0558	辽房天	0.09	0.02	0.09	0.068	1.4	1.33	0.183	0.026	6.33	6.62	5466.85	-35.83	1040.38	-1.35
0559	万向钱潮	0.518	0.488	0.412	0.404	3.28	3.23	0.86	0.19	15.79	13.9	122999.97	2.30	14650.88	25.79
0560	昆百大A	-0.576	-0.5796	0.0879	0.0156	1.32	0.62	0.18	/	-43.72	4.69	75136.96	-15.36	-7741.69	-755.36

总资产（万元）	股东权益（万元）	资本公积（万元）	未分配利润（万元）	最新流通A股（万股）	最新总股本（万股）	分红配股方案	最新市盈率（倍）	年报刊登日期	代码
274605.97	163600.46	124447.67	-4283.67	21605.81	39651.59	不分配	374.00	2001/3/29	0529
176751.93	110270.36	55552.68	3724.83	9837.02	35001.50	10派1元	46.32	2001/4/17	0530
144202.43	55890.85	22072.57	2039.25	10782.16	26652.13	10派1.5元	52.59	2001/4/4	0531
41038.84	38202.40	50565.39	35195.96	9353.61	21839.22	不分配	/	2001/3/13	0532
369690.83	135837.99	34817.82	19651.66	20364.56	57568.00	不分配	216.50	2001/4/7	0533
5701.61	54269.59	28488.51	265.06	8821.00	20826.13	10派1元	161.09	2001/3/15	0534
47023.60	-37657.20	14176.80	-83864.00	17015.74	30272.32	不分配	/	2001/4/28	0535
37706.16	-3491.20	6513.50	-25076.20	4546.72	12192.72	不分配	/	2001/4/28	0536
114816.89	80981.12	36238.19	15333.20	8747.60	21376.24	10派0.5元送2转增7(*)	37.75	2001/3/6	0537
79285.05	38987.58	13297.63	-756.09	5875.05	18581.80	10派1元	65.66	2001/3/30	0538
1129912.38	473557.45	47332.05	10648.33	30747.60	257540.40	10派1.5元	31.22	2001/3/19	0539
108250.86	43381.27	2169.67	14884.53	6622.44	19224.20	10派2元送7(*)	16.37	2001/2/27	0540
217199.75	187682.42	120387.44	6528.60	14684.20	35844.83	10派3.8元	28.00	2001/3/29	0541
109089.25	43752.73	24293.03	-2654.82	8139.23	18810.88	不分配	115.71	2001/3/21	0542
279032.18	229048.61	95561.74	9826.62	14055.09	77300.88	10派2元	33.33	2001/3/30	0543
127538.83	28026.00	20616.80	-22087.60	10874.15	26945.98	不分配	443.00	2001/4/28	0544
34064.21	16306.54	15298.24	-13306.86	6809.58	13563.58	不分配	307.22	2001/3/27	0545
39602.40	-9600.40	/	/	8502.65	16950.65	不分配	/	2001/4/28	0546
99692.79	41444.68	19511.22	7291.56	7356.33	12242.32	10派1元	49.74	2001/4/13	0547
80739.70	52318.87	17645.00	3778.84	12620.48	29060.80	不分配	58.67	2001/2/27	0548
230809.47	94120.28	56844.53	6738.95	26591.59	41612.74	10派2元送2转增4(*)	60.00	2001/2/10	0549
430203.85	165434.64	83202.65	-18719.70	11760.00	86321.40	不分配	136.29	2001/4/5	0550
119723.82	49025.27	8760.12	8391.47	11079.43	24172.64	10派1元	62.16	2001/3/10	0551
52033.33	23380.47	10614.46	-5619.21	6678.09	17787.00	不分配	78.56	2001/3/1	0552
189737.75	100813.76	56155.12	8717.39	9719.21	29696.16	不分配	207.17	2001/3/27	0553
119716.91	78628.39	34537.42	9296.32	19652.50	32052.89	10转增5(*)	29.95	2001/2/17	0554
11449.80	10125.92	6302.17	-4582.72	2189.33	8182.77	不分配	4118.33	2001/3/21	0555
315129.53	120852.82	21469.86	32908.39	28081.95	50526.14	10派3元配1.5(20-30元)	42.41	2001/2/14	0557
53181.28	16432.23	13309.80	-9200.84	5050.44	11716.44	不分配	183.89	2001/1/19	0558
159273.29	92797.99	36706.07	14176.20	8833.26	28285.98	10派1.8266元送1.8266(*)	25.23	2001/3/2	0559
110239.38	17707.73	11907.63	-9896.39	6240.00	13440.00	不分配	/	2001/4/14	0560

续表

代码	简称	每股收益(元)				每股净资产(元)		每股经营现金流量(元)		净资产收益率(%)		主营收入(万元)		净利润(万元)	
		2000年	扣除后	1999年	扣除后	2000年	调整后	2000年	1999年	2000年	1999年	2000年	同比(%)	2000年	同比(%)
0561	陕长岭A	0.034	-0.1423	-0.451	-0.457	2.085	1.862	0.1618	0.042	1.634	-21.05	63677.74	27.65	1352.16	107.55
0562	宏源证券	0.1576	/	0.0981	/	1.246	1.137	3.624	0.99	12.66	7.84	35545.80	117.27	8177.00	76.63
0563	陕国投A	0.156	0.142	0.136	0.132	1.65	1.52	2.99	0.77	9.46	8.6	29939.80	-17.10	4896.07	14.73
0564	西安民生	0.1693	0.1693	0.063	0.063	2.69	2.66	0.41	0.57	6.29	2.51	82650.60	14.11	3420.45	167.10
0565	渝三峡A	0.016	0.016	0.087	0.087	2.1	2.07	0.07	0.16	0.77	5.5	29468.12	-5.37	279.98	-79.61
0566	轻骑海药	-0.267	-0.267	-0.1	-0.1	1.03	0.926	0.04	0.08	-25.9	-9.38	17548.66	29.15	-5408.21	-166.48
0567	琼海德A	-0.27	-0.48	0.15	0.15	1.03	1.01	-0.02	-0.05	-26.41	11.11	943.06	-70.92	-4127.03	-284.69
0568	泸州老窖	0.34	0.219	0.262	0.11	2.69	2.66	0.063	0.206	12.68	11.19	97873.11	-3.86	16682.92	30.14
0569	川投长钢	0.096	0.081	0.018	0.007	1.149	1	0.005	-0.056	8.39	1.78	147816.64	6.88	6704.56	424.93
0570	苏常柴A	0.11	0.07	0.28	0.27	4.53	4.41	-0.47	-0.55	2.34	6.78	230759.20	-28.48	3968.71	-59.90
0571	新大洲A	-0.1897	-0.1588	0.0182	0.0065	1.35	1.22	0.26	0.14	-14.05	1.19	179663.27	-28.82	-13965.36	-1142.05
0572	琼金盘A	0.004	-0.1	0.005	-0.03	1.129	0.98	0.16	0.07	0.35	0.39	7381.27	-27.91	87.42	-8.12
0573	粤宏远A	0.013	0.018	0.022	0.026	3.1234	2.954	0.17	0.04995	0.42	0.7	18670.70	19.18	597.16	-39.27
0576	广东甘化	0.11	0.1	0.07	0.06	3.94	3.73	0.24	0.06	2.73	1.84	76954.26	70.96	2670.62	50.21
0578	数码网络	0.19	0.19	0.16	0.16	1.43	1.4	-0.2	0.08	13.32	6.93	69827.38	297.73	3775.90	116.15
0581	威孚高科	0.3	0.31	0.27	0.27	3.72	3.72	0.06	0.68	7.96	9.09	85120.74	10.19	13256.66	24.45
0582	北海新力	0.083	0.06	0.179	0.202	2.825	2.72	0.035	0.15	2.925	6.378	6211.76	-2.12	1557.47	-53.76
0583	托普软件	0.71596	0.5693	0.6525	0.5169	9.968	9.7161	1.0833	1.8306	7.1827	24.4473	50826.41	85.35	8729.38	55.56
0584	蜀都A	0.1	0.04	-0.7	-0.69	1.38	1.2	0.05	0.17	7.39	-53.49	13789.45	6.23	2065.76	114.66
0585	ST东北电	-0.416	-0.4166	-0.191	-0.196	1.29	1.25	-0.047	-0.086	-32.3	-10.76	132004.82	-6.18	-36359.73	-117.94
0586	川长江A	-0.2909	-0.295	0.02	0.018	1.6	1.169	-0.089	0.22	-18.14	1.07	40705.31	2.61	-5627.89	-1538.79
0587	光明家具	0.286	0.299	0.209	0.197	2.33	2.29	0.1	0.11	12.27	8.79	30725.39	43.91	5305.63	37.02
0588	PT粤金曼	-3.248	-3.23	-1.64	-1.77	-7.91	-7.923	0.04	-0.007	/	/	7994.32	-7.48	-43632.27	-98.03
0589	黔轮胎A	0.06	0.02	0.05	0.05	3.419	3.141	-0.237	-0.299	1.7	1.49	156788.39	52.20	1476.36	24.28
0590	紫光生物	0.149	0.115	0.1	0.11	1.85	1.788	0.04	-0.09	8.08	3.59	28356.14	29.11	3033.00	165.11
0591	桐君阁	0.264	0.239	0.215	0.107	2.49	2.07	0.47	0.168	10.61	13.05	59150.13	33.55	2634.12	34.33
0592	ST中福	0.049	-0.1205	-0.45	-0.41	1.047	0.852	0.063	/	4.68	-53.35	14374.01	-19.91	1442.71	110.85
0593	成都华联	0.24	0.24	0.33	0.23	3.41	3.37	0.36	-0.09	7.11	10.04	31667.91	2.12	2098.49	-25.69
0594	内蒙宏峰	0.19	0.11	0.169	0.127	1.82	1.77	0.02	-0.79	10.48	10.02	28992.64	21.45	7151.57	13.40
0595	西北轴承	0.013	-0.037	0.039	0.041	2.44	2.34	-0.017	0.22	0.52	1.64	47412.77	-3.26	222.31	-67.71
0596	古井贡A	0.63	0.63	0.63	0.56	4.75	4.74	0.34	0.31	13.2	14.33	91575.70	2.75	4714.84	1.30

总资产（万元）	股东权益（万元）	资本公积（万元）	未分配利润（万元）	最新流通A股（万股）	最新总股本（万股）	分红配股方案	最新市盈率（倍）	年报刊登日期	代码
164860.58	82770.53	51347.61	-15337.34	24197.17	39701.26	不分配	228.82	2001/4/14	0561
509241.96	64613.80	1404.10	3407.10	15228.14	51874.52	10派0.5	91.88	2001/4/30	0562
361832.29	51755.21	9957.25	2452.13	12629.45	31418.70	10派1元	78.91	2001/4/13	0563
99170.40	54352.25	27554.44	3101.86	13664.16	20200.70	不分配	67.93	2001/3/21	0564
48244.59	36445.76	15265.44	487.29	8727.77	17343.69	不分配	1009.38	2001/3/27	0565
88558.40	20864.33	30688.63	-31737.06	8354.90	20234.90	不分配	/	2001/4/27	0566
42514.57	15626.10	10841.04	-8010.72	6048.00	15120.00	不分配	/	2001/4/25	0567
203817.14	131526.04	44277.61	13301.64	12313.41	48893.46	10配3(10-15元)	35.56	2001/2/23	0568
226621.91	79903.44	26712.82	-23059.26	14792.41	69514.22	不分配	74.38	2001/4/7	0569
357454.74	169487.99	85741.71	21281.12	11098.49	37424.96	不分配	111.18	2001/4/11	0570
291171.73	99365.45	19533.69	-15669.65	33716.48	73606.40	不分配	/	2001/3/13	0571
91325.60	24382.97	15510.36	-13339.45	8678.61	21589.45	不分配	2555.00	2001/4/13	0572
227021.74	140975.82	70350.01	4225.69	29205.81	45128.39	不分配	591.54	2001/4/14	0573
166351.29	97668.02	59377.92	3530.46	10310.33	24759.86	10派0.7元	101.00	2001/3/20	0576
62802.14	28337.49	3669.56	2073.72	6876.38	19815.34	10派0.5元配3(10-15元)	76.68	2001/3/24	0578
199276.06	162189.00	90891.86	18744.49	19200.00	43636.62	10派2元	41.77	2001/4/3	0581
93574.95	53248.64	26302.95	5400.92	5707.09	18847.18	10派0.5元	163.37	2001/4/7	0582
189316.33	121533.76	96904.51	4711.20	6877.86	12192.43	10派5元(*)	52.94	2001/1/17	0583
67584.65	27961.73	32519.78	-28324.97	5054.19	20223.51	不分配	150.20	2001/4/20	0584
445489.22	112556.33	60339.37	-45857.83	14360.00	87337.00	不分配	/	2001/4/23	0585
50295.09	31026.23	18462.43	-9536.85	6084.00	19344.00	不分配	/	2001/3/31	0586
69710.36	43229.55	15326.37	3180.30	8343.89	18571.16	10配3(10-15元)	43.39	2001/2/22	0587
57081.63	-106241.51	44927.48	-168858.03	6211.57	13432.00	不分配	/	2001/4/20	0588
236632.73	86963.00	52105.52	3207.95	12453.62	25432.71	不分配	179.33	2001/3/26	0589
63625.55	37529.42	11742.53	2770.38	6355.39	20302.84	不分配	133.89	2001/1/18	0590
49004.42	24834.93	9743.56	871.00	3480.00	9986.62	10派1.25元	68.52	2001/3/24	0591
89941.98	30837.20	25395.15	-28823.77	8730.82	29440.47	不分配	222.04	2001/4/20	0592
54362.03	29523.11	13242.66	4265.09	2827.77	8650.33	10送2转增8(*)	136.25	2001/3/22	0593
91180.19	68261.96	18630.43	7633.22	12968.33	37407.74	10派0.5元送2转增3	83.58	2001/4/7	0594
111552.16	42607.39	23295.64	894.17	6583.25	17495.99	不分配	1046.15	2001/3/7	0595
158801.95	111721.45	52104.29	23916.99	1996.95	23500.00	10派3元(*)	38.56	2001/2/15	0596

续表

代码	简称	每股收益(元)				每股净资产(元)		每股经营现金流量(元)		净资产收益率(%)		主营收入(万元)		净利润(万元)	
		2000年	扣除后	1999年	扣除后	2000年	调整后	2000年	1999年	2000年	1999年	2000年	同比(%)	2000年	同比(%)
0597	东北药	0.095	0.095	0.14	/	2.98	2.7	0.12	/	3.19	5.07	119756.80	18.39	2885.11	-33.49
0598	蓝星清洗	0.42	0.41	0.34	0.34	3.72	3.7	0.37	0.24	11.25	9.89	24680.71	35.96	6415.42	24.35
0599	青岛双星	0.225	0.208	0.366	0.29	3.258	3.143	0.4	0.335	6.92	11.1	55313.44	82.23	2977.35	-38.46
0601	韶能股份	0.33	0.28	0.34	0.32	4.4	4.29	0.46	0.83	7.46	9.6	54740.15	-3.50	12817.62	19.69
0603	威达医械	0.019	0.019	0.011	0.011	1.154	1.024	0.014	0.006	1.65	0.93	3586.33	7.24	213.07	77.59
0605	中联建设	0.013	-0.05	-0.208	/	1.237	1.049	0.04999	-0.007	1.09	-17.02	5408.44	-0.49	111.15	106.47
0606	青海明胶	0.24	0.16	0.31	/	3.51	3.39	-0.25	0.47	6.76	11.89	8722.19	11.36	1799.51	-11.94
0607	华立控股	0.3848	0.3514	0.0999	0.1023	1.7	1.65	0.896	-0.1292	22.68	7.668	111249.76	86.87	5879.12	285.31
0608	阳光股份	0.402	0.39	0.407	0.4	2.218	2.213	-0.35	0.11	18.11	12.85	68173.47	265.06	8377.27	67.55
0609	燕化高新	0.279	0.261	0.286	0.288	3.18	3.09	0.31	0.58	8.77	9.37	18670.51	4.48	3617.02	-2.47
0610	西安旅游	0.1	0.1	0.1	0.1	2.14	1.89	0.18	0.25	4.62	6.57	10957.89	35.87	1660.06	6.65
0611	民族集团	0.0048	0.0035	-0.04	0.004	1.705	1.63	-0.037	-0.21	0.28	-2.35	22520.82	1.31	83.68	111.96
0612	焦作万方	0.186	0.167	0.378	0.322	2.151	2.068	-0.322	0.927	8.643	16.067	66508.97	-1.30	5012.55	-41.12
0613	PT东海A	-0.17	-0.08	-0.15	/	0.29	0.29	-0.0004	-0.04	-58.74	-33.04	2212.73	-8.08	-6106.97	-11.99
0615	湖北金环	0.242	0.242	0.368	0.368	3.52	3.51	0.167	0.337	6.873	13.94	31377.87	-6.22	3745.93	-26.43
0616	大连渤海	0.318	0.309	0.279	0.107	3.53	3.19	0.28	-0.42	9.02	8.65	10348.93	10.23	2687.06	13.90
0617	石油济柴	0.05	0.026	0.0068	/	1.711	1.595	0.082	0.108	2.924	0.412	22836.29	-1.73	520.43	631.04
0618	吉林化工	-0.25	0.0042	0.04	/	1.6	1.5	0.04	0.17	-15.46	2.45	1384672.23	26.11	-87876.62	-691.26
0619	海螺型材	0.651	0.54	0.141	0.136	1.72	1.71	0.36	0.08	37.96	6.38	55212.98	1286.60	9765.58	823.62
0620	圣方科技	0.15	0.12	0.24	0.24	2.54	2.54	-0.21	-0.03	5.73	8.31	13791.19	-73.88	4529.75	-26.88
0621	比特科技	0.226	0.156	0.237	0.147	2.22	2.2	0.03	0.891	10.19	11.89	10784.61	113.18	3384.07	-4.59
0622	岳阳恒立	0.1046	0.097	0.12	0.12	1.53	1.49	0.18	-0.03	6.86	8.52	20667.27	35.02	1483.65	-15.69
0623	吉林敖东	0.354	0.338	0.513	0.475	4.6	4.44	0.33	0.56	7.69	15.02	31418.30	-18.51	8261.63	-17.70
0625	长安汽车	0.1204	0.1237	0.044	0.0357	2.01	1.86	0.72	0.71	6	2.3	681556.95	20.89	14765.45	174.89
0626	如意集团	0.03	0.03	0.09	0.065	1.15	1.03	-0.31	0.56	2.44	5.39	265895.51	337.89	378.12	-52.79
0627	百科药业	0.12	0.12	0.135	0.11	1.89	1.86	-0.02	0.2	6.49	6.18	32196.34	25.83	3424.34	9.21
0628	倍特高新	0.0196	0.0192	0.076	0.005	2.74	2.46	0.0351	-0.84	0.71	2.77	46936.00	8.40	378.95	-74.08
0629	新钢钒	0.45	0.47	0.27	0.27	4.04	3.7	1.73	-0.15	11.16	7.08	758766.77	15.89	46104.93	68.16
0630	铜都铜业	0.3	0.3	0.36	0.34	4.11	4.08	0.25	-0.54	7.23	12.38	200803.41	21.31	13846.40	5.37
0631	兰宝信息	0.3004	0.3032	0.3319	0.3319	4.203	4.029	0.5465	0.142	7.15	11.05	26919.83	57.44	5157.09	7.17
0632	三木集团	0.194	0.189	0.292	0.181	3.159	3.145	-0.498	0.241	6.13	9.3	104460.36	75.36	3159.96	-33.79

总资产(万元)	股东权益(万元)	资本公积(万元)	未分配利润(万元)	最新流通A股(万股)	最新总股本(万股)	分红配股方案	最新市盈率(倍)	年报刊登日期	代码
266919.64	90535.95	58001.33	1109.86	10881.00	30381.00	不分配	106.95	2001/4/9	0597
70956.14	57051.08	25797.40	10859.82	7605.00	15345.00	10派1元配3(13－15元)	35.33	2001/2/20	0598
95043.25	43024.27	19110.20	7471.86	5045.36	13205.36	10派2.675元	58.62	2001/3/27	0599
256756.72	171880.23	103242.88	13098.55	17157.90	39038.05	10派1.5元	38.85	2001/3/13	0601
25916.76	12906.86	5295.84	－5013.78	2850.00	11186.25	不分配	841.05	2001/3/17	0603
30093.89	10203.82	3713.25	－2080.47	2062.50	8250.00	不分配	1660.77	2001/4/10	0605
35618.44	26606.54	15624.33	1636.92	3198.00	7585.10	不分配	114.29	2001/2/20	0606
97877.44	25923.12	9072.77	405.00	4500.00	15278.00	待定	54.55	2001/2/9	0607
119058.09	46258.64	7590.92	12208.83	9750.08	20860.02	10派0.5元配3(15－18.5元)	42.51	2001/4/20	0608
47076.83	41264.43	16199.32	5369.99	4911.66	12960.67	10派1.5元	66.70	2001/3/2	0609
44096.90	35914.17	12551.87	4195.03	5304.00	16759.79	10派0.8元	145.80	2001/3/7	0610
60741.88	29848.98	11314.71	71.13	7548.15	17504.06	不分配	2608.33	2001/3/29	0611
158299.96	57994.69	13755.96	10815.06	10154.16	26964.76	10派1元	60.70	2001/3/6	0612
32580.32	10396.90	4493.65	－30506.76	4510.00	36410.00	不分配	/	2001/4/20	0613
74241.23	54502.73	22252.52	9718.56	7096.11	15490.85	10派0.8元	52.02	2001/3/1	0615
52365.96	29794.47	13216.03	5695.90	4392.09	9464.00	10转增5.3574(*)	78.77	2001/3/13	0616
47662.46	17796.94	8572.87	－1361.05	3250.00	10400.00	不分配	334.60	2001/2/16	0617
1771070.84	568724.52	229413.89	－86421.37	20000.00	356107.80	不分配	/	2001/3/30	0618
71418.47	25726.52	3388.25	4600.62	5100.00	15000.00	不分配	41.63	2001/2/21	0619
120898.00	79058.56	23637.98	13476.42	15048.00	31162.70	不分配	98.47	2001/4/25	0620
41457.23	33218.67	7177.47	7089.68	5567.69	14968.32	不分配	99.51	2001/3/6	0621
50457.19	21615.79	6068.05	165.52	6583.16	14174.20	10派0.3元	133.75	2001/3/27	0622
143266.78	107474.39	53234.99	19817.04	11037.54	23366.46	10派2元	43.14	2001/3/30	0623
757167.42	246063.12	88723.46	9910.91	16797.18	122666.60	10派0.38元	62.87	2001/4/11	0625
65398.87	15486.70	2338.57	－1414.86	3371.63	13500.00	不分配	553.33	2001/3/6	0626
88633.05	52773.63	12692.13	7340.01	8310.90	28903.06	10派0.5元送2	175.00	2001/4/10	0627
162805.28	53089.09	20014.57	1452.58	8637.12	19356.00	不分配	718.37	2001/3/23	0628
707479.15	412993.98	272337.53	17766.94	29980.00	102330.01	10派2元配3(7－8.5元)	18.04	2001/3/27	0629
275881.58	191475.12	119383.28	17488.13	18248.03	46555.60	10派1元(*)	32.53	2001/2/27	0630
117664.80	72154.90	37131.61	14431.81	8188.68	17169.25	10派1元转增4	61.55	2001/4/26	0631
153338.56	51573.25	24175.10	6820.61	5266.45	17551.30	10派1.5元	71.13	2001/4/12	0632

续表

代码	简称	每股收益(元)				每股净资产(元)		每股经营现金流量(元)		净资产收益率(%)		主营收入(万元)		净利润(万元)	
		2000年	扣除后	1999年	扣除后	2000年	调整后	2000年	1999年	2000年	1999年	2000年	同比(%)	2000年	同比(%)
0633	合金投资	0.1497	0.0996	0.5471	0.3152	1.337	1.2743	-0.0698	-0.0892	11.19	30.66	84359.43	63.14	4803.37	-58.97
0635	民族化工	0.252	0.235	0.287	0.287	4.02	4	-0.21	0.06	6.26	8.77	20499.65	14.98	2882.78	-0.10
0636	风华高科	0.69	0.69	0.71	0.7	3.89	3.85	0.41	1.38	17.73	32.98	136945.47	54.80	36556.42	63.17
0637	茂化实华	0.311	0.345	0.462	0.461	3.059	2.972	0.535	0.7	10.16	16.24	140290.66	55.03	5000.43	-32.74
0638	中辽国际	0.007	-0.176	-0.67	-0.67	1.22	1.01	0.06	0.11	0.57	-54.58	27892.31	29.69	102.63	101.00
0639	庆云发展	0.0702	0.0618	0.1206	0.071	1.0967	0.9808	0.1517	0.2858	6.3987	11.75	5381.67	40.58	511.32	-41.82
0650	九江化纤	0.2	0.2	0.27	0.27	3.11	3.1	-0.33	0.66	6.31	10.6	23612.89	0.04	2178.78	-21.42
0651	格力电器	0.71	0.74	0.705	/	4.52	4.5	2.42	1.08	15.75	21.68	634259.18	22.78	25487.01	11.22
0652	泰达股份	0.529	0.529	0.6306	0.616	2.46	2.45	0.366	0.4623	21.49	30.15	38220.77	75.71	14020.05	-16.15
0655	华光陶瓷	0.19	0.14	0.17	0.1	3.02	2.8	0.02	0.38	6.15	7.25	32476.41	25.08	2339.75	20.74
0657	中钨高新	0.221	0.2267	0.303	0.29	3.02	2.83	-0.534	-0.4037	7.33	10.82	100945.83	25.26	3780.91	-27.05
0658	ST海洋	-1.375	-1.05	-0.297	-0.254	0.004	-0.102	0.253	-0.145	/	-26.9	9317.86	816.21	-21595.07	-0.18
0659	珠海中富	0.236	0.234	0.452	0.367	3.13	3.09	0.37	0.17	7.53	17.92	73123.33	-12.56	8938.26	-41.68
0660	南华西	0.14	0.14	0.21	0.19	2.8	2.64	0.2	0.3	5.1	7.78	23972.28	2.93	1901.38	-30.93
0661	长春高新	0.23	0.21	0.068	0.067	3.64	3.33	1.58	-0.427	6.44	2.03	31405.57	3.03	3079.15	124.30
0662	广西康达	-0.6703	-0.6673	-0.27	-0.267	0.3828	0.1056	0.3744	0.3579	-175.08	-25.64	12416.24	-15.30	-7181.16	-148.25
0663	永安林业	0.074	0.072	0.293	0.18	2.63	2.48	0.34	0.28	2.83	10.587	35777.35	9.94	1244.27	-74.59
0665	武汉塑料	0.2	0.19	0.21	0.19	3.07	2.97	0.31	0.49	6.49	10.06	44311.06	41.48	2804.67	0.83
0666	经纬纺机	0.22	0.22	0.21	0.21	3.52	3.46	0.41	-0.02	6.29	10.73	180812.49	125.01	13393.26	51.17
0667	华一投资	0.01	0.03	0.03	0.01	2	1.93	0.12	-0.16	0.6	1.82	11596.86	-11.14	296.03	-66.57
0668	武汉石油	0.32	0.33	0.34	0.28	2.34	1.95	0.56	-0.27	13.72	12.8	116157.72	24.82	4719.24	21.25
0669	中讯科技	0.1374	0.1374	0.6414	0.0652	1.16	1.154	-0.005	0.01	11.87	62.88	4754.11	130.54	847.61	-78.57
0670	天发股份	0.22	0.22	0.33	0.31	3.33	3.3	1.12	0.44	6.68	10.3	122955.67	12.05	5236.10	-33.31
0671	石狮新发	0.21	0.21	0.14	0.13	1.89	1.85	-0.036	-0.069	11.12	8.32	7775.49	80.14	2001.28	50.36
0672	铜城集团	0.17	0.12	0.22	-0.32	1.84	1.65	-0.24	-0.26	9.15	12.46	9152.61	32.33	1097.54	-13.50
0673	大同水泥	0.1614	0.1621	0.2302	0.1644	1.599	1.462	0.0746	0.0059	10.092	14.9701	20486.47	20.94	2798.11	-29.90
0675	ST银山	-0.52	-0.54	-0.41	/	0.68	0.58	0.22	-0.01	-76.29	-34.17	20991.61	-25.50	-5964.34	-26.67
0676	思达高科	0.17	0.17	0.24	0.24	1.37	1.33	0.12	0.18	12.19	10.08	13030.56	28.99	2959.04	37.73
0677	山东海龙	0.23	0.23	0.16	/	1.77	1.765	0.006	-0.17	12.95	10.47	56859.74	112.34	3805.39	42.08
0678	襄阳轴承	-0.4	-0.44	0.223	0.243	3.85	3.53	-0.332	-0.203	-10.376	6.067	21091.57	-24.00	-5614.79	-308.63
0679	大连友谊	0.197	0.187	0.438	0.31	2.42	2.36	0.898	1.48	8.15	9.997	62868.43	16.55	4678.93	-19.10

总资产(万元)	股东权益(万元)	资本公积(万元)	未分配利润(万元)	最新流通A股(万股)	最新总股本(万股)	分红配股方案	最新市盈率(倍)	年报刊登日期	代码
139784.22	42908.22	1026.04	2219.11	13875.29	32092.20	不分配	204.14	2001/4/17	0633
72794.08	46054.57	23159.30	9497.55	5200.00	11456.20	10派0.4元	61.19	2001/3/20	0635
250366.61	206140.04	107156.78	30908.28	18533.99	53033.09	10派1.5元	30.68	2001/2/26	0636
56380.59	49240.10	15509.02	8187.10	5500.09	16099.20	10派1元送2转增3	84.76	2001/4/6	0637
60861.91	18911.35	12618.23	-11098.31	8826.60	15470.00	不分配	1442.86	2001/4/7	0638
18908.63	7991.01	733.68	/	3280.71	7286.49	不分配	261.11	2001/4/3	0639
65161.42	34532.33	13876.02	8025.20	3650.40	11116.80	10派0.5元送2转增6(*)	70.35	2001/2/13	0650
578582.49	161852.08	58799.56	/	14196.00	35796.00	10派4元转增5	25.76	2001/3/10	0651
128440.36	65236.71	4476.35	25808.83	13756.58	30027.96	10派1.6元	32.80	2001/3/8	0652
119180.40	38057.88	11981.36	9426.09	3504.92	12590.78	10派1.5元	80.32	2001/3/7	0655
92748.14	51609.36	25456.48	7076.07	7452.00	17108.13	不分配	66.56	2001/4/11	0657
36895.84	58.90	11798.29	-28886.81	9971.50	15702.16	不分配	/	2001/4/26	0658
210755.55	118632.67	55926.31	446.23	17130.75	37879.25	10派2元	46.61	2001/3/17	0659
118371.92	37251.38	13725.71	7951.76	3923.23	13291.33	不分配	118.57	2001/1/30	0660
118592.17	47782.94	22174.11	3026.74	7980.34	13132.66	10派0.5元	67.70	2001/3/27	0661
30614.17	4101.71	2842.71	-10436.41	3857.25	10713.75	不分配	/	2001/3/27	0662
95746.94	43989.79	19494.16	3322.86	5921.28	16723.26	10派2元	196.49	2001/4/5	0663
7625739	43246.03	19226.59	5761.53	5001.38	14096.95	不分配	76.60	2001/3/29	0665
367356.51	212831.48	125215.41	14700.38	20050.00	60380.00	10派0.11元	44.64	2001/4/10	0666
67920.96	49010.10	916.37	5984.87	6358.80	24502.80	不分配	1131.00	2001/3/20	0667
89584.10	34401.53	9461.21	4907.11	4165.99	14684.19	10派0.5元	50.28	2001/3/13	0668
13875.57	7137.98	10461.96	-10411.25	2299.00	6167.00	不分配	151.97	2001/1/19	0669
164030.42	78387.52	21632.33	22081.70	11897.60	23545.60	10派1元	54.86	2001/3/31	0670
27669.42	17995.10	2575.94	4581.07	2910.50	9517.31	10派0.5元配3(12-15元)	87.67	2001/2/21	0671
36444.01	11991.75	794.24	3594.29	3378.82	7280.00	10派0.3元送5.5	166.94	2001/3/8	0672
48167.07	27726.64	3733.26	4541.10	5100.00	17340.00	10派1元配3(8-12元)(*)	78.07	2001/2/7	0673
64515.08	7817.40	3544.80	-8489.44	3302.31	11435.03	不分配	/	2001/2/20	0675
36723.41	24270.78	777.06	3754.97	4988.00	17750.00	不分配	156.59	2001/3/27	0676
66331.29	29380.05	3525.12	5881.07	5054.40	16565.80	10配3(7-12元)	58.74	2001/2/6	0677
97178.83	54112.44	30534.81	1756.58	7890.16	14044.00	不分配	/	2001/3/29	0678
135761.41	57433.86	19285.66	3987.81	10800.00	23760.00	10派1.25元	53.96	2001/3/9	0679

续表

代码	简称	每股收益(元)				每股净资产(元)		每股经营现金流量(元)		净资产收益率(%)		主营收入(万元)		净利润(万元)	
		2000年	扣除后	1999年	扣除后	2000年	调整后	2000年	1999年	2000年	1999年	2000年	同比(%)	2000年	同比(%)
0680	山推股份	0.0605	0.0602	0.065	0.063	2.001	1.979	0.123	-0.003	3.02	3.33	109627.05	30.88	1710.40	-6.19
0681	远东股份	0.2202	0.2038	0.2187	/	2.45	2.43	0.1619	0.1069	8.97	13.258	31591.04	23.02	2917.03	33.41
0682	东方电子	0.52	0.52	0.53	/	1.52	1.51	0.42	0.55	33.9	27.41	137501.78	60.68	47296.57	55.18
0683	天然碱	0.043	0.043	0.047	/	1.99	1.92	0.052	-0.0578	2.18	2.42	50576.73	15.94	2035.53	-8.02

总资产(万元)	股东权益(万元)	资本公积(万元)	未分配利润(万元)	最新流通A股(万股)	最新总股本(万股)	分红配股方案	最新市盈率(倍)	年报刊登日期	代码
131875.78	56579.19	30549.99	-4430.31	18112.10	28272.00	不分配	161.16	2001/4/11	0680
44597.05	32502.38	15769.25	1066.15	3875.00	13250.00	10派1元转增5	91.69	2001/3/13	0681
184790.69	139522.54	9592.30	22669.23	60211.20	91795.20	10派2元	33.65	2001/4/10	0682
223469.35	93495.07	40267.88	3398.91	16900.00	46900.00	不分配	210.70	2001/4/10	0683

续表

代码	简称	每股收益(元)				每股净资产(元)		每股经营现金流量(元)		净资产收益率(%)		主营收入(万元)		净利润(万元)	
		2000年	扣除后	1999年	扣除后	2000年	调整后	2000年	1999年	2000年	1999年	2000年	同比(%)	2000年	同比(%)
0685	公用科技	0.1502	0.1486	0.1021	0.0982	2.11	2.1	0.23	-0.06	7.13	2.8	27443.91	-48.61	2051.55	164.64
0686	锦州六陆	0.22	0.23	0.35	0.35	3.47	3.34	0.1	0.13	6.39	10.28	29495.10	-9.05	2439.67	-36.79
0687	保定天鹅	0.1	0.1	0.298	0.298	3.29	3.01	-0.34	0.559	3.04	8.7	57375.92	-4.58	3210.49	-63.46
0688	朝华科技	0.41	0.21	0.215	0.08	2.33	2.24	0.96	0.22	17.7	10.68	21250.59	19.54	8196.21	91.61
0689	ST宏业	-0.692	-0.692	-0.811	-0.628	0.427	0.169	0.0176	-0.414	-161.93	-72.43	/	/	-7698.49	14.65
0690	宝丽华	0.23	0.17	0.39	0.39	1.7	1.65	0.18	0.0042	13.53	12.82	22009.04	40.90	4438.23	4.77
0691	寰岛实业	0.0101	-0.0436	0.1727	0.1021	2.4408	2.4347	0.0003	-0.2281	0.41	7.11	1661.33	-71.33	261.24	-94.14
0692	惠天热电	0.399	0.411	0.398	0.38	3.52	3.39	0.429	0.009	11.32	11.48	54191.66	16.88	9333.18	2.01
0693	聚友网络	0.25	0.25	0.276	/	2.73	2.66	0.53	0.57	9.04	16.76	16243.83	46.70	3169.77	-3.71
0695	灯塔油漆	0.143	-0.049	0.158	0.1102	2.33	2.28	0.29	0.42	6.16	9.92	25008.32	-14.02	2450.88	0.09
0696	ST联益	-0.146	-0.147	-0.829	-0.835	0.1629	-0.253	0.047	0.0275	-89.9	-268	966.49	-65.57	-2002.74	82.35
0697	咸阳偏转	0.324	0.283	0.37	0.32	3.51	3.51	-0.12	0.65	9.22	11.27	44231.30	-27.29	7049.53	-12.62
0698	沈阳化工	0.454	0.334	0.272	/	3.54	3.28	0.59	0.22	12.82	8.81	210136.72	109.07	19193.19	67.12
0699	佳纸股份	-0.1917	-0.201	0.0631	-0.077	2.3015	1.9243	0.0915	-0.2566	-8.33	2.49	57393.93	-6.24	-4361.18	-403.65
0700	模塑科技	0.42	0.392	0.264	0.232	3.257	3.253	1.143	-0.116	12.89	8.42	25809.45	18.05	5230.63	59.00
0701	厦门信达	0.041	0.04	0.046	/	2.45	2.38	0.04	-0.18	1.67	1.89	78654.14	50.82	818.35	-10.34
0702	正虹科技	0.5109	0.5123	0.3838	0.3737	5.37	5.29	0.3455	0.84	9.51	8.93	103819.29	52.73	8027.70	60.69
0703	招商股份	0.223	0.248	0.21	0.154	2.456	2.392	1.023	0.377	9.09	9.11	26352.57	161.12	2380.53	6.10
0705	浙江震元	0.167	0.141	0.217	0.207	3.28	3.21	0.256	0.475	5.09	10.74	50772.15	5.41	2093.55	-3.10
0707	双环科技	0.31	0.31	0.28	0.28	4.73	4.7	1.15	0.1	6.53	6.104	75347.03	16.59	8188.09	10.64
0708	大冶特钢	0.03	-0.0932	0.06	0.0493	3.46	3.37	0.095	0.0018	0.88	1.74	108869.98	-25.10	1366.68	-49.07
0709	唐钢股份	0.44	0.44	0.58	0.58	3.96	3.85	0.79	1.1	11.06	9.49	694661.57	21.31	59253.89	20.31
0710	天兴仪表	0.015	0.024	0.134	0.124	1.884	1.874	-0.076	0.142	0.79	6.65	7973.07	-20.09	160.89	-88.90
0711	龙发股份	0.3253	0.3249	0.1402	0.1259	2.4849	2.4684	0.0385	0.1785	13.09	6.39	9165.13	250.55	3489.86	132.04
0712	金泰发展	0.371	0.0269	0.147	0.123	2.717	2.707	-0.336	0.189	13.66	6.28	16301.17	4.03	5654.07	145.53
0713	丰乐种业	0.3	0.3	0.43	0.43	2.74	2.71	-0.025	0.53	11	9.27	40800.31	42.13	6773.90	25.28
0715	中兴商业	0.003	-0.012	0.1	0.09	2.68	2.61	0.24	0.3	0.11	3.76	59536.51	-29.11	63.57	-97.09
0716	广西斯壮	0.0437	-0.0601	0.115	0.111	2.59	2.48	-0.39	-0.23	1.69	4.38	13514.37	15.69	599.74	-61.92
0717	韶钢松山	0.5	0.52	0.43	0.43	5.11	5.1	1.25	0.75	9.87	8.86	334643.48	9.80	22529.94	27.03
0718	吉林纸业	0.19	0.19	0.33	0.25	3.28	3.26	0.09	-0.043	5.71	11.09	111732.32	13.82	7479.89	-35.03
0719	焦作碱业	0.297	0.3	0.2567	/	3.1795	3.0935	1.187	0.84	9.34	11.87	25656.05	17.68	2401.56	28.10

总资产（万元）	股东权益（万元）	资本公积（万元）	未分配利润（万元）	最新流通A股（万股）	最新总股本（万股）	分红配股方案	最新市盈率（倍）	年报刊登日期	代码
38800.81	28777.26	11463.00	1271.77	5646.96	13662.00	10派1元	104.53	2001/3/27	0685
54342.38	38208.69	15942.25	5713.65	5325.08	12536.00	10派1元送2	67.09	2001/3/1	0686
132724.35	105444.60	64266.06	5001.31	9750.00	32080.00	10送4.7	107.90	2001/4/3	0687
147272.26	46309.99	13631.58	9185.66	13056.68	22893.56	10派0.869元送3.473转增1.737	46.83	2001/3/20	0688
28957.63	4754.07	12454.74	-20032.19	4888.00	11128.00	不分配	/	2001/3/27	0689
49477.98	32813.41	9487.28	1534.53	5835.96	19350.00	10派2元(*)	72.48	2001/3/10	0690
85792.11	63016.69	21467.56	11106.99	13011.87	25818.00	不分配	1076.24	2001/4/11	0691
162661.98	82475.10	35244.29	10598.14	8651.00	23420.49	10派0.87元	32.51	2001/3/29	0692
58622.46	35058.61	16270.00	3722.18	3902.16	12846.26	10派3元	94.32	2001/2/23	0693
91681.90	39773.32	16881.51	3518.72	5942.30	17088.27	不分配	146.85	2001/4/7	0695
13060.04	2228.15	1828.17	-14977.06	5155.49	13686.40	不分配	/	2001/3/27	0696
122662.18	76425.48	20996.37	19436.42	7741.17	21746.17	10派1元	54.17	2001/3/17	0697
309650.72	149655.26	53765.19	33781.84	18720.00	42240.66	10派0.75元配3(8-10元)	22.42	2001/2/27	0698
166238.86	52346.92	22754.79	2589.52	9357.74	22744.80	不分配	/	2001/4/6	0699
64685.98	40554.21	13739.28	4422.25	3852.88	12452.18	10派3元	41.74	2001/2/28	0700
95301.26	48983.30	23971.86	1982.77	11495.10	20000.00	不分配	336.83	2001/4/11	0701
126592.98	84399.64	51901.33	12204.37	11695.79	28280.46	10转增8(*)	38.17	2001/1/19	0702
53425.78	26185.63	/	10217.82	4680.00	10660.00	10派1元配3(11-14元)	72.42	2001/4/4	0703
71632.84	41163.56	22892.81	3081.26	8073.09	12532.94	10派1元	86.83	2001/3/14	0705
158593.07	125451.60	65828.52	19541.60	13347.80	26498.22	10派1.3024元送0.868转增4.341	49.29	2001/4/3	0707
382405.84	155423.78	95087.30	5064.81	16698.45	44940.85	不分配	223.67	2001/3/24	0708
1025570.42	535582.51	310924.38	51722.59	28540.99	135382.98	10派3.5元	19.14	2001/3/28	0709
33238.82	20351.24	4603.57	3957.20	3150.00	10800.00	10派1.5元送3转增1	1684.00	2001/2/28	0710
40474.15	26654.77	8462.21	5628.32	5109.39	10726.56	10派0.4元(*)	56.87	2001/2/10	0711
57637.52	41387.35	15895.81	7787.01	3806.92	15231.15	不分配	45.18	2001/4/17	0712
99389.24	61593.22	31752.96	2927.37	10524.15	22500.00	10派2元配3(12-15元)	59.83	2001/4/5	0713
96850.51	57613.56	31512.15	3052.89	5691.64	21462.00	不分配	3966.67	2001/3/16	0715
74262.28	35502.87	17958.05	2594.08	7796.06	13712.27	不分配	329.29	2001/3/10	0716
300061.08	228373.04	152173.96	20156.28	13516.11	44720.00	10派2元	20.20	2001/4/7	0717
276673.01	130987.46	52483.98	24039.08	18857.16	39973.91	10派0.8元	41.37	2001/4/10	0718
57827.94	25709.19	11232.57	4597.79	3070.37	8085.93	10派0.1元送2转增4	69.16	2001/3/14	0719

续表

代码	简称	每股收益(元)				每股净资产(元)		每股经营现金流量(元)		净资产收益率(%)		主营收入(万元)		净利润(万元)	
		2000年	扣除后	1999年	扣除后	2000年	调整后	2000年	1999年	2000年	1999年	2000年	同比(%)	2000年	同比(%)
0720	鲁能泰山	0.382	0.385	0.35	0.34	3.71	3.69	0.4	0.29	10.3	10.2	145883.29	85.01	12225.96	9.01
0721	西安饮食	0.0288	0.0288	0.0121	/	2.2288	1.7094	0.1498	-0.2425	1.29	0.55	27763.32	34.45	329.14	137.87
0722	金果实业	0.26	0.29	0.3	0.22	4.1	4.05	0.09	0.08	6.43	6.5	35389.85	22.75	5149.82	5.75
0723	天宇电气	-0.265	-0.268	0.032	0.03	3.1	2.83	0.015	-0.63	-8.56	0.96	38103.04	-3.87	-3702.55	-918.14
0725	京东方A	0.201	0.201	0.152	0.148	3.82	3.78	-0.32	-0.18	5.27	6.99	227789.88	207.04	11039.58	48.18
0726	鲁泰A	0.415	0.41	0.41	/	5.81	5.79	0.42	0.62	7.14	19.22	48592.85	22.05	8651.10	34.27
0727	华东科技	0.331	0.27	0.19	0.159	2.62	2.61	0.63	0.38	12.62	6.12	27681.75	-9.06	10372.08	125.94
0728	北京化二	0.218	0.217	0.017	0.017	3.15	3.09	0.62	0.28	6.93	0.581	114157.20	27.53	7534.61	1169.19
0729	燕京啤酒	0.402	0.4	0.526	0.526	5.16	5.08	0.47	0.33	7.79	12.84	174587.36	15.14	26828.38	-7.96
0730	环保股份	0.072	0.072	0.738	/	1.51	1.399	-0.26	0.91	4.77	34.41	20105.21	-70.89	4078.72	-85.35
0731	四川美丰	0.275	0.275	0.551	0.551	2.834	2.834	0.218	0.81	9.695	10.35	33830.20	17.29	6110.05	-0.17
0732	福建三农	0.0485	0.0289	0.3009	0.282	3.1215	3.064	0.5078	0.389	1.55	11.236	46500.10	-2.69	740.48	-81.36
0733	振华科技	0.27	0.21	0.23	0.19	3.85	3.77	0.26	0.52	6.95	6.36	66535.10	24.89	8379.34	17.57
0735	罗牛山	0.156	0.122	0.16	/	1.463	1.38	-0.001	0.06	10.69	7.17	22622.67	11.13	7617.71	78.55
0736	重庆实业	0.26	0.17	0.35	0.36	3.47	3.46	0.145	0.62	7.6	16.8	3316.71	-2.03	1739.15	-17.49
0737	南风化工	0.18	0.19	0.23	0.24	2.87	2.84	0.16	0.26	6.28	10.07	240343.11	15.15	8255.26	-11.53
0738	南方摩托	-0.41	-0.38	0.068	0.1	2.54	2.25	-0.08	-0.38	16.06	2.31	51152.63	-48.24	-16223.16	-698.95
0739	青岛东方	0.05	0.03	0.05	/	2.15	2.13	0.05	-0.14	2.38	2.49	19647.38	-13.94	747.79	-1.98
0748	湘计算机	0.229	0.225	0.191	0.19	2.757	2.697	0.379	0.274	8.31	7.28	70695.59	14.63	5186.27	19.72
0750	桂林集琦	0.0876	0.0843	0.1448	/	3.1167	2.9792	-0.3058	0.2653	2.81	3.16	22737.17	67.92	882.75	52.99
0751	锌业股份	0.475	0.475	0.436	/	2.93	2.85	-0.095	0.118	16.22	14.68	293635.59	16.15	41836.55	55.93
0752	拉萨啤酒	0.16	0.11	0.42	0.37	1.85	1.81	-0.07	0.51	8.53	20.74	11010.59	-7.55	2776.38	-40.72
0753	福建双菱	0.18	0.16	0.29	0.21	2.92	2.77	0.4	-0.13	6.09	10.51	14987.14	10.22	3624.02	-38.37
0755	山西三维	0.1852	0.1852	0.182	/	3.024	2.948	0.398	-0.089	6.124	7.14	36882.26	22.62	5144.27	12.01
0756	新华制药	0.162	0.162	0.149	0.146	2.166	2.166	0.392	0.12	7.47	7.14	104407.28	9.83	6911.94	8.66
0757	内江峨柴	0.19	0.13	0.18	0.16	3.1	3.02	0.03	-0.18	6.06	6.05	23264.32	-16.11	2867.99	3.73
0758	中色建设	0.04	0.01	0.18	/	2.21	2	0.11	-0.2	1.97	7.8	22391.74	30.51	1563.65	-75.23
0759	武汉中百	0.449	0.363	0.178	0.169	3.07	3	0.935	-0.288	14.61	6.12	108727.75	81.57	7887.76	154.95
0760	湖北车桥	0.288	0.237	0.21	0.11	3.58	3.54	0.419	-0.05	8.04	6.33	16726.07	-21.27	3149.80	46.03
0761	本钢板材	0.3079	0.3079	0.2928	0.2928	3.0269	3.0083	0.47	0.45	10.17	10.1	699359.39	25.37	34980.69	5.15
0762	西藏矿业	0.0309	0.0139	0.14	0.0938	2.4738	2.3901	-0.24	-0.0206	1.25	6.43	18123.61	27.56	619.99	-76.47

总资产（万元）	股东权益（万元）	资本公积（万元）	未分配利润（万元）	最新流通A股（万股）	最新总股本（万股）	分红配股方案	最新市盈率（倍）	年报刊登日期	代码
252732.84	118734.22	60667.62	16062.43	18471.96	31980.00	10派1元配3(10-14元)	44.48	2001/3/20	0720
48987.84	25501.35	12345.54	809.86	4132.74	11441.51	不分配	518.75	2001/2/27	0721
158651.53	79854.34	48726.94	8830.46	10604.16	19480.00	不分配	51.92	2001/3/16	0722
92932.19	43260.09	26608.23	1102.24	6964.83	13959.92	不分配	/	2001/4/10	0723
402672.62	209641.79	115527.60	16211.32	6000.00	54955.40	10派1元	102.69	2001/4/21	0725
141855.25	121105.61	95294.52	28.09	5000.00	20830.00	10派4.77元(A股股东10派0.37元)转增3	42.94	2001/3/20	0726
114765.80	82202.87	27408.06	16187.72	15116.63	31373.86	10派1元	44.68	2001/2/27	0727
177792.51	108714.70	63276.69	7352.77	10400.00	34521.00	不分配	49.27	2001/4/11	0728
404362.03	344419.42	219701.90	33103.39	18720.00	66742.45	10派2元	32.86	2001/3/28	0729
166857.42	85452.78	5491.81	5470.32	19333.31	56598.51	不分配	192.36	2001/4/24	0730
77678.78	63019.87	17737.80	7400.60	7777.92	22233.20	10派1元配3(10-13元)(*)	50.18	2001/3/10	0731
106554.28	47655.96	24341.69	5224.55	8869.00	15266.88	不分配	292.58	2001/3/31	0732
186179.61	120511.16	70472.18	13189.59	16093.33	35812.00	10派2元	55.44	2001/3/30	0733
120805.50	71279.33	9888.69	5220.74	22542.00	48725.40	不分配	53.59	2001/2/8	0735
39550.03	22869.80	10059.56	3254.53	2599.74	6600.00	不分配	98.27	2001/2/13	0736
300811.10	131373.17	72636.26	5845.25	20938.76	45730.00	10派2元	51.94	2001/3/13	0737
195053.83	101018.38	62341.16	-13788.60	13600.00	39780.00	不分配	/	2001/4/17	0738
54658.34	31372.25	16361.81	-526.78	7358.94	14574.92	不分配	269.20	2001/4/7	0739
94321.60	62414.65	34870.84	260.77	8976.60	22637.48	10派1元	74.10	2001/3/9	0748
109179.46	67026.94	35797.38	3188.55	12220.00	21505.74	不分配	124.20	2001/3/10	0750
405043.80	257932.55	77592.27	61688.45	34642.30	88109.88	不分配	21.75	2001/3/20	0751
49529.67	32541.96	6884.84	5739.39	7342.60	17583.90	10派0.4元	126.88	2001/4/4	0752
74363.20	59501.31	21005.02	13577.36	7133.72	20405.26	不分配	76.78	2001/3/29	0753
130390.23	84007.27	42555.40	10105.29	10907.15	27771.39	10派1.5元	65.55	2001/3/9	0755
136272.68	92569.62	21840.25	16651.86	4315.33	42731.28	10派0.8元	89.63	2001/3/12	0756
71380.00	47323.39	21006.12	5640.73	5483.06	15241.71	10派0.8元	80.79	2001/4/3	0757
136090.54	79346.49	27145.42	11897.05	18220.03	38720.00	10派0.46元	254.25	2001/4/26	0758
128657.88	54006.62	29594.76	2126.08	11282.70	17566.90	10派2元配3(8-10元)(*)	26.95	2001/1/19	0759
50297.84	39175.42	18513.18	5590.49	5179.36	10932.23	10派1元配3(12-15元)	49.58	2001/4/5	0760
472885.27	343858.43	140367.07	69471.14	11994.50	113600.00	不分配	25.66	2001/4/24	0761
75665.92	49603.18	26293.40	1290.35	7700.00	20051.00	10派0.2元	550.16	2001/4/11	0762

续表

代码	简称	每股收益(元)				每股净资产(元)		每股经营现金流量(元)		净资产收益率(%)		主营收入(万元)		净利润(万元)	
		2000年	扣除后	1999年	扣除后	2000年	调整后	2000年	1999年	2000年	1999年	2000年	同比(%)	2000年	同比(%)
0763	锦州石化	0.084	0.107	0.005	-0.009	1.948	1.929	0.546	0.014	4.297	0.269	906353.51	70.61	6592.71	1572.18
0765	华信股份	0.115	0.106	0.43	0.4	1.35	1.1	0.05	0.5	7.87	23.54	26334.82	-3.32	1687.03	-60.41
0766	通化金马	0.809	0.683	0.271	0.201	3.53	3.38	0.656	-0.269	22.9	7.94	50418.73	76.96	24191.49	197.39
0767	漳泽电力	0.333	0.333	0.514	0.514	3.45	3.45	0.829	0.97	9.66	23.62	93698.92	4.65	14504.12	-18.85
0768	西飞国际	0.18	0.18	0.14	0.14	4.86	4.85	-0.02	0.16	3.62	3.97	79715.95	37.20	6875.99	48.19
0769	盛道包装	0.0118	0.0118	0.044	-0.026	2.37	1.72	-0.00689	0.106	0.5	1.864	27345.53	-4.38	219.57	-72.94
0776	延边公路	0.1592	0.1592	0.4434	0.3582	2.18	2.18	0.3861	0.7567	7.3	13.61	12552.37	23.47	2930.76	-46.15
0777	中核科技	0.126	0.126	0.21	0.21	1.7	1.67	0.161	0.058	7.36	9	20015.75	-21.49	2108.17	16.43
0778	新兴铸管	0.6488	0.6097	0.5315	0.4962	3.8386	3.6411	0.9519	0.7989	16.9021	16.6143	207238.11	8.96	28190.28	22.06
0779	三毛派神	0.307	0.308	0.451	0.392	3.994	3.977	0.114	0.257	7.676	12.146	28747.34	6.33	5615.28	-11.56
0780	草原兴发	0.236	0.236	0.335	0.335	3.32	3.27	-0.045	0.08	7.12	10.54	99433.25	-0.37	6686.50	-29.58
0782	美达股份	0.08	0.07	0.07	0.05	2.6	2.48	0.35	0.37	3.05	2.56	85391.52	54.46	2716.36	18.50
0783	石炼化	-0.1799	-0.1816	0.0597	0.0559	1.583	1.471	0.077	-0.117	-11.37	3.39	576636.24	101.26	-20773.64	-401.43
0785	武汉中商	0.333	0.302	0.316	/	3.02	2.89	0.44	0.1	11.01	11.76	187488.54	-4.57	5966.83	5.20
0786	北新建材	0.28	0.28	0.25	0.23	4.08	4.06	0.27	0.17	6.9	8.66	55920.10	19.25	8097.45	26.28
0787	创智科技	0.137	0.168	0.39	0.39	2.225	2.146	0.604	0.18	6.179	9.33	41706.21	-22.16	2745.01	-29.39
0788	合成制药	-0.48	-0.48	-0.26	-0.26	1.91	1.72	-0.18	-0.41	-25.14	-10.82	28084.13	22.33	-9235.58	-85.61
0789	江西水泥	0.124	0.124	0.121	0.121	1.902	1.871	0.013	0.393	6.52	8.6	28944.99	-3.99	4223.64	14.42
0790	华神集团	0.31	0.31	0.278	0.278	3.1	3.05	0.2	0.17	10.02	9.95	17916.74	24.78	2461.28	11.98
0791	西北化工	0.148	0.098	0.019	-0.041	1.946	1.943	0.233	-0.059	7.61	1.05	10003.02	7.04	2798.84	687.40
0792	盐湖钾肥	0.3115	/	0.287	/	2.87	2.8166	-0.002486	0.4886	10.84	10.13	22912.77	5.41	6880.00	8.51
0793	燃气股份	0.34	0.29	0.18	0.06	3.62	3.54	0.14	-0.79	9.38	7.38	23904.79	60.51	9906.98	115.90
0795	太原刚玉	0.0931	0.0835	0.201	0.174	2.864	2.863	-0.0719	0.073	3.25	9.15	21478.99	-9.80	2577.06	-48.22
0796	宝商集团	0.345	0.343	0.351	0.351	4.714	4.71	-0.758	-0.358	7.31	9.95	82285.07	14.39	4611.01	12.49
0797	中国武夷	0.203	0.203	0.31	0.3	3.21	3.18	0.157	0.8	6.31	10.8	84065.53	9.81	7898.04	-29.01
0798	中水渔业	0.24	0.24	0.34	0.34	3.8	3.77	0.52	0.24	6.41	9.42	32929.36	-18.17	6152.06	-29.16
0799	湘酒鬼	0.284	0.262	0.483	0.461	4.3	4.25	-0.34	0.09	6.62	11.48	37194.95	-25.46	8616.12	-41.16
0800	一汽轿车	0.176	0.174	0.318	0.315	3.01	2.73	0.36	0.49	5.85	10.72	315175.62	-23.24	28604.27	-44.81
0801	四川湖山	0.106	-0.057	0.405	0.233	1.67	1.52	-0.15	0.215	6.35	24.3	7447.99	-38.31	1079.31	-73.33
0802	京西旅游	0.298	0.211	0.264	0.279	3.413	3.06	0.224	0.266	8.73	8.28	23999.65	3.05	3464.55	13.01
0803	美亚股份	0.077	-0.12	0.018	0.017	1.88	1.83	0.08	0.32	4.12	1.02	8862.33	38.98	602.56	321.86

总资产（万元）	股东权益（万元）	资本公积（万元）	未分配利润（万元）	最新流通A股（万股）	最新总股本（万股）	分红配股方案	最新市盈率（倍）	年报刊登日期	代码
228780.39	153423.62	73268.50	416.22	14983.35	78750.00	不分配	80.83	2001/3/23	0763
58209.37	19822.34	225.13	1818.91	4404.47	15553.54	不分配	182.00	2001/4/10	0765
225783.93	105639.88	44909.24	17892.17	18982.34	29934.42	10派7元送3转增2	22.99	2001/3/6	0766
484356.29	150110.01	86119.81	9217.37	12000.00	43500.00	10派1.6元	47.06	2001/3/9	0767
269626.15	190185.18	139961.24	4157.30	17700.00	39150.00	10派2元	66.44	2001/2/24	0768
80372.40	43936.34	18794.33	5611.70	8100.00	18540.00	不分配	1039.83	2001/2/8	0769
75750.64	40159.12	15738.53	1475.63	9318.40	18411.00	10派1.5元	66.27	2001/3/9	0776
43992.01	28627.30	6079.61	3155.82	6705.89	16800.00	不分配	98.02	2001/3/20	0777
306398.57	166785.24	85654.65	22674.60	12987.16	43450.00	10配3(11-14元)	22.24	2001/3/6	0778
86885.08	73158.43	39301.92	13019.66	10179.00	18315.48	10派0.5元	34.79	2001/3/24	0779
160219.49	93967.09	35697.64	19946.25	10943.80	28327.20	10派1元	52.46	2001/2/24	0780
163929.47	88937.45	37210.64	11918.48	12741.00	34200.00	10派0.5元	113.00	2001/4/5	0782
311101.06	182725.97	77692.70	-16723.03	23400.00	115444.43	不分配	/	2001/4/6	0783
149656.77	54219.08	13375.10	4846.72	5094.38	17944.41	10送1转增3配3(14-20元)(*)	43.78	2001/2/19	0785
178245.28	117293.27	71177.19	4000.00	11407.50	28757.50	10派1.5元	53.54	2001/3/10	0786
66344.25	44426.06	9382.50	10939.47	9099.74	19970.02	不分配	114.53	2001/4/13	0787
95609.22	36732.12	20577.76	-11302.99	4950.00	19250.00	不分配	/	2001/4/17	0788
86162.26	64764.33	24063.14	3970.44	11030.35	34050.00	10派1.25元(*)	92.98	2001/3/9	0789
43869.75	24553.31	3340.14	7282.48	2040.00	7920.00	10配3(18-28元)	94.84	2001/2/13	0790
54925.38	36780.41	16352.94	976.82	7912.22	18900.00	不分配	87.50	2001/4/11	0791
88206.45	63484.32	33707.20	4304.09	6500.00	22085.00	10派2.7元	53.87	2001/3/14	0792
185527.20	105610.82	56167.22	10319.84	16207.21	29141.15	不分配	44.15	2001/3/14	0793
114130.62	79273.77	38383.75	10645.33	11432.55	27680.00	不分配	116.86	2001/3/6	0795
103780.52	62996.04	36987.14	9587.62	9386.21	13361.83	10派0.6元送1转增1	42.67	2001/2/16	0796
314865.49	125171.16	74687.91	4989.86	12980.94	38945.24	10派2元	53.94	2001/4/11	0797
109438.10	95862.16	46250.06	19112.76	6292.50	25200.00	10派1元	56.54	2001/4/4	0798
182906.48	130171.88	71935.29	11750.67	10725.00	30305.00	10派2元	49.61	2001/4/14	0799
674070.11	489200.70	241821.30	62097.09	54600.00	162750.00	10派1元	39.83	2001/2/27	0800
24565.04	16986.03	80.63	3308.19	3024.00	10156.61	10派1元送3	231.13	2001/4/13	0801
95309.60	39679.63	21508.54	5014.29	3895.84	11625.00	10派0.8元	67.18	2001/3/28	0802
27892.57	14636.71	2822.81	866.12	3745.65	7797.00	不分配	320.65	2001/2/17	0803

续表

代码	简称	每股收益(元)				每股净资产(元)		每股经营现金流量(元)		净资产收益率(%)		主营收入(万元)		净利润(万元)	
		2000年	扣除后	1999年	扣除后	2000年	调整后	2000年	1999年	2000年	1999年	2000年	同比(%)	2000年	同比(%)
0805	炎黄在线	0.1182	-0.0212	-0.3219	-0.4599	1.2717	1.2708	1.1807	-0.1358	9.29	-28.99	4064.88	3.18	676.15	136.71
0806	银河科技	0.41	0.4	0.3	0.22	1.76	1.72	0.16	-0.07	23.57	16.09	28384.03	71.84	8758.11	81.26
0807	云铝股份	0.3147	0.2768	0.2052	0.1948	2.31	2.29	0.64	0.53	13.64	8.57	147027.54	46.60	9756.81	53.40
0809	第一纺织	0.21	0.18	0.26	/	2.12	2.09	0.01	0.4	9.67	13.07	39542.44	57.44	2348.91	-22.16
0810	四川锦华	0.58	0.27	-0.24	-0.24	2.29	2.28	0.03	0.48	25.53	-9.11	24123.45	12.88	4321.82	435.48
0811	烟台冰轮	0.23	0.23	0.24	0.24	2.15	2.14	-0.16	0.39	10.44	15.13	28961.78	15.45	2782.92	3.67
0812	陕西金叶	0.25	0.23	0.29	0.25	2.41	2.36	0.13	0.15	10.5	10.72	19392.04	-9.97	4005.01	4.58
0813	天山纺织	0.057	0.057	0.202	0.198	1.91	1.8	-0.12	0.16	2.96	10.87	46335.20	-0.70	1911.95	-72.06
0815	美利纸业	0.3229	0.3211	0.3576	0.29	4.1901	4.1857	0.0567	0.0139	7.71	10.9	28696.00	50.15	4261.69	4.54
0816	江淮动力	0.257	0.262	0.363	0.363	4.032	3.973	-0.235	0.373	6.38	11.25	149144.34	7.48	7878.48	-21.51
0817	辽河油田	0.42	0.42	0.15	0.15	2.14	2.14	0.41	0.75	19.587	7.796	117329.44	35.03	46106.57	179.85
0818	锦化氯碱	0.081	0.072	0.13	0.09	2.87	2.837	-0.01	0.005	2.826	4.667	74343.79	10.90	2758.03	-37.69
0819	岳阳兴长	0.264	0.264	0.235	0.235	2.125	2.111	0.281	0.355	12.4	12.6	69711.69	78.32	4360.18	12.23
0820	金城股份	0.13	0.102	0.2065	0.1829	2.343	2.247	1.444	-0.0986	5.539	9.59	44465.40	-12.43	2744.10	-37.15
0821	京山轻机	0.29	0.26	0.3	0.29	2.59	2.58	0.23	-0.06	11.18	12.11	53928.67	17.54	8954.86	-4.34
0822	山东海化	0.37	0.3	0.27	0.2	2.82	2.71	1.06	0.13	13.11	10.11	116818.70	19.82	15508.36	36.44
0823	超声电子	0.214	0.212	0.197	0.19	2.445	2.385	0.019	0.414	8.762	10.384	62517.10	29.84	7693.91	19.25
0825	太钢不锈	0.309	0.289	0.301	0.272	2.319	2.266	0.389	0.201	13.34	14.29	493681.87	39.25	29146.39	2.86
0826	国投原宜	-0.221	-0.23	/	/	2.19	2.17	-0.097	0.42	-9.8	/	19408.09	-45.19	-3894.51	-229.28
0827	大龙泉	0.225	0.2	0.262	/	2.718	2.537	1.034	-0.308	8.26	10.52	11598.13	59.86	1347.26	-14.38
0828	福地科技	0.1592	0.135	0.486	0.493	2.453	2.427	-0.2997	0.9009	2.43	6.13	290837.50	-8.19	18541.34	-60.69
0829	赣南果业	0.05	/	0.21	0.079	2.056	1.935	0.088	/	2.43	6.13	12038.65	-21.48	786.14	-49.99
0830	鲁西化工	0.223	0.232	0.408	0.428	3.65	3.64	0.35	0.99	6.1	12.16	95912.62	12.77	5553.17	-32.00
0831	关铝股份	0.259	0.26	0.291	/	3.35	3.34	-0.74	0.541	7.726	10.69	69397.21	33.61	6270.91	0.23
0832	龙涤股份	0.286	0.2863	0.3	0.3	3.52	3.51	0.315	0.65	8.13	10.51	117033.52	34.38	10080.97	5.67
0833	贵糖股份	0.15	0.15	0.0088	0.0059	2.46	2.33	0.84	-0.36	6.13	0.39	64717.07	9.11	3801.89	1601.56
0835	隆源实业	0.29	0.29	0.27	0.27	2.82	2.56	0.64	0.023	10.21	10.5	23583.28	49.94	1554.97	4.90
0836	天大天财	0.554	0.245	0.48	0.48	5.08	5.02	0.34	0.18	10.81	10.8	84575.69	65.59	5697.44	14.48
0837	秦川发展	0.3	0.28	0.32	0.32	2.84	2.82	/	0.2424	10.54	10.3	37176.25	108.95	3973.31	10.05
0838	ST西化机	-0.507	-0.507	-0.135	-0.135	0.412	0.126	-0.048	0.095	-123.1	-12.85	4036.31	-50.99	-3300.72	-261.32
0839	中信国安	0.4505	0.3918	0.5004	0.4557	2.4848	2.2991	0.3082	-0.0161	18.13	22.72	52876.51	12.31	26576.95	32.77

总资产（万元）	股东权益（万元）	资本公积（万元）	未分配利润（万元）	最新流通A股（万股）	最新总股本（万股）	分红配股方案	最新市盈率（倍）	年报刊登日期	代码
18323.17	7276.62	282.13	685.45	1441.72	5721.83	不分配	216.33	2001/3/8	0805
88273.66	37158.11	4740.61	5799.06	8781.46	21158.28	10派1元	49.20	2001/2/13	0806
228743.92	71534.78	38527.97	543.29	7991.90	31000.00	10派2.5元	36.03	2001/2/10	0807
50940.54	25433.86	3130.15	7678.66	3500.00	11457.00	10派1元	73.52	2001/3/1	0809
33138.21	16929.64	4853.97	2898.06	3638.54	9604.87	10派0.75元送3(*)	36.93	2001/1/20	0810
59840.06	26647.84	9577.95	690.49	3744.00	12367.31	10派1.5元	69.83	2001/2/27	0811
69247.52	38132.06	10732.25	7977.77	4752.00	15840.00	10派1元	61.24	2001/2/22	0812
135731.76	64522.77	21055.21	3257.71	10992.93	36345.60	不分配	198.42	2001/4/6	0813
107237.14	55308.77	32701.36	7748.25	6500.00	13200.00	10派0.5元	45.99	2001/3/6	0815
192947.78	123443.66	66332.57	20855.97	11427.81	30620.00	10派0.5元	49.38	2001/3/27	0816
277096.92	235387.36	84408.11	28226.55	20000.00	110000.00	10派2元	22.55	2001/2/20	0817
253523.67	97595.01	55520.84	5843.05	9000.00	34000.00	不分配	132.72	2001/4/3	0818
39231.64	35090.41	7967.08	3153.23	5210.32	16513.39	不分配	55.98	2001/2/20	0819
111647.10	49544.40	15092.20	6844.80	5400.00	21141.60	不分配	88.77	2001/4/28	0820
119318.73	80105.87	30515.39	7776.98	8250.00	30882.13	10派2元	47.24	2001/2/15	0821
231271.04	118285.73	55457.41	14272.70	11993.40	42000.00	10派2.3元配3(10-14元)(*)	41.57	2001/2/9	0822
140440.21	87807.95	45823.67	1970.30	13496.93	35920.00	10派1.5元	60.70	2001/3/14	0823
474289.68	218495.78	76229.05	35312.49	48732.43	107617.00	10派0.88元	22.69	2001/3/15	0825
75191.57	39739.62	16713.89	-1828.94	6499.48	18149.30	不分配	/	2001/4/26	0826
36954.46	16309.90	1422.77	7110.87	2920.32	6673.92	不分配	121.60	2001/3/31	0827
452053.45	285695.02	101361.02	45971.19	24739.28	116468.35	10派0.65元	74.87	2001/3/21	0828
43149.82	32376.46	10152.26	4885.11	6204.55	15750.00	10派0.35元	223.80	2001/4/20	0829
187224.38	91025.81	48576.53	14021.70	7500.00	24911.54	不分配	52.83	2001/3/21	0830
163910.05	81167.47	41517.64	12902.92	9750.00	24200.00	10派1元送2转增3(*)	53.32	2001/3/16	0831
149339.43	124024.14	47461.13	33075.14	10200.00	35206.98	不分配	39.41	2001/4/3	0832
117180.57	62048.43	25004.16	7693.79	8000.00	25268.85	不分配	71.13	2001/3/17	0833
36818.51	15215.02	5125.77	2596.37	1326.00	5400.00	10派0.3元	123.28	2001/3/28	0835
100622.46	52691.31	27861.15	11413.21	3900.00	10275.46	不分配	65.14	2001/1/19	0836
60758.70	37700.40	14859.42	7700.86	10547.33	21267.84	10派1元送3转增3配1.875(8-14元)(*)	35.77	2001/1/20	0837
22978.22	2681.43	1221.58	-5811.51	1755.00	6511.99	不分配	/	2001/2/16	0838
239387.82	146602.84	75812.79	1490.39	17837.21	59000.00	10派4.5元	56.98	2001/3/17	0839

续表

代码	简称	每股收益(元)				每股净资产(元)		每股经营现金流量(元)		净资产收益率(%)		主营收入(万元)		净利润(万元)	
		2000年	扣除后	1999年	扣除后	2000年	调整后	2000年	1999年	2000年	1999年	2000年	同比(%)	2000年	同比(%)
0848	承德露露	0.21	0.21	0.44	0.43	2.84	2.84	0.2	0.48	7.26	24.76	82111.15	11.01	5340.22	-47.40
0850	华茂股份	0.62	0.6	0.37	0.35	3.13	3.13	0.48	0.32	19.79	13.51	58970.65	4.19	10524.71	69.13
0851	中国七砂	-0.08	-0.07	0.02	0.02	1.77	1.7	-0.07	-0.14	-4.6	0.91	15929.34	11.08	-1828.29	-647.79
0852	江钻股份	0.373	0.363	0.281	0.251	2.93	2.92	0.361	0.279	12.71	10.97	35628.35	57.66	7451.11	32.74

总资产（万元）	股东权益（万元）	资本公积（万元）	未分配利润（万元）	最新流通A股（万股）	最新总股本（万股）	分红配股方案	最新市盈率（倍）	年报刊登日期	代码
87234.92	73592.74	30442.17	12486.86	9100.00	25925.00	不分配	59.33	2001/2/17	0848
78303.29	53195.18	21087.40	11916.24	6490.90	18500.00	10派1.8378元转增1.83784(*)	29.81	2001/2/28	0850
53735.94	39757.90	13868.41	-1317.49	5850.00	22490.00	不分配	/	2001/3/23	0851
87454.54	58630.28	25931.08	9521.97	4991.13	20000.00	10转增4	48.18	2001/2/20	0852

续表

代码	简称	每股收益(元)				每股净资产(元)		每股经营现金流量(元)		净资产收益率(%)		主营收入(万元)		净利润(万元)	
		2000年	扣除后	1999年	扣除后	2000年	调整后	2000年	1999年	2000年	1999年	2000年	同比(%)	2000年	同比(%)
0856	唐山陶瓷	0.19	0.2	0.29	0.29	3.02	2.82	-0.2	-0.01	6.28	11.7	46776.70	0.77	3316.30	-27.93
0858	五粮液	1.6	1.6	1.352	1.352	6.643	6.615	2.7	1.872	24.09	26.81	395364.01	19.49	76811.21	18.35
0859	国风塑业	0.21	0.19	0.33	0.3	3.2	3.09	0.08	0.38	6.5	10.85	47682.79	16.30	4950.19	-16.39
0860	顺鑫农业	0.273	0.275	0.276	0.248	3.036	2.949	0.176	0.29	8.998	9.47	67713.20	6.42	7648.82	-0.92
0861	茂化永业	0.08	0.09	0.25	0.176	3.29	3.22	0.2	0.066	2.31	10.89	15787.98	24.81	562.48	-65.52
0862	吴忠仪表	0.23	0.2291	0.25	0.2529	3.32	3.28	0.02	0.16	6.93	11.03	19956.70	26.40	5018.30	4.73
0863	和光商务	0.247	0.236	0.251	0.195	1.88	1.83	-0.052	-0.124	13.19	7.56	19855.00	95.68	3355.75	97.16
0866	扬子石化	0.28	0.28	0.21	0.22	2.22	2.17	0.51	0.32	12.51	0.18	1537849.92	66.72	64774.54	33.53
0868	安凯客车	0.055	0.055	0.144	0.144	3.07	2.89	-0.09	-0.463	1.79	/	37248.51	-21.32	1212.30	-50.33
0869	张裕A	0.49	0.49	0.37	0.37	4.81	4.67	0.68	0.34	10.2	15	87361.80	38.69	12748.03	51.67
0876	新希望	0.302	0.299	0.398	0.398	4.71	4.66	0.006	/	6.4	11.06	64135.65	21.99	5500.22	-1.19
0877	天山股份	0.4695	0.4491	0.3346	0.31	4.64	4.56	0.5927	0.51	10.13	10	40374.04	31.80	6782.78	56.59
0878	云南铜业	0.214	0.212	0.192	0.192	1.88	1.84	0.36	0.03	11.34	10.54	253747.73	29.61	15622.32	11.15
0880	山东巨力	0.4	0.4	0.79	0.72	3.06	3.06	0.09	0.41	13.06	14.21	169743.05	16.20	6892.26	0.66
0881	大连国际	0.3	0.28	0.48	0.41	3.39	3.22	-0.24	0.68	8.91	10.99	77533.36	47.27	5836.61	28.34
0882	中商股份	0.06	0.12	0.22	0.21	1.56	1.55	0.08	-0.32	3.82	10.35	30472.61	51.28	1485.59	-61.61
0883	三环股份	0.227	0.218	0.349	0.349	3.22	3.17	0.03	-0.66	7.03	9.38	99116.72	16.19	5348.91	-22.09
0885	春都A	-0.225	-0.31	0.151	-0.128	3.74	3.72	-0.248	-0.164	-6	3.79	29509.24	-35.26	-3593.13	-249.21
0886	海南高速	0.073	0.086	0.13	0.135	2.62	2.48	0.106	0.096	2.79	4.99	35255.92	5.67	7232.41	-43.58
0887	飞彩股份	0.1504	0.1414	0.22	0.2074	1.98	1.93	0.1599	0.2375	7.6	11.75	106107.37	6.43	4211.20	-31.63
0888	峨眉山A	0.28	0.25	0.24	0.23	3.51	3.31	0.35	0.23	7.84	7.1	12628.66	15.65	3264.10	16.23
0889	华联商城	0.252	0.237	0.3	0.3	3.19	3.131	-0.559	0.553	7.787	18.73	44918.75	29.81	5708.01	-3.90
0890	法尔胜	0.35	0.25	0.41	0.21	2.95	2.88	0.9	-0.42	11.71	10.79	65379.51	70.75	6976.72	17.96
0892	长丰通信	0.29	0.26	0.23	0.11	2	1.93	0.9947	-0.06	14.46	13.59	26300.88	17.02	7977.17	24.40
0893	广州冷机	-0.416	-0.295	0.064	-0.295	2.06	1.97	-0.162	0.235	-20.17	2.635	13881.31	-45.87	-9229.91	-748.53
0895	双汇发展	0.529	0.487	0.517	0.45	2.32	2.29	0.85	0.68	22.8	7.31	310721.22	29.42	15469.83	33.00
0896	豫能控股	0.193	0.222	0.278	0.278	2.27	2.26	0.44	0.38	8.49	13.39	38817.80	-4.57	8298.13	-30.66
0897	津滨发展	0.2283	0.1364	0.2344	0.1747	2.35	2.28	-0.57	-0.07	9.7	10.06	37835.57	-12.39	6165.36	-2.58
0898	鞍钢新轧	0.168	0.168	0.12	0.12	2.41	2.4	0.31	0.2	6.98	5.36	979315.00	41.46	48974.90	68.15
0899	赣能股份	0.173	0.173	0.258	0.258	2.67	2.66	0.138	0.45	6.49	10.11	49725.03	5.92	9505.39	-25.60
0900	现代投资	0.37	0.37	0.46	0.39	5.91	5.81	0.04	0.55	6.32	10.39	28681.82	15.64	14907.15	13.41

总资产（万元）	股东权益（万元）	资本公积（万元）	未分配利润（万元）	最新流通A股（万股）	最新总股本（万股）	分红配股方案	最新市盈率（倍）	年报刊登日期	代码
103903.41	52802.49	27821.79	3557.30	6499.09	17500.00	10派1.5元	64.68	2001/3/28	0856
460091.72	318861.15	104201.48	135660.72	14390.14	51120.00	不分配	23.28	2001/1/18	0858
114646.55	75403.55	40787.04	9027.34	8990.57	23580.00	10派1元	57.90	2001/4/3	0859
101981.61	85006.89	44427.11	7878.04	9091.42	30415.00	10派1.3809元	50.88	2001/3/15	0860
47656.09	24399.53	12328.42	3427.77	2112.50	7416.97	10派1元	267.38	2001/3/12	0861
96363.04	72412.95	46176.76	2434.88	11698.59	21834.00	10派1.5元	61.13	2001/3/9	0862
46222.57	25455.80	5756.67	4227.01	3900.00	13562.03	10派0.3元	84.78	2001/2/14	0863
1060223.19	517822.82	215061.43	43714.1	35000.00	233000.00	10派1.2元	21.96	2001/4/13	0866
110674.27	67749.29	41132.62	2932.89	10130.15	22100.00	不分配	170.73	2001/3/10	0868
161075.81	125012.16	82450.25	10419.25	3200.00	26000.00	10派2元	45.94	2001/3/30	0869
107604.96	85666.54	51214.92	12936.22	5187.39	18202.60	不分配	55.83	2001/4/20	0876
154225.89	66962.12	39832.99	9575.13	6500.00	14446.00	不分配	47.52	2001/3/8	0877
381014.47	137755.41	52387.07	6124.78	28066.19	79868.88	10派1.4元	42.85	2001/3/20	0878
102166.76	52765.71	21254.63	9233.94	5750.00	18406.70	10派0.25元送1转增4	41.23	2001/4/4	0880
130847.77	65515.51	34702.24	4336.47	7350.00	19307.40	10派0.25元送1转增5	141.23	2001/3/20	0881
59052.51	38863.76	7901.39	3879.07	6300.00	24920.00	不分配	234.17	2001/3/8	0882
111503.76	76052.41	26798.15	14461.30	6600.00	23585.76	10派1元	56.96	2001/4/25	0883
88428.02	59910.81	38972.82	3231.77	6000.00	16000.00	不分配	/	2001/4/4	0885
530252.57	258891.06	94298.04	28203.76	24781.24	98882.83	10派0.5元	114.79	2001/4/13	0886
151313.35	55400.69	18238.19	5945.23	9091.13	30100.00	10派0.5元	81.52	2001/3/16	0887
44993.33	41627.55	25228.58	2500.30	4000.00	11866.00	10派1元	64.32	2001/3/21	0888
123626.51	72279.29	37896.28	7726.93	12337.11	22656.02	10派0.5元送1转增2	58.21	2001/3/28	0889
134650.78	59562.23	31323.33	4334.10	10200.00	22464.00	10派1元送1转增2	61.43	2001/4/10	0890
115859.63	55168.76	9357.05	12692.06	8000.00	27591.79	不分配	75.97	2001/1/18	0892
102938.22	45754.45	28343.82	-5603.99	5688.40	22200.00	不分配	/	2001/3/14	0893
154911.01	67839.13	23141.32	10401.02	8433.22	29237.00	10派5元	29.81	2001/2/6	0895
139904.05	97707.07	34263.77	9752.43	7993.00	43000.00	不分配	67.31	2001/3/17	0896
148518.95	63528.96	34450.04	931.65	9100.00	29100.00	10派1元转增6	70.39	2001/3/29	0897
956511.00	701786.10	310260.60	71421.60	70894.33	291794.33	10派0.9元	27.74	2001/3/21	0898
158092.40	146373.14	72317.64	9665.79	17876.56	54803.20	10派1元	60.23	2001/3/23	0899
491472.46	235763.11	156857.89	30112.47	16800.00	39916.59	10派1.5元	32.73	2001/2/27	0900

续表

代码	简称	每股收益(元)				每股净资产(元)		每股经营现金流量(元)		净资产收益率(%)		主营收入(万元)		净利润(万元)	
		2000年	扣除后	1999年	扣除后	2000年	调整后	2000年	1999年	2000年	1999年	2000年	同比(%)	2000年	同比(%)
0901	航天科技	0.203	0.176	0.182	0.144	3.151	3.136	0.117	-0.444	6.45	6.19	10760.49	8.49	2011.71	11.43
0902	中国服装	0.17	0.15	0.15	0.11	2.53	2.5	0.17	/	6.83	6.05	52151.65	79.17	3713.55	15.68
0903	云内动力	0.44	0.29	0.3	0.28	3.45	3.44	0.1	0.21	12.87	8.86	41000.45	12.58	7995.12	49.42
0905	厦门路桥	0.106	0.092	0.61	0.29	3.297	3.29	0.326	0.635	3.23	/	23017.56	68.04	3139.04	-82.56
0906	南方建材	0.286	0.225	0.233	0.216	2.89	2.79	0.424	0.189	9.92	8.9	81258.77	13.01	3579.70	22.95
0908	天一科技	0.165	0.161	0.4057	0.3964	1.753	1.743	-0.089	0.0974	9.42	12.5	18927.21	39.18	4624.94	-18.57
0909	数源科技	0.0178	0.0065	0.25	0.24	2.6913	2.6356	0.2083	-0.19	0.66	9.05	44532.03	-44.51	348.94	-92.89
0910	大亚股份	0.25	0.219	0.295	0.276	3.4	3.36	0.202	-0.084	7.34	9.06	43054.99	18.71	5776.05	-15.38
0911	南宁糖业	0.2456	0.2551	0.1923	0.0175	2.41	2.37	0.66	0.38	10.19	8.31	93804.99	3.54	5500.66	27.70
0912	泸天化	0.277	0.211	0.344	0.306	3.228	3.041	0.86	1.418	8.57	11.418	137779.83	-0.60	12449.23	-19.53
0913	钱江摩托	0.53	0.54	0.42	0.41	3.23	3.14	0.93	-0.49	16.53	14.95	374928.49	50.65	13897.85	26.82
0915	声乐股份	-0.0333	-0.0648	0.2011	0.1729	2.757	2.692	-1.002	0.5003	-1.21	7.21	4003.29	-60.80	-301.25	-116.58
0916	华北高速	0.2576	0.2091	0.151	0.1479	2.4556	2.4533	0.2776	0.1786	10.49	6.57	35576.72	17.13	28073.81	70.52
0917	电广传媒	0.56	0.55	0.41	0.39	9.06	8.98	0.42	0.44	6.19	11.37	57874.21	35.20	14490.91	73.75
0918	亚华种业	0.365	0.353	0.293	0.187	3.92	3.8	0.33	-0.79	9.3	8.12	33828.67	27.40	6196.91	26.80
0919	金陵药业	0.424	0.431	0.4023	0.3864	3.7797	3.7729	0.8261	0.142	11.23	11.09	36495.04	3.05	11885.40	5.51
0920	南方汇通	0.39	0.29	0.3	/	3.07	3.07	0.12	0.004	12.7	10.07	40879.97	43.94	7412.34	29.87
0922	阿继电器	0.21	0.2	0.24	/	2.96	2.96	0.38	0.09	7.24	7.86	21622.11	-6.82	3760.19	-9.20
0923	河北宣工	0.15	0.15	0.17	0.15	2.37	2.35	-0.37	-0.11	6.47	7.28	31463.83	-7.56	2531.07	-10.98
0925	浙大海纳	0.34	0.27	0.32	0.27	4.03	4	-0.28	0.49	8.42	8.38	23354.22	75.98	3052.74	4.62
0926	福星科技	0.311	0.299	0.28	0.27	2.27	/	0.216	0.245	13.7	10.33	38922.08	32.56	8299.32	44.37
0927	天津汽车	0.194	0.201	0.308	0.305	2.541	2.501	0.096	0.055	7.62	13.11	453368.14	-25.20	28084.69	-37.07
0928	吉林炭素	0.15	0.14	0.24	0.17	3.53	3.26	-0.14	-0.55	4.22	6.86	71671.11	15.45	4206.87	-38.68
0929	兰州黄河	0.0279	0.0091	0.179	-0.4673	4.1559	4.0752	-0.0097	-0.7482	0.67	3.61	18591.01	-9.34	329.27	-81.27
0930	丰原生化	0.585	0.572	0.277	0.273	4.028	4.013	0.863	-0.981	14.53	7.11	70518.11	46.03	8602.46	111.67
0931	中关村	0.24	0.24	0.26	0.22	2.51	2.45	-1.91	-0.57	9.39	10.85	157012.45	-29.42	15899.82	-9.86
0932	华菱管线	0.2327	0.2485	0.2485	0.2474	2.16	2.05	0.47	0.06	10.8	9.88	619337.52	27.06	36423.34	17.04
0933	神火股份	0.418	0.3832	0.339	0.289	3.478	3.474	0.424	0.46	12.03	10.06	53885.71	16.55	9564.66	23.43
0935	四川双马	0.3297	0.3431	0.2292	0.2335	2.7795	2.7097	0.6634	0.3207	11.86	8.9199	44565.19	21.92	5850.13	43.82
0936	华西村	0.41	0.42	0.39	/	3.45	3.43	0.36	0.15	11.87	12.44	30375.25	23.85	5733.51	4.83
0937	金牛能源	0.445	0.444	0.388	0.388	3.59	3.59	0.27	0.07	12.38	11.74	89190.98	10.97	18921.28	14.60

总资产(万元)	股东权益(万元)	资本公积(万元)	未分配利润(万元)	最新流通A股(万股)	最新总股本(万股)	分红配股方案	最新市盈率(倍)	年报刊登日期	代码
42254.90	31191.35	17192.22	2557.16	3000.00	9900.00	不分配	127.93	2001/3/21	0901
105660.92	54370.52	29490.84	1117.04	6500.00	21500.00	10派1元	80.06	2001/3/15	0902
83891.70	62115.87	35595.73	5357.36	6000.00	18000.00	10派3.5元配3(9-13元)	32.45	2001/2/27	0903
267983.45	97252.90	50101.03	13037.92	9500.00	29500.00	不分配	104.34	2001/2/23	0905
73231.64	36067.87	16530.04	5514.19	3500.00	12500.00	10派0.2元配3(15-18元)(*)	74.41	2001/2/17	0906
69792.17	49074.57	11551.67	7530.6	8987.80	28000.00	10派0.35元	76.06	2001/3/20	0908
85151.94	52748.94	31281.46	1078.48	6000.00	19600.00	10派1元	805.62	2001/3/21	0909
101523.36	78660.74	44373.63	7758.41	8000.00	23125.00	10派1元	60.68	2001/3/31	0910
133810.18	54008.43	25379.86	4818.26	5600.00	22400.00	10配3(9-13元)	53.18	2001/2/13	0911
358818.17	145249.59	79529.50	15136.07	15000.00	45000.00	10派0.6元	34.26	2001/3/20	0912
156147.63	84092.66	37239.75	17436.86	6500.00	26000.00	10派1.2元配3(10-15元)(*)	31.53	2001/1/18	0913
39954.54	24904.23	10653.10	3564.38	3000.00	9033.60	不分配	/	2001/3/16	0915
329515.88	267660.23	133742.98	9329.21	34000.00	109000.00	10派1元	28.45	2001/3/13	0916
320966.65	234151.62	187163.61	15502.29	11800.00	25840.00	10派3元	52.46	2001/3/15	0917
148152.46	66633.30	38520.43	6994.53	6000.00	17000.20	10派0.5元配3(15-18元)	59.62	2001/3/8	0918
122214.01	105830.20	63592.55	7666.93	8000.00	28000.00	10派2.73元	49.13	2001/3/20	0919
91770.39	58382.81	36712.81	702.01	7000.00	19000.00	10派3元(*)	47.77	2001/2/14	0920
74147.31	51903.20	30803.05	37.36	5500.00	17555.00	10派2.6元	80.33	2001/4/3	0922
68303.76	39116.80	19480.69	2329.94	5500.00	16500.00	10派1.5元	84.93	2001/3/10	0923
54041.88	36245.95	23877.76	2333.42	3000.00	9000.00	10派1.8元	109.88	2001/3/29	0925
87188.26	60597.61	18834.34	9155.63	7150.00	26669.50	10派1.25元配2.3076(12-16元)	52.35	2001/2/17	0926
722631.99	368485.07	145119.94	60158.22	21800.00	145015.82	不分配	39.07	2001/3/26	0927
215396.48	99744.85	55461.73	5007.04	9000.00	28289.90	10派1.6元	68.73	2001/3/1	0928
92698.40	48973.54	29672.75	6208.74	5400.00	11784.00	不分配	524.73	2001/3/21	0929
135192.02	59208.18	36733.08	5622.34	9000.00	17697.88	不分配	45.56	2001/3/16	0930
660411.17	169299.40	87639.66	7467.40	37484.69	67484.69	10派1.5元	86.83	2001/3/27	0931
541931.92	337376.31	131575.36	36266.32	25000.00	156537.50	10派0.5元	31.20	2001/2/27	0932
108981.72	79526.06	46473.58	7284.73	7000.00	22868.00	10派4元配3(13-16元)(*)	36.41	2001/2/28	0933
71691.43	49322.21	25678.18	4381.79	5800.00	17745.00	10派1.2元送2转增6	73.43	2001/3/24	0935
59300.71	48284.57	24675.00	7958.13	3500.00	14000.00	10派1元转增2(*)	51.85	2001/3/10	0936
213330.44	152785.22	81641.50	23328.87	10000.00	42500.00	10派1.25元配3(10-14元)	34.65	2001/3/8	0937

续表

代码	简称	每股收益(元)				每股净资产(元)		每股经营现金流量(元)		净资产收益率(%)		主营收入(万元)		净利润(万元)	
		2000年	扣除后	1999年	扣除后	2000年	调整后	2000年	1999年	2000年	1999年	2000年	同比(%)	2000年	同比(%)
0938	清华紫光	0.404	0.393	0.433	0.416	3.035	2.974	-0.185	0.123	13.32	9.23	92272.86	104.36	8332.36	49.50
0939	凯迪电力	0.25	0.12	0.26	/	2.01	1.94	-0.21	0.27	12.62	6.78	20815.54	20.89	5490.52	101.46
0948	南天信息	0.31	0.26	0.34	0.32	3.31	3.21	0.35	0.22	9.49	10.4	67241.66	4.71	4398.62	-6.39
0949	新乡化纤	0.4	0.38	0.36	0.35	3.91	3.89	0.42	0.2	10.27	10.03	63594.96	8.70	9855.88	10.90
0950	民丰农化	0.24	0.242	0.191	/	2.762	2.759	0.574	0.5	8.7	7.23	38674.32	1.06	3723.61	25.67
0951	小鸭电器	0.0366	0.0366	0.149	0.118	2.478	2.356	-0.186	0.024	1.48	6.12	66132.48	22.88	929.67	-75.47
0952	广济药业	0.18	0.18	0.18	0.16	2.81	2.79	0.28	0.4	6.36	6.99	13414.51	-24.03	3061.59	-2.57
0953	河池化工	0.21	0.18	0.17	0.16	2.2	2.13	0.59	0.44	9.67	6.9	31782.84	62.80	3787.07	51.33
0955	欣龙无纺	0.075	0.071	0.208	0.1602	2.5189	2.473	-0.0339	0.0244	2.98	8.5	13390.91	-32.79	1538.48	-63.85
0956	中原油气	1.1736	1.2124	0.3869	0.3821	3.7075	3.7075	2.0921	0.7414	31.66	13.82	191233.65	47.35	79805.60	203.37
0957	中通控股	0.19587	0.1564	0.28	/	1.81	1.7975	-0.2377	-0.13	10.8147	8.98	26129.63	-11.36	4671.63	25.88
0958	东方热电	0.291	0.286	0.26	0.26	2.982	2.911	0.999	0.58	9.922	9.49	30264.85	34.31	5237.00	12.53
0959	首钢股份	0.33	0.25	0.31	0.24	2.18	2.16	0.44	0.04	15.07	14.73	1191658.38	4.05	75873.34	5.14
0960	锡业股份	0.2718	0.2667	0.2807	0.2577	3.2463	3.2387	0.5076	-0.4172	8.37	9.13	119004.06	7.37	9727.69	-3.16
0961	大连金牛	0.274	0.26	0.22	0.21	2.73	2.4	0.154	-0.14	10.03	9	117477.11	11.16	7399.14	22.38
0962	东方钽业	0.512	0.509	0.323	0.298	2.99	2.98	0.32	0.17	17.13	6.89	106374.44	94.79	15194.39	185.41
0963	华东医药	0.24	0.24	0.2	0.2	2.53	2.42	0.1	0.3	9.53	7.99	161773.09	29.85	4591.04	23.77
0965	天水股份	0.19	0.12	0.2	0.18	2.67	2.47	-0.15	-0.09	7.22	13.18	32244.29	2.41	4178.30	40.34
0966	长源电力	0.28	0.23	0.28	0.28	2.76	2.73	0.52	0.98	10.16	19.53	67397.13	7.03	8651.75	41.29
0967	上风高科	0.2752	0.2472	0.3809	0.3809	3.14	3.0572	0.1192	0.8556	8.76	28.54	13912.28	2.61	3764.44	7.67
0968	神州股份	0.1358	0.1286	0.2358	0.2404	2.81	2.71	-0.1034	-0.119	4.84	13.7	59444.68	11.84	5368.08	-7.15
0969	安泰科技	0.4678	0.4547	0.4201	0.4191	6.7582	6.7196	0.1825	0.4147	6.92	31.65	35662.33	64.71	7137.88	83.50
0970	中科三环	0.314	0.274	0.486	0.486	3.964	3.87	-0.508	0.251	7.92	29.6	37190.00	69.78	2732.56	8.15
0971	湖北迈亚	0.21	0.16	0.24	/	2.23	2.2	0.23	0.11	9.39	17.2	24274.18	17.08	3913.81	21.07
0972	新中基	0.22	0.17	0.32	0.23	3.2	2.84	-1.28	0.42	6.66	14.96	46757.59	19.22	2713.65	6.70
0973	佛塑股份	0.2	0.19	0.24	0.21	2.97	2.96	-0.33	-0.16	6.81	12.8	148237.87	17.61	7562.86	14.77
0975	乌江电力	0.2	0.2	0.38	0.38	3.76	3.75	0.17	0.61	5.37	24.47	9664.51	4.45	3737.47	-6.61
0976	春晖股份	0.18	0.1718	0.37	/	2.8	2.79	-0.03	1.95	6.48	10.81	95752.44	23.76	7640.79	24.74
0977	浪潮信息	0.28	0.27	0.28	0.28	3.65	3.62	0.05	0.15	7.68	18.16	81447.03	106.50	6027.62	41.10
0978	桂林旅游	0.308	0.284	0.421	0.421	3.005	2.956	0.387	0.35	10.24	37.08	13870.56	9.65	3632.45	10.46
0979	科苑集团	0.23	0.2	0.4	0.39	4.9	4.86	-0.3	0.65	4.68	34.87	14280.71	47.90	2151.95	-1.27

总资产（万元）	股东权益（万元）	资本公积（万元）	未分配利润（万元）	最新流通A股（万股）	最新总股本（万股）	分红配股方案	最新市盈率（倍）	年报刊登日期	代码
109550.82	62549.60	35645.12	3543.11	6400.00	20608.00	10派3元	100.92	2001/3/20	0938
63959.93	43503.42	13403.45	6493.68	9450.00	21630.00	10派1元	76.00	2001/2/27	0939
82232.81	46346.43	29919.34	60.75	4000.00	14000.06	10派2.6元	81.90	2001/4/7	0948
121634.83	96012.59	53422.28	9799.18	7500.00	24528.57	10派1元送1转增9	47.58	2001/3/19	0949
83211.18	42810.70	22949.07	3024.31	5500.00	15500.00	10派1.5元配3(8-10元)	58.75	2001/3/13	0950
141292.92	62929.25	32154.94	4301.44	9000.00	25397.50	不分配	269.40	2001/4/3	0951
67621.51	48154.11	20070.11	8431.21	5000.00	17122.60	不分配	86.00	2001/4/7	0952
101325.45	39144.21	14189.82	4455.02	6000.00	17821.78	10派0.5元	79.86	2001/4/7	0953
78191.41	51636.86	25342.37	3689.85	5500.00	20500.00	不分配	197.20	2001/4/21	0955
314478.57	252107.03	94984.48	65151.47	17000.00	68000.00	10派2元	15.19	2001/4/12	0956
65954.09	43196.94	13967.86	3059.55	8100.00	23850.50	10派1元	63.56	2001/3/10	0957
127705.23	52783.27	25592.32	6486.05	4500.00	18000.00	10派0.5元	53.02	2001/3/27	0958
963690.46	503538.15	241626.41	8706.58	35000.00	231000.00	10派2.5元	32.18	2001/3/6	0959
190937.35	116186.10	71112.97	4336.31	13000.00	35790.40	10派1元	44.48	2001/3/22	0960
213132.14	73753.97	37883.17	7373.40	10000.00	27053.00	10派0.3元配3(6-9.5元)	38.03	2001/3/10	0961
144322.32	88710.58	44488.60	10822.43	11700.00	29700.00	10派1.25元(*)	80.90	2001/2/14	0962
114342.56	48164.73	25576.07	321.78	5000.00	19000.00	10派1.5元	84.54	2001/4/10	0963
101707.44	57848.78	31263.24	3408.04	7000.00	21700.49	不分配	64.89	2001/3/28	0965
213898.90	85148.56	44112.78	7180.96	9000.00	30845.17	10派2元转增2	51.93	2001/4/4	0966
50184.48	42980.83	24669.54	1553.20	4500.00	13678.61	10派1.2元	74.35	2001/4/18	0967
170790.23	110921.65	65904.61	2091.17	14019.47	39519.00	10派1元	78.79	2001/2/24	0968
148603.28	103130.09	83345.31	1793.14	4200.00	15260.00	10派2.33元送1转增5(*)	59.34	2001/2/27	0969
54018.25	34486.41	24005.69	959.48	3500.00	8700.00	10派2元转增8(*)	99.39	2001/3/10	0970
19301.57	41679.14	19187.61	757.41	5500.00	18700.00	10派1.875元	68.00	2001/3/13	0971
103876.69	39848.40	23934.32	465.28	4500.00	12458.92	10派0.7元	90.36	2001/3/3	0972
208899.49	111089.54	65011.76	875.54	4900.00	37345.06	10派1.6元	75.15	2001/3/17	0973
80404.93	69621.24	48561.55	1289.48	4800.00	18500.00	10派1元	73.35	2001/3/12	0975
167033.18	117908.55	52897.28	15701.14	6120.00	42114.60	10派1.2元	78.56	2001/3/23	0976
116824.85	78492.72	50207.39	4698.26	6500.00	21500.00	10派1元	91.79	2001/3/13	0977
42984.49	35461.40	22042.15	19.58	4000.00	11800.00	10派2.6元转增5(*)	60.42	2001/3/15	0978
65146.99	46020.75	34933.86	690.49	4000.00	9400.00	10派1.4元	112.30	2001/2/6	0979

续表

代码	简称	每股收益(元)				每股净资产(元)		每股经营现金流量(元)		净资产收益率(%)		主营收入(万元)		净利润(万元)	
		2000年	扣除后	1999年	扣除后	2000年	调整后	2000年	1999年	2000年	1999年	2000年	同比(%)	2000年	同比(%)
0980	金马股份	0.2545	0.2162	0.416	0.4172	3.3283	3.3209	-0.1629	0.3086	7.65	22.13	28027.01	-16.43	3817.32	-0.26
0981	兰光科技	0.34	0.3	0.46	0.47	4.34	4.33	0.04	-0.31	7.77	23.06	73324.34	1.62	5430.16	5.46
0982	圣雪绒	0.35	0.25	0.42	0.42	4.62	4.56	-1.93	0.04	7.5	24.95	38864.67	19.94	2561.21	40.21
0983	西山煤电	0.24	0.235	0.34	0.34	3.46	3.37	0.39	0.1	6.93	22.77	125658.77	25.48	19367.75	9.01
0985	大庆华科	0.324	0.352	0.342	0.342	3.301	3.286	0.47	0.223	9.8	22.03	40019.06	71.98	3750.52	27.82
0987	广州友谊	0.1584	0.1567	0.1955	0.1536	2.4414	2.4001	0.4412	0.3402	6.4878	10.5316	94574.33	21.73	3790.44	8.15
0988	华工科技	0.44	0.39	0.36	0.33	4.9	4.79	0.11	0.15	8.92	21.59	18049.82	93.25	5020.14	64.29
0989	九芝堂	0.355	0.312	0.355	0.364	3.86	3.82	0.427	0.204	9.22	19.95	45584.21	38.33	4571.94	45.51
0990	诚志股份	0.34	0.3	0.39	0.39	5.31	5.21	-0.05	0.22	6.37	19.9	27462.00	37.13	4043.85	43.54
0993	闽东电力	0.15	0.13	0.17	0.17	4.81	4.72	-0.08	0.43	3.02	10.51	17999.77	4.80	4352.07	31.62
0995	皇台酒业	0.19	0.19	0.26	0.26	3.37	3.33	-0.22	-0.07	5.59	17.85	15841.07	2.60	2641.27	-0.16
0996	捷利股份	0.214	0.21	0.282	0.284	3.551	3.537	-0.33	0.58	6.03	19.14	21905.15	0.26	2463.33	9.02
0997	新大陆	0.34	0.31	0.36	0.32	4.99	4.97	0.2	-0.3	6.89	31.06	41727.75	36.92	3985.92	30.94
0998	隆平高科	0.36	0.35	0.26	/	7.41	7.41	1.02	/	4.88	31.29	16254.46	41.83	3795.99	39.47
0999	三九医药	0.27	0.27	0.29	/	3.43	3.01	0.35	0.16	7.81	8.3	182817.52	23.82	20157.85	-8.46
2041	深本实B	0.06	0.03	-0.19	/	2.21	2.16	0.08	0.03	2.72	-8.79	1046.00	-26.01	363.50	131.76
2053	深基地B	0.1945	0.1945	0.165	0.165	2.189	2.143	0.319	0.267	8.9	7.7	9667.74	8.81	4485.32	17.76
2054	深建摩B	0.03	-0.04	0.01	-0.02	1.03	0.5	0.22	0.03	2.9	1.07	109376.70	-13.20	1422.20	179.85
2057	ST大洋B	-0.145	-0.145	-0.582	-0.036	0.088	-0.183	-0.005	/	-165	-183	/	-100.00	-2863.36	75.14
2152	山航B	0.2328	0.2328	0.3197	/	1.33	1.16	0.39	/	17.46	31.32	104198.16	31.29	9312.89	12.05
2160	帝贤B	0.3	0.29	0.55	0.55	1.8	1.63	0.32	0.65	16	35	28401.49	44.11	6516.96	19.13
2168	雷伊B	0.36	0.36	0.35	0.35	2.06	2.05	0.16	0.4	17	25	59905.92	30.43	6304.73	65.94
2468	宁通信B	0.016	0.009	0.004	-0.004	2.267	1.96	-0.24	-0.12	0.69	0.16	63934.33	62.92	334.38	322.76
2512	闽灿坤B	0.41	0.41	0.29	/	1.97	1.94	0.9	0.61	20.76	18.88	252696.73	41.07	18399.04	38.85
2706	瓦轴B	0.134	0.137	0.131	0.1353	3.07	2.97	0.131	0.08	4.37	4.42	109568.07	-1.96	4429.43	2.11
2770	武锅B	0.0424	0.0451	0.0076	0.0076	1.6624	1.6108	0.0455	-0.0652	2.55	0.46	25120.97	68.55	1258.49	455.18
2771	杭汽轮B	0.14	0.14	0.27	0.23	1.99	1.97	0.27	-0.005	6.87	14.01	24919.63	-14.53	3007.10	-48.74
2986	粤华包B	0.2572	0.1737	0.4089	0.2047	1.7441	1.7166	0.1984	0.1073	14.75	21.12	40523.51	38.17	11304.33	-4.67
2992	中鲁B	0.27	0.27	0.29	0.29	1.89	1.89	-0.12	/	14.4	18.4	59218.24	60.54	7241.88	94.40

注:数据源自中国证券报上市公司数据库;市盈率=最新收盘价/2000年每股收益;分配方案带“★”表示分红已(即将)实施。

总资产(万元)	股东权益(万元)	资本公积(万元)	未分配利润(万元)	最新流通A股(万股)	最新总股本(万股)	分红配股方案	最新市盈率(倍)	年报刊登日期	代码
71904.54	49924.17	29777.79	3509.06	5800.00	15000.00	10派1.25元	55.95	2001/3/8	0980
118257.49	69872.04	43089.91	9079.82	5000.00	16100.00	10派4元	73.74	2001/3/29	0981
64350.38	34164.27	22856.54	2849.17	3000.00	7400.00	10派1元	66.46	2001/3/22	0982
380401.83	279554.65	177315.26	16462.59	11520.00	80800.00	不分配	52.13	2001/3/7	0983
47539.50	37955.88	25028.20	101.42	3000.90	11500.00	10派2.5元	74.88	2001/3/9	0985
99740.89	58424.32	17927.83	2520.37	6000.00	23930.50	10派1元	84.47	2001/4/3	0987
79293.29	56302.18	41466.83	1964.81	3000.00	11500.00	10派3元(*)	118.14	2001/2/28	0988
81160.11	49606.62	35206.08	525.17	4000.00	12862.00	10派4元	69.46	2001/3/21	0989
78621.87	63458.82	45541.48	4531.98	4800.00	11950.00	10派1元送3转增2(*)	68.35	2001/2/20	0990
202940.23	144308.82	112130.14	481.66	10000.00	30000.00	10派1元	93.73	2001/3/17	0993
66940.99	47244.96	29144.88	1685.00	4000.00	14000.00	不分配	85.68	2001/3/27	0995
48251.66	40841.34	25875.35	896.93	3500.00	11500.00	10派1元	94.30	2001/3/29	0996
73007.22	57869.91	43888.95	488.03	3100.00	11600.00	10派2.5元	99.47	2001/3/17	0997
92641.34	77772.42	66142.69	49.03	5500.00	10500.00	10派3.6元	115.53	2001/3/22	0998
588985.16	258248.32	171559.72	5672.85	15300.00	75300.00	10派2.6元	69.44	2001/3/31	0999
26047.70	13349.40	2984.70	109.00	/	6050.00	不分配	/	2001/4/28	2041
57377.50	50479.23	21855.82	/	/	23060.00	10派0.1879美元	/	2001/3/24	2053
184553.40	49108.40	52728.20	-63938.40	/	47750.00	不分配	/	2001/4/2	2054
17402.23	1737.05	7013.76	-16073.62	/	19800.00	不分配	/	2001/4/12	2057
138198.44	53334.01	7625.81	4251.98	/	40000.00	10派1元	/	2001/3/8	2152
93090.36	38723.65	15764.68	43.29	/	21500.00	10派1.06元(另向发起人10派3.22元)	/	2001/3/31	2160
68012.35	36433.31	9278.69	5983.68	/	17700.00	10派0.5元	/	2001/4/3	2168
103987.13	48748.97	20718.77	1275.73	/	21500.00	不分配	/	2001/4/12	2468
246947.31	88648.54	9253.76	13898.38	/	45093.75	不分配	/	2001/4/24	2512
216295.05	101333.20	51311.55	13104.16	/	33000.00	10派0.5元	/	2001/4/21	2706
97626.23	49373.18	14966.91	3488.56	/	29700.00	10派0.2元	/	2001/4/13	2770
67530.28	43768.86	14781.52	4489.87	/	22000.00	10派0.5元	/	2001/3/24	2771
13818.25	76652.24	25053.15	4186.71	/	43950.00	10派1.26元	/	2001/3/13	2986
88907.06	50381.33	18634.24	3279.03	/	26607.13	10派1元	/	2001/4/14	2992

摘自《中国证券报》

2000 年度沪深 PT 公司

	证券代码 A/B	0003/2003		0015/2015		0411		0515		0536		0546		0556	
	公司简称	深金田		深中浩		凯地丝绸		渝钛白		闽闽东		吉轻工		南洋航运	
	地址	深圳市和平路1199号金田大厦23-26楼		深圳市福田区八卦岭工业区八卦四路中浩大厦		杭州市环城北路15号		重庆市江北区建新北路41-1号		福建省福州市斗东路12号		吉林省长春市建设街81号		海口市滨海大道288号东方洋大厦7、8楼	
	行业归属	综合类		综合类		纺织、服装、皮毛		石油、化学、塑胶、塑料		机械、设备、仪表		批发和零售贸易		交通运输、仓储业	
	总股本(万股)	33343		15721		11525		13001		12193		16951		24872	
	流通 A/B(万股)	19164/7424		2624/2184		3151/-		5544/-		4546/-		8503/-		11742/-	
	PT 时间	2001.05.09		2000.05.12		2001.04.23		1999.07.05		2001.05.09		2001.05.09		2001.05.09	
	首发时间	1989.02.28		1991.12.23		1996.06.26		1992.06.01		1993.10.13		1993.11.10		1994.01.10	
	A股上市日	1991.07.03		1992.06.25		1996.07.16		1993.07.12		1993.11.26		1993.12.15		1994.05.25	
	B股上市日	1993.06.29		1992.06.25				-		-		-		-	
	董事长	黄汉清		陈立祥		王先龙		代树培		阮希玮		王鹏		厉建中	
财务状况	年度	2000	1999	2000	1999	2000	1999	2000	1999	2000	1999	2000	1999	2000	1999
	资产总额(万元)	249445	298598	72307	83375	29230	43036	71461	73816	37706	41502	39602	57796	20731	33615
	负债总额(万元)	299107	288369	138948	132969	24586	30027	49678	121125	41197	40595	48917	51208	42958	47205
	股东权益(万元)	-54360	10228	-70155	-52689	4459	11825	21784	-47309	-3491	907	-9600	6112	-22190	-13513
	资产负债率(%)	119.91	96.57	192.16	159.48	84.11	69.77	69.52	164.09	109.26	97.81	123.52	88.60	207.21	140.43
	应收款项(万元)	54149	76558	14197	14116	2961	3981	2906	2123	10174	11966	10815	13520	1653	2385
	三费合计(万元)	63833	25482	14573	15262	6427	6203	5233	15479	7245	6952	12813	8758	4505	14012
	每股收益(元)	-1.8150	-0.5460	-1.1100	-0.8200	-0.6390	-0.5990	0.0270	-1.1900	-0.3700	-0.4200	-0.7840	-0.9970	-0.1600	-1.1500
	每股净资产(元)	-1.6300	-0.3070	-4.4600	-3.3500	0.3870	1.0260	1.6800	-3.6400	-0.2900	0.0700	-0.5660	0.3600	-0.8900	-0.5400
	主营收入(万元)	46472	48042	10308	10299	8870	8127	21479	16407	14173	16712	5990	9313	0	5427
	主营利润(万元)	13601	13734	3594	3988	-2172	-559	5050	-1956	1060	1541	1091	856	0	-1817
	净利润(万元)	-60527	-18200	-17463	-12954	-7367	-6904	351	-15440	-4451	-5100	-13290	-16893	-3989	-28756
	现金流量净额(万元)	18305	-2003	-661	1017	-703	-1226	6607	4665	-362	-654	118	-76	-249	-2332
	净资产收益率(%)	-	-177.90	-	0.22	-165.22	-58.39	1.61	-	-	-562.37	-	-276.37	-	-
股价波动	A股升跌(%)	37.11	8.96	57.22	28.57	41.73	-0.64	144.52	-	59.19	3.63	40.84	-13.05	51.68	-11.49
	B股升跌(%)	26.09	91.67	43.28	55.81	-	-	-	-	-	-	-	-	-	-
	A股换手率(%)	632.34	297.96	422.76	1019.32	782.98	416.98	139.47	-	514.99	571.02	573.26	538.02	791.80	476.74
	B股换手率(%)	119.84	48.73	38.57	57.91	-	-	-	-	-	-	-	-	-	-
	A股最高价(元)	9.26	7.28	9.00	7.94	16.50	11.33	15.50	-	13.18	7.70	10.72	10.74	8.37	6.01
	B股最高价(元)	1.62	1.93	0.96	0.91	-	-	-	-	-	-	-	-	-	-
	A股最低价(元)	5.40	3.80	3.79	3.37	6.89	6.18	5.10	-	5.11	4.56	5.11	5.37	3.93	3.73
	B股最低价(元)	0.86	0.46	0.40	0.27	-	-	-	-	-	-	-	-	-	-
	A股振幅(%)	71.48	91.58	137.47	135.61	139.48	83.33	203.92	-	157.93	68.86	109.78	100.00	112.98	61.13
	B股振幅(%)	88.37	319.57	140.00	237.04	-	-	-	-	-	-	-	-	-	-

注:深市B股以港币计价,沪市B股以美元计价。

资料来源:《证券时报》

基　本　情　况　一　览　表

0588		0613/2613		600083		600633		600833		600837		600855		600898	
粤金曼		大东海		红光实业		双鹿电器		商业网点		农垦商社		航天长峰		郑州百文	
广东省潮州市潮枫路		三亚市大东海		成都市建设南支路4号		上海市天山路651号		上海市浦东新区浦三路1260弄4号		上海市天山路800号		北京市丰台区大红门西路26号		郑州市南阳路2号	
农、林、牧、渔业		社会服务业		信息技术业		机构、设备、仪表		房地产业		批发和零售贸易		机构、设备、仪表		批发和零售贸易	
13432		36410		23000		15205		15935		6524		16008		19758	
6212/－		4510/8800		13573/－		1320/－		4798/－		1638/－		5299/－		10710/－	
2001.04.24		2001.04.23		2000.05.12		1999.07.05		2000.05.12		1999.07.05		2000.05.30		2001.03.26	
1995.12.27		1997.01.13		1997.05.23		1992.06.13		1992.06.17		1993.10.02		1994.03.27		1988.12.07	
1996.01.23		1997.01.28		1997.06.06		1993.03.04		1994.02.24		1994.02.24		1994.04.25		1996.04.18	
－		1996.10.08		－		－		－		－		－		－	
张旭强		刘承进		周伟		施亚龙		凌承进		庄国蔚		殷兴良		李福乾	
2000	1999	2000	1999	2000	1999	2000	1999	2000	1999	2000	1999	2000	1999	2000	1999
57082	90818	32580	56684	129949	136183	55760	70654	47914	74571	56911	70693	29896	32677	96171	127772
149731	139694	22183	16675	127180	131880	71771	68758	87940	102400	113713	120547	11932	30077	226726	254819
－106242	－62979	10397	40009	2769	4302	－16010	1896	－40076	－27879	－57321	－50432	17948	2601	－133480	－129942
－	153.82	68.09	29.42	97.87	96.84	128.71	97.32	183.54	137.32	199.81	170.52	39.91	92.04	235.75	199.43
－	63279	219	20453	8873	10498	34551	34911	5262	8114	27991	33297	3903	4633	37191	41103
－	－538	4617	6681	6385	20578	8374	4607	4880	13877	10358	40049	3046	5687	7495	93513
－3.2480	－1.6400	－0.1700	－0.1400	－0.3070	－0.8490	－1.1660	－0.3030	－0.8570	－1.1670	－1.0600	－6.1700	－0.0396	－0.3700	－0.2381	－4.8435
－7.9100	－4.6900	0.2900	1.1000	0.1200	0.1870	－1.0530	0.1200	－2.5150	－1.7500	－8.7900	－7.7300	1.1210	0.1600	－6.7560	－6.5770
7994	8641	2213	2407	3730	5600	0	0	419	－922	28702	57697	4128	7627	53526	130776
－43632	－159	1797	1973	－1024	－3038	0	0	－78	－918	2880	3211	－869	－559	－168	－246
－	－22033	－6107	－5154	－7058	－19524	－17731	－4608	－13654	－18590	－6890	－40244	－633	－5898	－4705	－95698
－	－93	－23	－1300	－2010	－11	－66	－44	201	－259	－1773	4907	103	－123	1382	8255
－	－	－58.74	－12.88	－254.89	－453.83	－	－243.09	－	－	－	－	－3.53	－226.79	－	－
18.47	－18.06	27.05	－12.23	22.03	7.27	15.17	－	14.77	－28.57	46.30	－	64.50	44.77	21.48	－20.52
－	－	113.64	6.45	－	－	－	－	－	－	－	－	－	－	－	－
683.63	544.04	740.32	629.45	315.41	364.63	83.16	－	214.70	630.59	112.99	－	148.86	242.73	503.27	417.95
－	－	165.56	62.34	－	－	－	－	－	－	－	－	－	－	－	－
10.23	8.46	11.28	9.50	8.36	9.68	8.20	－	7.46	10.78	8.59	－	19.51	16.35	6.88	7.26
－	－	1.53	1.06	－	－	－	－	－	－	－	－	－	－	－	－
4.85	5.62	5.58	6.17	4.92	5.33	5.36	－	3.00	6.19	3.63	－	8.70	7.20	4.38	3.95
－	－	0.50	0.45	－	－	－	－	－			－	－	－	－	－
110.93	50.53	102.15	53.97	69.92	81.61	52.99	－	148.67	74.15	136.64	－	124.25	127.08	57.08	83.80
－	－	206.00	135.56	－	－	－	－	－	－	－	－	－	－	－	－

2000年度证券公司股票主承销家数排名前20位

名次	公司名称	股票主承销家数	名次	公司名称	股票主承销家数
1	南方证券有限公司	36	10	大鹏证券有限责任公司	11
2	国信证券有限责任公司	34	13	东北证券有限责任公司	9
3	国泰君安证券股份有限公司	31	14	长城证券有限责任公司	8
4	光大证券有限责任公司	30	15	国通证券有限责任公司	7
5	中信证券股份有限公司	27	15	华泰证券有限责任公司	7
6	广发证券有限责任公司	17	17	兴业证券股份有限公司	6
7	联合证券有限责任公司	16	18	湘财证券有限责任公司	5
8	华夏证券有限公司	13	18	长江证券有限责任公司	5
9	海通证券有限公司	12	20	平安证券有限责任公司	4
10	西南证券有限责任公司	11	20	广东证券股份有限公司	4
10	山东证券有限责任公司	11	20	华安证券有限责任公司	4

资料来源：中国证券业协会会员单位经营业绩年度统计报表

2000年度证券公司股票主承销金额排名前20位

名次	公司名称	股票主承销总金额(万元)	名次	公司名称	股票主承销总金额(万元)
1	南方证券有限公司	1953282.00	11	联合证券有限责任公司	603201.00
2	国泰君安证券股份有限公司	1591989.53	12	大鹏证券有限责任公司	422375.80
3	中信证券股份有限公司	1512719.45	13	山东证券有限责任公司	370282.12
4	海通证券有限公司	1240235.00	14	华泰证券有限责任公司	307013.34
5	光大证券有限责任公司	1240224.14	15	长城证券有限责任公司	300782.72
6	国信证券有限责任公司	1238912.51	16	国通证券有限责任公司	282700.00
7	广发证券有限责任公司	863300.00	17	东北证券有限责任公司	220402.62
8	中国国际金融有限公司	784586.00	18	湘财证券有限责任公司	218662.00
9	华夏证券有限公司	674711.07	19	长江证券有限责任公司	192410.00
10	西南证券有限责任公司	618130.40	20	兴业证券股份有限公司	166115.62

注：刊于2001年5月15日《中国证券报》、《证券时报》的此项排名中，由于个别公司的统计口径与此项排名要求的统计口径不一致(仅为本公司实际所承担承销份额之和的金额)，现在本表中予以调整。

资料来源：中国证券业协会会员单位经营业绩年度统计报表

2000年度证券公司A股、基金交易总额排名前20位

名次	公司名称	A股、基金交易总额(万元)	名次	公司名称	A股、基金交易总额(万元)
1	中国银河证券有限责任公司	78891247	11	光大证券有限责任公司	20000000
2	国泰君安证券股份有限公司	72726100	12	国通证券有限责任公司	19348900
3	申银万国证券股份有限公司	62541535	13	华泰证券有限责任公司	17768763.14
4	南方证券有限公司	59386716.54	14	大鹏证券有限责任公司	17740316.17
5	海通证券有限公司	57108025	15	中信证券股份有限公司	16543155.27
6	华夏证券有限公司	47443366	16	国信证券有限责任公司	15288805
7	广发证券有限责任公司	33087098.38	17	闽发证券有限公司	13062255.81
8	山东证券有限责任公司	31025108.9	18	长城证券有限责任公司	12375471
9	广东证券股份有限公司	20452078	19	兴业证券股份有限公司	11731122
10	联合证券有限责任公司	20434957.63	20	西南证券有限责任公司	11547417

资料来源：中国证券业协会会员单位经营业绩年度统计报表

2000年度证券公司净资产排名前20位

名次	公司名称	净资产(万元)	名次	公司名称	净资产(万元)
1	海通证券有限公司	534236.4	11	光大证券有限责任公司	178925
2	国泰君安证券股份有限公司	466934	12	华安证券有限责任公司	173823.61
3	中信证券股份有限公司	402317	13	北京证券有限责任公司	167165.73
4	南方证券有限责任公司	385415	14	华夏证券有限公司	157595.04
5	国信证券有限责任公司	338117	15	兴业证券股份有限公司	148614.73
6	申银万国证券股份有限公司	314622	16	上海财政证券公司	145609.02
7	国通证券有限责任公司	296018.52	17	华泰证券有限责任公司	141914.08
8	大鹏证券有限责任公司	246232.76	18	西南证券有限责任公司	135778
9	山东证券有限责任公司	238849	19	长江证有限责任公司	135388
10	广发证券有限责任公司	215321.24	20	湘财证券有限责任公司	133435

资料来源：中国证券业协会会员单位经营业绩年度统计报表

2000年度证券公司利润总额排名前20位

名次	公司名称	利润总额(万元)	名次	公司名称	利润总额(万元)
1	海通证券有限公司	152116.18	11	华夏证券有限责任公司	55684.51
2	中信证券股份有限公司	147986	12	山东证券有限责任公司	53931
3	国泰君安证券股份有限公司	137058	13	大鹏证券有限责任公司	51083.58
4	申银万国证券股份有限公司	122786	14	华泰证券有限责任公司	49686.26
5	广发证券有限责任公司	108657.52	15	华安证券有限责任公司	43107.17
6	南方证券有限公司	105356	16	湘财证券有限公司	40766
7	国信证券有限责任公司	91381	17	广东证券股份有限公司	34825.52
8	中国国际金融有限公司	*85359.04	18	兴业证券股份有限公司	33806.39
9	国通证券有限责任公司	80691.05	19	西南证券有限责任公司	33791
10	光大证券有限责任公司	80691	20	长江证券有限责任公司	32061

注"*"为未经审计的数据

资料来源:中国证券业协会会员单位经营业绩年度统计报表